U0327198

高等学校法学系列教材
Gaodeng Xuexiao Faxue Xilie Jiaocai

Financial Law (4th Edition)

新编金融法学

（第四版）

唐　波／主编

图书在版编目(CIP)数据

新编金融法学/唐波主编. —4 版. —北京:北京大学出版社,2021.5
高等学校法学系列教材
ISBN 978-7-301-32103-4

Ⅰ. ①新… Ⅱ. ①唐… Ⅲ. ①金融法—法学—中国—高等学校—教材
Ⅳ. ①D922.280.1

中国版本图书馆 CIP 数据核字(2021)第 059327 号

书　　名	新编金融法学(第四版) XINBIAN JINRONG FAXUE (DI-SI BAN)
著作责任者	唐　波　主编
责任编辑	朱　彦
标准书号	ISBN 978-7-301-32103-4
出版发行	北京大学出版社
地　　址	北京市海淀区成府路 205 号　100871
网　　址	http://www.pup.cn　　新浪微博:@北京大学出版社
电子邮箱	zpup@pup.cn
电　　话	邮购部 010-62752015　发行部 010-62750672　编辑部 021-62071998
印 刷 者	北京虎彩文化传播有限公司
经 销 者	新华书店
	730 毫米×980 毫米　16 开本　29.75 印张　566 千字
	2005 年 2 月第 1 版　2006 年 7 月第 2 版
	2012 年 2 月第 3 版
	2021 年 5 月第 4 版　2024 年 6 月第 3 次印刷
定　　价	78.00 元

第四版修订说明

2019 年 12 月 28 日，第十三届全国人民代表大会常务委员会第十五次会议修订通过了《中华人民共和国证券法》（自 2020 年 3 月 1 日起施行）。2020 年 5 月 28 日，第十三届全国人民代表大会第三次会议通过了《中华人民共和国民法典》（自 2021 年 1 月 1 日起施行）。这两部法律的修订、颁布对我国金融法治的发展有重大的影响与深远的意义，我们亟须将相关内容吸收到金融法教材之中。华东政法大学经济法学院金融法教研室的教师们及时回应，积极开展本书的修订工作，同时将他们丰富的教学经验和科研成果融入其中。本次修订，资料收录时间截止到 2021 年 1 月。

全书的修订分工如下：第一章，贾希凌；第二、三、四章，何颖；第五、七章，唐波、黄鶩；第六章，陈岱松、朱颖颖；第八、九章，张敏；第十章，孙宏涛。全书由唐波审定。金融法博士研究生朱颖颖为全书做了大量的资料更新和文字工作，硕士研究生潘盈参与了部分文字工作，硕士研究生徐天云、王玮、秦仕信参与了第二至四章的部分资料收集和整理工作，李秦博士负责本教材修订与出版的联系工作，在此一并表示感谢。对本书存在的错误或不足之处，敬请读者批评指正，我们希望以后能不断完善相关内容。

唐　波

2021 年 1 月

第三版修订说明

本书第三版的修订有两方面改进:第一,自第二版出版以来,国内外金融市场及其金融法制有了较大的变化和发展,这些内容需及时反映在教材中。关于保险法律制度的内容,根据2009年修订的《中华人民共和国保险法》作了全面的更新。本次修订,资料收录时间截止到2011年年初。第二,本次修订由华东政法大学经济法学院常年坚持在金融法教学科研第一线的教师执笔完成,他们将所积累的较为丰富的授课经验融入教材修订之中。

全书的修订分工如下:第一章,贾希凌;第二、三、四章,何颖;第五、六章,唐波;第七章,唐波、赵琼;第八、九章,张敏;第十章,孙宏涛。全书由唐波审定。赵琼为本次修订做了大量文字工作,在此深表感谢。

唐　波

2011年4月

第二版修订说明

我国金融市场发展迅速，金融法的废、改、立十分频繁。特别是2005年10月27日，第十届全国人民代表大会常务委员会第十八次会议修订通过了《中华人民共和国证券法》(自2006年1月1日起施行)，对我国金融市场的发展意义深远。本书再版时，根据最新的法律法规，对相关章节作了修改、调整；对错误之处作了订正；对第六章"证券法律制度"作了较大改动。

特此说明。

唐　波

2006年7月

第一版前言

金融是现代社会经济的核心。在当今经济全球化、金融一体化的进程中，关注各国金融领域日新月异的变化，对本国金融法进行深入研究，对世界主要发达国家金融法律制度的差异性加以比较分析，比以往任何时候都重要。加入WTO后的中国，经济持续增长，金融活动推陈出新，金融法规快速演变，令世人瞩目。

自从《中华人民共和国中国人民银行法》(1995年发布)、《中华人民共和国商业银行法》(1995年发布)、《中华人民共和国票据法》(1995年发布)、《中华人民共和国保险法》(1995年发布)、《中华人民共和国外汇管理条例》(1996年发布)、《中华人民共和国证券法》(1998年发布)、《期货交易管理暂行条例》(1999年发布)、《中华人民共和国人民币管理条例》(2000年发布)、《中华人民共和国信托法》(2001年发布)、《中华人民共和国证券投资基金法》(2003年发布)、《中华人民共和国银行业监督管理法》(2003年发布)、《金融机构衍生产品交易业务管理暂行办法》(2004年发布)等金融法律法规出台以来，我国已经形成了一个较为完整的金融法律法规体系。这对促进我国金融业的现代化改革和经济发展起到了关键的作用。近年来，我国对一些重要的金融法律法规进行了修改，如《中华人民共和国保险法》(2002年修改)、《中华人民共和国中国人民银行法》(2003年修改)、《中华人民共和国商业银行法》(2003年修改)、《中华人民共和国票据法》(2004年修改)、《中华人民共和国证券法》(2004年修改)等，使我国金融法律法规更加顺应金融改革和经济发展的形势。

本书的撰写，旨在全面反映我国金融改革以及金融法发展的最新动态，在阐述金融法基本原理的基础上，理论联系实际，既注重对本国金融立法的研究，又关注国际上金融立法先进国家的经验，并对此加以分析和借鉴。本书有以下两个明显特点：第一，结构完整，内容全面。全书包括金融组织法、银行业务法、货币管理法、票据法、证券法、金融衍生品法、信托法、投资基金法和保险法等内容，较为完整地阐明了金融法的基本原理和具体内容。第二，重点突出，资料新颖。全书在论述过程中，避免"眉毛胡子一把抓"，条理清晰，重点突出。在揭示基本概念的基础上，全书概括阐明我国立法的基本内容，分析评述发达国家的基本制度，并对我国相关法律制度的发展和完善提出合理建议。全书所运用的资料翔实新颖,收录时间截止到2004年年底。

本书由唐波总策划,设计写作大纲和写作要求。唐波、贾希凌审定全书。张宁为本书的统稿做了大量工作,邱晓琛做了部分文字校对工作。全书各章内容的撰写分工如下:第一章,贾希凌、胡国祥;第二章,胡国祥;第三章,张宁;第四章,于永峰;第五章,唐波、张宁;第六章,穆治平;第七章,唐波、莫璟华;第八章,邱晓琛;第九章,时小丽;第十章,唐波、张宁。本书是全体写作人员通力合作的结晶。

本书的撰写及出版,得益于华东政法大学的系列教材更新的明智决定,得到了华东政法大学相关部门和领导的大力支持,在此深表感谢。

金融改革千头万绪,金融法内容浩瀚庞杂,加之撰写者学识有限,撰写时间紧迫,本书难免存在一些不足之处,真诚欢迎读者批评指正。

唐 波

2005年1月

目　　录

第一章 金融法总论

第一节 金 融 概 述

一、金融概念的产生和发展

金融，即货币资金的融通，也可以说是与货币流通和信用有关的各种活动。1915年出版的《辞源》中有“今谓金钱之融通曰金融，旧称银根”的解释。[①] 按严格的定义，金融是指在社会经济生活中的货币流通和信用活动以及与此相关的一切经济活动的总称。金融是一个经济范畴，包括金融关系、金融活动、金融机构、金融工具、金融市场等一切与货币流通和信用相关的经济关系和活动。

货币产生初期，仅仅是商品交换的媒介而已，与信用并不直接联系。随着经济的发展，交换日益频繁，信用的需要也越来越多。在货币成为具有较为固定形态的金属货币后，货币与信用逐渐结合起来，形成以货币为对象的信用形式，即货币信用。货币信用最早的形式是货币兑换，即不同金属货币之间的交换，这是以货币为直接对象的交换。后来，随着货币兑换的发展，又产生了货币贷放、货币保管、代理支付以及汇兑等业务，并由此产生了专营或者兼营的货币经营业。由此可见，货币信用的出现即已包含金融关系的某些特征。但是，早期的金融关系比较薄弱，内容单一，范围狭小，在整个社会经济中的影响和作用不大。在资本主义之前的时期，也没有“金融”这样的概念。

在资本主义经济条件下，货币信用关系突飞猛进，出现了专门经营货币信用业务的现代金融机构——银行。银行通过货币信贷业务，对全社会的货币流通以及货币资本的分配和再分配起到了组织和枢纽的作用，由此产生了各种信用货币，如票据、股票、债券等，越来越多的社会经济活动和商品交易通过信用货币进行。货币与信用在近代商品经济条件下紧密地结合起来。第一次世界大战（以下简称“一战”）后，在发达资本主义国家中，贵金属铸币全部退出流通。至20世纪30年代，一些国家先后实行彻底不兑现的银行券流通制度。此时，货币流通和信用活动变成同一过程。货币与信用的结合，构成了新的经济范畴和概

---

① 参见许树信、周战地主编：《金融学教程》，中国金融出版社1998年版，第1页。

念,这就是金融。一般来讲,金融是指与金融机构有关的信用活动以及在信用基础上组织起来的货币流通。[①] 资本市场与保险市场也是金融市场的组成部分。当代市场经济发达,金融对社会经济生活的影响也日益增大,成为世界经济的主宰力量之一。

二、金融的相关概念

(一) 金融与货币

金融,首先是货币形式的运动。货币作为商品交换的媒介,伴随着商品运动而运动,从而形成货币流通的特殊运动形式。随着商品经济的发展,各种金融关系都表现为货币关系,不仅货币与商品交换之间存在着媒介关系,而且货币与货币之间也存在着相互交换、积累、分配等关系,这一切都构成金融的基础。可以说,金融是以货币或者货币索取权[②]形式存在的资产的流通,没有货币关系和货币形式的运动,也就没有金融关系和金融活动。

货币有不同的分类方法,按照价值关系可以分为商品货币(实物货币或实质货币)、代用货币和信用货币。现代市场经济中,通常把纸币和存款货币称为"信用货币"。随着电子商务与移动支付的普及,各国开始就法定货币数字化进行研究。2020 年 7 月,欧盟成员国立陶宛成为全球首个发行中央银行数字货币(Central Bank Digital Currency, CBDC)的国家。中央银行数字货币是中央银行货币的电子形式,与传统的银行储备和清算账户余额不同,家庭和企业都可以用它来付款和储值。[③] 我国一直在积极稳妥推进法定数字货币的研发并已开始试点。[④] 我国的数字货币是由中国人民银行发行,由指定运营机构参与运营并向公众兑换,以广义账户体系为基础,支持银行账户松耦合功能,与纸钞和硬币等价,并具有价值特征和法偿性的、可控匿名的支付工具。

与货币不同,基于区块链技术的比特币(Bitcoin)是一种 P2P 形式的虚拟的加密数字货币,利用点对点传输,意味着去中心化的支付系统。它不依靠特定货币机构发行,不具有与货币等同的法律地位。

(二) 金融与信用

信用在经济学上通常被解释一种借贷行为,即一方信任另一方作出的在特

---

① 参见朱崇实、刘志云主编:《金融法教程》(第四版),法律出版社 2017 年版,第 2 页。

② 货币索取权,是指能够取得特定金额的货币的请求权,主要以各种有价证券为载体。

③ 该定义见于英格兰银行 2020 年 3 月发布的关于 CBDC 的研究报告"Central Bank Digital Currency: Opportunities, Challenges and Design",以及国际清算银行 2018 年 3 月发布的关于 CBDC 的报告。

④ 2020 年 8 月 12 日,商务部印发《全面深化服务贸易创新发展试点总体方案》,附表明确规定:"在京津冀、长三角、粤港澳大湾区及中西部具备条件的试点地区开展数字人民币试点。"2020 年 10 月 11 日,中共中央办公厅、国务院办公厅印发《深圳建设中国特色社会主义先行示范区综合改革试点实施方案(2020—2025 年)》,提出"在中国人民银行数字货币研究所深圳下属机构的基础上成立金融科技创新平台。支持开展数字人民币内部封闭试点测试,推动数字人民币的研发应用和国际合作"。

定时间内还款的承诺。[①] 金融就其本质特征而言，更重要的是信用关系。金融活动也就是信用活动，只不过信用关系的范围要比金融关系更为广阔。金融关系涉及以货币或者价值为对象的贷和借的运动，而信用关系还包括各种以非货币形式为对象的借贷活动，如实物借贷。在原始社会末期，交换产生后，具有信用意义的借贷活动就存在了，当时的借贷都是实物借贷。在商品经济不发达的漫长时期里，信用多采取实物借贷形式。货币作为交换的媒介产生后，才出现了货币信用形式，这就是早期金融关系的诞生。随着商品经济的发展，货币信用逐渐代替了大部分实物信用形式。特别是在现代市场经济条件下，人们几乎把金融和信用等同看待。

按照不同的标准，可以将信用划分为不同的形式：以信用的主体为标准，可以分为公共信用和私人信用；以信用的对象为标准，可以分为对物信用和对人信用；以信用的用途为标准，可以分为生产信用和消费信用；以时间长短为标准，可以分为长期信用、中期信用和短期信用。在现代市场经济条件下，这些不同的信用已经形成了统一的信用体系，主要的信用形式有商业信用、银行信用、国家信用、消费信用、证券信用、租赁信用、信托信用、民间信用和国际信用等。

（三）金融工具

资金的融通是资金自供应者向需求者的转移，要实现这个转移，就需借助一定的载体，这个载体就是金融工具。金融工具(financial instruments)，是指在信用活动中产生的，能够证明金融交易金额、期限和价格的合法标准化书面文件，反映了债权人与债务人之间的债权债务关系，在金融市场上以股票、债券、存单等不同形式存在。金融工具作为资金的载体，是金融市场交易的客体，即买卖的对象。金融工具一般都具有期限性、流动性或可转让性、收益性和风险性等特征。金融工具与金融资产(financial assets)、金融产品(financial products)联系密切，从广义上讲，它们所指的内容是一致的。但是，具体而言，三者又相互区别。金融资产是建立在债权债务关系基础上，要求另一方在将来提供报偿的所有权或索取权。[②] 金融产品是由金融机构设计与开发的金融资产。[③] 金融产品中可交易的是金融工具。[④]

随着金融创新的推进，更多的金融工具出现在经济生活中。按照不同的标准，可以将金融工具划分为不同的类别：

---

① 参见颜军梅主编：《金融学》，武汉大学出版社2018年版，第23页。

② 参见朱宝宪：《金融市场》，辽宁教育出版社2001年版，第2页。

③ 同上书，第3页。朱宝宪指出，我们之所以把金融机构设计与开发的金融资产称作金融产品，是因为它具有较高信用、较大规模、标准面值与期限、统一的发行与偿还等条件，适合面向社会大规模地发行。

④ 同上书，第4页。

(1) 以期限为标准,可以分为货币市场的金融工具和资本市场的金融工具。前者一般指期限在一年及一年以下的金融工具,如商业票据、短期公债、大额可转让定期存单和回购协议等。这种金融工具期限短、流动性强、风险较小。后者通常指期限在一年以上的金融工具,主要有股票、公司债券和中长期公债等。这类金融工具期限长、流动性弱、风险较大。

(2) 以发行者是否为金融机构为标准,可以分为直接金融工具和间接金融工具。政府债券、非金融公司股票、公司债券等是由非金融机构的融资者发行的,目的主要是为自己取得资金,属于直接金融工具。银行存单、保险单、银行债券等是由金融机构发行的,目的是集聚可用于放贷的资金,属于间接金融工具。

(3) 以投资者投入资金所获权利为标准,可以分为所有权凭证、债权凭证和信托凭证等。所有权凭证只有股票一种,其他金融工具多是债权凭证。债权凭证表明资金投入者对投入的资金取得了债权,有权据以到期讨还本金。所有权凭证表明资金投入者并非取得债权而是所有权,因而无权据以索要本金,只能在必要时通过转让所有权即出售股票的方式收回本金。信托凭证则是基于信托关系中的受益人身份而取得的权利,典型的如信托型投资基金份额、集合资金信托计划的信托单位、资产管理产品和资产证券化产品中的受益权凭证等。

(四) 金融市场

市场是买者与卖者相互作用并共同决定商品或劳务价格和交易数量的机制。金融市场是金融工具进行交易的场所或机制,也是确定金融工具价格的场所或机制。[①] 在金融市场上,金融主体包括政府机构、金融机构、企业、个人等,金融交易对象主要是各种金融工具。现代金融市场是一种有形市场和无形市场并存的市场。金融市场在形成初期一般有固定的场所,是有形市场。随着商品经济、信用和科学技术的发展,金融市场突破了场所的限制,人们可以借助电话、传真、计算机网络等现代通信设施进行投融资,从而形成一种无形市场。

金融市场是一个由许多既相互独立又相互关联的子市场组成的大市场,根据不同的标准,可以分为若干类市场:

(1) 根据金融交易的期限,可以分为货币市场和资本市场。货币市场,是指融资期限在一年以内(含一年)的短期资金交易市场,主要是为了满足交易者的短期资金需求,参与者一般注重资金的流动性。根据货币市场上的融资活动及其流通的金融工具,又可以将货币市场分为同业拆借市场、票据贴现市场、可转让存单(CD[②])市场和国库券市场。资本市场,是指融资期限在一年以上的长期

---

① 参见朱宝宪:《金融市场》,辽宁教育出版社 2001 年版,第 1 页。

② CD 为“certificate of deposit”的缩写,是指银行对存款人将资金存放于银行一定期间所发给的证明文件。

资金交易市场，主要是为了满足投资者的中长期融资需要，包括股权(典型形式为股票)市场和长期债券市场等，参与者一般更注重安全性和获利性。

(2) 根据金融交易中资金的交割时间，可以分为现货市场和期货市场。现货市场上达成的金融交易一般要求交易双方在成交后的第二个营业日内进行资金的交割清算。期货市场上达成的金融交易则要求交易双方按照期货合约规定的交割日期进行资金的交割清算。

(3) 根据金融工具的流通状态，可以分为一级市场和二级市场。一级市场是新证券发行的市场，又称“发行市场”。二级市场是已发行证券进行交易转让的市场，又称“交易市场”。

(4) 根据金融交易的标的物，可以分为货币市场、债券市场、股票市场、外汇市场和金融衍生品市场。[①]

(5) 根据金融交易的地域范围，可以分为国内金融市场和国际金融市场。

随着金融创新的发展，从各种金融原生产品中派生出各种衍生产品，具体表现为一些金融合约，如远期合约、期货合约、期权合约、互换协议等。金融衍生品市场就是以金融衍生品为交易对象的市场，主要由远期协议市场、金融期货市场、金融期权市场、互换市场组成。

第二节 金融法概述

一、金融法的概念及其调整对象

(一) 金融法的概念

金融法是调整金融关系的法律规范的总称。具体地说，金融法是确立金融机构的性质、地位和职责权限，并调整在金融活动中形成的金融调控与监管关系以及金融业务关系的法律规范的总称。

(二) 金融法的调整对象

金融法的调整对象是金融关系。金融关系是各金融主体在金融活动中发生的社会关系，包括金融调控关系、金融监管关系和金融业务关系。

1. 金融调控关系

金融调控关系，是指国家金融调控部门因货币发行和流通、制定和实施货币政策而与各类金融机构和非金融机构之间形成的货币发行、现金和转账结算、利率管理、外汇管理等调节和控制关系。

---

① 参见陈善昂主编:《金融市场学》(第三版)，东北财经大学出版社 2016 年版，第 7—9 页。

2. 金融监管关系

金融监管关系，是指国家中央与地方金融监管部门在组织、管理金融事业和监管过程中，与各类金融机构和非金融机构之间形成的金融管理关系，具体包括：

（1）金融监管部门因各类金融机构的设立、变更、接管和终止而产生的主体资格监管关系。

（2）金融监管部门对各类金融机构的业务活动的监管关系，包括在存贷款管理、结算管理、融资管理、信托管理、保险管理、证券发行交易管理、期货期权交易管理等金融业务管理中发生的监管关系。

（3）金融监管部门对货币市场、资本市场、保险市场、黄金市场和外汇市场的设立、变更、终止及交易品种的监管关系。

（4）金融监管部门对金融机构、非金融机构和个人非法从事金融活动进行查处而产生的金融行政处罚关系，主要是对金融机构违法违规经营、非法设立金融机构、非法吸收公众存款、非法发行和交易有价证券等行为进行查处所形成的法律关系。

3. 金融业务关系

金融业务关系，是指银行和非银行金融机构在法律法规允许的范围内从事相应的业务活动而与其他金融主体之间发生的平等主体之间的经济关系，表现为直接融资关系、间接融资关系、金融中介服务关系和特殊融资关系，具体包括：

（1）因直接融资业务的开展而发生在证券、信托等非银行金融机构和投资、融资主体之间的发行、交易关系，如证券发行买卖关系、承销关系，证券交易买卖关系、行纪关系，证券发行服务与交易服务关系、产权交易关系等。

（2）因间接融资业务的开展而发生在银行等金融机构与存贷款主体之间的资金融通关系，如存款关系、贷款关系等。

（3）因金融中介服务业务的开展而发生在银行等金融机构和非金融机构的法人、非法人组织和自然人之间的金融中介服务关系，如结算、汇兑、咨询、信托、租赁、代理等关系。

（4）因开展特殊融资业务而产生的特殊融资关系，如因外汇买卖、期货期权交易、利率互换交易而产生的关系。

（5）银行和非银行金融机构之间的同业拆借、再贷款、转贴现、再贴现等金融业务关系。

（6）保险人与被保险人、受益人之间的金融关系。

二、金融法律关系

（一）金融法律关系的概念和特点

金融法律关系，是指由金融法调整的，在金融调控与监管活动以及金融业务活动过程中形成的权利义务关系。

与一般法律关系相比，金融法律关系的特点如下：

(1) 金融法律关系是一种经济法律关系，既有管理性质的金融调控与监管关系，又有协调性、平等性的金融业务关系，二者互相融合，互为支持。

(2) 金融法律关系的主体中一般应有一方是金融机构。

(3) 金融法律关系具有广泛性、多样性、多变性和复杂性的特点，这是由金融活动在现代化、国际性的市场经济中所起的重要作用决定的。

（二）金融法律关系的构成要素

与一般法律关系的构成一样，金融法律关系由主体、客体和内容三大要素构成。

1. 金融法律关系的主体

金融法律关系的主体，是指金融法律关系的参与者，即金融法律关系中权利的享有者和义务的承担者。根据我国法律的规定，国家机关、企事业单位、社会组织和个人依法可以成为金融法律关系的主体。其中，金融机构是金融法律关系最主要的主体。

金融法律关系的主体主要有：

(1) 中央银行与各监管主体。在我国，中国人民银行作为中央银行，负责金融调控。我国金融监管形成了“一委一行两会一局”的格局，即监管主体包括国务院金融稳定发展委员会、中国人民银行、中国银行保险监督管理委员会（以下简称“中国银保监会”）、中国证券监督管理委员会（以下简称“中国证监会”）和地方金融监督管理局。此外，国家外汇管理局专司外汇管理与外汇市场监管。

(2) 金融机构。按照金融机构的地位和功能划分，我国境内的金融机构大致可以分为如下五类：第一类是中央银行，即中国人民银行；第二类是各类银行，包括政策性银行、商业银行等；第三类是非银行金融机构，主要包括证券公司、信托公司、保险公司、金融租赁公司、信用合作社、邮政储汇局、企业集团财务公司、金融资产管理公司、汽车金融公司、消费金融公司以及其他非银行金融机构；第四类是在境内开办的外资金融机构，包括各类外资独资和合资金融机构以及外国金融机构在我国境内设立的业务分支机构或者驻华代表处等；第五类是地方金融组织，包括小额贷款公司、融资担保公司、区域性股权市场、典当行、融资租赁公司、商业保理公司和地方资产管理公司，以及法律、行政法规和国务院授权地方人民政府监督管理的具有金融属性的其他组织。

(3) 各类经济组织、事业单位、社会团体。这些主体可以是法人组织,也可以是非法人组织。

(4) 国家。在特定的情况下,国家成为金融法律关系的主体。例如,发行货币、国家公债中,国家就是以金融法律关系主体的身份出现的。

(5) 自然人。这包括中国公民、外国公民、无国籍人,他们参与金融活动就成为金融法律关系的主体。

2. 金融法律关系的客体

金融法律关系的客体,是指金融法律关系主体享有的权利和承担的义务共同指向的对象。

金融法律关系的客体包括:

(1) 货币。作为金融法律关系的主要客体,货币既包括流通中的现金,也包括部分存款货币;既包括实物货币,也包括数字货币。

(2) 金银。在我国统一的货币制度下,金银不准计价流通,黄金仅限于在国家规定的黄金交易所内按规定进行交易。当国家的黄金储备充当国际结算支付工具时,黄金就成了金融法律关系的客体。

(3) 股票、公司债券、存托凭证、证券投资基金份额、资产支持证券、资产管理产品以及国务院依法认定的其他有价证券。

(4) 国库券等各种形式的政府债券。国库券作为债权凭证不得充当货币流通,但是允许转让。

(5) 其他金融资产,如外汇储备等。

(6) 金融服务行为。在有些金融法律关系中,权利和义务共同指向的对象是金融服务行为本身。例如,证券投资咨询机构为证券投资者、交易者和发行者的投资交易和融资活动提供投资分析、预测、建议的行为,证券资信评估机构对证券投资进行研究、统计、咨询、评估的行为。

3. 金融法律关系的内容

金融法律关系的内容,是指金融法律关系主体享有的权利和承担的义务。在不同的金融法律关系中,金融法律关系主体享有的权利和承担的义务也不同。

三、金融法体系

(一) 金融法体系的概念

金融法体系,是指相互有机联系的、多层次的各种金融法律规范的总体。金融法体系的有机性表现为,在金融法的基本原则指导下,调整金融关系不同侧面的金融法律、法规、规章等金融法律规范分类组合为不同的金融法律制度,共同实现金融法的任务。金融法体系的多层次性表现为,按照制定机关和法律效力的不同,金融法律规范的表现形式有金融法律、金融法规、金融规章、地方性金融法规和自律性规章等多个层次。

（二）金融法体系的构成

金融法包括金融调控法、金融监管法、金融交易法。各国金融立法因经济发展阶段不同和管理重点各异，内容不尽相同，体系也各有特点。为适应社会主义市场经济发展的要求，我国金融法体系主要由以下几个法律部门组成：

1. 金融机构法

金融机构法调整银行和非银行金融机构的业务经营，对其进行调控与监督，是金融法的基本法。根据规范的主体类型，金融机构法可以分为中央银行法、商业银行法、政策性银行法、非银行金融机构法和涉外金融机构法。根据规范的内容，金融机构法可以分为金融机构组织法和金融机构行为法。

2. 货币管理法

货币管理法调整有关货币的发行、流通及其管理关系。货币管理法的主要内容是确定一国货币的种类、地位、发行制度、流通制度和保护制度。货币发行制度包括货币发行原则、发行权限、发行机关、发行程序、发行规律和发行责任。货币流通制度规定现金货币和转账货币的使用、管理。货币保护制度规定违反货币发行制度和流通制度所应承担的法律责任。

3. 票据法

票据法规定票据的种类、形式、内容以及调整票据关系和与票据关系有关的其他社会关系，内容包括汇票、本票和支票的各种基本制度等。

4. 证券法

证券法调整证券的发行、交易、管理、监督以及其他与证券相关的活动所产生的社会关系。证券法有狭义和广义之分。狭义上的证券法专指国家立法机关依照法定程序制定的，专门调整证券关系及证券行为，并以“证券法”或“证券交易法”命名的证券法典或证券单行法，如我国现行《证券法》。广义上的证券法包括调整证券关系或证券行为的一切法律规范，即除了包括专门的证券法规范之外，还包括其他法律规范中有关证券的规定，如公司法中关于证券发行的规定、刑法中关于证券犯罪行为的规定等。

5. 金融衍生品法

金融衍生品法调整金融衍生品交易关系和监管关系，由金融衍生品交易法以及金融衍生品交易监管法等构成。

6. 信托与资产管理法

信托法调整信托关系，有广义和狭义之分。狭义的信托法，是指调整信托基本关系的法律，内容主要包括：信托当事人，信托财产，以及信托的设立、变更、终止等。广义的信托法除包括狭义的信托法外，还包括信托业法。信托业法是规范信托机构的法律，内容主要包括：信托机构的设立、变更、终止、业务范围、经营规则及监督管理等。当前,我国资产管理产品的基础关系为信托关系,也受信托法调整。

7. 投资基金法

投资基金法调整投资基金发行、交易和监管关系,内容主要包括投资基金的设立、募集、交易、运作和监管等方面的规定。

8. 保险法

保险法调整保险关系,内容主要包括保险业法、保险合同法和保险特别法等。

四、金融法的基本原则

金融法的基本原则是调整整个金融关系、从事金融监督管理活动和金融业务活动必须遵循的行为准则,集中体现金融法的本质和基本精神,为金融立法、金融守法、金融执法和金融司法提供具有指导意义和适用价值的根本思想或准则。在不同国家或同一国家的不同历史阶段,由于经济发展水平、社会文化背景、金融政策目标、国际经济环境的不同,金融法的基本原则的内容和侧重点也是不同或不完全相同的。当前,我国金融法的基本原则主要包括:

(一)稳定币值与信用维持原则

《中华人民共和国中国人民银行法》(以下简称《中国人民银行法》)将“保持货币币值的稳定,并以此促进经济增长”作为我国的货币政策目标。信用维持,是指在一定时间内保持信用关系的稳定,从而实现信用财产价值的稳定。

要稳定币值,就必须贯彻货币制度的独立和统一原则。货币制度的独立,是指货币政策的制定和实施要与其他政策相对独立,货币的发行必须与财政发行、政府信用相分离,即中国人民银行不得对政府财政透支,不得直接认购、包销国债和其他政府债券,不得向地方政府、各级政府部门提供贷款。货币制度的统一,是指货币的发行与管理要统一由中国人民银行负责,其他银行非依法律规定或特别批准不得发行任何形式的银行债券。

稳定币值与经济增长是相互促进的,对经济有着重要的调节作用。一方面,通过调节货币供应量和信贷规模,调节社会总需求而使之与社会总供给相适应,实现总量控制;另一方面,通过运用利率杠杆和信贷资金投向,调节产业结构乃至整个经济结构,实现国民经济结构的合理和优化。在加快发展金融市场的进程中,既要遏制信用经济的负效应,防范金融风险,又要大力发展信用经济,促进金融业的繁荣,并遵循金融服务于实体经济的要求,促进经济增长。稳定币值与信用维持是金融法制的重要任务,也是我国金融法的基本原则。

（二）防范和化解金融风险，维护投资者和金融消费者合法权益的原则

金融业是高风险行业，风险的存在严重影响着金融业的安全运营，从而可能损害投资者和金融消费者的合法权益。尤其在我国深化金融供给侧结构性改革的新阶段，应该正确把握金融本质，平衡好稳增长和防风险的关系，精准有效处置重点领域风险，推动金融业健康发展。

为实现上述目标，应当规范金融机构提供金融产品和服务的行为，通过行为监管，加强对投资者和金融消费者的保护。在金融立法上，必须科学合理地建立健全各种金融法律法规，为防范和化解金融风险创造良好的法律环境，为投资者和金融消费者保护提供制度依据。在执法上，必须强化各金融监管部门的地位和职权，改进监管方式，建立健全投资者和金融消费者合法权益保护工作机制。在守法上，各金融机构必须加强内部控制和完善法人治理结构，合法和审慎经营。

金融风险在新形势下会有不同的内容。例如，气候变化所带来的转型风险和实体风险会通过多种途径影响到金融业，如侵蚀抵押品和资产价值，或是带来向低碳经济转型的不确定性等。从 2019 年开始，“央行与监管机构绿色金融网络”[①]呼吁各国央行考虑将与气候相关的风险引入金融稳定监控和宏观监管之中。

（三）有序竞争原则

有序竞争原则，是指在金融领域，应当鼓励竞争与限制垄断，同时竞争应当是有秩序、有限度的。我国进行金融监管改革以来，中国人民银行不再兼有管理金融和从事一般金融业务的双重职能，将金融管理和金融业务分离开来，并实现了政策性金融业务与商业性金融业务分离。这些举措为社会主义市场经济中的金融业开展公平竞争创造了条件。但是，金融业是高风险行业，并在国民经济中占据核心地位。因此，既应当调整金融产业结构，规范准入、退出制度，鼓励竞争，限制垄断；又应当规范竞争行为，防范过度竞争与无序竞争带来的金融风险，构建金融安全防御体系。

在国际层面，维护金融市场竞争的制度准则已成为国际金融制度变革的重点。金融竞争制度因能有效抑制金融机构过度关联，从根源上遏制金融机构“大而不倒”事件的发生而成为宏观审慎管理制度的重点之一。此外，实施金融竞争制度也是对抗金融保护主义的手段之一。

---

① 该网络的英文全称为“Central Banks and Supervisors Network for Greening the Financial System”，简称“NGFS”，是一个由多国中央银行和监管机构组成的国际合作网络，中国人民银行是其创始成员之一。

(四) 创新监管原则

金融科技[1]正在深刻影响着金融生态,它既是金融创新的热点,也是决定金融业未来竞争的重要因素。巴塞尔银行监管委员会(BCBS,以下简称“巴塞尔委员会”)将金融科技分为支付结算、存贷款与资本筹集、投资管理、市场设施四类。金融科技顺应了小额投融资的双向需求,提高了金融效率。但是,金融科技也带来了金融风险泛化,其风险具有隐蔽性、广泛性、传染性和突发性,给金融监管带来了挑战。

创新监管原则要求兼顾效率与安全,在以防范风险为底线的前提下应对金融创新,处理好规范与鼓励、发展与风险防范的关系,做到适度监管。创新监管同时意味着监管机构应当注意运用科技手段和科技规范,监测和实施日益繁重的监管要求。中国人民银行积极构建金融科技监管的基本规则体系,探索信息公开、产品公示、社会监督等柔性管理方式,努力打造包容审慎、富有弹性的金融科技创新监管工具,着力提升金融监管的专业性、统一性和穿透性。

(五) 与国际接轨原则

金融全球化是当今国际金融发展最典型的时代特征。我国正在形成以国内大循环为主体、国内国际双循环互相促进的新发展格局,推动全面开放新格局的形成。金融开放既包括金融业开放,即金融机构与金融市场对外开放,也包括货币国际化、资本跨境自由流动等。

在加入世界贸易组织后,我国金融业按照承诺逐步开放,大量外资金融机构涌入,国内金融业也越来越多地参与到国际金融活动中去。因此,我国的金融立法应当遵循与国际接轨原则,参照国际金融行业标准和一些具有广泛国际影响的法律文件,积极稳妥推动金融业对外开放,合理安排开放顺序,加快建立完善有利于保护金融消费者权益、增强金融有序竞争、防范金融风险的机制。在推进人民币国际化和资本跨境流动的过程中,金融立法应该着眼于提高金融基础设施国际化水平,协调创新监管模式与健全金融治理机制,提高重大风险管理能力,提升金融安全。

与国际接轨原则还要求我们加强金融领域中国法域外适用的法律体系建设。金融立法既应该提高制度的前瞻性,创造必要的制度空间,也应该适应纷繁复杂的国际形势,符合国际规则,为中国法的域外适用提供依据、创造条件。

---

① 根据金融稳定委员会(Financial Stability Board,FSB)所下的定义,金融科技是金融服务中的科技创新,能够为金融服务提供新的业务模式、技术应用、步骤流程或产品。See FSB, FinTech and Market Structure in Financial Services: Market Developments and Potential Financial Stability Implications, available at https://www. fsb. org/wp-content/uploads/P140219. pdf? fbclid = IwAR0K4q2DcjrbqUEqR-rNZqD8DghhWD-NWOE_MeLX_WmHJfKRQFxjJ72Inbg, visited on Sep. 26th, 2020.

第三节 国际金融体制与金融立法

一、世界主要发达国家和地区的金融体制与金融立法

（一）金融体制的概念

金融体制，是指一国或地区依法划分金融管理机构和金融业务机构的法律地位、职责权限、业务范围，协调彼此之间的活动及其相互关系而形成的制度系统。金融体制包括金融机构组织体系、金融市场体系、金融调控与监管体系、金融制度体系四方面的内容。

目前，发达工业化国家或地区经过长时间的发展演变，基本上形成了在法治基础上，以国家金融主管部门为监管中心，以商业银行和证券机构为主体，与信托、保险等其他金融机构并存，以货币、证券和保险等市场为枢纽的金融体制。

（二）美国的金融体制与金融立法

美国的金融体制由联邦储备系统（FRS，即中央银行体系）、联邦证券交易委员会（SEC）、商业银行、非银行金融机构、政府专业信贷机构和各专门金融监管机构构成。联邦储备系统由美国联邦储备委员会（以下简称“美联储”）、联邦公开市场委员会、联邦储备银行三级机构组成。商业银行包括国民银行、州立银行和外国银行。非银行金融机构包括商业银行以外为私人服务的金融机构、为企业服务的金融机构以及养老基金和货币市场互助基金等。为私人服务的非银行金融机构主要包括储蓄贷款协会、互助储蓄银行、信用联合社、人寿保险公司等。为企业服务的非银行金融机构主要包括金融公司、投资银行、商业票据所、经纪和交易商公司、证券交易所和信托机构等。政府专业信贷机构主要包括进出口银行、联邦中期信贷银行、联邦土地银行、合作社银行、住宅信贷银行、环境保护金融管理局、小企业管理局、联邦融资银行等。

1．在市场准入上，实行双轨注册制

双轨注册制，是指美国联邦政府和州政府有权分别接受金融机构的注册登记，并对登记的金融机构实施监管。如美国的银行，既可按1863年《国民银行法》（National Banking Act），在联邦政府财政部货币监理署注册，领取执照，接受其管理，成为国民银行；也可按各州银行法，在各州的金融管理机构注册，领取执照，成为州立银行。就储蓄机构而言，既可在联邦住房贷款银行委员会注册，也可在州管理机构注册。

2．以单一商业银行制为主，银行持股公司发展迅猛，实现了由分业经营向混业经营的转变

根据1933年《银行法》，商业银行只能从事中短期贷款、存款和买卖政府债

券等银行业务,不能从事发行、买卖有价证券等投资银行业务,也不能从事长期贷款等储蓄信贷机构业务;而投资银行、储蓄贷款协会、互助储蓄银行、信用联合社、人寿保险公司等金融机构则不能从事活期存款和工商信贷等商业银行业务。因此,许多商业银行只能设立信托部,从事证券业务,并实行独立核算。根据1863年《国民银行法》及其后的银行法,国民银行不得跨州开设分支行;各州银行法也禁止或限制州银行设立分支行,从而形成单一银行制度,使得美国银行具有数量多、规模一般比较小的特点。但是,银行业仍然可以通过控股公司进行收购和合并。到20世纪80年代,受国际与国内金融不景气的影响,美国逐渐放宽对金融机构跨州设置分行与跨州经营的限制;从90年代开始,又放宽了银行通过控股公司兼营其他金融业务的限制,1999年《金融服务现代化法》进一步允许以金融控股公司的形式实现商业银行、证券公司、保险公司的混业经营。1998年,花旗公司与旅行者集团合并为花旗集团,成为当时世界上资产规模最大、利润最多、全球连锁性最高、业务门类最齐全的超级金融服务集团。每位客户到花旗集团的任一营业点,都可得到储蓄、信贷、证券、保险、信托、基金、财务咨询、资产管理等全能式的金融服务。

3. 非银行金融机构实力雄厚,证券直接融资所占比重较大

美国的保险公司、储蓄贷款协会、互助储蓄银行、养老基金、投资基金、金融公司、投资银行等非银行金融机构为数众多,其资产总额大大超过了商业银行。同时,美国的证券市场发达,直接融资所占比重与间接融资相近。

4. 侧重功能性监管,重视金融消费者保护

1933年《银行法》规定了美国银行业分业经营、分业监管的格局,金融业采取多头监管制,有关证券业务主要由联邦证券交易委员会监管,保险业务则受州保险厅和全国性保险同业协会的监管。1999年《金融服务现代化法》允许以金融控股公司的形式从事银行、证券和保险业务。这一金融格局的变化引发了监管框架的相应调整。美国的金融监管被形象地称为“功能性监管”,具体分工为:美联储作为综合一级的监管机构,全面负责监管金融控股公司,必要时可对银行、证券和保险子公司进行有限制的监管,行使裁决权;财政部货币监理署等其他银行监管机构、联邦证券交易委员会和保险监管机构分别对银行、证券公司和保险公司进行分业监管,一旦各监管机构认为美联储的限制监管不适当,可优先行使裁决权。此外,各监管机构之间互通信息,加强联系,为监管的健全性提供保障。《格拉斯-斯蒂格尔法》(Glass-Steagall Act)[①]的结束、《金融服务现代化法》的开始,是美国金融制度多年来变革的结果。制度的更替反映了从20世纪

① 《格拉斯-斯蒂格尔法》是美国1933年《银行法》中第16、20、21、32条的专称,即“格拉斯-斯蒂格尔墙”,把投资银行的证券投资活动与商业银行业务隔离开来,区别对待。

30年代初到90年代末美国整个金融业的历史更替，不仅是一场金融监管制度的变革，更是一个金融机构竞争与整合、金融服务手段创新、金融服务理念革命的过程。

对金融业从严格管制到放松管制、寄希望于“市场纪律”约束的这一变革，确实在一段时间内促进了美国金融创新和金融市场的繁荣。然而，随着现代化金融体系的演进不断加速，市场参与者日益多元化，金融创新日益发展，金融工具日趋复杂，各类金融中介及交易平台不断涌现。美国对于金融创新过于放任的监管理念使金融市场整体上处于约束松懈的状态，与此同时，纵向割据的监管机构对不断创新的金融商品缺乏横向统一规制，存在监管缺位和监管重叠的弊端，金融监管滞后于金融创新的步伐，金融立法失去了适应性和前瞻性。为了应对次贷危机，美国政府对部分面临困境的金融机构进行了国有化，于2009年6月公布了《金融监管改革——新基础：重建金融监管》(Financial Regulatory Reform—A New Foundation：Rebuilding Financial Supervision and Regulation)。该方案几乎涉及美国金融领域的各个方面，从消费者保护到金融机构和金融产品的监管都更为严格，从而确立了对金融市场的全方位监管，冀能确保美国金融市场在全球的核心地位。[①] 2010年7月，奥巴马政府颁布《多德-弗兰克华尔街改革与消费者保护法》(Dodd-Frank Wall Street Reform and Consumer Protection Act,以下简称《多德-弗兰克法》)，主要内容包括：成立金融稳定监管委员会(FSOC)，扩大监管机构权限，实施系统性风险监管；创立消费者金融保护署，将金融消费者保护置于与安全、可靠的审慎监管同等重要的地位；确立“沃尔克规则”[②]，将商业银行传统存贷业务与高风险投机活动分离，禁止银行的自营交易，限制受保银行及其关联机构参与投资风险基金和私募股权基金。特朗普总统上任后，基于金融创新与放松管制的需要，迅速发布了一系列金融监管改革的行政令，力图重构联邦金融监管机构，放松、弱化金融监管规则与标准，并对金融监管机构的权力进行限制，建立新的金融监管秩序。2018年5月，特朗普签署《经济增长、放松监管与消费者保护法》(Economic Growth, Regulatory Relief, and Consumer Protection Act)，对《多德-弗兰克法》的部分条款进行了修改，意味着美国进入金融监管的放松监管阶段。2019年10月，美联储签署“沃尔克规则”修订案，规定于2021年1月生效，在原有基础上对银行交易活动增加了灵活性，适当放松了限制。

---

① 参见吴弘、杨红芹、刘春彦：《对金融风暴的法治思考》，载《东方法学》2009年第3期；罗培新：《美国金融监管的法律与政策困局之反思——兼及对我国金融监管之启示》，载《中国法学》2009年第3期。

② 《多德-弗兰克法》第619条赋予《银行控股公司法》第13条以新的内容。2013年12月10日，包括美联储在内的美国五家金融监管机构表决通过了禁止金融机构进行自营交易的“沃尔克规则”最终版本，其执行细则自2014年4月1日起生效。

（三）英国的金融体制与金融立法

英国的金融体制经历了漫长的演进过程。根据英格兰银行1992年的分类，英国的金融机构分为一级零售银行、二级银行、其他接受存款的机构以及其他金融机构。一级零售银行主要包括巴克莱银行、国民西敏寺银行、劳埃德银行等清算银行及贴现行；二级银行主要包括商人银行、海外银行等；其他接受存款的机构主要是住房贷款协会、国民储蓄银行等；其他金融机构主要指保险公司、养老基金、投资信托公司、伦敦票据交换所以及证券交易所等机构。随着1986年金融"大爆炸"(Big Bang)，英国的金融体制开始发生变化。1986年《金融服务法》(Financial Services Act)出台后，分业经营的限制被取消，银行可以通过设立分支机构或分公司的形式进行证券投资，开展混业经营。相应地，政府也设立了证券与投资委员会(SIB)，负责对从事证券与投资业务的金融机构进行监管。1997年5月20日，英国合并原有的九类金融监管机构的职能，成立了金融服务管理局(FSA)，并剥离英格兰银行监管银行的权力，由FSA行使。政府今后主要负责制定控制通货膨胀的目标，而确定基础利率和实现控制通货膨胀目标的责任将从政府转移到英格兰银行，由英格兰银行独立行使制定货币政策的权力。2000年《金融服务和市场法》(Financial Services and Markets Act)确立了金融服务管理局的单一监管机构地位，它承继了先前证券与投资委员会对证券投资业务、英格兰银行对银行金融机构、财政部对保险机构的监管职能，其监管范围涵盖了全部金融领域，包括证券、银行、保险以及各类互助会。

2008年全球金融危机促使英国大力推行更加彻底、系统的金融监管改革计划。2009年《银行法》(Banking Act)设立了针对银行危机的"特别解决机制"(SRR)和金融服务赔偿计划，扩大英格兰银行的权力，新设金融稳定委员会(FSC)。2012年《金融服务法》(Financial Services Act)对2009年《银行法》与2000年《金融服务和市场法》进行了修改，宣告了英国新的金融监管框架正式建立。英格兰银行下设审慎监管局(PRA)，负责微观审慎监管。金融服务管理局更名为"金融行为监管局"(FCA)，作为独立机构，直接对英国财政部和议会负责，其职责是：促进有效竞争，确保相关市场良好运行，促进消费者获得公平待遇。2014年10月，英格兰银行公布《英格兰银行处置方法》，主要从确定职责分工、明确处置过程两方面完善对银行、特定投资公司等的处置机制。面对金融科技推动的金融创新，英国监管当局为探索更完善的监管措施，于2015年推出"监管沙盒"机制：允许先向金融科技企业发放有限牌照，并在限定条件下和场景中测试开展相关创新业务，金融行为监管局根据测试结果确定是否进一步授予全牌照。

英国的金融争议解决制度也颇有特色，金融申诉服务机构(FOS)由英国议会根据2000年《金融服务和市场法》创立，覆盖全部金融业，为金融机构与客户之间的服务争议提供了一种替代性解决途径。2012年《金融服务法》允许金融申诉服务机构在其网站上公布申诉专员的决定，与金融行为监管局签订谅解备忘录，在众多消费者投诉同一机构或者某类问题涉及多个消费者时提出“超级申诉”，要求监管机构采取相应措施。

(四) 德国的金融体制与金融立法

德国的金融体制包括德意志联邦银行(中央银行)、商业银行(包括大型商业银行、地方银行和私人银行等)、储蓄机构(由基层储蓄银行、州汇划中心、德意志汇划中心[①]三层机构构成)、信用合作银行(由信用合作银行、地区信用合作银行中心和德意志合作银行三个层级构成)和专业银行(主要有抵押银行、消费信贷银行、复兴信贷银行)等。德国采取全能型银行模式，银行可以直接开展法律规定范围内的信贷、证券、保险、信托保管、投资、金融咨询等综合性业务，而无须通过设立子公司或分支机构的形式进行，是一种典型的内部混业经营。

德国银行体系的市场构成有其自身的特点，即信贷银行占主导地位，并与产业资本关系密切；其他金融机构的种类较为有限；市场集中率较高等。相应地，德国金融监管侧重于对银行开业、最低资本额、资本与资产负债比率、银行报告制度、外汇经营等方面进行严格的监督与管理，特别注重对银行信贷规模及结构进行调控，并保持联邦银行与信贷机构、企业界的经常联系，从而对整个宏观经济运行以及通货膨胀控制产生更明显的效果。

尽管德国采取的是全能型银行模式，但是在2002年5月之前，金融监管职能是由联邦信贷监管局、联邦保险监管局和联邦证券交易监管局一起承担的。1957年《联邦银行法》要求德国中央银行必须与联邦信贷监管局和联邦证券交易监管局之间进行密切合作，而且监管行动必须达成一致，这对二战后德国银行较为平稳地运行起到了重要的作用。随着金融市场的发展，各种金融机构之间交叉持股，银行、保险公司、金融服务机构组建成金融集团，系统性业务风险大大增加，竞争恶化，金融市场发生了重大变化。2002年5月，根据《金融监管局设立法案》，德国金融监管局(BaFin)成立，负责监管所有的金融机构，其首要目标就是保证德国有一个功能正常、稳定和日趋融合的统一金融市场。[②] 按照授权，金融监管局不在各州设立下属机构。这样，各州银行日常经营活动的具体监管就由德意志联邦银行在全国9个地区设立的办事机构以及这些办事机构下属的118家分行代为承担，监管情况要向金融监管局报告，由其作出最终决定。

---

① 汇划中心负责保管和管理本州内的储蓄银行流动资金储备以及各银行之间的非现金清算等。德意志汇划中心是德国地方储蓄银行的州划拨中心。

② 参见德国金融监管局官方网站，https://www.bafin.de/EN/DieBaFin/AufgabenGeschichte/aufgabengeschichte_node_en.html，2020年10月25日访问。

根据《联邦银行法》,德意志联邦银行是德国的中央银行,作为欧洲中央银行(ECB)体系的一部分,其主要职能是实现欧洲中央银行体系的货币政策目标、提供和维护支付清算系统以及管理外汇储备等,并未直接涉及金融监管。但是,作为全国唯一具有对金融机构行使统计权的机构,金融监管局实施监管所需的必要信息可从德意志联邦银行获得。此外,德意志联邦银行对涉及金融机构资本金与流动性方面的信息所做的报告,也要向金融监管局提供。①

德国金融业在2008年国际金融危机中受到冲击,主要是因为金融机构持有大量美国抵押证券并受其影响。2010年,为应对处理危机的改革吁请,欧盟建立了欧洲金融监管体系(ESFS),加强宏观审慎监管,成立欧洲系统性风险委员会(ESRB),负责行使其中的宏观审慎职能。

在欧盟和欧洲中央银行的框架下,德国结合自身实际开展了一系列的监管改革与合作。德国将危机应对措施的目标确定为稳定银行和金融系统、维持并重新刺激银行间贷款往来,由此形成的金融监管体系既符合欧盟的一体化原则,又有鲜明的本国特色。主要措施包括:为落实欧洲系统性风险委员会的要求,于2008年10月颁布《金融市场稳定基金法》(FMStFG),设立金融稳定委员会(FSC),承担宏观审慎监管职能;设立金融市场稳定基金,由联邦财政部提供债务和应付款项担保;通过国家注资参股企业,防止对整个金融系统重要的金融机构破产。此外,加强宏观审慎管理的内外部监管合作。德意志联邦银行于2009年5月专门设立金融稳定部,并于2012年和2016年进一步完善宏观审慎管理组织构架,下设银行体系宏观审慎监测部、非银行体系宏观审慎监测部和国际金融体系系统性风险监测部三个部门。此外,欧洲中央银行用扩张性的货币政策配合德国等欧元区国家用财政手段维持流动性,同时采用购买政府债券、对银行进行无限量现金拍卖等非常规措施向市场注入流动性,降低了金融市场的不确定性。②

欧洲议会和欧洲理事会2012年9月就设立欧洲单一监管机制(SSM)达成一致意见,欧洲中央银行直接监管系统重要性银行,并从2014年11月开始对欧元区成员国的六千余家银行行使监管权;其他成员国有加入选择权。

(五)日本的金融体制与金融立法

日本的金融体制由日本银行(中央银行)、金融厅、存款保险机构、金融控股集团、商业银行(包括城市银行和地方银行)、专业银行等民间金融机构(包括外汇专业银行、长期信用银行、信托银行、相互银行、信用金库、信用合作社、信用协

---

① 参见洪艳蓉:《银行监管的海外经验概述与借鉴》,载《证券市场导报》2003年10月号。

② 参见德国金融监管局网站,https://www.bafin.de;史世伟:《德国应对国际金融危机政策评析——特点、成效与退出战略》,载《经济社会体制比较(双月刊)》2010年第6期;文善恩、陈小五:《危机后德国金融监管改革及其对实体经济的影响》,载《上海金融》2019年第4期。

同组合、各种人寿和财产保险公司、证券公司等)、日本输出入银行、日本开发银行、金融公库等政府金融机构以及其他机构(包括海外经济合作基金、邮局、贷款特别会计等)组成。

在1996年11月开始进行金融改革以前,日本的金融市场融资模式以银行间接融资为主导,金融业经营模式以严格分业为原则,以大藏省为主体进行货币调控与金融监管。随着日本经济高速增长时代的结束和国内外经济环境的变化,这一金融运行机制越来越难以有效运转,并产生种种日益严重的弊端。"泡沫经济"破灭以后,日本金融业陷入空前的危机之中:巨额不良债权严重影响着日本金融业的稳定,金融机构的经营危机频频发生;日本金融机构和东京国际金融中心在国际金融市场上的地位不断下降,甚至出现了一定程度的"金融空洞化";金融监管体系问题丛生,人们对日本金融行政当局的信任度减弱。为此,日本政府对金融体制进行了一系列的改革。1997年6月,日本通过了《金融制度改革计划》,其主要内容是确定了银行、证券、信托三种业态的金融机构可以通过设立子公司的形式实现业务的兼营化;同时,生命保险公司和财产保险公司也可以通过设立子公司的形式涉入对方的经营领域。《反垄断法》的修改和自1998年起实施的《银行控股公司法》使日本终于实现了金融控股公司的合法化,也标志着其金融业进入混业经营时代。近些年来,日本金融业出现了大型重组的高潮,超大规模银行合并事件不断出现,由第一劝业银行、富士银行、日本兴业银行于2002年4月1日合并成立的瑞穗集团与三井住友银行集团、三菱东京银行集团、联合金融集团、大和银行集团一起形成了五大金融集团。此外,保险业、证券业的同业重组也呈现快速发展趋势,不同类型的金融机构之间的联合与合作不断加深。[①]

为适应金融混业经营的要求,日本加快金融监管体制改革的步伐,致力于构筑对各种金融商品进行横向整合的金融法制。一方面,日本通过1997年《日本银行法》,加强日本银行作为中央银行的独立性,并强调它应履行金融监管的职责。另一方面,日本通过1997年《金融监督厅设置法》,设立金融监督厅,剥离大藏省对金融机构的监督职权而归其行使,并原封不动地吸纳原属大藏省的证券交易监督委员会。2000年,日本再次剥离大藏省的金融行政计划和立案权限,金融监督厅也更名为"金融厅"。各职能监管部门有工作协调机构,经常联合稽核监察,以减轻被监管对象的负担并提高信息资源的共享性。[②] 到2001年年底,一个以金融厅为核心、独立的中央银行和存款保险机构共同参与、地方财务

① 参见吴昊:《日本金融体制改革与金融秩序重建》,载余昺雕主编:《世纪之交的东北亚区域经济》,吉林文史出版社2002年版。

② 参见洪艳蓉:《银行监管的海外经验概述与借鉴》,载《证券市场导报》2003年10月号。

局(接受金融厅委托)监管的新金融监管体制初步形成。为了适应金融商品和投资服务不断创新发展的现实环境,日本于2006年将《证券交易法》修改为《金融商品交易法》,对证券、信托、金融期货、金融衍生品等金融商品进行一揽子、统合性的规范,构建了一部横向化、整体覆盖金融服务的法律体系。日本这种以保护投资者为目的的横向金融法制的制度设计,较好地平衡和协调了金融创新和金融监管的关系。①

为提升本国金融和资本市场的国际竞争力,日本在2007年7月开始实施"改善金融监管制度行动"②,以改良的方式对现有金融监管制度进行市场化和国际化调整,在行政流程和金融监管体制转型上取得了实质性进展,将原本依赖于政府、行政性指导和指令的封闭型金融监管体系,成功地转变为一个更加开放、主要依赖市场和法制以及透明的信息披露制度的体系。

2008年全球金融危机虽然对日本金融体系的冲击较小,但是由于跨境风险传递日益严重,日本仍借鉴他国经验,对金融监管体系予以进一步完善:一是加强中央银行和金融厅在宏观审慎监管中的配合;二是加强系统性风险监管;三是完善金融监管制度,提高监管行为的透明度。

(六)我国香港地区的金融体制

作为国际金融中心之一,我国香港地区的金融体制有以下独特之处:

第一,实行独特的货币制度和联系汇率制度。香港自1983年10月15日起实施被称为"联系汇率"的货币发行局制度。港币的发行权属于香港特别行政区政府,可授权指定银行即香港上海汇丰银行有限公司、渣打银行(香港)有限公司和中国银行(香港)有限公司发行或继续发行港币。发行货币的银行以固定汇率向外汇基金交付外汇作为货币发行的准备金,以此换回外汇基金颁发的无息负债证明书,然后凭此证书发行等值的港币。联系汇率制度自实施以来有效地维持了港元的稳定。③

第二,虽没有中央银行制度,但金融监管审慎严密。审慎严密的金融法律监管是金融业有序运作和稳健发展的基本保证。目前,香港已架构起一个比较公正、合理、严格、缜密的金融法律监管体制,建立了两个专司其职的金融监管机构:一是金融管理局,二是证券及期货事务监察委员会。在注重政府监管的同时,香港强调行业自律,依靠金融业的同业组织实行自我约束和自我管理,使其

---

① 参见杨东:《论金融法制的横向规制趋势》,载《法学家》2009年第2期。

② 参见张承惠、王刚:《日本金融监管架构的变迁与启示》,载《金融监管研究》2016年第10期;朱小川:《完善金融监管制度的几个启示——以日本"改善金融监管制度行动"为例》,载《金融理论与实践》2011年第2期。

③ 在1997—1998年的亚洲金融危机中,联系汇率制度成功应对,同时也暴露出一些问题。金融危机后,香港特别行政区政府对联系汇率制度予以修正和巩固。

成为对金融实施有效监管的得力助手。为促进保险业的稳健发展,为投保人提供更佳保障,并契合金融监管机构在财政和运作上独立于政府的国际经验,香港于2015年7月通过了《2015年保险公司(修订)条例》,为设立独立的保险业监管局和实施保险中介人法定发牌制度提供了法律框架。自2017年6月26日起,临时保险业监管局正名为保险业监管局并接管保险业监管处的工作。自2019年9月23日起,保险业监管局从三个自律规管机构接手监管保险中介人的工作,实施法定的发牌制度。[①]

第三,实行独特的金融三级制。该制度把香港从事存款及有关活动的金融机构划分为三个级别:持牌银行、有限制牌照银行和接受存款公司。三级银行经营存款业务时,接受存款的类别不同:持牌银行可以接受任何数额和任何期限的公众存款,而且只有这类银行方可经营往来账户、储蓄账户业务;有限制牌照银行可以接受任何期限的公众存款,但存款额不得少于50万港元,不能接受储蓄存款;接受存款公司只能接受10万港元以上的存款,存款期限最少为3个月。三级银行各自的业务范围也不同:持牌银行经营的业务主要包括各类存款、抵押放款、建筑放款、信用透支、进出口押汇、楼宇信贷、海外汇兑、外汇买卖、证券投资、信托和保险代理等;有限制牌照银行的业务属"批发性",主要有包销、财务服务和咨询、集团贷款和可转让存款证买卖等;接受存款公司的业务属"零售性",主要有各类抵押贷款、股票、债券、外汇、黄金、可转让存款证买卖、保险代理、信贷财务和租赁财务、消费者信贷等。

我国香港地区的金融业以法律为核心,在逐步完善的过程中形成了一整套具有香港特色的制度:一方面,重视金融立法,构筑起良好的金融活动的外在制度约束环境;另一方面,不断调整与修改现行法律,逐步完善金融法律制度。香港《金融机构(处置机制)条例》于2017年7月生效,为跨界别处置机制提供了法律依据。处置机制由金融管理专员负责,金融管理局的处置机制办公室负责实施认可机构与处置机制相关的工作。处置机制缓解了具有系统重要性的香港金融机构一旦不可持续经营对香港金融体系的稳定及有效运作构成的风险。

二、金融国际化与金融监管的国际协调

随着金融全球化的发展,国际上制定或者签订了一系列的国际金融条约、协定,如《联合国货币金融会议最后决议书》《国际货币基金协定》《国际复兴开发银行协定》等,并成立了国际复兴开发银行(IBRD)、国际货币基金组织(IMF)、国际清算银行(BIS)等一系列国际金融组织,促进了国际金融的发展。

---

① 关于我国香港地区金融制度的介绍,参见《香港便览——香港的金融制度》,https://www.gov.hk/tc/about/abouthk/factsheets/docs/financial_services.pdf,2020年12月8日访问。

国际复兴开发银行通称“世界银行”(WB),于1945年12月27日根据《国际复兴开发银行协定》成立,其资金来源包括各成员缴纳的股金、向国际金融市场借款和发行债券以及收取贷款利息。只有参加国际货币基金组织的国家才被允许申请成为国际复兴开发银行的成员,只有成员才能申请贷款。私人生产性企业申请贷款要由政府担保。成员申请贷款需要有工程项目计划,而且贷款专款专用。1980年5月,中国恢复了在国际复兴开发银行的合法席位。从1981年起,中国开始借用该行资金。国际货币基金组织是政府间国际金融组织,根据1944年7月在美国新罕布什尔州布雷顿森林召开的联合国和联盟国家的国际货币金融会议上通过的《国际货币基金协定》而成立。其主要业务活动有:向成员提供贷款,在货币问题上促进国际合作,研究国际货币制度改革的有关问题,研究扩大基金组织的作用,提供技术援助,加强与其他国际机构的联系等。然而,面对日趋复杂的国际经济形势,国际货币基金组织原有的功能正在逐渐演变,它希望在帮助其成员应对金融和经济危机以及改革全球金融体系中发挥积极的作用。例如,国际货币基金组织于2020年10月15日发布公报表示,随时准备与世界银行一道帮助其成员应对新冠病毒带来的经济挑战。[①] 国际清算银行成立于1930年,其宗旨为促进各国中央银行间的合作,维持国际金融体系的秩序及稳定;主要功能在于提供国际金融支付清算的服务,进行国际金融和经济的调查研究,针对银行管理制定相关规范,是主要国家中央银行定期集会交换意见和讨论问题的论坛。

二战后,尤其是进入20世纪六七十年代,随着生产和资本的国际化,金融国际化有了飞速发展。同时,一些国家相继放松金融管制,形成金融自由化浪潮,在一定程度上催生了金融资本的垄断发展。金融国际化使得金融风险不可能局限于一国区域内,给金融监管带来了挑战,金融监管迫切需要各国的协调和合作。现有的金融监管国际协调组织分为两类:一类是对成员无法律约束力的国际组织,如巴塞尔委员会、国际证监会组织、国际保险监管官联合会等;另一类是以国际法或区域法为基础的监管组织,通过有法律约束力的监管规则对成员的金融监管产生影响,如欧盟、北美自由贸易区等。

在国际监管组织中,作为一个中央银行监督国际银行活动的联系机构和协调机构,巴塞尔委员会的影响突出。它成立于1975年,主要职责是:交流金融监管信息,制定银行监管条例,加强各成员监管当局间的合作和协调,维护国际银行体系稳健运行。自成立以来,巴塞尔委员会开展了一系列卓有成效的工作,取得了不少成果。这些成果不仅在成员境内得到遵行,而且逐渐被越来越多的非

---

① 参见国际货币基金组织官网,https://www.imf.org/en/News/Articles/2020/10/15/communique-of-the-forty-second-meeting-of-the-imfc,2020年10月25日访问。

成员国家和地区的监管当局和银行自动认可或接受。

(1)《巴塞尔协定》

《巴塞尔协定》(Basle Concordat)[①]主要内容是:(1) 本国和东道国当局共同负有对本国银行设在东道国的分支机构的监督责任;(2) 所有的金融机构不得逃避任何一方的监督;(3) 对外国分支行清偿力的监督实际上是本国当局的职责,而对外国附属机构清偿力的监督则主要是东道国当局的责任;(4) 本国当局与东道国当局通过交换信息进行银行监督的国际合作,也可由本国授权机构代表本国当局在东道国进行监督。

(2)《巴塞尔协议》

1988年7月,巴塞尔委员会颁布《关于统一国际银行资本衡量和资本标准的协议》(International Convergence of Capital Measurement and Capital Standards,以下简称《巴塞尔协议》)。《巴塞尔协议》以资本监管为核心,就资本构成、风险权数、目标标准比率、过渡期和实施的安排等取得共识,在金融监管标准国际统一化的道路上迈出了重要的一步。《巴塞尔协议》的核心规定是:资本对风险加权资产的最低目标标准比率(即通常所说的"资本充足率")为8%,其中核心资本成分至少为4%。《巴塞尔协议》对资本组成、风险加权的计算和资本充足率的目标进行了明确的规范,并就过渡期和实施作了安排。《巴塞尔协议》是一个具有划时代意义的重要成果,是具有广泛影响力的国际金融监管制度,对商业银行的经营和监管有着巨大的影响力。

(3)《有效银行监管的核心原则》

20世纪90年代以来,许多国家银行体系逐渐暴露出一些弱点,严重威胁到各国和世界的金融稳定,主要表现为银行系统的巨额坏账、造成银行损失的违规操作、导致银行倒闭乃至连锁的破坏性反应等。1997年9月,巴塞尔委员会通过了《有效银行监管的核心原则》(Core Principles for Effective Banking Supervision),为规范银行监管提出国际统一的准则,确定了有效银行监管体系所必须具备的25项基本原则,共分7大类,即有效银行监管的先决条件、发债和结构、审慎法规和要求、持续性银行监管手段、信息要求、正式监管权力、跨国银行业。《巴塞尔协议》的制定和逐步推广,为进行有效的银行监管提供了依据,对防范和化解银行业的风险、维护银行体系的稳定发挥了积极作用。但是,《巴塞尔协议》对市场风险和操作风险的考虑不足,而这两者对银行业的破坏日趋显现。1997年亚洲金融危机的爆发和危机蔓延所引起的金融动荡,使金融监管当局和国际

---

① 巴塞尔委员会1983年5月制定了《对银行国外机构的监管原则》,对《巴塞尔协定》中的分权原则作了重大改动,特别强调本国监管的重要性;1990年4月发布了对1983年协定的补充规定;1992年将《巴塞尔协定》的某些原则重新整理为"最低标准"(minimum standards)予以公布。

银行业迫切感到需要重新修订国际金融监管标准。

(4)《巴塞尔协议Ⅱ》

2002年定稿、2005年实施的《新巴塞尔资本协议》(也称《巴塞尔协议Ⅱ》)全面取代1988年《巴塞尔协议》,成为新的国际金融环境下各国银行进行风险管理的新法则。新协议体现了以资本防范风险的理念,把对资本充足率的评估和银行面临的风险进一步紧密结合在一起,使其能够更好地反映银行的真实风险状况。新协议不仅强调资本充足率标准的重要性,还通过互为补充的"三大支柱",即最低资本要求、对机构的资本充足率和内部评估程序进行检讨以及有效利用市场规律,以期有效地提高金融体系的安全性和稳定性。

但是,《巴塞尔协议Ⅱ》未足够重视的某些风险成为2008年全球金融危机的成因。作为全球金融监管改革的重要组成部分,国际银行资本监管也在进一步完善。2009年7月,巴塞尔委员会通过了对1996年交易账户资本计提规则和《巴塞尔协议Ⅱ》"三大支柱"的修订稿,以期达到以下目标:第一,提高压力时期可提取的缓冲资本储备;第二,提高银行资本的质量;第三,引入杠杆率作为《巴塞尔协议Ⅱ》的最低保障机制。同年9月,全球中央银行行长和监管当局负责人会议就资本充足率监管标准和过渡期安排达成了共识。12月,巴塞尔委员会发布正式文件,对7月宣布的市场风险框架和9月所达成共识中的银行压力测试指引予以确认,并准备就市场风险框架和流动性进行修订。[①]

(5)《巴塞尔协议Ⅲ》

2008年全球金融危机爆发后,以《巴塞尔协议Ⅱ》为监管架构所构建的商业银行风险监管体系暴露出诸多脆弱性。继2010年12月发布《巴塞尔协议Ⅲ:更具稳健性的银行和银行体系的全球监管框架》后,巴塞尔委员会在杠杆率、交易对手、信息披露等方面对监管架构进行了补充与完善,以解决在金融危机中暴露出而尚未被有效纳入监管的一些问题,并于2017年12月发布了《巴塞尔协议Ⅲ:后危机改革的最终方案》[②],标志着后危机时代国际银行监管构架改革已基本完成。2019年1月,巴塞尔委员会又发布了《市场风险最低资本要求》。

从整体来看,《巴塞尔协议Ⅲ》确立了宏观与微观结合的审慎监管体系,在延续"三大支柱"的基础上,从资本质量、资本要求等方面进行了改革,还提出了杠杆率、流动性监管框架和系统重要性银行监管等补充和加强措施安排,其系统性风险管理和系统重要性银行监管是对传统监管理念的新突破,对银行全面风险管理体系建设提出了更高的要求。

---

① 参见国际清算银行官网,http://www.bis.org/press/p100912.htm,http://www.bis.org/publ/bcbs193.htm,2020年11月2日访问。

② 参见国际清算银行官网,https://www.bis.org/bcbs/publ/d424.htm,2020年11月2日访问。

此外，针对 2008 年全球金融危机中暴露出的银行在公司治理方面的缺陷，巴塞尔委员会于 2010 年 10 月 4 日发布了《强化公司治理指导原则》。该文件提出了银行实现稳健公司治理的 14 条原则，明确了银行监管机构对银行公司治理的监管责任，并阐释了其他利益相关者和市场参与者、法律框架对于强化银行公司治理的作用。①

在其他金融领域，也存在大量的国际条约和国际惯例。

第四节　中国金融体制与金融立法

一、我国金融体制的发展过程

我国金融体制是在革命根据地和解放区金融体制的基础上，根据建立社会主义国家所处不同阶段的需要逐步建立和发展起来的，经历了艰难曲折的发展过程，大体可分为以下几个时期：

（一）计划经济下的金融体制

1949—1977 年是我国单一制的银行体制时期（或称“一级银行体制时期”“大一统银行体制时期”），即由中国人民银行统一领导、垄断金融的时期。其特点是，中国人民银行既是行使货币发行和金融管理职能的国家机关，又是从事信贷、储蓄、结算、外汇等业务经营活动的经济组织，其机构遍及全国城乡。另外，有少数几家专业银行存在，不受中央银行的领导，而是直接受命于政府。这种金融体制适应了当时高度集权的计划经济体制的需要。

这种金融体制尽管在一定时期适应了计划经济的发展，但是随着我国经济体制由计划经济转向市场经济，表现出以下几个方面的弊端：

第一，金融信用领域狭小，资金运用效率低下。在高度集中的计划经济体制下，全社会的固定资产投资均通过财政资金分配的方式进行，企业生产和流通中的流动资金也通过财政分配，只有临时性、季节性的流动资金不足部分才由银行信贷解决。因此，整个社会对金融信用需求不足，不存在金融市场，整个金融业处于高度压抑的状态下。同时，财政分配的方式也使得资金运用效率相当低下。

第二，信用形式单调，金融机构单一。在此期间，只有单一的银行信用。其他各类信用工具和机构，如商业信用、证券信用、消费信用等，一概被禁止。银行信用处于垄断状态。在全国形成“大一统”银行体制后，中国人民银行同时执行商业银行、政策性银行和中央银行的职能，全面垄断了金融业务活动。

第三，金融对整个国民经济的调控作用微弱。在这种高度集中统一的金融

---

① 参见国际清算银行官网，https://www.bis.org/publ/bcbs176.htm，2020 年 11 月 2 日访问。

体制下,不仅金融活动范围狭小,而且金融的经营管理行政化,金融在资源配置上的作用非常有限。金融的运行主要靠国家编制计划,通过金融机构的严格执行实现,信贷数量和投向、利率等都由国家计划确定。金融只是计划部门的"配角"、财政部门的"出纳",没有自身利益和主观能动性,难以发挥其宏观调控的作用。

(二)改革开放初期的金融体制

1978—1993年是我国中央银行体制的确立和完善时期。在这一时期,我国逐步建立起适应有计划的商品经济发展需要的二级银行体制,又称"中央银行体制"。在恢复、分设专业银行、中国人民保险公司的基础上,中国人民银行开始专门执行中央银行的职能,另设中国工商银行办理工商信贷和城镇储蓄业务。随后,我国重新组建了中国交通银行等全国性综合银行,设立了中信银行等全国性商业银行和招商银行等区域性商业银行。同时,我国还大力发展保险、信托等非银行金融机构,开办了中外合资银行、财务公司等。这样,在我国初步形成了以中央银行为领导,以国有专业银行为主体,多种金融机构并存、分工协作的金融体制。

中央银行体制确立后,中国人民银行逐步运用货币政策,加强宏观调控和监管。具体而言,主要是改革信贷资金管理办法,建立了以再借款和再贷款限额管理为主要手段的信贷规模调控方法,并建立了存款准备金制度,发挥和加强利率的杠杆作用,加强金融法制管理等,从而建立了直接调控和间接调控相结合的宏观调控体系。

金融信用领域也逐步扩大,银行信贷发挥了资金融通的主渠道作用。从1978年起,我国逐步实行资金"全额信贷"制度以及除国家机关和事业单位外固定资产投资的"拨改贷"制度,改革了单一的银行信用,发展了商业信用、国家信用、消费信用和民间信用等多种信用形式,同时银行贷款的对象也不断扩大,使金融信用成为国民经济发展中资金筹集和分配的主要载体。

金融市场尤其是证券市场初具规模,多种金融工具得到发展,资金融通实现多渠道、多形式。1985年后,我国相继形成了资金拆借市场、国债交易市场,成立了上海和深圳两个证券交易所。这些金融市场的形成和建立为我国经济发展和资金融通提供了更广阔、高效、便捷的场所。

(三)全面深化金融体制改革时期的金融体制

按照1993年12月发布的《国务院关于金融体制改革的决定》和《国务院关于进一步改革外汇管理体制的通知》的规定,我国自1994年起开始进行金融体制的全面改革,以建立适应社会主义市场经济发展需要的金融体制。金融体制改革的目标是:建立在国务院领导下,独立执行货币政策的中央银行宏观调控体系;建立政策性金融与商业性金融分离,以国有商业银行为主体、多种金融机构并存的金融组织体系;建立统一开放、有序竞争、严格管理的金融市场体系;把中国人民银行办成真正的中央银行,把国家专业银行办成真正的国有商业银行。截至2010年,原有的国有专业银行都已改制为股份有限公司且成功上市。

自2006年12月起,针对我国农村地区金融服务不足、竞争不充分的状况,中国银行业监督管理委员会(以下简称"中国银监会")调整放宽农村地区银行业金融机构准入政策,包括村镇银行、贷款公司和农村资金互助社等在内的新型农村金融机构的设立使农村地区金融机构覆盖率提高,而且类型更加多元化。

以中国银监会的成立为契机,行政与监管实现分离。中国银监会坚持在审慎监管、严格审批的原则下,支持符合条件的中资银行业金融机构在海外设置机构和投资入股境外金融机构,涵盖商业银行、投资银行、保险等多种金融服务领域,并继续推进其他各类金融机构和金融市场改革发展。

(四)后金融危机时代的金融体制:着力建立现代金融体系

2008年以来,国际金融危机的影响不断加深,对各国金融体制产生了重大影响,更加强调金融服务实体经济的功能。随着金融科技的发展,普惠金融方兴未艾,金融产品日益多样化、复杂化,金融机构的综合经营业态日趋复杂,严重侵害金融消费者权益的乱象屡屡发生,机构监管模式下存在的监管竞争、监管空白、监管套利等问题也越来越突出,已经难以较好地防范系统性风险。根据我国"十三五"规划纲要的明确要求,改革金融监管体系,以加强宏观审慎管理、统筹监管系统重要性金融机构、建立功能监管和行为监管框架为重点,金融体制进行了进一步的改革。

目前,我国建立健全央行"双支柱"调控体系,确立了宏观审慎管理框架;成立了国务院金融稳定发展委员会,以解决金融监管的横向协调问题,弥补分业监管的不足,加强对金融创新和部分跨金融领域经营的监管。2018年,中国银监会与中国保险监督管理委员会(以下简称"中国保监会")进行了职责整合,组建了中国银保监会。我国还在一定范围内继续进行金融市场双开放,开放银行间债券市场,推出沪港通、深港通、债券通,进行自贸区金融改革等。为了保护金融消费者权益,自2012年以来,在中国人民银行、中国银保监会、中国证监会内部建立起一整套金融消费者保护机构,并建立了多元化的金融消费纠纷解决机制。

随着诸多非传统的金融形态大量涌现,地方金融在发展过程中也积累了许多风险。2017年,第五次全国金融工作会议首次明确了地方政府的金融事权,确立了地方金融以中央为主、地方为辅的"7+4"监管格局[①]。此后,各地纷纷组

---

① 此处的"7"指小额贷款公司、融资担保公司、区域性股权市场、典当行、融资租赁公司、商业保理公司、地方资产管理公司;"4"指投资公司、农民专业合作社、社会众筹机构、地方各类交易所。事实上,民间借贷等大量非正规地方金融行为也属于地方事权。

建地方金融监管机构,并建立了地方金融监管协调机制,金融监管"央地协同"格局加速形成。

党的十八大提出,我国金融体制应致力于构建现代化、国际化的现代金融体系。随着我国进入新的发展阶段,金融体制与金融立法处在进一步持续深化改革与发展中。

二、我国金融立法的沿革与现状

(一)计划经济下的金融立法

在这一时期,由于实行高度集中的计划经济体制,我国的金融事业发展缓慢,对金融活动的规范和管理以行政手段为主,以计划和政策作为主要管理手段,金融立法没有受到足够重视,金融法的表现形式多为一些行政管理性的法规、规章和政策。

(二)改革开放初期的金融立法

实行改革开放政策后,随着金融改革的深化以及法制建设进程的加快,适应有计划的商品经济的需要,我国加快了金融立法的步伐,制定了大量的金融法规和规章,其中以 1986 年 1 月 7 日发布的《中华人民共和国银行管理暂行条例》(以下简称《银行管理暂行条例》)为代表。

(三)社会主义市场经济条件下调整时期的金融立法

1993 年,我国确立了建立社会主义市场经济体制的目标,金融体制的总体目标得以确立,金融改革进一步深化,金融立法也步入一个崭新时期。尤其是 1995 年,可以说是我国的"金融立法年"。在这一年,我国颁布了四部金融基本法律及一个决定:1995 年 3 月 18 日颁布了《中国人民银行法》,1995 年 5 月 10 日颁布了《中华人民共和国商业银行法》(以下简称《商业银行法》)和《中华人民共和国票据法》(以下简称《票据法》),1995 年 6 月 30 日颁布了《中华人民共和国商业保险法》和《全国人民代表大会常务委员会关于惩治破坏金融秩序犯罪的决定》。这从根本上改变了我国金融领域欠缺基本法律规范的局面,初步形成了金融法体系的基本框架。此后,我国金融立法进入系统立法阶段,立法的层次有了提高。1997 年 3 月 14 日修订的《刑法》对金融犯罪作了规定。1998 年 12 月 29 日发布的《证券法》规范证券市场。2001 年 4 月 28 日发布的《中华人民共和国信托法》(以下简称《信托法》)调整信托关系。2003 年 10 月 28 日发布的《中华人民共和国证券投资基金法》(以下简称《证券投资基金法》)规范证券投资基金活动。2003 年 12 月 27 日发布的《中华人民共和国银行业监督管理法》(以下简称《银行业监督管理法》)加强对银行业的监督管理,规范监督管理行为,防范和化解银行业风险,我国"一行三会"的金融监管格局形成。2006 年 8 月 27 日发布的《中华人民共和国企业破产法》(以下简称《企业破产法》)适用于金融机构,是企业退出的重要法律规范。

此后,适应国内外金融发展的现实需要,我国金融立法继续对金融生态法律环境进行优化调整,全国人大常委会对一些重要的金融法律进行了相应的修改,包括《中国人民银行法》《银行业监督管理法》《商业银行法》《证券法》《保险法》等,加强金融监管协调。国务院与各金融监管机构也发布了一系列金融法规与金融规章,金融法律制度逐步完善。

为履行我国加入世界贸易组织关于金融开放的承诺,2001年12月,国务院发布《中华人民共和国外资保险公司管理条例》(以下简称《外资保险公司管理条例》),加强和完善对外资保险公司的监督管理。2006年11月,国务院发布《中华人民共和国外资银行管理条例》(以下简称《外资银行管理条例》),确立外资银行当地法人化制度,允许外商独资银行、中外合资银行开展经国务院银行业监督管理机构批准的部分或者全部外汇业务和人民币业务,经营经中国人民银行批准的结汇、售汇业务。2008年8月1日,国务院修订通过《中华人民共和国外汇管理条例》,以下简称《外汇管理条例》)。2009年7月1日,中国人民银行等联合公布《跨境贸易人民币结算试点管理办法》,成为人民币对外支付改革的重要制度安排。

(四)党的十八大以来的金融立法

自2012年开始,在党的十八大报告关于"完善中国特色社会主义法律体系,加强重点领域立法"的理念指引下,我国金融立法工作加强了重点立法项目推进,注重立法的质量和精细化。具体而言,一方面,吸取国际金融危机的教训,借鉴各国应对危机和推动监管改革的经验,着力填补金融监管空白,完善相关制度,防范系统性金融风险;另一方面,引导金融服务实体经济,支持普惠金融发展,加强金融消费者权益保护。

这一阶段,金融立法工作突出表现为对已有法律和行政法规的修订与完善。例如,《证券法》分别于2013年6月和2014年8月进行了修正,并于2019年12月由第十三届全国人大常委会完成了大修,资本市场机制进一步完善。《保险法》分别于2014年8月和2015年4月进行了两次修正。《证券投资基金法》于2012年12月和2015年4月分别进行了修订和修正。2014年8月和2018年12月,《预算法》进行了两次修正。国务院重要的行政法规修订工作主要有:2013年5月和2019年9月对《外资保险公司管理条例》进行了两次修订;2012年10月、2013年7月、2016年2月和2017年3月对《期货交易管理条例》进行了四次修订;2014年7月、2014年11月和2019年9月对《外资银行管理条例》进行了三次修订。

这一阶段,国务院公布了一些重要的金融行业行政法规,国务院办公厅等发布了许多指导金融工作的意见。例如,2013年3月施行的《征信业管理条例》,

标志着酝酿十年的征信行业法规正式出台,我国征信业步入有法可依的轨道。2015年2月公布的《存款保险条例》,确立了我国存款保险制度的实施目标、覆盖范围、存款保险基金筹集和管理机制等基本内容,使我国的金融安全网更加完善。2015年8月,国务院法制办公室公布《非存款类放贷组织条例(征求意见稿)》,向社会公开征求意见,研究建立我国金融机构有序处置机制。2015年11月,《国务院办公厅关于加强金融消费者权益保护工作的指导意见》发布,规范和引导金融消费者权益保护工作。2016年4月,国务院办公厅印发《互联网金融风险专项整治工作实施方案》,着手对P2P网贷和股权众筹业务、互联网资管和跨界金融业务、第三方支付业务、互联网领域广告等互联网金融风险累积重点领域进行整治。2017年8月,《融资担保公司监督管理条例》出台,这是我国第一个明确地方金融监管职责的行政法规。2020年9月,国务院印发《国务院关于实施金融控股公司准入管理的决定》,该决定规定的对金融控股公司实施准入管理是补齐监管短板、深化金融改革的重要举措,有利于规范市场秩序,防范和化解风险,增强金融服务实体的经济能力。

此外,地方金融立法有了开创性进展。以2016年3月《山东省地方金融条例》的发布为始,河北、四川、天津、辽宁、上海、浙江等省市先后出台地方金融立法。地方金融立法对规范地方金融组织及其活动,维护金融消费者和投资者的合法权益,防范和化解金融风险,促进当地金融健康发展和金融建设具有重要作用。在国务院立法层面,《地方金融监督管理条例》已作为重点项目展开立法工作。

总之,我国的金融立法是与金融体制的改革同步推进的,金融体制改革和发展取得了巨大的成就,金融立法工作也进入全新阶段。金融立法工作在保护金融改革成果、规范金融组织体系和金融业务行为方面起到了不可替代的作用,保证和促进了我国金融业在改革开放进程中的发展。但是,从总体上说,我国当前的金融法制建设尚处于发展阶段,落后于经济体制改革迅速发展的要求。[①] 这突出表现在以下两方面:

(1) 许多重要的金融市场和金融主体的立法层次不高、法律效力低。在金融立法方面,由全国人大及其常委会通过的法律较少,主要是国务院颁布的行政法规和中国人民银行等部门发布的行政规章,在政策性银行、融资租赁、期货管理、外汇管理等方面缺少高层次的立法。

(2) 法律系统性差。法律体系应是各个不同层次、调整不同领域的法律、行政法规和规章相互衔接和相互支持的有机体。鉴于金融立法具有不完备性这一固有特点,我国有些金融立法的内容抽象、操作性较差,与金融监管部门之间的

---

① 参见朱大旗:《金融法》(第三版),中国人民大学出版社2015年版,第50页。

协调还在改革中,政出多门,新旧法律之间、不同层次的法律之间矛盾、抵触之处甚多。虽然近年来我国已经在金融法律法规清理方面作了很多努力,但是仍存在一些问题,致使金融业务活动和金融监管活动难以依法进行。

在社会主义市场经济体制改革不断深化和金融开放不断扩大的前提下,我国金融法治工作的重要性日益凸显。现阶段,金融法治工作呈现出以下几个趋势:一是不断加强金融立法,完善法律规则体系;二是完善权力运行制约机制,使监管职责、检查权、处罚权适度分离;三是健全行政裁量权基准,规范自由裁量权;四是加大对金融违法行为的处罚力度,切实严肃市场纪律。进一步加强金融立法工作,是促进和推动金融体制改革顺利进行,促进我国金融事业朝现代化、国际化方向健康发展的重要保障。当前,在金融立法的内容方面,应加强宏观层面的金融制度立法,补齐金融监管协调的短板;强化对实体经济市场主体的金融支持,加强普惠金融制度和地方金融监管建设,完善资本市场基础制度;建立跨领域金融业务规则和监管制度,治理金融乱象,防范系统性风险;加快中国法域外适用的体系建设。

思考题

1. 简述金融法的调整对象及其主要内容。
2. 我国金融法体系主要包括哪些内容?
3. 我国金融法的基本原则有哪些?
4. 试论我国金融监管模式的完善。
5. 试以金融控股公司为例,分析分业经营和混业经营的利弊。

第二章　金融组织法律制度

第一节　金融组织法律制度概述

一、金融组织概述

银行是专门经营存款、贷款和汇兑等货币信用业务，充当信用中介和支付中介的金融机构。银行业是从历史上的货币兑换业发展过来的。1171年成立的威尼斯银行是世界近代史上第一家银行。1694年在英国伦敦组建的英格兰银行是世界上第一家股份制银行。

随着经济、金融的发展和创新，各类非银行金融机构迅速发展，在经济生活中的地位日益重要，与银行互相补充、互相竞争，构成一国的金融组织体系。在当代，银行业与证券业、信托业、保险业并列为金融四大行业。

我国现有的银行机构主要有中央银行、商业银行和政策性银行等，非银行金融机构主要有证券公司、信托投资公司、保险公司、基金管理公司、金融租赁公司、信用合作社、邮政储汇局、企业集团财务公司、金融资产管理公司、汽车金融公司等。此外，我国还有外资银行、外国银行分行、中外合资银行、外商独资财务公司、中外合资财务公司、外资参股证券公司、外资保险公司（外商独资保险公司、中外合资保险公司和外国保险公司分公司）、中外合资基金管理公司等涉外金融机构。

二、银行法概述

银行法是调整银行组织机构、业务经营，对银行进行调控和监督管理的法律规范的总称。银行法是金融法的核心，也是金融法的基本法。

根据所规范内容的不同，银行法可以分为银行调控和监督管理法、银行组织法、银行业务法。银行调控和监督管理法是关于银行业监督管理机构对银行的组织机构及其经营活动进行监督管理的法律规范的总称；银行组织法是关于银行机构的性质、地位、设立、变更、终止等组织方面的法律规范的总称；银行业务法是关于银行机构开展业务活动的法律规范的总称。根据所调整银行类型的不同，银行法可以分为中央银行法、商业银行法和政策性银行法。

三、我国银行立法概述

中华人民共和国成立后到改革开放前，实行高度集中的计划经济体制，反映在金融上就是高度统一和单一的金融体制。虽然我国先后成立了中国人民银行、中国银行、中国建设银行、中国农业银行，但是银行立法并没有受到重视，银行法的表现形式多为一些行政管理性质的法规、规章。

1978年以来，我国逐渐建立起一个以中央银行为主导、各类商业银行为主体、多种金融机构并存与分工协作的金融机构体系。银行立法也进入前所未有的新时代，形成了以银行业法律为基础，银行业行政法规、行政规章及规范性文件为补充，较为完善的银行业法律体系。具体而言，银行业法律包括：《中国人民银行法》(1995年颁布实施，2003年12月27日修正，2020年10月发布修订草案征求意见稿)、《商业银行法》(1995年颁布实施，2003年12月27日第一次修正，2015年8月29日第二次修正)、《银行业监督管理法》(2003年颁布，2004年实施，2006年10月31日修正)、《中华人民共和国反洗钱法》(2006年颁布，2007年实施，以下简称《反洗钱法》)等。银行业行政法规主要包括：《金融资产管理公司条例》(国务院2000年11月10日公布并施行)、《金融机构撤销条例》(国务院2001年11月23日公布，自2001年12月15日起施行)、《外资银行管理条例》(国务院2006年11月11日公布，自2006年12月11日起施行，2019年9月30日第三次修订)、《征信管理业条例》(国务院2013年1月21日公布，自2013年3月15日起施行)、《存款保险条例》(国务院2015年2月17日公布，自2015年5月1日起施行)等。

但是，金融法律颁布之后无法频繁修改，而金融市场发展变化较大，法律经常与现实情况不相适应。由于不能立即修改法律，也难以通过立法解释和司法解释进行修订，因此出现了行政主管部门制定暂行规定、变更原来立法的情形。[①] 中国银监会以及后来组建的中国银保监会颁布了数量可观的银行业监管规章和规范性文件，在一定程度上弥补了我国银行业法律法规的滞后与不足。

第二节　中央银行法律制度

一、中央银行法律制度概述

(一) 中央银行的产生和建立

中央银行是一国实施货币政策和金融监管的金融机构。瑞典1668年收归

① 参见吴志攀：《金融法制十年》，载《中国金融》2005年第13期。

国有的里克斯银行被认为是中央银行的萌芽。学术界公认的中央银行的鼻祖是英格兰银行,1694 年根据英国国王特准令成立,具有货币发行权。1844 年《皮尔条例》宣布英格兰银行拥有货币的垄断发行权。1854 年,英格兰银行取得清算银行的地位。1872 年,英格兰银行充当起"最后贷款人"的角色,最终确定了中央银行的地位。到了 20 世纪,各国普遍建立了中央银行。

中央银行主要是通过两种方式建立的:第一种,从一般的商业银行演变而来,由国家通过立法逐步确定其中央银行的地位。英格兰银行就是这种方式的典型代表。第二种,直接依法建立中央银行。这种方式的典型代表是美国的联邦储备系统。1913 年,美国国会通过《联邦储备法》,据此建立联邦储备系统,履行中央银行的职能。大多数国家的中央银行是直接依法建立的。

(二) 中央银行的性质

对于中央银行究竟属于国家机关还是一种特殊的企业,各国法律的规定并不一致。根据《荷兰银行法》,荷兰的中央银行荷兰银行是一家股份有限公司;《瑞典国家银行法》将瑞典国家银行定义为直属于国会的政府组织;[①]而《韩国银行法》规定韩国银行是无资本的特殊法人。[②] 综合各国情况来看,中央银行是一种特殊的金融机构,兼具金融机构和国家机关的双重属性。

中央银行首先是一家金融机构。无论是从商业银行演变而来的,还是直接依法建立的,中央银行均有权从事金融业务,包括货币、信用等金融活动。所以,中央银行具有一般金融机构的特性。但是,中央银行与商业银行相比又体现出国家机关的特性,是一国的最高金融管理机关。不经营商业银行业务,不以营利为经营目标,资本国有化,在人事上由国家任免,并且通过货币政策工具对国家的金融乃至整个经济进行调控,这些均反映出中央银行是国家机关的特性。

(三) 中央银行的法律地位

中央银行的法律地位,是指中央银行在国家机构体系中的地位,核心问题是中央银行在制定和执行金融货币政策时,相对于政府而言享有多大的权力或者具有多大的独立性。中央银行的独立性问题直接关系到它在金融宏观调控中的作用和对整个国民经济的影响。

在中央银行的独立性问题上,各国中央银行法的规定不尽相同,概括起来,有以下三种类型:

第一,直接对议会或者国会负责,独立性较大。这一类型的中央银行可以独立地制定和执行货币政策,政府不得对其发布命令和指示。美国和德国的中央银行是这一类型的典型代表。此外,瑞典、瑞士等国也实行此类中央银行制度。

---

① 参见郭庆平主编:《中央银行法的理论与实践》,中国金融出版社 2016 年版,第 6 页。

② 参见朱崇实、刘志云主编:《金融法教程》(第四版),法律出版社 2017 年版,第 33 页。

第二，名义上属于财政部，独立性居中。对于这一类型的中央银行，法律往往规定政府可以对其发布指令，监督其业务活动，并有权任免其高层领导。与直接对议会或者国会负责的中央银行相比，这一类型的中央银行的法律地位较低。但是，由于政府从未或者极少使用其权力，这一类型的中央银行在实际业务操作中仍保持着较大的独立性。英国、日本、加拿大等国的中央银行属于这一类型。

第三，直接受控于政府，独立性较小。这一类型的中央银行无论在组织管理的隶属关系还是货币政策的制定、执行上，受政府影响都很大。这一类型的中央银行制定货币政策必须依据政府的指令，有的甚至无权制定货币政策，采取重大金融措施时必须经政府批准。中央银行属于这一类型的国家有意大利、法国、比利时、澳大利亚、巴西、韩国等。

（四）中央银行的职能

传统的、典型的表述方法是，中央银行的职能分为发行的银行、政府的银行和银行的银行三大职能。这是根据中央银行在国民经济中承担的角色进行划分的。

1. 发行的银行

发行的银行是中央银行的基本职能，是指中央银行垄断发行国家的货币。中央银行的形成过程就是货币发行权的集中过程。现在，设有中央银行的国家和地区普遍规定中央银行独占货币发行权。例如，《德意志联邦银行法》第 14 条第 1 款规定："在不违反建立欧盟的条约之第 106 条和本法有效范围内，发行银行钞票的专属权归德意志联邦银行。"《日本银行法》第 29 条规定："日本银行发行银行券。该银行券无限制地通用于一切公私交易。"[①]发行货币不仅是中央银行的一项重要职能，也是中央银行行使其他职能的重要基础。只有垄断货币发行权，中央银行才能根据经济情况的变化调整货币供应量，保证货币政策的实施。

有些国家和地区不设中央银行，货币发行权往往由专门设立的机构享有，或者授权商业银行发行货币。例如，新加坡的货币发行机构是新加坡货币委员会的常设机构货币局。我国香港地区自 1983 年 10 月 15 日起实施被称为"联系汇率"的货币发行局制度，其运作由外汇基金咨询委员会辖下的货币发行委员会负责监察。香港特别行政区政府可授权指定银行发行或继续发行港币。我国香港地区现有三家发钞银行，分别是香港上海汇丰银行有限公司、渣打银行（香港）有限公司和中国银行（香港）有限公司。

2. 政府的银行

政府的银行，主要是指中央银行的货币政策成为政府调节和干预经济的重

---

① 转引自陈乐田主编：《银行法》，法律出版社 1999 年版，第 21 页。

要工具,中央银行代理国库收支;为财政部开户,作为政府的代理人,代表政府从事有关的国际金融活动;向政府提供各种金融服务,为政府融通资金等;行使全部或部分金融监管职能。

3. 银行的银行

银行的银行,是指中央银行可以向商业银行提供贷款,对商业银行的支付能力和风险负有监管责任,是“最后贷款人”。中央银行向商业银行提供的服务主要有:集中保管金融机构的存款准备金;向金融机构提供再贷款和再贴现;维护支付和清算系统的正常运行,为金融机构提供清算服务等。[①]

除了以上对中央银行职能的归类方法以外,还有其他的归类方法。例如,美国一些大学的通用教科书《货币、银行与经济》认为,中央银行有两个主要职能:一是控制货币数量和利率,即控制货币供给;二是防止大量的银行倒闭,即最后贷款人职能。此外,中央银行还有一些日常职能,如为商业银行和政府提供服务、发行通货、充当政府顾问等。[②]一些教科书和论文还提出了两类比较通用的归类方法,即将中央银行的职能分为宏观调控、公共服务和金融监管三个方面,或者分为宏观上的货币政策和微观上的金融监管两个方面。

无论从哪个角度对中央银行的职能进行归类,都是为了更好地发挥中央银行的职能。

(五)中央银行的组织形式和结构

由于各国政治、经济、历史文化和金融发展水平的差异,中央银行的组织形式和结构也存在着较大差异。

1. 中央银行的组织形式

中央银行的组织形式大致有四种类型:

(1)单一制。单一中央银行制度,是指全国只设一家中央银行,并根据需要下设若干分支机构,因此也称“总分行制”。中央银行本身虽是由总行和分支机构组成的系统,但它作为一个法人开展业务,实行集中统一和适当分权相结合的管理体制。在这种体制下,分支机构属于派出机构,不得独立地制定自己的货币政策,而是执行总行的货币政策。目前,大多数国家的中央银行采用这种组织形式,如英国、日本、法国、意大利、韩国等。

(2)二元制。二元中央银行制度,是指在一个国家内,设置中央和地方两级中央银行机构。它的特点是,地方区域性中央银行并不是隶属于总行的分支机构,而是有权机构,除执行统一的货币政策外,在业务经营管理上具有较大的独

① 参见郭庆平主编:《中央银行法的理论与实践》,中国金融出版社2016年版,第2页。

② 参见〔美〕托马斯·梅耶、詹姆斯·S.杜森贝里、罗伯特·Z.阿利伯:《货币、银行与经济》(第六版),林宝清、洪锡熙等译,上海三联书店、上海人民出版社2007年版,第198—199页。

立性。因这一制度主要适用于联邦制国家，故又称“联邦式中央银行制度”。美国、德国等采用这一制度。

随着经济的发展，单一制和二元制的实质性区别正在逐渐消失。区域性中央银行正逐渐成为中央银行的分支机构，其独立性越来越小，权力也日益集中在中央机构手中。

(3) 跨国制。跨国中央银行制度，是指几个国家共同组成一个货币联盟，这些国家不设本国的中央银行，而由货币联盟为各成员国执行中央银行的职能。典型代表是西非货币联盟、中非国家银行、东加勒比货币联盟等。欧盟的情况比较特殊，作为欧洲中央银行体系的核心，欧洲中央银行负责欧元区的货币政策，与欧盟各国的中央银行一起承担欧盟中央银行的职能。

(4) 准中央银行制。准中央银行制度，是指国内没有真正专业化的、具备完全职能的中央银行，而是由几个履行有限中央银行职能的类似中央银行的机构共同组成一个准中央银行体系。例如，新加坡中央银行的职能是由金融管理局和货币委员会两个机构共同行使的，金融管理局行使中央银行除货币发行以外的其他职能，货币发行则由货币委员会的常设机构货币局负责。

2. 中央银行的资本结构

中央银行的资本结构，实质上是指中央银行的资本所有制，即中央银行的资本来源。目前，各国中央银行主要实行以下几种资本机构：

(1) 国有制。即中央银行的全部资本属于国家所有，或者由国家拨款出资设立，或者由国家对某一私有商业银行实施国有化改组而成。世界上大多数中央银行实行资本国有制。

(2) 会员制。即中央银行的全部资本由参加中央银行系统的金融机构出资认缴和持有。例如，美国各联邦储备银行的全部资本由参加联邦储备系统的会员银行认购并持有。

(3) 私有制。即中央银行的全部资本由私有企业法人出资认缴。例如，意大利银行的全部资本由储蓄银行、全国性银行、公营信贷机构等企业法人持有，经政府授权，执行中央银行的职能。

(4) 混合所有制。即国有资本和私人资本共同组建和持有中央银行。例如，日本银行资本的55%由政府持有，其余45%由私人持有。其他实行这一制度的国家还有比利时、墨西哥、奥地利等。但是，这些国家的银行法都规定，私人持股者除依法领取固定的股息外，没有其他权力。这样规定主要是为了保障中央银行的公益性和独立性。

(5) 多国所有制。即跨国中央银行的资本不为某一国所独有，而是由各成员国共有。

(6) 无资本制。目前，世界上仅韩国有一家无资本的中央银行。根据1950

年《韩国银行法》设立的韩国银行执行中央银行职能,最初资本全部由政府提供。1962 年《韩国银行法》的修改使韩国银行成为一个不再拥有资本的特殊法人。该法第 2 条规定:"韩国银行为无资本之特殊法人。"

3. 中央银行的组织结构

在单一制模式下,中央银行的组织结构主要包括权力机构、内部职能机构和分支机构。

(1) 权力机构。中央银行的权力主要包括决策和执行两个方面。有些国家的中央银行在这两个方面的权力由同一个机构行使,而有些国家则由不同的机构行使。前者如英格兰银行的董事会和美国联邦储备理事会,后者如德国的联邦银行理事会和执行理事会。

(2) 内部职能机构。中央银行根据其职能和业务管理的需要,设立若干职能部门作为具体的执行机构,如行政办公机构、业务机构等。

(3) 分支机构。中央银行根据经济和金融发展的需要,按一定的经济区域设立分支机构。各分支机构根据总行的授权,在各自的辖区内执行中央银行职能。各分支机构是作为总行的派出机构存在的,并非一级独立机构。

在二元制模式下,中央银行由联邦层面的中央银行与地方区域性中央银行组成。

(六) 中央银行的货币政策

制定和实施货币政策是中央银行的主要职能之一,传统上和金融监管一起构成中央银行的主要职能。货币政策是国家为了实现特定的经济目标而采用的各种调控货币供应量或者信用量的金融措施。

1. 货币政策目标

货币政策目标是一国中央银行据以制定和实施货币政策的基础,包括终极目标(或称"最终目标")和中介目标(或称"操作目标")。一般所称的"货币政策目标"仅指货币政策的终极目标。

关于货币政策目标的具体内容,理论上存在争议,各国不尽相同。同时,同一国家在不同时期,其货币政策的侧重点也有所不同。就各国中央银行在不同时期的目标选择而言,有的明确突出一个目标,有的则明确追求几个目标。对于前者,可称之为"单目标";对于后者,可称之为"多目标"。美国联邦储备系统把促进经济增长、充分就业、稳定币值和平衡国际收支等经济指标作为货币政策目标,核心是就业和稳定两项。1998 年《日本银行法》第 2 条明确规定,日本银行的货币政策目标是稳定物价,以此促进经济增长。英格兰银行的货币政策目标是实现物价稳定(低而稳定的通货膨胀),在此前提下,帮助政府实现其他经济增长和就业目标。[1] 德国联邦银行作为欧洲中央银行体系的一部分，首要目标是稳定币值。国际货币基金组织和其他国际金融组织关于货币政策目标的主流观点都是强调单目标的稳定币值。

2. 货币政策工具

货币政策工具，是指中央银行为实现货币政策目标而运用的手段。中央银行运用货币政策工具的活动即为中央银行的金融业务活动。根据货币政策工具的作用对象和效果的不同，货币政策工具可以分成两类：一类是一般性货币政策工具，即以整个金融系统的资产运用与负债经营活动为对象，对整个社会的信用和货币供需状况都将产生影响的货币政策工具，主要包括法定存款准备金率、基准利率、再贴现率、再贷款、公开市场操作等；另一类是选择性货币政策工具，即以个别金融机构的资产运用与负债经营活动为对象，影响某些特殊经济领域的信用和货币供需状况的货币政策工具，主要包括信贷计划、贷款限额管理、特种存款账户、消费信用管理、不动产信用管理、证券保证金比例、道义劝告、窗口指导等。

3. 货币政策的制定和实施

货币政策的制定和实施，是指由谁来行使货币政策的决策权和由谁来执行货币政策。正确处理好这两个问题，有利于保证货币政策的科学性、权威性和独立性。根据各国对货币政策决策机构和决策权限的规定，货币政策的制定和实施主要有两类：

(1) 由中央银行统一行使货币政策决策权和执行权。美国是这种模式的代表。美国的货币政策决策权和执行权都集中在美联储。美联储负责制定货币政策，在货币金融政策上有权独立作出决定，直接向国会负责。英国的英格兰银行在获得独立的货币政策制定权后，由货币政策委员会负责制定货币政策。

(2) 单独设立一个货币政策决策机构，负责制定货币政策，然后由中央银行负责执行，货币政策决策权和执行权相分离。这种模式下的货币政策决策机构的地位比较超然，既在中央银行之上，又在中央银行之外，权力也比较大。法国、日本是这种模式的代表。

(七) 中央银行的金融监管

对于中央银行职能的认识，在学术上和实践中并不统一，主要争议集中在中央银行的金融监管职能上，即中央银行是否应具有金融监管职能。

1. 支持中央银行具有金融监管职能的理由

第一，货币政策和金融监管是两种相互联系的职能。金融监管职能是中央银行有效实施货币政策的前提和必要措施，因此必须由中央银行统一行使。例

---

① 参见英格兰银行官网，https://www.bankofengland.co.uk/，2020年10月26日访问。

如,在澳大利亚,虽然承认中央银行的监管责任与其货币调控职能在某些情况下可能出现冲突,但是坎贝尔调查委员会[①]和马丁小组[②]一致认为只有中央银行才能最有效地将这两项职责协调起来。澳大利亚储备银行认为不仅应继续保留其金融监管职能,而且应通过立法扩大其监督权。

第二,强有力的金融监管机构是实施有效金融监管的前提,独立的中央银行是最强有力的金融监管机构,而分类设立、只负责监管而无其他职能的金融监管机构只会造成监管的松弛,并导致极为不利的结果。英国学者古德哈特和斯哥梅克1993年对24个国家的104家破产的全国性银行进行了调查,评价中央银行货币政策和监管职能应该联合还是分离。他们的一个结论是:与实行货币政策和监管职能分离体制的国家相比,实行联合体制国家的银行破产数较少。[③]此外,还有其他理由,诸如中央银行拥有实施金融监管所必需的信息和充足的资源等。

2. 反对中央银行具有金融监管职能的理由

第一,货币政策和金融监管虽相互联系,但仍是两种不同性质的职能,并且这两种职能会出现冲突,因此应加以分离,不宜由中央银行兼有。例如,瑞士一个负责修改银行法的专家小组就反对把金融监管职能由联邦银行委员会转交中央银行,其理由是:为维护债权人利益而进行银行监管与实施货币和外汇政策是两种不同的职能,这两种职能必须由法律界限清楚的不同机构履行,尽管这种区别不应妨碍它们之间的协调。[④]

第二,中央银行独立于政府几乎已成共识。事实上,各国中央银行具有独立地位已是大势所趋。独立后的中央银行虽也是公法意义上的法人,可享有公权力,但因为其独立于政府的性质,如果兼有金融监督职能,意味着政府没有金融监管职能,而这是任何一个政府都不会接受的。从法律上界定,金融监管职能无疑属于行政职能的范畴,因此只能由政府行使。这也许是中央银行获得独立性的代价,就像当年中央银行获得金融监管职能时要丧失商业银行职能一样。实践也证明了这一点。德国、美国等国的中央银行从一开始就具有独立地位,不具有监管职能。但是,几乎所有兼有金融监管职能的中央银行都隶属于政府。需要说明的是,2008年全球金融危机后,各国中央银行陆续被赋予宏观审慎监管职能。在英格兰银行获得货币政策决策权两周以后,英国财政大臣就宣布:英格

---

① 20世纪70年代初,澳大利亚高度严密的金融管制制度因其弊端日益显露而不断遭到批评。1974年,澳大利亚成立了坎贝尔调查委员会,第一次对本国金融体系进行系统的调查研究。坎贝尔调查委员会代表了澳大利亚的金融自由化思想,提出了一系列的理由,建议放宽金融管制。

② 马丁小组是坎贝尔调查委员会下属的一个工作组。

③ 参见庄起善、柯荣富:《以实证分析看英、德、日等国货币政策和监管职能联合与分离的差异》,载《国际金融研究》1997年第8期。

④ 参见孟龙:《市场经济国家金融监管比较》,中国金融出版社1995年版,第17页。

兰银行传统的银行监管职能将转交给重组后的证券与投资委员会，今后英格兰银行的职责将集中在实施货币政策和保证金融环境的稳定方面。2008年以后，英格兰银行重掌银行业监管大权。2009年2月，英国议会通过《银行法》，明确了英格兰银行的金融稳定职能。2016年5月4日，英国议会颁布《英格兰银行与金融服务法案》，形成了“超级央行”监管模式。

第三，金融创新使金融业务之间的界限日益模糊，混业经营成为大势所趋。通常认为，货币政策仅通过银行体系发挥作用。事实上，中央银行即使具有金融监管职能，也只限于对银行业相关机构的监管。但是，随着“全能型银行”的出现，中央银行面临两种选择，要么将金融监管职能涵盖整个金融体系，要么完全放弃金融监管职能。日益庞大而复杂的金融体系决定了中央银行只能选择后者。1999年，美国通过《金融服务现代化法》，各监管机构可行使优先于美联储的裁决权，出现了金融监管“去中央化”的趋势。2000年6月，英国议会通过《金融市场与服务法》，从法律上确认了金融服务管理局的地位，赋予其监管金融业的所有权限。

第四，纸币本位制的确立和法定货币数字化的迅速发展，使得货币政策更加重要。将在本质上并不属于中央银行必要职能的金融监管职能从中央银行分离出来，有利于中央银行更有效地执行货币政策职能。

总而言之，纵观世界各国中央银行金融监管职能改革的历史，中央银行在成立之初直接或间接地承担金融监管职能，而其核心仍然是货币政策。在2008年金融危机席卷全球之前的很长一段时间里，各国中央银行基本秉持微观审慎监管理论。在这一理论下，金融创新和混业经营的变革带来的系统性风险没有得到重视，金融监管体制与经营模式严重不适应，金融过度自由化直接导致了全球金融危机的爆发。在危机过后的反思中，国际社会对中央银行在金融监管体系中的地位和作用达成了基本共识。金融监管理念逐渐从强调微观审慎监管转向微观审慎监管与宏观审慎监管并重。宏观审慎监管理论与中央银行的职能高度契合。宏观审慎监管内含于中央银行评估宏观经济运行的职能之中。中央银行履行最后贷款人职能，应遵循宏观审慎监管原则。国际货币基金组织和金融稳定理事会明确提出，执行宏观审慎政策应是中央银行的重要职责。各国大都把强化中央银行的宏观审慎监管职能作为金融监管改革的核心，并且在宏观审慎监管框架的法制构建中增加了中央银行的金融监管职能。2008年8月，法国出台《经济现代化法》，法兰西银行被赋予系统性风险和危机处理的管理权，从一般监管事务的牵头者被提升为负责防范系统性风险和维护金融稳定的独立机构。2009年2月，英国议会通过《银行法》，明确规定了英格兰银行的金融稳定职能。2009年10月，德国新执政联盟宣布废除双头银行监管体系，由中央银行负责监管银行机构。2010年，美国《多德-弗兰克法》出台，美联储扩权，全面负责系统性风险的评估和监测,对金融机构的监管权限也从商业银行延伸至所有具有系统重要性的机构,包括规模较大且关联较深的商业银行、以投资银行业务为主的金融控股公司、大型保险公司等一切可能对金融稳定构成威胁的金融企业。[①]

二、我国中央银行法律制度

(一)我国中央银行法律制度的发展过程

1948年12月1日,在原华北银行、北海银行和西北农民银行三家解放区银行的基础上,在河北石家庄成立了中国人民银行,并发行了货币——人民币。中华人民共和国成立后,总行迁到北京的中国人民银行迅速在全国建立起区行、分行、支行等分支机构,合并了解放区的其他银行,接着又接管了官僚资本的银行,改造了私营银行。1952年,全国各大区银行行长会议作出《关于各级银行机构调整问题的决定》,强调银行不划分专业系统,各个银行都作为中国人民银行内部的一个组成部分。从此,中国人民银行形成了"大一统"的格局。此时的中国人民银行既行使中央银行的职能,也办理商业银行的业务。

党的十一届三中全会后,金融体制改革逐步推行,中国人民银行作为我国中央银行的地位逐步确立。1981年发布的《国务院关于切实加强信贷管理严格控制货币发行的决定》指出,中国人民银行要认真执行中央银行的职责。1982年7月14日,国务院批转《关于人民银行的中央银行职能及其与专业银行的关系问题的请示》,授权中国人民银行行使中央银行的职能,加强金融管理,同时要求专业银行更好地发挥作用。1983年9月17日,国务院发布《国务院关于中国人民银行专门行使中央银行职能的决定》,规定中国人民银行专门行使中央银行的职能,不再对企业和个人办理金融业务。1986年1月7日,国务院发布《银行管理暂行条例》,明确规定中国人民银行是国务院领导和管理全国金融事业的国家机关,是国家的中央银行。1993年12月25日,国务院发布《国务院关于金融体制改革的决定》,明确提出了"建立在国务院领导下,独立执行货币政策的中央银行宏观调控体系","把中国人民银行办成真正的中央银行"的重要目标。1995年3月18日,《中国人民银行法》颁布实施,第一次以法律的形式确定了中国人民银行作为我国中央银行的地位。2003年12月27日,《中国人民银行法》修正通过,进一步明确由中国人民银行执行货币政策这一中央银行职能。

(二)中国人民银行的性质

《中国人民银行法》第2条规定:"中国人民银行是中华人民共和国的中央银行。中国人民银行在国务院领导下,制定和执行货币政策,防范和化解金融风

---

① 参见刘迎霜:《论我国中央银行金融监管职能的法制化——以宏观审慎监管为视角》,载《当代法学》2014年第3期。

险，维护金融稳定。”中国人民银行的性质可以概括如下：

第一，作为中央银行，中国人民银行是发行的银行、政府的银行和银行的银行。中国人民银行垄断货币发行权，发行人民币并管理人民币的流通；在法律规定的范围内为政府提供金融服务，包括经理国库，为国家持有、管理、经营外汇储备、黄金储备等；集中保管金融机构的存款准备金，向金融机构提供再贷款和再贴现；维护支付、清算系统的正常运行，为金融机构提供清算服务等。

第二，中国人民银行是在国务院领导下管理金融事业的职能部门。2003 年修正的《中国人民银行法》删去了“对金融业的监督管理”，规定中国人民银行只行使制定和执行货币政策的职能，将原先承担的金融业监管职能交由新成立的中国银监会行使。但是，中国人民银行依然要负责金融宏观调控，“防范和化解金融风险，维护金融稳定”，并承担几项必要的金融监管职责。2018 年 3 月中国银保监会组建后，原中国银监会、中国保监会拟定银行业、保险业重要法律法规草案和审慎监管基本制度的职责划归中国人民银行。中国人民银行的金融监管职能进一步扩张。

（三）中国人民银行的法律地位

中国人民银行的法律地位，是指中国人民银行在国家机构体系中的地位。

第一，中国人民银行是管理全国金融事业的职能部门，受国务院领导。根据《中国人民银行法》的规定，中国人民银行就年度货币供应量、利率、汇率和国务院规定的其他重要事项作出的决定，报国务院批准后执行；在国务院领导下依法独立执行货币政策，履行职责，开展业务；全部资本由国家出资，属于国家所有。中国人民银行行长的人选，根据国务院总理的提名，由全国人民代表大会决定；全国人民代表大会闭会期间，由全国人民代表大会常务委员会决定，由中华人民共和国主席任免。中国人民银行副行长由国务院总理任免。中国人民银行直属于中央政府——国务院，一方面有利于中国人民银行同政府其他部门协作，另一方面也容易使中央银行的货币政策不可避免地受到政府短期经济政策的影响。因此，曾有学者建议，中国人民银行应该在法律地位上隶属于全国人民代表大会及其常务委员会，在其指导下独立制定和执行货币政策。[①]

第二，中国人民银行拥有相对独立的制定和执行货币政策的权力。一方面，中国人民银行可以就某些货币政策事项拥有独立的决定权。另一方面，中国人民银行独立于国务院以外的其他政府部门和地方各级政府，不受地方政府、各级政府部门、社会团体和个人的干涉。

第三，中国人民银行应当向全国人民代表大会常务委员会提出有关货币政策情况和金融业运行情况的工作报告。

---

① 参见朱大旗：《试论我国中央银行独立性的法律确认与实现》，载《法学家》1998 年第 5 期。

（四）中国人民银行的职能

综合来说，中国人民银行具有三大职能，即金融宏观调控职能、金融服务职能以及一般金融监管职能。

1. 金融宏观调控职能

中国人民银行的金融宏观调控职能主要包括：(1) 依法制定和执行货币政策。这是中国人民银行最重要的职能。(2) 发行人民币，并管理人民币的流通。

2. 金融服务职能

中国人民银行为政府提供的服务有：经理国库；持有、管理、经营国家外汇储备、黄金储备；代表政府从事有关的国际金融活动；负责金融业的统计、调查、分析和预测，充当政府金融决策顾问。有的国家的中央银行还向政府提供直接融资服务，如向政府提供贷款、购买政府债券甚至允许对政府财政透支。由于融资会使中央银行无法控制货币发行量，从而无法控制社会总供给，导致通货膨胀并引发诸多弊病，因此大多数国家禁止中央银行向政府提供直接融资服务。我国法律严禁中国人民银行向政府直接融资。中国人民银行不得对政府财政透支，不得直接认购、包销国债和其他政府债券；不得向地方政府、各级政府部门提供贷款。但是，中国人民银行可以向政府提供间接融资服务，主要包括代理国务院财政部门向各金融机构组织发行、兑换国债和其他政府债券，在公开市场上买卖国债和其他政府债券等。

中国人民银行为金融机构提供的服务主要是建立和维护全国金融业的资金清算中心和担当最后贷款人。《中国人民银行法》第 4 条规定了中国人民银行的职责之一是“维护支付、清算系统的正常运行”。为在中国人民银行开立账户的银行业金融机构办理再贴现和向商业银行提供贷款是中国人民银行可以选择的两种货币政策工具。

同时，中国人民银行还向社会公众提供一些服务：依法发行国家法定货币，并保持货币币值的稳定；维护金融业的稳健运行，保护存款人的利益；对金融业进行统计、调查、分析和预测，使社会公众及时了解金融和经济形势等。

3. 一般金融监管职能

中国人民银行作为金融业的核心，对整个金融业进行宏观上的监督管理。“防范和化解金融风险，维护金融稳定”，是中国人民银行的一般金融监管职能。中国人民银行具有以下几项监管职责：(1) 监督管理银行间同业拆借市场、银行间债券市场、银行间外汇市场和黄金市场。(2) 会同国务院银行业监督管理机构制定支付结算规则；组织或者协助组织银行业金融机构相互之间的清算系统，协调银行业金融机构相互之间的清算事项，提供清算服务。(3) 对金融机构以及其他单位和个人的下列行为直接进行检查监督：执行有关存款准备金管理规定的行为，与中国人民银行特种贷款有关的行为，执行有关人民币管理规定的行为，执行有关银行间同业拆借市场、银行间债券市场管理规定的行为，执行有关外汇管理、黄金管理规定的行为，代理中国人民银行经理国库的行为，执行清算管理规定的行为，执行有关反洗钱规定的行为。(4) 根据执行货币政策和维护金融稳定的需要，可以建议国务院银行业监督管理机构对银行业金融机构进行检查监督。(5) 当银行业金融机构出现支付困难，可能引发金融风险时，为了维护金融稳定，中国人民银行经国务院批准，有权对银行业金融机构进行检查监督。(6) 根据履行职责的需要，有权要求银行业金融机构报送必要的资产负债表、利润表以及其他财务会计、统计报表和资料。中国人民银行应当和国务院银行业监督管理机构、国务院其他金融监督管理机构建立监督管理信息共享机制。

(五) 中国人民银行的资本结构

中国人民银行是实施国有制的中央银行，全部资本由国家出资，属于国家所有。首先，中国人民银行是由国家独资设立的特殊金融机构，排斥了其他资本的参股，保证了国家对中央银行的绝对控制，避免了中央银行因其所有权的分散而产生对货币政策制定和实施的不利影响。其次，中国人民银行有资本，依法可以经营业务，享有民事权利，承担民事义务，具有法人地位。最后，中国人民银行的资本数额没有限定。

(六) 中国人民银行的组织结构

1. 中国人民银行的领导机构

《中国人民银行法》第 10 条规定："中国人民银行设行长一人，副行长若干人。中国人民银行行长的人选，根据国务院总理的提名，由全国人民代表大会决定；全国人民代表大会闭会期间，由全国人民代表大会常务委员会决定，由中华人民共和国主席任免。中国人民银行副行长由国务院总理任免。"该条规定了中国人民银行行长和副行长产生、解任的法律程序，但是并未规定任期和任职届数。中国人民银行行长是中国人民银行的最高行政领导人，也是中国人民银行的法定代表人。

中国人民银行实行行长负责制。行长领导中国人民银行的工作，副行长协助行长工作。这是中国人民银行的领导体制。行长享有对内管理和执行中国人民银行内部事务、对外代表中国人民银行的权力。

2005 年 8 月 10 日，中国人民银行上海总部正式成立。它主要以中国人民银行上海分行为基础组建，作为总行的有机组成部分，在总行的领导和授权下开展工作，主要承担部分中央银行业务的具体操作职责，同时履行一定的管理职能。

2. 货币政策委员会

中国人民银行设立货币政策委员会,作为制定货币政策的咨询议事机构。货币政策委员会的职责、组成和工作程序,由国务院规定,报全国人民代表大会常务委员会备案。1997 年 4 月 15 日,国务院发布了《中国人民银行货币政策委员会条例》(以下简称《货币政策委员会条例》),规定了货币政策委员会的性质、职责、组织机构、委员的权利和义务以及工作程序等。随着国家经济和金融的发展,一方面,《中国人民银行法》得到修正,中国人民银行作为中央银行在宏观调控体系中的作用更加突出。另一方面,根据《银行业监督管理法》成立的中国银监会专门负责对银行业进行监管;中国保监会也根据修正后的《保险法》正式成立,负责对保险业进行监管。因此,2003 年国务院任命的新一届货币政策委员会组成人员与《货币政策委员会条例》的规定相比,已经发生了较大的变化:一是增加了国务院分管金融业务工作的副秘书长为货币政策委员会委员;二是增加了中国银监会和中国保监会为货币政策委员会组成单位;三是为更全面、充分掌握银行业对货币政策制定和实施的意见,由中国银行业协会代替原来的国有独资商业银行作为货币政策委员会组成单位。2018 年,伴随着中国银监会与中国保监会的合并,货币政策委员会组成人员作出相应改变。

3. 中国人民银行的内部职能机构

2019 年 2 月 2 日,国务院办公厅发布《中国人民银行职能配置、内设机构和人员编制规定》,其中第 5 条规定了中国人民银行内设机构,具体包括:办公厅(党委办公厅)、条法司、研究局、货币政策司、宏观审慎管理局、金融市场司、金融稳定局、调查统计司、会计财务司、支付结算司、科技司、货币金银局(保卫局)、国库局、国际司(港澳台办公室)、内审司(党委巡视工作领导小组办公室)、人事司(党委组织部)、征信管理局、反洗钱局、金融消费者权益保护局、党委宣传部(党委群工部)、参事室等。

4. 中国人民银行的分支机构

中国人民银行根据履行职责的需要设立分支机构,作为中国人民银行的派出机构。各分支机构不具备独立的法人资格,受中国人民银行的统一领导和管理。中国人民银行的分支机构根据中国人民银行的授权,维护本辖区的金融稳定,承办有关业务。

目前,中国人民银行设立的分支机构有:营业管理部(北京)、重庆营业管理部、天津分行、沈阳分行、上海分行、南京分行、济南分行、武汉分行、广州分行、成都分行、西安分行以及太原中心支行等 25 家中心支行。[①]

---

① 参见中国人民银行官网,http://www.pbc.gov.cn/rmyh/105226/105442/index.html#分支机构,2020 年 10 月 27 日访问。

（七）中国人民银行的货币政策

1. 货币政策目标

《中国人民银行法》第3条规定："货币政策目标是保持货币币值的稳定，并以此促进经济增长。"有学者认为，我国采用的是双重目标模式，货币政策目标有两个：稳定货币币值和促进经济增长。但是，大多数学者持单一目标的观点，认为我国货币政策的目标是稳定货币币值。稳定货币币值是货币政策首要的、直接的目标，而促进经济增长是货币政策的最终目标，因此中国人民银行应该根据经济增长的需要，调控货币币值变化的方式和幅度；当稳定货币币值与促进经济增长发生矛盾时，应当把稳定货币币值放在首位。[①]

在计划经济体制下，我国货币政策的中介目标主要是信贷规模和现金发行。根据1993年《国务院关于金融体制改革的决定》，我国货币政策的中介目标主要有货币供应量、信用总量、同业拆借利率和银行备付金率。

2. 货币政策工具

为执行货币政策，《中国人民银行法》规定了六类货币政策工具：(1) 要求银行业金融机构按照规定的比例交存存款准备金；(2) 确定中央银行基准利率；(3) 为在中国人民银行开立账户的银行业金融机构办理再贴现；(4) 向商业银行提供贷款；(5) 在公开市场上买卖国债、其他政府债券和金融债券及外汇；(6) 国务院确定的其他货币政策工具。

三、中国银保监会

（一）金融监管职权的划分

金融监管职能的归属在不同国家和地区并不相同，概括起来，可以分为四类：第一类是由中央银行负责金融监管。在中国银监会成立前，我国采取的就是这种模式。此外，澳大利亚、新西兰、荷兰、爱尔兰和希腊也都采取这种监管模式。在瑞士，中央银行是一个全能型的监管机构，除了监管银行外，还监管保险和证券机构。如前所述，2016年5月4日，英国议会颁布《英格兰银行与金融服务法案》，形成了"超级央行"监管模式。第二类是由财政部承担金融监管职能。奥地利采取这种模式。加拿大的金融监管机构也属于财政部，但是其独立性很大。第三类是由独立的政府机构负责金融监管。1998年日本金融管理体制改革后，金融服务局不再属于中央银行而直属首相府，但是在监管职权方面具有相当大的独立性。第四类是双层多头监管模式，主要存在于联邦制国家。美国在联邦层次上，有联邦储备委员会、财政部货币监理署、联邦存款保险公司、联邦信用合作社管理局、财政部储蓄机关监管局；在州政府层次上，由各州政府银行局

---

① 参见朱大旗：《金融法》（第三版），中国人民大学出版社2015年版，第79页。

负责银行监管。德国的银行监管分别由隶属于财政部的联邦金融监管局和联邦银行负责;联邦金融监管局局长在经联邦政府和联邦银行协商后,由联邦总统任命。

在我国,中国人民银行除了行使中央银行职能外,一度也承担着对金融行业和机构的监管职能。随着各类金融监管机构陆续成立,中国人民银行的中央银行职能得到强化,其金融监管职权逐渐分离出来。1992 年 10 月,国务院证券委员会和中国证监会宣告成立。1998 年 11 月,中国保监会成立。2003 年 3 月,中国银监会宣告成立。中国银监会自 2003 年 4 月 28 日起正式履行职责,负责统一监督管理银行、金融资产管理公司、信托投资公司以及其他存款类金融机构,维护银行业的合法、稳健运行。2007 年 1 月 1 日,修正后的《银行业监督管理法》正式施行。《银行业监督管理法》的出台,标志着金融监管职权的全面独立,自此形成银行、信托、证券、保险等金融产业的分业监管格局。同时,为了正确地实施货币政策和维护金融稳定,中国人民银行依法保留了必要的监管职能。此外,国务院建立金融监督管理协调机制。

近年来,金融产业创新与发展迅速,混业经营已成大势所趋,“一行三会”的分业监管模式下的监管空白与监管冲突问题暴露出来。为了顺应混业经营的市场需求,防范系统性风险,2018 年,党的十九届三中全会审议通过《国务院机构改革方案》,决定整合中国银监会和中国保监会的职责,组建中国银保监会,同时将中国银监会、中国保监会拟订银行业、保险业重要法律法规草案和审慎监管基本制度的职责划入中国人民银行。经过这一轮的金融监管机构改革,银行业、保险业等行业非证券类业务的金融监管法律法规拟订权划归中国人民银行,中国人民银行的金融监管职权得到了加强。

(二) 中国银保监会的组织机构

2018 年 8 月,国务院办公厅发布《中国银行保险监督管理委员会职能配置、内设机构和人员编制规定》,其中第 4 条规定了中国银保监会的内设机构,具体包括:办公厅(党委办公室)、政策研究局、法规部、统计信息与风险监测部、财务会计部(偿付能力监管部)、普惠金融部、公司治理监管部、银行机构检查局、非银行机构检查局、重大风险事件与案件处置局(银行业与保险业安全保卫局)、创新业务监管部、消费者权益保护局、打击非法金融活动局、政策性银行监管部、国有控股大型商业银行监管部、全国性股份制商业银行监管部、城市商业银行监管部、农村中小银行机构监管部、国际合作与外资机构监管部(港澳台办公室)、财产保险监管部(再保险监管部)、人身保险监管部、保险中介监管部、保险资金运用监管部、信托监管部、其他非银行金融机构监管部、人事部(党委组织部)以及机关党委(党委宣传部)。其中,涉及银行业监管的机构主要包括:第一,银行机构检查局,负责拟订银行机构现场检查计划并组织实施。第二,非银行机构检查局，负责拟订保险、信托和其他非银行金融机构等现场检查计划并组织实施。第三，政策性银行监管部，负责监管政策性银行和开发性银行。第四，国有控股大型商业银行监管部。第五，全国性股份制商业银行监管部。第六，城市商业银行监管部，负责监管城市商业银行、民营银行。第七，农村中小银行机构监管部。第八，国际合作与外资机构监管部(港澳台办公室)，负责监管外资银行保险机构。其他机构按规定各司其职。

中国银保监会根据履行职责的需要设立派出机构，并对派出机构实行统一领导和管理。各派出机构在中国银保监会的授权范围内，履行监督管理职责。

(三) 中国银保监会的监管对象

中国银保监会的监管对象涵盖了原中国银监会和原中国保监会的监管对象，主要负责对全国银行业金融机构及其业务活动和保险机构及其业务活动进行监督管理。银行业金融机构，是指在中华人民共和国境内设立的商业银行、城市信用合作社、农村信用合作社等吸收公众存款的金融机构以及政策性银行。对在中华人民共和国境内设立的金融资产管理公司、信托投资公司、财务公司、金融租赁公司以及经国务院银行业监督管理机构批准设立的其他金融机构的监督管理，适用《银行业监督管理法》对银行业金融机构监督管理的规定。中国银保监会批准在中华人民共和国境外设立的金融机构以及上述金融机构在中华人民共和国境外的业务活动，由中国银保监会实施监督管理。根据中国银保监会2020年3月20日发布的《2020年银保监会监管统计信息发布日程表》，中国银保监会针对银行业监管的对象包括：6家大型国有商业银行[①]，2家政策性银行及国家开发银行，4家金融资产管理公司，12家股份制商业银行，133家城市商业银行，数家农村商业银行、农村信用社、城市商业银行、城市信用社，以及所有外资银行及其代表处、信托投资公司、金融租赁公司、企业集团财务公司、贷款公司、货币经纪公司、汽车金融公司、村镇银行、农村资金互助社。[②]

(四) 中国银保监会的主要职责[③]

第一，依法依规对全国银行业和保险业实行统一监督管理，维护银行业和保险业合法、稳健运行，对派出机构实行垂直领导。

第二，对银行业和保险业改革开放和监管有效性开展系统性研究；参与拟订

① 自2019年起，中国银保监会将“邮政储蓄银行”纳入“大型商业银行”汇总口径。

② 参见中国银保监会官网，http://www.cbirc.gov.cn/cn/view/pages/jigougaikuang/jigougaikuang.html，http://www.cbirc.gov.cn/cn/view/pages/ItemDetail.html?docId=894585&itemId=954&generaltype=0，2020年10月27日访问。

③ 参见中国银保监会官网，http://www.cbirc.gov.cn/cn/view/pages/ItemList.html?itemPId=900&itemId=901&itemUrl=ItemListRightArticle.html&itemName=%E4%B8%BB%E8%A6%81%E8%81%8C%E8%B4%A3，2020年12月10日访问。

金融业改革发展战略规划,参与起草银行业和保险业重要法律法规草案以及审慎监管和金融消费者保护基本制度;起草银行业和保险业其他法律法规草案,提出制定和修改建议。

第三,依据审慎监管和金融消费者保护基本制度,制定银行业和保险业审慎监管与行为监管规则;制定小额贷款公司、融资性担保公司、典当行、融资租赁公司、商业保理公司、地方资产管理公司等其他类型机构的经营规则和监管规则;制定网络借贷信息中介机构业务活动的监管制度。

第四,依法依规对银行业和保险业机构及其业务范围实行准入管理,审查高级管理人员任职资格;制定银行业和保险业从业人员行为管理规范。

第五,对银行业和保险业机构的公司治理、风险管理、内部控制、资本充足状况、偿付能力、经营行为和信息披露等实施监管。

第六,对银行业和保险业机构实行现场检查与非现场监管,开展风险与合规评估,保护金融消费者合法权益,依法查处违法违规行为。

第七,负责统一编制全国银行业和保险业监管数据报表,按照国家有关规定予以发布,履行金融业综合统计相关工作职责。

第八,建立银行业和保险业风险监控、评价和预警体系,跟踪分析、监测、预测银行业和保险业运行状况。

第九,会同有关部门提出存款类金融机构和保险业机构紧急风险处置的意见和建议并组织实施。

第十,依法依规打击非法金融活动,负责非法集资的认定、查处和取缔以及相关组织协调工作。

第十一,根据职责分工,负责指导和监督地方金融监管部门相关业务工作。

第十二,参加银行业和保险业国际组织与国际监管规则制定,开展银行业和保险业的对外交流与国际合作事务。

第十三,负责国有重点银行业金融机构监事会的日常管理工作。

第十四,完成党中央、国务院交办的其他任务。

第十五,职能转变:围绕国家金融工作的指导方针和任务,进一步明确职能定位,强化监管职责,加强微观审慎监管、行为监管与金融消费者保护,守住不发生系统性金融风险的底线;按照简政放权要求,逐步减少并依法规范事前审批,加强事中事后监管,优化金融服务,向派出机构适当转移监管和服务职能,推动银行业和保险业机构业务和服务下沉,更好地发挥金融服务实体经济功能。

（五）采取分离模式的必要性与组建中国银保监会的原因

1. 采取分离模式的必要性

根据新古典经济学的研究，导致市场失灵的主要因素有市场垄断、外部性①、公共产品②等，而通过政府管制可以解决相关问题，从而纠正市场失灵，实现资源配置的帕累托效率③。一般认为，金融市场的外部性、脆弱性等问题比其他行业更加明显，从而导致金融市场失灵比其他行业更加严重。所以，几乎所有的国家都对金融业实行严格的监管。我国从 20 世纪 80 年代中后期开始进行金融改革，而金融监管意识到 20 世纪 90 年代才逐渐形成。在 1998 年中国人民银行进行机构改革之前，金融监管的重点只是市场准入和合规性监管等，并没有实现以风险监管为重点的方向性转变。由于理念不清、思路不明、政出多门，金融监管成效甚微。在大多数案例中，监管部门均是在金融机构发生了挤兑、挤提、资不抵债、恶性重大事件等问题以后，才开始关注和采取行动。与此相反，充分发挥金融监管的作用，包括及时关闭金融机构，可以提前控制风险，将损失减至最小。这些问题均要求我国的金融监管和货币政策不断深化改革。从未来的发展趋势来看，中央银行的独立性必将逐渐增强。一些国家采取货币政策和金融监管职能分离模式，如英国、日本和韩国。应该说，采取分离模式也是符合我国金融市场发展需要的。

我国的银行监管之所以能够在短期内实现金融稳定，是以长期的不稳定或低效率为代价的。随着我国金融市场的开放，这种不稳定或低效率将会越来越突出，银行监管失灵将会显现出来。在我国原有的监管模式下，中央银行的货币政策和银行监管职能相互牵制，影响了各自功能的有效发挥，迫切需要采取货币政策和银行监管分离模式。

2. 组建中国银保监会的原因

中国银监会的成立标志着我国“一行三会”分业监管的金融监管框架的形成，监管专业化程度大大提高，为保障金融市场稳健发展打下了坚实的基础。然而，近年来，技术的进步、资本的积累、互联网的发展等因素促使金融不断创新，金融机构向多元化、综合化发展。面对新时期金融混业经营趋势加剧，分业监管制度与混业经营模式的矛盾日益凸显，出现了监管机构各自为政、监管重叠、监管标准不一、监管套利、监管空白等问题。为了守住不发生系统性风险的底线，

---

① 外部性又称“外部效应”，是指某种经济活动给与这项活动无关的主体带来的影响。也就是说，这些活动会产生一些不由生产者或消费者承担的成本（称为“负外部性”）或者不由生产者或消费者获得的利益（称为“正外部性”）。

② 公共物品供小于求是资源配置的失误，这种失误是由于仅仅依靠市场机制引起的，这就是市场失灵。

③ 如果一个经济体系能够做到有效地分配和运用资源，就可以认为这个经济体系是高效率的。也可以说，这种效率就是帕累托效率。

统一监管模式是改革的总体方向。2018 年 3 月 13 日,党的十九届三中全会审议通过《国务院机构改革方案》,提出整合中国银监会和中国保监会的职责,组建中国银保监会。相对于中国证监会而言,中国银监会与中国保监会合并的难度更小。原因在于,银行与保险业务交叉,监管重合度高。银行业与保险业在业务上多有合作,商业银行代理销售保险产品。就监管方式而言,银行业与保险业的监管主要都针对机构的资本约束、流动性和风险等方面。就监管对象而言,银行业与保险业都以金融机构为主。中国银监会与中国保监会的合并有利于整合监管资源,提高监管效率,填补监管空白。组建中国银保监会是统筹协调金融监管体系的重要一步。

(六)对我国金融监管模式的评价

1. 银监会模式的进步之处

(1) 有利于货币政策的制定。1998 年后,我国金融宏观调控发生了重大变革,取消了对商业银行贷款规模的限额控制,实施货币政策主要靠运用各种货币政策工具进行间接调节,商业银行贷款数量在很大程度上取决于其资金平衡能力和风险控制能力。在这种情况下,让中央银行同时承担货币政策和银行监管职能,不仅会造成宏观和微观目标的冲突,而且容易造成管理和约束软化。中国银监会的设立有利于加强货币政策和银行监管的相互约束和制衡,更好地发挥市场的作用,使货币政策更加科学化、专业化。

(2) 有助于解决金融机构不良资产问题。从实际情况来看,当时国内的金融风险主要来自银行系统。这体现在两方面:一是自有资本不足,二是不良资产率高。1997 年,国内银行的不良资产比率在 25%至 26%之间。到 2002 年,不良资产比率已经下降到 19.8%。经过资产剥离、股份制改造、上市等一系列改革后,主要国有商业银行的不良贷款率已降至 2%以下。解决金融机构不良资产问题不能仅仅依靠中央银行的再贷款,还需要存款保险机构以及各级财政部门的共同合作。中国银监会的设立可以改变由中央银行一家独揽、手段单一的被动局面。

(3) 使中央银行的视野更开阔。中国人民银行不再仅仅局限于对银行业的监管,而是将视野扩大到所有与其有交易关系的金融机构上,专注于货币政策职能,更多地着眼于产业部门和实体经济。中国银监会的设立有助于中国人民银行不断完善有关金融机构运行规则,改进金融业宏观调控政策,进一步改善金融服务,推动利率市场化改革,并能够从国民经济全局的角度考虑,鸟瞰整个金融业乃至实体经济的发展,克服通货紧缩趋势,保持宏观经济环境的长期稳定。

(4) 有助于真正维护金融安全。中国银监会成立之后,更多地依靠自身监管水平的提高,而不是依赖于货币发行以掩饰监管责任。因此,从长期而言,中国银监会的设立有助于真正维护金融安全。

2. 银监会模式存在的弊端

(1) 协调成本增加。银行监管与证券、保险监管不完全一样,后两者监管的对象基本上是具有专一性的机构。中国银监会监管的对象有多种类型,涉及诸多机构,各类机构的情况都不一样,化解风险的难度很大。银行监管和货币政策职能的分离,有可能使原来在部门内的目标冲突转变为部门间冲突,大幅度地增加中国银监会和中国人民银行的摩擦和协调成本。

(2) 商业银行的处境可能因关系协调不好而恶化。中国银监会成立之后,对商业银行实施监管职能,而中央银行依然是商业银行的最后贷款人。同时,中央银行对商业银行仍拥有检查权。因此,中央银行和中国银监会之间能否建立一个稳定的沟通协调机制,成为商业银行关注的焦点。

(3) 监事会①挂靠问题。向国有商业金融机构派驻监事会,是资产所有者的权利,属于企业的内部监管,应该与政府的外部市场监管分开,否则可能造成新的政企不分,也可能影响政府机构的公正性和权威性。因为政府机构是市场规则的制定者,同时是部分市场主体的所有者代表,这在理论上存在利益矛盾。

3. 从中国银监会到中国银保监会的转变

银监会模式是银行业监管的过渡模式。中央银行的监管水平还不高,商业银行和其他金融机构的自我约束力还不足,所以整个金融业分业经营,必然要分业监管。中国银监会的成立,实现了货币政策和银行监管职能的部分分离。被剥离了部分监管职能的中国人民银行可以专注于制定、实施货币政策和对金融的宏观调控。中国银监会专司银行监管,无法借助货币政策掩饰监管的不足,从而专心致力于自身监管水平的提高,有利于维护金融安全。

然而,从国际情况来看,混业经营已成为金融业的主流趋势,如英国、美国的金融业大多是混业经营。多数实行金融混业经营的国家都经历了相当长时间的分业监管,分业经营、分业监管体系的构建正是为了实现金融业规范发展。金融业的经营模式决定了监管模式,混业经营、综合经营必将推动分业监管模式的改革。

自加入WTO以来,我国按照《服务贸易总协定》(GATS)的要求,尽可能开放金融市场和金融服务领域。金融市场开放后,大量在资金、技术、管理等方面具有竞争优势的国外金融机构进入国内金融市场,其业务经营多元化所形成的抗风险能力以及跨国公司内部补偿机制带来的灵活策略,给国内金融机构带来巨大的竞争压力,促使国内金融市场开始逐步从分业经营向混业经营转变。随着混业经营模式在我国扎根深入,分业监管模式受到挑战。2017年7月,国务院金融稳定发展委员会在北京召开的全国金融工作会议上宣布设立,旨在加强

① 这里的"监事会",是指挂靠中国银监会,专门管理十多个国有商业金融机构的监事会。

金融监管协调,补齐监管短板。

中国银保监会的成立是我国金融监管模式在向混业监管转变过程中迈出的至关重要的一步。中国银保监会的进步之处在于:第一,中国银保监会的成立有助于统筹协调发展金融监管体系。相比于资本市场业务而言,保险业务比较单一,银行和保险业务多有交叉,中国银监会与中国保监会的合并有助于促进两个市场间的合作,在一定程度上解决多元性金融产品监管空白问题,减少监管机构间的内耗,减少监管套利的情况。第二,中国银保监会成立后,将中国银监会、中国保监会拟订银行业、保险业重要法律法规草案和审慎监管基本制度的职责划入中国人民银行,对制定监管规则与执行监管规则进行了明确划分,提高了中国人民银行在金融监管中的统筹、引领和驾驭作用。中国银保监会的成立与现阶段金融市场发展情况相适应,是对分业监管模式的重要突破。

第三节 商业银行法律制度

一、商业银行法概述

(一)商业银行的主要类型

1. 总分行制商业银行

总分行制,是指一家商业银行可以根据需要在其营业总机构所在地以外开设分支机构,形成一个以总行为中心的庞大的银行网络。实行总分行制的国家主要有英国、法国、德国、意大利、瑞典、日本等。总分行制商业银行的总行既可以只管理各分支机构,也可以兼营对外业务。总分行制商业银行一般规模较大,抗风险能力较强。

2. 单一制商业银行

单一制商业银行,是指银行业务完全由各自独立的商业银行经营,不设立或不准设立分支机构的银行。目前,只有美国的一些银行采用这种制度。单一制商业银行规模偏小,不利于降低风险。

3. 集团制商业银行

集团制商业银行,是指由某一集团成立控股公司,由该公司控制或收购两家以上的银行。这些银行在法律上是独立的,而其经营政策和业务活动则由同一控股公司控制。集团制商业银行在美国比较流行,主要是为适应单一制商业银行生存而产生的。

4. 连锁制商业银行

连锁制,是指由某个人或某一集团购买若干银行的多数股票,以控制这些银行。连锁制商业银行与集团制商业银行的区别主要在于是否存在控股公司。连锁制商业银行主要在美国的西部地区流行。

5. 全能制商业银行

全能制商业银行，是指商业银行可以经营各种各样的金融业务，其最大的特点就是银行不仅可以从事长短期的金融业务，还可以全面经营其他金融业务，即可以承担金融的全部职能。设立全能制商业银行的国家主要有德国、瑞士和奥地利等。

我国的商业银行类型比较复杂，主要采取总分行制。根据《商业银行法》第19条的规定，商业银行根据业务需要可以在中华人民共和国境内外设立分支机构。该法同时对商业银行作了地域上的划分，即全国性的银行和地区性的银行，如全国性商业银行和城市商业银行等。

（二）商业银行的法律性质

商业银行的法律性质是企业法人，即商业银行具有法人资格，以法人的形式设立。对此，我国《商业银行法》第4条进一步规定，商业银行“实行自主经营，自担风险，自负盈亏，自我约束”；“商业银行以其全部法人财产独立承担民事责任”。

我国商业银行的组织形式、组织机构适用《中华人民共和国公司法》（以下简称《公司法》）的规定。因此，我国商业银行的组织形式主要有两种，即有限责任公司和股份有限公司。

（三）商业银行的经营原则

商业银行以安全性、流动性、效益性为经营原则。

1. 安全性原则

安全性，是指商业银行资产免遭风险和按期收回资产本息的可靠程度。商业银行经营的过程就是管理风险的过程，它在本质上是一个风险中介角色。[①]商业银行的风险主要有四个来源[②]：一是商业银行经营特点和资金构成的自身风险。商业银行主要依靠负债经营，其自有资本在全部资产中所占比重较小，这种经营特点必然形成风险。二是商业银行营利性资产的数量和期限结构所包含的风险。营利性资产数量一旦超过了银行自有资金来源的可用限度和承受能力，财务风险就会增大。如果资金来源的期限较短，而资产业务中长期贷款和投资的期限过长，这种期限结构的不合理也会构成风险。三是客户的信用状况不佳或恶化构成的风险。例如，借款人使到期借款成为不良贷款。四是经济发展的不确定因素也构成商业银行的经营风险。商业银行作为负债经营企业所固有

---

① 参见官学清：《现代商业银行新趋势：把风险作为产品来经营——现代商业银行风险经营论》，中国金融出版社2011年版，第10页。

② 参见王伯庭主编：《现代金融问题法律分析》，吉林人民出版社2003年版，第122页。

的脆弱性、金融风险的系统危害性和金融在整个经济体系中的重要性决定了安全性是第一位的。为了保障商业银行的安全性,各国商业银行法规定了很多措施,如存款准备金、资本充足率、资产流动性比例、单一贷款比例,规定对商业银行业务的监督管理以及风险防范、接管终止等。

2. 流动性原则

流动性,是指商业银行能够随时付出资金和收回资金的能力,包括资产流动性和负债流动性。资产流动性要求商业银行必须总是持有一定比例的现金资产和变现能力强的其他资产,使银行在不发生损失的前提下能够迅速变现,及时、充足地满足客户提取存款的需要,并满足必要贷款的需求。负债流动性,是指商业银行能够随时获得所需资金的能力。

我国《商业银行法》第39条第1款第2项规定,流动性资产余额与流动性负债余额的比例不得低于25%。

3. 效益性原则

效益性,是指商业银行以利润最大化为经营目标。商业银行是一种企业法人,追逐利润是商业银行从事业务活动的出发点和经营核心,也是衡量商业银行经营绩效的主要标准和内在动力。商业银行必须保持一定的盈利水平,有充实的资本,以此提高银行的竞争力。

从总体上讲,商业银行是安全性、流动性、效益性的统一体,流动性是安全性的保障,安全性是效益性的前提,而效益性是目的。

(四) 商业银行的设立与变更

1. 商业银行的设立

各国对商业银行的设立多采用审批制,也称“核准制”或“特许制”,对商业银行的市场准入进行较为严格的监管。我国《商业银行法》也采用审批制,第11条规定:“设立商业银行,应当经国务院银行业监督管理机构审查批准。未经国务院银行业监督管理机构批准,任何单位和个人不得从事吸收公众存款等商业银行业务,任何单位不得在名称中使用‘银行’字样。”

对于商业银行的设立条件,各国银行法一般都对最低注册资本、符合任职资格的管理人员、符合要求的营业场所和设施等加以规定。我国《商业银行法》规定了如下条件:(1) 有符合《商业银行法》和《公司法》规定的章程。(2) 有符合《商业银行法》规定的注册资本最低限额。设立全国性商业银行的注册资本最低限额为10亿元人民币。设立城市商业银行的注册资本最低限额为1亿元人民币,设立农村商业银行的注册资本最低限额为5000万元人民币。注册资本应当是实缴资本。(3) 有具备任职专业知识和业务工作经验的董事、高级管理人员。由此可见,《商业银行法》就董事、高级管理人员的任职资格规定了消极条件。与之相反,《银行业金融机构董事(理事)和高级管理人员任职资格管理办法》(2013

年 11 月 18 日中国银监会发布）就此规定了积极条件。（4）有健全的组织机构和管理制度。（5）有符合要求的营业场所、安全防范措施和与业务有关的其他设施。

对于商业银行的设立程序，我国《商业银行法》也作出具体规定，包括申请、审批、登记和公告，并具体规定了申请所要提交的文件和资料。

关于商业银行设立分支机构，我国《商业银行法》第 19 条规定："商业银行根据业务需要可以在中华人民共和国境内外设立分支机构。设立分支机构必须经国务院银行业监督管理机构审查批准。在中华人民共和国境内的分支机构，不按行政区划设立。商业银行在中华人民共和国境内设立分支机构，应当按照规定拨付与其经营规模相适应的营运资金额。拨付各分支机构营运资金额的总和，不得超过总行资本金总额的百分之六十。"第 22 条第 2 款规定："商业银行分支机构不具有法人资格，在总行授权范围内依法开展业务，其民事责任由总行承担。"

2. 商业银行的变更

商业银行的变更包括事项变更与主体变更。

事项变更，是指商业银行在某些重大事项上有所变动。根据我国《商业银行法》第 24 条的规定，下列事项的变更，应当经国务院银行业监督管理机构批准：（1）变更名称；（2）变更注册资本；（3）变更总行或者分支行所在地；（4）调整业务范围；（5）变更持有资本总额或者股份总额 5%以上的股东；（6）修改章程；（7）国务院银行业监督管理机构规定的其他变更事项。更换董事、高级管理人员时，应当报经国务院银行业监督管理机构审查其任职资格。

主体变更，是指商业银行的分立与合并。我国《商业银行法》第 25 条规定："商业银行的分立、合并，适用《中华人民共和国公司法》的规定。商业银行的分立、合并，应当经国务院银行业监督管理机构审查批准。"

（五）商业银行的接管与终止

1. 商业银行的接管

商业银行的接管，是指一国银行监管机构在商业银行已经或者可能发生信用危机，严重影响存款人的利益时，对商业银行进行整顿和改组等措施。接管的目的主要是对被接管的商业银行采取必要措施，以保护存款人的利益，恢复商业银行的正常经营能力。被接管的商业银行的债权债务关系不因接管而变化。因此，因接管而产生的民事责任仍然由被接管的商业银行承担。

我国《商业银行法》对接管只规定了信用危机这一事由，即商业银行已经或者可能发生信用危机，严重影响存款人的利益时，国务院银行业监督管理机构可以对该银行实行接管。有些国家还规定商业银行严重违法时可以被接管。

根据我国《商业银行法》第 65 条的规定，接管由国务院银行业监督管理机构决定,并组织实施。国务院银行业监督管理机构的接管决定应当载明下列内容:(1) 被接管的商业银行名称;(2) 接管理由;(3) 接管组织;(4) 接管期限。接管决定由国务院银行业监督管理机构予以公告。

接管自接管决定实施之日起开始。自接管开始之日起,由接管组织行使商业银行的经营管理权力。我国《商业银行法》第 67 条规定:“接管期限届满,国务院银行业监督管理机构可以决定延期,但接管期限最长不得超过二年。”2019 年 5 月 24 日,中国人民银行、中国银保监会联合发布公告接管包商银行,接管期限为一年。包商银行成为近二十年来首家被接管的银行。中国人民银行对此表示,包商银行被接管仅是一个个案,当前金融市场流动性总体充裕,金融风险总体可控,金融机构完全可通过市场化方式实现增资扩股,获取流动性支持。

接管终止,是指由于法律规定的情况的出现,停止接管工作。我国《商业银行法》第 68 条规定了下列导致接管终止的情形:(1) 接管决定规定的期限届满或者国务院银行业监督管理机构决定的接管延期届满;(2) 接管期限届满前,该商业银行已恢复正常经营能力;(3) 接管期限届满前,该商业银行被合并或者被依法宣告破产。

2. 商业银行的终止

商业银行的终止,是指商业银行因出现法律或者章程规定的情形,其主体资格归于消灭的法律行为。我国《商业银行法》第 72 条规定了三种导致商业银行终止的情形。

(1) 因解散而终止

解散主要有以下几种情形:① 因章程规定的解散事由出现而解散。商业银行可以在章程中规定解散事由,在这些事由出现时,便可以依照规定解散。比如,商业银行可以在章程中规定,若银行设立时所确定的经营目标无法达到,或者多年连续没有盈利,则应当解散。② 因分立或合并而解散。某一商业银行分立后,原有银行不复存在,分成两个或两个以上新设立的银行,此时便发生原有银行的解散。商业银行的合并包括吸收合并和新设合并,在前一种情况下,被吸收合并的商业银行依法解散;在后一种情况下,两家原有银行都需要依法解散。同时,商业银行的分立、合并,应当经银行监管机构审查批准。③ 经商业银行股东会决议解散的。

由于商业银行的解散关系到广大存款人的利益和整个金融业的安全,我国《商业银行法》对商业银行的解散规定了较为严格的程序和条件。第 69 条规定:“商业银行因分立、合并或者出现公司章程规定的解散事由需要解散的,应当向国务院银行业监督管理机构提出申请,并附解散的理由和支付存款的本金和利息等债务清偿计划。经国务院银行业监督管理机构批准后解散。商业银行解散的,应当依法成立清算组,进行清算,按照清偿计划及时偿还存款本金和利息等债务。国务院银行业监督管理机构监督清算过程。”具体清算程序按照《公司法》等相关法律的规定进行。

(2) 因被撤销而终止

商业银行的被撤销,是指已经成立的商业银行在经营行为中违反法律法规,银行监管机构有权吊销其金融机构法人许可证,撤销该违法经营的商业银行。

我国《商业银行法》第 23 条第 2 款规定:“商业银行及其分支机构自取得营业执照之日起无正当理由超过六个月未开业的,或者开业后自行停业连续六个月以上的,由国务院银行业监督管理机构吊销其经营许可证,并予以公告。”

根据我国《商业银行法》第 74、75 条的规定,商业银行有下列情形之一,情节特别严重,或者由国务院银行业监督管理机构责令改正,逾期不改正的,国务院银行业监督管理机构可以责令停业整顿或者吊销其经营许可证:① 未经批准设立分支机构的;② 未经批准分立、合并或者违反规定对变更事项不报批的;③ 违反规定提高或者降低利率以及采用其他不正当手段,吸收存款,发放贷款的;④ 出租、出借经营许可证的;⑤ 未经批准买卖、代理买卖外汇的;⑥ 未经批准买卖政府债券或者发行、买卖金融债券的;⑦ 违反国家规定从事信托投资和证券经营业务、向非自用不动产投资或者向非银行金融机构和企业投资的;⑧ 向关系人发放信用贷款或者发放担保贷款的条件优于其他借款人同类贷款的条件的;⑨ 拒绝或者阻碍国务院银行业监督管理机构检查监督的;⑩ 提供虚假的或者隐瞒重要事实的财务会计报告、报表和统计报表的;⑪ 未遵守资本充足率、资产流动性比例、同一借款人贷款比例和国务院银行业监督管理机构有关资产负债比例管理的其他规定的。

根据我国《商业银行法》第 76、77 条的规定,商业银行有下列情形之一,情节特别严重,或者由国务院银行业监督管理机构责令改正,逾期不改正的,中国人民银行可以建议国务院银行业监督管理机构责令停业整顿或者吊销其经营许可证:① 未经批准办理结汇、售汇的;② 未经批准在银行间债券市场发行、买卖金融债券或者到境外借款的;③ 违反规定同业拆借的;④ 拒绝或者阻碍中国人民银行检查监督的;⑤ 提供虚假的或者隐瞒重要事实的财务会计报告、报表和统计报表的;⑥ 未按照中国人民银行规定的比例交存存款准备金的。

对于被撤销的商业银行,由银行监管机构组织清算。

(3) 因被宣告破产而终止

在我国,商业银行因不能支付到期债务,达到了《企业破产法》规定的破产界限时,经中国银保监会同意,可由人民法院依法宣告其破产,从而终止其法律人格。从进行金融改革以来,我国的银行体系逐渐从单一的国有专业银行向不同类型的商业银行转化,商业银行成为自主经营、自担风险、自负盈亏、自我约束的市场主体,商业银行的破产将成为正常现象。

根据我国《商业银行法》第71条的规定,商业银行被宣告破产的,由人民法院组织国务院银行业监督管理机构等有关部门和有关人员成立清算组,进行清算。

二、我国商业银行体系

我国商业银行制度初创于20世纪80年代中后期,目前正逐步走向完善。1978年,我国的金融改革开始进行。1979年2月,中国农业银行从中国人民银行中分立出来,集中办理农村金融业务。同年3月,国务院批准将中国银行从中国人民银行中分立出来。中国建设银行也由财政拨款机关重组为长期投资银行。1983年9月,国务院决定中国人民银行专门执行中央银行的职能,自1984年1月1日起由新设立的中国工商银行负责办理工商信贷和城镇储蓄业务。1984年10月,我国提出要建立与工、农、中、建四大专业银行并行的新型全国性银行。1986年7月,国务院决定恢复交通银行,其性质被确定为全国综合性股份制银行。1987年以来,我国成立了中信实业银行(后改称"中信银行")、中国光大银行、招商银行、深圳发展银行、广东发展银行、兴业银行、华夏银行、上海浦东发展银行等股份制商业银行。1992年11月,国务院在北京召开的全国加快第三产业发展工作会议上,提出我国金融业改革发展的方向,即"进一步健全中央银行的宏观调控体系,完善中央银行为领导、国有商业银行为主体、各种金融机构分工协作的金融业体系"。这是"商业银行"一词首次正式在国务院文件中出现。1993年12月,国务院在《国务院关于加快金融体制改革的决定》中又一次提出建立以国有商业银行为主体的金融组织体系。1995年5月10日,《商业银行法》颁布,以法律的形式确定了"商业银行"这一名称,并规定了商业银行的组织原则和行为原则,最终确立了我国的商业银行制度。

我国的商业银行根据其性质可分为三类:(1)国有控股商业银行,包括中国农业银行、中国工商银行、中国建设银行、中国银行、交通银行、中国邮政储蓄银行等。(2)股份制商业银行,有中信银行、中国光大银行、华夏银行、广东发展银行、平安银行、招商银行、上海浦东发展银行、兴业银行、中国民生银行、恒丰银行、浙商银行、渤海银行等。(3)城市商业银行和农村商业银行。近年来,遍布全国各地的大量城市商业银行和农村商业银行已经成长为新兴的金融力量,成为向中小企业提供金融服务的主力军。另外,根据规模大小和对银行业的影响程度,商业银行可分为系统重要性银行和非系统重要性银行两类。相比于非系统重要性银行,系统重要性银行直接关系到金融系统的稳定,因此需要具备额外的抵御损失的能力。2011年7月,巴塞尔委员会评出28家全球系统重要性银行,并对这28家银行提出1%—2.5%的附加资本要求,且附加资本必须完全由普通股权益构成。我国有4家银行入选全球系统重要性银行,分别是中国银行、中国工商银行、中国农业银行和中国建设银行。2019年12月3日，中国人民银行、中国银保监会联合发布《系统重要性银行评估办法》，明确规定了系统重要性银行的评估目的与适用范围、评估流程与方法、评估指标等。

三、我国国有独资商业银行改革法律研究

（一）国有独资商业银行改革的背景

1. 国有独资商业银行改革是建立现代金融体制的必然要求

健全的、适应社会主义市场经济要求的金融体系，要求金融机构结构完善，其主体应该多元化。国有独资商业银行股改前，四大国有独资商业银行一直牢牢占有70%左右的市场份额，其他商业银行很难动摇其垄断地位，更无法在大范围内与其展开公平竞争。新兴的商业银行为了扩大市场份额，采取不规范的经营行为，甚至进行恶性竞争。这不仅造成了金融资源的巨大浪费，而且积累了大量的金融风险，给经济的持续、稳定、健康发展埋下隐患。“十五”时期，我国金融体制改革主要围绕金融机构体系、金融市场体系和金融监管体系三大方面进行。在深化金融机构体系改革方面，具有制度创新意义的是深化国有独资商业银行的产权制度改革和实现金融机构的多元化发展。

2. 股改前，国有独资商业银行自有资本金不足，且不良资产率过高

按《巴塞尔协议》的规定，商业银行的资本充足率不得低于8%，其中核心资本充足率不得低于4%。我国国有独资商业银行普遍未能达到这一标准。从国际大银行的情况来看，2000年，世界前20家大银行（不包括中国的银行）平均资本充足率为11.52%。我国国有独资商业银行资本充足率与国际大银行相比还存在着较大差距，从而制约了商业银行的抗风险能力和扩张能力。从不良资产率来看，世界前20家大银行在2000年的平均不良资产率仅为3.27%，其中花旗银行和美洲银行的不良资产率分别为1.4%和0.85%，而我国四大国有独资商业银行的不良资产率高达20%左右。国有独资商业银行自有资本金不足严重削弱了银行消化贷款损失的能力，而且有可能危及整个金融体系的安全，加大整个金融系统的风险。

3. 国有独资商业银行产权不明晰，承担了过多的政策性业务

在传统的经济体制下，单一的国有产权形式决定了我国国有独资商业银行政企合一的制度特征。在原有体制下，国有独资商业银行承担了过多的政策性业务，导致了大量不良资产的产生。改革开放以前，国有企业最重要的资金渠道是财政。随着体制改革的深入，为国有企业提供资金、推动国有企业发展成为国有独资商业银行的历史重任。20世纪80年代，国有独资商业银行取代了财政而成为国有企业最重要的资金供给者。没有银行的金融支持，国有企业的业绩增长是不可能实现的。但是，这种金融支持使国有银行付出了沉重的代价。

1999 年成立的四大资产管理公司就接收了国有银行在 1995 年前产生的 1.3 万亿元的呆坏账。据估计,这还只能使国有银行的呆账、坏账率下降到 20%以内。只有明确了国有独资商业银行的产权关系,建立现代金融公司治理结构,才能使国有独资商业银行成为真正的商业银行。只有剥离政策性业务,才能真正搞活国有独资商业银行。

4. 国有独资商业银行实行股份制,是应对我国加入 WTO 后所面临挑战的需要

加入 WTO 后,我国企业面临全面的竞争,特别是金融企业面临的挑战更为激烈。我国国有独资商业银行面对外资银行的挑战存在着严重的不足:一是体制和机制上的不足。WTO 的基本原则是公平竞争,减少、消除壁垒和保护。如果四家国有独资商业银行政企不分、政府色彩浓厚,不具备完全市场主体和法人主体,那么在外资银行取得国民待遇后,不但会被视为违背 WTO 原则,而且难以在竞争中取胜。二是实力的不足。能够在国际上四处扩张的外资银行大都是规模大、实力强、资本充足、国际业务经验丰富、业绩优良的大银行。我国国有独资商业银行的业务品种较单一,金融创新动力和能力较低。按四家国有独资商业银行现有的体制,是难以从根本上解决这些问题的。进行股份制改造,是符合现代金融企业发展方向的。

(二) 国有独资商业银行改革的历史选择

1. 对国有独资商业银行进行股份制改造,优化产权结构,明晰产权关系

国有独资商业银行应公平、公正地选择境内外战略投资者,改变单一的股权结构,实现投资主体多元化。引进战略投资者,特别是境外战略投资者,不仅要增强资本实力,改善资本结构,还应借鉴国际先进管理经验、技术和方法,促进管理模式和经营理念与国际先进银行接轨,优化公司治理机制。

2. 在国有独资商业银行股份制改造的基础上,进一步完善公司治理结构

在国有独资商业银行进行股份制改造和建立现代企业制度的基础上,要彻底打破原有的行政化运作方式,实现银行管理人员职业化,使其成为真正的银行家,从而有效解决高级管理人员与银行经营目标偏离的问题,切实降低代理成本,提高经营效率;建立健全股东大会、董事会和监事会,完善公司治理的组织体系,形成有效的制衡机制;明确股东大会、董事会和监事会以及高级管理人员之间的职责和权利。

3. 逐步建立起有效的激励机制和内部控制体系

有效的激励机制的建立,首先要有明确的业绩考核和评价体系。在科学衡量业绩的基础上,要改变原有的基数分配、按人员分配以及按级别分配的做法,推进隐性福利货币化,根据业绩和贡献进行激励,如将高级管理人员的收入与部门业绩挂钩、将员工收益与银行的长期效益联系起来等,形成现代商业银行以工

资、奖金、社会保险、公积金及股权等多种形式构成的、科学的收入分配新机制;同时,进一步强化内部控制体系建设,建立良好的内部审计以及监督、处罚制度,实现激励和约束的对等。

4. 完善信息披露制度,提高商业银行经营的透明度

进一步完善我国银行业信息披露准则,要求商业银行对其资产质量、盈利状况等进行完整、详细、准确、及时的信息披露。同时,要随着我国通信技术的发展,开展信息管理手段创新,逐步实现信息搜集、处理和传递的标准化,提高信息的处理效率,降低信息成本,促进信息在银行内部的传播。

5. 健全商业银行的外部治理机制

完善我国国有独资商业银行的公司外部治理机制,可从以下四方面着手:一是与银行高级管理人员的职业化相适应,大力发展经理市场,促进银行管理人员之间充分竞争,真正实现银行管理的职业化;二是强化资本市场的作用,努力发挥资本市场对商业银行的约束作用;三是强化外部审计机构的作用,加强对商业银行的审计监督;四是完善有关的法律制度,对商业银行进行严格的法律约束。

(三) 国有独资商业银行改革的进程

把国有独资商业银行逐步改造为具有国际竞争力的现代化股份制商业银行,是我国金融体制改革中的一个重大决策,也是我国金融市场建设中一项全新的改革实践。此举意义深远,任务艰巨。

早在1993年,《国务院关于金融体制改革的决定》就明确指出,要“把国家专业银行办成真正的国有商业银行”。1997年召开的全国金融工作会议对国有独资商业银行改革与发展作出重大战略部署。2001年,国务院成立了由中国人民银行牵头的专题研究小组,论证国有独资商业银行改革问题。2002年2月,全国金融工作会议和会后下发的有关文件进一步明确,具备条件的国有独资商业银行可改组为国有控股的股份制商业银行,完善法人治理结构,条件成熟的可以上市。2003年10月14日,党的十六届三中全会通过《中共中央关于完善社会主义市场经济体制若干问题的决定》,再一次明确提出,“选择有条件的国有商业银行实行股份制改造,加快处置不良资产,充实资本金,创造条件上市”。2003年年底,国务院根据我国国有独资商业银行的具体情况,决定中国银行、中国建设银行实施股份制改造试点,并决定动用450亿美元国家外汇储备等为其补充资本金。这一举动表明了党和政府按照市场经济规律搞好国有独资商业银行改革的坚定决心。2004年3月,国务院召开常务会议,研究部署中国银行、中国建设银行股份制改造试点的有关工作,提出改造试点工作的总体目标和主要任务。会议指出,要紧紧抓住改革管理体制、完善治理结构、转换经营机制、促进绩效进步这几个重要环节,用3年左右的时间将两家试点银行改造成为具有国际竞争力的现代股份制商业银行。2004年12月召开的国务院常务会议再次研究推进

国有商业银行股份制改革问题。会议提出,要进一步搞好中国银行、中国建设银行股份制改造试点各项工作,坚定不移地推进国有商业银行改革;按照发展社会主义市场经济的要求,推进国有商业银行股份制改革、公司治理结构改革和内部控制机制改革;按照现代金融企业制度的要求,围绕转变经营机制这个核心,加强科学管理和队伍建设,着力提高银行市场竞争力和抗风险能力,加快建成资本充足、内控严密、运营安全、服务和效益良好的现代商业银行。按照国务院的要求,中国银监会自2004年3月起相继出台了《关于中国银行、中国建设银行公司治理改革与监管指引》等多个条例,提出了操作性强、十分具体的改革要求。中国人民银行从多个方面对改革的推进作出指导。

中国建设银行股份有限公司于2004年9月成立,并于2005年10月在香港联交所上市。这是国务院决定对国有独资商业银行实施股份制改造以来,首家实现公开发行上市的国有商业银行,受到海内外广泛关注,影响深远。2005年10月,中国工商银行股份有限公司成立。中国银行股份有限公司于2004年8月成立,并于2006年6月在香港联交所上市,于2006年7月在上海证券交易所上市。中国农业银行股份有限公司于2009年1月成立,并于2010年7月在上海证券交易所和香港联交所同步上市,从而标志着我国国有商业银行的股份制改造、上市工作全面完成。

国有商业银行股改上市后,从多个方面给国有独资商业银行带来积极影响:推进产权多元化发展进程,加速完善公司治理结构的步伐,形成良性的资本补充机制,可以更好地实现国有资本的保值增值,有利于增强国际竞争力。同时,这些银行也面临诸多挑战:第一,成功上市后,国有商业银行面临的风险更广、种类更多、表现更隐蔽、性质更复杂、管理难度更大。第二,国有控股银行之公司治理结构的特殊性及其应有规则需要进一步厘清。第三,在数字经济时代,金融科技企业掌握银行业务,与传统金融机构形成竞争。国有商业银行需要加快数字化变革,推动金融与科技深度融合。

第四节 政策性银行法律制度

一、政策性银行法律制度概述

(一)政策性银行的概念和特征

政策性银行,是指由政府创立、参股或保证,不以营利为目的,专门为贯彻、配合政府经济政策或产业政策,在特定的业务领域内,直接或间接地从事政策性融资活动,充当政府发展经济、促进社会进步、进行宏观经济管理的专门金融机构。政策性银行的业务涉及农业、中小企业、进出口、住房、经济开发、基础产业、主导产业、环境以及国民福利等领域。目前,发达国家普遍建立了各自的政策性银行体系。

政策性银行既不同于中央银行,也不同于一般的商业银行,是承担政策性业务的银行,具有以下特征:

(1) 在设立和资本上,政策性银行一般由政府出资创立或参股,与政府保持着密切的关系。有些国家的政策性银行由政府全资创立,如日本的"二行九库"[①]、美国的进出口银行、韩国的开发银行等。有些国家的政策性银行由政府部分参股,联合商业银行和其他金融机构共同设立。例如,法国农业信贷银行由若干官方和半官方金融机构所有。[②]

(2) 在经营原则上,政策性银行不以营利为目的,而追求社会整体效益和自身效益的统一。这是由创立政策性银行的宗旨和政策性银行业务本身的性质决定的。

(3) 在经营业务上,政策性银行贯彻和执行政府的社会经济政策。政策性银行为国家重点建设和按照国家产业政策重点扶持的行业及企业提供资金融通,包括支持农业开发贷款、农副产品收购贷款、交通和能源等基础设施和基础产业的贷款等。这些行业和项目由于期限长、风险大、效益低,难以得到商业性资金融通,需要由政策性银行提供贷款以形成最佳的资源配置。

(4) 在资金来源和运用上,政策性银行具有特殊的融资原则。政策性银行不能吸收活期存款,主要的资金来源是政府提供的资本金、各种借入资金和发行金融债券筹集的资金。

(5) 在融资条件或资格上,政策性银行的贷款对象必须是从其他金融机构不易得到所需的融通资金,而且政策性银行主要提供中长期信贷资金,贷款利率明显低于商业银行同期同类贷款利率,有的甚至低于筹资成本,但是要求按期还本付息;在贷款对象因偿还困难出现亏损时,由国家财政予以补贴。同时,政策性银行对其他金融机构自愿从事的符合国家政策目标的放款活动给予偿付保证、利息补贴或再融资。

(二) 政策性银行法

政策性银行法是规定政策性银行的组织和行为的法律规范的总称,主要包括政策性银行的性质、地位、资金来源、资金运作、业务范围、组织形式、组织机构

---

① "二行九库",即日本开发银行、日本国际协力银行(原日本输出入银行)、国民生活金融公库、中小企业金融公库、中小企业信用保险公库、环境卫生金融公库、农林渔业金融公库、住宅金融公库、公营企业金融公库、北海道东北开发金融公库、冲绳振兴开发金融公库。2005 年以来,日本政府全面改革政策性银行。其中,国民生活金融公库、农林渔业金融公库、中小企业金融公库、冲绳振兴开发金融公库、日本国际协力银行进行合并,日本政策投资银行与商工组合中央金库实现民营化,公营企业金融公库则移交地方管理。

② 参见郑建库:《中外政策性银行治理模式比较及启示》,载《国际金融》2017 年第 5 期。

等内容。

政策性银行一般实行单独立法。绝大多数国家的政策性银行不受普通银行法或商业银行法的制约,而是以单独的法律、条例规定政策性银行的相关内容。例如,日本《输出入银行法》即为输出入银行的专门立法,普通银行法的规定对其不适用。

二、我国的政策性银行

(一)我国政策性银行的建立及其发展

1993年12月25日,国务院发布《国务院关于金融体制改革的决定》,提出建立政策性银行,目的是实现政策性金融和商业性金融分离,以解决国有专业银行身兼二任的问题;割断政策性贷款与基础货币的直接联系,确保中国人民银行调控基础货币的主动权。1994年,我国相继成立了三家政策性银行,即国家开发银行(3月17日成立)、中国进出口银行(4月26日成立)和中国农业发展银行(11月8日成立)。[①] 我国目前尚未制定专门的政策性银行法,三家政策性银行的业务开展主要是依据各自的章程规定和一些相关的法规、规章。三家政策性银行都是直属于国务院领导的政策性金融机构,在业务上接受国务院银行业监督管理机构的指导和监督。2017年,中国银监会发布《国家开发银行监督管理办法》《中国进出口银行监督管理办法》和《中国农业发展银行监督管理办法》,三个办法在三家银行的市场定位、业务范围、支持领域方面充分体现了开发银行、政策性银行的特殊功能。三个办法是三家政策性银行监管的基本制度,基本涵盖了三家政策性银行在经营管理和审慎监管方面的主要内容。

1. 国家开发银行

国家开发银行是一家以国家重点建设为主要融资对象的政策性投资开发银行,注册资本金由财政部划拨。2008年12月,国家开发银行改制为国家开发银行股份有限公司。2015年3月作出的《国务院关于同意国家开发银行深化改革方案的批复》明确将国家开发银行定位为开发性金融机构。2017年4月,"国家开发银行股份有限公司"名称变更为"国家开发银行",组织形式由股份有限公司变更为有限责任公司。《国家开发银行监督管理办法》明确规定,国家开发银行应当建立健全以资本充足率为核心的资本约束机制。国家开发银行主要办理国家重点建设(包括基础设施、基础产业和支柱产业)的政策性贷款及贴息业务,是全球最大的开发性金融机构,也是我国最大的中长期信贷银行和债券银行。截

① 2015年,中国政府网公布了国务院对国家开发银行、中国进出口银行和中国农业发展银行改革方案的批复,同意了三家银行的改革方案。批复将国家开发银行明确定位为开发性金融机构,进一步明确了中国进出口银行、中国农业发展银行作为政策性银行的定位。

至2020年12月，国家开发银行在中国内地设有37家一级分行和4家二级分行，境外设有香港分行和开罗、莫斯科、里约热内卢、加拉加斯、伦敦、万象、阿斯塔纳、明斯克、雅加达、悉尼等10家代表处。①

2. 中国进出口银行

中国进出口银行具有法人资格，注册资本金由财政部核拨。《中国进出口银行监督管理办法》明确规定，中国进出口银行应当建立健全资本约束机制。截至2018年年末，中国进出口银行在境内设有32家营业性分支机构，在境外设有巴黎分行和东南非、圣彼得堡、西北非、香港4家代表处。②

3. 中国农业发展银行

中国农业发展银行是一家以承担国家粮棉油储备、农副产品收购、农业开发等方面的政策性贷款为主要业务的政策性银行，是我国唯一一家农业政策性银行。中国农业发展银行的一部分注册资本金从中国农业银行资本金中划拨，同时接管原中国农业银行和中国工商银行的农业政策性贷款(债权)，并接受相应的中国人民银行的贷款(债务)。《中国农业发展银行监督管理办法》明确规定，中国农业发展银行应当建立健全资本约束机制。截至2020年12月，中国农业发展银行共有31个省级分行、338个地(市)分行和1693个县(市)支行。③

(二) 我国政策性银行的法律地位

国外的政策性银行法一般均确认政策性银行具有独立的法人地位。韩国的《产业银行法》《住宅银行法》《进出口银行法》《中小企业银行法》都明确规定这类政策性银行为法人。日本的《输出入银行法》《开发银行法》《农林渔业金融公库法》等也均确认这些政策性银行具有法人资格。

根据《国务院关于金融体制改革的决定》的规定，中国农业发展银行和中国进出口银行均为独立法人。虽然《国务院关于金融体制改革的决定》《国务院关于组建国家开发银行的通知》(1994年3月17日发布)、经国务院批准的《国家开发银行组建和运行方案》以及《国家开发银行章程》对国家开发银行是否为独立法人未予明确规定，但是2008年12月国家开发银行改制为国家开发银行股份有限公司，意味着其独立法人地位明朗化。

三、我国政策性银行的现状、存在的问题、改革和完善思路

我国政策性银行自运行以来，较好地完成了原定目标。三家政策性银行发

---

① 参见国家开发银行官网，http://www.cdb.com.cn/gykh/khjj/，2020年10月27日访问。

② 参见中国进出口银行官网，http://www.eximbank.gov.cn/aboutExim/，2020年10月27日访问。

③ 参见中国农业发展银行官网，http://www.adbc.com.cn/n4/index.html，2020年10月27日访问。

布的业绩报告显示,2020年上半年,国家开发银行发放本外币贷款1.87万亿元,境内人民币贷款余额较2020年年初新增6824亿元;中国农业发展银行6月末贷款余额6.05万亿元,较2020年年初净增4590亿元;中国进出口银行本外币贷款余额4.14万亿元,较2020年年初增加约4400亿元。这对我国国有专业银行转制、提高资金使用效益、调节地区间经济发展不平衡、促进产业结构优化、适应"西部大开发"战略和加入WTO都具有不可替代的作用。但是,由于成立时间短、经验不足,我国政策性银行在自身经营管理和外部经营环境方面都还存在许多问题,影响了其功能的有效发挥。

(一)我国政策性银行的现状和存在的问题

1. 资金来源渠道单一

截至2019年12月31日,我国三家政策性银行的筹资渠道主要包括应付债券与同业及客户存款。其中,国家开发银行应付债券占负债总额的64.43%,同业及客户存款占负债总额的29.88%;中国农业发展银行应付债券占负债总额的64.35%,同业及客户存款占负债总额的21.39%。截至2018年12月31日,[①]中国进出口银行应付债券占负债总额的66.90%,同业及客户存款占负债总额的25.50%。[②] 从中可以明显看出,三家政策性行的筹资方式主要是在市场上发行政策性金融债。然而,过度依赖发行债券进行融资会带来一定程度的运营隐患,不利于政策性银行的长期稳定发展。金融债券的大规模发行不但增加了筹资成本,而且严重制约了资金的长期使用,银行最终不得不陷入发新债还旧债的境地。[③]

2. 经营缺乏法律保障

由于政策性银行业务活动的特殊性,许多国家都通过立法的形式对政策性银行的资金来源渠道、资金运用方式和与社会各方面的关系作出明确规定。我国最高立法机关对政策性银行的设立和运营并没有制定相应的"政策性银行法",随意干预、变更政策性银行经营活动的情况时有发生,政策性银行自身的"寻租"、逐利等异化行为也不鲜见。政策性银行运营的立法规制之法律层级较低,整体上较为薄弱。

(二)我国政策性银行的改革和完善思路

当前,我国社会主义市场经济的改革和建设取得了重大成就,市场机制日益

---

① 截至2020年10月28日,中国进出口银行官网尚未公布其2019年年报。

② 参见《2019年年报》,载国家开发银行官网,http://www.cdb.com.cn/gykh/ndbg_jx/2019_jx/;《2018年进出口银行年报》,载中国进出口银行官网,http://www.eximbank.gov.cn/aboutExim/annals/2018_2/;《2019年度报告》,载中国农业发展银行官网,http://www.adbc.com.cn/pdfToJpg/2019ndbg/2019ndbg/mobile/index.html,2020年10月28日访问。

③ 参见李鸿雁:《关于政策性金融几个基本问题的探讨》,载《决策借鉴》2001年第6期。

成熟，在宏观经济环境、产业结构、市场需求和微观条件等方面发生了巨大变化。政策性银行如何适应新形势、解决新问题，是摆在理论和实践工作者面前的一个迫切性问题。

1. 拓宽筹资渠道，优化负债结构

财政部门要量力而行，根据每年实际拨付给政策性银行的资本金或补贴退税额，确定政府对政策性银行的核定任务数，给政策性银行一定的自主权，增加其筹资渠道，如借鉴日本经验，开发邮政储蓄存款、基金融资等渠道，加大从国外筹集政府优惠贷款的力度，研究面向社会公众发债的可行性；提高政策性银行内部或行际调拨资金的流动性，挖掘内部资金潜力，减小利息负担。由于财政拨付资本金数额巨大、稳定且无偿付红利或股息的后顾之忧，因此要建立财政拨付资本金的固定化、合法化机制，这是政策性银行最主要的低成本资金来源。

2. 尽快组建国民经济发展不可缺少的新的政策性金融机构

目前，我国一些急需政策性金融介入的领域和部门尚没有专门的政策性金融机构，如中小企业金融机构、环境银行、政策性保险公司、政策性住宅金融机构、科技开发银行等。对于这些极具开发价值、风险较大、期限较长、经济发展必需的项目，政策性金融应积极承担起政策性义务，在这些领域建立政策性银行，完善政策性金融体系。

3. 制定政策性金融法规

市场经济是法制经济，政策性银行作为社会主义市场经济的产物和特殊的市场主体，必须将其全部经营活动纳入法制化轨道。国家在规范政策性银行经营行为的同时，应当明确界定其与政府、中央银行、商业银行、企业等各方面的关系，使其摆脱外部主体超越法规的干预，维护自身的合法权益，保障资产的安全。有关法规应当包括两个层次：一是国家制定的专门的政策性金融机构法，如“中国进出口银行法”“国家开发银行法”等。二是各类政策性金融机构或主管部门制定的内部规章。这些内部规章是对国家专门法的补充和具体化，如贷款项目评估办法、贷款审批收放程序、贷款风险防范和管理办法、委托代理机构资格和职责规定等。

2006年3月14日，第十届全国人民代表大会第四次会议批准了《中华人民共和国国民经济和社会发展第十一个五年规划纲要》，明确提出“合理确定政策性银行职能定位，健全自我约束机制、风险调控机制和风险补偿机制”，为我国政策性银行的改革指明了方向。

政策性银行向开发性金融机构转型是目前的一个主流趋势，也是我国进行政策性银行改革的基本方向。所谓开发性金融机构，简单地说，就是既开展政策性金融业务又开展商业性金融业务的金融机构。走开发性金融的改革道路，就是要把政策性银行按资本充足、内控严密、公司治理完善、可持续发展的原则，转变为贯彻国家意图、以市场化运作为主、有较强国际竞争力和一定政策性功能的开发性金融机构。具体而言，通过分账管理、专项经营，政策性银行分别管理国家交办的政策性业务和银行自主经营的商业性业务，同时建立一套合理的利益补偿机制。这样，既能保证政策性金融机构正常运转并获得微利，又能使开发性金融机构具有足够的自有资本充足率并提取足够的呆账准备金。

2017年，中国银监会发布《国家开发银行监督管理办法》《中国进出口银行监督管理办法》《中国农业发展银行监督管理办法》，弥补了政策性银行监管制度的短板，推动政策性银行改革不断走向深入。然而，相较于商业银行具有专门、独立的《商业银行法》，我国政策性银行设立、运营的法律依据层级低、数量少。因此，制定一部强力、全面、专门的"政策性银行法"，是推动政策性银行可持续发展的必行之策。

第五节　非银行金融机构法律制度

一、信用合作社法律制度

信用合作社是集体所有制性质的合作金融组织。农村信用合作社和城市信用合作社是我国金融体系的重要组成部分。资产规模较大的信用合作社在符合一定条件时，可以改制组建为商业银行。

（一）农村信用合作社

农村信用合作社(以下简称"农村信用社")，是指由社员入股组成、实行社员民主管理、主要为社员提供金融服务的农村合作金融机构。20世纪50年代，中国人民银行在农村的网点被改为农村信用社。农村信用社的宗旨是"农民在资金上互帮互助"，即农民组成信用社，社员出钱组成资本金，社员用钱可以贷款。农村信用社是独立的企业法人，以其全部资产对农村信用社的债务承担责任，依法享有民事权利，承担民事责任。农村信用社的社员，是指向农村信用社入股的农户以及农村各类具有法人资格的经济组织。社员以其出资额为限承担风险和民事责任。

经批准，农村信用社可经营下列人民币业务：(1) 办理存款、贷款、票据贴现、国内结算业务；(2) 办理个人储蓄业务；(3) 代理其他银行的金融业务；(4) 代理收付款项及受托代办保险业务；(5) 买卖政府债券；(6) 代理发行、代理兑付、承销政府债券；(7) 提供保险箱业务；(8) 由县联社统一办理资金融通调剂业务；(9) 办理经监管机构批准的其他业务。

农村信用社现由中国银保监会监督管理。农村信用社应当向所在县(市)农村信用社联合社(以下简称“县联社”)入股,并接受县联社的管理。农村信用社接受行业统一的业务制度管理。县联社,是指经银行业监督管理机构批准设立、由所在县(市)农村信用社入股组成、实行民主管理、主要为农村信用社服务的联合经济组织,是企业法人。县联社的主要任务是对本县(市)的农村信用社进行管理和服务。县联社开展业务经营,坚持不与农村信用社竞争的原则。

1993年12月25日,国务院发布《国务院关于金融体制改革的决定》,明确提出“根据农村商品经济发展的需要,在农村信用合作社联社的基础上,有步骤地组建农村合作银行”。2001年4月13日,中国人民银行发布《中国人民银行关于在江苏省试点组建农村商业银行的批复》,明确了农村商业银行组建的基本框架制度。2003年6月27日,国务院下发《国务院关于印发深化农村信用社改革试点方案的通知》,提出加快农村信用社管理体制和产权制度改革,推进农村信用社改制为农村合作银行或农村商业银行。

农村合作银行是由辖内农民、农村工商户、企业法人和其他经济组织入股组成的股份合作制社区性地方金融机构,主要任务是为农民、农业和农村经济发展提供金融服务。农村商业银行是由辖内农民、农村工商户、企业法人和其他经济组织共同发起成立的股份制地方性金融机构,主要任务是为农民、农业和农村经济发展提供金融服务,促进城乡经济协调发展。

农村信用社、农村合作银行和农村商业银行是我国农村金融机构的三种形态,可以说是向商业银行转化的三个阶段的形态。农村信用社最初是服务于农业生产和农村发展的农村金融机构;农村合作银行和农村商业银行是农村金融体制改革的产物,是为适应经济发达的农村地区的金融需求而生的。农村信用社、农村合作银行和农村商业银行的主要区别在于:农村信用社为入股社员服务,实行民主管理,社员一人一票。农村合作银行是在遵循合作制原则的基础上,吸收股份制的原则和做法而构建的一种新的银行组织形式,是实行股份合作制的社区性地方金融机构。农村商业银行的股本划分为等额股份,是同股同权、同股同利的股份制地方性金融机构。2014年12月25日,《中国银监会关于鼓励和引导民间资本参与农村信用社产权改革工作的通知》发布,明确要求农村合作银行加快将资格股转换为投资股,完善产权制度,按照农村商业银行要求进行改制。

(二)城市信用合作社

城市信用合作社(以下简称“城市信用社”),是指在城市市区内由城市居民、个体工商户和中小企业法人出资设立的,主要为社员提供服务,具有独立企业法人资格的合作金融组织,现由中国银保监会监督管理。城市信用社的社员以其出资额为限对城市信用社承担责任。城市信用社以其全部资产对城市信用社的债务承担责任。城市信用社实行社员民主管理、一人一票的原则。

经批准,城市信用社在其所在地可经营下列人民币业务:(1) 吸收社员存款;(2) 吸收监管机构规定限额以下的非社员的公众存款;(3) 发放贷款;(4) 办理结算业务;(5) 办理票据贴现;(6) 代收代付款项及受托代办保险业务;(7) 办理经监管机构批准的其他业务。

城市信用社作为我国金融体制改革过程中产生和发展起来的地方性金融机构,曾发挥过积极作用。但是,因经营规模小、抗风险能力差,加上缺乏严格的内部控制机制和有效的外部监管,城市信用社经营管理混乱、资产质量低下等问题逐渐暴露。

自 1995 年起,根据国务院的指示精神,部分地级城市在城市信用社的基础上组建了城市合作银行(1998 年 3 月 12 日更名为"城市商业银行")。1995 年 3 月,中国人民银行下发《中国人民银行关于进一步加强城市信用合作社管理的通知》,以文件形式明确"在全国的城市合作银行组建工作进行过程中,不再批准设立新的城市信用合作社"。这个通知下发以后,全国基本上完全停止了城市信用社的审批工作。1998 年 10 月,国务院明确提出对城市信用社进行彻底整顿和规范。具体而言,对于经营状况良好且已达到组建城市商业银行标准的城市信用社,逐步组建为城市商业银行;对于设在县市的城市信用社,可以考虑研究探索组建以所在地区的中小企业和居民为主要服务对象、按照股份制原则进行经营管理、具有较强抗风险能力的社区银行;对于风险较大的城市信用社,提请当地人民政府采取切实措施,通过增资扩股、置换不良资产、更换管理层等方式,增强资本实力,改善股东结构,提高资产质量和管理水平;凡不能按照要求进行规范改造、资产质量低劣、管理混乱、经多种措施救助无效的城市信用社,按照《金融机构撤销条例》等有关规定,依法实施市场退出,以更好地维护地方金融秩序。2005 年 11 月,中国银监会、中国人民银行、财政部、国家税务总局联合发布《关于进一步推进城市信用社整顿工作的意见》,加快推进城市信用社整顿工作,消除和化解城市信用社的风险隐患,促进城市信用社健康发展。

城市商业银行是在特殊历史条件下形成的,是金融主管部门整肃城市信用社、化解地方金融风险的产物。1995 年,深圳城市商业银行成立,成为我国内地第一家城市合作商业银行。经过多年的发展,城市商业银行逐步成为我国银行业的重要组成部分。据中国银保监会统计,截至 2020 年 12 月,城市商业银行占银行业金融机构资产份额达 13.1%。①

① 参见中国银行保险监督管理委员会官网,http://www.cbirc.gov.cn/cn/view/pages/ItemList.html?itemPId=953&itemId=957&itemUrl=tongjishuju/zichanfene.html&itemName=银行业金融机构资产份额图,2020 年 12 月 30 日访问。

二、金融租赁公司法律制度

（一）金融租赁的概念和种类

金融租赁，是指出租人根据承租人对租赁物的特定要求和对供货人的选择，出资向供货人购买租赁物，并租给承租人使用，承租人按约定币种支付租金，在租赁期限届满时，按约定的办法取得租赁物所有权的金融交易形式。金融租赁包括自营租赁、合同租赁、委托租赁、回租、转租等。

金融租赁自1952年由美国租赁公司采用以来，发展得非常迅速。金融租赁迅速发展主要取决于两个因素：其一，它符合商品经济发展的客观要求，生产与设备进一步社会化；其二，它带来明显的经济效益。其中，更重要的是经济效益。

对承租人来说，金融租赁的优势主要表现为：不需要大量投资，就能及时得到所需技术设备；可以保持技术设备的先进性；对非经常性使用或尚无充分把握的技术设备，采取租赁方式较为有利；引进技术设备较快，并可得到良好的服务；处理方法灵活，并可免受通货膨胀的影响；能延长资金融通期限；能使现金预算的编制比较灵活。对供货人来说，金融租赁通过减少承租方的负担而达到促进交易、增加客户、扩大市场的效果。对出租人来说，由于租借期间所有权没有转移，因此金融租赁的风险较小，并可获得长期稳定的收入。同时，国家为了鼓励投资和技术进步，专门为金融租赁提供了一系列优惠政策，出租人可享受税收减免、加速折旧、利息费用进成本等税收优惠。在国际融资租赁中，出租人还可免受其所在国法律关于国际贷款和贷款利率的限制，并能免遭由于承租人所在国抵押规则不便利或不完善所导致的风险。

（二）我国金融租赁业现状

1980年年初，中国国际信托投资公司率先开办了国际金融租赁业务。1981年4月，中日双方在北京成立中国东方租赁有限公司。这是我国第一家专营金融租赁业务的合资企业。中国租赁有限公司是1981年7月由中国国际信托投资公司与国家物资总局（现国家粮食和物资储备局）共同组建的一家全国租赁性企业，1987年被中国人民银行批准为全国性非银行金融机构。到1997年年初，全国共有金融租赁公司16家，中国人民银行总行监管其中4家在京的中央级租赁公司，其余各家由所在地中国人民银行分行监管。另外，还有大约40多家对外贸易经济合作部（现商务部）监管的中外合资租赁公司。1997年后，海南国际租赁公司、广东国际租赁公司、武汉国际租赁公司和中国华阳金融租赁公司先后退出市场。截至2019年年底，我国金融租赁公司的总数为73家。

（三）金融租赁公司的设立、变更

为促进我国融资租赁业的健康发展，加强对金融租赁公司的监督管理，中国人民银行根据《中国人民银行法》《合同法》《公司法》等法律法规，制定了《金融租赁公司管理办法》,于2000年6月30日颁布实施。《金融租赁公司管理办法》对我国金融租赁公司的机构设立及变更、业务经营、监督管理、整顿、接管及终止进行了比较详细的规定。我国对金融租赁业务实行特许经营制。按照《银行业监督管理法》和《金融租赁公司管理办法》的规定,金融租赁公司是经监管机构批准成立的以经营融资租赁业务为主的非银行金融机构。未经监管机构批准,不得设立金融租赁公司,其他公司名称中不得有"金融租赁"字样。监管机构在批准设立金融租赁公司时,要考虑国家经济发展需要和融资租赁业竞争状况。

2007年1月23日,中国银监会发布新的《金融租赁公司管理办法》,通过降低资本充足率与注册资本门槛、允许商业银行进入金融租赁业等举措,以促进我国融资租赁业的健康发展。根据2007年《金融租赁公司管理办法》,申请设立金融租赁公司应具备下列条件:(1) 具有符合《金融租赁公司管理办法》规定的主要出资人和一般出资人。其中,出资额占拟设金融租赁公司注册资本50%以上的出资人为主要出资人。主要出资人可以是中国境内外注册的具有独立法人资格的商业银行,中国境内外注册的租赁公司,在中国境内注册的、主营业务为制造适合融资租赁交易产品的大型企业。主要出资人是其他金融机构的,应当经由中国银监会(2018年3月以后为中国银保监会)认可。(2) 具有符合法定要求的最低限额注册资本。(3) 具有符合中国银监会(2018年3月以后为中国银保监会)规定的任职资格的董事、高级管理人员和熟悉融资租赁业务的合格从业人员。(4) 具有完善的公司治理、内部控制、业务操作、风险防范等制度。(5) 具有合格的营业场所、安全防范措施和与业务有关的其他设施。(6) 中国银监会(2018年3月以后为中国银保监会)规定的其他条件。

2014年3月13日,中国银监会再次发布修订后的《金融租赁公司管理办法》,对适用于融资租赁交易的租赁物的范围、关联交易管理制度、资产证券化业务的规则等内容进行了适当调整。修订后的《金融租赁公司管理办法》分为6章,共计61条,重点对准入条件、业务范围、经营规则和监督管理等内容进行了完善。具体而言,一是将主要出资人制度调整为发起人制度,不再区分主要出资人和一般出资人,符合条件的机构均可作为发起人设立金融租赁公司,并取消了主要出资人出资占比50%以上的规定;同时,考虑到金融租赁公司业务开展、风险管控以及专业化发展的需要,规定发起人中至少应当包括一家符合条件的商业银行、制造企业或境外融资租赁公司,且其出资占比不低于拟设金融租赁公司全部股本的30%。二是扩大业务范围,放宽股东存款业务的条件,拓宽融资租赁资产转让对象范围,增加固定收益类证券投资业务,为控股子公司、项目公司对外融资提供担保等。三是实行分类管理制度,在基本业务基础上,允许符合条件的金融租赁公司开办发行金融债、资产证券化以及在境内保税地区设立项目公司等升级业务。四是强化股东风险责任意识,要求发起人在金融租赁公司章程中约定，在金融租赁公司出现支付困难时，给予流动性支持；当经营损失侵蚀资本时，及时补足资本金，更好地保护利益相关方的合法权益，促进金融租赁公司持续稳健经营。五是丰富完善经营规则和审慎监管要求，强调融资租赁权属管理和价值评估，加强租赁物管理和未担保余值管理等，同时完善资本管理、关联交易、集中度等方面的审慎监管要求。六是允许金融租赁公司试点设立分公司、子公司，引导金融租赁公司纵向深耕特定行业，提升专业化水平和核心竞争力。

金融租赁公司有下列事项之一的，必须报经监管机构批准：变更公司名称；变更组织形式；调整业务范围；变更注册资本；变更股权或调整股权结构；修改公司章程；变更公司住所或营业场所；变更董事和高级管理人员；合并或分立；监管机构规定的其他变更事项。

（四）金融租赁公司的经营范围和监管措施

经监管机构批准，金融租赁公司可以经营下列本外币业务：直接租赁、回租、转租赁、委托租赁等融资租赁业务；转让和受让融资租赁资产；固定收益类证券投资业务；接受承租人的租赁保证金；吸收非银行股东 3 个月（含）以上定期存款；同业拆借；向金融机构借款；境外借款；租赁物变卖及处理业务；经济咨询。

金融租赁公司现由中国银保监会进行监管。具体而言，中国银保监会对金融租赁公司进行风险监管。金融租赁公司资本净额与风险加权资产的比例不得低于中国银保监会的最低监管要求；对单一承租人的融资余额最高不得超过金融租赁公司资本净额的 30%；对一个关联方的融资余额不得超过金融租赁公司资本净额的 30%；对单一集团的全部融资租赁业务余额不得超过金融租赁公司资本净额的 50%；对全部关联方的融资余额不得超过金融租赁公司资本净额的 50%；对单一股东及其全部关联方的融资余额不得超过该股东在金融租赁公司的出资额，且应同时满足《金融租赁公司管理办法》对单一客户关联度的规定；同业拆入资金余额不得超过金融租赁公司资本净额的 100%。

金融租赁公司应当按规定履行信息披露义务，报送会计报表及中国银保监会及其派出机构要求的其他报表，并对所报报表、资料的真实性、准确性和完整性负责。

金融租赁公司应当按照监管规定建立资产质量分类制度。同时，金融租赁公司应当按照相关规定建立准备金制度，在准确分类的基础上及时足额计提资产减值损失准备，增强风险抵御能力。未提足准备的，不得进行利润分配。此外，金融租赁公司的重大关联交易应当经董事会批准。重大关联交易，是指金融租赁公司与一个关联方之间单笔交易金额占金融租赁公司资本净额 5%以上，或金融租赁公司与一个关联方发生交易后金融租赁公司与该关联方的交易余额占金融租赁公司资本净额 10%以上的交易。

金融租赁公司应当建立健全内部审计制度,审查评价并改善经营活动、风险状况、内部控制和公司治理效果,促进合法经营和稳健发展。同时,金融租赁公司应当建立定期外部审计制度,并在每个会计年度结束后的4个月内,将经法定代表人签名确认的年度审计报告报送中国银保监会或其派出机构。

2020年6月30日,中国银保监会发布《金融租赁公司监管评级办法(试行)》。该办法从总体上对金融租赁公司监管评级工作作出安排:一是设定监管评级要素和评级方法。金融租赁公司监管评级要素包括资本管理、管理质量、风险管理、战略管理与专业能力四个方面,权重占比分别为15%、25%、35%、25%。该办法还针对金融租赁公司发生重大涉刑案件等特殊情形设置了相应的评级调降条款。二是明确监管评级操作规程。金融租赁公司监管评级分为中国银保监会派出机构初评、中国银保监会复核、反馈监管评级结果、档案归集等环节。年度评级工作原则上应于每年5月底前完成。三是强化监管评级结果运用。金融租赁公司监管评级结果分为1级、2级(A、B)、3级(A、B)、4级和5级共5个级别7个档次,级数越大表明评级越差,越需要监管关注。金融租赁公司的监管评级结果应当作为监管机构衡量金融租赁公司经营状况、风险程度和风险管理能力,制定监管规划、配置监管资源、采取监管措施和行动的重要依据。

(五)金融租赁监管向统一监管转型

融资租赁,是指出租人根据承租人对租赁物和供货人的选择或认可,将其从供货人处取得的租赁物按合同约定出租给承租人占有、使用,向承租人收取租金的交易活动。融资租赁与金融租赁在本质上没有区别。但是,未经中国银保监会批准,任何单位和个人不得经营融资租赁业务或在其名称中使用“金融租赁”字样。融资租赁公司是非金融机构,金融租赁公司是金融机构。融资租赁公司不具备经营吸收存款、同业拆借、境外外汇借款等限于金融机构的业务活动。与金融租赁公司相比,我国对融资租赁公司的监管明显不足,多数融资租赁公司成为“影子银行”,以发放信贷为主要业务。

2018年5月8日,商务部办公厅发布《关于融资租赁公司、商业保理公司和典当行管理职责调整有关事宜的通知》,明确指出:自2018年4月20日起,商务部将制定融资租赁公司、商业保理公司、典当行业务经营和监管规则的职责划给中国银保监会。2020年5月26日,中国银保监会发布《融资租赁公司监督管理暂行办法》,明确了融资租赁公司的监管规则。二者的统一监管有利于更好地控制社会金融风险,也有利于融资租赁行业健康有序发展,还有利于抑制“类信贷”和“通道”类业务的发展。

自2021年1月1日起施行的《中华人民共和国民法典》(以下简称《民法典》)在合同编中的第十五章对融资租赁合同进行了专章规定。其中,第745条规定:“出租人对租赁物享有的所有权,未经登记,不得对抗善意第三人。”此条明确了租赁的登记效力，对于善意相对人来说是重要利好，同时强调了在融资租赁金融实务中，不仅要依靠合同效力的约束，还鼓励进行书面登记以确认租赁效力。可以说，这是立法者对近年来快速成长但伴随较大风险的融资租赁行业进行的规范和引导，未来融资租赁行业必将逐步加强对租赁物的监管，重新重视合规及风险控制。

三、企业集团财务公司法律制度

（一）财务公司的发展

企业集团财务公司（以下简称“财务公司”）这一形式最早出现于 18 世纪的法国，后来美、英等国纷纷设立。在西方国家，财务公司一般是独立的金融机构，主要经营批发性金融业务。在我国，财务公司是指以加强企业集团资金集中管理和提高企业集团资金使用效率为目的，为企业集团成员单位（以下简称“成员单位”）提供财务管理服务的非银行金融机构。

我国在 1979 年之后陆续组建了一批企业集团。在企业集团的众多成员单位之中，有的公司资金暂时闲置，有的公司资金紧缺。所以，在企业集团内部存在着资金调剂的要求和可能性。在这种情况下，财务公司应运而生。1984 年，我国第一家财务公司在深圳经济特区成立。财务公司是由企业集团内部各成员单位入股，并向社会募集一部分中长期资金，为企业技术进步服务的金融股份有限公司，是独立的企业法人。财务公司是金融与国民经济支柱产业相互结合的产物，也是金融深化与多样化的产物。

截至 2018 年年底，我国财务公司数量达到 253 家，全行业表内外资产总额为 9.50 万亿元。[①] 1984 年以来，一些大型的财务公司已经发展成为商业银行。例如，中信银行、光大银行、华夏银行和招商银行分别是从中国国际信托投资公司、光大国际信托投资公司、首都钢铁公司和招商局的财务公司发展起来的。

（二）财务公司的概念和特点

在我国，财务公司作为经济和金融改革的新生事物，具有双重身份、双重性质：(1) 作为所属企业集团的子公司，财务公司直接依附于所属企业集团，可以为企业集团创造利润，其经营业绩和发展规模与所属企业集团的状况直接相关。(2) 财务公司是一种非银行金融机构，事实上经营除个人存贷款以及保险业务外的几乎全部金融业务。所以，财务公司与商业银行之间既有合作又有竞争：财务公司利用商业银行的结算渠道，服务企业集团，开展内部转账结算，成为银行功能的进一步延伸；同时，二者在吸收存款、贷款方面存在竞争。

---

① 参见《中国企业集团财务公司行业发展报告(2019)》，http://www.cnafc.org/cnafc/front/detail.action?id=234B1082FE4C4D87B21D7B0DECE381D1，2020 年 10 月 28 日访问。

（三）财务公司的设立和变更

为规范财务公司及其经营行为，我国财政部于1991年发布《企业集团财务公司财务管理试行办法》，中国人民银行、国家计委、国家体改委、国务院经贸办于1992年联合发布《关于国家试点企业集团建立财务公司的实施办法》，中国人民银行于2000年发布《企业集团财务公司管理办法》，统一适用于中资企业集团财务公司以及外资投资性公司为其在中国境内的投资企业提供财务管理服务而设立的财务公司。在财务公司的监管职责交由中国银监会行使后，中国银监会于2004年发布新的《企业集团财务公司管理办法》。该办法最近一次修订于2006年12月28日。

2006年修订后的《企业集团财务公司管理办法》规定，申请设立财务公司的企业集团应当具备下列条件：(1) 符合国家的产业政策；(2) 申请前一年，母公司的注册资本金不低于8亿元人民币；(3) 申请前一年，按规定并表核算的成员单位资产总额不低于50亿元人民币，净资产率不低于30%；(4) 申请前连续两年，按规定并表核算的成员单位营业收入总额每年不低于40亿元人民币，税前利润总额每年不低于2亿元人民币；(5) 现金流量稳定并具有较大规模；(6) 母公司成立2年以上并且具有企业集团内部财务管理和资金管理经验；(7) 母公司具有健全的公司法人治理结构，未发生违法违规行为，近3年无不良诚信记录；(8) 母公司拥有核心主业；(9) 母公司无不当关联交易。外资投资性公司除适用上述第(1)(2)(5)(6)(7)(8)(9)项的规定外，申请前一年其净资产应不低于20亿元人民币，申请前连续两年每年税前利润总额不低于2亿元人民币。

设立财务公司，应当具备下列条件：(1) 确属集中管理企业集团资金的需要，经合理预测能够达到一定的业务规模；(2) 有符合《公司法》和《企业集团财务公司管理办法》规定的章程；(3) 有符合《企业集团财务公司管理办法》规定的最低限额注册资本金；(4) 有符合中国银监会(2018年3月以后为中国银保监会)规定的任职资格的董事、高级管理人员和规定比例的从业人员，在风险管理、资金集约管理等关键岗位上有合格的专门人才；(5) 在法人治理、内部控制、业务操作、风险防范等方面具有完善的制度；(6) 有符合要求的营业场所、安全防范措施和其他设施；(7) 中国银监会(2018年3月以后为中国银保监会)规定的其他条件。

设立财务公司的注册资本金最低为1亿元人民币。财务公司的注册资本金应当是实缴的人民币或者等值的可自由兑换货币。经营外汇业务的财务公司，其注册资本金中应当包括不低于500万美元或者等值的可自由兑换货币。中国银监会(2018年3月以后为中国银保监会)根据财务公司的发展情况和审慎监管的需要，可以调整财务公司注册资本金的最低限额。

财务公司有下列变更事项之一的，应当报经中国银监会(2018年3月以后为中国银保监会)批准:(1) 变更名称;(2) 调整业务范围;(3) 变更注册资本金;(4) 变更股东或者调整股权结构;(5) 修改章程;(6) 更换董事、高级管理人员;(7) 变更营业场所;(8) 中国银监会(2018 年 3 月以后为中国银保监会)规定的其他变更事项。

(四) 财务公司的业务范围和主要监管措施

财务公司可以经营下列部分或者全部业务:(1) 对成员单位办理财务和融资顾问、信用鉴证及相关的咨询、代理业务;(2) 协助成员单位实现交易款项的收付;(3) 经批准的保险代理业务;(4) 对成员单位提供担保;(5) 办理成员单位之间的委托贷款及委托投资;(6) 对成员单位办理票据承兑与贴现;(7) 办理成员单位之间的内部转账结算及相应的结算、清算方案设计;(8) 吸收成员单位的存款;(9) 对成员单位办理贷款及融资租赁;(10) 从事同业拆借;(11) 中国银监会(2018 年 3 月以后为中国银保监会)批准的其他业务。符合条件的财务公司,可以向中国银监会(2018 年 3 月以后为中国银保监会)申请从事下列业务:(1) 经批准发行财务公司债券;(2) 承销成员单位的企业债券;(3) 对金融机构的股权投资;(4) 有价证券投资;(5) 成员单位产品的消费信贷、买方信贷及融资租赁。

财务公司的业务范围经中国银监会(2018 年 3 月以后为中国银保监会)批准后,应当在财务公司章程中载明。财务公司不得办理实业投资、贸易等非金融业务。

财务公司应当加强风险管理及控制,经营业务应当遵守下列资产负债比例的要求:(1) 资本充足率不得低于 10%;(2) 拆入资金余额不得高于资本总额;(3) 担保余额不得高于资本总额;(4) 短期证券投资与资本总额的比例不得高于 40%;(5) 长期投资与资本总额的比例不得高于 30%;(6) 自有固定资产与资本总额的比例不得高于 20%。中国银监会(2018 年 3 月以后为中国银保监会)根据财务公司业务发展或者审慎监管的需要,可以对上述比例进行调整。

2015 年,中国银监会发布《企业集团财务公司监管评级与分类监管办法》,明确了财务公司施行分类监管,通过监管评级,对不同类别的财务公司在市场准入、监管措施以及监管资源配置等方面实施区别划分,并将中国财务公司协会的行业评级作为监管评级的重要参考依据,财务公司监管评级体系由此孕育而生。2015—2017 年,中国财务公司协会连续三年更新发布《企业集团财务公司行业评级办法(试行)》,不断加强行业评级体系的全面性、科学性、客观性以及公正性。

(五) 财务公司的整顿、接管和终止

财务公司出现下列情形之一的,监管机构可责令其整顿:(1) 出现严重支付困难;(2) 当年亏损超过注册资本金的 30%或者连续 3 年亏损超过注册资本金的10%;(3) 严重违反国家有关法律或者规章。监管机构责令整顿后,可对财务公司采取下列措施:(1) 责令暂停部分业务,停止批准开办新业务;(2) 限制分配红利和其他收入;(3) 限制资产转让;(4) 责令控股股东转让股权或者限制有关股东的权利;(5) 责令调整董事、高级管理人员或者限制其权利;(6) 停止批准增设分支机构。整顿时间最长不超过1年。财务公司经过整顿,恢复了支付能力,亏损得到弥补,纠正了违法违规行为,可恢复正常营业。

财务公司已经或者可能发生信用危机,严重影响债权人利益和金融秩序的稳定时,监管机构可对其实行接管或者促成其机构重组,采取必要的措施以恢复其正常经营能力。被接管的财务公司的债权债务关系不因接管而变化。

财务公司因被解散或者被撤销而终止。导致解散的情形包括:(1) 组建财务公司的企业集团解散,财务公司不能实现合并或者改组;(2) 章程中规定的解散事由出现;(3) 股东会议决定解散;(4) 财务公司因分立或者合并不需要继续存在的。财务公司有违法经营、经营管理不善等情形,不予撤销将严重危害金融秩序、损害公共利益的,中国银监会(2018年3月以后为中国银保监会)有权予以撤销。财务公司解散或者被撤销,母公司应当依法成立清算组,按照法定程序进行清算。

第六节 涉外金融机构法律制度

一、涉外金融机构法律制度概述

涉外金融机构,是指依法设立的、其资本构成具有涉外因素的金融机构。我国涉外金融机构可以分为三类:(1) 外资金融机构,是指外国银行或非银行金融机构全部或部分在中国境内设立的银行或非银行金融机构,包括外资独资金融机构和中外合资金融机构;(2) 外国金融机构代表机构,是指外国银行或非银行金融机构在中国境内设立的从事咨询、联络、市场调查等非经营性活动的派出机构;(3) 境外金融机构,是指在中国境外从事金融业务的中国境内的银行或非银行金融机构以及境外中资金融机构。

1979年,首家外国金融机构——日本东京银行在我国设立代表处。截至2019年10月末,外资银行在华共设立了41家外资法人银行、114家母行直属分行和151家代表处,外资银行营业机构总数为976家,资产总额为3.37万亿元。境外保险机构在华共设立了59家外资保险机构、131家代表处和18家保险专业中介机构。外资保险公司原保险保费收入为2513.63亿元,总资产为

12847.47 亿元。[①] 另外，还有众多的涉外非银行金融机构。在涉外金融业务日益频繁的同时，我国也加强了对涉外金融机构的立法活动，除了《中国人民银行法》《商业银行法》《银行业监督管理法》涉及的相关规定以外，还包括《外资金融机构驻华代表机构管理办法》(自 2002 年 7 月 18 日起施行)、《企业集团财务公司管理办法》(自 2004 年 9 月 1 日起施行，2006 年修订)、《外资银行管理条例》(自 2006 年 12 月 11 日起施行，2019 年第三次修订)以及《中国银保监会外资银行行政许可事项实施办法》(自 2019 年 12 月 26 日起施行)等。

二、外资金融机构法律制度

(一) 外资金融机构的种类

根据《外资金融机构驻华代表机构管理办法》《外资银行管理条例》《企业集团财务公司管理办法》的有关规定，外资金融机构是指依照中华人民共和国有关法律、法规，经批准在中华人民共和国境内设立的下列金融机构：(1) 一家外国银行单独出资或者一家外国银行与其他外国金融机构共同出资设立的外商独资银行；(2) 外国金融机构与中国的公司、企业共同出资设立的中外合资银行；(3) 外国银行分行；(4) 外国银行代表处；(5) 外资投资性公司为其在中国境内的投资企业提供财务管理服务而设立的财务公司(以下简称"外资财务公司")；(6) 其他经中国人民银行批准成立的外资金融机构。前四种类型统称"外资银行"，前三种类型合称"外资银行营业性机构"。外资金融机构主要是指外资银行。

(二) 外资金融机构的设立、变更与终止

1. 外资金融机构的设立

根据《外资银行管理条例》，外商独资银行、中外合资银行的注册资本最低限额为 10 亿元人民币或者等值的自由兑换货币。注册资本应当是实缴资本。外商独资银行、中外合资银行在中华人民共和国境内设立的分行，应当由其总行无偿拨给人民币或者自由兑换货币的营运资金。外商独资银行、中外合资银行拨给各分支机构营运资金的总和，不得超过总行资本金总额的 60%。外国银行分行应当由其总行无偿拨给不少于 2 亿元人民币或者等值的自由兑换货币的营运资金。国务院银行业监督管理机构根据外资银行营业性机构的业务范围和审慎监管的需要，可以提高注册资本或者营运资金的最低限额，并规定其中的人民币份额。

---

① 参见中国银保监会：《银保监会积极推动对外开放措施实例落地》，http://www.cbirc.gov.cn/cn/view/pages/ItemDetail.html?docId=858572&itemId=915&generaltype=0，2020 年 10 月 28 日访问。

设立外国银行分行,申请人应当具备下列条件:(1) 具有持续盈利能力,信誉良好,无重大违法违规记录;(2) 具有从事国际金融活动的经验;(3) 具有有效的反洗钱制度;(4) 受到所在国家或者地区金融监管当局的有效监管,并且其申请经所在国家或者地区金融监管当局同意;(5) 资本充足率符合所在国家或者地区金融监管当局以及国务院银行业监督管理机构的规定;(6) 国务院银行业监督管理机构规定的其他审慎性条件。此外,申请人所在国家或者地区应当具有完善的金融监督管理制度,并且其金融监管当局已经与国务院银行业监督管理机构建立良好的监督管理合作机制。

设立外国银行代表处,申请人应当具备除资本充足率要求之外的设立外国银行分行的申请人所应具备的条件。

设立外商独资银行、中外合资银行,申请人应当为金融机构,并且除应当具备设立外国银行分行的申请人所应具备的全部条件外,其中唯一或者控股股东还应当为商业银行。

经营外汇业务的财务公司,其注册资本金中应当包括不低于 500 万美元或者等值的可自由兑换货币。中国银保监会根据财务公司的发展情况和审慎监管的需要,可以调整财务公司注册资本金的最低限额。

设立外资财务公司,申请人应当具备下列条件:(1) 符合国家的产业政策;(2) 申请前一年,母公司的注册资本金不低于 8 亿元人民币;(3) 申请前一年,按规定并表核算的成员单位资产总额不低于 50 亿元人民币,净资产率不低于 30%;(4) 申请前连续两年,按规定并表核算的成员单位营业收入总额每年不低于 40 亿元人民币,税前利润总额每年不低于 2 亿元人民币;(5) 现金流量稳定并具有较大规模;(6) 母公司成立 2 年以上并且具有企业集团内部财务管理和资金管理经验;(7) 母公司具有健全的公司法人治理结构,未发生违法违规行为,近 3 年无不良诚信记录;(8) 母公司拥有核心主业;(9) 母公司无不当关联交易。

2. 外资金融机构的变更

外资银行有下列情况之一的,应当经国务院证券业监督管理机构批准,并按照规定提交申请资料,依法向市场监督管理部门办理有关登记:(1) 变更注册资本或者营运资金;(2) 变更机构名称、营业场所或者办公场所;(3) 调整业务范围;(4) 变更股东或者调整股东持股比例;(5) 修改章程;(6) 国务院银行业监督管理机构规定的其他情形。此外,外资银行更换董事、高级管理人员、首席代表,应当报经国务院银行业监督管理机构核准其任职资格。

外资财务公司有下列变更事项之一的,应当报经中国银保监会批准:(1) 变更名称;(2) 调整业务范围;(3) 变更注册资本金;(4) 变更股东或者调整股权结构;(5) 修改章程;(6) 更换董事、高级管理人员;(7) 变更营业场所;(8) 中国银保监会规定的其他变更事项。此外，财务公司的分公司变更名称、营运资金、营业场所或者更换高级管理人员，应当由财务公司报中国银保监会批准。

3. 外资金融机构的解散、清算与终止

外资银行营业性机构自行终止业务活动的，应当在终止业务活动30日前以书面形式向国务院银行业监督管理机构提出申请，经审查批准予以解散或者关闭并进行清算。外资银行营业性机构已经或者可能发生信用危机，严重影响存款人和其他客户合法权益的，国务院银行业监督管理机构可以依法对该外资银行营业性机构实行接管或者促成机构重组。外资银行营业性机构因解散、关闭、依法被撤销或者宣告破产而终止的，其清算的具体事宜，依照中华人民共和国有关法律、法规的规定办理。外资银行营业性机构清算终结，应当在法定期限内向原登记机关办理注销登记。外国银行代表处自行终止活动的，应当经国务院银行业监督管理机构批准予以关闭，并在法定期限内向原登记机关办理注销登记。

外资财务公司出现下列情况时，经中国银保监会核准后，予以解散：(1) 组建财务公司的企业集团解散，财务公司不能实现合并或改组；(2) 章程中规定的解散事由出现；(3) 股东会议决定解散；(4) 财务公司因分立或者合并不需要继续存在的。外资财务公司有违法经营、经营管理不善等情形，不予撤销将严重危害金融秩序、损害公众利益的，中国银保监会有权予以撤销。外资财务公司解散或者被撤销，母公司应当依法成立清算组，按照法定程序进行清算，并由中国银保监会公告。中国银保监会可以直接委派清算组成员并监督清算过程。清算组在清算中发现财务公司的资产不足以清偿其债务时，应当立即停止清算，并向中国银保监会报告，经中国银保监会核准，依法向人民法院申请该财务公司破产。

（三）外资金融机构的业务范围

根据《外资银行管理条例》，外国银行分行按照国务院银行业监督管理机构批准的业务范围，可以经营下列部分或者全部外汇业务以及对除中国境内公民以外客户的人民币业务：(1) 吸收公众存款；(2) 发放短期、中期和长期贷款；(3) 办理票据承兑与贴现；(4) 代理发行、代理兑付、承销政府债券；(5) 买卖政府债券、金融债券，买卖股票以外的其他外币有价证券；(6) 提供信用证服务及担保；(7) 办理国内外结算；(8) 买卖、代理买卖外汇；(9) 代理收付款项及代理保险业务；(10) 从事同业拆借；(11) 提供保管箱服务；(12) 提供资信调查和咨询服务；(13) 经国务院银行业监督管理机构批准的其他业务。外国银行分行可以吸收中国境内公民每笔不少于50万元人民币的定期存款。外国银行分行经中国人民银行批准，可以经营结汇、售汇业务。

外商独资银行、中外合资银行按照国务院银行业监督管理机构批准的业务范围,除可以经营外国银行分行能够经营的全部业务之外,还包括可以从事银行卡业务,并且从事人民币业务无限制条件。外资银行营业性机构经营业务范围内的人民币业务的,应当符合国务院银行业监督管理机构规定的审慎性要求。

外国银行代表处可以从事与其代表的外国银行业务相关的联络、市场调查、咨询等非经营性活动。外国银行代表处的行为所产生的民事责任,由其所代表的外国银行承担。

根据《企业集团财务公司管理办法》,外资财务公司可以经营下列部分或者全部业务:(1) 对成员单位办理财务和融资顾问、信用鉴证及相关的咨询、代理业务;(2) 协助成员单位实现交易款项的收付;(3) 经批准的保险代理业务;(4) 对成员单位提供担保;(5) 办理成员单位之间的委托贷款及委托投资;(6) 对成员单位办理票据承兑与贴现;(7) 办理成员单位之间的内部转账结算及相应的结算、清算方案设计;(8) 吸收成员单位的存款;(9) 对成员单位办理贷款及融资租赁;(10) 从事同业拆借;(11) 中国银保监会批准的其他业务。外资财务公司不得从事离岸业务,以及除协助成员单位实现交易款项的收付之外的任何形式的资金跨境业务;不得办理实业投资、贸易等非金融业务。外资财务公司的业务范围经中国银保监会批准后,应当在章程中载明。外资财务公司在经批准的业务范围内细分业务品种,应当报中国银保监会备案,但不涉及债权或者债务的中间业务除外。

三、外资金融机构驻华代表机构法律制度

按照《外资金融机构驻华代表机构管理办法》的规定,外资金融机构驻华代表机构包括外国金融机构和在中国境内注册设立的外资金融机构,后者又包括外资金融机构在中国境内设立并从事咨询、联络和市场调查等非经营性活动的代表处、总代表处。

外国金融机构设立代表处,申请人应当具备下列条件:(1) 申请人所在国家或地区有完善的金融监督管理制度;(2) 申请人是由其所在国家或地区金融监管当局批准设立的金融机构,或者是金融性行业协会会员;(3) 申请人经营状况良好,无重大违法违规记录;(4) 中国银监会(2018 年 3 月以后为中国银保监会)规定的其他审慎性条件。在中国境内注册的外资金融机构设立代表处,申请人应具备上述第(3)(4) 项条件。

在中国境内已设立 5 个或 5 个以上分支机构的外国金融机构,可申请设立总代表处。总代表处的申请设立程序及管理与代表处相同。

总代表处总代表以及代表处首席代表的任职资格适用核准制。中国银监会(2018 年 3 月以后为中国银保监会)负责核准或取消总代表处总代表、代表处首

席代表的任职资格。

申请关闭代表机构，经中国银监会(2018 年 3 月以后为中国银保监会)审查批准后，向工商行政管理部门申请注销登记，并到有关部门办理相关手续。代表处经中国银监会(2018 年 3 月以后为中国银保监会)批准升格为营业性分支机构或总代表处后，原代表处自行关闭，并向工商行政管理部门申请注销登记。代表处关闭或被中国银监会(2018 年 3 月以后为中国银保监会)依法撤销后，凡设有总代表处的，由其总代表处负责未了事宜；总代表处以及没有设立总代表处的代表处关闭或被中国银监会(2018 年 3 月以后为中国银保监会)依法撤销后，其未了事宜由其代表的外资金融机构负责处理。

四、境外金融机构法律制度

我国金融机构的海外发展还处于起步阶段，除中国银行有较长的海外经营历史外，其他金融机构都是在 20 世纪 90 年代初才开始步出国门开展海外业务的，业务的广度和深度都有待加强。与此相对应，我国的境外金融机构法律制度也有待完善。

2019 年 1 月 9 日，中国银保监会发布了《中国银保监会办公厅关于加强中资商业银行境外机构合规管理长效机制建设的指导意见》(以下简称《指导意见》)。《指导意见》明确了中资商业银行境外机构合规管理的工作目标，即“应当牢固树立合规创造价值、合规保障发展的理念，对标合规监管标准，引入同业最佳实践，推动内部合规管理制度、流程及执行落地的全方位、深层次优化变革，打造集团统一、全面有效的跨境合规管理体系，有效维护境外金融资产安全，提升核心竞争力”。主要内容包括：第一，在健全合规责任机制方面，明确各层级主要负责人的责任，明确总部各部门条线管理和监督责任，落实整改责任，严格违规问责。第二，在优化合规管控机制方面，动态优化境外发展战略，健全合规制度流程，实施差异化的机构管理，强化业务及产品合规审查和风险监测。第三，在改进合规履职机制方面，前移跨境合规风险管控关口，提升二道、三道防线的独立性和权威性，强化合规报告，完善问题整改的确认和验证机制。第四，在强化合规保障机制方面，健全合规资源投入保障机制，改进境外机构负责人及重要岗位人员管理，完善合规激励约束机制，加强合规文化培育、人才培养和全员合规能力建设，强化信息科技系统支持，严格外部服务机构管理。第五，在加强监管沟通机制方面，加强日常监管沟通，有效回应监管关注事项。第六，在完善跨境监管机制方面，完善监管信息报送机制，加强对重点机构和业务领域跨境监管，深化跨境监管合作。境外设有经营性机构的政策性银行、境外设有保险类分支机构的中资保险机构参照《指导意见》执行。

思考题

1. 简述银行法的概念及其主要内容。
2. 简述中央银行的法律地位。
3. 简述中国人民银行的法定职能。
4. 简述中央银行货币政策及其主要操作工具。
5. 简述商业银行的概念、性质及其职能。
6. 试述如何完善我国政策性银行法律制度。

第三章　银行业务法律制度

第一节　银行业务法律制度概述

商业银行是银行体系中的主体。西方商业银行业务一般可归纳为以下三类:负债业务、资产业务和中间业务。由于各国立法不同,因此三大业务所包含的具体业务种类不尽相同。

一、我国商业银行法定业务

根据我国《商业银行法》的规定,商业银行可以经营下列部分或者全部业务:(1)吸收公众存款;(2)发放短期、中期和长期贷款;(3)办理国内外结算;(4)办理票据承兑与贴现;(5)发行金融债券;(6)代理发行、代理兑付、承销政府债券;(7)买卖政府债券、金融债券;(8)从事同业拆借;(9)买卖、代理买卖外汇;(10)从事银行卡业务;(11)提供信用证服务及担保;(12)代理收付款项及代理保险业务;(13)提供保管箱服务;(14)经国务院银行业监督管理机构批准的其他业务。经营范围由商业银行章程规定,报国务院银行业监督管理机构批准。商业银行经中国人民银行批准,可以经营结汇、售汇业务。

二、我国商业银行业务经营原则

(一)安全性、流动性、效益性原则

商业银行是特殊的企业,对经济稳定与发展有重要作用,负债经营是其最本质的特征之一,其经营目标是利润最大化。这就需要商业银行以安全性、流动性、效益性为经营原则,实行自主经营,自担风险,自负盈亏,自我约束。

(二)依法开展业务原则

商业银行作为独立的企业法人,依法开展业务,不受任何单位和个人的干涉,并以其全部法人财产独立承担民事责任。同时,商业银行开展业务,应当遵守法律、行政法规的有关规定,不得损害国家利益、社会公共利益。

(三)与客户之间的平等原则

商业银行与客户的业务往来,应当遵循平等、自愿、公平和诚实信用的原则。

商业银行与客户是平等的民事主体,在业务往来中地位平等,而且平等地受法律保护。商业银行与客户之间自愿进行有关业务活动,任何一方不得强迫另一方与之发生业务往来。商业银行不得利用其优势地位,向客户苛加不平等条件,使双方之间的业务往来有失公允。诚实信用作为一切民事活动的准则,也适用于商业银行与客户之间。

(四)公平竞争原则

商业银行开展业务,应当遵守公平竞争的原则,不得从事不正当竞争。公平竞争可以促进银行业的发展,创造良好的金融环境,从而促进经济的发展。

三、我国商业银行综合经营的发展趋势

在传统的分业经营模式下,我国商业银行的经营范围主要局限于传统的存贷款业务。特别是加入 WTO 以来,由于外资银行具有综合经营的竞争优势,我国商业银行压力重重。这促使我国迅速推动国内银行业综合经营的改革,具体措施包括:

第一,开发跨市场、跨行业的交叉性金融业务。例如,2004 年我国境内理财市场开始出现的银行个人理财业务,指的是银行接受投资者委托和授权,依照事先约定的投资计划和方式,对受托财产进行投资和管理的金融服务。区别于传统的委托贷款业务,个人理财业务的资金来源、投资方式、风险承担形式、法律结构更为多样化,银行的自主性增强。根据法律属性的变化,个人理财产品应被归入投资类产品类型。2005 年 4 月,中国人民银行会同中国银监会发布《信贷资产证券化试点管理办法》,批准部分银行开展信贷资产证券化试点。2018 年 4 月,中国人民银行、中国银保监会、中国证监会、国家外汇管理局联合印发《关于规范金融机构资产管理业务的指导意见》,首次明确将银行个人理财产品界定为资产管理产品,指出个人理财业务的开展需要遵循资产管理产品监管的相关规定。此外,商业银行与证券公司合作,开展银证转账等业务;商业银行与保险公司合作,代理保险销售业务;商业银行开展企业资信评估、理财咨询、重组并购顾问等非银行业务,以及参与企业年金管理与投资业务等,皆为商业银行跨行业开展的交叉性金融业务。

第二,通过控股子公司模式开展综合化经营。当前,大型商业银行已经通过金融控股公司的金融业态实现了金融业的综合化经营。根据母公司属性的不同,可以将金融控股公司分为五种类型:一是母公司从事金融业务的金融控股公司,如四大国有商业银行、四大资产管理公司等;二是非经营型金融控股公司,如中信集团、光大集团、招商局集团等;三是传统实业类央企金融控股公司,如国家电网、五矿集团等;四是产融结合下的民营金融控股公司,如“复星系”等;五是互联网金融控股公司,如蚂蚁金服、京东金融等。商业银行以集团的形式打通各类

金融子市场，通过子公司持有多种金融业务牌照，在证券、保险、基金、信托等领域进行综合化布局，从而实现综合化经营。2005年2月，中国人民银行等多家监管机构联合出台了《商业银行设立基金管理公司试点管理办法》。此后不久，首家“银行系”基金公司工银瑞信基金管理有限公司宣布成立。

四、商业银行与客户之间的法律关系

银行与客户之间主要是平等主体之间的合同关系，是在自愿基础上通过一系列协议建立起来的服务关系。与一般意义上的民事合同相比，银行与客户之间的合同关系有其特殊性：(1) 合同的标准化。银行与客户之间的合同在形式上往往是标准化的格式合同，表现为由银行印制并提供的文本、单据等书面文件。(2) 合同受到双重规范调整。银行与客户之间的合同关系受到各类金融监管法律规范和合同法等民事法律规范的双重调整。具体而言，在我国，银行与客户之间的合同关系不仅要遵守《民法典》等民事法律规范，而且要遵守《商业银行法》《电子签名法》等金融监管法律规范。(3) 合同关系的多样化。由于客户的金融需求不同，因此银行与客户之间的合同关系呈现出多样化。例如，在负债业务中主要是存款合同关系，在资产业务中主要是贷款合同关系，在中间业务中主要是代理、保管、担保等合同关系。信用卡业务典型地反映了这种多样化的特点。有关信用卡的法律关系有四种，即信用卡发卡机构与持卡人之间、信用卡发卡机构与担保人之间、信用卡发卡机构与特约商户之间、特约商户与持卡人之间的法律关系。信用卡发卡机构与持卡人之间通过签订领用信用卡协议，产生储蓄、借贷、结算关系，这是信用卡业务中的基本法律关系；信用卡发卡机构与担保人之间形成担保法律关系；信用卡发卡机构与特约商户之间形成委托代理关系，即特约商户委托信用卡发卡机构代理其与持卡人之间的交易结算；持卡人与特约商户之间形成买卖、服务等债权债务关系，通过信用卡消费而转换为银行信用。

我国《商业银行法》规定了银行与客户交易活动的基本原则，要求商业银行与客户的业务往来遵循平等、自愿、公平和诚实信用的原则。

第二节　银行负债业务法律制度

商业银行的负债，是指商业银行所承担的能以货币计量、需在未来一定时间内偿付的债务。负债业务是构成商业银行资金来源的业务，主要包括吸收公众存款和借入款。借入款包括发行金融债券、同业拆入资金、向中央银行贷款、再贴现、境外借债等。负债业务形成信贷资金来源，是商业银行的经营之本。我国《商业银行法》规定的负债业务主要包括：吸收公众存款、发行金融债券、从事同

业拆借(拆入)。

一、吸收公众存款业务

存款是商业银行等具有存款业务经营资格的金融机构接受客户存入资金,并承诺在存款人支取存款时支付存款本息的一种信用业务。[①] 它是商业银行最主要、最基本的负债业务。存款不同于同业存放。同业存放是一金融机构在另一金融机构的存款行为,接收同业存放的金融机构向对方出具相应的存款凭证。[②]

存款人与商业银行之间的存款关系是通过存款合同确定的。存款关系是一种债权债务关系,存款人是债权人,接受存款的银行是债务人。在我国,存款合同包括储蓄存款合同和单位存款合同。存款合同不仅需要当事人意思表示一致,而且需要存款人向商业银行等机构实际交付资金。商业银行等机构出具存折、存单、凭证或其他存款证明,存款合同才能成立。可见,存款合同以资金交付为成立要件,为实践性合同。

我国规范存款业务的法律规范主要有:《中国人民银行法》《商业银行法》《银行业监督管理法》等法律,《储蓄管理条例》(1992 年 12 月 11 日发布,自 1993 年 3 月 1 日起施行,2011 年 1 月 8 日修订)、《个人存款账户实名制规定》(2000 年 3 月 20 日发布,自 2000 年 4 月 1 日起施行)等行政法规,以及《人民币单位存款管理办法》(1997 年 11 月 15 日发布并执行)、《人民币利率管理规定》(1999 年 3 月 2 日发布,自 1999 年 4 月 1 日起实行)、《通知存款管理办法》(1999 年 1 月 3 日发布并执行)等行政规章和规范性文件。

(一) 存款的分类

1. 按存款主体的不同,存款可以分为单位存款和储蓄存款

单位存款,是指企业、事业、机关、部队和社会团体等单位在金融机构办理的人民币存款,包括定期存款、活期存款、通知存款、协定存款以及经中国人民银行批准的其他存款。储蓄存款,是指个人将属于其所有的人民币或外币存入储蓄机构,储蓄机构开具存折或存单作为凭证的存款。

2. 按存款币种的不同,存款可以分为本币存款和外币存款

本币存款,即人民币存款。只有获准办理外汇业务的银行或其他金融机构才可以办理外币存款。经外汇管理部门批准,商业银行可以办理下列外币储蓄业务:(1) 活期储蓄存款;(2) 整存整取定期储蓄存款;(3) 经中国人民银行批准开办的其他种类的外币储蓄存款。办理外币储蓄业务,存款本金和利息应当用

---

① 参见朱崇实、刘志云主编:《金融法教程》(第四版),法律出版社 2017 年版,第 108 页。

② 参见吴志攀主编:《金融法》,中国人民大学出版社 2001 年版,第 81—82 页。

外币支付。

3. 按存款期限和提取方式的不同，存款可以分为活期存款、定期存款、定活两便存款和通知存款

活期存款，是指存款人可以随时支取的存款。定期存款，是指约定存款期限，到期或按期支付本金和利息的存款。定活两便存款是介于活期存款和定期存款之间的一种存款，可以随时支取，也可以获得相当的利息。通知存款，是指存款人在存入款项时不约定存期，支取时需提前通知金融机构，约定支取存款日期和金额方能支取的存款。商业银行办理定期储蓄存款时，根据储户的意愿，可以同时为储户办理定期储蓄存款到期自动转存业务。

此外，还有一些特殊性质的存款，如财政存款等。财政存款，是指国家财政在集中分配国民收入的过程中，将待分配、待使用部分和结余部分存入商业银行形成的存款以及财政拨付款项后形成的存款的总称。

（二）经营存款业务的基本监管规则

1. 存款业务特许经营制

《商业银行法》规定，未经国务院银行业监督管理机构批准，任何单位和个人不得从事吸收公众存款等商业银行业务，任何单位不得在名称中使用“银行”字样。也就是说，我国对吸收公众存款业务实行特许经营制，必须先经中国银保监会批准。

2. 存款机构依法交存存款准备金，留足备付金

商业银行应当按照中国人民银行的规定，向中国人民银行交存存款准备金，留足备付金。存款准备金是限制金融机构贷款扩张与保证客户提取存款和资金需要而准备的资金，此部分资金是对社会公众的负债。超额准备金（备付金）是超过法定存款准备金的部分以及金融机构分支机构存放在中国人民银行账户上的资金，此部分资金用于银行间以及银行与客户间日常的支付清算。[①] 1998 年 3 月中国人民银行发布的《关于改革存款准备金制度的通知》规定：“将金融机构代理人民银行财政性存款中的机关团体存款、财政预算外存款，划为金融机构的一般存款。金融机构按规定比例将一般存款的一部分作为法定存款准备金存入人民银行。……将现行各金融机构在人民银行的‘缴来一般存款’和‘备付金存款’两个账户合并，称为‘准备金存款’账户。……准备金存款账户超额部分的总量及分布由各金融机构自行确定。”中央银行通过调整存款准备金率，可以影响金融机构的信贷扩张能力，从而间接调控货币供应量。2007 年以来，由于流动性过剩等诸多矛盾的存在，国内经济系统中的流动性过剩问题日益突出。为了抑制过快的流动性，截至 2011 年 2 月，中国人民银行将法定存款准备金率连续

① 参见吴志攀主编：《金融法》，中国人民大学出版社 2001 年版，第 86 页。

上调至19%。然而,过高的法定存款准备金率带来的负面效应越来越明显:一方面,经济下行压力加大,经济对流动性的需求越来越旺盛;另一方面,我国对外贸易格局已经发生重大转变,“双顺差”格局不复存在,外汇占款在持续流出后有所稳定,资本项下还出现大幅流入,但是不稳定性增加,需要央行的流动性政策作出一定的调整。自2011年6月20日以来,法定存款准备金率呈下行趋势。截至2020年5月15日,金融机构平均法定存款准备金率为9.4%。①

3. 依法确定并公告存款利率

利率的调整由中国人民银行作出决定,报国务院批准后执行。商业银行按照中国人民银行规定的存款利率的上下限,确定存款利率,公告后实行。2004年10月29日,中国人民银行决定调整利率。其中,允许人民币存款利率下浮,即所有存款类金融机构对其吸收的人民币存款利率,可在不超过各档次存款基准利率的范围内浮动。同时,存款利率不能上浮。近些年来,原先较为严格的利率限制机制使得银行名义存款利率无法抵消通货膨胀带来的负增长,促使银行潜在存款用户将资金投入存取自由度更高、回报率更高的货币资金产品。这些产品吸收资金的速度较快、总额较大,对存款的分流作用日益明显,存款利率管制的效果趋于弱化,对加快推进利率市场化改革提出了迫切要求。

2015年10月24日,中国人民银行宣布对商业银行和农村合作金融机构等不再设置存款利率浮动上限。这标志着我国利率管制基本放开,是实现利率市场化的重要一步。自此,金融市场主体可按照市场化的原则自主协商确定各类金融产品定价。这既有利于促使金融机构加快转变经营模式,提升金融服务水平;也有利于健全市场利率体系,提高资金利用效率,促进直接融资发展和金融市场结构优化;更有利于完善由市场供求决定的利率形成机制,发挥利率杠杆优化资源配置的作用,充分释放市场活力,对于稳增长、调结构、惠民生具有重要意义。②

4. 财政性存款由中国人民银行专营

财政性存款和存款准备金由中国人民银行专营,任何金融机构不得占用财政性存款。存款机构代理中国人民银行吸收的除财政性存款中的机关团体存款、财政预算外存款划为金融机构的一般存款外,对吸收的中央预算收入、地方金库存款和代理发行国债款项等财政性存款需全额划缴中国人民银行。

---

① 参见姚均芳:《央行:金融机构平均法定存款准备金率较2018年初已降低5.2个百分点》,http://www.gov.cn/xinwen/2020-05/26/content_5515068.htm,2020年7月17日访问。

② 参见中国人民银行货币政策司:《央行有关负责人就降息降准以及放开存款利率上限答记者问》,http://www.pbc.gov.cn/zhengcehuobisi/125207/125213/125440/125832/2968977/index.html,2020年7月17日访问。

5. 正当吸收存款

商业银行不得违反规定提高或者降低利率,不得采用其他不正当手段吸收存款。商业银行吸收存款,应当遵守法律、行政法规的有关规定,不得损害国家利益、社会公共利益,并且应当遵守公平竞争的原则。

6. 保护存款人利益

《商业银行法》规定了对存款人的保护规则。例如,商业银行应当为存款人保密;除非法律另有规定,商业银行有权拒绝任何单位或者个人冻结、扣划存款人的存款;商业银行应当保证存款本金和利息的支付,不得拖延、拒绝支付存款本金和利息;商业银行对损害存款人利益的行为,应当承担相应的法律责任;等等。

随着2021年1月1日《民法典》的正式实施,银行等金融机构除了应当遵守《商业银行法》等行业法律的规定外,还应当落实《民法典》关于个人信息保护的规定及禁止性规则。对于银行业金融机构而言,应当注意以下几点:第一,信息获取和使用需经信息权利人明确同意。金融机构可以在与客户开展业务或开通权限时,通过签署协议的方式,明确信息获取和使用规则,包括可以采取通信工具或电子邮件等方式进行针对性营销,可以对相关信息进行收集、存储、使用、加工等。第二,信息处理应当遵循合法、正当、必要原则。金融机构应当在相关协议中明确公开处理信息的规则,明示处理信息的目的、方式和范围,不得过度处理客户个人信息。第三,不得泄露或者篡改信息。金融机构及员工应当严格履行信息保密义务,采取技术措施和其他必要措施,确保其收集、存储的个人信息安全,防止信息泄露、篡改、丢失;发生或者可能发生个人信息泄露、篡改、丢失的,应当及时采取补救措施,按照规定告知自然人并向有关主管部门报告。①

7. 存款保险制度

存款保险制度作为现代金融安全网的重要部分,对于维护金融稳定起着重要作用,与央行的最后贷款人职能、审慎监管制度一起防范银行倒闭事件的发生并减少其危害。按照国际存款保险机构协会(IADI)发布的2014年版《有效存款保险制度核心原则》的关键词定义,存款保险被界定为"存款保险机构用以保护存款人利益,避免他们被保险的存款在面临银行无法履行对其的责任时遭受损失的制度(体系)"。其中,"银行"是指"按照当地的法律法规,能够从公众吸收存款的机构";"存款保险机构"是指"负责提供存款保险、存款保证或类似存款保护安排的特定法定机构"。

中国人民银行2015年发布的《存款保险条例》第3条对存款保险的定义与

① 参见中国审判理论研究会民事审判理论专业委员会编著:《民法典人格权编条文理解与司法适用》,法律出版社2020年版,第272—273页。

《有效存款保险制度核心原则》相似,并且更加具体化了。该条规定:“本条例所称存款保险,是指投保机构向存款保险基金管理机构交纳保费,形成存款保险基金,存款保险基金管理机构依照本条例的规定向存款人偿付被保险存款,并采取必要措施维护存款以及存款保险基金安全的制度。”根据这一定义,存款保险是一种制度,其目的在于保护存款人被保险的存款。[①]

(三)个人储蓄存款法律制度

根据《储蓄管理条例》的规定,储蓄是指个人将属于其所有的人民币或者外币存入储蓄机构,储蓄机构开具存折或者存单作为凭证,个人凭存折或者存单可以支取存款本金和利息,储蓄机构依照规定支付存款本金和利息的活动。在我国,可以办理储蓄存款业务的储蓄机构是指经中国人民银行或其分支机构批准,各银行、信用合作社办理储蓄业务的机构,以及邮政企业依法办理储蓄业务的机构。任何单位和个人不得将公款以个人名义转为储蓄存款。

1. 个人储蓄存款的基本原则

根据《商业银行法》的规定,商业银行办理个人储蓄存款业务,应当遵循存款自愿、取款自由、存款有息、为存款人保密的原则。存款自愿,是指存款人自愿与商业银行发生存款关系,不受任何干涉。取款自由,是指存款人要求支取存款时,只要符合法律规定和双方约定,商业银行应当保证存款本金和利息的支付,不得拖延、拒绝支付存款本金和利息。存款有息,是指商业银行应当按照依法确定并公告的存款利率、存款的种类和期限、法律规定的计息方法,向存款人计付利息。为存款人保密,是指商业银行对存款人与存款相关的信息和资料,负有保密的义务,不得泄露。对个人储蓄存款,商业银行有权拒绝任何单位或者个人查询、冻结、扣划,但法律另有规定的除外。

自2000年4月1日起,《个人存款账户实名制规定》正式施行。所谓存款账户实名制,是指个人在金融机构开立个人存款账户时,应当出示本人身份证件,使用实名;代理他人在金融机构开立个人存款账户的,代理人应当出示被代理人和代理人的身份证件。采取个人存款账户实名制,有利于强化资金管理,防止公款私存、洗钱等违法犯罪行为,对加强税收征收管理、完善个人信用制度以及促进金融机构开展多种个人金融服务均具有积极作用。

2. 个人储蓄存款的基本规定

(1) 储蓄存款利率和计息

储蓄存款利率由中国人民银行拟订,经国务院批准后公布,或者由国务院授权中国人民银行制定、公布。商业银行必须挂牌公告储蓄存款利率,不得擅自变动。

---

① 参见刘久:《中国存款保险制度显性化研究》,载《法学杂志》2015年第6期。

未到期的定期储蓄存款，全部提前支取的，按支取日挂牌公告的活期储蓄存款利率计付利息；部分提前支取的，提前支取的部分按支取日挂牌公告的活期储蓄存款利率计付利息，其余部分到期时按存单开户日挂牌公告的定期储蓄存款利率计付利息。逾期支取的定期储蓄存款，其超过原定存期的部分，除约定自动转存的外，按支取日挂牌公告的活期储蓄存款利率计付利息。定期储蓄存款在存期内遇有利率调整，按存单开户日挂牌公告的相应的定期储蓄存款利率计付利息。活期储蓄存款在存入期间遇有利率调整，按结息日挂牌公告的活期储蓄存款利率计付利息。全部支取活期储蓄存款，按清户日挂牌公告的活期储蓄存款利率计付利息。存款人认为储蓄存款利息支付有错误时，有权向经办的商业银行申请复核；经办的商业银行应当及时受理、复核。

(2) 提前支取存款

未到期的定期储蓄存款，储户提前支取的，必须持存单和存款人的身份证明办理；代储户支取的，代支取人还必须持其身份证明。

(3) 存款挂失

存单、存折分为记名式和不记名式。记名式的存单、存折可以挂失，不记名式的存单、存折不能挂失。存款人遗失存单、存折或者预留印鉴的印章的，必须立即持本人身份证明，并提供存款人的姓名、开户时间、储蓄种类、金额、账号及住址等有关情况，向其开户的商业银行书面申请挂失。在特殊情况下，存款人可以用口头或者函电形式申请挂失，但必须在规定时间内补办书面申请挂失手续。商业银行受理挂失后，必须立即停止支付该储蓄存款；受理挂失前该储蓄存款已被他人支取的，商业银行不负赔偿责任。

(4) 查询、冻结、扣划储蓄存款

商业银行及其工作人员对存款人的储蓄情况负有保密责任。商业银行不代任何单位和个人查询、冻结或者划拨储蓄存款，国家法律、行政法规另有规定的除外。

(5) 存款过户或提取

储蓄存款的所有权发生争议，涉及办理过户的，商业银行依据人民法院发生法律效力的判决书、裁定书或者调解书办理过户手续。

根据中国人民银行 1993 年 1 月 12 日发布的《中国人民银行关于执行〈储蓄管理条例〉的若干规定》，存款人死亡后的存款提取、过户手续问题，依据以下规定处理：

第一，存款人死亡后，合法继承人为证明自己的身份和有权提取该项存款，应向商业银行所在地的公证处（未设公证处的地方向县、市人民法院，下同）申请办理继承权证明书，商业银行凭以办理过户或支付手续。该项存款的继承权发生争执时，由人民法院判处。商业银行凭人民法院的判决书、裁定书或调解书办理过户或支付手续。

第二,存款人已死亡,但存单持有人没有向商业银行申明遗产继承过程,也没有持存款所在地法院判决书,直接去商业银行支取或转存存款人生前的存款,商业银行都视为正常支取或转存;对事后引起的存款继承争执,商业银行不负责任。

第三,在国外的华侨和港澳台同胞等在国内商业银行的存款或委托商业银行代为保管的存款,原存款人死亡,其合法继承人在国内者,凭原存款人的死亡证明向商业银行所在地的公证处申请办理继承权证明书,商业银行凭以办理存款的过户或支付手续。

第四,在我国定居的外国公民(包括无国籍者),存入我国商业银行的存款,其存款过户或提取手续,与我国公民存款处理手续相同,按照上述规定办理。与我国订有双边领事协定的外国侨民应按协定的具体规定办理。

第五,继承人在国外者,可凭原存款人的死亡证明和经我国驻该国使领馆认证的亲属证明,向我国公证机关申请办理继承权证明书,商业银行凭以办理存款的过户或支付手续。继承人所在国如系禁汇国家,按上述规定办理有困难时,可由当地侨团、友好社团和爱国侨领、友好人士提供证明,并由我国驻所在国使领馆认证后,向我国公证机关申请办理继承权证明书,商业银行再凭以办理过户或支付手续。继承人所在国如未与我国建交,应根据特殊情况,特殊处理。居住国外的继承人继承在我国商业银行的存款,能否汇出国外,按我国《外汇管理条例》的有关规定办理。

第六,存款人死亡后,无法定继承人又无遗嘱的,经当地公证机关证明,按财政部门规定,全民所有制企事业单位、国家机关、群众团体的职工存款,上缴国库收归国有。集体所有制企事业单位的职工,可转归集体所有。此项上缴国库或转归集体所有的存款都不计利息。

(四)单位存款法律制度

根据《人民币单位存款管理办法》,单位存款是指企业、事业、机关、部队和社会团体等单位在金融机构办理的人民币存款,包括定期存款、活期存款、通知存款、协定存款以及经中国人民银行批准的其他存款。

1. 单位存款的基本原则

为加强货币资金管理,维护财经纪律,完善单位财务管理制度,加强税收征管,防范利用银行结算账户进行套取现金、逃废债务、洗钱等违法犯罪活动,企事业单位和商业银行在从事单位存款业务过程中应当遵循以下原则:

(1)强制存入原则

各开户单位必须将其所有或持有的超过核定库存现金限额的现金存入银行,不得自行保存。开户单位现金收入应当于当日送存开户银行。当日送存确有困难的，由开户银行确定送存时间。开户单位支付现金，可以从本单位库存现金限额中支付或者从开户银行提取，不得从本单位的现金收入中直接支付（即坐支）。

（2）转账结算原则

开户单位之间的经济往来，除在规定范围内可以使用现金外，应当通过开户银行进行转账结算。

（3）禁止公款私存、私款公存原则

任何单位和个人不得将公款以个人名义转为储蓄存款。任何个人不得将私款以单位名义存入金融机构；任何单位不得将个人或其他单位的款项以本单位名义存入金融机构。

（4）监督使用原则

商业银行对单位存款人的资金使用有权监督，对违反有关规定的存款使用的存款单位，可给予制裁。

2. 单位存款的基本规则

（1）单位定期存款及计息

金融机构对单位定期存款实行账户管理（大额可转让定期存款除外）。存款时，单位须提交开户申请书、营业执照正本等，并预留印鉴。印鉴应包括单位财务专用章、单位法定代表人章（或主要负责人印章）和财会人员章。由接受存款的金融机构给存款单位开出“单位定期存款开户证实书”（以下简称“证实书”），证实书仅对存款单位开户证实，不得作为质押的权利凭证。

存款单位支取定期存款只能以转账方式将存款转入其基本存款账户，不得将定期存款用于结算或从定期存款账户中提取现金。支取定期存款时，须出具证实书并提供预留印鉴，存款所在金融机构审核无误后为其办理支取手续，同时收回证实书。单位定期存款在存期内按存款存入日挂牌公告的定期存款利率计付利息，遇利率调整，不分段计息。单位定期存款可以全部或部分提前支取，但只能提前支取一次。全部提前支取的，按支取日挂牌公告的活期存款利率计息；部分提前支取的，提前支取的部分按支取日挂牌公告的活期存款利率计息，其余部分如不低于起存金额，由金融机构按原存期开具新的证实书，按原存款开户日挂牌公告的同档次定期存款利率计息；不足起存金额则予以清户。单位定期存款到期不取，逾期部分按支取日挂牌公告的活期存款利率计付利息。金融机构办理大额可转让定期存单业务按照《大额可转让定期存单管理办法》执行。

（2）单位活期存款、通知存款、协定存款及计息

金融机构对单位活期存款实行账户管理。单位活期存款按结息日挂牌公告的活期存款利率计息，遇利率调整，不分段计息。

金融机构开办单位通知存款须经中国人民银行批准，并遵守经中国人民银

行核准的通知存款章程。通知存款按支取日挂牌公告的同期同档次通知存款利息计息。

金融机构开办协定存款须经中国人民银行批准,并遵守经中国人民银行核准的协定存款章程。协定存款利率由中国人民银行确定并公布。

(3) 单位存款的变更、挂失及保密

因存款单位人事变动,需要更换单位法定代表人章(或单位负责人章)或财会人员印章时,必须持单位公函及经办人身份证件向存款所在金融机构办理更换印鉴手续,如为单位定期存款,应同时出示金融机构为其开具的证实书。因存款单位机构合并或分立,其定期存款需要过户或分户,必须持原单位公函、工商部门的变更、注销或设立登记证明及新印鉴(分户时还须提供双方同意的存款分户协定)等有关证件向存款所在金融机构办理过户或分户手续,由金融机构换发新证实书。存款单位迁移时,其定期存款如未到期转移,应办理提前支取手续,按支取日挂牌公布的活期利率一次性结清。

存款单位的密码失密或印鉴遗失、损毁,必须持单位公函,向存款所在金融机构申请挂失。金融机构受理挂失后,挂失生效。如存款在挂失生效前已被人按规定手续支取,金融机构不负赔偿责任。

金融机构应对存款单位的存款保密,有权拒绝除法律、行政法规另有规定以外的任何单位或个人查询;有权拒绝除法律另有规定以外的任何单位冻结、扣划。

二、发行金融债券业务

金融债券,是指各类金融机构为了筹集信贷资金,按照法律规定的条件和程序向社会公开发行的,约定在一定时期内还本付息的有价证券。[①] 我国四大国有商业银行从 1982 年起就开始发行金融债券。但是,由于种种原因,从 1992 年起,金融债的发行被叫停。1994 年,政府把四大国有商业银行的政策性贷款业务剥离出来,成立了三家政策性银行,开始向商业性金融机构发行以财政担保为主要特征的长期政策性金融债。但是,从严格意义上说,这类金融债应属于政府债券,不应被列入资本性金融债券的范畴。特种金融债券,是指由中国人民银行批准发行的,专门用于清偿证券回购债务的有价证券。作为特定历史时期的产物,特种金融债券存续了较短的时间(1996—1997 年)。

目前,我国商业银行可以发行的金融债券包括普通金融债券和次级债券。商业银行发行普通金融债券适用一般公司债券的发行规则,由中国人民银行核准。

---

① 参见吴志攀主编:《金融法》,中国人民大学出版社 2001 年版,第 168 页。

商业银行次级债券，是指商业银行发行的，本金和利息的清偿顺序列于商业银行其他负债之后、先于商业银行股权资本的债券。2003 年 11 月，中国银监会发布《中国银行业监督管理委员会关于将次级定期债务计入附属资本的通知》，允许将符合条件的次级债务计入商业银行资本，即商业银行可通过发行次级债券补充附属资本，缓解我国商业银行资本先天不足、资本补充渠道单一的状况。为了规范商业银行发行次级债券行为，维护投资者合法权益，促进商业银行资产负债结构的改善和自我发展能力的提高，2004 年 6 月，中国人民银行和中国银监会共同发布《商业银行次级债券发行管理办法》。目前，商业银行发行次级债券由中国人民银行和中国银保监会共同批准。其中，中国银保监会负责对商业银行发行次级债券资格进行审查，并对次级债券计入附属资本的方式进行监督管理；中国人民银行对次级债券在银行间债券市场的发行和交易进行监督管理。

在 2008 年全球金融危机的背景下，商业银行相互持有次级债券的情况受到监管机构的严重关注。2009 年 10 月，中国银监会正式公布《关于完善商业银行资本补充机制的通知》，明确规定按照“新老有别”原则处理存量互持次级债，即对商业银行 2009 年 7 月 1 日以后持有的其他银行长期次级债务，自该通知下发之日起进行全额扣减。该通知出台后，有关大型商业银行将不能以向其他银行发行次级债的“便捷方式”补充资本，而要更多引入保险公司之类的机构投资者，融资成本会有所上升，或需要采取其他资本补充方式。2012 年 6 月，中国银监会发布《商业银行资本管理办法（试行）》，对商业银行互持次级债的监管措施并未松动，商业银行直接或间接持有本银行发行的其他一级资本工具和二级资本工具，应从相应的监管资本中对应扣除。商业银行互持的不含有该试行办法所要求的减记或转股条款的次级债不属于合格资本工具的范畴。

此后，商业银行陆续推出二级资本债、优先股和无固定期限资本债券（即永续债）等新型资本工具。随着资本工具种类日益丰富，关于合格资本工具的认定标准需要调整细化，资本工具损失吸收机制有待进一步完善，资本工具发行的基本原则和工作机制应予更新。2019 年 11 月，中国银保监会出台《关于商业银行资本工具创新的指导意见（修订）》，按照会计分类对其他一级资本工具设置不同触发事件，有利于优先股和无固定期限资本债券发行，促进银行补充一级资本，增强风险抵御能力。此外，该指导意见也对优先股、无固定期限资本债券和二级资本债等存量资本工具的损失吸收顺序作出相应规定，以保证所有资本工具有序吸收损失。

三、从事同业拆借（拆入）业务

根据 1990 年 3 月 8 日中国人民银行发布的《同业拆借管理试行办法》，同业拆借是银行、非银行金融机构之间相互融通短期资金的行为。拆入资金也是商业银行的负债。2007 年,中国人民银行对该试行办法进行了大幅度修订,正式发布《同业拆借管理办法》,设立了全国统一的同业拆借网络系统,明确禁止金融机构的网下拆借行为。

根据《商业银行法》的规定,拆入资金用于弥补票据结算、联行汇差头寸的不足和解决临时性周转资金的需要。禁止利用拆入资金发放固定资产贷款或者用于投资。其中,7 天以内的同业拆借称为"头寸拆借",主要是商业银行之间的临时性借款,主要用于调节资金头寸,弥补票据交换的交付差额。4 个月以内的同业拆借称为"短期拆借",是金融机构利用资金融通中的时间差、空间差、行际差,调剂资金余缺的短期贷款。① 需要注意的是,2003 年修正的《商业银行法》取消了同业拆借的期限"最长不得超过四个月"的规定。

《同业拆借管理办法》第 4 条规定:"中国人民银行依法对同业拆借市场进行监督管理。金融机构进入同业拆借市场必须经中国人民银行批准,从事同业拆借交易接受中国人民银行的监督和检查。"同业拆借交易应遵循公平自愿、诚信自律、风险自担的原则。

第三节 银行资产业务法律制度

资产业务是商业银行运用资金以盈利的业务。商业银行资产一般包括现金资产、信贷资产、买卖证券资产、国家资产、贴现资产等。商业银行以追求利润最大化为经营目标,通过开展资产业务获取利息和投资收益,在扣除存款储蓄利息和其他各种费用后成为银行利润。因此,资产业务是商业银行最主要、最核心的业务。西方国家商业银行的资产业务主要包括放款业务、票据业务、投资业务等。根据《商业银行法》的规定,我国商业银行资产业务包括:发放短期、中期和长期贷款;办理票据贴现;买卖政府债券、金融债券;从事同业拆借(拆出);买卖外汇。商业银行在中华人民共和国境内不得从事信托投资和证券经营业务,不得向非自用不动产投资或者向非银行金融机构和企业投资,但国家另有规定的除外。

一、我国商业银行贷款业务

贷款业务,是指金融机构依法按一定利率和本金归还等条件出借货币资金的一种信用活动。② 贷款人,是指在中国境内依法设立的经营贷款业务的中资金融机构。借款人,是指从经营贷款业务的中资金融机构取得贷款的法人、其他

① 参见吴志攀主编:《金融法》,中国人民大学出版社 2001 年版,第 234—235 页。

② 参见朱崇实、刘志云主编:《金融法教程》(第四版),法律出版社 2017 年版,第 114 页。

经济组织、个体工商户和自然人。商业银行贷款，应当与借款人订立书面合同。合同应当约定贷款种类、借款用途、金额、利率、还款期限、还款方式、违约责任和双方认为需要约定的其他事项。

贷款关系是贷款人与借款人之间的债权债务关系。贷款之债是合同之债。

我国规范贷款关系的法律规范主要包括《民法典》《中国人民银行法》《商业银行法》《银行业监督管理法》等法律。此外，中国人民银行和中国银监会还出台了《贷款通则》（中国人民银行 1996 年 6 月 28 日发布，自 1996 年 8 月 1 日起施行）、《银团贷款业务指引》（中国人民银行 2007 年 8 月 11 日发布并施行，2011 年 8 月 1 日修订）、《流动资金贷款管理暂行办法》（中国银监会 2010 年 2 月 12 日发布并施行）、《个人贷款管理暂行办法》（中国银监会 2010 年 2 月 12 日发布并施行）、《固定资产贷款管理暂行办法》（中国银监会 2009 年 7 月 23 日发布，自 2009 年 10 月 23 日起施行）和《项目融资业务指引》（中国银监会 2009 年 7 月 18 日发布，自 2009 年 10 月 18 日起施行）等大量金融监管的规章和规范性文件。

（一）贷款的分类

1. 按贷款期限的长短，可分为短期贷款、中期贷款和长期贷款

短期贷款，是指贷款期限在 1 年以内的贷款。中期贷款，是指贷款期限在 5 年以下超过 1 年的贷款。长期贷款，是指贷款期限超过 5 年的贷款。

2. 按贷款人对贷款风险承担的不同，可分为自营贷款、委托贷款和特定贷款

自营贷款，是指贷款人以合法方式筹集的资金自主发放的贷款，其风险由贷款人承担，并由贷款人收回本金和利息。委托贷款，是指由政府部门、企事业单位及个人等委托人提供资金，由商业银行（即受托人）根据委托人确定的贷款对象、用途、金额、期限、利率等代为发放、监督使用并协助收回的贷款。商业银行开办委托贷款业务，只收取手续费，不得承担任何形式的贷款风险。特定贷款，是指国务院批准并对贷款可能造成的损失采取相应补救措施后责成国有独资商业银行发放的贷款。

3. 按贷款有无担保，可分为信用贷款和担保贷款

信用贷款，是指以借款人的信誉发放的贷款。担保贷款包括保证贷款、抵押贷款、质押贷款。保证贷款，是指按法律规定的保证方式，以第三人承诺在借款人不能偿还贷款时，按约定承担一般保证责任或连带责任而发放的贷款。抵押贷款，是指按法律规定的抵押方式，以借款人或第三人的财产作为抵押物发放的贷款。质押贷款，是指按法律规定的质押方式，以借款人或第三人的动产或权利作为质物发放的贷款。

4. 按贷款所采用利率的不同，可分为商业贷款和优惠利率贷款

商业贷款为一般利率贷款。优惠利率贷款的利率低于商业贷款。

5. 按贷款标的物的不同,可分为人民币贷款和外币贷款

6. 按贷款发放主体的不同,可分为单独贷款、银团贷款和联合贷款

单独贷款,是指由一家银行单独向借款人提供的贷款。银团贷款,是指由获准经营贷款业务的多家银行或非银行金融机构采用同一贷款协议,按商定的期限和条件向同一借款人提供的贷款。联合贷款,是指由若干家银行联合,各自按照应承担的贷款份额向借款人提供的贷款。

7. 按贷款风险程度的不同,可分为正常贷款、关注贷款、次级贷款、可疑贷款和损失贷款

从2004年开始,中国人民银行取消了贷款四级分类制度,全面推行贷款五级分类制度。正常贷款,是指借款人能够履行合同,没有足够理由怀疑贷款本息不能按时足额偿还。关注贷款,是指尽管借款人目前有能力偿还贷款本息,但是存在一些可能对偿还产生不利影响的因素。次级贷款,是指借款人的还款能力出现明显问题,完全依靠其正常营业收入无法足额偿还贷款本息,即使执行担保,也可能造成一定损失。可疑贷款,是指借款人无法足额偿还贷款本息,即使执行担保,也肯定会造成较大损失。损失贷款,是指在采取所有可能的措施或经过一切必要的法律程序之后,本息仍然无法收回或只能收回极少部分。后三类贷款合称"不良贷款"。

(二) 贷款业务的基本法律要求

1. 商业银行在国家产业政策指导下开展贷款业务

《商业银行法》第34条规定:"商业银行根据国民经济和社会发展的需要,在国家产业政策指导下开展贷款业务。"

2. 依法、正当、自愿发放贷款

商业银行不得违反规定提高或者降低利率以及采用其他不正当手段,发放贷款。任何单位和个人不得强令商业银行发放贷款或者提供担保。商业银行有权拒绝任何单位和个人强令要求其发放贷款或者提供担保。

3. 担保贷款为主,信用担保为辅

商业银行贷款,借款人应当提供担保。商业银行应当对保证人的偿还能力,抵押物、质物的权属和价值以及实现抵押权、质权的可行性进行严格审查。经商业银行审查、评估,确认借款人资信良好,确能偿还贷款的,可以不提供担保。商业银行不得向关系人发放信用贷款;向关系人发放担保贷款的条件不得优于其他借款人同类贷款的条件。关系人是指:(1) 商业银行的董事、监事、管理人员、信贷业务人员及其近亲属;(2) 前项所列人员投资或者担任高级管理职务的公司、企业和其他经济组织。借款人应当按期归还贷款的本金和利息。借款人到期不归还担保贷款的,商业银行依法享有要求保证人归还贷款本金和利息或者就该担保物优先受偿的权利。商业银行因行使抵押权、质权而取得的不动产或

者股权,应当自取得之日起2年内予以处分。借款人到期不归还信用贷款的,应当按照合同约定承担责任。需要注意的是,我国《民法典》第686条将保证推定方式由连带保证调整为一般保证,改变了《担保法》第19条有关对保证方式没有约定或者约定不明确视为连带保证的规则,规定保证方式没有约定或者约定不明确视为一般保证。《民法典》在立法取向上由侧重于保护债权人变更为侧重于保护保证人。因此,商业银行在今后的保证合同中必须明确约定是否由担保人承担连带保证责任,否则将被推定为一般保证,这对债权人实现债权不利。[①]

4. 遵守资产负债比例管理的规定

商业银行贷款,应当遵守下列资产负债比例管理的规定:(1)资本充足率不得低于8%;(2)流动性资产余额与流动性负债余额的比例不得超过25%;[②](3)对同一借款人的贷款余额与商业银行资本余额的比例不得超过10%;(4)国务院银行业监督管理机构对资产负债比例管理的其他规定。

5. 严格审查、审贷分离、分级审批

商业银行贷款,应当对借款人的借款用途、偿还能力、还款方式等情况进行严格审查。商业银行贷款,应当实行审贷分离、分级审批的制度。

(三)贷款业务的基本规则

1. 贷款期限和利率

根据《贷款通则》,贷款期限根据借款人的生产经营周期、还款能力和贷款人的资金供给能力由借贷双方共同商议后确定,并在借款合同中载明。自营贷款期限最长一般不得超过10年,超过10年应当报中国人民银行备案。不能按期归还贷款的,借款人应当在贷款到期日之前,向贷款人申请贷款展期。是否展期由贷款人决定。申请保证贷款、抵押贷款、质押贷款展期的,还应当由保证人、抵押人、出质人出具同意的书面证明。已有约定的,按照约定执行。短期贷款展期期限累计不得超过原贷款期限,中期贷款展期期限累计不得超过原贷款期限的一半,长期贷款展期期限累计不得超过3年。国家另有规定者除外。借款人未申请展期或申请展期未得到批准,其贷款从到期日次日起,转入逾期贷款账户。

中国人民银行制定贷款基准利率和贷款利率浮动区间,有效管理金融机构人民币贷款的利率水平。金融机构应当根据借款人的风险、效益等状况,在贷款利率浮动区间内自主确定贷款利率。2004年以前,中国人民银行根据企业所有

---

① 参见最高人民法院民法典贯彻实施工作领导小组主编:《中华人民共和国民法典合同编理解与适用(二)》,人民法院出版社2020年版,第1312页。

② 2015年修正的《商业银行法》删除了原先的"贷款余额与存款余额的比例不得超过75%"的规定。自此,商业银行存贷比不得超过75%的规定由法定监管指标转为流动性监测指标。这既缓解了利率市场化进程中银行面临的负债成本上升压力,也从制度上消除了小微企业融资难的真正病根;既是呼应化解融资难、融资贵政策大方向的有效步骤,也是为银行"松绑"的重要一步。除此之外,对于存贷比相对紧张的中小银行而言,这一"红线"的取消将使其受益更多。

制性质、规模大小,分别制定不同的贷款利率浮动区间。但是,该标准明显与公平、公正的市场经济原则相冲突,不利于企业的公平竞争和发展。自2004年1月1日起,中国人民银行决定扩大金融机构贷款利率浮动区间。在中国人民银行制定的贷款基准利率基础上,商业银行、城市信用社贷款利率的浮动区间上限扩大到贷款基准利率的1.7倍,农村信用社贷款利率的浮动区间上限扩大到贷款基准利率的2倍,金融机构贷款利率的浮动区间下限保持为贷款基准利率的0.9倍不变。2012年6月,中国人民银行将金融机构存款利率浮动区间的上限调整为基准利率的1.1倍;同时,将金融机构贷款利率浮动区间的下限调整为基准利率的0.8倍。① 2012年7月,中国人民银行将金融机构贷款利率浮动区间的下限再次调整为基准利率的0.7倍。② 2013年7月,中国人民银行决定,全面放开金融机构贷款利率管制,取消金融机构贷款利率0.7倍的下限,由金融机构根据商业原则自主确定贷款利率水平,贷款利率完全实现了市场化。但是,金融机构形成风险定价能力的水平高低不一。同时,票据贴现利率管制也一并被取消,改变了原先贴现利率在再贴现利率基础上加点确定的方式,由金融机构自主确定。③ 2013年10月25日,贷款基础利率(Loan Prime Rate,LPR)集中报价和发布机制正式运行。④ 2019年8月,中国人民银行发布改革完善贷款市场报价利率形成机制的公告,进一步完善LPR形成机制,提高LPR的市场化程度,发挥好LPR对贷款利率的引导作用,促进贷款利率"两轨合一轨",提高利率传导效率,推动降低实体经济融资成本。⑤

贷款人和借款人应当按借款合同和中国人民银行有关计息规定按期计收或交付利息。贷款的展期期限加上原期限达到新的利率期限档次时,从展期之日起,贷款利息按新的期限档次利率计收。逾期贷款按规定计收罚息。

根据国家政策,为了促进某些产业和地区经济的发展,有关部门可以对贷款补贴利息。对有关部门贴息的贷款,承办银行应当自主审查发放,并根据《贷款通则》有关规定严格管理。除国务院决定外,任何单位和个人无权决定停息、减息、缓息和免息。贷款人应当依据国务院决定,按照职责权限范围具体办理停

---

① 参见中国人民银行:《中国人民银行决定下调金融机构人民币存贷款基准利率并调整利率浮动区间》,http://www.pbc.gov.cn/goutongjiaoliu/113456/113469/2861204/index.html,2020年7月18日访问。

② 参见中国人民银行:《中国人民银行决定下调金融机构人民币存贷款基准利率》,http://www.pbc.gov.cn/goutongjiaoliu/113456/113469/2862276/index.html,2020年7月18日访问。

③ 参见中国人民银行:《中国人民银行关于进一步推进利率市场化改革的通知》,http://www.pbc.gov.cn/zhengcehuobisi/125207/125213/125440/125835/2804803/index.html,2020年7月18日访问。

④ 参见中国人民银行:《贷款基础利率集中报价和发布机制正式运行》,http://www.pbc.gov.cn/zhengcehuobisi/125207/125213/125440/125832/2804873/index.html,2020年7月18日访问。

⑤ 参见中国人民银行:《中国人民银行有关负责人就完善贷款市场报价利率形成机制答记者问》,http://www.pbc.gov.cn/rmyh/3963412/3963426/3976039/index.html,2020年7月18日访问。

息、减息、缓息和免息。值得注意的是,加入WTO后,根据WTO《补贴与反补贴措施协议》(以下简称《协议》)反对和限制专向性补贴原则,我国信贷资金政策中的企业专向性、产业专向性、产品专向性的贴息可能构成《协议》所禁止的专向性补贴。对此,我国一方面要根据WTO的规则适当调整有关政策,另一方面要善于主动引用《协议》下的权益,利用《协议》对完善转型经济国家的特殊待遇政策、对基础研究的资助政策、对贫困地区的援助政策、对发展基础设施和保护环境的资助政策等,完善和调整我国的贴息制度,防止引起贸易争端。

2. 借款人

借款人应当是经工商行政管理机关(或主管机关)核准登记的企(事)业法人、其他经济组织、个体工商户或具有中华人民共和国国籍的具有完全民事行为能力的自然人。

借款人申请贷款,应当具备产品有市场、生产经营有效益、不挤占挪用贷款资金、恪守信用等基本条件,并且应当符合以下要求:(1) 有按期还本付息的能力,原应付贷款利息和到期贷款已清偿;没有清偿的,已经做了贷款人认可的偿还计划。(2) 除自然人和不需要经工商部门核准登记的事业法人外,应当经过工商部门办理年检手续。(3) 已开立基本账户或一般存款账户。(4) 除国务院规定外,有限责任公司和股份有限公司对外股本权益性投资累计额未超过其净资产总额的50%。(5) 借款人的资产负债率符合贷款人的要求。(6) 申请中期、长期贷款的,新建项目的企业法人所有者权益与项目所需总投资的比例不低于国家规定的投资项目的资本金比例。

借款人享有以下权利:(1) 可以自主向主办银行或者其他银行的经办机构申请贷款并依条件取得贷款;(2) 有权按合同约定提取和使用全部贷款;(3) 有权拒绝借款合同以外的附加条件;(4) 有权向贷款人的上级和中国人民银行反映、举报有关情况;(5) 在征得贷款人同意后,有权向第三人转让债务。

借款人负有以下义务:(1) 应当如实提供贷款人要求的资料(法律规定不能提供者除外),应当向贷款人如实提供所有开户行、账号及存贷款余额情况,配合贷款人的调查、审查和检查;(2) 应当接受贷款人对其使用信贷资金情况和有关生产经营、财务活动的监督;(3) 应当按借款合同约定用途使用贷款;(4) 应当按借款合同约定及时清偿贷款本息;(5) 将债务全部或部分转让给第三人的,应当取得贷款人的同意;(6) 有危及贷款人债权安全情况时,应当及时通知贷款人,同时采取保全措施。

此外,《贷款通则》对借款人有如下限制:(1) 不得在一个贷款人同一辖区内的两个或两个以上同级分支机构取得贷款。(2) 不得向贷款人提供虚假的或者隐瞒重要事实的资产负债表、损益表等。(3) 不得用贷款从事股本权益性投资,国家另有规定的除外。(4) 不得用贷款在有价证券、期货等方面从事投机经营。

(5) 除依法取得经营房地产资格的借款人以外,不得用贷款经营房地产业务;依法取得经营房地产资格的借款人,不得用贷款从事房地产投机。(6) 不得套取贷款用于借贷牟取非法收入。(7) 不得违反国家外汇管理规定使用外币贷款。(8) 不得采取欺诈手段骗取贷款。

3. 贷款人

贷款人必须经中国人民银行批准经营贷款业务,持有中国人民银行颁发的《金融机构法人许可证》或《金融机构营业许可证》,并经工商行政管理部门核准登记。

贷款人根据贷款条件和贷款程序自主审查和决定贷款,除国务院批准的特定贷款外,有权拒绝任何单位和个人强令其发放贷款或者提供担保。此外,贷款人还享有以下权利:(1) 要求借款人提供与借款有关的资料;(2) 根据借款人的条件,决定贷与不贷、贷款金额、期限和利率等;(3) 了解借款人的生产经营活动和财务活动;(4) 依合同约定从借款人账户上划收贷款本金和利息;(5) 借款人未能履行借款合同规定义务的,贷款人有权依合同约定要求借款人提前归还贷款或停止支付借款人尚未使用的贷款;(6) 在贷款将受或已受损失时,可依据合同规定,采取使贷款免受损失的措施。

贷款人负有如下义务:(1) 应当公布所经营的贷款的种类、期限和利率,并向借款人提供咨询。(2) 应当公开贷款审查的资信内容和发放贷款的条件。(3) 贷款人应当审议借款人的借款申请,并及时答复贷与不贷。短期贷款答复时间不得超过 1 个月,中期、长期贷款答复时间不得超过 6 个月;国家另有规定者除外。(4) 应当对借款人债务、财务、生产、经营情况保密,但对依法查询者除外。

此外,《贷款通则》对贷款人也作了一些限制性规定:第一,贷款的发放必须严格执行《商业银行法》关于资产负债比例管理,以及关于不得向关系人发放信用贷款、向关系人发放担保贷款的条件不得优于其他借款人同类贷款条件的规定。第二,借款人有下列情形之一者,不得对其发放贷款:(1) 不具备《贷款通则》规定的借款人资格和条件的;(2) 生产、经营或投资国家明文禁止的产品、项目的;(3) 违反国家外汇管理规定的;(4) 建设项目按国家规定应当报有关部门批准而未取得批准文件的;(5) 生产经营或投资项目未取得环境保护部门许可的;(6) 在实行承包、租赁、联营、合并(兼并)、合作、分立、产权有偿转让、股份制改造等体制变更过程中,未清偿原有贷款债务、落实原有贷款债务或提供相应担保的;(7) 有其他严重违法经营行为的。第三,未经中国人民银行批准,不得对自然人发放外币币种的贷款。第四,自营贷款和特定贷款,除按中国人民银行规定计收利息之外,不得收取其他任何费用;委托贷款,除按中国人民银行规定计收手续费之外,不得收取其他任何费用。第五,不得给委托人垫付资金,国家另有规定的除外。第六,严格控制信用贷款,积极推广担保贷款。

4. 贷款程序

根据《贷款通则》的规定,贷款包括八个程序:

(1) 贷款申请

借款人需要贷款,应当向主办银行或者其他银行的经办机构直接申请。借款人应当填写包括借款金额、借款用途、偿还能力及还款方式等主要内容的《借款申请书》并提供以下资料:① 借款人及保证人基本情况;② 财政部门或会计(审计)事务所核准的上年度财务报告,以及申请借款前一期的财务报告;③ 原有不合理占用的贷款的纠正情况;④ 抵押物、质物清单和有处分权人的同意抵押、质押的证明及保证人拟同意保证的有关证明文件;⑤ 项目建议书和可行性报告;⑥ 贷款人认为需要提供的其他有关资料。

(2) 对借款人的信用等级评估

应当根据借款人的领导者素质、经济实力、资金结构、履约情况、经营效益和发展前景等因素,评定借款人的信用等级。评级可由贷款人独立进行,内部掌握,也可由有权部门批准的评估机构进行。

(3) 贷款调查

贷款人受理贷款人申请后,应当对借款人的信用等级以及借款的合法性、安全性、盈利性等情况进行调查,核实抵押物、质物、保证人情况,测定贷款的风险度。

(4) 贷款审批

贷款人应当建立审贷分离、分级审批的贷款管理制度。审查人员应当对调查人员提供的资料进行核实、评定,复测贷款风险度,提出意见,按规定权限报批。

(5) 签订借款合同

所有贷款应当由贷款人与借款人签订借款合同。借款合同应当约定借款种类,借款用途、金额、利率,借款期限,还款方式,借、贷双方的权利、义务,违约责任和双方认为需要约定的其他事项。保证贷款应当由保证人与贷款人签订保证合同,或保证人在借款合同上载明与贷款人协商一致的保证条款,加盖保证人的法人公章,并由保证人的法定代表人或其授权代理人签署姓名。抵押贷款、质押贷款应当由抵押人、出质人与贷款人签订抵押合同、质押合同,需要办理登记的,应依法办理登记。

(6) 贷款发放

贷款人要按借款合同规定按期发放贷款。贷款人不按合同约定按期发放贷款的,应偿还违约金。借款人不按合同约定用款的,应偿付违约金。

(7) 贷后检查

贷款发放后,贷款人应当对借款人执行借款合同情况及借款人的经营情况进行追踪调查和检查。

(8) 贷款归还

借款人应当按照借款合同规定按时足额归还贷款本息。贷款人在短期贷款到期1个星期之前、中长期贷款到期1个月之前,应当向借款人发送还本付息通知单;借款人应当及时筹备资金,按时还本付息。贷款人对逾期的贷款要及时发出催收通知单,做好逾期贷款本息的催收工作。贷款人对不能按借款合同约定期限归还的贷款,应当按规定加罚利息;对不能归还或者不能落实还本付息事宜的,应当督促归还或者依法起诉。借款人提前归还贷款,应当与贷款人协商。

5. 不良贷款监管

贷款人应当建立和完善贷款的质量监管制度,对不良贷款进行分类、登记、考核和催收。

使用贷款风险分类法对贷款质量进行分类,实际上是判断借款人及时足额归还贷款本息的可能性,考虑的主要因素包括:借款人的还款能力,包括借款人现金流量、财务状况、影响还款能力的非财务因素等;借款人的还款记录;借款人的还款意愿;贷款项目的盈利能力;贷款的担保;贷款偿还的法律责任;银行的信贷管理状况。对贷款进行分类时,要以评估借款人的还款能力为核心,把借款人的正常营业收入作为贷款的主要还款来源,贷款的担保作为次要还款来源。分类时,应将贷款的逾期状况作为一个重要因素考虑。同时,不能用客户的信用评级代替对贷款的分类,信用评级只能作为贷款分类的参考因素。如果影响借款人财务状况或贷款偿还的因素发生重大变化,应及时调整对贷款的分类。

根据《贷款风险分类指引》的规定,商业银行应至少每季度对全部贷款进行一次分类。对不良贷款,应严密监控,加大分析和分类的频率,根据贷款的风险状况采取相应的管理措施。

重组贷款,是指银行由于借款人财务状况恶化或无力还款而对借款合同还款条款作出调整的贷款。需要重组的贷款应至少归为次级类。重组后的贷款如果仍然逾期,或借款人仍然无力归还贷款,应至少归为可疑类。对利用企业兼并、重组、分立等形式恶意逃废银行债务的借款人的贷款,应至少归为关注类,并应在依法追偿后按实际偿还能力进行分类。逾期(含展期后)超过一定期限,其应收利息不再计入当期损益的贷款,应至少归为次级类。违反国家有关法律和法规发放的贷款应至少归为关注类。

信贷部门负责不良贷款的催收,稽核部门负责对催收情况的检查。未经国务院批准,贷款人不得豁免贷款。除国务院批准外,任何单位和个人不得强令贷款人豁免贷款。

6. 贷款管理责任制

(1) 行长(经理、主任)负责制

贷款实行分级经营管理,各级行长应当在授权范围内对贷款的发放和收回负全部责任。行长可以授权副行长或贷款管理部门负责审批贷款,副行长或贷款管理部门负责人应当对行长负责。

贷款人各级机构应当建立有行长或副行长(经理、主任,下同)和有关部门负责人参加的贷款审查委员会(小组),负责贷款的审查。

(2) 审贷分离制

贷款调查评估人员负责贷款调查评估,承担调查失误和评估失准的责任;贷款审查人员负责贷款风险的审查,承担审查失误的责任;贷款发放人员负责贷款的检查和清收,承担检查失误、清收不力的责任。

(3) 贷款分级审批制

贷款人应当根据业务量大小、管理水平和贷款风险度确定各级分支机构的审批权限,超过审批权限的贷款,应当报上级审批。各级分支机构应当根据贷款种类、借款人的信用等级和抵押物、质物、保证人等情况确定每一笔贷款的风险度。

(4) 信贷工作岗位责任制

各级贷款管理部门应将贷款管理的每一个环节的管理责任落实到部门、岗位、个人,严格划分各级信贷工作人员的职责。

(5) 驻厂信贷员制度

贷款人对大额借款人建立驻厂信贷员制度。

(6) 离职审计制

贷款管理人员在调离原工作岗位时,应当对其在任职期间和权限内所发放的贷款风险情况进行审计。

7. 贷款债权保全和清偿的管理

借款人不得违反法律规定,借兼并、破产或股份制改造等途径,逃避银行债务,侵吞信贷资金;不得借承包、租赁等途径,逃避贷款人的信贷监管以及偿还贷款本息的责任。贷款人有权参与处于兼并、破产或股份制改造等过程中的借款人的债务重组,应当要求借款人落实贷款还本付息事宜。

借款人实行承包、租赁经营,贷款人应当要求其在承包、租赁合同中明确落实原贷款债务的偿还责任。借款人实行股份制改造,贷款人应当要求其重新签订借款合同,明确原贷款债务的清偿责任。对实行整体股份制改造的借款人,应当明确其所欠贷款债务由改造后公司全部承担;对实行部分股份制改造的借款人,应当要求改造后的股份公司按占用借款人的资本金或资产的比例承担原借款人的贷款债务。贷款人对联营后组成新的企业法人的借款人,应当要求其依据所占用的资本金或资产的比例将贷款债务落实到新的企业法人。借款人实行合并(兼并),贷款人应当要求其在合并(兼并)前清偿贷款债务或提供相应的担保。借款人不清偿贷款债务或未提供相应的担保,贷款人应当要求合并(兼并)企业或合并后新成立的企业承担归还原借款人贷款的义务,并与之重新签订有关合同或协议。借款人与外商合资(合作),贷款人应当要求其继续承担合资(合作)前的贷款归还责任,并要求其将所得收益优先归还贷款。借款人用已作为贷款抵押、质押的财产与外商合资(合作)时必须征求贷款人同意。借款人分立,贷款人应当要求其在分立前清偿贷款债务或提供相应的担保。借款人不清偿贷款债务或未提供相应的担保,贷款人应当要求分立后的各企业,按照分立时所占资本或资产比例或协议,对原借款人所欠贷款承担清偿责任。对设立子公司的借款人,应当要求其子公司按所得资本或资产的比例承担和偿还母公司相应的贷款债务。借款人产权有偿转让或申请解散,贷款人应当要求其在产权转让或解散前必须落实贷款债务的清偿。贷款人应当按照有关法律参与借款人破产财产的认定与债权债务的处置,对于破产借款人已设定财产抵押、质押或其他担保的贷款债权,贷款人依法享有优先受偿权;无财产担保的贷款债权按法定程序和比例受偿。

8. 贷款管理特别规定

(1) 贷款主办行制度

1996年6月,中国人民银行发布《主办银行管理暂行办法》,规范主办银行(以下简称"主办行")与企业之间的金融服务关系。借款人应按中国人民银行的规定与其开立基本账户的贷款人建立贷款主办行关系。主办行,是指为企业提供信贷、结算、现金收付、信息咨询等金融服务,并与其建立较为稳定的合作关系,签有《银行合作协议》的商业银行。借款人发生企业分立、股份制改造、重大项目建设等涉及信贷资金使用和安全的重大经济活动,事先应当征求主办行的意见。一个借款人只能有一个贷款主办行,主办行应当随基本账户的变更而变更。主办行不包资金,但应当按规定有计划地对借款人提供贷款,为借款人提供必要的信息咨询、代理等金融服务。

(2) 银团贷款规则

1997年10月,中国人民银行发布《银团贷款暂行办法》,规范银团贷款业务。银团贷款,是指由两家或两家以上银行基于相同贷款条件,依据同一贷款协议,按约定时间和比例,通过代理行向借款人提供的本外币贷款或授信业务。[①] 银团贷款包括辛迪加贷款和联合贷款。辛迪加贷款,是指由数家商业银行联合组成一个银行集团,共同向借款人提供一笔中期、长期贷款。联合贷款,是指商

① 参见李红润:《银团贷款协议中的比例平等条款研究》,载《甘肃金融》2015年第10期。

业银行与其他金融机构联合，共同向借款人提供贷款。[1] 我国第一笔人民币银团贷款发生在 1986 年，中国农业银行、中国工商银行以及 12 家信用社为江麓机械厂提供 438 万元人民币。随着加入 WTO 和金融市场化步伐的加快，我国银团贷款业务有了一定发展。但是，银团贷款在全国每年新增贷款中的占比仍然较低。

2007 年 8 月，中国银监会发布《银团贷款业务指引》，相比《银团贷款暂行办法》，大幅度放宽了对银团贷款业务的限制性规定，具体表现为：第一，将银团贷款的业务范围从向借款人提供"资金"扩大到提供"本外币贷款或授信业务"，为银团贷款业务创新留下空间。第二，放宽银团贷款的业务对象。银团贷款的主要对象不仅可以是国有大中型企业、企业集团和列入国家计划的重点项目，还可以是任何"大型集团客户和大型项目的融资"，或者符合"单一企业或单一项目的融资总额超过贷款行资本金余额 10%"或"单一集团客户授信总额超过贷款行资本金余额 15%"等条件的客户。第三，明确银团贷款成员的转让权限，放开银团贷款二级市场。《银团贷款业务指引》允许银团贷款成员在依法合规的基础上进行银团贷款转让，以促进银团贷款二级市场的发展，同时规定"银团贷款协议中约定必须经借款人同意的，应事先征得借款人同意"，以维护借款人利益。第四，删除禁止收费规则和强制担保规则。《银团贷款业务指引》删除了"银团贷款成员行不得向借款人收取其他任何费用"的禁止性规定，明确银团贷款收费应由借款人与银团成员自愿协商确定，并由借款人支付；同时，还删除了"银团贷款必须实行担保"的规定。第五，完善银团贷款成员职责、贷款评审方式等制度。《银团贷款业务指引》用较大篇幅规定了银团成员的职责、权利、义务及违约条款；同时，还明确了贷款评审方式，鼓励牵头行聘请外部中介机构如会计师事务所、资产评估事务所、律师事务所及相关技术专家出具评审意见。此外，《银团贷款业务指引》明确规定了牵头行的贷款份额和分销份额，即"单家银行担任牵头行时，其承贷份额原则上不低于银团融资总金额的 20%；分销给其他银团贷款成员的份额原则上不低于 50%"。

2011 年 8 月，中国银监会发布修订后的《银团贷款指引》，共 8 章 51 条，主要变化是：第一，增设"银团贷款转让交易"一章，明确相关细节；第二，扩大代理行的职责范围，删除牵头行在银团筹组后的职权规定；第三，为防止利益冲突，禁止借款人的附属机构或关联机构担任代理行；第四，为防止恶性竞争，要求在牵头行有效委任期间，其他未获委任的银行不得与借款人就同一项目进行委任或开展融资谈判；第五，尊重银团贷款中意思自治，删除召开银团会议的成员比例

---

[1] 参见黎四奇：《我国银团贷款所遭遇的瓶颈与对策问题分析》，载漆多俊主编：《经济法论丛》(2011 年上卷 · 总第二十卷)，武汉大学出版社 2011 年版，第 135 页。

的强制性规范、还本付息方式的规定、收费种类和金额的限制、对担保代理行职责的要求、转让交易的通知和同意等内容。[①]

(3) 其他管理规定

非银行金融机构贷款的种类、对象、范围,应当符合中国人民银行规定。贷款人发放异地贷款,应当报中国人民银行当地分支机构备案。信贷资金不得用于财政支出。各级行政部门和企事业单位、供销合作社等合作经济组织、农村合作基金会和其他基金会,不得经营贷款等金融业务。企业之间不得违反国家规定办理借贷或者变相借贷融资业务。

二、我国商业银行票据贴现业务

票据贴现相当于发放贷款,是贷款人以购买借款人未到期商业票据的方式发放的贷款。具体而言,票据贴现是指商业汇票的持票人在汇票到期日前,为了取得资金,贴付一定利息,将票据权利转让给金融机构的票据行为,是金融机构向持票人融通资金的一种方式。票据贴现的程序为:申请贴现、审查核准、委托收款、到期付款、划回票款。

转贴现,是指金融机构为了取得资金,将未到期的已贴现商业汇票再以贴现方式向另一金融机构转让的票据行为,是金融机构间融通资金的一种方式。申请贴现的银行称为“贴现银行”,转贴现接受银行称为“转贴现银行”。转贴现的程序包括:转贴现的申请、转贴现的办理、转贴现资金的收回。

贴现与转贴现是商业银行的资产业务。贴现人、转贴现人应将贴现、转贴现纳入其信贷总量,并在存贷比例内考核。贴现、转贴现的期限,最长不超过6个月。商业银行应当运用贴现、转贴现方式增加票据资产,调整信贷结构。

再贴现,是指金融机构为了取得资金,将未到期的已贴现商业汇票再以贴现方式向中国人民银行转让的票据行为,是中央银行的一种货币政策工具。再贴现是商业银行的负债业务。再贴现的期限,最长不超过4个月。再贴现的程序包括:再贴现的申请、再贴现的办理、再贴现的收回。

贴现、转贴现、再贴现的商业汇票,应以真实、合法的商品交易为基础。贴现、转贴现、再贴现等票据活动,应当遵循平等、自愿、公平和诚实信用的原则。再贴现应当有利于实现货币政策目标。再贴现利率由中国人民银行制定、发布与调整。贴现利率采取在再贴现利率基础上加百分点的方式生成,加点幅度由中国人民银行确定。转贴现利率由交易双方自主商定。

为防范商业汇票业务风险,有关金融机构要健全商业汇票贴现、转贴现、再

---

① 参见闫海、穆琳琳:《论我国银团贷款发展的法律生态环境建设——兼议2011年〈银团贷款业务指引〉》,载《金融理论与实践》2012年第10期。

贴现的申请、审查、审批制度，依法进行业务操作。办理商业汇票贴现、转贴现、再贴现业务的金融机构，须健全有关业务统计和原始凭证档案管理制度，并按规定向其上级行和中国人民银行或其分支机构报送有关业务统计数据。

第四节　银行中间业务法律制度

中间业务，是指不构成商业银行表内资产、表内负债，形成银行非利息收入的业务。即商业银行不需要动用自己的资金，替客户办理收付、进行担保或其他委托事项而收取手续费的各项业务。

我国规范银行中间业务的法律规范主要包括：《银行业监督管理法》《商业银行法》《票据法》等法律，以及《商业银行中间业务暂行规定》（中国人民银行 2001 年 6 月 21 日发布施行）、《支付结算办法》（中国人民银行 1997 年 9 月 19 日发布，自 1997 年 12 月 1 日起施行）、《银行卡业务管理办法》（中国人民银行 1999 年 1 月 5 日发布，自 1999 年 3 月 1 日起施行）、《商业银行开办代客境外理财业务管理暂行办法》（中国人民银行、中国银监会和国家外汇管理局 2006 年 4 月 17 日发布施行）、《商业银行表外业务风险管理指引》（中国银监会 2000 年 11 月 9 日发布施行，2011 年 3 月 22 日第一次修订后发布施行，2016 年 11 月 23 日发布修订征求意见稿）、《商业银行服务价格管理办法》（中国银监会、国家发改委 2014 年 2 月 14 日发布，自 2014 年 8 月 1 日起施行）、《中国银监会关于规范商业银行代理销售业务的通知》（中国银监会 2016 年 5 月 5 日发布施行）等部门规章。

根据上述法律规范，我国商业银行中间业务可分为九大类：(1) 支付结算类中间业务，包括国内外结算业务；(2) 银行卡业务，包括信用卡和借记卡业务；(3) 代理类中间业务，如代理证券业务、代理保险业务、代理金融机构委托、代收代付等；(4) 担保类中间业务，如银行承兑汇票、备用信用证、各类银行保函等；(5) 承诺类中间业务，如贷款承诺业务等；(6) 交易类中间业务，如远期外汇合约、金融期货、互换和期权等；(7) 基金托管业务，如封闭式、开放式投资基金托管业务等；(8) 咨询顾问类业务，如信息咨询、财务顾问等；(9) 其他类中间业务，如保管箱业务等。2016 年 11 月 23 日，中国银监会发布《商业银行表外业务风险管理指引（征求意见稿）》，在沿用表外业务之前定义的基础上，首次根据业务特征和法律关系将表外业务分为担保承诺类、代理投融资服务类、中介服务类和其他类四大类。其中，担保承诺类业务包括担保类、承诺类等按约定承担偿还责任的业务（包括但不限于银行承兑汇票、保函、信用证、信用风险仍在银行的销售与购买协议以及贷款承诺等），需要承担信用风险，部分业务需要占用资本。代理投融资服务类业务主要指委托与代客业务两类（包括但不限于委托贷款、委托投资、代客非保本理财、代客交易、代理发行和承销债券等),不计提表外信用风险(前提是不承担代偿责任、不承诺投资回报)。中介服务类业务包括但不限于代理收付、财务顾问咨询、资产托管、各类保管业务等,是商业银行从事的不计提资本的真正的中间业务。

一、中间业务的基本法律要求

(一)申请开办中间业务应符合的要求

商业银行申请开办中间业务,应符合以下要求:(1)符合金融市场发展的客观需要;(2)不损害客户的经济利益;(3)有利于完善银行的服务功能,有利于提高银行的盈利能力;(4)制定了相应的业务规章制度和操作规程;(5)具备合格的管理人员和业务人员;(6)具备适合开展业务的支持系统;(7)中国人民银行要求的其他条件。

(二)审批、备案和监管

银行业金融机构业务范围内的业务品种,应当按照规定经国务院银行业监督管理机构审查批准或者备案。

适用审批制的业务主要为形成或有资产、或有负债的中间业务以及与证券、保险业务相关的部分中间业务,包括:(1)票据承兑;(2)开出信用证;(3)担保类业务,包括备用信用证业务;(4)贷款承诺;(5)金融衍生业务;(6)各类投资基金托管;(7)各类基金的注册登记、认购、申购和赎回业务;(8)代理证券业务;(9)代理保险业务;(10)中国人民银行确定的适用审批制的其他业务品种。

适用备案制的业务主要为不形成或有资产、或有负债的中间业务,包括:(1)各类汇兑业务;(2)出口托收及进口代收;(3)代理发行、承销、兑付政府债券;(4)代收代付业务,包括代发工资、代理社会保障基金发放、代理各项公用事业收费(如代收水电费);(5)委托贷款业务;(6)代理政策性银行、外国政府和国际金融机构贷款业务;(7)代理资金清算;(8)代理其他银行银行卡的收单业务,包括代理外卡业务;(9)各类代理销售业务,包括代售旅行支票业务;(10)各类见证业务,包括存款证明业务;(11)信息咨询业务,主要包括资信调查、企业信用等级评估、资产评估业务、金融信息咨询;(12)企业、个人财务顾问业务;(13)企业投融资顾问业务,包括融资顾问、国际银团贷款安排;(14)保管箱业务;(15)中国人民银行确定的适用备案制的其他业务品种。

根据修改后的《商业银行法》《中国人民银行法》以及《银行业监督管理法》的规定,中国人民银行对商业银行与中国人民银行特种贷款有关的行为,执行有关银行间同业拆借市场、银行间债券市场管理规定的行为,执行有关外汇管理规定的行为等进行监督检查;而商业银行中间业务由国务院银行业监督管理机构予以监管。

（三）公平竞争

商业银行开展中间业务，应加强与同业之间的沟通和协商，杜绝恶性竞争、垄断市场的不正当竞争行为。

（四）按标准收费

对实行政府指导价或者政府定价的中间业务，商业银行按政府指导价或者政府定价收费。对没有实行政府指导价或者政府定价的中间业务，按由商业银行总行制定和调整的市场调节价收费，商业银行总行应当依照《商业银行服务价格管理办法》规定统一进行公示。

（五）制定中间业务内部授权制度并备案

商业银行应制定中间业务内部授权制度，并报中国人民银行备案。商业银行内部授权制度应明确商业银行各级分支机构对不同类别中间业务的授权权限，应明确各级分支机构可以从事的中间业务范围。

（六）建立健全相关制度，加强对中间业务风险的控制和管理

商业银行应健全内部经营管理机制，加强内部控制，保证对中间业务的有效管理和规范发展。商业银行应加强对中间业务风险的控制和管理，并应依据有关法律、法规和监管规章，建立和实施有效的风险管理制度和措施。商业银行应建立监控和报告各类中间业务的信息管理系统，及时、准确、全面反映各项中间业务的开展情况及风险状况，并及时向监管当局报告业务经营情况和存在的问题。商业银行应注重对中间业务中或有资产、或有负债业务的风险控制和管理，对或有资产业务实行统一的资本金管理；应注重对交易类业务的头寸管理和风险限额控制；应对具有信用风险的或有资产业务实行统一授信管理。商业银行应建立中间业务内部审计制度，对中间业务的风险状况、财务状况、遵守内部规章制度情况和合规合法情况进行定期或不定期的审计。

二、中间业务分类及规则

（一）支付结算类中间业务

支付结算，是指单位、个人在社会经济活动中使用票据、信用卡和汇兑、托收承付、委托收款等结算方式进行货币给付及其资金清算的行为。支付结算类中间业务，是指由商业银行为客户办理因债权债务关系引起的与货币支付、资金划拨有关的收费业务。我国对支付结算实行集中统一和分级管理相结合的管理体制。

1. 支付结算原则

根据《支付结算办法》的规定，单位、个人和银行办理支付结算必须遵守下列原则：(1) 恪守信用，履约付款；(2) 谁的钱进谁的账，由谁支配；(3) 银行不垫款。

2. 结算工具

结算业务借助的主要结算工具包括银行汇票、商业汇票、银行本票和支票。

3. 结算方式

结算方式主要包括同城结算和异地结算。汇款业务,是指由付款人委托银行将款项汇给外地某收款人的一种结算业务。汇款结算分为电汇、信汇和票汇三种形式。托收业务,是指债权人或售货人为向外地债务人或购货人收取款项而向其开出汇票,并委托银行代为收取的一种结算方式。信用证是由银行根据申请人的要求和指示,向收益人开立的载有一定金额,在一定期限内凭规定的单据在指定地点付款的书面保证文件。其他支付结算业务包括利用现代支付系统实现的资金划拨、清算,利用银行内外部网络实现的转账等业务。

4. 银行结算账户管理

银行结算账户,是指银行为存款人开立的办理资金收付结算的人民币活期存款账户。银行结算账户按存款人分为个人银行结算账户和单位银行结算账户。个人银行结算账户是自然人因投资、消费、结算等而开立的可办理支付结算业务的存款账户。存款人以单位名称开立的银行结算账户为单位银行结算账户。单位银行结算账户按用途分为基本存款账户、一般存款账户、专用存款账户、临时存款账户。基本存款账户是存款人因办理日常转账结算和现金收付需要开立的银行结算账户。一般存款账户是存款人因借款或其他结算需要,在基本存款账户开户银行以外的银行营业机构开立的银行结算账户。专用存款账户是存款人按照法律、行政法规和规章,对其特定用途资金进行专项管理和使用而开立的银行结算账户。临时存款账户是存款人因临时需要并在规定期限内使用而开立的银行结算账户。

银行结算账户管理应遵循以下原则:

第一,备案原则。

2019 年 2 月 2 日发布的《中国人民银行关于取消企业银行账户许可有关事宜的决定》明确规定,中华人民共和国境内依法设立的企业法人、非法人企业、个体工商户在取消企业银行账户许可地区的银行业金融机构办理基本存款账户、临时存款账户,由核准制改为备案制,不再执行《人民币银行结算账户管理办法》的相关规定。

第二,自愿原则。

存款人可以自主选择银行开立银行结算账户。除国家法律、行政法规和国务院规定外,任何单位和个人不得强令存款人到指定银行开立银行结算账户。

第三,合法原则。

银行结算账户的开立和使用应当遵守法律、行政法规,不得利用银行结算账户进行偷逃税款、逃废债务、套取现金及其他违法犯罪活动。

第四,保密原则。

银行应依法为存款人的银行结算账户信息保密。对单位银行结算账户的存款和有关资料,除国家法律、行政法规另有规定外,银行有权拒绝任何单位或个人查询。对个人银行结算账户的存款和有关资料,除国家法律另有规定外,银行有权拒绝任何单位或个人查询。

5. 现代化支付系统中存在的法律问题

随着计算机技术日益广泛运用,银行的支付结算越来越多地运用电子支付手段。所谓电子支付,指的是以电子计算机及其网络为手段,将负载特定信息的电子数据取代传统的支付工具用于资金流程,并具有实时支付效力的一种支付方式。电子支付的法律关系主体包括消费者、商家、银行、支付网关提供者和电子认证机构,客体是电子支付行为,内容是电子支付当事人之间的权利义务关系。

目前,世界上很多国家制定了电子商务法、电子交易法等,以规范电子支付问题。联合国国际贸易法委员会(UNCITRAL)发布了《电子资金划拨法律指南》(1986 年)、《电子商务示范法及其颁布指南》(1996 年)、《电子签名统一规则(草案)》(1999 年)、《电子签名统一规则附条例指南》(2001 年)等。

近些年来,随着我国金融电子化水平的不断提高和金融基础设施的完善,在银行票据业务方面,银行汇票、银行本票和支票都不同程度地实现了电子化,安全性和效率得到极大改善。要发展电子票据业务,必须在法律上确立电子票据的法律地位,并确立电子签章的法律效力。此外,还必须从电子签名的技术特征出发,制定使用电子签名的法律规则。2004 年 8 月 28 日,第十届全国人民代表大会常务委员会第十一次会议通过了《电子签名法》。该法明确规定,可靠的电子签名具有与手写签名或者盖章同等的法律效力。该法为我国商业银行开展电子票据等银行业务提供了法律支持和保护,使商业银行可以通过电子签名识别和确认客户身份,极大地促进了电子银行业务的发展。

2009 年 10 月 16 日,中国人民银行发布了《电子商业汇票业务管理办法》。据此,只要是具备中华人民共和国组织机构代码,并且具备办理电子商业汇票业务的基本技术条件的企业,皆可以选择使用电子商业汇票。该管理办法将电子商业汇票的付款期限延长到了 1 年,从而可以更好地发挥商业汇票的融资功能,为中小企业融资难纾困。

2015 年 4 月,《电子签名法》进行第一次修正,第 17 条增加一项,要求必须取得企业法人资格方可提供电子认证服务;删去第 18 条第 2 款,不再要求申请人在取得认证资格后再向工商行政管理部门办理企业登记手续,简化行政程序。

2016 年 8 月,中国银监会等联合公布《网络借贷信息中介机构业务活动管理暂行办法》,其第 22 条第 1 款规定:“各方参与网络借贷信息中介机构业务活动,需要对出借人与借款人的基本信息和交易信息等使用电子签名、电子认证时,应当遵守法律法规的规定,保障数据的真实性、完整性及电子签名、电子认证的法律效力。”

2019年4月,《电子签名法》进行第二次修正,放宽电子签名的使用范围,删除了“土地、房屋等不动产权益转让”不适用“电子签名、数据电文”的条款,为房地产交易中使用电子合同、电子签名提供了明确的法律依据。

2019年4月国务院公布的《国务院关于在线政务服务的若干规定》第9条第2款规定:“电子印章与实物印章具有同等法律效力,加盖电子印章的电子材料合法有效。”

2019年5月,国务院办公厅转发国家发展改革委《关于深化公共资源交易平台整合共享的指导意见》。该指导意见要求优化公共资源交易服务,健全平台电子系统,促进数字证书(CA)跨平台、跨部门、跨区域互认,逐步实现全国互认,推动电子营业执照、电子担保保函在公共资源交易领域的应用。

随着网络信息、通信技术的快速发展和支付服务分工的不断细化,越来越多的非金融机构借助互联网、手机等信息技术广泛参与支付业务。传统的支付服务一般由银行部门承担,如现金服务、票据交换服务、直接转账服务等。新兴的非金融机构介入支付服务体系,运用电子化手段为市场交易者提供前台支付或后台操作服务,因而往往被称作“第三方支付机构”。2010年6月14日,中国人民银行公布了《非金融机构支付服务管理办法》,自2010年9月1日起施行。根据该办法,非金融机构支付服务是指非金融机构在收付款人之间作为中介机构提供的货币资金转移服务,包括网络支付、预付卡的发行与受理以及银行卡收单等。该办法确立了非金融机构从事支付服务业务的许可证制度,非金融机构只有符合法定的支付服务市场准入条件并取得中国人民银行颁发的《支付业务许可证》才能够合法营业。该办法进一步规定了从事支付服务业务的非金融机构在规范经营、资金安全、系统运行等方面应承担的责任和履行的义务,强化了对非金融机构支付服务的监督管理,以有效防范各类金融风险。2015年12月28日,中国人民银行发布《非银行支付机构网络支付业务管理办法》,界定网络支付业务的含义,推进支付账户实名制的落实,引导支付机构建立完善的风险控制机制,健全客户损失赔付、差错争议处理等客户权益保护机制,进一步完善支付机构分类监管措施等。

随着市场环境及相关政策的变化,我国支付清算市场的结构也随之改变。一方面,自2015年起,我国正式放开银行卡清算机构市场准入,允许在境内引进或设立除中国银联以外的其他银行卡清算机构,与中国银联形成竞争。另一方面,第三方支付发展迅猛。但是,支付机构的资金安全是其需要保证的首要问题。由于没有统一严格的管理,第三方支付机构存在无证经营、备付金风险等问题。为了规避中国银联的清算手续费，第三方支付机构往往选择绕过中国银联而与银行直连，使得第三方支付更加难以监管。为了规范第三方支付机构的运作，2016 年 4 月 13 日，中国人民银行等 14 部门联合发布《非银行支付机构风险专项整治工作实施方案》，要求逐步取缔支付机构与银行直接连接处理业务的模式，旨在防止第三方支付机构通过“直连模式”绕过央行的清算系统；同时，提出建设网络支付清算平台，平台建立后，支付机构与银行多头连接开展的业务应全部迁移到平台处理。网联平台实质上是第三方支付业务的清算平台，其功能类似于对银行卡支付业务进行清算的卡组织。[①] 该方案推动建立的网络支付清算平台于 2017 年 3 月 31 日开始试运行，首批接入部分银行和支付机构。2017 年 8 月 4 日，中国人民银行支付结算司发布《关于将非银行支付机构网络支付业务由直连模式迁移至网联平台处理的通知》，要求自 2018 年 6 月 30 日起，非银行支付机构受理的涉及银行账户的网络支付业务全部通过网联平台处理。至此，我国初步形成银行卡清算机构即中国银联负责银行卡支付清算，网联平台负责第三方支付清算的局面。

2017 年 12 月 13 日，中国人民银行下发《中国人民银行关于规范支付创新业务的通知》，对第三方支付机构通过“直连模式”绕过央行清算系统的严格监管举措不变，禁止银行、支付机构新增不同法人机构间直连处理跨行清算的支付产品或者服务，要求将存量业务尽快迁移到合法的清算机构处理。2017 年 12 月 25 日，中国人民银行下发《中国人民银行关于印发〈条码支付业务规范（试行）〉的通知》，对第三方机构开展条码支付业务采取同样的严格监管举措，禁止以“直连模式”处理条码支付业务，要求将存量业务加快迁移到合法的清算机构处理。

2018 年 3 月 20 日，网联清算有限公司向其成员单位发出《关于非银行支付机构网络支付清算平台渠道接入工作相关事宜的函》，要求第三方支付机构将所有业务尽快迁移到网联平台处理。[②]

支付机构能够从事清算业务主要是因为与商业银行直接连接，同时又在不同商业银行开设了多个备付金账户。为规范支付机构的清算业务，需要消解以下两项现实条件：第一，打破支付机构与商业银行直接连接的做法，另行建立统一的清算组织，为支付机构提供数据交换、资金清算服务；第二，对备付金进行集中存管，要求一家支付机构只能开设一个备付金账户。为防止支付机构成为事实上的银行，并应对客户备付金无法兑付的风险，监管机构陆续推出了一系列的监管措施，包括《非金融机构支付服务管理办法》（2010 年 6 月 14 日发布）、《非

---

① 参见蒋力：《支付清算市场新格局下的垄断与竞争》，载《私法》2018 年第 1 期。

② 参见廖凡：《网络支付清算若干法律问题研究——以银行卡组织权益保障为视角》，载陈洁主编：《商法界论集》（第 2 卷），法律出版社 2018 年版，第 68 页。

金融机构支付服务业务系统检测认证管理规定》(2011 年 6 月 16 日发布)、《支付机构客户备付金存管办法》(2013 年 6 月 7 日发布)、《非银行支付机构网络支付业务管理办法》(2015 年 12 月 28 日发布)、《关于实施支付机构客户备付金集中存管有关事项的通知》(2017 年 1 月 13 日发布)、《关于支付机构撤销人民币客户备付金账户有关工作的通知》(2018 年 11 月 29 日发布)、《非银行支付机构客户备付金存管办法(征求意见稿)》(2020 年 4 月 3 日发布)等,主要监管措施有:(1) 建立支付业务许可制度,在资金、技术标准、组织管理等方面设立准入门槛,将不合格机构筛选出市场,最大限度地保障客户权益;(2) 明确备付金所有权在于客户,要求支付机构对支付账户进行风险管理,禁止支付机构以任何形式挪用客户备付金;(3) 限制支付机构对客户资金的投资,构建商业银行对备付金的存管制度,要求支付机构接收的客户备付金必须全额缴存至备付金专用存款账户。2016 年,14 个部委联合发布《非银行支付机构风险专项整治工作实施方案》,主要从执法检查层面强化了上述基本监管措施,同时作出了两项推进:一是建立支付机构客户备付金集中存管制度;二是逐步取消对支付机构客户备付金的利息支出。[①]

(二) 银行卡业务

银行卡是由经授权的金融机构(主要指商业银行)向社会发行的具有消费信用、转账结算、存取现金等全部或部分功能的信用支付工具。1992 年,中国人民银行发布了《信用卡业务管理暂行办法》,这是我国第一部有关银行卡的监管规章。此后,经过两次修订,该文件发展为 1999 年《银行卡业务管理办法》。相对于我国蓬勃发展的银行卡特别是信用卡产业而言,信用卡立法显然较为滞后。2011 年 1 月,中国银监会发布了《商业银行信用卡业务监督管理办法》,旨在推进我国银行卡规范体系进一步发展。2020 年 1 月,为规范商业银行信用卡业务经营行为和息费计收规则,中国支付清算协会发布了修订后的《银行卡发卡业务风险管理指引》,从保护持卡人合法权益和可操作性方面进行细化完善,规范商业银行经营行为,推动信用卡产业规范发展。

1. 银行卡业务分类

银行卡可分为贷记卡、准贷记卡和借记卡。贷记卡,是指发卡银行给予持卡人一定的信用额度,持卡人可在信用额度内先消费、后还款的信用卡。准贷记卡,是指持卡人须先按发卡银行要求交存一定金额的备用金,当备用金账户余额不足支付时,可在发卡银行规定的信用额度内透支的信用卡。借记卡按功能不同分为转账卡(含储蓄卡,下同)、专用卡、储值卡。借记卡不具备透支功能。转账卡是实时扣账的借记卡,具有转账结算、存取现金和消费功能。专用卡是具有

① 参见苏盼:《非银行机构支付结算与清算业务风险研究》,载《金融法苑》2018 年第 1 期。

专门用途、在特定区域使用的借记卡，具有转账结算、存取现金功能。储值卡是发卡银行根据持卡人要求将其资金转至卡内储存，交易时直接从卡内扣款的预付钱包式借记卡。

另外，银行卡按结算币种的不同，可分为人民币卡和外币卡；按使用对象的不同，可分为单位卡（商务卡）和个人卡；按载体材料的不同，可分为磁性卡和智能卡；按使用对象信誉等级的不同，可分为金卡和普通卡；按流通范围的不同，可分为国际卡和地区卡。其他分类方式还包括商业银行与营利性机构或非营利性机构合作发行的联名/认同卡。联名/认同卡所依附的银行卡品种必须是已经中国人民银行批准的品种，并应当遵守相应品种的业务章程或管理办法。发卡银行和联名单位应当为联名卡持卡人在联名单位用卡提供一定比例的折扣优惠或特殊服务。持卡人领用认同卡表示对认同单位事业的支持。

2. 银行卡业务基本规则

(1) 银行卡业务审批规则

商业银行开办银行卡业务应当具备下列条件：① 开业 3 年以上，具有办理零售业务的良好业务基础；② 符合中国人民银行颁布的资产负债比例管理监控指标，经营状况良好；③ 已就该项业务建立了科学完善的内部控制制度，有明确的内部授权审批程序；④ 合格的管理人员和技术人员、相应的管理机构；⑤ 安全、高效的计算机处理系统；⑥ 发行外币卡还须具备经营外汇业务的资格和相应的外汇业务经营管理水平；⑦ 中国人民银行规定的其他条件。

商业银行开办各类银行卡业务，应当按照中国人民银行有关加强内部控制和授权授信管理的规定，分别制订统一的章程或业务管理办法，报中国人民银行总行审批。商业银行发行全国使用的联名卡、IC 卡、储值卡应当报中国人民银行总行审批。商业银行分支机构办理经中国人民银行总行批准的银行卡业务应当持中国人民银行批准文件和其总行授权文件向中国人民银行当地行备案。商业银行分支机构发行区域使用的专用卡、联名卡应当持商业银行总行授权文件、联名双方的协议书报中国人民银行当地中心支行备案。已开办信用卡或转账卡业务的商业银行可向中国人民银行申请发行联名/认同卡、专用卡、储值卡。已开办人民币信用卡业务的商业银行可向中国人民银行申请发行外币信用卡。商业银行变更银行卡名称、修改银行卡章程应当报中国人民银行审批。外资金融机构经营银行卡收单业务应当报中国人民银行总行批准。银行卡收单业务，是指签约银行向商户提供的本外币资金结算服务。

(2) 计息规则

根据《银行卡业务管理办法》，银行卡的计息包括计收利息和计付利息。发卡银行对准贷记卡及借记卡（不含储值卡）账户内的存款，按照中国人民银行规定的同期同档次存款利率及计息办法计付利息。发卡银行对贷记卡账户的存款、储值卡(含IC卡的电子钱包)内的币值不计付利息。贷记卡持卡人非现金交易享受如下优惠条件:① 免息还款期待遇。银行记账日至发卡银行规定的到期还款日之间为免息还款期。免息还款期最长为60天。持卡人在到期还款日前偿还所使用全部银行款项即可享受免息还款期待遇,无须支付非现金交易的利息。② 最低还款额待遇。持卡人在到期还款日前偿还所使用全部银行款项有困难的,可按照发卡银行规定的最低还款额还款。

但是,贷记卡持卡人选择最低还款额方式或超过发卡银行批准的信用额度用卡时,不再享受免息还款期待遇,应当支付未偿还部分自银行记账日起,按规定利率计算的透支利息。贷记卡持卡人支取现金、准贷记卡透支,不享受免息还款期和最低还款额待遇,应当支付现金交易额或透支额自银行记账日起,按规定利率计算的透支利息。

贷记卡透支按月记收复利,准贷记卡透支按月计收单利,透支利率根据中国人民银行的此项利率调整而调整。

发卡银行在利率或收费项目调整前按照监管规定时限提前通知持卡人,持卡人可自主选择销户或继续使用。

(3) 账户及交易管理规则

个人申领银行卡(储值卡除外),应当向发卡银行提供公安部门规定的本人有效身份证件,经发卡银行审查合格后,为其开立记名账户。凡在中国境内金融机构开立基本存款账户的单位,应当凭中国人民银行核发的开户许可证申领单位卡。银行卡及其账户只限经发卡银行批准的持卡人本人使用,不得出租和转借。

个人人民币卡账户的资金以其持有的现金存入或以其工资性款项、属于个人的合法的劳务报酬、投资回报等收入转账存入。个人外币卡账户的资金以其个人持有的外币现钞存入或从其外汇账户(含外钞账户)转账存入。该账户的转账及存款均按国家外汇管理局《个人外汇管理办法》办理。个人外币卡在境内提取外币现钞时应按照我国个人外汇管理制度办理。

单位人民币卡账户的资金一律从其基本存款账户转账存入,不得存取现金,不得将销货收入存入单位卡账户。单位人民币卡可办理商品交易和劳务供应款项的结算,但不得透支;超过中国人民银行规定起点的,应当经中国人民银行当地分行办理转汇。单位外币卡账户的资金应从其单位的外汇账户转账存入,不得在境内存取外币现钞。其外汇账户应符合下列条件:① 按照中国人民银行境内外汇账户管理的有关规定开立;② 其外汇账户收支范围内具有相应的支付内容。

除国家外汇管理局指定的范围和区域外,外币卡原则上不得在境内办理外币计价结算。

持卡人在还清全部交易款项、透支本息和有关费用后，可申请办理销户。销户时，单位人民币卡账户的资金应当转入其基本存款账户，单位外币卡账户的资金应当转回相应的外汇账户，不得提取现金。

发卡银行依据密码等电子信息为持卡人办理的存取款、转账结算等各类交易所产生的电子信息记录，均为该项交易的有效凭据。发卡银行可凭交易明细记录或清单作为记账凭证。银行卡通过联网的各类终端交易的原始单据至少保留 2 年备查。

（4）银行卡风险管理规则

发卡银行应当认真审查信用卡申请人的资信状况，根据申请人的资信状况确定有效担保及担保方式；应当对信用卡持卡人的资信状况进行定期复查，并应当根据资信状况的变化调整其信用额度；应当建立授权审批制度，明确对不同级别内部工作人员的授权权限和授权限额；应当加强对止付名单的管理，及时接收和发送止付名单。通过借记卡办理的各项代理业务，发卡银行不得为持卡人或委托单位垫付资金。

根据《银行卡业务管理办法》，发卡银行应当遵守下列信用卡业务风险控制指标：① 同一持卡人单笔透支发生额，个人卡不得超过 2 万元（含等值外币），单位卡不得超过 5 万元（含等值外币）。② 同一账户月透支余额，个人卡不得超过 5 万元（含等值外币），单位卡不得超过发卡银行对该单位综合授信额度的 3%。无综合授信额度可参照的单位，其月透支余额不得超过 10 万元（含等值外币）。③ 外币卡的透支额度不得超过持卡人保证金（含储蓄存单质押金额）的 80%。④ 从《银行卡业务管理办法》施行之日起新发生的 180 天（含 180 天，下同）以上的月均透支余额不得超过月均总透支余额的 15%。准贷记卡的透支期限最长为 60 天。贷记卡的首月最低还款额不得低于其当月透支余额的 10%。

发卡银行通过下列途径追偿透支款项和诈骗款项：① 扣减持卡人保证金、依法处理抵押物和质物；② 向保证人追索透支款项；③ 通过司法机关的诉讼程序进行追偿。

3．信用卡基本法律关系

信用作为一类特殊的交易行为，是以货币的借贷以及赊销预付为内容的。因此，消费者通过信用卡消费可以实现买和卖、消费和支付在时空上的分离，也使得信用卡法律关系表现出与普通的现金交易不同的特殊之处。信用卡关系当事人不仅限于持卡人和发卡行，还要依赖信用卡组织、收单银行、特约商户等多方当事人的合作。一般来说，信用卡交易包括以下几个环节：（1）申请人向发卡机构申请核发信用卡；（2）发卡机构根据申请人的收入状况等情况确定相应的信用额度；（3）发卡银行向申请人发行信用卡；（4）持卡人出示信用卡，并在签购单上签字；（5）特约商户审核持卡人的卡片、签名及其他必要条件无误后接受持卡人刷卡消费;(6) 特约商户凭持卡人签字的签购单向收单银行或发卡银行要求付款;(7) 发卡银行每月定期寄出明细对账单通知持卡人还款,持卡人可选择到期日前偿还全部金额而免于支付利息,或仅偿付最低还款额并支付循环利息。可见,持卡人刷卡消费、发卡银行向特约商户付款、持卡人向发卡银行还款是构成信用卡交易的三大基本环节,三方主体之间的买卖合同、信用卡领用合约、信用卡受理合同构成信用卡的三大基本法律关系。其中,银行卡申请表和信用卡领用合约是发卡银行向信用卡持卡人提供的明确双方权责的契约性文件,持卡人签字,即表示接受其中各项约定。发卡银行应当本着权利与义务对等的原则制订银行卡申请表和信用卡领用合约。商业银行发展受理信用卡的商户,应当与商户签订受理合约。受理合约不得包括排他性条款。受理合约中的手续费率标准低于《银行卡业务管理办法》规定标准的不受法律保护。

发卡银行享有如下权利:(1) 发卡银行有权审查申请人的资信状况、索取申请人的个人资料,并有权决定是否向申请人发卡及确定信用卡持卡人的透支额度。(2) 发卡银行对持卡人透支有追偿权。对持卡人不在规定期限内归还透支款项的,发卡银行有权申请法律保护并依法追究持卡人或有关当事人的法律责任。(3) 发卡银行对不遵守其章程规定的持卡人,有权取消其持卡人资格,并可授权有关单位收回其信用卡。(4) 发卡银行对储值卡和 IC 卡内的电子钱包可不予挂失。

发卡银行应承担如下义务:(1) 发卡银行应当向银行卡申请人提供有关信用卡的使用说明资料,包括章程、使用说明及收费标准。现有持卡人亦可索取上述资料。(2) 发卡银行应当设立针对信用卡服务的公平、有效的投诉制度,并公开投诉程序和投诉电话。发卡银行对持卡人关于账务情况的查询和改正要求应当在 30 天内给予答复。(3) 发卡银行应当向持卡人提供对账服务。按月向持卡人提供账户结单,在下列情况下发卡银行可不向持卡人提供账户结单:① 已向持卡人提供存折或其他交易记录;② 自上一月份结单后,没有进行任何交易,账户没有任何未偿还余额;③ 已与持卡人另行商定。(4) 发卡银行向持卡人提供的银行卡对账单应当列出以下内容:① 交易金额、账户余额(贷记卡还应列出到期还款日、最低还款额、可用信用额度);② 交易金额记入有关账户或自有关账户扣除的日期;③ 交易日期与类别;④ 交易记录号码;⑤ 作为支付对象的商户名称或代号(异地交易除外);⑥ 查询或报告不符账务的地址或电话号码。(5) 发卡银行应当向持卡人提供信用卡挂失服务,应当设立 24 小时挂失服务电话,提供电话和书面两种挂失方式,书面挂失为正式挂失方式,并在章程或有关协议中明确发卡银行与持卡人之间的挂失责任。(6) 发卡银行应当在有关卡的章程或使用说明中向持卡人说明密码的重要性及丢失的责任。(7) 发卡银行对持卡人的资信资料负有保密的责任。此外,2020 年修订的《银行卡发卡业务风险管理指引》明确规定，对于连续逾期181天(含)以上的信用卡账户，至多可收取180天内产生的违约金。

持卡人享有如下权利：(1) 持卡人享有发卡银行对其信用卡所承诺的各项服务的权利，有权监督服务质量并对不符服务质量进行投诉；(2) 申请人、持卡人有权知悉其选用的信用卡的功能、使用方法、收费项目、收费标准、适用利率及有关的计算公式；(3) 持卡人有权在规定时间内向发卡银行索取对账单，并有权要求对不符账务内容进行查询或改正；(4) 借记卡的挂失手续办妥后，持卡人不再承担相应卡账户资金变动的责任，司法机关、仲裁机关另有判决的除外；(5) 持卡人有权索取信用卡领用合约，并应妥善保管。

持卡人应承担如下义务：(1) 申请人应当向发卡银行提供真实的申请资料并按照发卡银行规定向其提供符合条件的担保；(2) 持卡人应当遵守发卡银行的章程及领用合约的有关条款；(3) 持卡人或保证人通信地址、职业等发生变化，应当及时书面通知发卡银行；(4) 持卡人不得以和商户发生纠纷为由拒绝支付所欠银行款项。

2016年4月，中国人民银行发布《中国人民银行关于信用卡业务有关事项的通知》，对我国信用卡规制框架作了重大调整，形成了放松管制、信息披露及自律管理并举的规制框架。具体而言，首先，赋予发卡机构更多的经营自主决定权，这是我国信用卡规制框架构建的逻辑起点；其次，加强监管，明确规定发卡机构不得收取滞纳金、超限费等，并要求发卡机构在符合条件时履行信息披露义务，保障持卡人的知情权，提高信用卡的透明度；最后，首次确立了信用卡业务的自律管理机制，赋予中国支付清算协会按照信用卡业务相关监管制度要求履行自律管理职能的权限。以上改革放松了对发卡机构的业务及价格等的限制，赋予发卡机构在利率、违约金、最低还款额、免息期等信用卡核心条款上的自主决定权，有助于提高信用卡行业效率，对促进我国信用卡产业的转型升级具有积极意义。①

4. 银联卡及跨行交易收益分配

银联卡，即“银联”标识卡，是经国务院同意，中国人民银行批准，由国内各发卡金融机构发行，采用统一业务规范和技术标准，可以跨行跨地区使用的带有“银联”标识的银行卡。2002年1月10日，银联卡首期发行。为建立和运营全国银行卡跨行信息交换网络，实现银行卡在全国范围内的联网通用，2002年3月26日，经中国人民银行批准，80多家国内金融机构共同发起设立中国银联股份有限公司。其经营范围为：建设和运营全国统一的银行卡跨行信息交换网络；

① 参见王洪：《信用卡产业创新与持卡人权益保护——兼议〈关于信用卡业务有关事项的通知〉》，载《金融法苑》2016年第2期。

提供先进的电子化支付技术和与银行卡跨行信息交换相关的专业化服务;开展银行卡技术创新;管理和经营"银联"标识;制定银行卡跨行交易业务规范和技术标准,协调和仲裁银行间跨行交易业务纠纷;组织行业培训、业务研讨和开展国际交流,从事相关研究咨询服务;经中国人民银行批准的其他相关服务业务。

为适应市场发展,完善银行卡业务参与机构的分配体系,充分发挥利益分配的杠杆调节机制,经中国人民银行批复,《中国银联入网机构银行卡跨行交易收益分配办法》自 2004 年 3 月 1 日起施行,对 ATM(Automatic Teller Machine,即自动柜员机)跨行交易手续费和 POS(Point of Sale,即销售点终端机)跨行交易商户结算手续费作了规定。ATM 跨行交易分为取款和查询两种交易,交易手续费分配涉及发卡银行、提供机具和代理业务的代理银行以及提供跨行信息转接的中国银联。POS 跨行交易商户结算手续费的分配涉及发卡银行、提供机具和完成对商户资金结算的收单机构以及提供跨行信息转接的中国银联。

(三) 代理类中间业务

代理类中间业务,是指商业银行接受客户委托,代为办理客户指定的经济事务、提供金融服务并收取一定费用的业务,包括代理政策性银行业务、代理中央银行业务、代理商业银行业务、代收代付业务、代理证券业务、代理保险业务、代理其他银行银行卡收单业务等。代理政策性银行业务,是指商业银行接受政策性银行委托,代为办理政策性银行因服务功能和网点设置等方面的限制而无法办理的业务,包括代理贷款项目管理等。代理中央银行业务,是指根据政策、法规应由中央银行承担,但由于机构设置、专业优势等方面的原因,由中央银行指定或委托商业银行承担的业务,主要包括财政性存款代理业务、国库代理业务、发行库代理业务、金银代理业务。代理商业银行业务,是指商业银行之间相互代理的业务,如为委托行办理支票托收等业务。代收代付业务,是指商业银行利用自身的结算便利,接受客户的委托,代为办理指定款项的收付事宜的业务,如代理各项公用事业收费、代理行政事业性收费和财政性收费、代发工资、代扣住房按揭消费贷款还款等。代理保险业务,是指商业银行接受保险公司委托,代其办理保险业务,并依法向其收取佣金的业务。商业银行代理保险业务,可以受托代个人或法人投保各险种的保险事宜,也可以作为保险公司的代表,与保险公司签订代理协议,代保险公司承接有关的保险业务。代理保险业务一般包括代售保单业务和代付保险金业务。其他代理业务还有代理证券业务[①]、代理财政委托

① 2006 年 5 月 8 日,中国证监会下发《关于落实〈证券法〉、规范证券经营机构证券经纪业务有关行为的通知》,规定各证券经营机构不得委托其他机构代理审核投资者开户资料或者开立证券交易账户;不得委托其他机构代理签订证券交易协议;不得通过或者借助其他非证券类机构的业务系统为投资者提供证券交易委托申报;不得委托其他非证券类机构代理完成全部或者部分资金清算交收义务。根据该通知,商业银行代理证券业务中的代理买卖股票、代理证券资金清算交收业务被叫停。

业务、代理其他银行银行卡收单业务等。

（四）担保类中间业务

担保类中间业务，是指商业银行为客户债务清偿能力提供担保，承担客户违约风险的业务，主要包括银行承兑汇票、备用信用证、各类保函业务等。银行承兑汇票，是指由收款人或付款人（或承兑申请人）签发，并由承兑申请人向开户银行申请，经银行审查同意承兑的商业汇票。备用信用证，是指开证行应借款人要求，以放款人作为信用证的收益人而开具的一种特殊信用证。开具备用信用证是为了保证在借款人破产或不能及时履行义务的情况下，由开证行向收益人及时支付本利。各类保函业务包括投标保函、承包保函、还款保函、借款保函等。

（五）承诺类中间业务

承诺类中间业务，是指商业银行在未来某一日期按照事前约定的条件向客户提供约定信用的业务，主要指贷款承诺，包括可撤销承诺和不可撤销承诺两种。可撤销承诺附有客户在取得贷款前必须履行的特定条款，在银行承诺期内，若客户没有履行条款，则银行可撤销该项承诺。可撤销承诺包括透支额度等。不可撤销承诺是银行不经客户允许不得随意撤销的贷款承诺，具有法律约束力，包括备用信用额度、回购协议、票据发行便利等。

（六）交易类中间业务

交易类中间业务，是指商业银行为满足客户保值或自身风险管理等方面的需要，利用各种金融工具进行的资金交易活动，主要指金融衍生业务。根据金融衍生品交易形态的不同，金融衍生业务可分为远期、期货、期权和互换四大类。远期，是指交易双方根据协议，约定在未来某一特定时间内，以特定价格买卖某一特定数量和质量的金融资产或实物资产的交易。期货，是指交易双方在交易所通过公开竞价达成标准化合约，承诺在未来某一特定时间内，按照约定的价格买卖某一特定数量和质量的金融资产或实物资产的交易。期权，是指交易双方订立合约并约定，由买方向卖方支付一定数额的权利金，买方取得在一定时期内以双方事先约定的价格购买或出售某种特定金融资产之权利的交易。互换，又称“掉期”或“套购”，是指交易各方依据约定的规则，承诺在未来某一特定时间内，互相交换一系列现货流通物或价格的交易，即以互换参与者在特定的金融市场上拥有的优势，进行以套汇、套利为目的的债权或债务的互相交换。

（七）基金托管业务

基金托管业务，是指有托管资格的商业银行接受基金管理公司委托，安全保管所托管基金的全部资产，为所托管基金办理基金资金清算款项划拨、会计核算、基金估值、监督管理人投资运作，包括封闭式证券投资基金托管业务、开放式证券投资基金托管业务和其他基金托管业务。

（八）咨询顾问类业务

咨询顾问类业务，是指商业银行依靠自身在信息、人才、信誉等方面的优势，收集和整理有关信息，并通过对这些信息以及银行和客户资金运动的记录和分析，形成系统的资料和方案，提供给客户，以满足其业务经营管理或发展的需要的服务活动，主要包括企业信息、资产管理、财务、企业并购、现金管理等方面的咨询业务。企业信息咨询业务包括项目评估、企业信用等级评估、验证企业注册资金、资信证明、企业管理咨询等。资产管理顾问业务，是指为机构投资者或个人投资者提供全面的资产管理服务，包括投资组合建议、投资分析、税务服务、信息提供、风险控制等。财务顾问业务包括大型建设项目财务顾问业务和企业并购顾问业务。大型建设项目财务顾问业务，是指商业银行为大型建设项目的融资结构、融资安排提出专业性方案。企业并购顾问业务，是指商业银行为企业的兼并和收购双方提供的财务顾问业务。商业银行不仅参与企业的兼并和收购过程，而且作为企业的持续发展顾问，参与企业结构调整、资本充实和重新核定、破产和困境企业的重组等策划和操作过程。现金管理业务，是指商业银行协助企业科学合理地管理现金账户头寸及活期存款余额，以达到提高资金流动性和使用效率的目的。

（九）其他类中间业务

其他类中间业务包括保管箱业务以及其他不能归入以上八类的业务。

保管箱业务是商业银行接受客户的委托，以出租保管箱或代保管的形式对客户交付的贵重物品、重要文件、有价单证等财物进行保管的服务性项目。

商业银行提供保管箱业务有两种形式：[①]

(1) 出租保管箱，是指商业银行将设在银行保管库中的屉式存物箱出租给客户使用。在此种情形下，银行与客户之间成立租赁合同关系。

(2) 代保管业务，是指委托人将贵重物品、证券文件等交商业银行代为保管，并不自租保管箱的方式。在此种情形下，银行与客户之间成立保管合同关系。代保管业务又可分为露封保管业务和密封保管业务。前者是指委托人将保管物件交商业银行保管，并不加保封，主要用于代保管股票、债券及其他有价证券。后者是指对难以检点、鉴别或不愿公开交存的保管物件，委托人自行装箱或包封，由商业银行原封保管，主要用于代保管契约、遗嘱、印章、凭证、金银首饰等。

三、中间业务的发展趋势

社会经济活动对信用中介多样化的需求、金融业竞争的加剧、国家监管的加强和风险的加大以及商业银行自身对利润最大化的追求，使中间业务得到了快

① 参见王泽宙主编：《银行法通论》，经济日报出版社 1995 年版，第 475—476 页。

速发展。现代科技的发展和应用，进一步为商业银行中间业务的发展提供了技术手段。中间业务是当前国际银行发展的重点。

中间业务是国际银行业发展的潮流，是国内银行业务发展和收入提升的重要增长点。从我国商业银行开展中间业务的现状来看，还需更新观念，提高认识；建立完善的内部管理机制；完善健全、科学的核算体系；加强通信网络和计算机应用软件配套能力等。

从长远来看，我国商业银行中间业务的发展将趋向全方位、多样化、系统化，具体呈现以下趋势：(1) 中间业务创新的重点将集中于表外业务。中间业务已由传统的结算、商业信用证、代收代付、票据承兑等发展为金融理财、融资租赁、代理融通、现金管理、信息咨询、保险代理、衍生工具交易等一系列新兴的表外业务。表外业务在增加银行收入、规避风险方面将产生特殊作用。(2) 中间业务的金融创新产品将增多。当前各商业银行大力推行的金融理财产品就是一种新型的中间业务。随着我国经济的持续快速平稳发展，境内居民个人和机构持有的以银行存款为主的金融资产快速增长，资产管理需求也日益增长。根据《商业银行个人理财业务管理暂行办法》，个人理财业务是指商业银行为个人客户提供的财务分析、财务规划、投资顾问、资产管理等专业化服务活动。商业银行个人理财业务按照管理运作方式的不同，分为理财顾问服务和综合理财服务。综合理财服务，是指商业银行在向客户提供理财顾问服务的基础上，接受客户的委托和授权，按照与客户事先约定的投资计划和方式进行投资和资产管理的业务活动。商业银行在综合理财服务活动中，可以向特定目标客户群销售理财计划。按照客户获取收益方式的不同，理财计划可以分为保证收益理财计划和非保证收益理财计划，后者又可以分为保本浮动收益理财计划和非保本浮动收益理财计划。根据《关于规范金融机构资产管理业务的指导意见》，金融机构开展资产管理业务时不得承诺保本保收益。经国务院同意，中国人民银行会同国家发展改革委、财政部等部门，充分考虑2020年以来新冠肺炎疫情影响的实际情况，在坚持相关政策框架和监管要求的前提下，审慎研究决定，延长上述指导意见的过渡期至2021年年底。《商业银行开办代客境外理财业务管理暂行办法》允许境内机构和居民个人委托境内商业银行在境外进行金融产品投资的经营活动。(3) 中间业务将广泛采用现代高科技。计算机技术将扩展到中间业务的管理和决策系统之中，实现中间业务自动化、管理现代化和银行网络化。

思考题

1. 简述我国商业银行业务经营原则。
2. 分析商业银行与客户之间法律关系的特点。
3. 简述贷款管理责任制规则。

第四章　货币管理法律制度

第一节　货币管理法律制度概述

一、货币概述

（一）货币的概念及形式

马克思认为，货币是在商品交换过程中自发地从商品中分离出来，固定地充当一般等价物的特殊商品。但是，马克思分析的货币仅为金本位制度之下及其以前的货币。根据货币的职能特征，任何一种能执行交换中介、价值标准、延期支付标准或财富储藏手段等职能的物品都可被看成货币。[①] 货币具有价值尺度、流通手段、支付手段、储藏手段、世界货币五种职能。

在货币发展史上，货币经历了以下五种形式：实物货币、金属货币、代用货币、信用货币和电子货币。目前，各国广泛使用的是代用货币和信用货币。电子货币作为新兴的货币形式和崭新的支付手段，因其方便、快捷、安全的优势而迅速发展。

（二）货币制度

1. 货币制度的概念

货币制度是一国在历史上形成的，由国家以法律形式规定的货币流通、组织形式，包括货币金属、货币单位、本位币、辅币以及其他货币符号的流通和组织程序。在资本主义社会以前的社会，货币流通分散、混乱，无序的货币流通制度严重阻碍着商品交易的发展和统一市场的形成。资本主义国家建立后，通过立法对货币流通进行规范，逐步建立起统一规范的资本主义货币制度。

2. 货币制度的构成要素

(1) 法定货币金属

法定货币金属是一国以法律形式规定的充当本位币币材的金属。在金属货币制度下，充当本位币币材的金属主要有黄金和白银，因此选用黄金、白银或金

---

① 参见〔美〕托马斯・梅耶、詹姆斯・S. 杜森贝里、罗伯特・Z. 阿利伯：《货币、银行与经济》（第六版），林宝清、洪锡熙等译，上海三联书店、上海人民出版社 2007 年版，第 20 页。

银并用就构成了金本位制、银本位制和金银复本位制。货币金属是金属货币制度下的主要货币载体,在货币制度中发挥着基础性作用。

(2) 货币单位

货币单位是国家法定的货币计量单位,包括货币单位名称和每一货币单位所包含的货币金属重量。例如,美国的货币单位名称为"美元",根据 1934 年 1 月的法令,1 美元的含金量为 0.888671 克纯金;在中国,1914 年北洋政府颁布的《国币条例》规定,货币单位为"圆",1 圆含库平纯银 6 钱 4 分 8 厘(合 23.997 克)。

(3) 本位币与辅币

本位币亦称"主币",是一国计价、结算的唯一合法货币单位。本位币是足值货币,即面值与实际价值(金属价值)相一致。辅币是主币以下的小额货币,专供日常零星交易和找零之用。

(4) 金准备制度

所谓金准备制度,即黄金储备制度,是指国家规定的黄金储备保管机构和管理黄金的制度。金准备数量的多少是体现一国经济实力的标志之一,也是一国货币稳定的基础。在金属货币流通的条件下,金准备有三种作用:① 用于国际支付;② 调节国际货币流通;③ 保证存款支付和银行券的兑现。现阶段,金属货币制度已经被不兑现的信用货币制度取代,金准备制度主要涉及用于国际支付的准备金,即作为世界货币的准备金。

(5) 银行券与纸币的发行和流通程序

银行券是银行发行的一种不定期的债务凭证,有银行的信用保证和黄金保证,持有者可随时将之兑换成金属货币。银行券由于具有可兑换性和发行银行充分的信用保证,因而作为一种代用货币在流通中被普遍接受和认同。早期的银行券是由各商业银行根据自己的需要分散发行的。分散发行使得银行券的数量难以控制,还常因无法兑现而导致银行券持有人利益灭失,甚至导致发行银行倒闭。因此,一些国家把银行券的发行权集中于国有银行和极少数垄断银行,最后进一步集中于中央银行。中央银行发行的银行券通常为国家法律所认可,并被作为法定支付手段。1929—1933 年世界经济危机以后,各国银行券相继停止兑换,其流通也不再依靠银行信用,而是单纯依靠国家政权的力量,从而使银行券纸币化。

纸币又称"钞票",是伴随着经济发展的要求,由银行券发展而来的,是由国家发行并强制执行的货币符号。纸币与银行券存在以下区别:第一,纸币是为满足国家职能的需要,从货币的流通手段职能中产生的;而银行券则产生于货币的支付手段职能,其基础是信用关系。第二,纸币是为弥补财政赤字,由国家强制发行和流通的;而银行券则是适应商品流通的需要,通过商业票据贴现等信用关系发行的。第三,纸币不能兑现,而典型的银行券则可以随时兑换为金属货币。第四,纸币会贬值;而银行券则不会贬值,能保持币值的稳定。

3. 货币制度的历史演变

从发展过程来看,各国的货币制度先后经历了银本位制、金银复本位制、金本位制和不兑现的信用货币制度四种类型。目前,各国一般采用不兑现的信用货币制度。

最早的货币制度之一是银本位制,即以白银为本位币币材的货币制度,在16世纪以后开始盛行。金银复本位制,是指同时以黄金和白银两种金属为本位币币材的货币制度,是资本主义发展初期典型的货币制度,流行于16—18世纪。金本位制,是指以黄金为本位币币材的货币制度,1816年首先实行于英国,19世纪中叶为资本主义国家所普遍采用,是一种相对稳定的货币制度。不兑现的信用货币制度,是指以具有强制法定偿付能力的纸币为本位币币材的货币制度,黄金不再为纸币提供兑现保证。当前,世界各国普遍以不兑现的纸币代替货币金属的流通。同时,黄金非货币化的过程也逐渐加剧。但是,黄金实际上并没有完全失去其作为货币商品的作用,仍继续执行储藏手段和世界货币的职能。

不兑现的纸币一般由国家法律赋予无限清偿的能力。纸币与黄金脱钩,不能直接兑换黄金。纸币的发行量一般根据国内经济发展需要确定,并由中央银行根据流通中的货币需求情况进行调节。现实经济中的货币都是基于信用关系产生的,都是信用货币。货币的发行乃至流通成为调控经济的主要手段。与此同时,货币政策得以成为国家干预经济的方式,经济运行由自发走向自觉。国家一般通过制定科学、稳健的货币政策,稳定币值,防止通货膨胀,并以此促进经济发展。

二、货币管理法的概念与体系

(一)货币管理法的概念

货币管理法是有关货币的发行、流通及其管理的法律规范的总称。货币管理法的主要内容是确定一国货币的种类、地位、发行制度、流通制度和保护制度。货币发行制度包括货币发行原则、发行权限、发行机关、发行程序、发行规律和发行责任。货币流通制度规定现金货币和转账货币的使用、管理。货币保护制度规定违反货币发行制度和流通制度所应承担的法律责任。

货币法是一国金融法律体系的重要组成部分。19世纪初,英国就颁布了世界上较早的成文货币法,历经多次修改,至今仍然适用。日本、美国等也有类似情况。虽然这些货币法的表现形式多样,但是都以自己特有的形式维护本国货币的法定地位。

(二) 货币管理法的体系

现代经济和金融的市场化和国际化对货币流通提出了新的要求,即货币应该有多样化的流通和使用范围,并在不同范围内发挥货币职能:通货即纸币在国内经济运行中发挥货币职能,外汇在涉外经济中发挥货币职能,金银作为万能货币是国际支付的最后手段。通货、外汇、金银构成了现代国家实际发挥货币职能的载体。相应地,通货管理法、外汇管理法、金银管理法也就构成了一国货币管理法的体系。通货管理法主要规定通货的名称、单位、法律地位、发行原则、发行权、发行机关、发行程序、现金和非现金货币的流通和管理以及违反通货管理法的法律责任。外汇管理法主要规定外汇的种类、经常项目外汇、资本项目外汇、外汇汇率、外汇买卖、外汇市场以及违反外汇管理法的法律责任。金银管理法规定金银的加工、铸造、收购、配售、回收、进出国境以及违反金银管理法的法律责任。

第二节 人民币管理法律制度

一、人民币管理法律制度概述

(一) 人民币的历史沿革

我国的法定货币是人民币,迄今共发行了五套人民币。1948 年 12 月 1 日,第一套人民币发行,从此我国的货币制度不断发展和完善。20 世纪 50 年代发行的第二套人民币包括硬币,自此我国货币进入纸币、硬币混合流通的时代。60 年代发行的第三套人民币是我国首次完全独立设计与印制的一套货币。80 年代,为适应经济发展和人民生活的需要,中国人民银行适时调整了货币结构,在发行第四套人民币时,增发了 50 元、100 元的大面额人民币。改革开放以来,中国人民银行还相继发行了普通纪念币和金银纪念币,进一步丰富了我国的货币品种。我国努力抑制通货膨胀,防止通货紧缩,保持人民币币值的稳定;同时,努力保持国际收支平衡,保持人民币汇率的稳定。从 1993 年开始,人民币由禁止出入境改为限额管理。

根据 1999 年 6 月 30 日国务院颁布的《中华人民共和国国务院令(第 268 号)》,中国人民银行自 1999 年 10 月 1 日起陆续发行第五套人民币。第五套人民币有 100 元、50 元、20 元、10 元、5 元、1 元、5 角和 1 角八种面额。第五套人民币发行后,与现行人民币混合流通,具有同等的货币职能。中国人民银行自 2020 年 11 月 5 日起发行 2020 年版第五套人民币 5 元纸币,其主图案、主色调等要素保持不变,优化了票面结构层次与效果,提升了整体防伪性能。与第四套人民币相比,第五套人民币具有以下鲜明的特点:经过专家论证,其印制技术已达到了国际先进水平;在设计上,通过有代表性的图案,体现了我们伟大祖国悠久的历史和壮丽的山河;其主景、人像、水印、面额数字均较以前放大,便于群众识别,收到了较好的社会效果;应用先进的科学技术,在防伪性能和适应货币处理现代化方面有较大提高。总之,第五套人民币是一套科技含量较高、具有鲜明民族特色的货币。

(二)人民币的法律地位

我国规制人民币的现行法律规范主要是《中国人民银行法》(2003年修正)和《中华人民共和国人民币管理条例》(以下简称《人民币管理条例》,2018年第二次修正)。《中国人民银行法》的以下规定表明了人民币在我国的法定货币地位:中华人民共和国的法定货币是人民币;以人民币支付中华人民共和国境内的一切公共的和私人的债务,任何单位和个人不得拒收;人民币由中国人民银行统一印制、发行;任何单位和个人不得印制、发售代币票券,以代替人民币在市场上流通。可见,人民币的法律地位包括以下几层含义:

(1)人民币发行权属于国家。人民币由中国人民银行统一发行,任何单位和个人无权发行货币或变相货币。

(2)人民币是清偿性货币。凡在中华人民共和国境内的一切公私债务,均以人民币支付,任何债权人在任何时候均不得以任何理由拒绝接收。

(3)人民币是信用货币。人民币的发行是通过国家信贷程序进行的,以与国家信用相应的商品物资作保证。

(4)人民币是我国唯一的法定货币。国家禁止发行除人民币以外的其他货币或变相货币,金银不得以货币的形式流通。同时,国家禁止外国货币在国内私自流通,对人民币的出境作出相关限制。

(三)人民币的法律保护

维护人民币的法定货币地位,对于稳定金融秩序、统一货币市场、支持国民经济发展起着十分重要的作用。当前,人民币流通中存在着一些问题,如制造、贩卖假人民币的犯罪活动以及其他损害人民币的行为(如在人民币上乱涂乱画,在商品、出版物上非法使用人民币图样等),严重影响了人民币的信誉,妨碍了人民币的正常流通。为此,要依法保护和爱护人民币,严厉打击制造、贩卖假人民币的犯罪活动,做好反假人民币工作;强化宣传教育,禁止任何毁损人民币的行为,在全社会养成自觉爱护人民币、维护人民币正常流通的良好风气。根据《中国人民银行法》《人民币管理条例》《刑法》以及其他法律法规的规定,人民币的法律保护主要体现在以下几个方面:

1. 对伪造、变造人民币行为的处理

中国人民银行、公安机关发现伪造、变造的人民币,应当予以没收,加盖"假币"字样的戳记,并登记造册。

办理人民币存取款业务的金融机构发现伪造、变造的人民币，数量较多、有新版的伪造人民币或者有其他制造、贩卖伪造、变造的人民币线索的，应当立即报告公安机关；数量较少的，由该金融机构两名以上工作人员当面予以收缴，加盖“假币”字样的戳记，登记造册，向持有人出具中国人民银行统一印制的收缴凭证，并告知持有人可以向中国人民银行或者向中国人民银行授权的国有独资商业银行的业务机构申请鉴定。

单位和个人持有伪造、变造的人民币的，应当及时上交中国人民银行、公安机关或者办理人民币存取款业务的金融机构；发现他人持有伪造、变造的人民币的，应当立即向公安机关报告。

另外，为了加强对人民币的保护，维护人民币的法定货币地位，针对伪造、变造人民币犯罪活动的猖獗，1997 年修订的《刑法》及其后颁布的司法解释也通过相关条文的明确规定，加强了对伪造、变造人民币行为的打击力度，规定了伪造货币罪，出售、购买、运输假币罪，持有、使用假币罪，走私假币罪，变造货币罪等罪名，并对相关犯罪行为采取较为严厉的刑事处罚措施。

2. 对非法买卖和经营人民币行为的处理

由于一些地方出现了自发的“钱币市场”，非法倒买倒卖人民币，严重损害了人民币的形象，国务院办公厅于 1997 年 7 月发布了《国务院办公厅关于禁止非法买卖人民币的通知》。同年 9 月，《中国人民银行、国家工商行政管理局关于贯彻落实〈国务院办公厅关于禁止非法买卖人民币的通知〉的通知》发布，对“非法买卖人民币”的政策界限作了具体规定。根据上述文件的精神和管理中的实际做法，《人民币管理条例》第 25 条规定：“禁止非法买卖流通人民币。纪念币的买卖，应当遵守中国人民银行的有关规定。”

3. 开展残损人民币兑换和人民币券别调剂业务

一些办理存取款业务的金融机构曾经由于种种原因没有开展残损人民币兑换和人民币券别调剂业务，给广大群众带来不便，在一定程度上影响了人民币的信誉。因此，中国人民银行制定了《中国人民银行残缺污损人民币兑换办法》(经 2003 年 12 月 15 日第 20 次行长办公会议通过，自 2004 年 2 月 1 日起施行)，明确规定：“凡办理人民币存取款业务的金融机构(以下简称金融机构)应无偿为公众兑换残缺、污损人民币，不得拒绝兑换”；“金融机构应按照中国人民银行的有关规定，将兑换的残缺、污损人民币交存当地中国人民银行分支机构”；“中国人民银行依照本办法对残缺、污损人民币的兑换工作实施监督管理”。另外，《人民币管理条例》第 24 条规定：“办理人民币存取款业务的金融机构应当根据合理需要的原则，办理人民币券别调剂业务。”这两项业务作为办理存取款业务的金融机构出纳部门的基本业务，可以保证流通中的人民币保持较好的票面整洁度和合理的券别比例，便利市场上的货币流通，提高交易效率，促进经济的发展。

4. 对人民币出入境的管理

改革开放以来，人民币出入境频繁且数量不断增加。1993年1月20日，国务院颁布《中华人民共和国国家货币出入境管理办法》，规定国家对货币出入境实行限额管理制度。据此精神，《人民币管理条例》第29条规定："中国公民出入境、外国人入出境携带人民币实行限额管理制度，具体限额由中国人民银行规定。"

二、人民币发行法律制度

(一) 人民币的发行权和发行机关

从理论上讲，人民币的发行有广义和狭义之分。广义的人民币发行，是指中国人民银行代表国家发行、投放、回笼、调拨、销毁、保管、调节各地人民币等业务活动的总称。狭义的人民币发行，是指中国人民银行向流通领域投放现金的行为。具体而言，就是中国人民银行通过发行库把发行基金投入业务库，使一部分货币进入流通流域的行为。[①] 人民币的投放和回笼直接关系到人民币币值的稳定和国家货币政策目标的实现，因此必须加强对人民币发行的管理。人民币发行法律制度包括人民币发行原则、发行程序、发行纪律和发行责任等内容。

我国货币发行的决定权属于国务院，国务院授权中国人民银行作为唯一的货币发行机关，负责具体组织发行人民币。《中国人民银行法》第18条规定："人民币由中国人民银行统一印制、发行。中国人民银行发行新版人民币，应当将发行时间、面额、图案、式样、规格予以公告。"中央银行集中与垄断货币发行权是其之所以成为中央银行的最基本、最重要的标志，也是中央银行发挥其全部职能的基础。几乎在所有国家，垄断货币发行权都是与中央银行的产生和发展直接相连的。从商业银行逐步演变为中央银行的发展过程来看，货币发行权的独占与垄断是其性质发生质变的基本标志。[②]

《人民币管理条例》第16条规定："中国人民银行发行新版人民币，应当报国务院批准。中国人民银行应当将新版人民币的发行时间、面额、图案、式样、规格、主色调、主要特征等予以公告。中国人民银行不得在新版人民币发行公告发布前将新版人民币支付给金融机构。"第17条规定："因防伪或者其他原因，需要改变人民币的印制材料、技术或者工艺的，由中国人民银行决定。中国人民银行应当将改版后的人民币的发行时间、面额、主要特征等予以公告。中国人民银行不得在改版人民币发行公告发布前将改版人民币支付给金融机构。"

(二) 人民币发行的原则

人民币发行是流通中货币的源头，而流通中货币的数量和质量直接决定着

---

① 参见强力:《金融法》，法律出版社1997年版，第318页。

② 参见王广谦主编:《中央银行学》，高等教育出版社1999年版，第15页。

货币政策目标能否实现。为了保持人民币币值的稳定，促进国民经济的发展，人民币发行必须遵循以下原则：

1. 集中统一发行原则

货币的集中统一发行，是社会主义市场经济持续、稳定发展的客观需要。所谓“集中”，是指人民币发行权集中于中央政府——国务院。所谓“统一”，是指国家授权中国人民银行垄断发行人民币。除中国人民银行以外的任何地区、任何单位和个人都无权发行货币和变相货币，无权动用发行基金向市场投放货币。人民币的集中统一发行，是我国货币制度的核心。只有坚持人民币的集中统一发行，才能巩固人民币在我国的法定货币地位，国家才能从宏观上有效调控货币投放，以保证市场上的货币流通量与商品流通量相适应，从而保持人民币币值的稳定和货币的正常流通。

2. 计划发行原则

货币发行要根据国民经济发展要求，有计划、有组织地进行。中国人民银行根据同一时期国民经济发展状况，提出货币发行计划，报国务院批准后实施。计划发行原则的贯彻，可以保持物价和币值的稳定，有利于国家货币政策目标的实现。

3. 经济发行原则

经济发行或称“信用发行”，是“财政发行”的对称，主要是指中国人民银行根据国民经济运行实际所需的货币量，提出货币发行计划，以保证市场上的货币流通量与商品流通量相适应，从而避免用发行人民币的方法来弥补财政赤字或缓解因财政支出紧张而导致的通货膨胀，以保持币值和物价的稳定。

要坚持经济发行原则，就必须杜绝财政发行。财政发行，是指用发行货币的方法来弥补由于财政收支不平衡引起的财政赤字。财政发行的主要形式有国家财政向中央银行借款、透支、中央银行直接购买公债券和国库券等。财政发行不是按照扩大生产和商品流通的需要进行的，因此投放于市场的货币量实际上超出了市场对货币的正常需求数量，必然引起币值和物价的不稳定，严重时会导致通货膨胀，危及一国正常的经济、政治秩序。为避免财政发行，保证经济发行，《中国人民银行法》第 29 条规定：“中国人民银行不得对政府财政透支，不得直接认购、包销国债和其他政府债券。”

（三）人民币发行的程序

人民币发行的程序，是指人民币发行的步骤，属于人民币发行制度的主要组成部分。根据《中国人民银行法》和《人民币管理条例》的规定，人民币发行需经过以下四个环节：

第一，中国人民银行提出人民币的发行计划，确定年度货币供应量。中国人民银行根据国家的经济和社会发展计划，提出货币发行和回笼计划，报国务院批准后,具体组织实施,包括负责票币设计、印制和储备。

第二,国务院批准中国人民银行报批的货币供应量计划。

第三,进行发行基金的调拨。中国人民银行设立人民币发行库,在其分支机构设立分支库。分支库调拨人民币发行基金,应当按照上级库的调拨命令办理。任何单位和个人不得违反规定,动用发行基金。

第四,普通银行业务库日常现金收付。人民币的发行主要是通过商业银行的现金收付业务活动实现的。各商业银行将中国人民银行发行库的发行基金调入业务库后,再从业务库通过现金出纳支付给各单位和个人,人民币就进入市场,这叫"现金投放"。同时,各商业银行每日都要从市场上回收一定数量的现金,当业务库的库存现金超过规定的限额时,超出部分要送交发行库保管,这叫"现金归行"。货币从发行库到业务库的过程叫"出库",即货币发行。货币从业务库回到发行库的过程叫"入库",即货币回笼。

(四)发行库与业务库

1. 发行库

发行库是中国人民银行为保管货币发行基金而设置的金库,是办理货币发行的具体机构。中国人民银行通过立法的形式对发行库的相关制度作了原则性的规定。根据中国人民银行 2007 年发布的《中国人民银行人民币发行库管理办法》的具体规定,我国实行四级发行库体制,依次分为总库、分库、中心支库、支库四级,总库由若干总行重点库组成。另外,根据《中国人民银行代理人民币发行库管理办法》,中国人民银行可设立代理发行库,即中国人民银行委托银行业金融机构为代理行而设立的,保管人民币发行基金的金库。代理发行库是中国人民银行发行库的组成部分,视同支库管理。发行库由中国人民银行根据经济发展、货币发行业务、合理调整发行库布局以及中国人民银行分支机构设立或撤销的需要设立或撤销。总行重点库、分库、中心支库的设立与撤销应报经总行批准。支库的设立与撤销由其所属分行、营业管理部、省会(首府)城市中心支行批准,报总行备案。各级发行库主任由发行库所在行行长(主任)担任,副主任由分管副行长(副主任)担任。总行重点库主任为中国人民银行行长,副主任为总行重点库所在地分行、营业管理部、省会(首府)城市中心支行行长(主任)。

发行库业务主要有:(1) 保管发行基金、保管品、金银和代保管品;(2) 办理人民币印制产品入库,发行基金、保管品的出入库,包括调拨、金融机构交取现金、钞票清分、残损人民币复点,以及销毁出库业务;(3) 办理金银出入库;(4) 办理代保管品出入库;(5) 监督、管理金融机构交存现金的质量。

发行库管理的目标是保障发行库安全,提供优质高效的金融服务。发行库实行统一领导与分级管理相结合的管理体制。其中,总行和各分支机构对其辖内发行库管理作出统一决策以及实施各项管理活动;各分支机构对本行发行库

(含总行重点库,下同)的管理,以及对本行不同级别发行库实行分开管理。不同级别发行库的实物应分别入库保管。不同级别发行库的管库员应分别设置。

各分支机构对本行发行库的管理,应设置下列管理人员:(1) 发行库主任;(2) 发行库副主任;(3) 货币金银部门处(科、股)长(以下简称"主要负责人");(4) 货币金银部门分管发行库管理的副处(科、股)长(以下简称"分管负责人"),分支行未设此项编制的除外;(5) 管库员。总行重点库、分库、业务量大的中心支库应根据业务需求配备相应数量的业务操作员,专门从事发行库的业务操作。

库区,是指发行库及其附属场所组成的或其与钞票清分、复点、销毁场所共同组成的区域。库区实行封闭式管理,即库区与其他区域以及库区内不同业务区域实行物理上的隔离。发行库应根据业务及管理需要设立相应的登记簿,按规定对相关事项进行登记。发行库管理人员发生变动时,应按规定及时办理交接。发行库主任、副主任、货币金银部门应按规定的查库次数、查库内容、查库方式和程序,组织对本行发行库的检查。全体管库员应同时进出发行库。在办理发行库业务时,全体管库员或业务操作员应在同一时间,相互可视范围内办理同一笔业务操作或实施同一项管理活动。除以上登记制度、交接制度、查库制度、同进同出制度、同操作制度外,发行库还实施库存实物核对制度、组合锁及钥匙管理制度。

2. 业务库

所谓业务库,是指各银行基层分、支行的处、所为办理日常现金收付而设置的金库。业务库保管的货币是流通中的货币,处于周转状态。为节约现金使用和减少现金调拨,控制货币发行的额度,在保证业务库现金需要的前提下,中国人民银行对各银行业务库保留的现金均确定一个库存限额。业务库库存限额确定后,不能任意突破。库存现金超出限额时,超出部分要缴回发行库;不足限额时,发行库就发行一部分货币补充业务库,使其恢复到正常水平。

在我国,发行库和业务库都属于人民币发行程序的主要环节,二者的主要区别有:第一,机构设置不同。发行库是各级人民银行的主要组成部分,实行垂直领导;而业务库则是各级政策银行和商业银行为办理现金收付业务而设立的金库。第二,保管的货币的性质不同。发行库保管的是发行基金,在出发行库之前,尚属货币准备金的性质,不是流通中的货币,不具备货币的职能;而业务库保管的是现金,属流通中货币的一部分。第三,业务对象不同。发行库的业务对象是各普通银行,而业务库的业务对象是全社会。第四,收付款项的起点不同。发行库出入库的金额起点以千元为单位,须整捆入库;而业务库收付现金则不受起点的限制。

三、人民币流通法律制度

(一) 人民币流通法律制度概述

货币在一国金融体系中处于基础地位,现代经济的运行离不开货币的流通。货币流通主要有两种方式:现金流通和非现金流通。现金流通,是指当事人以现金进行的货币收支活动。非现金流通,是指当事人通过银行进行转账结算的活动。一般来说,一国的货币流通体系既包括现金流通又包括非现金流通。但是,由于不同国家的经济发展状况以及金融体系完善程度的差异,各国货币流通方式有不同侧重。发达市场经济国家更多地采用非现金的货币流通方式,现金流通量在其货币总流通量中所占的比重较小;而发展中国家由于经济、金融发展水平的欠缺,现金流通量在其货币总流通量中所占的比重较大。

在市场经济条件下,国家通过管理货币流通,调控社会资源的配置尤其是现金流通,形成现实的社会购买力,直接影响市场的稳定,进而影响经济增长的实效。因此,各国均加强立法,规范和管理货币流通。本节将主要论述人民币现金管理法律制度的相关内容,非现金流通法律制度见第三章“银行业务法律制度”第四节“银行中间业务法律制度”。

(二) 现金管理法律制度

1. 现金管理的含义及意义

现金管理,是指国家授权银行对现金使用和流通状况进行监督管理。

目前,我国规制现金管理的法律规范是 1988 年国务院发布的《现金管理暂行条例》(2011 年 1 月 8 日修订)[①]以及中国人民银行 1988 年发布的《现金管理暂行条例实施细则》。另外,中国人民银行在不同时期发布的有关现金管理的“通知”“决定”也是我国现金管理的重要依据。例如,1997 年以来,中国人民银行为了强化和改进现金管理,出台了一系列加强现金管理的政策规定:1997 年《中国人民银行关于加强现金管理工作有关问题的通知》、2001 年《中国人民银行关于进一步加强和改进现金管理有关问题的通知》、2011 年《中国人民银行关于进一步加强人民币银行结算账户开立、转账、现金支取业务管理的通知》等。

现金管理制度在我国扮演着重要角色,在改善现金管理、抑制通货膨胀、稳定币值、确保中央银行货币政策的制定和执行、抵制经济活动中的违法犯罪行为、规制单位现金的合法使用、扩大银行资金来源等方面发挥着重要作用。

---

① 《现金管理暂行条例》虽在 2011 年进行了修订,但只是删除了有关开户单位的法律责任,其他内容并未修改。随着市场经济体制改革深入推进和经济快速发展,《现金管理暂行条例》难以适应实践的需求,所以亟须修订。

改革开放以来,洗钱[①]犯罪问题日益突出。我国出台的一系列现金管理规章制度虽然不具有反洗钱的针对性,但是在总体上都要求金融机构严格内部控制管理,对客户进行身份认定,对大额交易进行识别和记录,客观上能够起到抑制洗钱犯罪的作用。2006年,我国颁布了《反洗钱法》。与此同时,中国人民银行制定了《金融机构反洗钱规定》,规定中国人民银行是国务院反洗钱行政主管部门;中国人民银行设立中国反洗钱监测分析中心,负责人民币、外币大额交易和可疑交易报告的接收、分析,并按照规定向中国人民银行报告分析结果;金融机构应当依法建立健全反洗钱内部控制制度、客户身份识别制度、客户身份资料和交易信息保存制度,并按照规定执行大额交易和可疑交易报告制度;明确规定反洗钱调查、反洗钱国际合作的相关制度及法律责任。在此之后,中国人民银行发布或与有关部门共同发布了《金融机构客户身份识别和客户身份资料及交易记录保存管理办法》《支付机构反洗钱和反恐怖融资管理办法》《金融机构反洗钱监督管理办法(试行)》《金融机构大额交易和可疑交易报告管理办法》等,进一步完善反洗钱制度。

虽然《反洗钱法》公布实施以来,我国"三反"(反洗钱、反恐怖融资、反逃税)监管体制机制建设取得重大进展,工作成效明显,与国际通行标准基本保持一致,但是也存在着监管制度尚不健全、协调合作机制仍不顺畅、跨部门数据信息共享程度不高、履行反洗钱义务的机构履职能力不足、国际参与度和话语权与我国的国际地位不相称等问题。为此,国务院办公厅2017年发布《国务院办公厅关于完善反洗钱、反恐怖融资、反逃税监管体制机制的意见》,要求完善"三反"监管体制机制。根据该意见的要求,2018年,中国人民银行发布或会同相关部门发布了《中国人民银行关于修改〈金融机构大额交易和可疑交易报告管理办法〉的决定》《中国人民银行关于非银行支付机构开展大额交易报告工作有关要求的通知》《互联网金融从业机构反洗钱和反恐怖融资管理办法(试行)》等完善金融行业反洗钱制度的文件;发布或推动相关部门发布了《中国人民银行办公厅关于加强特定非金融机构反洗钱监管工作的通知》《财政部关于加强注册会计师行业监管有关事项的通知》等完善特定非金融行业和领域反洗钱制度的文件。截至2018年12月底,中国人民银行各地分支机构累计出台115项具有地方特色的特定非金融行业反洗钱制度,涉及房地产业、会计师事务所、金银珠宝业、律师事务所、公证等多个领域。[②]

---

① 我国《反洗钱法》第2条规定:"本法所称反洗钱,是指为了预防通过各种方式掩饰、隐瞒毒品犯罪、黑社会性质的组织犯罪、恐怖活动犯罪、走私犯罪、贪污贿赂犯罪、破坏金融管理秩序犯罪、金融诈骗犯罪等犯罪所得及其收益的来源和性质的洗钱活动,依照本法规定采取相关措施的行为。"

② 参见中国人民银行:《中国反洗钱报告2018》,http://www.pbc.gov.cn/fanxiqianju/resource/cms/2019/11/2019110808305972405.pdf,2020年7月18日访问。

2. 现金管理制度的内容

根据《现金管理暂行条例》的规定，我国现金管理的目的是改善现金管理，促进商品生产和流通，加强对社会经济活动的监督；现金管理的主管机关是中国人民银行；银行和其他金融机构(以下简称“开户银行”)依照《现金管理暂行条例》和其他相关法规的规定，具体负责实施现金管理；现金管理的对象是在开户银行开立账户的机关、团体、部队、企业、事业单位和其他单位(以下简称“开户单位”)。现金管理制度的内容主要包括单位现金管理、大额现金管理等。

(1) 单位现金管理

现金使用范围，是指法律许可的开户单位可以使用现金的范围。开户单位可以在下列范围内使用现金：第一，职工工资、津贴；第二，个人劳务报酬；第三，根据国家规定颁发给个人的科学技术、文化艺术、体育等各种奖金；第四，各种劳保、福利费用以及国家规定的对个人的其他支出；第五，向个人收购农副产品和其他物资的价款；第六，出差人员必须随身携带的差旅费；第七，结算起点以下的零星支出；第八，中国人民银行确定需要支付现金的其他支出。除第五、六项外，开户单位支付给个人的款项中，支付现金每人一次不得超过 1000 元，超过限额的部分，应当以支票或者银行本票支付；确需全额支付现金的，经开户银行审核后，予以支付现金。企业事业单位购置国家规定的专项控制商品，必须采取转账结算方式，不得使用现金。

库存现金限额由开户单位提出计划。开户银行应当根据实际需要，核定开户单位 3 天至 5 天的日常零星开支所需的库存现金限额。边远地区和交通不便地区的开户单位的库存现金限额，可以多于 5 天，但不得超过 15 天的日常零星开支。经核定的库存现金限额，开户单位必须严格遵守。需要增加或者减少库存现金限额的，应当向开户银行提出申请，由开户银行核定。

开户单位现金收支应当严格依法办理。具体而言，开户单位现金收入应当于当日送存开户银行。当日送存确有困难的，由开户银行确定送存时间。开户单位支付现金，可以从本单位库存现金限额中支付或者从开户银行提取，不得从本单位的现金收入中直接支付(即坐支)。因特殊情况需要坐支现金的，应当事先报经开户银行审查批准，由开户银行核定坐支范围和限额。坐支单位应当定期向开户银行报送坐支金额和使用情况。开户单位从开户银行提取现金，应当写明用途，由本单位财会部门负责人签字盖章，经开户银行审核后，予以支付现金。因采购地点不固定，交通不便，生产或者市场急需，抢险救灾以及其他特殊情况必须使用现金的，开户单位应当向开户银行提出申请，由本单位财会部门负责人签字盖章，经开户银行审核后，予以支付现金。

我国鼓励个体工商户、农村承包经营户到银行开立账户，以转账方式结算。对个体工商户、农村承包经营户发放的贷款，应当以转账方式支付。对确需在集市使用现金购买物资的，经开户银行审核后，可以在贷款金额内支付现金。在开户银行开户的个体工商户、农村承包经营户异地采购所需货款，应当通过银行汇兑方式支付。因采购地点不固定，交通不便必须携带现金的，由开户银行根据实际需要，予以支付现金。未在开户银行开户的个体工商户、农村承包经营户异地采购所需货款，可以通过银行汇兑方式支付。凡加盖“现金”字样的结算凭证，汇入银行必须保证支付现金。

（2）大额现金管理

我国加强大额现金管理，是借鉴国际经验、促进社会主义市场经济发展的需要，是维护金融秩序、防范和打击经济犯罪的需要，是维护存款人权益和确保资金安全的需要。

第一，大额交易报告制度。根据《金融机构大额交易和可疑交易报告管理办法》的规定，对于当日单笔或者累计交易人民币5万元以上（含5万元）、外币等值1万美元以上（含1万美元）的现金缴存、现金支取、现金结售汇、现钞兑换、现金汇款、现金票据解付及其他形式的现金收支，金融机构应当向中国反洗钱监测分析中心报送大额交易报告。中国人民银行根据需要可以调整大额交易报告标准。

第二，客户身份识别制度。根据《金融机构客户身份识别和客户身份资料及交易记录保存管理办法》的规定，政策性银行、商业银行、农村合作银行、城市信用合作社、农村信用合作社等金融机构和从事汇兑业务的机构，在以开立账户等方式与客户建立业务关系，为不在本机构开立账户的客户提供现金汇款、现钞兑换、票据兑付等一次性金融服务且交易金额单笔人民币1万元以上或者外币等值1000美元以上的，应当识别客户身份，了解实际控制客户的自然人和交易的实际受益人，核对客户的有效身份证件或者其他身份证明文件，登记客户身份基本信息，并留存有效身份证件或者其他身份证明文件的复印件或者影印件。商业银行、农村合作银行、城市信用合作社、农村信用合作社等金融机构为自然人客户办理人民币单笔5万元以上或者外币等值1万美元以上现金存取业务的，应当核对客户的有效身份证件或者其他身份证明文件。

近年来，我国非现金支付业务迅速发展，流通中现金总量平稳，大额现金交易量持续增长，大额现金支取成为流通现金的重要投放渠道。不过，越来越多的大额现金交易集中于特定领域、特定人群、特定时期，现金流通综合效率会降低。同时，大额现金广泛使用，容易被腐败、偷逃税、洗钱等违法犯罪活动利用，蕴含一定风险。[①] 为优化现金流通环境，维护经济金融秩序，2020年，中国人民银行

① 参见吴雨：《央行拟开展大额现金管理，公众现金存取会否受限?》，http://m.xinhuanet.com/gd/2019-11/14/c_1125233575.htm，2020年10月17日访问。

发布《中国人民银行关于开展大额现金管理试点的通知》。试点为期2年,先在河北省开展,再推广至浙江省、深圳市。通过试点,首先,全面规范银行业金融机构大额现金业务,明确大额现金存取业务管理范围,规范大额取现预约业务,建立大额存取现登记制度、大额现金业务风险防范制度、大额现金分析报告制度、大额现金业务监督检查制度。其次,探索大额现金综合管理措施,如特定行业企业大额现金交易记录及报告、特定行业企业大额提现及用现管理、个人账户大额用现管理、个人现金收入报告、大额现金出入境监测等。

(3) 违反现金管理的法律责任

《现金管理暂行条例》第23条规定了违反现金管理的法律责任:"银行工作人员违反本条例规定,徇私舞弊、贪污受贿、玩忽职守纵容违法行为的,应当根据情节轻重,给予行政处分和经济处罚;构成犯罪的,由司法机关依法追究刑事责任。"

国务院1999年发布的《金融违法行为处罚办法》第19条规定:"金融机构应当遵守中国人民银行有关现金管理的规定,不得允许单位或者个人超限额提取现金。金融机构违反中国人民银行有关现金管理的规定,允许单位或者个人超限额提取现金的,给予警告,并处5万元以上30万元以下的罚款;对该金融机构直接负责的高级管理人员、其他直接负责的主管人员和直接责任人员,给予记大过直至开除的纪律处分。"

四、人民币利率管理制度

(一) 利率的概念和分类

利率,即利息率,是指一定时期内的利息额与所存入或贷出的本金额的比率。利率是计算利息的依据。

在多种利率并存的条件下,对整个利率体系起决定作用的利率被称作"基准利率"。基准利率发生变动,其他利率也随之调整。基准利率传统上是以中央银行的再贴现利率为标志的,现在已经发生变化,各国不尽相同。伦敦同业拆借利率(LIBOR)是各国广泛参考的一种基准利率。我国的人民币基准利率是由中国人民银行确定的金融机构的存贷款利率,包括再贷款利率、再贴现利率、存款准备金利率和超额存款准备金利率。

根据是否可在市场机制下自由变动,利率可分为市场利率和法定利率。市场利率,是指在市场机制下由借贷双方通过竞争形成的利率。法定利率,是指国家为了实现货币政策目标,由中央银行或金融监督管理机构确定的利率。

根据在借贷期内是否作调整,利率可分为固定利率和浮动利率。固定利率,是指在整个借贷期内不作调整的利率。浮动利率,是指在借贷期内可根据市场利率作定期调整的利率。

根据计算利息的期限单位，利率可分为年利率、月利率和日利率。年利率按本金的百分之几表示，月利率按本金的千分之几表示，日利率按本金的万分之几表示。

根据是否考虑通货膨胀及通货紧缩因素，利率可分为名义利率和实际利率。名义利率，是指未考虑通货膨胀及通货紧缩因素的利率。实际利率，是指包括补偿通货膨胀及通货紧缩风险后的利率。实际利率是判断利率水平的依据。

（二）人民币利率管理与利率市场化改革

利率体现了资金的时间价值，是一项重要的经济杠杆。利率政策是一国货币政策的重要组成部分，也是实施货币政策的主要手段之一。中国人民银行是我国的利率主管机关，代表国家依法行使利率管理权，其他任何单位和个人不得干预。中国人民银行根据国务院的决定或授权，制定和调整法定利率。中国人民银行根据国民经济发展的需要和货币政策要求，适时运用利率工具，对利率水平和利率结构进行调整，进而影响社会资金供求状况，实现货币政策的既定目标。

中国人民银行推行利率市场化改革。改革的目标是：建立由市场供求决定金融机构存、贷款利率水平的利率形成机制，中央银行通过运用货币政策工具调控和引导市场利率，使市场机制在金融资源配置中发挥主导作用。改革的基本原则是：正确处理好利率市场化改革与金融市场稳定和金融业健康发展的关系，正确处理好本币、外币利率政策的协调关系，逐步淡化利率政策承担的财政职能。改革的总体思路是：先外币、后本币；先贷款、后存款；先长期、大额，后短期、小额。

自1996年我国利率市场化进程正式启动以来，经过多年的发展，利率市场化改革稳步推进。现在，我国的国债利率、同业拆借利率、外国银行办理国际业务的利率等已由市场决定。

在存款利率方面，中国人民银行自2015年10月24日起，对商业银行和农村合作金融机构等不再设置存款利率浮动上限。现在，我国存款利率的上下限都已经放开了，银行可以自主浮动定价。[①]

在贷款利率方面，中国人民银行在2013年推出贷款基础利率（LPR）集中报价和发布机制，即在报价行自主报出本行贷款基础利率的基础上，指定发布人对报价进行加权平均计算，形成报价行的贷款基础利率报价平均利率并对外予以公布。全国银行间同业拆借中心为贷款基础利率的指定发布人。[②] 目前，我国

① 参见中国人民银行：《2020年第一季度金融统计数据新闻发布会文字实录》，http://www.pbc.gov.cn/goutongjiaoliu/113456/113469/4005810/index.html，2020年7月18日访问。

② 参见中国人民银行：《贷款基础利率集中报价和发布机制正式运行》，http://www.pbc.gov.cn/zhengcehuobisi/125207/125213/125440/125832/2804873/index.html，2020年7月4日访问。

仍保留存贷款基准利率,存在贷款基准利率和市场利率并存的"利率双轨"问题。为此,2019年,中国人民银行对LPR形成机制进行进一步改革,以提高LPR的市场化程度,发挥好LPR对贷款利率的引导作用,促进贷款利率"两轨合一轨",提高利率传导效率,推动降低实体经济融资成本。①

五、无现金社会与数字货币制度

伴随着数字经济快速发展以及主导产业变迁,货币作为经济发展基本要素正经历着电子化、虚拟化以及数字化转型。自2009年比特币诞生以来,加密货币呈现快速发展之势。2019年,Facebook领导的Libra协会宣布面向24亿用户启动全球最大的数字货币项目。数字货币的出现可能影响经济和金融安全,给监管当局带来了挑战,同时也是机遇,在未来的全球数字经济竞争中居于核心地位,很有可能重构金融模式和货币体系。近年来,世界主要国家和地区的央行及其货币当局均对数字货币展开研究。②

数字货币目前没有统一的概念,我们可以从三个方面来看:第一,从形式来看,数字货币是基于计算机技术开发出来的,存在于虚拟空间,不以物理介质为载体的非实物货币。第二,从本质来看,数字货币是由严格的数学算法或者加密技术保证其安全性、专有性的。第三,从效力范围来看,数字货币是一种不受监管的货币,由其开发者发行和控制,并在特定虚拟社区的成员中使用和接受。③

根据发行主体类别,数字货币可分为私人数字货币和法定数字货币。其中,私人数字货币包含由企业信用背书发行或无发行主体的去中心化数字货币;法定数字货币则由一国央行代表政府发行,受到国家法律保护。④

对于私人数字货币,我国并未承认其法律地位。2017年,中国人民银行等七部委发布《关于防范代币发行融资风险的公告》,指出"代币发行融资是指融资主体通过代币的违规发售、流通,向投资者筹集比特币、以太币等所谓'虚拟货币',本质上是一种未经批准非法公开融资的行为";"代币发行融资中使用的代币或'虚拟货币'不由货币当局发行,不具有法偿性与强制性等货币属性,不具有与货币等同的法律地位,不能也不应作为货币在市场上流通使用"。

在法定数字货币方面,我国在2014年开始研究央行数字货币。经国务院批准,中国人民银行组织相关市场机构开展名为DC/EP (Digital Currency/Elec-

---

① 参见中国人民银行:《中国人民银行有关负责人就完善贷款市场报价利率形成机制答记者问》,http://www.pbc.gov.cn/rmyh/3963412/3963426/3976039/index.html,2020年7月18日访问。

② 参见李礼辉:《数字货币对全球货币体系的挑战》,载《中国金融》2019年第17期。

③ 参见赵磊:《论比特币的法律属性——从HashFast管理人诉Marc Lowe案谈起》,载《法学》2018年第4期。

④ 参见姚前:《法定数字货币对现行货币体制的优化及其发行设计》,载《国际金融研究》2018年第4期。

tronic Payment）的法定数字货币分布式研发工作。我国现阶段的央行数字货币设计有以下五个特点：第一，坚持中心化的管理模式，保证央行实现货币政策和宏观审慎管理目标；第二，采取双层运营体系，由中国人民银行先把数字货币兑换给银行或者其他运营机构，再由这些机构兑换给公众；第三，央行数字货币是对纸钞、硬币的替代，所以是不计息的，同时还应遵守所有关于现钞管理和反洗钱、反恐融资等的规定；第四，保证央行数字货币具有无限法偿性，审慎对待智能合约；第五，强调必须实现可控匿名，在中心化运营模式下，交易数据只向央行披露，在保护个人信息和隐私的同时，防止逃税、洗钱等犯罪。[①]

第三节　外汇管理法律制度

一、外汇管理概述

（一）外汇及汇率

1. 外汇的概念及其分类

外汇，是“国外汇兑”的简称，有动态和静态两方面的含义。动态意义上的外汇，是指将一国货币转换成另一国货币，并转移到另一国的金融活动中。静态意义上的外汇，是指用外币表示的，用于国际结算的支付手段。通常所讲的“外汇”是指静态意义上的外汇。

国际货币基金组织对外汇的解释为：“外汇是货币行政当局（中央银行、货币机构、外汇平准基金组织及财政部）以银行存款、财政部库券、长短期政府债券等形式所保有的，在国际收支逆差时可以使用的债权。”这一解释实质上使用的是静态意义上的外汇概念。我国《外汇管理条例》虽也是从静态意义上界定外汇的，但范围较广。《外汇管理条例》规定的外汇包括以下形式：(1) 外币现钞，包括纸币、铸币；(2) 外币支付凭证或者支付工具，包括票据、银行存款凭证、银行卡等；(3) 外币有价证券，包括债券、股票等；(4) 特别提款权；(5) 其他外汇资产。

另外，外汇是以外国货币表示的金融资产，即货币只有从发行国转移到他国居民手中才能作为外汇。不是所有的外国货币都能成为外汇，只有在国际支付中为世界各国所普遍接受，可以自由兑换另一种资产或其他国际支付手段，能够办理国际支付结算的外国货币才可称为“外汇”。

外汇根据不同的标准可作如下分类：

(1) 根据支付方式的不同，外汇可分为自由外汇和记账外汇。自由外汇，是

① 参见范一飞：《关于央行数字货币的几点考虑》，载微信公众号“中国人民银行”；穆长春：《中国央行数字货币采取双层运营体系，注重 M0 替代》，载微信公众号“中国人民银行”。

指无须经过货币发行国管汇当局的批准,即可在国际金融市场上自由兑换成他国货币或对第三国办理支付的外国货币以及这些货币的支付凭证。目前,世界上的自由外汇主要有:美元、英镑、日元、欧元、加拿大元以及我国香港特别行政区的港元等。记账外汇,又称"双边外汇",是指未经管汇当局批准不能自由兑换成他国货币的外汇。记账外汇只能用于贸易协定国之间的双边清算。记账外汇中使用的双边计价结算的货币由协定国在协定中约定,它可以是协定国任何一方的货币,也可以是协定国以外第三国的货币或者复合货币。

(2) 根据来源和用途的不同,外汇可分为贸易外汇和非贸易外汇。贸易外汇,是指通过对外贸易取得的外汇。非贸易外汇,是指通过对外贸易以外的方式或渠道(如旅游、对外贷款、侨民汇款、科技文化交流等)取得的外汇。

(3) 根据持有人的不同,外汇可分为居民外汇和非居民外汇。居民外汇,是指一国境内的居民以各种形式持有的外汇。由于居民的外汇收支直接影响到居住国的国际收支,因此在实行外汇管制的国家,对居民外汇一般实行比较严格的管理。非居民外汇,是指在一国境内临时居留的外国旅游者、留学生、短期回国侨民、外国驻本国外交使领馆及外交人员以及驻本国的国际性机构及其工作人员等非居民,以各种形式持有的外汇。一般情况下,各国对非居民的外汇收支管理比较宽松。

(4) 根据国际收支发生项目的不同,外汇可分为经常项目外汇和资本项目外汇。经常项目外汇,是指国际收支中经常发生的交易项目,包括贸易收支、劳务收支、单方面转移等产生的外汇。资本项目外汇,是指国际收支中因资本输出和输入而产生的资产与负债的增减项目外汇,包括直接投资、各类贷款、证券投资等项目。

2. 汇率的概念及其分类

所谓汇率,是指一国货币与他国货币之间的兑换比率,或者说是一国货币单位用另一国货币单位表示的价格。

汇率根据不同的标准可作如下分类:

(1) 根据稳定性的不同,汇率可分为固定汇率和浮动汇率。固定汇率,是指一国货币与另一国货币的汇率基本固定,其波动被限制在极小的范围内,波动幅度很小。浮动汇率,是指一国货币当局不规定本币对其他货币的官方汇率,外汇汇率完全由市场供求关系决定。事实上,完全由市场决定浮动汇率的情况并不存在,各国货币当局都审时度势地干预外汇市场,实行有管理的浮动汇率。

(2) 根据对汇率的管制程度的不同,汇率可分为官方汇率和市场汇率。官方汇率,是指由一国货币当局或外汇管理部门制定和公布的用于一切外汇交易的汇率。市场汇率,是指在自由外汇市场上买卖外汇所使用的实际汇率。官方汇率与市场汇率之间往往存在差异。在外汇管制较严的国家,不允许存在外汇自由买卖市场，官方汇率就是实际汇率；而在外汇管制较松的国家，官方汇率往往流于形式，通常有行无市，外汇买卖实际上都是按市场汇率进行的。

（3）根据制定方法的不同，汇率可分为基础汇率和交叉汇率。基础汇率，是指本国货币与基准货币或关键货币的汇率。基准货币或关键货币是国际上普遍使用的、在本国国际收支中使用最多的、在国际储备中比重最大的货币。目前，各国基本上都以美元作为基准货币，通过制定与美元的汇率，套算（交叉）出与其他货币的汇率。我们通常所说的“直盘”就是基础汇率，“交叉盘”就是交叉汇率。交叉汇率，是指通过基础汇率套算出的本币与其他货币的汇率，也称“套算汇率”。

（4）根据来源和用途的不同，汇率可分为单一汇率和多重汇率。单一汇率，是指一国对外只有一种汇率，不同来源和用途的外汇收支均按此汇率进行结算。多重汇率，是指一国对某一外币的汇价因来源和用途不同而规定两种以上的汇率。

（二）外汇管理的概念及其类型

1. 外汇管理的概念

外汇管理也称“外汇管制”，是指一国外汇管理机关依法对所辖境内的外汇收付、买卖、借贷、转移和汇价等实行的行政限制性措施。

在国际交往中，外汇对于促进国际经济贸易的发展和政治文化交流发挥着重要的作用：能够转移国际购买力，实现国与国之间的货币流通；能够促进国际贸易的发展，提高资金效益，加速商品流通；能够调剂国际资金余缺，缓和国际经济发展中资金短缺的矛盾。

从内国的情况来看，无论是促进本国国际竞争力的提高，还是实现稳定物价、促进就业、经济增长、国际收支平衡的宏观调控目标，都需要运用货币政策。运用货币政策的制度前提是国内货币的流通，这就需要通过外汇管理限制和禁止境外货币在境内的流通。因此，各国都对外汇实行不同程度的管理。

现阶段，各国对外汇实行管制的主要目的是，稳定汇率，平衡国际收支，保护国内市场，促进经济发展。

2. 外汇管理的类型

目前，世界上多数国家都实行外汇管理。由于社会制度和经济发展状况的差异，各国对外汇所采取的方针、政策和措施也有所不同。根据各国对外汇管理的宽严程度，外汇管理可分为三种类型：

（1）实行严格的外汇管理，即对经常项目和资本项目的外汇收支都实行严格的限制。大多数发展中国家都实行严格的外汇管理。

（2）实行部分外汇管理，即对经常项目的外汇收支原则上不加限制，而对资本项目的外汇收支加以一定的限制。一些发达的市场经济国家实行部分外汇管理,如日本、丹麦、挪威、法国、意大利等。我国目前也实行部分外汇管理。

(3)基本不实行外汇管理,即对经常项目和资本项目的外汇收支都不加限制,允许外汇自由兑换、自由进出国境。这类国家有美国、英国、瑞士、荷兰、新加坡等。

(三)外汇管理的内容

1. 外汇管理的机关和对象

各国履行外汇管理职能的外汇管理机关一般分为三种类型:一是中央银行,如英国、德国;二是财政部,如日本、法国;三是由政府设立专门的外汇管理机关,如意大利,设立了外汇管理署。这些外汇管理机关负责制定外汇管理政策、法规和规章,并监督实施。

外汇管理的对象包括对物和对人两个方面。对物的管理,是指对外汇收支中所使用的各种支付手段和外汇资产的管制。这些支付手段和外汇资产主要包括纸币、铸币、外汇票据(汇票、本票、支票及其他支付凭证)、有价证券(股票、息票、公债券、公司债券、人寿保险单、存折等)和黄金。有些国家还把白银、白金、金刚石包括在内。对人的管理包括自然人和法人。实行外汇管制的国家根据自然人和法人居住地点和期限的不同,又把自然人和法人分为居民和非居民。居民,是指在本国境内居住一年以上的本国人和外国人。由于居民的外汇收支对本国的国际收支影响较大,因此大多数国家对居民的外汇收支管理较严,而对非居民的外汇收支管理较松。

2. 外汇管理的项目

(1)经常项目外汇管理

由于经常项目外汇收支是一国发展对外经济关系的基础,而且对国内经济造成冲击的可能性较小,因此大多数国家对经常项目外汇收支的管理都比较宽松。

(2)资本项目外汇管理

由于各国经济发展以及外汇供求情况的不同,因此不同国家的资本项目外汇管理也有所不同。一般来说,发达国家对资本输入限制较严,发展中国家对资本输出限制较严。

(3)金融机构外汇管理

一般来说,金融机构从事外汇业务涉及面广、涉及金额大,可以在较短的时间内对一国的外汇收支产生重要影响。因此,各国都很重视对金融机构外汇业务的管理。各国外汇管理机关通过制定相关政策、法规、规章,加强对外汇金融机构的资格控制、业务控制,从而抑制外汇风险,保持本国国际收支的稳定。

(4)汇率管理

汇率管理,是指政府通过行政性措施规定或影响本币的对外汇率,并通过汇率杠杆的作用,使外汇收支朝对本国有利的方向发展的管理模式。

汇率管理的主要形式是实行复汇率制度,即一国在制定其本币对外汇率时,规定几种汇率并存。复汇率的表现形式之一是实行贸易汇率和金融汇率并存的制度,这样做可以改善一国的国际收支,使其进口减少、出口增加。复汇率制度是一种歧视性的金融措施,表现为针对不同的贸易国和进出口货物规定不同的汇率,以限制或扩大对某些国家的贸易,容易引起别国的报复措施。

(5) 外汇市场管理

外汇市场,是指进行外汇买卖的场所。外汇市场与资金市场不同,前者是买卖场所,而后者是借贷市场。国际上的外汇市场有两种形式:一种是有形市场,即有固定交易场所的市场;另一种是无形市场,即没有具体交易场所的市场。目前,世界上大多数外汇市场是后一种形式。在这种市场上,交易所通过电话、电报、电传等通信工具完成外汇交易。

外汇市场的运行有利于国际资金的融通,加速国际资金的周转,促进国际经济一体化的发展,因此各国都比较重视对外汇市场的管理。

二、我国外汇管理法律制度的历史沿革

新中国成立后相当长一段时期内,国家对外汇实行“集中管理,统一经营”的方针,进行严格的管制。改革开放以来,我国的外汇体制也随之进行了改革。1980 年国务院发布的《外汇管理暂行条例》规定,实行外汇留成制,建立外汇调剂市场。1993 年通过的《中共中央关于建立社会主义市场经济体制若干问题的决定》提出:“改革外汇管理体制,建立以市场为基础的有管理的浮动汇率制度和统一规范的外汇市场。逐步使人民币成为可兑换的货币。”这为我国之后的外汇管理体制改革指明了方向。

1993 年 12 月 28 日,中国人民银行发布了《中国人民银行关于进一步改革外汇管理体制的公告》,主要内容包括:(1) 取消各类外汇留成、上缴和额度管理制度,实行银行结、售汇制度;(2) 以统一的银行间外汇调剂市场代替企业间外汇买卖市场,在全国范围内形成统一、规范、高效的外汇交易市场;(3) 改进外汇形成机制,自 1994 年 1 月 1 日起实行人民币汇率并轨,实行以市场供求为基础的、单一的、有管理的浮动制;(4) 取消外汇指令性计划,国家主要运用经济、法律手段实现对外汇和国际收支的宏观调控。

1994 年以后,银行结、售汇制度被逐步推广到所有外商投资企业和其他企业,银行对企业和居民的供汇范围也逐步扩大,覆盖了经常项目下的所有交易类别。1994 年 4 月 4 日,全国统一的外汇市场——中国外汇交易中心在上海正式运营,从此我国外汇市场由带有计划经济色彩的外汇调剂市场发展到符合市场经济要求的银行间外汇市场的新阶段。为了使我国的外汇管理更好地适应对外

开放的要求,国务院于1996年1月29日发布了《外汇管理条例》,明确规定国家对经常性国际支付和转移不予限制。在这样的背景下,中国人民银行宣布从1996年12月1日起,实现人民币经常项目可兑换。国际货币基金组织在其2000年的年度报告中确认,中国对经常项目交易不存在外汇限制。此外,国家外汇管理局1996年发布《境内居民因私兑换外汇办法》、1997年发布《银行外汇业务管理规定》,国家外汇管理局1998年发布《境内居民个人外汇管理暂行办法》,中国人民银行1996年发布《结汇、售汇及付汇管理规定》等,进一步促进了我国外汇管理体制改革的深入。

加入WTO后,为了更好地融入国际市场,完善现有的金融体制,我国外汇管理体制面临进一步的改革。在立法方面,国家外汇管理局2001年1月1日发布《资本项目外汇收入结汇暂行办法》,2003年4月2日发布《国家外汇管理局关于取消经常项目外汇管理行政审批项目有关问题的通知》,2003年4月3日发布《国家外汇管理局关于取消部分资本项目外汇管理行政审批后过渡政策措施的通知》,2003年8月5日发布《国家外汇管理局关于调整国际承包工程等项下经常项目外汇账户管理政策有关问题的通知》,2003年9月9日发布《国家外汇管理局关于银行间外汇市场开展双向交易的通知》,2004年2月16日发布《国家外汇管理局关于规范非居民个人外汇管理有关问题的通知》。这些规章的发布实施,一方面从经常项目、资本项目、金融机构外汇管理、汇率管理、外汇市场等各个方面改进了现行的外汇管理体制,另一方面也为我国外汇管理体制的未来发展指明了方向。

2008年8月5日,国务院公布修订后的《外汇管理条例》,在以下几方面进行了全面修订:

第一,对外汇资金流入流出实施均衡管理。修订后的《外汇管理条例》规定经常项目外汇收支应当具有真实、合法的交易基础,取消外汇收入强制调回境内的要求,允许外汇收入按照规定的条件、期限等调回境内或者存放境外;规范资本项目外汇收入结汇管理,规定资本项目外汇及结汇资金应当按照有关主管部门及外汇管理机关批准的用途使用,增加对外汇资金非法流入、非法结汇、违反结汇资金流向管理等违法行为的处罚规定;明确外汇管理机关有权对资金流入流出进行监督检查,并规定了具体的管理职权和程序。

第二,完善人民币汇率形成机制以及金融机构外汇业务管理。修订后的《外汇管理条例》确定了以市场供求为基础的、有管理的人民币浮动汇率制度;规定经营结汇、售汇业务的金融机构和符合条件的其他机构,可以按照国务院外汇管理部门的规定在银行间外汇市场进行外汇交易;调整外汇头寸管理方式,对金融机构外汇业务实行综合头寸管理。

第三,强化对跨境资金流动的监测,建立国际收支应急保障制度。修订后的

《外汇管理条例》健全国际收支统计申报制度,完善外汇收支信息收集,加强对跨境资金流动的统计、分析与监测;规定国际收支出现或者可能出现严重失衡,以及国民经济出现或者可能出现严重危机时,国家可以对国际收支采取必要的保障、控制等措施。

第四,健全外汇监管手段和措施。为保障外汇管理机关依法、有效地履行职责,修订后的《外汇管理条例》增加规定了外汇管理机关的监管手段和措施,同时规定了外汇管理机关进行监督检查的程序。

近年来,随着我国经济的快速发展和国际经济形势的深刻变化,外汇管理面临一些新情况,需要从制度上加以解决。首先,外汇管理改革日益深化,经常项目已实现完全可兑换,企业可自行保留经常项目外汇收入,个人的外汇需求基本得到满足,资本项目可兑换程度不断提高,人民币汇率形成机制进一步完善,需要修订原有的法律法规以巩固改革成果,并为下一步改革留出余地。其次,我国经济日益国际化,国际资金流动加快。尤其是 2020 年以来,世界政治经济形势严峻,国际金融市场波动加大,跨境资金无序、高强度流动,给宏观经济和金融稳定带来巨大冲击,所以需要进一步完善跨境资金流动监测体系,建立健全国际收支应急保障制度,有效防范风险。

三、我国外汇管理法律制度的基本内容

1979 年 3 月,国务院设立国家外汇管理总局,与中国银行合署办公。1982 年 8 月,国家外汇管理总局被并入中国人民银行,属于央行管理外汇的一个职能部门,其名称改为"国家外汇管理局"。1988 年,国务院进行机构调整,将国家外汇管理局设为国务院直属局,业务上由中国人民银行代管。1998 年,国务院再次进行调整,将原来由中国人民银行负责的与国际金融组织有关的国际资产及投资、交易、清算、会计核算等业务,交给国家外汇管理局;将原来由国家外汇管理局负责的金融机构外汇业务、市场准入审批职能以及对金融机构外币资产质量和风险监管职能,交给中国人民银行。现在,国家外汇管理局执行外汇管理的职能,其基本职能包括:(1) 研究提出外汇管理体制改革和防范国际收支风险、促进国际收支平衡的政策建议;研究逐步推进人民币资本项目可兑换、培育和发展外汇市场的政策措施,向中国人民银行提供制订人民币汇率政策的建议和依据。(2) 参与起草外汇管理有关法律法规和部门规章草案,发布与履行职责有关的规范性文件。(3) 负责国际收支、对外债权债务的统计和监测,按规定发布相关信息,承担跨境资金流动监测的有关工作。(4) 负责全国外汇市场的监督管理工作,承担结售汇业务监督管理的责任,培育和发展外汇市场。(5) 负责依法监督检查经常项目外汇收支的真实性、合法性;负责依法实施资本项目外汇管理,并根据人民币资本项目可兑换进程不断完善管理工作;规范境内外外汇账户

管理。(6) 负责依法实施外汇监督检查,对违反外汇管理的行为进行处罚。(7) 承担国家外汇储备、黄金储备和其他外汇资产经营管理的责任。(8) 拟定外汇管理信息化发展规划和标准、规范并组织实施,依法与相关管理部门实施监管信息共享。(9) 参与有关国际金融活动。(10) 承办国务院及中国人民银行交办的其他事宜。

(一) 经常项目外汇管理及其改革

经常项目外汇管理按其适应条件的不同,又可分为境内机构、个人、外国驻华机构和来华人员经常项目外汇管理三部分。

1. 境内机构经常项目外汇管理及其改革

1996 年《外汇管理条例》规定:(1) 境内机构的经常项目外汇收入必须调回境内,不得违反国家有关规定将外汇擅自存放在境外。(2) 境内机构的经常项目外汇收入,应当按照国务院关于结汇、售汇及付汇管理的规定卖给外汇指定银行,或者经批准在外汇指定银行开立外汇账户。(3) 境内机构的经常项目用汇,应当按照国务院关于结汇、售汇及付汇管理的规定,持有效凭证和商业单据向外汇指定银行购汇支付。

为适应我国加入 WTO 的新形势,降低企业经营成本,完善经常项目外汇管理,2002 年 9 月 9 日,国家外汇管理局发布了《境内机构经常项目外汇账户管理实施细则》,对国家外汇管理局在管理境内机构经常项目外汇账户的职能、权限,开设外汇账户的境内机构资格,境内机构经常项目外汇账户的收支范围,境内机构经常项目外汇账户的变更、关闭和撤销等作出了具体规定,使境内机构经常项目外汇收支及其管理更为规范。

随着涉外经济的不断发展,为进一步满足境内机构和个人的用汇需求,促进贸易便利化,国家外汇管理局决定进一步改善经常项目外汇管理,于 2006 年 4 月 13 日发布《国家外汇管理局关于调整经常项目外汇管理政策的通知》,对境内机构经常项目外汇管理政策作出以下调整:(1) 取消经常项目外汇账户开户事前审批,提高经常项目外汇账户限额。除开立首个账户需进行机构基本信息登记外,企业开立、变更和关闭经常项目外汇账户,由银行按外汇管理要求和商业惯例直接办理并向外汇局备案,无须经外汇局审批;调整账户限额核定办法,提高境内机构经常项目外汇账户保留外汇的限额;境内机构有真实贸易背景且有对外支付需要的,可以提前购汇并存入外汇账户。(2) 简化服务贸易售付汇凭证,调整服务贸易售付汇审核权限。国际海运企业可以直接到外汇指定银行购汇,以支付国际海运项下运费及相关费用,其购汇行为不再受到限制。

随着跨境电子商务快速发展,市场主体对跨境外汇支付及结算提出了更多需求。为更好服务实体经济、服务贸易新业态发展,2019 年 4 月 29 日,国家外汇管理局出台《支付机构外汇业务管理办法》,主要内容包括:一是支付机构可以凭交易电子信息，通过银行为市场主体跨境交易提供小额、快捷、便民的经常项下电子支付服务。二是明确支付机构可为境内个人办理跨境购物、留学、旅游等项下外汇业务，进一步满足境内个人合法用汇需求。三是支付机构应建立有效风控制度和系统，健全主体管理，加强交易真实性、合规性审核；银行应对合作支付机构的相关外汇业务加强审核监督。四是银行在满足交易电子信息采集、真实性审核等条件下，可参照申请凭交易电子信息为市场主体提供结售汇及相关资金收付服务。[①]

2. 个人经常项目外汇管理及其改革

根据1996年《外汇管理条例》的规定，国家对个人持有的外汇管理比较宽松。具体而言，属于个人所有的外汇，可以自行持有，也可以存入银行或者卖给外汇指定银行。个人的外汇储蓄存款，实行存款自愿、取款自由、存款有息、为储户保密的原则。个人因私用汇，在规定限额以内购汇。超过规定限额的个人因私用汇，应当向外汇管理机关提出申请，外汇管理机关认为其申请属实的，可以购汇。个人携带外汇进出境，应当向海关办理申报手续；携带外汇出境，超过规定限额的，还应当向海关出具有效凭证。

2003年4月2日，国家外汇管理局发布《国家外汇管理局关于取消经常项目外汇管理行政审批项目有关问题的通知》，作出以下规定：取消边境易货项下支付定金或贸易从属费的审批；取消居民个人从境外汇入或携入的经常项目外汇一次解付外币现钞或兑换人民币等值5万美元（含5万美元）以上的审批；取消免税商品进口用汇及免税商店购进的免税商品因货损、积压等需转为人民币销售的审批。行政手段的退出与市场机制的进入，进一步促进了我国个人经常项目外汇管理的市场化趋势。

为了适应对外开放的新形势，更好地满足境内居民个人经常项目下的真实用汇需求，方便和规范居民个人向银行购买外汇，抑制外汇非法交易，2003年9月1日，国家外汇管理局发布《国家外汇管理局关于调整境内居民个人经常项目下购汇政策的通知》，决定对2002年7月11日发布的《境内居民个人购汇管理实施细则》规定的居民个人经常项目下的购汇政策进行调整，扩大用汇居民的范围，调整个人用汇限额等。其中，最重要的是将个人购汇指导性限额调整如下：(1) 有实际出境行为的购汇指导性限额：居民个人因出境旅游、朝觐、探亲会亲、境外就医、商务考察、被聘工作、出境定居、国际交流、境外培训、其他出境学习、外派劳务等事由需购汇时，凡其签证上标注的出境时间在半年以内的，每人每次可向银行购汇等值3000美元；出境时间在半年以上（含半年）的，每人每次可向

---

① 参见国家外汇管理局：《国家外汇管理局有关负责人就支付机构外汇业务有关问题答记者问》，http://www.safe.gov.cn/safe/2019/0429/13111.html，2020年7月4日访问。

银行购汇等值5000美元。(2) 没有实际出境行为的购汇指导性限额:居民个人并未出境,但因缴纳境外国际组织会费、境外直系亲属救助、境外邮购等事由需购汇时,其购汇指导性限额统一调整为每人每次等值3000美元。(3) 14岁(含14岁)以下儿童购汇的指导性限额不再减半执行,按上述指导性限额全额供汇。

根据境内居民个人自费出国(境)留学(以下简称"自费留学")用汇标准不断提高的实际情况,为满足自费留学人员的合理用汇需求,完善经常项目外汇管理,国家外汇管理局于2004年11月9日发布《国家外汇管理局关于调整境内居民个人自费出国(境)留学购汇指导性限额的通知》。该通知规定:(1) 调整境内居民个人自费留学的供汇指导性限额。将现行指导性限额由每人每年等值2万美元调整为:学费按照境外学校录取通知书或学费证明上所列明的每年度学费标准进行供汇;生活费的供汇指导性限额为每人每年等值2万美元,即每人每年生活费购汇金额在等值2万美元(含2万美元)以下的,到外汇指定银行办理;等值2万美元以上的,经外汇局核准后到外汇指定银行办理。(2) 简化自费留学人员购汇时需提供的生活费证明材料。对于生活费购汇金额在等值2万美元(含2万美元)以下的,自费留学人员在购汇时,可不再提供生活费证明材料,持境外学校录取通知书、学费通知书、护照签证及身份证或户口簿即可到外汇指定银行办理购汇;对于购汇金额在等值2万美元以上的,须持录取通知书、生活费通知书、护照签证及身份证或户口簿到外汇局进行核准,经核准后到外汇指定银行办理。(3) 对于前往德国、比利时等需要汇入保证金才签发留学签证的国家的自费留学人员,允许其在持相关证明材料购买外汇保证金汇出境外的同时,另外还可购买等值3000美元的外汇,作为出国途中的零用费。(4) 自费留学人员购买用于支付学费的外汇,事后仍需按《境内居民个人购汇管理实施细则》的有关规定,凭有关证明材料进行核销;生活费购汇不需办理核销。

2006年4月13日,国家外汇管理局发布《国家外汇管理局关于调整经常项目外汇管理政策的通知》,对境内居民个人购汇管理政策也进行了调整。具体而言,对境内居民个人购汇实行年度总额管理;简化年度总额内购汇的手续,境内居民个人凭本人真实身份证明并向银行申报用途后即可办理;对于超过年度总额的用汇需求,只要提供了真实需求凭证,经银行审核后仍可按实际需要办理;取消外汇局对境内居民个人购汇的核销管理。

随着我国涉外经济的迅猛发展,个人外汇收支规模不断扩大。长期以来,我国对个人的外汇业务管理主要侧重于经常项下非经营性外汇收支活动。现在,个人既有非经营性交易也有经营性交易,既有经常项目交易也有资本项目交易。为适应形势变化,充分便利个人外汇收支并明确个人资本项目交易,深化外汇管理体制改革,促进国际收支平衡,2006年12月25日,中国人民银行发布了《个人外汇管理办法》。该管理办法对个人外汇收支活动作了以下调整和改进:

(1) 在对个人购汇实行年度总额管理的基础上，实行个人结汇年度总额管理。年度总额内的，凭本人有效身份证件直接在银行办理；超过年度总额的，经常项下的银行还要审核相关证明材料，资本项下的需经必要的核准。(2) 对个人经常项下外汇收支区分经营性和非经营性外汇进行管理，对个人贸易项下经营性外汇收支给予充分便利，对贸易以外的其他经常项下非经营性外汇收支进行相关审核。(3) 不再区分现钞和现汇账户，对个人非经营性外汇收付统一通过外汇储蓄账户进行管理。(4) 启用个人结售汇管理信息系统，为实行年度总额管理提供技术保障。银行必须通过该信息系统办理个人结售汇业务。[①] 2007 年 1 月 5 日，国家外汇管理局发布了《个人外汇管理办法实施细则》，明确境内个人年度购汇总额由以前的 2 万美元大幅提高到 5 万美元。2009 年 11 月 25 日，国家外汇管理局发布了《国家外汇管理局关于进一步完善个人结售汇业务管理的通知》，规定对个人分拆结售汇行为实行针对性管理，在不影响真实、合理的个人购、结汇需求的前提下，遏制异常外汇资金利用个人渠道流出入，打击外汇黑市和地下钱庄，维护规范有序的外汇市场环境。[②]

2015 年 12 月 31 日，国家外汇管理局发布了《国家外汇管理局关于进一步完善个人外汇管理有关问题的通知》。为规范和便利银行及个人外汇业务操作，完善个人外汇交易主体分类监管，国家外汇管理局决定进一步完善个人外汇管理，就有关问题通知如下：自 2016 年 1 月 1 日起，个人外汇业务监测系统在全国上线运行，个人结售汇管理信息系统同时停止使用。具有结售汇业务经营资格的银行，应通过个人外汇业务监测系统办理个人结汇、购汇等个人外汇业务，及时、准确、完整地报送相关业务数据信息。个人在办理外汇业务时，应当遵守个人外汇管理有关规定，不得以分拆等方式规避额度及真实性管理。国家外汇管理局及其分支局对规避额度及真实性管理的个人实施"关注名单"管理。

3. 外国驻华机构与来华人员经常项目外汇收支管理

根据 1996 年《外汇管理条例》的规定，外国驻华机构和来华人员的合法人民币收入，需要汇出境外的，可以持有关证明材料和凭证到外汇指定银行兑付。外国驻华机构和来华人员由境外汇入或者携带入境的外汇，可以自行保存，可以存入银行或者卖给外汇指定银行，也可以持有效凭证汇出或者携带出境。

2008 年修订的《外汇管理条例》全面确立了人民币经常项目完全可自由兑换的基本规则，即任何单位和个人不得对经常性国际支付和转移进行限制，并不得实行歧视性货币安排或多重货币制度。具体而言，修订后的《外汇管理条例》

---

① 参见中国人民银行：《中国人民银行新闻发言人就个人外汇管理政策调整答记者问》，http://www.pbc.gov.cn/bangongting/135485/135491/135600/2884302/index.html，2020 年 7 月 4 日访问。

② 参见国家外汇管理局：《国家外汇管理局进一步完善个人结售汇业务管理》，http://www.safe.gov.cn/safe/2009/1125/4722.html，2020 年 7 月 4 日访问。

规定,国家对经常性国际支付和转移不予限制;取消经常项目外汇收入强制结汇要求,经常项目外汇收入可按规定保留或者卖给金融机构;经常项目外汇支出按付汇与购汇的管理规定,凭有效单证以自有外汇支付或者向金融机构购汇支付。为保证经常项目外汇收支具有真实、合法的交易基础,修订后的《外汇管理条例》要求办理外汇业务的金融机构对交易单证的真实性及其与外汇收支的一致性进行合理审查;同时,外汇管理机关有权对此进行监督检查,监督检查可以通过核销、核注、非现场数据核对、现场检查等方式进行。

(二)资本项目外汇管理及其改革

严格管理资本项目外汇收支既是国际惯例,也是我国建立社会主义市场经济体制的需要。但是,从长远来看,适时推进资本项目可兑换,是我国进一步充分利用国际国内两个市场、两种资源,加快结构调整,促进产业升级,推动经济可持续发展的客观要求,也是主动应对经济全球化和加入WTO挑战的必然选择。

1996年《外汇管理条例》对资本项目外汇收支规定了四个方面的管理措施,即资本项目结汇管理,对境外直接投资的外汇管理,外商投资企业外汇资本金的管理,境内机构对外担保、借贷的管理。

为适应国际投资新趋势,多渠道引进外资,不断完善外商直接投资外汇管理,进一步改善外商投资环境,2003年3月3日,国家外汇管理局发布了《国家外汇管理局关于完善外商直接投资外汇管理工作有关问题的通知》。该通知确立了对外国投资者未在境内设立外商投资企业而在境内从事直接投资或与直接投资相关的活动,通过外国投资者专用外汇账户进行管理的制度和原则;允许外国投资者以境内非居民个人现汇账户以及开立于经中国人民银行批准经营离岸业务的外汇指定银行的离岸账户中的资金向外商投资企业出资;将外商投资企业外方出资的许可范围从原有的外汇、实物、无形资产、人民币利润等形式,扩大到财产(清算、转股、减资等所得)境内再投资、未分配利润、应付利润、债转股等形式;明确了外商投资企业收购境内企业股权的登记原则和具体操作方案,以确保并购领域外资流的真实性与合规性。

为加强和改善外汇管理,促进国际收支平衡,进一步促进贸易和投资便利化,2004年3月18日,国家外汇管理局发布了《国家外汇管理局关于规范居民个人外汇结汇管理有关问题的通知》,明确了居民个人的合法外汇收入结汇的要求、银行对居民个人结汇进行真实性审核的义务以及外汇管理部门对银行办理居民个人结汇业务合规性的检查和监督等。这为国家有效管理资本项目外汇收支,防止投机性跨境资本交易活动通过居民和非居民个人的非贸易外汇渠道完成提供了法律依据。

2008年修订的《外汇管理条例》对资本项目外汇管理机制进行了全面改革:第一,简化对境外直接投资外汇管理的行政审批,增设境外主体在境内筹资、境内主体从事境外证券投资和衍生产品交易、境内主体对外提供商业贷款等交易项目的管理原则,从而为拓宽资本流出渠道预留了政策空间。第二,放松对资本项目的外汇管理。除国家规定无须批准的以外,资本项目外汇收入保留或者结汇应当经外汇管理机关批准。资本项目外汇支出,国家未规定需事前经外汇管理机关批准的,原则上可以持有效单证直接到金融机构办理。国家规定应当经外汇管理机关批准的,应当在外汇支付前办理批准手续。第三,加强流入资本的用途管理。资本项目外汇及结汇资金应当按照有关主管部门及外汇管理机关批准的用途使用。外汇管理机关有权对资本项目外汇及结汇资金的使用和账户变动情况进行监督检查。

此后,为进一步深化改革,国家外汇管理局先后发布了《国家外汇管理局关于调整部分资本项目外汇业务审批权限的通知》《国家外汇管理局关于推广资本项目信息系统的通知》《国家外汇管理局关于进一步改进和调整资本项目外汇管理政策的通知》等政策文件。

为满足跨国公司统筹使用境内外外汇资金需要,国家外汇管理局2014年制定了《跨国公司外汇资金集中运营管理规定(试行)》,2019年修订为《跨国公司跨境资金集中运营管理规定》,规定跨国公司的跨境资金集中运营业务采用备案制;满足条件的跨国公司可根据经营需要,选择一家境外成员企业开立NRA账户集中运营管理境外成员企业资金;跨国公司开展跨境资金集中运营业务,应通过主办企业所在地国家外汇管理局分支局向所属外汇分局、管理部备案。

(三) 金融机构外汇业务管理

金融机构[①]的外汇经营往往在短期内形成大量外汇收支,可能严重影响到一国的国际收支,甚至冲击国内市场,造成国家经济发展的不稳定。因此,各国都在不同程度上对本国金融机构的外汇业务进行管理。根据1996年《外汇管理条例》、1997年《中国人民银行远期结售汇业务管理暂行办法》、1997年《银行外汇业务管理规定》和1998年发布的《国家外汇管理局关于〈银行外汇业务管理规定〉及〈关于对各级银行外汇业务范围的规定〉适用问题的通知》等的规定,我国对金融机构的外汇业务实行许可制。金融机构经营外汇业务须经外汇管理机关批准,领取经营外汇业务许可证。未经外汇管理机关批准,任何单位和个人不得经营外汇业务。经批准经营外汇业务的金融机构,经营外汇业务不得超出批准的范围。

金融机构经营外汇业务的具体规则包括:

(1) 经营外汇业务的金融机构应当按照国家有关规定为客户开立外汇账户,办理有关外汇业务。

---

① 这里的"金融机构"主要包括外汇指定银行和经营外汇业务的非银行金融机构两大类。

(2) 金融机构经营外汇业务,应当按照国家有关规定交存外汇存款准备金,遵守外汇资产负债比例管理的规定,并建立呆账准备金。金融机构经营外汇业务,应当接受外汇管理机关的检查、监督,向外汇管理机关报送外汇资产负债表、损益表以及其他财务会计报表和资料。金融机构终止经营外汇业务,应当向外汇管理机关提出申请。金融机构经批准终止经营外汇业务的,应当依法进行外汇债权、债务的清算,并缴销经营外汇业务许可证。

(3) 外汇指定银行办理结汇业务所需的人民币资金,应当使用自有资金。外汇指定银行的结算周转外汇,实行比例幅度管理,具体幅度由中国人民银行根据实际情况核定。

2008 年《外汇管理条例》在维持外汇业务特许制度的基础上,突出强调外汇管理机关依法行政的原则,全面加强了对外汇业务经营机构的行政管理。该条例明确和细化了外汇管理机关的检查手段和措施,包括:外汇管理机关依法履行职责,有权对经营外汇业务的金融机构进行现场检查,进入涉嫌外汇违法行为发生场所调查取证,询问有关当事人,查阅、复制有关交易单证、财务会计资料,封存可能被转移、隐匿或者毁损的文件、资料,查询被调查外汇违法事件的当事人和直接有关的单位、个人的账户(个人储蓄存款账户除外),申请人民法院冻结或者查封涉案财产、重要证据等。当然,外汇管理机关必须按照规定的程序进行相关检查,维护当事人合法权益。

国家外汇管理局 2008 年发布《银行执行外汇管理规定情况考核办法(试行)》,后来经过多次修改,2019 年改为《银行外汇业务合规与审慎经营评估办法》。该办法规定,国家外汇管理局及其分支局(以下简称"外汇局")对银行外汇业务合规与审慎经营情况按年度进行评估。外汇局根据银行最终评估得分,将被评估银行评定为 A、B+、B、B-、C 五类,并就银行外汇业务合规与审慎经营情况形成整体评估报告。外汇局将综合考虑评估成绩与评定等级对银行进行监管,并将其作为判断银行是否享有外汇管理政策先行先试资格的重要参考。外汇局还将向中国人民银行、中国银保监会提供年度评估成绩与评定等级结果,以供其在日常监管中参考。

在外汇出入境管理方面,1998 年发布、2014 年修订的《银行调运外币现钞进出境管理规定》规定,对银行办理调运外币现钞进出境业务实行审批制。为深化"放管服"改革,进一步优化口岸营商环境,实施更高水平跨境贸易便利化措施,促进外贸稳定健康发展,2019 年 5 月 28 日,国家外汇管理局、海关总署发布《调运外币现钞进出境管理规定》,规定境内商业银行办理调运外币现钞进出境业务实行备案制。

（四）人民币汇率和外汇市场的管理及其改革

1. 人民币汇率及其改革

1993年通过的《中共中央关于建立社会主义市场经济体制若干问题的决定》提出了“改革外汇管理体制，建立以市场为基础的有管理的浮动汇率制度”的改革方向。1994年，我国实现了汇率并轨，人民币汇率由官方定价和市场调剂价并存的双重汇率制转变为以市场供求为基础的、单一的、有管理的浮动汇率制度。1996年《外汇管理条例》确认了这一汇率制度。中国人民银行根据前一日银行间外汇交易市场形成的价格，每日公布人民币对美元及其他几种主要货币的汇率。[①] 各外汇指定银行在中国人民银行规定的浮动幅度范围内自行挂牌，确定对客户的外汇买卖价格。中国人民银行通过对外汇交易市场吞吐外汇的调控，保持各银行挂牌汇率的基本一致和相对稳定。在市场出现不公正交易时，中国人民银行通过限制汇率浮动幅度或其他措施进行干预。

为缓解对外贸易不平衡、扩大内需、提升企业的国际竞争力、提高对外开放水平，自2005年7月21日起，我国开始实行以市场供求为基础、参考一篮子货币进行调节、有管理的浮动汇率制度。人民币汇率不再盯住单一美元，而是按照我国对外经济发展的实际情况，选择若干种主要货币，赋予相应的权重，组成一个货币篮子。同时，根据国内外经济金融形势，以市场供求为基础，参考一篮子货币计算人民币多边汇率指数的变化，对人民币汇率进行管理和调节，维护人民币汇率在合理均衡水平上的基本稳定。

2008年修订的《外汇管理条例》进一步完善了人民币汇率形成机制及其规则。第27条规定：“人民币汇率实行以市场供求为基础的、有管理的浮动汇率制度。”与1996年《外汇管理条例》的规定相比，此次修订删除了“单一的”这一外汇管理限制，从而在法规层面确立了人民币汇率不再盯住单一美元的基本做法。同时，修订后的《外汇管理条例》未将“参考一篮子”等实践中的做法纳入条文，从而为将来人民币汇率形成机制的发展和完善预留了空间。

2. 我国的外汇市场及其改革

外汇市场是进行外汇交易的场所。根据《外汇管理条例》以及中国人民银行1996年11月发布的《银行间外汇市场管理暂行规定》，我国的外汇市场是指银行间外汇市场，即经国家外汇管理局批准可以经营外汇业务的境内金融机构（包括银行、非银行金融机构和外资金融机构）之间通过中国外汇交易中心进行人民币与外币之间的交易市场。任何境内金融机构之间不得在交易中心之外进行人民币与外币之间的交易。银行间外汇市场由中国人民银行授权国家外汇管理局

---

① 2002年3月21日发布的《国家外汇管理局关于公布欧元对人民币市场交易中间价等有关问题的通知》规定，中国外汇交易中心自2002年4月1日起在银行间外汇市场开设欧元对人民币之间的交易。

进行监管。中国外汇交易中心在国家外汇管理局的监管下,负责银行间外汇市场的组织和日常业务管理。

我国已初步形成统一的全国性外汇市场。但是,客观地看,我国外汇市场与国际上先进的外汇市场相比还存在一定差距,表现在以下几个方面:(1) 从交易性质来看,我国外汇市场是一个与现行外贸外汇体制相适应的本外币头寸转换的市场,并不是具有现代市场形态的金融性外汇市场;(2) 从市场发育情况来看,我国现行外汇市场是一个不完全竞争的、供求关系失衡的市场(主要是指强制性银行结汇制);(3) 从交易内容和品种来看,我国外汇市场进行的主要是人民币对美元、日元、欧元等的即期交易,缺乏远期外汇交易、外汇期货交易等其他交易品种;(4) 从市场形式来看,我国外汇市场是交易所形式的有形市场,而非现代无形市场;(5) 从对外交流来看,我国外汇市场与国际外汇市场交流不够。我国外汇市场存在上述不足,导致出现一些负面问题,如难以形成合理、均衡的人民币汇率,中央银行经常被动入市干预、敞口收购溢出外汇,不利于提高中外企业创汇的积极性等。

根据我国加入世界贸易组织所签议定书中关于金融服务贸易的有关条款,我国将全面开放金融业和金融市场,而我国外汇市场将面临更多的挑战。这就需要建立一个统一规范的全国性外汇交易市场,集中反映供求动向,发挥汇率的价格调节功能。在这样的外汇市场中,要丰富市场交易主体,促进公平竞争;不断发现新的交易品种,开发市场避险工具;加强市场风险监管,维护市场稳定;改进管理手段,提高中央银行的市场调控水平。

为了提高我国汇率形成的市场化程度,加快银行间外汇市场的发展,充分发挥市场在资源配置中的基础作用,为银行和企业提供更多的风险管理工具,我国对外汇市场进行了一系列改革。

2005 年 8 月 8 日,中国人民银行发布《中国人民银行关于加快发展外汇市场有关问题的通知》,明确对外汇市场进行以下几个方面的改革:(1) 扩大即期外汇市场交易主体,允许符合条件的非金融企业和非银行金融机构向中国外汇交易中心申请会员资格,以实需为原则,参与银行间外汇市场交易。(2) 增加外汇市场询价交易方式,银行间外汇市场参与主体可在原有集中授信、集中竞价交易方式的基础上,自主选择双边授信、双边清算的询价交易方式。(3) 开办银行间远期外汇交易,允许符合条件的银行间外汇市场参与主体开展银行间远期外汇交易,并允许获得远期交易资格的远期外汇市场会员按即期交易与远期交易的相关管理规定,在银行间市场开展即期与远期、远期与远期相结合的人民币对外币掉期交易。(4) 加强外汇市场监管,中国人民银行授权国家外汇管理局对银行间即期外汇市场和远期外汇市场进行监督管理;国家外汇管理局应依据《外汇管理条例》和相关外汇管理规定,加强对外汇市场的监督和检查,对违反本通知规定、扰乱外汇市场交易秩序的参与主体，依法严肃查处。

2005 年 11 月 24 日，国家外汇管理局发布《银行间外汇市场人民币外汇即期交易规则》，以规范银行间外汇市场人民币外汇即期交易秩序，维护人民币外汇即期市场会员的合法权益。人民币外汇即期交易，是指会员以约定的外汇币种、金额、汇率，在成交日后的法定工作日以内交割的外汇对人民币的交易。即期交易采用竞价交易或询价交易方式。中国外汇交易中心为会员之间的即期交易提供电子交易系统和其他相关服务。

2005 年 11 月 24 日，国家外汇管理局发布《银行间外汇市场做市商指引(暂行)》，决定在银行间外汇市场引入做市商制度。经过 2010 年、2013 年、2021 年三次修订形成的《银行间外汇市场做市商指引》，规定了银行间外汇市场做市商的权利、义务、需具备的基本条件以及国家外汇管理局对银行间外汇市场做市商的评估和监管等。根据该指引的规定，银行间外汇市场做市商，是指在我国银行间外汇市场进行人民币与外币交易时，承担向会员持续提供买、卖价格义务的银行间外汇市场会员。银行间外汇市场做市商可根据自身做市能力在即期、远期、掉期、期权等外汇市场开展做市。银行间外汇市场做市商依法享有以下权利：(1) 适度扩大结售汇综合头寸限额区间，实行较灵活的头寸管理；(2) 交易系统、交易手续费、交易数据等方面获得更多支持；(3) 享有向中国人民银行申请外汇一级交易商的资格；(4) 在银行间外汇市场进行创新业务的政策支持。银行间外汇市场做市商依法应履行以下义务：(1) 在规定的交易时间内，在银行间外汇市场连续提供人民币对主要交易货币的买、卖双向价格，所报价格应是有效的可成交价格；(2) 银行间外汇市场报价不得超过中国人民银行规定的银行间外汇市场交易汇价的浮动幅度；(3) 遵守外汇市场自律机制相关自律规范，在外汇市场规范交易方面发挥市场引领作用，诚实交易，不利用非法或其他不当手段从事虚假交易、操纵市场价格；(4) 遵守结售汇综合头寸管理规定和要求；(5) 积极引导客户树立汇率风险中性意识，不得在市场营销中误导或诱导客户预期；(6) 按照国家外汇管理局要求及时报告外汇市场运行和做市情况，并报送中国人民银行。做市商制度是金融市场发展到一定阶段的产物。在银行间外汇市场引入做市商制度，表明我国加大了对外汇市场的改革力度，以进一步提高外汇市场流动性，更好地发挥市场在资源配置中的基础作用，加速完善人民币汇率形成机制。

外汇市场一系列改革措施和制度的积极推行，有利于我国建成一个功能健全、监管规范、立足国内、面向世界的外汇市场。

(五) 违反外汇管理法的法律责任

违反外汇管理法的行为主要有逃汇、非法套汇和扰乱金融秩序三大类。我国《刑法》《外汇管理条例》、全国人大常委会 1998 年 12 月 29 日通过的《全国人民代表大会常务委员会关于惩治骗购外汇、逃汇和非法买卖外汇犯罪的决定》、国务院1998年12月16日批准的《关于骗购外汇、非法套汇、逃汇、非法买卖外汇等违反外汇管理规定行为的行政处分或者纪律处分暂行规定》、自2009年2月1日起施行的《最高人民法院 最高人民检察院关于办理非法从事资金支付结算业务、非法买卖外汇刑事案件适用法律若干问题的解释》等,对这三大类违法行为所应承担的法律责任作了明确规定。为适应新形势下打击外汇违法行为的需要,2008年修订的《外汇管理条例》还增加了对资金非法流入、非法结汇、违反规定携带外汇出入境以及非法介绍买卖外汇等违法行为的行政处罚规定。

第四节 金银管理法律制度

一、金银管理法律制度概述

(一) 金银管理的意义

"金银天然不是货币,但货币天然是金银。"[①]金银作为贵金属,在世界货币史上一直占有重要地位。金银曾是主要的货币形式,具有货币的价值尺度、流通手段、支付手段、储藏手段以及世界货币五项职能。19世纪以来,随着社会生产力的不断发展,经济活动和生产规模日益加快和扩大,金银受产量、分布和战争等因素的影响,其货币功能逐渐减弱。[②]

在现代经济条件下,金银已经退出流通领域,不再充当一般等价物。但是,由于金银具有非货币化价值实体的特殊性质,同时可以商品的形式进入流通领域,因此各国仍将其作为重要的储备资产,以应付国际收支失衡和金融危机。黄金储备数量的多少是衡量一国经济金融实力的主要标志之一。在当今国际金融领域,金银仍然是重要的金融资产和投资工具。金银作为具有特殊自然属性的贵金属,也是现代工业生产和科学研究的重要材料。

为了加强对金银的管理,大多数国家都制定了相应的金银管理法规,将对金银的管理纳入法治化的轨道。概括而言,金银管理法是一国对金银的收购、配售、经营、进出国境等进行管理的法律规范的总称。

(二) 金银管理的类型

根据国家管理力度的大小,金银管理可分为三种类型:(1) 严格管理型,即

---

① 《马克思恩格斯选集》(第二卷),人民出版社2012年版,第132页。

② 1929—1933年世界经济危机后,各国纷纷宣布放弃金本位制。1944年,布雷顿森林会议确定了美元与黄金直接挂钩的国际货币制度,黄金的货币地位受到美元的冲击。国际货币基金组织于1976年通过了《牙买加协议》,废除了黄金条款,以"特别提款权"取代黄金作为国际债务清偿的工具。1978年,《牙买加协议》正式生效,标志着黄金从制度上非货币化。

允许居民在国内市场上自由买卖金银，但禁止金银出入国境；(2) 部分管理型，即只允许本国非居民在国内市场上买卖金银，但对金银出入国境规定了许多限制措施；(3) 自由放任型，即本国居民、非居民均可按市场价格自由买卖金银，同时金银可不受限制地自由出入国境。

（三）我国金银管理制度的历史沿革

中华人民共和国成立之前，就先在华北解放区，后在华东、华中、华西解放区颁布了金银管理办法，严禁将金银带出解放区，禁止私自买卖金银，构筑起金银统收专营的基本法律框架。

中华人民共和国成立之初，为了树立人民币的权威，稳定人民币流通，打击金融投机，新政权对金银实行了严格控制的政策，将金银统收专营政策推展到全国。1950 年 4 月，中国人民银行出台了《金银管理暂行办法草案》。之后，随着新政权的巩固，人民币的权威得以树立。但是，此时国家外汇极度短缺，国际支付能力极低，已经成为国家生存、发展的重大隐患，而金银是换汇、增汇的最可靠手段，而且金银本身还在国家外汇储备中占有重要份额。国家外汇储备对金银的高度依赖，决定了国家必然对金银实行统收专营的管理体制。

20 世纪 80 年代，我国的外汇来源增多，而外汇依然处于短缺状态，金银的外汇作用受到国家的高度重视。这一时期，国家加快了金银的生产，同时对金银的管制更加强化。1983 年 6 月，国务院发布了《中华人民共和国金银管理条例》(以下简称《金银管理条例》)，这是我国金银管理的基本法律规范。同年 12 月，《中华人民共和国金银管理条例实施细则》发布实施。至此，统收专营的金银管理体制在法律上正式确立。

进入 20 世纪 90 年代，我国金融市场发生了重大变化，统收专营的金银管理体制已经越来越不能适应市场经济的要求，金银管理的市场化改革被提上议事日程。1993 年，以辽宁海城感王黄金市场为代表的民营黄金市场迅速发展，大大冲击了金银统收专营体制，体现了金银自发走向市场的趋势。1999 年 12 月 28 日，国家首先取消白银统购统销，放开交易，上海华通有色金属现货中心批发市场首次成为全国白银现货交易市场。2001 年 4 月，时任行长戴相龙在中国人民银行金融服务会议上表示，“央行将改革黄金管理体制，建立黄金市场，取消黄金‘统购统销’的计划管理体制”；“建立黄金市场，就是要充分发挥市场对黄金资源的配置和调节的基础性作用，促进黄金生产、流通和消费的健康发展”。同年 6 月 11 日，中国人民银行开始实行黄金周报价制度。8 月 1 日，国家开放黄金饰品价格。11 月 28 日，上海黄金交易所试运行，黄金市场启动，黄金市价与国际市价接轨。伴随着金银的市场化改革进程，国家管理金银的方式也发生了重大变化：由原来的指令性计划到主要依靠市场对金银市场进行调节。2002 年年末和 2003 年年初，国务院先后两次发布公告，取消了多项有关金银管理的行政审批项目,进一步体现了计划手段在金银管理中让位于市场。

二、统购统配体制下的金银管理制度

2001年修订的《金银管理条例》规定,国家管理金银的主管机关为中国人民银行。

(一)统购统配体制下,中国人民银行在金银管理方面的主要职责

中国人民银行在金银管理方面的主要职责有:(1)负责管理国家金银储备;(2)负责金银的收购与配售;(3)会同国家物价主管机关制定和管理金银收购与配售价格;(4)会同国家有关主管机关审批经营(包括加工、销售)金银制品、含金银化工产品以及从含金银的废渣、废液、废料中回收金银的单位,管理和检查金银市场;(5)监督《金银管理条例》的实施。

(二)金银的范围

《金银管理条例》所称"金银",包括:(1)矿藏生产金银和冶炼副产金银;(2)金银条、块、锭、粉;(3)金银铸币;(4)金银制品和金基、银基合金制品;(5)化工产品中含的金银;(6)金银边角余料及废渣、废液、废料中含的金银。另外,铂(即白金)按国家有关规定管理。

(三)金银收购管理

金银的收购,统一由中国人民银行办理。除经中国人民银行许可、委托的以外,任何单位和个人不得收购金银。具体而言:(1)从事金银生产(包括矿藏生产和冶炼副产)的厂矿企业、农村社队、部队和个人所采炼的金银,必须全部交售给中国人民银行,不得自行销售、交换和留用。(2)国家鼓励经营单位和使用金银的单位,从伴生金银的矿种和含金银的废渣、废液、废料中回收金银。这些单位必须将回收的金银交售给中国人民银行,不得自行销售、交换和留用。但是,经中国人民银行许可,使用金银的单位将回收的金银重新利用的除外。(3)境内机构从国外进口的金银和矿产品中采炼的副产金银,除经中国人民银行允许留用的或者按照规定用于进料加工复出口的金银以外,一律交售给中国人民银行,不得自行销售、交换和留用。(4)个人出售金银,必须卖给中国人民银行。(5)一切出土无主金银,均为国家所有,任何单位和个人不得熔化、销毁或占有。单位和个人发现的出土无主金银,经当地文化行政管理部门鉴定,除有历史文物价值的按照《中华人民共和国文物保护法》的规定办理外,必须交给中国人民银行收兑,价款上缴国库。(6)公安、司法、海关、工商行政管理、税务等国家机关依法没收的金银,一律交售给中国人民银行,不得自行处理或者以其他实物顶替。没收的金银价款按照有关规定上缴国库。

(四)金银配售管理

金银的配售,是指中国人民银行根据金银配售计划向金银使用单位或由金

银使用单位指定的加工单位出售金银。中国人民银行通过以下途径加强对金银配售的管理:(1) 凡需用金银的单位,必须按照规定程序向中国人民银行提出申请使用金银的计划,由中国人民银行审批、供应。中国人民银行应当按照批准的计划供应,不得随意减售或拖延。(2) 中华人民共和国境内的外资企业、中外合资企业以及外商,订购金银制品或者加工其他含金银产品,要求在国内供应金银者,必须按照规定程序提出申请,由中国人民银行审批予以供应。(3) 使用金银的单位,必须建立使用制度,严格做到专项使用、结余交回。未经中国人民银行许可,不得把金银原料(包括半成品)转让或者移作他用。(4) 在《金银管理条例》规定范围内,中国人民银行有权对使用金银的单位进行监督和检查。使用金银的单位应当向中国人民银行据实提供有关使用金银的情况和资料。

(五) 金银出入境管理

在统购统配体制下,我国对金银进出国境进行管理的主要依据是《金银管理条例》、1984 年 2 月 1 日中国人民银行和海关总署联合发布的《对金银进出国境的管理办法》。金银出入境的主管机关是中国人民银行和海关。我国对金银出入境实行"宽进严出"的原则,具体表现在以下几方面:(1) 携带金银进入中华人民共和国国境,数量不受限制,但是必须向入境地中华人民共和国海关申报登记。(2) 携带或者复带金银出境,中华人民共和国海关凭中国人民银行出具的证明或者原入境时的申报单登记的数量查验放行;不能提供证明的或者超过原入境时申报登记数量的,不许出境。(3) 携带在中华人民共和国境内供应旅游者购买的金银饰品(包括镶嵌饰品、工艺品、器皿等)出境,中华人民共和国海关凭国内经营金银制品的单位开具的特种发货票查验放行。无凭据的,不许出境。(4) 在中华人民共和国境内的中国人、外国侨民和无国籍人出境定居,每人携带金银的限额为:黄金饰品 1 市两(31.25 克),白银饰品 10 市两(312.50 克),银质器皿 20 市两(625 克)。经中华人民共和国海关查验符合规定限额的放行。(5) 中华人民共和国境内的外资企业、中外合资企业,从国外进口金银作产品原料的,其数量不限;出口含金银量较高的产品,须经中国人民银行核准后放行。未经核准或者超过核准出口数量的,不许出境。

三、我国金银管理体制的市场化改革

金融全球化、市场化的发展,WTO 规则对成员方金融市场发展的要求,以及我国金银管理体制和金银市场本身的弊端,都要求我国金银管理体制遵循市场规则进行改革。

金银市场是一国金融市场中处于基础地位的子市场之一,牵一发而动全身。因此,我国金银管理体制改革应该坚持审慎原则,走循序渐进的道路。这主要表现为:(1) 从大的方向上,实现对白银、黄金管理体制改革的分离,先改白银,后改黄金;同时,加强对金银经营以及出入境等方面的改革。(2) 国务院及其下属各金银主管机关根据我国金银市场的发展完善程度,以“通知”“决定”等形式逐步对金银配售、经营、出入境等进行市场化改革,待时机成熟后,以国家立法的形式全面系统构建黄金管理体系,强化黄金市场监管规则和行业自律管理体制。此外,在借鉴国外黄金管理有益经验的基础上,我国可对黄金储备、黄金投资产品和黄金商品进行分类管理。

(一) 金银收购、配售的市场化改革

1. 取消白银统购统配的管理体制

1999 年 10 月 18 日中国人民银行发布的《关于白银管理改革有关问题的通知》明确指出,为适应社会主义市场经济发展需要,进一步促进我国白银生产和消费,实现白银资源合理配置,取消白银统购统配的管理体制,放开白银市场,允许白银生产企业与用银单位产销直接见面;取消对白银生产企业免征增值税和拨付白银地勘资金的特殊政策;利用现有的有色金属交易市场组织白银上市交易。同时,该通知指出,为平稳推进白银管理体制改革,至 1999 年年底以前,中国人民银行仍适当保留白银收购、配售业务。从 2000 年 1 月 1 日起,中国人民银行不再办理白银收购、配售业务。

2. 黄金收购与配售管理改革

在国务院的统一领导下,我国于 2001 年正式启动黄金管理体制改革。此次改革的基本目标是:取消黄金“统购统配、统一管理”的管理体制,开放黄金市场,充分发挥市场对黄金资源配置和调节的基础性作用。为推进黄金管理体制改革,规范黄金制品零售市场经营秩序,促进黄金制品零售市场健康发展,中国人民银行、国家经贸委、国家工商行政管理总局和国家税务总局于 2001 年 10 月发布了《关于规范黄金制品零售市场有关问题的通知》,对黄金制品零售市场管理政策进行了调整,并对黄金零售的有关问题作了相应规定,肯定了黄金制品零售的合法性,体现了对黄金零售市场的放开。2002 年 11 月,中国人民银行发布了《中国人民银行关于做好当前金银管理工作的通知》,规定:(1) 上海黄金交易所正式运行之前,黄金收配管理仍按现行政策执行。黄金交易所正式运行后,为培育市场,有序发展,在一个较短时间内,还将实行黄金交易所交易黄金与中国人民银行收购、配售黄金共同运行的双轨运行机制。(2) 从 2002 年起,中国人民银行收购黄金不再下达收购计划,各分支行应取消收购计划考核办法。黄金交易所正式运行后,中国人民银行只收购成色低于 99.95%(不含 99.95%)的黄金,但最低成色应不低于 98%。(3) 配售黄金仍实行计划管理,配售黄金指标由总行下达。黄金交易所正式运行后,中国人民银行停止首饰用金的供应,首饰用金需求通过黄金交易所解决。中国人民银行配售黄金主要面向军工、科研等特殊项目的需求,并由总行逐笔核批。(4) 双轨制运行期间,中国人民银行配售黄金的税收征管办法仍按现行的"即征即退"办法执行。中国人民银行各分支行收购、配售黄金,按总行通知的价格执行。

（二）金银制品经营和出入境管理体制改革

1. 金银制品经营体制改革

（1）白银经营体制改革

随着国家对金银市场的放开,对白银经营的管理也逐步放松。1999 年发布的《关于白银管理改革有关问题的通知》指出,取消对白银制品加工、批发、零售业务的许可证管理制度(银币除外),对白银生产经营活动按一般商品的有关规定管理。2000 年 3 月 17 日国家税务总局发布的《国家税务总局关于白银生产环节征收增值税的通知》规定,自 2000 年 1 月 1 日起,对企业生产销售的银精矿含银、其他有色金属精矿含银、冶炼中间产品含银及成品银恢复征收增值税。另外,为贯彻国务院关于白银管理体制改革的有关决定精神,2003 年 2 月 27 日,财政部发布《财政部关于对白银恢复征收进口环节增值税的通知》,要求各海关自 2003 年 1 月 1 日起,对银精矿含银、其他有色金属精矿含银、冶炼中间产品含银及成品银恢复征收进口环节增值税。对白银及白银制品恢复征收增值税,体现了白银由统购统配时期的特殊商品向一般商品转化,市场开始在白银的生产经营中起到重要作用。

（2）黄金经营体制改革

2001 年发布的《关于规范黄金制品零售市场有关问题的通知》规定,改革黄金制品零售管理审批制,取消黄金制品零售业务许可证管理制度,实行核准制;经营黄金制品(包括 K 金制品)零售(专营、兼营)业务的单位,应经相关部门核准,并领取《经营黄金制品核准登记证》;当地工商行政管理机关和税务部门凭中国人民银行核发的《经营黄金制品核准登记证》办理营业执照、税务登记和消费税认定登记手续。

为了规范黄金交易,加强黄金交易的税收管理,2002 年 9 月 12 日,财政部、国家税务总局发布《财政部　国家税务总局关于黄金税收政策问题的通知》,规定:第一,黄金生产和经营单位销售黄金(不包括标准黄金[①])和黄金矿砂(含伴生金),免征增值税。第二,黄金交易所会员单位通过黄金交易所销售标准黄金(持有黄金交易所开具的《黄金交易结算凭证》),未发生实物交割的,免征增值税;发生实物交割的,由税务机关按照实际成交价格代开增值税专用发票,并实行增值税即征即退的政策,同时免征城市维护建设税、教育费附加。纳税人不通过黄金交易所销售的标准黄金不享受增值税即征即退和免征城市维护建设税、

---

① 标准黄金,是指成色为 au9999、au9995、au999、au995,规格为 50 克、100 克、1 公斤、3 公斤、12.5 公斤的黄金。

教育费附加政策。在税收领域,对黄金流通免征增值税,体现了黄金的市场化改革趋势;对在黄金交易所交易的黄金免征增值税,体现了国家鼓励黄金经营规范化、法制化的政策取向。

然而,我国对于黄金经营活动的监管体制尚存在一些问题,急需通过完善相关立法和加强监管予以解决。第一,国内黄金及黄金市场、商业银行个人黄金投资理财业务、黄金期货、一般黄金生产及首饰经销业务分属不同部门管理,容易导致监管真空。第二,对于各类新兴的黄金投资业务活动存在监管空白。随着黄金投资功能的不断显现,各类金融机构纷纷开展与黄金有关的新型业务,如商业银行进行的交易所实物黄金和纸黄金、有关生产商品牌金销售和回购以及黄金期货交易等,目前都缺乏相应的监管。第三,黄金的非法投资经营活动日益猖獗,大大增加了监管难度。伴随着我国黄金交易开放,黄金投资成为新的投资热点,并逐步成为民众投资的重要工具和品种,黄金流通日益频繁。与此同时,"地下炒金"等非法黄金交易方式纷纷涌现,其交易场所不固定,交易方式单一,交易行为和价格难以掌控,加大了黄金市场的监管难度,增加了黄金投资的风险。

目前,我国对黄金市场监测和管理所依据的《金银管理条例》《关于规范黄金制品零售市场有关问题的通知》[①]等,主要还是针对黄金走私和统购统配管理,严重滞后于黄金管理的需要。国务院法制部门应当尽快制定专门的黄金市场管理条例,完善黄金管理体系,强化黄金市场监管,推进行业自律管理;在借鉴国外黄金管理有益经验的基础上,可对黄金储备、黄金投资产品和黄金商品进行分类管理。

2. 金银制品出入境管理体制改革

根据《金银管理条例》和《对金银进出口国境的管理办法》,中国人民银行和海关是金银出入境管理机关。由于长期以来金银在我国的特殊性,国家对金银进出国境采取"宽进严出"的政策,鼓励金银进口,免征增值税,并且入境金银不受数量限制;对金银出境设定种种限制,严格限制金银出境的数量,金银出境要受到严格的程序审查。

随着国际上金银非货币化的趋势和我国金银市场本身的发展,金银在我国的地位及其市场供求情况已经发生了重要变化。但是,从总体上说,我国仍然十分重视对金银进出国境的管制。1999 年发布的《国家外汇管理局关于加强进口金银及其制品售付汇审核的通知》和 2002 年发布的《中国人民银行关于做好当前金银管理工作的通知》均指出,国家管理金银的机关为中国人民银行,未经中

---

① 《关于规范黄金制品零售市场有关问题的通知》涉及的黄金制品零售业务核准已经被《国务院关于取消第二批行政审批项目和改变一批行政审批项目管理方式的决定》(国发〔2003〕5 号)取消;拍卖行拍卖黄金制品核准、单位举办黄金制品展览会核准和举办全国性或国际性黄金展览(展销)会核准被《国务院关于取消第一批行政审批项目的决定》(国发〔2002〕24 号)取消。

国人民银行总行批准，境内任何企业、单位不得擅自进口金银及其制品。以上通知的内容体现了国家对金银进出国境进行管制的精神。

（1）白银出入境管理体制改革

我国对白银长期实行抑制消费的政策，加上近年来白银产量大幅提高，白银供大于求的情况逐渐显现。因此，国家对白银进出国境的政策进行了改革，由统购统配时期的“宽进严出”到加强对白银进口的管制，同时对白银（中国人民银行库存成品以外的白银）出口实行配额审批制。[①] 1999 年 12 月 1 日，中国人民银行、海关总署发布《白银进口管理暂行办法》，对白银入境进行限制，体现了国家对白银“宽进”政策的改变和对白银进口的管制。但是，为了建立适应社会主义市场经济体制要求的行政管理体制，2003 年，国务院取消了对白银进口的审批。《白银进口管理暂行办法》也在 2007 年被废止。

（2）黄金出入境管理体制改革

随着黄金市场的发展和黄金管理体制改革的深化，国家加强中国人民银行对黄金进出口的监督管理。在人民币尚未实现完全可自由兑换、金融市场尚未全面对外开放的情况下，为避免用黄金来套汇所产生的不良影响，中国人民银行、海关总署于 2015 年发布《黄金及黄金制品进出口管理办法》（2020 年修订），规定中国人民银行是黄金及黄金制品进出口主管部门，对黄金及黄金制品进出口实行准许证制度。中国人民银行根据国家宏观经济调控需求，可以对黄金及黄金制品进出口的数量进行限制性审批。国家黄金储备进出口由中国人民银行办理。

2003 年 4 月 21 日，海关总署发布《关于对进口黄金和黄金矿砂免征进口环节增值税有关问题的公告》，规定自 2003 年 1 月 1 日起，对进口黄金（含标准黄金）和黄金矿砂（含伴生矿）免征进口环节增值税。2012 年 5 月 25 日，财政部、国家税务总局发布《财政部　国家税务总局关于出口货物劳务增值税和消费税政策的通知》，规定对含黄金、铂金成分的货物，钻石及其饰品实行免征增值税政策。2003 年 12 月 22 日，中国人民银行、海关总署发布《关于变更黄金及其制品的加工贸易进出口监管条件的公告》，规定：“自 2004 年 1 月 1 日起，黄金及其制品的加工贸易进出口，中国人民银行不再审批，海关不再凭中国人民银行的批件验放。但其中不能复出口的黄金及其制品经批准内销的，按一般贸易进口管理，仍由中国人民银行审批，海关凭人民银行的批件并按内销有关规定办理核销手续。”以上规定体现了我国对黄金进出国境管制的逐步放松。但是，由于黄金在国家经济发展中具有特殊作用，依然是战略性商品，国家在总体上对黄金仍然采取“宽进严出”的政策。这也表现在税收政策上，国家通过税收手段，鼓励黄金进

① 参见 1999 年 11 月 26 日对外贸易经济合作部发布的《白银出口管理暂行办法》。

口,减少黄金出口。

(三) 上海黄金交易所

规范化、系统化的黄金市场的建立是我国金银管理体制改革的必然产物。2002年10月,中国人民银行经国务院批准,正式组建了上海黄金交易所[①],标志着“统购统配、统一管理”的黄金计划管理体制的结束。上海黄金交易所遵循公开、公平、公正和诚实信用的原则组织黄金、白银、铂等贵金属交易,不以营利为目的,实行自律性管理。上海黄金交易所的建立,使黄金市场与货币市场、证券市场、外汇市场一起构筑成我国完整的金融市场体系。上海黄金交易所的建立,也为我国黄金从计划走向市场提供了规范运行的平台,是中国人民银行继实行黄金周报价制度、取消黄金制品零售许可证管理制度后,在黄金体制改革方面的又一大进步。

作为黄金市场的监管主体,中国人民银行比照中国证监会对证券交易所、期货交易所的管理模式,对上海黄金交易所实行日常业务监管。中国人民银行的主要监管职责包括:负责关于黄金交易所的规章制度建设,审核交易所章程、交易规则、操作程序等;依法对负责人进行任免;监测交易所交易运行情况;对运行中出现的重大问题进行协调或提出建议报国务院。

上海黄金交易所的基本职能有:(1) 提供黄金、白银、铂等贵金属交易的场所、设施及相关服务;(2) 制定并实施黄金交易所的业务规则,规范交易行为;(3) 组织、监督黄金、白银、铂等贵金属交易、结算、交割和配送;(4) 设计交易合同,保证交易合同的履行;(5) 制定并实施风险管理制度,控制市场风险;(6) 生成合理价格,发布市场信息;(7) 监管会员交易业务,查处会员违反交易所有关规定的行为;(8) 监管指定仓库的黄金、白银、铂等贵金属业务;(9) 中国人民银行规定的其他职能。

上海黄金交易所实行会员制组织形式,会员是依照我国有关法律、法规及交易所章程的有关规定,经交易所审核批准,在交易所进行黄金、白银、铂等贵金属交易活动的法人或其他经济组织。交易所会员依其业务范围,分为金融类会员、综合类会员和自营会员。金融类会员可进行自营和代理业务以及获批准的其他业务,综合类会员可进行自营和代理业务,自营会员可进行自营业务。截至2019年年底,上海黄金交易所会员总数为270家。其中,普通会员共计157家,包括金融类会员30家,综合类会员127家;特别会员共计113家,包括外资金融类会员8家,国际会员79家,券商、信托、中小银行等机构类的特别会员26家。国内会员单位年产金、用金量占全国的90%,冶炼能力占全国的95%。国际会

① 上海黄金交易所于2001年11月28日试运行,2002年10月正式开始营业。

员均为国际知名银行、黄金集团及投资机构。[①]

上海黄金交易所成立初期，黄金交易采取现货交易、现金结算的方式，交易双方会员按照“价格优先、时间优先”的原则，采取自由报价、撮合成交、集中清算、统一配送的交易方式，可自行选择通过现场或远程方式进行交易。上海黄金交易所最初指定中国工商银行、中国银行、中国建设银行和中国农业银行等四大国有商业银行作为清算银行，实行集中、直接、净额的资金清算原则。上海黄金交易所实行标准化交易，交易黄金必须符合交易所规定的标准。2005 年 7 月，上海黄金交易所的黄金交易正式向个人开放。2007 年 6 月，中国人民银行正式批准上海黄金交易所吸收外资银行成为会员的申请，汇丰银行、渣打银行、加拿大丰业银行、UBS 瑞士银行以及法国兴业银行等五大外资银行获得交易所发放的首批外资会员牌照。同年 9 月，中国证监会批准上海期货交易所上市黄金期货。2008 年 1 月，黄金期货合约正式在上海期货交易所挂牌交易。2014 年 9 月，上海黄金交易所启动国际板，这是在中国(上海)自贸试验区推出的首个国际化金融类资产交易平台，成为中国黄金市场对外开放的重要窗口。全球投资者可以通过开立 FT 账户，使用离岸人民币、可兑换外币参与上海黄金交易所交易，联动欧美等境外黄金市场，实现全球对接。上海黄金交易所 2016 年 4 月发布全球首个以人民币计价的黄金基准价格“上海金”，有效提升了我国黄金市场的定价影响力；2018 年 9 月正式挂牌中国熊猫金币，打通了我国黄金市场与金币市场的产品通道；2019 年 10 月正式挂牌“上海银”集中定价合约，为国内市场提供白银基准价。[②]

总之，中国黄金市场逐步实现“三个转变”：第一，实现由商品交易为主向金融交易为主的转变；第二，实现由现货交易为主向衍生品交易为主的转变；第三，实现由国内市场向国际市场的转变。

思考题

1. 什么是货币管理法？货币管理法的体系之下包括哪些方面的内容？
2. 人民币发行的三原则是什么？如何在人民币发行过程中贯彻此三原则？
3. 试述我国外汇管理法律制度的改革。
4. 试述我国金银制品经营和出入境管理体制改革。

---

① 参见上海黄金交易所网站，https://www.sge.com.cn/jjsjs，2020 年 10 月 29 日访问。
② 同上。

第五章　票据法律制度

第一节　票据与票据法概述

一、票据概述

（一）票据的概念

“票据，是指出票人依票据法签发的，由本人或委托他人在见票时或者在票载日期无条件支付确定的金额给收款人或持票人的一种有价证券。”[①]

这一定义有三层含义：

1. 票据是一种有价证券

《瑞士民法典》第五编第965条规定：“有价证券是一切与权利结合在一起的文书，离开文书即不能主张该项权利，也不能将之移转于他人。”[②]有价证券是代表一定财产性民事权利的凭证，如提单、仓单、票据、股票、债券等。它具有以下两个基本特征：(1) 有价证券的权利内容是一定的财产性民事权利，如物权、债权、股权等；(2) 有价证券是权利与证券的结合。有价证券本身即代表权利，证券上权利的发生、移转和行使全部或部分地与证券紧密联系在一起。

依据不同的标准，可以对有价证券作不同的分类：

第一，依据有价证券所代表的民事权利的法律性质，可以把有价证券分为物权证券、债权证券和股权证券。[③] 物权证券是以物权为权利内容的有价证券，如抵押证券。债权证券是以债权为权利内容的有价证券，包括金钱债权证券（如票据、债券）和物品债权证券（如提单、仓单）。股权证券是以股权为权利内容的有价证券，如股票。

第二，依据有价证券上权利的独立性程度，可以把有价证券分为完全有价证

---

① 王小能编著：《票据法教程》（第二版），北京大学出版社2001年版，第14页。

② 转引自谢怀栻著，程啸增订：《票据法概论》（增订二版），法律出版社2017年版，第8页。

③ “股权证券所表示的权利，是一定的股东权。股东权既不是债权，也不是物权，而是一种能够以股东身份取得收益，并参加公司经营管理的权利。”赵新华：《票据法》（修订版），吉林人民出版社1996年版，第7页。对股权的法律性质，学术界存在诸多分歧，包括“所有权说”“债权说”“共有权说”“社员权说”“所有权债权化说”等。参见漆多俊：《论股权》，载《现代法学》1993年第4期。

券和不完全有价证券。完全有价证券，是指证券上权利的发生、移转和行使全部与证券紧密结合，如票据。不完全有价证券，是指证券上权利的移转和行使与证券紧密结合，但是权利的发生不以作成证券为必要，如股票、提单等。

第三，依据有价证券上权利人记载方式的不同，可以把有价证券分为记名证券、指示证券和不记名证券。记名证券，是指在证券上明确记载权利人名称的有价证券。指示证券，是指在证券上记载权利人名称之后，还附加记载“或其指定之人”的有价证券。不记名证券，是指在证券上不记载权利人名称或抽象地记载“来人”的有价证券。

第四，依据有价证券上权利与其存在原因之间的关系，可以把有价证券分为有因证券(要因证券)和无因证券(无要因证券)。有因证券，是指证券上权利受其存在原因影响的证券。大部分证券是有因证券。无因证券，是指证券上权利与原因关系分离的证券。票据为典型的无因证券。

第五，依据有价证券上权利的经济性质或有价证券功能的不同，可以把有价证券分为商品证券、货币证券和资本证券。商品证券是代表一定的商品所有权的有价证券，如提单、仓单。货币证券是代表一定数额的货币支付请求权的有价证券，如票据。资本证券是代表一定的资本收益权及相关权利的有价证券，如股票。

2. 票据是以无条件支付或无条件委托支付确定的金额为内容的有价证券

此处的“无条件”，不是指签发票据无条件，而是指出票后，出票人就为自己设定了无条件支付或担保承兑、担保付款的义务，该义务无对价利益可言，而且不得附加任何条件或限制。票据的这一特性有利于流通。

3. 票据是出票人依据票据法的规定签发的

票据法实行严格的法定主义，票据的高度流通性需由票据法的众多强行性规定予以保障。对于票据的种类、票据签发的记载事项、票据的背书转让、票据权利的行使与保全以及票据的丧失与补救，票据法都作出了严格的规定。

(二) 票据的历史沿革

票据是商品经济发展的产物，并随着商品经济的发展而发展。

学者们认为，我国古代的“帖子”“飞钱”“交子”等皆为具有票据性质的文书。明清时期，票据的使用相当广泛，发展较快。清朝末年，西方的银行制度与票据制度进入我国，并取代了我国固有的票据制度。民国时期，国民政府制定《票据法》，完全采用西方票据制度，确定了汇票、本票、支票三种票据形式。

关于西方的票据，一般认为起源于12世纪意大利商人间流行的一种兑换证书。当时，地中海沿岸商业发达，而在封建割据下，各国币制不同，商人异地送款不易。专营货币兑换的商人发行一种兑换证书供异地取款，成为本票和汇票的前身。随着商品经济与国际贸易的发达，到16世纪，票据制度日趋完备，逐渐有了背书、承兑、交换等各种制度，银行出现后，又出现了专门由银行付款的支票。[1]

(三) 票据的特征

1. 票据是流通证券

从票据的发展史可以看出，票据与商品经济的快捷、便利结合在一起，票据持有人可以依照票据法的规定转让票据，从而转移票据权利。各国票据法都以促进票据的流通为宗旨，英美法系国家更以“流通证券”总称票据。

2. 票据是金钱债权证券

票据所代表的财产权利为债权，而且是金钱给付请求权。依法占有票据的持票人享有向特定的票据债务人请求支付票载金额的权利，而票据债务人负有无条件支付票载金额的义务。

3. 票据是完全有价证券

票据上的权利不能脱离票据而独立存在，票据权利的发生、移转和行使都与票据紧密结合，即票据权利的发生必须作成票据，票据权利的移转必须交付票据，票据权利的行使必须提示票据。票据也是有价证券，由此派生出提示证券的特征。

4. 票据是设权证券

设权证券是与证权证券相对而言的，这一特征是从完全有价证券与不完全有价证券的区别导出的。所谓设权证券，是指票据权利的发生必须作成票据，即票据不是证明已经存在的权利，而是由票据行为——出票行为创设票据权利。出票人签发并交付票据于收款人后，对收款人而言，这张票据也是其享有票据权利的证明。

5. 票据是无因证券

票据权利与作成票据的原因相分离。票据权利人行使票据权利，以持有票据为必要的前提条件，只要票据符合法定形式要件，即发生效力，而不受取得票据的原因所影响。持票人在行使票据权利时，不需证明取得票据的原因。票据债务人也没有对票据取得原因的审查义务。

但是，票据的无因只是“相对无因”。在票据的原因关系当事人与票据关系当事人重合时，票据关系受票据的原因关系影响，以方便解决当事人间的权利纠纷。另外，当持票人以欺诈、偷盗或者胁迫等手段取得票据，或者明知有这些情形，仍出于恶意取得票据时，如果强调票据绝对无因，则将使票据成为保护不法行为人的工具。

---

① 参见谢怀栻著，程啸增订:《票据法概论》(增订二版)，法律出版社 2017 年版，第 22 页。

6. 票据是要式证券

票据必须符合法定形式要件，才发生效力。法定形式要件包括票据用纸、票据种类、票据的记载事项等，各国票据法对此作出了严格规定。

7. 票据是文义证券

票据的无因性使票据关系抽象地脱离于作成票据的原因，而票据的文义性使票据的无因性具体化。票据上的权利义务必须以票据上的文字表述为准，文义之外的任何理由、事项均没有确认、变更或补充票据上的权利义务的效力。

（四）票据的分类

1. 法律上的分类

票据法对票据种类采取法定主义，不允许当事人发行法定票据种类之外的其他票据。我国《票据法》所称票据，是指汇票、本票和支票。我国的具体票据种类如下图所示：

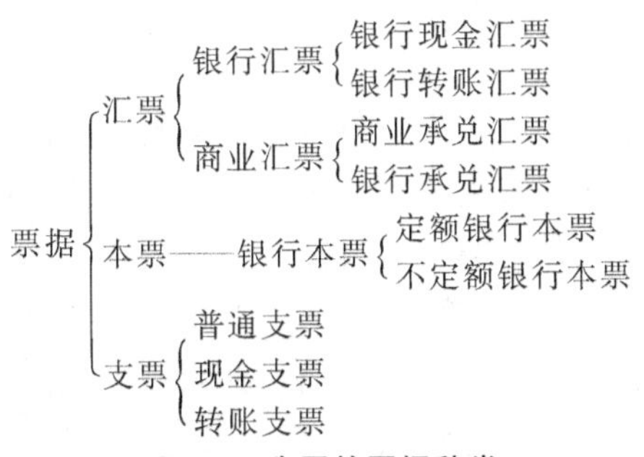

图 5-1　我国的票据种类

汇票是出票人签发的，委托付款人在见票时或者在指定日期无条件支付确定的金额给收款人或者持票人的票据。

按照出票人的不同，汇票可分为银行汇票和商业汇票。银行汇票是出票银行签发的，由其在见票时按照实际结算金额无条件支付给收款人或者持票人的票据。银行汇票的出票银行为银行汇票的付款人。银行汇票无须承兑。商业汇票是银行以外的法人或其他经济组织签发的，委托付款人在指定日期无条件支付确定的金额给收款人或者持票人的票据。

按照用途的不同，银行汇票可分为银行现金汇票和银行转账汇票。汇票上由出票银行记载有“现金”字样的为银行现金汇票。汇票上未记载“现金”字样或记载有“转账”字样的为银行转账汇票。银行现金汇票既可以用于转账，也可以用于支取现金；而银行转账汇票只能用于转账。

按照承兑人的不同，商业汇票可分为商业承兑汇票和银行承兑汇票。商业承兑汇票由银行以外的付款人承兑，而银行承兑汇票由银行承兑。

本票是出票人签发的，承诺自己在见票时无条件支付确定的金额给收款人或者持票人的票据。银行本票分为定额银行本票和不定额银行本票两种。定额银行本票的金额已印制在本票正面,签发时不得再另行填写。我国定额银行本票的面额为1000元、5000元、10000元和50000元。不定额银行本票的金额由出票银行签发时填写。银行本票可以用于转账,而注明“现金”字样的银行本票可以用于支取现金。

支票是出票人签发的,委托办理支票存款业务的银行或者其他金融机构在见票时无条件支付确定的金额给收款人或者持票人的票据。支票上印有“现金”字样的为现金支票,只能用于支取现金。支票上印有“转账”字样的为转账支票,只能用于转账。支票上未印有“现金”或“转账”字样的为普通支票,可以用于支取现金,也可以用于转账。在普通支票左上角划两条平行线的为划线支票,只能用于转账,不得用于支取现金。

2. 学理上的分类

第一,依据出票人是否直接对票据进行付款,可以把票据分为自付票据和委付票据。

自付票据,是指出票人本人直接对持票人承担无条件付款义务的票据,如本票。委付票据,是指出票人本人不直接承担无条件付款义务,而是委托他人承担无条件付款义务的票据,如汇票和支票。

自付票据和委付票据的区别如下:(1) 票据上的基本当事人不同。基本当事人是随出票行为出现的票据当事人。自付票据的基本当事人有两个:出票人和收款人。委付票据的基本当事人有三个:出票人、付款人和收款人。(2) 出票人的责任不同。自付票据的出票人直接对持票人承担无条件付款义务。委付票据的出票人不直接承担无条件付款义务,而是委托他人承担无条件付款义务。

第二,依据票据上记载的付款日期,可以把票据分为即期票据和远期票据。

即期票据是以出票日为付款到期日,由付款人见票即付的票据。我国的本票、支票、银行汇票均为即期票据。远期票据是以出票日后的某个日期为付款到期日,付款人在到期日后才付款的票据,如我国的商业汇票。

依据到期日的记载方式不同,汇票可分为出票后定日付款的汇票、出票后定期付款的汇票和见票后定期付款的汇票。出票后定日付款的汇票,又称“定日汇票”“定期汇票”或“板期汇票”,是指出票人签发汇票时,记载某个具体的日期作为到期日的汇票,如将到期日记载为“2005年3月15日”。出票后定期付款的汇票,又称“计期汇票”,是指出票人没有记载一个固定的日期为到期日,而是记载在出票日后经过一定期间为到期日的汇票,如记载为“出票日后2个月付款”。见票后定期付款的汇票,又称“注期汇票”,是指出票人记载在见票日后一定期间付款的汇票,如记载为“见票日后3个月付款”。

即期票据和远期票据的区别如下:(1) 作用不同。即期票据的付款人见票即付,主要作用是作为支付工具;而远期票据的主要作用是对出票人或付款人从出票日到付款到期日提供期间信用。(2) 付款是否需以事先承兑为前提不同。承兑,是指付款人承诺在票据到期日支付票载金额的票据行为。在我国,即期票据就是见票即付的票据,无须承兑;而远期票据必须承兑。

第三,依据对票据权利人的记载方式,可以把票据分为记名票据、指示票据和不记名票据。

记名票据,是指在票据上明确记载权利人名称的票据。指示票据,是指在票据上记载权利人名称之后,还附加记载"或其指定之人"的票据。不记名票据,是指在票据上不记载权利人名称,或抽象地把权利人记载为"持票人"或"来人"的票据。

记名票据、指示票据和不记名票据的区别如下:(1) 法律要求的转让方式不同。记名票据和指示票据必须依背书[①]转让,而不记名票据依直接交付转让。在我国,汇票和本票都是记名票据,必须依背书转让。我国《票据法》第 85 条规定:"支票上的金额可以由出票人授权补记,未补记前的支票,不得使用。"中国人民银行 1997 年 9 月 19 日发布的《支付结算办法》第 119 条规定:"支票的金额、收款人名称,可以由出票人授权补记。未补记前不得背书转让和提示付款。"这说明,在我国,支票也是记名票据。我国不承认指示票据和不记名票据。(2) 法律对出票人的要求不同。记名票据的出票人可以在票据上记载"不得转让"字样,以达到限制票据流通的目的;而指示票据的出票人则不得做此记载,否则会与出票人对票据权利人的记载方式相矛盾;无记名票据的出票人也不应做此记载。[②]

(五) 票据当事人

票据当事人,是指享有票据权利、承担票据义务以及与票据权利义务有密切关系的法律主体。[③]

出票人,是指签发并交付票据,从而创设票据权利的人。

收款人,是指出票人在票据上明确记载的权利主体。

付款人,是指委付票据中由出票人记载的,可能对持票人承担付款义务的人。

背书人,是指在票据背面或者粘单上记载有关事项并签章,从而将票据权利转让给他人或者将一定的票据权利授予他人行使的人。

被背书人,是指经背书人的背书交付而取得票据的人。

---

① 背书,是指在票据背面或者粘单上记载有关事项并签章的票据行为。持票人可以此方式将汇票权利转让给他人或者将一定的汇票权利授予他人行使。背书行为将在本章第二节详述。

② 参见李绍章:《中国票据法原理》,中国法制出版社 2012 年版,第 10—11 页。

③ 参见王小能编著:《票据法教程》(第二版),北京大学出版社 2001 年版,第 23 页。

承兑人,是指承诺在汇票到期日支付汇票金额的汇票付款人。

保证人,是指在票据上记载一定事项,对某一票据债务人的票据义务承担保证责任的人。

被保证人,是指保证人所担保的人。

对于票据上的当事人,依据不同的标准,可以进行不同的分类:

第一,依据当事人在票据上的相互的位置,可以分为前手和后手。

前手,是指在票据签章人或者持票人之前签章的其他票据债务人。

后手,是指在票据签章人之后签章的其他票据债务人。

第二,依据当事人在票据关系中的地位,可以分为票据权利人、票据义务人和票据关系人。

票据权利人,通常被称为“持票人”,包括最初的收款人、最后的被背书人以及履行了追索义务的背书人。但是,并非所有的持票人都是票据权利人。我国《票据法》第12条规定:“以欺诈、偷盗或者胁迫等手段取得票据的,或者明知有前列情形,出于恶意取得票据的,不得享有票据权利。持票人因重大过失取得不符合本法规定的票据的,也不得享有票据权利。”

票据义务人,是指在票据上作真实签章的当事人。依据所负义务以及权利人向其行使权利所依据的法律次序,票据义务人可以分为第一债务人(主债务人)和第二债务人(次债务人)。第一债务人,是指在见票时或票据到期日承担无条件支付票载金额义务的人,即票据权利人首先主张权利的对象,包括汇票承兑人、本票出票人、支票保付人[①]。第二债务人,是指第一债务人之外在票据上签章的当事人。

票据关系人,是指票据上记载的既不享有票据权利也不承担票据义务,但是与票据权利义务有密切关系的当事人,如汇票上未为承兑行为的付款人、支票的付款人。

第三,依据票据当事人是否随出票行为(基本票据行为)而产生,可以分为基本当事人和非基本当事人。

基本当事人,是指随出票行为而产生的当事人,如汇票和支票上的出票人、收款人和付款人,本票上的出票人和收款人。

非基本当事人,是指不随出票行为而随其他票据行为而产生的当事人,如背书人、承兑人、保证人。

(六)票据的作用

1. 支付作用

代表定额货币、代替现金支付是票据最原始的作用。汇票、本票和支票都可

---

① 我国《票据法》未规定保付支票,我国没有支票保付人,因此在支票上没有主债务人。保付支票,是指经付款人在支票上为保付行为后,由付款人承担绝对的付款义务的支票。

以作为支付工具。票据支付既简便又安全,对当事人而言,可以节省点数货币的麻烦和时间,而且避免了大额交易中携带大量货币的不安全性;对国家而言,可以减少货币的发行量。

2. 汇兑作用

运用票据异地输送资金,使异地交易输送资金的不便问题得以解决。这一作用最为明显地体现在汇票上。

3. 结算作用

结算作用,也称"债务抵销作用"。票据作为结算工具,体现为:互有债务的双方当事人各签发一张本票给对方,即可抵销债务;债权人签发汇票,指定自己的债务人向自己的债权人无条件支付一定金额,由此消灭相互之间的债权债务;等等。现代各国广泛实行票据交换制度,国家间也通过票据交换中心和票据买卖市场进行国际结算。

4. 信用作用

在现代商业社会,人们常常以英语"credit"作为信用的对应词,将其解释为"企业或个人及时借款或获得商品的能力,是特定出借人等债权人或其他权利人一方对于对方有关偿债力和可靠性所持肯定性意见的结果"[①]。简言之,就是把将来可取得的货币作为现在的货币使用,解决了现金支付在时间上的障碍问题。信用作用主要体现在远期票据上。

5. 融资作用

融资,即融通资金。票据的融资作用主要通过票据贴现、转贴现、再贴现实现。票据贴现是贷款人以购买借款人未到期商业票据的方式发放的贷款,是指商业汇票的持票人在汇票到期日前,为了取得资金,贴付一定利息,将票据权利转让给金融机构的票据行为。这是金融机构向持票人融通资金的一种方式。商业银行经营票据贴现和转贴现,中央银行经营票据再贴现。如果需用资金而专门发行远期票据向银行贴现,那么这种票据就成了单纯的融资工具。现代票据市场通过买卖未到期和到期票据,加速了资金周转,提高了资金使用效率。

二、票据法概述

(一)票据法的概念

票据法,是指调整票据关系以及与票据关系有关的其他社会关系的法律规范的总称。票据关系,是指票据当事人之间因票据行为(出票、背书、承兑等)而产生的票据上的权利义务关系。与票据关系有关的其他社会关系,是指不是基

① Bryan A. Garner (ed.), *Black's Law Dictionary* (5th ed.), West Publishing Co., 1979, p. 331.

于票据行为直接产生的,而是由票据法直接规定的与票据关系有密切联系的权利义务关系,又被称为“票据法上的非票据关系”。

票据法有广义和狭义之分。广义的票据法,也称“实质意义上的票据法”,包括一切有关票据的法律规范,即除了专门的票据法规范之外,还包括其他法律规范中有关票据的规定,如民法中关于民事主体、法律行为、期间、代理等的规定,民事诉讼法中关于公示催告、除权判决的规定,刑法中关于伪造和变造票据、签发空头支票、冒用他人票据等行为的规定等。狭义的票据法,也称“形式意义上的票据法”,仅指规范票据和票据关系的专门立法。通常所说的“票据法”,仅指狭义的票据法。

我国规范票据关系的专门立法主要有:《票据法》《票据管理实施办法》《最高人民法院关于审理票据纠纷案件若干问题的规定》《支付结算办法》《支付结算会计核算手续》等。

(二)票据法的特征

1. 私法兼具公法性

票据法作为商事领域重要的部门法,调整的是平等主体之间的票据关系以及与票据关系有关的其他社会关系,属于私法范畴。但是,为了促进票据的流通与维护票据交易的安全,票据法中规定了相当数量的公法性规范。例如,票据法规定禁止签发空头支票,禁止票据伪造、变造;规定票据违法行为的法律责任等。

2. 强行性而非任意性

私法性规范一般以任意性规范居多,但是由于现代票据法的宗旨仅在于保障票据上权利的确定和促进票据的流通,因此规定了很多强行性规范。例如,票据种类法定,不允许当事人发行法定票据种类之外的其他票据;对票据适用外观显示主义,规定票据的无因性、要式性和文义性,并规定票据的效力;对票据当事人的权利义务采用强行性规则,规定付款请求权和追索权的具体行使规则、票据债务人的抗辩与限制等。

3. 技术性而非伦理性

法律与社会伦理道德具有一定的联系,法律中的某些规范体现了一些道德上的价值取向,传统的民法与刑法体现得尤甚。随着商品交易发展起来的票据及相关法律规范基本上很少受到历史文化传统及伦理道德的影响,更多地体现了繁荣市场、提高效率的价值追求。为了便于当事人对票据的正确认识和使用,票据法规定了许多操作性很强的技术性规范。例如,票据法规定票据的无因性、要式性和文义性;规定各种票据行为的规则;规定票据权利的取得、行使、保全规则;规定票据义务的承担、票据债务人的抗辩与限制规则;等等。

4. 国内法兼具国际统一性

票据法虽属国内法,但从立法内容和发展趋势来看,又具有较强的国际统一性。在1930年、1931年日内瓦统一票据法会议召开之后，世界上逐渐形成了两大票据法系——日内瓦统一票据法系和英美票据法系，二者之间正在逐渐消除根本性差异。

（三）票据法的法系和国际统一运动

1. 票据法统一运动之前票据法的法系

在日内瓦统一票据法会议召开之前，世界各国的票据法可分为法国法系、德国法系和英美法系。

（1）法国法系

法国是世界上最早制定成文票据法的国家。1673年，法国国王路易十四颁布《陆上商事条例》，以专章规定了票据规则。1807年，法国颁布《法国商法典》，系统规定了汇票和本票规则。1865年，法国又专门制定了《支票法》。仿效法国进行票据立法的国家的票据法被归入法国法系。

法国法系的票据法有以下几个特点：（1）在立法体例上采"分别立法主义"，即票据仅包括汇票和本票，支票以另法规定；（2）在票据的作用上采"输金主义"，即票据仅为输送金钱的工具，偏重于票据的汇兑作用；（3）在基本制度上采"旧票据主义"，即强调票据关系的有因性，认为票据关系与票据基础关系不可分，不利于票据的流通。

（2）德国法系

自17世纪起，德意志各邦相继颁布了票据法，但是很不统一。1847年，德国以普鲁士邦法为基础，制定了统一的《普通票据条例》。该条例后来几经修订，于1871年公布施行，即《票据法》。该法仅涉及汇票和本票。1908年，德国又另行制定了《支票法》。

德国法系的票据法有以下几个特点：（1）在立法体例上同法国法系，采"分别立法主义"；（2）在票据的作用上不仅注重汇兑作用，而且强调票据的信用作用和融资作用；（3）在基本制度上采"新票据主义"，即强调票据关系的无因性，认为票据关系与票据基础关系相分离，推动了票据的流通。

（3）英美法系

英国于1882年颁布了《票据法》，规定的内容包括汇票、本票和支票（支票作为汇票的一种规定）。1957年，英国又颁布了《支票法》（共8条）作为补充。①

美国于1896年由非官方组织制定了《统一流通证券法》，对汇票、本票和支票作了规定。1952年，美国法学会和统一州法委员会合作编纂了《统一商法典》，第三编为"商业证券"，规定了汇票、本票、支票、存款单。

英美法系的票据法有以下几个特点：（1）在立法体例上采"包括主义"，将票

---

① 参见王小能编著：《票据法教程》（第二版），北京大学出版社2001年版，第4页。

据的各种形式规定于一部法律或文件中;(2) 在票据的作用上强调票据的信用作用和融资作用;(3) 在基本制度上强调票据关系的无因性,注重保障票据权利的确定性和促进票据的流通;(4) 对票据的形式和票据行为的规则,规定得更加灵活,如承认存款单为票据种类之一,确认附带利息的票据和分期付款的票据的效力,规定简便的票据行为规则,规定拒绝证书的免除等。

2. 票据法的国际统一运动

国际贸易的发展在客观上要求票据立法趋向国际统一。20 世纪以来,票据法的国际统一运动主要有三次:

(1) 海牙统一票据法会议

1910 年和 1912 年,荷兰政府在海牙主持召开了两次统一票据法会议,制定了统一票据规则和统一支票规则。海牙统一票据法会议提出的票据法规则比较适合欧陆国家的实际,为大多数与会国所承认。尽管这些规则因一战的爆发而未获得各国政府批准,但是对欧洲一些国家的票据立法或修订起到了重要的示范作用。

(2) 日内瓦统一票据法会议

1930 年和 1931 年,国际联盟在日内瓦组织召开了统一票据法会议,议定了《统一汇票本票法》和《统一支票法》。会议签署的《统一汇票本票法公约》和《统一支票法公约》已经生效,但是英、美两国并未参加这两个公约。

公约的签约国,如法国、德国、瑞士、日本等,修订了本国的票据法,使法国法系和德国法系的区别逐渐消失,大陆法系各国票据法与统一法基本一致,从而形成日内瓦统一票据法系。

由于英、美两国未参加公约,因此在世界上至今仍存在着日内瓦统一票据法系和英美票据法系两大票据法系。

(3) 联合国统一票据法活动

日内瓦统一票据法会议并没有解决世界性的票据法统一问题。为了进一步促进国际票据法的统一,推动国际贸易的发展,联合国国际贸易法委员会从 20 世纪 70 年代起开展了统一票据法活动。1988 年 12 月,联合国大会审查通过了《国际汇票和国际本票公约》,该公约是在考虑到日内瓦统一票据法系与英美票据法系之间差异的基础上制定的,兼顾了两大法系国家的不同利益要求。但是,该公约因为签字国未达到公约要求的数量,至今尚未生效。

三、票据关系与非票据关系

(一) 票据关系

票据关系,是指票据当事人之间因票据行为(出票、背书、承兑等)而直接产生的票据上的权利义务关系。由于票据是一种金钱债权证券,因此票据关系是一种特殊的民事法律关系，实质上是票据债权人和票据债务人之间的债权债务关系。票据关系具有以下几个特征：

1. 票据关系基于票据行为而直接产生

票据法采用严格要式主义，只有法定票据行为才能引起票据关系发生。例如，因出票行为而产生的出票人与收款人之间的关系（汇票出票人对收款人担保承兑和担保付款，本票出票人对收款人承担付款义务，支票出票人对收款人担保付款）、收款人与付款人之间的关系（汇票收款人向付款人请求承兑或付款，支票收款人向付款人请求付款）；因背书行为而产生的背书人与被背书人之间的关系、被背书人与付款人或出票人之间的关系、背书的前手与后手之间的关系；因承兑行为而产生的持票人与承兑人之间的关系（承兑人作为汇票主债务人，对持票人承担无条件付款义务）；因保证行为而产生的保证人与被保证人之间的关系、保证人与持票人之间的关系；因付款行为而使票据权利消灭、所有票据债务人的义务解除。

2. 票据关系主体的多方性和相对性

票据签发之后，可以多次背书转让，加上承兑、保证等票据行为，会产生多个票据当事人，此即票据关系主体的多方性。在一系列票据行为中，票据关系主体又具有相对性。例如，在背书关系中，背书人相对于其前手是债权人，而相对于其后手则是债务人。

3. 票据关系的客体是一定金额的货币

票据关系的客体是票据上所载明的一定金额的货币。票据关系的客体具有单一性，即只能是货币。

4. 票据关系的内容是票据权利和票据义务

票据当事人因票据行为而享有票据权利和承担票据义务。由于票据关系实质上是一种债权债务关系，因此票据关系的内容也可表述为票据债权债务。票据债权即持票人享有的付款请求权和追索权，相对应的是票据债务人负有的付款义务和偿付义务。

5. 票据关系具有无因性和独立性

为了保障形式合法票据之效力的确定和促进票据的流通，票据法一般赋予票据关系无因性和独立性。票据关系的无因性，又称“票据关系的抽象性”，是指票据关系与票据基础关系相分离。票据关系的独立性，是指数个票据关系可以在同一票据上各自独立存在并发生效力，互不影响。

（二）非票据关系

非票据关系，是指虽不是基于票据行为而直接产生，但与票据关系有密切联系的权利义务关系，包括票据法上的非票据关系和民法上的非票据关系。

1. 票据法上的非票据关系

票据法上的非票据关系是基于票据法的规定而产生的。根据各国的相关规定,票据法上的非票据关系包括:汇票回单签发关系,票据返还关系,票据复本、誊本的发行与返还关系,票据法上的利益偿还关系[①]等。

2. 民法上的非票据关系

民法上的非票据关系,又称“票据基础关系”,是指票据关系所赖以产生的民事基础法律关系。它属于民法上的法律关系,是独立于票据关系的另一类法律关系,包括票据原因关系、票据资金关系、票据预约关系。票据原因关系,是指票据当事人之间因授受票据的事由而产生的法律关系。票据资金关系,是指汇票和支票中出票人与付款人之间的委托付款合同关系。票据预约关系,是指授受票据的当事人之间在签发票据之前就票据的签发或转让的基本事项所达成的合同关系。

(三)票据关系的无因性

票据关系的无因性,又称“票据关系的抽象性”,是指票据关系与票据基础关系相分离。这种分离表现为:

1. 票据关系与票据原因关系的分离

(1) 票据行为一经完成,即与其产生的票据原因关系相分离。即使票据原因关系不存在、无效、被撤销,票据关系的效力也不受影响。

(2) 票据背书转让时,受让人无须了解转让人取得票据的原因。

(3) 持票人行使票据权利时,以持有票据为必要的前提条件,不负取得票据原因关系的举证责任。票据只要符合法定形式要件即发生效力,而不受取得票据的原因所影响。

(4) 票据债务人履行债务时,无须实质审查持票人取得票据的原因。

2. 票据关系与票据资金关系的分离

(1) 基于票据关系而产生的票据权利不受资金关系的影响,是独立的票据权利——付款请求权和追索权。

(2) 汇票付款人的承兑行为与票据资金关系并无当然的联系。付款人即使从出票人处得到资金,也不因此而成为当然的票据债务人,因为付款人可以拒绝承兑;而付款人一经承兑,即使没有从出票人处得到资金,也必须承担付款责任。

(3) 出票人不得以票据资金关系存在为由拒绝其后手的追索权。

不同于汇票,支票的付款人仅为关系人,而非债务人。支票的付款人因出票人存款不足而退票,符合法律规定。

---

① 票据法上的利益偿还关系将在本章第五节专门阐述。

3. 票据关系与票据预约关系的分离

(1) 票据关系的效力独立，不受票据预约关系的影响。即使票据上的文义与票据预约合同中的规定不一致，该票据仍依票载文义发生法律效力。

(2) 票据当事人违反票据预约合同并不影响其票据债权债务，同时要承担民法上的违约责任。

但是，票据的无因性不是绝对的，票据的无因只是"相对无因"。在票据基础关系当事人与票据关系当事人重合时，票据关系受票据基础关系的影响。如果让没有给付对价的当事人取得不受限制的票据权利，则有悖于公平交易的原则。正是因为票据无因性的相对性，所以票据关系与票据基础关系产生了一定的牵连，票据债务人基于这种牵连可以行使相应的抗辩权。

(四) 我国《票据法》关于票据基础关系的规定是否与票据的无因性相冲突

我国《票据法》规定，"票据的签发、取得和转让，应当遵循诚实信用的原则，具有真实的交易关系和债权债务关系"；"汇票的出票人必须与付款人具有真实的委托付款关系，并且具有支付汇票金额的可靠资金来源"；"本票的出票人必须具有支付本票金额的可靠资金来源，并保证支付"；"开立支票存款账户和领用支票，应当有可靠的资信，并存入一定的资金"。

我国《票据法》对票据基础关系真实性的要求，确实容易使人对该法中的票据关系与票据基础关系分离的原则产生怀疑。但是，《票据法》中仅仅要求票据基础关系具有真实性，并未对不具备真实性的票据基础关系对票据关系效力的影响作出明确规定。[①] 依据法理学可知，从逻辑上讲，每一法律规范均由行为模式和法律后果两部分构成，法律后果又包括肯定性法律后果和否定性法律后果。《票据法》的上述四条规定都采"……应当(必须)……"模式，并未规定不这样做对整个流转过程中的票据关系有何影响。《票据法》中关于票据无效的规定则都是很明确的。即使票据基础关系不真实或者欠缺，只要票据符合法定形式要件，票据关系仍然有效。《最高人民法院关于审理票据纠纷案件若干问题的规定》第14条明确规定："票据债务人以票据法第十条、第二十一条的规定为由，对业经背书转让票据的持票人进行抗辩的，人民法院不予支持。"这说明，我国《票据法》仍然坚持票据的无因性原则。

通过以上分析可以看出，我国《票据法》关于票据基础关系的规定并不与票据的无因性相冲突。我国立法工作坚持原则性与灵活性相结合，是保证立法正确、有效和切实可行的重要原则。《票据法》对票据基础关系的规定只是出于对我国现阶段信用体制、银行业的风险控制机制尚待加强的考虑，对票据基础关系稍加强调。不可否认的是，《票据法》主要致力于规范票据关系，而票据基础关系

① 参见董安生主编：《票据法》(第二版)，中国人民大学出版社2000年版，第30页。

则由民法上的债权债务之一般制度规范。《票据法》原则上肯定票据的无因性,对以票据基础关系抗辩票据关系的规定是票据相对无因性的体现,追求的是一种法益的平衡,而且这些规定都有严格的条件限制,目的是促进效率、兼顾公平。

第二节 票据行为

一、票据行为概述

(一)票据行为的概念和性质

票据法中有专门规定的票据行为一般被称为“狭义的票据行为”,包括出票、背书、保证、承兑、参加承兑、保付六种。我国《票据法》只规定了前四种。既符合民事法律行为要件,又可产生、变更或消灭票据上的权利义务关系的行为,被称为“广义的票据行为”,除了上述六种票据行为外,还包括付款、参加付款、见票、划线、涂销、更改等。

根据票据行为的性质,可将狭义的票据行为分为基本票据行为和附属票据行为。基本票据行为,是指出票行为,即创设票据的行为。附属票据行为,是指出票行为以外的其他票据行为,包括背书、保证、承兑等,这些票据行为以出票行为为前提。一般情况下,基本票据行为无效,附属票据行为也无效。但是,附属票据行为无效,不会影响到基本票据行为及其他票据行为的效力。

关于票据行为的性质,学术界有两种观点:契约说和单方法律行为说。[①] 契约说认为,票据债务人之所以承担票据上的义务,是因为他与票据债权人订立了契约,票据是一种特殊的契约。英美票据法系多采用这种观点。单方法律行为说认为,票据行为因行为人单方行为而成立,无须合意;票据债务仅因债务人的单方行为而成立。日内瓦统一票据法系国家多采用这种观点。我国《票据法》关于票据行为性质的规定采用单方法律行为说。

(二)票据行为的特征

1. 要式性

票据行为是要式法律行为,行为人必须严格依照法定格式和记载事项的规定,作出书面记载,并由行为人签章。如果欠缺法定要式,就会影响票据的法律效力。

2. 文义性

票据行为的内容以票据上的文字记载为准。即使票据上的文字记载与实际情况不一致,仍以票据上的文字记载为准,不得用票据上的文字记载以外的书面

---

① 参见王秉乾编著:《比较票据法案例选评》,对外经济贸易大学出版社 2013 年版,第 84—86 页。

记载或其他资料对票据上的文义作出确认、变更或补充。即使有证据能证明票据的实际出票日与票据上记载的出票日不一致,法律上仍以票据上记载的出票日为准。根据我国《票据法》,在票据上签章的票据债务人按照票据所记载的事项承担票据责任。

3. 抽象性(无因性)

票据行为的成立通常以某种票据基础关系为前提,如因买卖、借贷或其他原因而签发或转让票据。但是,票据行为成立后,其内容和效力与票据基础关系相分离而独立存在。票据行为只需具备抽象的法定要式,就可产生法律效力,而不问其实质如何。

4. 独立性

已经具备法定要式的同一票据上存在多个票据行为时,每个行为各依其票载文义独立发生效力,其中某一票据行为的无效不影响其他票据行为的效力。我国《票据法》规定,"无民事行为能力人或者限制民事行为能力人在票据上签章的,其签章无效,但是不影响其他签章的效力";"票据上有伪造、变造的签章的,不影响票据上其他真实签章的效力"。

每一票据行为的效力独立的前提是,该票据已经具备法定形式要件。如果票据的绝对应记载事项欠缺,即出票行为欠缺形式要件,票据因而无效,则其他票据行为(背书、承兑、保证等)均不能发生效力。

5. 连带性(牵连性)

票据上的行为人即签章人,一般都是票据的债务人,对持票人承担连带责任。[①] 我国《票据法》第 68 条第 1、2 款规定:"汇票的出票人、背书人、承兑人和保证人对持票人承担连带责任。持票人可以不按照汇票债务人的先后顺序,对其中任何一人、数人或者全体行使追索权。"

(三)票据行为的构成要件

票据行为是一种法定要式行为,不仅应具备民法上规定的一般法律行为的要件,还应具备票据法上规定的要件。

1. 实质要件

(1) 票据权利能力和票据行为能力

票据行为的主体应具有票据权利能力和票据行为能力。票据权利能力和票据行为能力原则上适用民法的一般规定,但是民法上的无民事行为能力和限制行为能力都是无票据行为能力。

---

① 票据行为代理中,由代理人签章,而在授权范围内的票据责任则由被代理人承担。票据伪造中,伪造人和被伪造人都不是真实的签章人,因此都不承担票据责任。

(2) 意思表示

票据行为的意思表示适用民法的一般原则。例如,我国《票据法》第 12 条规定:"以欺诈、偷盗或者胁迫等手段取得票据的,或者明知有前列情形,出于恶意取得票据的,不得享有票据权利。持票人因重大过失取得不符合本法规定的票据的,也不得享有票据权利。"但是,如果票据行为人的意思表示不真实,如对一方实施欺诈、胁迫或乘人之危,使对方在违背真实意思的情况下所为的票据行为,只要该票据行为具备法定要式,票据行为人必须按照票据文义对善意持票人及其他合法持票人承担票据责任。

(3) 行为的合法性

票据行为具有抽象性,所以票据基础关系合法与否不影响善意持票人的票据权利。但是,如果票据行为不符合法定形式要件,则票据行为无效。

2. 形式要件

(1) 作成书面

作为完全有价证券、要式证券、文义证券,票据必须作成书面才有效。票据用纸、格式以及印制都由法律严格规定。我国《票据法》第 108 条规定:"汇票、本票、支票的格式应当统一。票据凭证的格式和印制管理办法,由中国人民银行规定。"中国人民银行发布的《票据管理实施办法》第 5 条规定:"票据当事人应当使用中国人民银行规定的统一格式的票据。"第 35 条规定:"票据的格式、联次、颜色、规格及防伪技术要求和印制,由中国人民银行规定。中国人民银行在确定票据格式时,可以根据少数民族地区和外国驻华使领馆的实际需要,在票据格式中增加少数民族文字或者外国文字。"《支付结算办法》第 9 条规定:"票据和结算凭证是办理支付结算的工具。单位、个人和银行办理支付结算,必须使用按中国人民银行统一规定印制的票据凭证和统一规定的结算凭证。未使用按中国人民银行统一规定印制的票据,票据无效;未使用中国人民银行统一规定格式的结算凭证,银行不予受理。"第 120 条规定:"签发支票应使用炭素墨水或墨汁填写,中国人民银行另有规定的除外。"

(2) 记载事项

票据行为人必须按票据法规定的法定要式在票据上作出记载,以免影响票据效力。根据记载后的效力不同,票据上的记载事项可以分为以下几种:

第一,绝对应记载事项,是指票据法明文规定票据上必须记载的事项,如果欠缺该记载事项,则票据无效。绝对应记载事项通常包括:表明票据种类的文字、行为人签章、确定的金额、出票日期、无条件支付的委托或承诺。

第二,相对应记载事项,是指票据上也应记载,但是如果当事人不记载,票据法另有特别规定可作依据,而票据仍然有效的事项。相对应记载事项一般包括:汇票的付款日期、付款地、出票地,本票和支票的付款地、出票地。

第三，任意记载事项，又称“有益记载事项”，是指票据当事人可以自行决定记载与否，不记载并不影响票据的效力，而一旦记载，即产生票据效力的事项。例如，我国《票据法》规定，出票人在汇票上记载“不得转让”字样的，汇票不得转让。背书人在汇票上记载“不得转让”字样，其后手再背书转让的，原背书人对后手的被背书人不承担保证责任。

第四，记载后不发生票据上效力的事项，是指票据当事人自行在票据上作了记载后不发生票据上效力的事项。例如，汇票上可以记载票据法规定事项以外的其他出票事项，但是该记载事项不具有汇票上的效力。该记载事项如果符合民法规定，可以产生民法上的法律效力。例如，背书不得附有条件。背书时附有条件的，所附条件不具有汇票上的效力。保证不得附有条件；附有条件的，不影响对汇票的保证责任。

第五，记载本身无效的事项，是指虽经票据当事人记载，但不发生任何法律效力的事项，因而又称“无益记载事项”。例如，支票限于见票即付，不得另行记载付款日期。另行记载付款日期的，该记载无效。

第六，记载后使票据无效的事项，是指一经记载，票据即无效的事项，因而又称“有害记载事项”。例如，票据必须记载无条件支付的委托或承诺，如果记载了附条件支付的委托或承诺，则所附条件导致票据无效。

(3) 签章

票据行为是以承担票据债务为目的的，只有在票据上签章的行为人才是票据债务人，没有在票据上为真实签章的人不承担票据债务。

(4) 交付

票据行为人依法记载并签章后，必须将票据交付给收款人或被背书人，票据行为才得以完成。因此，交付是票据行为有效成立的构成要件之一。

(四) 票据行为的代理

票据行为的代理，是指根据被代理人(本人)的授权，代理人代理被代理人实施票据行为，并在票据上表明其代理关系的法律行为。

票据行为的代理实行票据法理论上的“严格显名主义”。具体而言，票据行为的代理有以下构成要件：

第一，必须明示本人的名义，即必须在票据上记载被代理人名称。这样，虽然本人不是亲自签章，但是本人作为被代理人，承担票据责任。

第二，必须明示代理关系，即代理人必须在票据上明确表示本人与被代理人的代理关系。

第三，必须由代理人在票据上签章。票据行为具有要式性，行为人签章为票据绝对应记载事项。在票据行为的代理中，行为人为代理人，必须在票据上签章。

第四,代理行为必须经被代理人授权。这是票据行为的代理成立的实质要件。没有被代理人授权而代为票据行为的,构成无权代理。

符合上述构成要件的票据行为的代理才发生法律效力,由被代理人承担票据责任。没有代理权而以被代理人名义在票据上签章的,应当由签章人承担票据责任;代理人超越代理权限的,应当就其超越权限的部分承担票据责任。

二、出票

(一) 出票的概念和特征

出票,是指出票人签发票据并将其交付给收款人的票据行为。与其他票据行为相比,出票行为具有以下几个特征:

第一,出票行为是基本票据行为,创设了票据权利。票据的设权性特征即体现在出票上。原则上,出票行为无效,附属票据行为也无效。但是,《最高人民法院关于审理票据纠纷案件若干问题的规定》规定,具有下列情形之一的票据,未经背书转让的,票据债务人不承担票据责任;已经背书转让的,票据无效不影响其他真实签章的效力:(1) 出票人签章不真实的;(2) 出票人为无民事行为能力人的;(3) 出票人为限制民事行为能力人的。

第二,从形式上看,出票行为包括作成票据和交付票据两部分。票据行为的性质虽是单方法律行为,但以交付为生效要件。

第三,从内容上看,出票行为表现为无条件支付的委托或承诺。汇票和支票的出票为无条件支付的委托,本票的出票为无条件支付的承诺。

(二) 出票的格式

出票的格式,是指出票人根据票据法的规定在票据上所为的记载事项。

1. 汇票上的应记载事项

我国《票据法》规定了汇票的绝对应记载事项。第 22 条规定:“汇票必须记载下列事项:(一) 表明‘汇票’的字样;(二) 无条件支付的委托;(三) 确定的金额;(四) 付款人名称;(五) 收款人名称;(六) 出票日期;(七) 出票人签章。汇票上未记载前款规定事项之一的,汇票无效。”根据《票据管理实施办法》的规定,银行汇票的出票人,为经中国人民银行批准办理银行汇票业务的银行。商业汇票的出票人,为银行以外的企业和其他组织。商业汇票上的出票人的签章,为该单位的财务专用章或者公章加其法定代表人或者其授权的代理人的签名或者盖章。银行汇票上的出票人的签章,为该银行的汇票专用章加其法定代表人或者其授权的代理人的签名或者盖章。

汇票的相对应记载事项为付款日期、付款地和出票地。汇票上的付款日期[①]

---

① 付款日期为汇票到期日。

可以按照下列形式之一记载：(1) 见票即付；(2) 定日付款；(3) 出票后定期付款；(4) 见票后定期付款。汇票上记载付款日期、付款地、出票地等事项的，应当清楚、明确。汇票上未记载付款日期的，为见票即付。汇票上未记载付款地的，付款人的营业场所、住所或者经常居住地为付款地。汇票上未记载出票地的，出票人的营业场所、住所或者经常居住地为出票地。

2. 本票上的应记载事项

本票的绝对应记载事项包括：(1) 表明“本票”的字样；(2) 无条件支付的承诺；(3) 确定的金额；(4) 收款人名称；(5) 出票日期；(6) 出票人签章。本票上未记载以上事项之一的，本票无效。银行本票的出票人，为经中国人民银行批准办理银行本票业务的银行。银行本票上的出票人的签章，为该银行的本票专用章加其法定代表人或者其授权的代理人的签名或者盖章。

本票的相对应记载事项为付款地、出票地。本票上记载付款地、出票地等事项的，应当清楚、明确。本票上未记载付款地的，出票人的营业场所为付款地。本票上未记载出票地的，出票人的营业场所为出票地。

3. 支票上的应记载事项

支票的绝对应记载事项包括：(1) 表明“支票”的字样；(2) 无条件支付的委托；(3) 确定的金额；(4) 付款人名称；(5) 出票日期；(6) 出票人签章。支票上未记载以上事项之一的，支票无效。支票的出票人，为在经中国人民银行批准办理支票存款业务的银行、城市信用合作社和农村信用合作社开立支票存款账户的企业、其他组织和个人。支票上的出票人的签章，出票人为单位的，为与该单位在银行预留签章一致的财务专用章或者公章加其法定代表人或者其授权的代理人的签名或者盖章；出票人为个人的，为与该个人在银行预留签章一致的签名或者盖章。支票的出票人所签发的支票金额不得超过其付款时在付款人处实有的存款金额。出票人签发的支票金额超过其付款时在付款人处实有的存款金额的，为空头支票。空头支票既损害了持票人的合法权益，使其票据权利得不到实现，又扰乱了正常的金融秩序和社会经济交往。我国《票据法》明确规定，禁止签发空头支票。支票的出票人不得签发与其预留本名的签名式样或者印鉴不符的支票。因出票人签发空头支票、与其预留本名的签名式样或者印鉴不符的支票给他人造成损失的，支票的出票人和背书人应当依法承担民事责任。

支票的相对应记载事项为付款地、出票地。支票上未记载付款地的，付款人的营业场所为付款地。支票上未记载出票地的，出票人的营业场所、住所或者经常居住地为出票地。

4. 空白票据

空白票据，又称“空白授权票据”“未完成票据”，是指票据行为人依法仅需在票据上签章，而将其他应记载事项全部或部分授权他人完成的票据。空白票据是一种合法有效的票据,它不同于不完全票据。不完全票据是票据上欠缺绝对必要记载事项的票据,而且出票人并无授权他人补充以使之生效的意思,因而是一种无效票据。

空白票据的构成要件包括:空白票据行为人必须在票据上签章;票据上必须有法律上所容许的必要记载事项欠缺;空白票据行为人必须有对他人代为补充完成票据的授权;行为人必须交付空白票据于持票人。

我国《票据法》仅规定了空白支票。第 85 条规定:"支票上的金额可以由出票人授权补记,未补记前的支票,不得使用。"第 86 条规定:"支票上未记载收款人名称的,经出票人授权,可以补记。"《支付结算办法》第 119 条规定:"支票的金额、收款人名称,可以由出票人授权补记。未补记前不得背书转让和提示付款。"根据《最高人民法院关于审理票据纠纷案件若干问题的规定》,空白授权票据的持票人行使票据权利时未对票据必须记载事项补充完全,付款人或者代理付款人可以拒绝付款。对票据未记载事项或者未完全记载事项作补充记载,补充事项超出授权范围的,出票人对补充后的票据应当承担票据责任。给他人造成损失的,出票人还应当承担相应的民事责任。

(三) 出票的效力

出票人签发汇票后,即承担保证该汇票承兑和付款的责任。本票的出票人在持票人提示见票时,必须承担付款的责任。出票人必须按照签发的支票金额承担保证向该持票人付款的责任。

出票人在票据上记载"不得转让"字样,票据持有人背书转让的,背书行为无效。背书转让后的受让人不得享有票据权利,票据的出票人、承兑人对受让人不承担票据责任。出票人在票据上记载"不得转让"字样,其后手以此票据进行贴现、质押的,通过贴现、质押取得票据的持票人主张票据权利的,票据债务人可以进行抗辩。

出票人在票据上的签章不符合《票据法》和《票据管理实施办法》规定的,票据无效。由于出票人制作票据未按照法定条件在票据上签章,给他人造成损失的,除应当按照所记载事项承担票据责任外,还应当承担相应的民事责任。持票人明知或者应当知道以上情形而接受的,可以适当减轻出票人或者票据债务人的责任。

三、背书

(一) 背书的概念和分类

背书,是指持票人为转让票据权利或授予他人行使一定票据权利,在票据背面或者粘单上记载有关事项并签章,交付于持票人的票据行为。

按照不同的标准,背书可以作不同的分类:

(1) 按照背书目的的不同,可以分为转让背书和非转让背书。以转让票据权利为目的的背书是转让背书,又称“固有背书”“正式背书”。非以转让票据权利为目的的背书是非转让背书。

(2) 转让背书按照权利转移和担保效力的不同,可以分为一般转让背书和特殊转让背书。具有完全的权利转移和担保效力的背书是一般转让背书。权利转移和担保效力受到一定限制甚至互相排斥的背书是特殊转让背书。

(3) 一般转让背书按照记载事项完全与否,可以分为完全背书和空白背书。背书人在票据背面记载被背书人并签章的是完全背书,又称“正式背书”“记名背书”。背书人仅在票据背面签章,不记载被背书人的是空白背书,又称“不完全背书”“略式背书”“无记名背书”。

(4) 特殊转让背书按照性质的不同,可以分为无担保背书、禁止背书的背书、回头背书和期后背书。在背书中记载无担保文句而免除背书人担保责任的是无担保背书。背书时附记不得转让文句的是禁止背书的背书,又称“禁转背书”。禁转背书的后手再背书转让的,原背书人对后手的被背书人不承担保证责任。以背书人本人之前的票据债务人为被背书人的是回头背书,又称“还原背书”“逆背书”“回还背书”。汇票到期日后作成的背书是期后背书。

(5) 非转让背书按照目的的不同,可以分为委任背书和设质背书。授予被背书人代理行使一定票据权利的是委任背书,如委托收款。背书记载“委托收款”字样的,被背书人有权代背书人行使被委托的票据权利。但是,被背书人不得再以背书转让票据权利。以票据权利为被背书人设定质押的是设质背书。设质背书的被背书人依法实现其质权时,可以行使票据权利。票据质权人以质押票据再行背书质押或者背书转让的,背书行为无效。

(二) 背书的记载事项和格式

第一,背书应记载在票据背面。票据凭证不能满足背书人记载事项的需要,可以加附粘单,粘附于票据凭证上。粘单上的第一记载人,应当在汇票和粘单的粘接处签章。

第二,背书由背书人签章并记载背书日期。背书未记载日期的,视为在票据到期日前背书。票据以背书转让或者以背书将一定的票据权利授予他人行使时,必须记载被背书人名称。背书人未记载被背书人名称即将票据交付他人的,持票人在票据被背书人栏内记载自己的名称与背书人记载具有同等法律效力。

第三,以背书转让的票据,背书应当连续。持票人以背书的连续,证明其票据权利。背书连续,是指在票据转让中,转让票据的背书人与受让票据的被背书人在票据上的签章依次前后衔接。连续背书的第一背书人应当是在票据上记载的收款人,最后的票据持有人应当是最后一次背书的被背书人。以背书转让的票据,后手应当对其直接前手背书的真实性负责。

第四,背书不得附有条件。背书时附有条件的,所附条件不具有票据上的效力。

第五,将票据金额的一部分转让的背书或者将票据金额分别转让给二人以上的背书无效。

(三)背书的法律效力

1. 一般转让背书的法律效力

(1)权利转移的效力。背书后,票据上的一切权利由背书人转移给被背书人,被背书人因此而取得所有票据权利。

(2)权利证明的效力,又称"背书的资格授予效力"。最后的被背书人只要持有背书连续的票据,就被推定为合法权利人,不必证明实际权利转移过程就可以行使票据权利。

(3)担保的效力。背书人在无特殊记载时,对于被背书人及其后手依法负有担保承兑与付款的义务。当被背书人及其后手不获承兑或不获付款时,可以向背书人行使追索权。

2. 其他背书的法律效力

背书人在票据上记载"不得转让""委托收款""质押"字样,其后手再背书转让、委托收款或者质押的,原背书人对后手的被背书人不承担票据责任,但不影响出票人、承兑人以及原背书人之前手的票据责任。

票据被拒绝承兑、被拒绝付款或者超过提示付款期限,票据持有人背书转让的,背书人应当承担票据责任。

四、承兑

(一)承兑的概念、特征和原则

承兑,是指汇票付款人承诺在汇票到期日支付汇票金额的票据行为。

1. 承兑的特征

(1)承兑是一种附属票据行为。承兑行为以出票行为为前提,受出票行为效力的影响,所以是附属票据行为。

(2)承兑是汇票所特有的制度,是远期汇票付款人在汇票上所为的票据行为。

(3)承兑以付款人承诺在汇票到期日支付汇票金额为内容。

2. 承兑的原则

我国《票据法》规定了承兑的三大原则:

(1)自由承兑原则,是指汇票付款人有权决定是否对汇票进行承兑。

(2)完全承兑原则,是指汇票付款人只能对汇票全额承兑,不得部分承兑。

(3)单纯承兑原则,是指汇票付款人在承兑时,必须完全按照汇票上所记载的文义进行，不得附有条件；承兑附有条件的，视为拒绝承兑。

(二) 提示承兑规则

提示承兑，是指持票人向付款人出示汇票，并要求付款人承诺付款的行为。

见票即付的汇票无须提示承兑。定日付款或者出票后定期付款的汇票，持票人应当在汇票到期日前向付款人提示承兑。见票后定期付款的汇票，持票人应当自出票日起一个月内向付款人提示承兑。汇票未按照规定期限提示承兑的，持票人丧失对其前手(出票人除外)的追索权。

付款人对向其提示承兑的汇票，应当自收到提示承兑的汇票之日起三日内承兑或者拒绝承兑。付款人收到持票人提示承兑的汇票时，应当向持票人签发收到汇票的回单。回单上应当记明汇票提示承兑日期并签章。

(三) 承兑的记载事项和格式

付款人承兑汇票的，应当在汇票正面记载"承兑"字样和承兑日期并签章；见票后定期付款的汇票，应当在承兑时记载付款日期。汇票上未记载承兑日期的，以付款人收到提示承兑的汇票之日起的第三日为承兑日期。

(四) 承兑的法律效力

付款人承兑汇票后，由关系人变成第一债务人，应当承担到期付款的责任。持票人必须先行使付款请求权，遭到拒绝后才可向出票人和背书人行使追索权。

五、保证

(一) 票据保证的概念和特征

1. 票据保证和保证人的范围

票据保证，是指票据债务人之外的第三人为担保特定票据债务人履行票据债务而在票据上所为的票据行为。保证人，是指具有代为清偿票据债务能力的法人、其他组织或者个人。根据《最高人民法院关于审理票据纠纷案件若干问题的规定》，国家机关、以公益为目的的事业单位、社会团体作为票据保证人的，票据保证无效，但经国务院批准为使用外国政府或者国际经济组织贷款进行转贷，国家机关提供票据保证的除外。

2. 票据保证的法律特征

(1) 票据保证是保证人的单方法律行为，其效力及于被保证人的全体后手。

(2) 票据保证具有独立性。票据保证虽然基于票据债务的存在而发生，具有从属性，但是一经成立，即独立发生效力。但是，被保证人的债务因票据记载事项欠缺而无效的除外。

(3) 票据保证具有同一性。保证人与被保证人处于同一地位，持票人既可以先向被保证人行使票据权利，也可以先向保证人行使票据权利。保证人无先诉抗辩权。

(4) 保证人为二人以上的,保证人之间承担连带责任。

(5) 保证人清偿票据债务后,可以行使持票人对被保证人及其前手的追索权。被保证人及其前手不得以对原持票人的抗辩权对抗保证人。

(二) 票据保证的记载事项和格式

第一,保证人应当在票据或者粘单上记载保证事项。保证人为出票人、付款人、承兑人保证的,应当在票据的正面记载保证事项。保证人为背书人保证的,应当在票据的背面或者其粘单上记载保证事项。保证人未在票据或者粘单上记载"保证"字样而另行签订保证合同或者保证条款的,不属于票据保证。

第二,保证人必须在票据或者粘单上记载下列事项:(1) 表明"保证"的字样;(2) 保证人名称和住所;(3) 被保证人的名称;(4) 保证日期;(5) 保证人签章。保证人在汇票或者粘单上未记载被保证人名称的,已承兑的汇票,承兑人为被保证人;未承兑的汇票,出票人为被保证人。保证人在票据或者粘单上未记载保证日期的,出票日期为保证日期。

第三,保证不得附有条件;附有条件的,不影响对票据的保证责任。

六、付款

(一) 付款的概念和特征

付款是汇票的承兑人(或付款人)、本票的出票人或支票的付款人及代理付款人(以下简称"付款人"和"代理付款人")向持票人支付票据金额的行为。

付款的特征如下:

(1) 付款是付款人或代理付款人所为的票据行为;

(2) 付款是向持票人支付票据金额的行为;

(3) 付款是消灭票据上权利义务关系的行为。

(二) 提示付款的规则和效力

持票人应当按照下列期限提示付款:(1) 见票即付的汇票,自出票日起 1 个月内向付款人提示付款。(2) 定日付款、出票后定期付款或者见票后定期付款的汇票,自到期日起 10 日内向承兑人提示付款。(3) 银行本票,自出票日起 2 个月内向出票人提示付款。[①] (4) 支票的持票人应当自出票日起 10 日内提示付款;异地使用的支票,其提示付款的期限由中国人民银行另行规定。通过委托收款银行或者通过票据交换系统向付款人提示付款的,视同持票人提示付款。持票人向银行提交票据日为提示付款日。代理付款人,是指根据付款人的委托,代其支付票据金额的银行、城市信用合作社、农村信用合作社等金融机构。

① 在远期本票中,为确定见票后定期付款本票的到期日,规定了见票制度。我国的本票都采取见票即付,所以无见票制度。

汇票的持票人在规定期限内提示付款的，付款人必须在当日足额付款。本票的出票人在持票人提示见票时，必须承担付款的责任。本票的持票人未按照规定期限提示见票的，丧失对出票人以外的前手的追索权。支票的出票人在付款人处的存款足以支付支票金额时，付款人应当在当日足额付款。

（三）付款规则

持票人委托的收款银行的责任，限于按照票据上记载事项将票据金额转入持票人账户。付款人委托的付款银行的责任，限于按照票据上记载事项从付款人账户支付票据金额。

付款人及其代理付款人付款时，应当审查票据背书的连续，并审查提示付款人的合法身份证明或者有效证件。票据金额为外币的，按照付款日的市场汇价，以人民币支付。票据当事人对票据支付的货币种类另有约定的，从其约定。

持票人获得付款的，应当在票据上签收，并将票据交给付款人。持票人委托银行收款的，受委托的银行将代收的票据金额转账收入持票人账户，视同签收。

（四）付款的法律效力以及付款人的责任

付款人依法足额付款后，全体票据债务人的责任解除。但是，付款人以恶意或者有重大过失付款的除外。

对定日付款、出票后定期付款或者见票后定期付款的汇票，付款人在到期日前付款的，由付款人自行承担所产生的责任。付款人及其代理付款人以恶意或者有重大过失付款的，应当自行承担责任。具体而言，付款人及其代理付款人有下列情形之一的，应当自行承担责任：(1) 未对提示付款人的合法身份证明或者有效证件以及汇票背书的连续性履行审查义务而错误付款的；(2) 公示催告期间对公示催告的票据付款的；(3) 收到人民法院的止付通知后付款的；(4) 其他以恶意或者重大过失付款的。

《票据管理实施办法》第 33 条规定："票据的付款人对见票即付或者到期的票据，故意压票、拖延支付的，由中国人民银行处以压票、拖延支付期间内每日票据金额 0.7‰的罚款；对直接负责的主管人员和其他直接责任人员给予警告、记过、撤职或者开除的处分。"

第三节 票据权利

一、票据权利义务概述

（一）票据权利概述

1. 票据权利的概念和特征

票据权利，又称"票据上的权利"。我国《票据法》第 4 条第 4 款规定："本法所称票据权利,是指持票人向票据债务人请求支付票据金额的权利,包括付款请求权和追索权。”

票据权利具有以下几个特征:

(1) 票据权利是票据金额给付请求权

票据是金钱债权证券,票据权利是以取得票载金额为目的的请求权。票据权利是单纯的金钱给付请求权,即只能请求支付一定的金额,不得为任何金钱之外的物品或劳务所替代。

(2) 票据权利是持票人向票据债务人行使的一种权利

票据是债权证券,债权人为持票人,债务人为票据上的真实签章人。票据权利是持票人向债务人提示票据请求支付的权利,不同于一般债权。

(3) 票据权利是凭票据才能行使的权利

票据是完全有价证券,票据上的权利与票据本身紧密结合。票据权利的行使必须以提示票据为前提。

(4) 票据权利是双重请求权

票据权利包括付款请求权和追索权,是双重请求权。付款请求权与追索权在相对应的义务主体、产生时间、行使次数、请求支付的金额、权利的消灭时效等方面有一定的区别。

学理上,也把票据权利分为主票据权利、副票据权利和辅助性票据权利。主票据权利即付款请求权。副票据权利即追索权。辅助性票据权利,是指与支付票面金额的目的直接相关但起辅助作用的权利,如持票人对参加承兑人、参加付款人的付款请求权。①

2. 付款请求权

付款请求权,又被称为“票据上的第一次请求权”,是指持票人向票据主债务人或其他付款义务人(关系人或主债务人以及关系人的保证人)请求支付票据金额的权利。

与付款请求权相对应的是票据债务人的付款义务,由于付款行为在本章第二节已作详述,因而此处对付款请求权不加赘述。

3. 追索权

追索权,又被称为“票据上的第二次请求权”,是指票据到期被拒绝付款或票据到期日前有其他法定原因时,持票人在保全票据权利的基础上,向其前手请求偿还票据金额及其他法定款项的权利。根据我国《票据法》的有关规定,汇票到期被拒绝付款的,持票人可以对背书人、出票人以及汇票的其他债务人行使追索权。汇票到期日前,有下列情形之一的,持票人也可以行使追索权:(1) 汇票被

① 参见刘心稳:《票据法》,中国政法大学出版社 1997 年版,第 87 页。

拒绝承兑的;(2) 承兑人或者付款人死亡、逃匿的;(3) 承兑人或者付款人被依法宣告破产的或者因违法被责令终止业务活动的。

持票人行使追索权时,应当提供被拒绝承兑或者被拒绝付款的有关证明。持票人提示承兑或者提示付款被拒绝的,承兑人或者付款人必须出具拒绝证明,或者出具退票理由书。未出具拒绝证明或者退票理由书的,应当承担由此产生的民事责任。持票人因承兑人或者付款人死亡、逃匿或者其他原因,不能取得拒绝证明的,可以依法取得其他有关证明。承兑人或者付款人被人民法院依法宣告破产的,人民法院的有关司法文书具有拒绝证明的效力。承兑人或者付款人因违法被责令终止业务活动的,有关行政主管部门的处罚决定具有拒绝证明的效力。

持票人不能出示拒绝证明、退票理由书或者未按照规定期限提供其他合法证明的,丧失对其前手的追索权。但是,承兑人或者付款人仍应当对持票人承担责任。

持票人应当自收到被拒绝承兑或者被拒绝付款的有关证明之日起 3 日内,将被拒绝事由书面通知其前手;其前手应当自收到通知之日起 3 日内书面通知其再前手。持票人也可以同时向各票据债务人发出书面通知。书面通知应当记明票据的主要记载事项,并说明该票据已被退票。在规定期限内将通知按照法定地址或者约定的地址邮寄的,视为已经发出通知。未按照规定期限通知的,持票人仍可以行使追索权。因延期通知给其前手或者出票人造成损失的,由没有按照规定期限通知的票据当事人承担对该损失的赔偿责任,但是所赔偿的金额以票据金额为限。

出票人、背书人、承兑人和保证人对持票人承担连带责任。持票人可以不按照票据债务人的先后顺序,对其中任何一人、数人或者全体行使追索权。持票人对票据债务人中的一人或者数人已经进行追索的,对其他票据债务人仍可以行使追索权。持票人为出票人的,对其前手无追索权。持票人为背书人的,对其后手无追索权。被追索人清偿债务后,与持票人享有同一权利。

持票人行使追索权,可以请求被追索人支付下列金额和费用:(1) 被拒绝付款的票据金额;(2) 票据金额自到期日或者提示付款日起至清偿日止,按照中国人民银行规定的利率计算的利息;(3) 取得有关拒绝证明和发出通知书的费用。被追索人清偿债务时,持票人应当交出票据和有关拒绝证明,并出具所收到利息和费用的收据。被追索人清偿债务后,可以向其他票据债务人行使再追索权,请求其他票据债务人支付下列金额和费用:(1) 已清偿的全部金额;(2) 前项金额自清偿日起至再追索清偿日止,按照中国人民银行规定的利率计算的利息;(3) 发出通知书的费用。行使再追索权的被追索人获得清偿时,应当交出票据和有关拒绝证明,并出具所收到利息和费用的收据。被追索人依法清偿债务后,其责任解除。

(二) 票据义务概述

票据义务与票据权利相对应。我国《票据法》第4条第5款规定:"本法所称票据责任,是指票据债务人向持票人支付票据金额的义务。"

由于票据权利分为付款请求权和追索权,相应地,票据义务分为付款义务和偿还义务。

二、票据权利的取得

(一) 票据权利的取得原则

票据权利以合法持有票据为前提。票据权利的取得应当遵循以下原则:

1. 通过连续背书而取得票据的,合法地取得票据权利

我国《票据法》第31条第1款规定:"以背书转让的汇票,背书应当连续。持票人以背书的连续,证明其汇票权利;非经背书转让,而以其他合法方式取得汇票的,依法举证,证明其汇票权利。"

2. 善意且给付对价取得票据的,合法地取得票据权利

第一,持票人恶意或因重大过失取得票据,不得享有票据权利。我国《票据法》第12条规定:"以欺诈、偷盗或者胁迫等手段取得票据的,或者明知有前列情形,出于恶意取得票据的,不得享有票据权利。持票人因重大过失取得不符合本法规定的票据的,也不得享有票据权利。"

第二,没有给付对价或以不相当的代价取得票据的,不得享有优于其前手的权利。我国《票据法》第10条第2款规定:"票据的取得,必须给付对价,即应当给付票据双方当事人认可的相对应的代价。"第11条第1款规定:"因税收、继承、赠与可以依法无偿取得票据的,不受给付对价的限制。但是,所享有的票据权利不得优于其前手的权利。"

(二) 票据权利的取得方式

1. 原始取得

原始取得,是指收款人因出票人的出票并交付而取得票据权利。票据是设权证券,票据权利的取得必须作成票据。

2. 继受取得

继受取得,是指受让人从票据权利人手中以法定方式取得票据,从而取得票据权利。

(1) 依转让而取得

票据是流通证券,可以依据法律的规定转让。持票人依据票据背书或直接交付的方式取得票据权利。我国仅有背书这一转让方式。被背书人依据连续背书证明自己是合法持票人,取得票据权利。

（2）依法律规定而取得

第一，持票人依据票据法的规定而取得票据权利。被追索人因偿还了被追索金额而取得对前手的再追索权。保证人清偿票据债务后，可以行使持票人对被保证人及其前手的追索权。

第二，持票人依据其他法律的规定而取得票据权利。例如，持票人依据税收、继承、赠与、法人或非法人单位的合并或分立、法院的裁决或行政部门的行政决定等而取得票据，依法举证，证明其为合法持票人，从而取得票据权利。

3. 善意取得

善意取得，是指票据受让人依据法律规定的转让方式，善意地从无处分权人手中取得票据，从而取得票据权利的一种法律制度。

（1）票据权利的善意取得与民法上物的善意取得之比较

票据权利的善意取得制度源于民法上物的善意取得制度。但是，票据权利的善意取得与民法上物的善意取得又存在以下一些区别：

第一，从法律规定来看。我国《票据法》第 12 条规定："以欺诈、偷盗或者胁迫等手段取得票据的，或者明知有前列情形，出于恶意取得票据的，不得享有票据权利。持票人因重大过失取得不符合本法规定的票据的，也不得享有票据权利。"也就是说，票据权利的善意取得是通过否定恶意或因重大过失取得票据的持票人取得票据权利，从而肯定持票人如为善意，则取得票据权利的方式确立的，即票据权利的善意取得是从反面推导出来的。法律对于物的善意取得采取的则是正面规定的方式。

第二，从对善意取得的主体要求来看。在物的善意取得中，让与人须为动产之占有人且无转让动产所有权的权利，受让人须基于法律行为受让动产之占有且为善意。但是，票据具有高度的流通性，在票据权利善意取得的场合，善意受让人要依背书连续或依法举证证明自己为合法持票人，才能获得票据法对合法持票人的特别保护。

第三，从客体来看。物的善意取得的客体是物权，属于一般民事权利。票据权利的善意取得则不同，善意受让人虽也取得票据的所有权，但因票据的价值在于其所表征的权利，而不在于票据的形态本身，故该权利的意义不大。票据权利的善意取得的实质意义在于受让人成为票据权利人，取得票据所表征的金钱债权。与一般债权不同，票据债权是二次性权利，善意受让人不但可以要求付款人付款，还可以在被拒绝承兑或拒绝付款时行使追索的权利，包括向遭受损失的真实权利人追索。

第四，从取得的条件来看。在物的善意取得制度中，对于善意取得的标的物有着严格的类别规定。物被无权处分人占有的原因可能成为阻却物的善意取得成立的理由。物的善意取得要求无权处分人必须合法占有该物，无权处分人取得物的占有是基于真实权利人的意思;而对无权处分人非法占有之物,原则上不发生善意取得,盗赃物、遗失物在我国即不适用善意取得。对于票据,不论无权处分人取得票据是否基于真实权利人的意思,都不妨碍票据权利善意取得的成立。无权处分人取得票据是基于背书转让还是盗窃、拾得等,都在所不问,充分体现了票据的无因性和流通性。

第五,从善意取得发生后原权利人的地位来看。在物的善意取得中,在善意第三人取得权利的范围内,原权利人的权利完全丧失,也不对标的物负有任何义务,即不再因该物而与善意第三人发生任何民事关系。原权利人对于其遭受的损失,只能依不当得利或侵权制度追究无权处分人的责任。在票据权利的善意取得中,原权利人(即真实权利人)虽丧失了票据权利,但仍然可能是票据的当事人,并不当然退出票据关系。例如,A 出票给 B,B 背书转让给 C,C 的票据被 D 盗取,D 伪造 C 的签章转让给 E。E 善意取得票据权利,当他提示承兑或提示付款被拒绝而向原权利人 C 行使追索权时,C 仍然是票据义务人。C 在付款给 E 后,仍然可以作为票据权利人取得再追索的权利。

(2) 票据权利善意取得的构成要件(即善意持票人的构成要件)

第一,持票人必须是从无处分权人手中取得票据。这里的"无处分权人",仅以持票人的直接前手为限。基于票据行为的独立性,其间接前手有无权利在所不问。无处分权人包括恶意或因重大过失取得票据而不享有票据权利者、欠缺票据行为能力而为票据行为者等。对于哪些人属于无处分权人,理论界有不同观点[①],兹不赘述。

第二,必须是依票据法上的转让方式(即背书)而取得票据。

第三,必须是基于善意而取得票据。

第四,必须给付对价。

(3) 票据权利善意取得的效力

第一,善意取得人取得票据权利。

第二,原权利人并不当然退出票据关系。

三、票据权利的行使和保全

(一) 票据权利的行使的概念和方式

票据权利的行使,是指票据权利人向票据义务人提示票据,请求其履行票据义务的行为,包括行使付款请求权以请求付款,行使追索权以请求清偿。

根据票据的有价证券性,票据权利的行使方式为,票据权利人向票据义务人

---

① 参见吕来明:《票据权利善意取得的适用》,载《法学研究》1998 年第 5 期;汪世虎:《票据法律制度比较研究》,法律出版社 2003 年版,第 205 页。

合法地提示票据。见票即付的汇票无须提示承兑。定日付款或者出票后定期付款的汇票，持票人应当在汇票到期日前向付款人提示承兑。见票后定期付款的汇票，持票人应当自出票日起1个月内向付款人提示承兑。见票即付的汇票，自出票日起1个月内向付款人提示付款。定日付款、出票后定期付款或者见票后定期付款的汇票，自到期日起10日内向承兑人提示付款。银行本票的出票人应当自出票日起2个月内提示付款。支票的持票人应当自出票日起10日内提示付款。异地使用的支票，其提示付款的期限由中国人民银行另行规定。

（二）票据权利的保全的概念和方法

票据权利的保全，是指票据权利人现实的或可能遭到拒绝承兑或拒绝付款时，为防止票据权利的丧失而为的行为。

票据权利的保全方法是，通过依法取证以中断时效。

持票人提示承兑或者提示付款被拒绝的，承兑人或者付款人必须出具拒绝证明，或者出具退票理由书。“拒绝证明”应当包括下列事项：被拒绝承兑、付款的票据的种类及其主要记载事项，拒绝承兑、付款的事实依据和法律依据，拒绝承兑、付款的时间，拒绝承兑人、拒绝付款人的签章。退票理由书应当包括下列事项：所退票据的种类，退票的事实依据、法律依据，退票时间，退票人签章。

持票人因承兑人或者付款人死亡、逃匿或者其他原因，不能取得拒绝证明的，可以依法取得其他有关证明。例如，人民法院出具的宣告承兑人、付款人失踪或者死亡的证明、法律文书；公安机关出具的承兑人、付款人逃匿或者下落不明的证明；医院或者有关单位出具的承兑人、付款人死亡的证明；公证机构出具的具有拒绝证明效力的文书。承兑人自己作出并发布的表明其没有支付票款能力的公告，可以认定为拒绝证明。

（三）票据权利行使和保全的时间和地点

持票人对票据债务人行使票据权利，或者保全票据权利，应当在票据当事人的营业场所和营业时间内进行；票据当事人无营业场所的，应当在其住所进行。

第四节　票据的伪造、变造、更改与涂销

一、票据伪造

（一）票据伪造的概念和构成要件

票据伪造，是指无权限人假冒他人或虚构人名义签章的行为。签章的变造属于伪造。

票据伪造的构成要件包括：票据伪造者假冒他人或虚构人名义在票据上签章；票据伪造者所为的行为在形式上符合票据行为的要件；票据伪造者以行使票

据权利为目的。

(二) 票据伪造的法律后果

根据我国《票据法》的有关规定,票据上的记载事项应当真实,不得伪造、变造。伪造、变造票据上的签章和其他记载事项的,应当承担法律责任。票据上有伪造、变造的签章的,不影响票据上其他真实签章的效力。

票据上的签章人为票据债务人。票据被伪造,票载被伪造人不是票据上的真实签章人,其签章为伪造人伪造。因此,票据被伪造人不是票据债务人,不承担票据责任。票据伪造者虽在票据上实施了票据行为,但是并没有作真实签章,因此也不为票据债务人,不承担票据责任。但是,票据伪造者除应当依法承担刑事、行政责任外,给他人造成损失的,还应当承担民事赔偿责任。另外,票据行为具有独立性,票据上有伪造、变造的签章的,真实签章人仍要依票载文义承担票据义务。

付款人或者代理付款人未能识别出伪造的票据而错误付款,属于"重大过失",给持票人造成损失的,应当依法承担民事责任。付款人或者代理付款人承担责任后有权向伪造人依法追偿。持票人有过错的,也应当承担相应的民事责任。

二、票据变造

(一) 票据变造的概念和构成要件

票据变造,是指无权更改票据内容的人对票据上签章以外的记载事项加以改变的行为。

票据变造的构成要件包括:票据变造的主体必须是无权更改票据内容的人;票据变造者必须对票据上签章以外的记载事项加以改变。

(二) 票据变造的法律后果

根据我国《票据法》的有关规定,票据上其他记载事项被变造的,在变造之前签章的人,对原记载事项负责;在变造之后签章的人,对变造之后的记载事项负责;不能辨别是在票据被变造之前或者之后签章的,视同在变造之前签章。

变造票据者除应当依法承担刑事、行政责任外,给他人造成损失的,还应当承担民事赔偿责任。

付款人或者代理付款人未能识别出变造的票据而错误付款,属于"重大过失",给持票人造成损失的,应当依法承担民事责任。付款人或者代理付款人承担责任后有权向变造者依法追偿。持票人有过错的,也应当承担相应的民事责任。

三、票据更改

(一) 票据更改的概念和构成要件

票据更改,是指有变更权的人对票据上可更改的记载事项按法定方式改变的行为。

我国《票据法》第 9 条规定:“票据上的记载事项必须符合本法的规定。票据金额、日期、收款人名称不得更改,更改的票据无效。对票据上的其他记载事项,原记载人可以更改,更改时应当由原记载人签章证明。”可见,票据更改的构成要件包括:票据更改的主体为原记载人;票据更改须依法定方式进行,由原记载人签章证明;票据更改只能对《票据法》允许更改的记载事项进行改变;有变更权的人如果在票据交付之后更改,应征得相关当事人的同意。

(二) 票据更改的效力

票据更改之后,原记载事项无效,更改后的记载事项代替原记载事项而产生效力。

四、票据涂销

(一) 票据涂销的概念和构成要件

票据涂销,是指有涂销权的人故意采用某些方法,涂抹或消除票据上的签章或其他记载事项的行为。

票据涂销的构成要件包括:票据涂销的主体为有涂销权的人,主要是票据权利人或持票人;票据涂销是合法行为,是有涂销权的人故意所为的行为;票据涂销的目的是消除被涂销部分的票据权利。

(二) 票据涂销的效力

票据涂销之后,被涂销部分的票据权利无效,票据债务人只以涂销后的记载事项对持票人承担责任。

第五节　票据权利丧失与票据丧失及其补救

一、票据时效与利益偿还请求权

(一) 票据时效

我国《票据法》上规定的票据时效为消灭时效,即权利人在法定期间内不主张权利,票据权利便因时效期间届满而消灭。

根据我国《票据法》第 17 条的规定,票据权利在下列期限内不行使而消灭:(1) 持票人对票据的出票人和承兑人的权利,自票据到期日起 2 年。见票即付的汇票、本票,自出票日起2年。(2)持票人对支票出票人的权利,自出票日起6个月。(3)持票人对前手的追索权,自被拒绝承兑或者被拒绝付款之日起6个月。(4)持票人对前手的再追索权,自清偿日或者被提起诉讼之日起3个月。票据的出票日、到期日由票据当事人依法确定。须注意的是,不能简单地把第(1)和(2)项理解为付款请求权的消灭时效,把第(3)和(4)项理解为追索权的消灭时效。因为在汇票中,持票人只能向汇票承兑人行使付款请求权,而向汇票出票人行使的是追索权。

(二)利益偿还请求权

利益偿还请求权,又称"利益返还请求权",是指当持票人的票据权利因时效届满或者一定手续欠缺(包括未遵期提示、未依法取证)而消灭时,该持票人依据法律规定而享有的请求票据的出票人或承兑人在其所受的利益限度内予以返还的权利。

我国《票据法》第18条规定:"持票人因超过票据权利时效或者因票据记载事项欠缺而丧失票据权利的,仍享有民事权利,可以请求出票人或者承兑人返还其与未支付的票据金额相当的利益。"该条中的"票据记载事项欠缺"应为"法定手续欠缺",如果票据的绝对记载事项欠缺,则票据无效;如果相对记载事项或其他记载事项欠缺,则票据有效,持票人的票据权利不受影响。

1. 利益偿还请求权的性质

根据我国《票据法》第18条的规定,丧失了票据权利的持票人对该票据的出票人或者承兑人仍享有民事权利。但是,按照民法的基本原理,存在民事关系的当事人之间才有可能产生民事权利义务。① 在民事关系与票据关系的当事人重合时,由于这时票据权利已经消灭,当事人依据民事基础关系主张自己的民事权利更方便。但是,如果民事关系与票据关系的当事人不重合,即票据关系的当事人不为民事关系的当事人,那么他们之间不可能产生民事权利义务。

关于利益偿还请求权的性质,学者们主要有四种观点:票据上的权利说、不当得利请求权说、损害赔偿请求权说、票据法上的特别请求权说。票据上的权利说认为,利益偿还请求权是基于票据关系而产生的票据上的权利。不当得利请求权说认为,利益偿还请求权属于民法上的不当得利。德国采用此观点。损害赔偿请求权说认为,利益偿还请求权与损害赔偿请求权的性质相同。票据法上的特别请求权说认为,利益偿还请求权属于票据法规定的一种特别请求权,但不是票据上的权利。分析各种学说,学者们多持第四种观点。②

---

① 参见王小能编著:《票据法教程》(第二版),北京大学出版社2001年版,第74页。

② 参见梁宇贤:《票据法理论与实用》(上),台湾五南图书出版公司1980年版,第379—381页;王秉乾编著:《比较票据法案例选评》,对外经济贸易大学出版社2013年版,第35页;汪世虎:《票据法律制度比较研究》,法律出版社2003年版,第298—299页。

2. 利益偿还请求权的当事人

利益偿还请求权的权利人是持票人，包括因清偿票据债务而取得票据的背书人和保证人。义务人是基于票据基础关系而现实地取得利益的出票人或承兑人，仅以其实际所受利益为限承担偿还义务。

3. 利益偿还请求权的成立要件[①]

第一，票据上的权利曾经有效存在过；

第二，票据权利因时效届满或手续欠缺而消灭；

第三，出票人或承兑人因持票人票据权利的消灭而受有额外利益。

二、票据丧失及其补救

（一）票据丧失

票据丧失，又称“失票”，是指持票人并非出于本人的意愿而失去对票据的占有，包括票据的绝对丧失和相对丧失，前者是指票据的灭失；后者是指票据并非在物质形态上发生变化，只是脱离了原持票人的占有。

丧失票据的人为失票人。失票人所丧失的票据必须是未获付款的有效票据，否则不构成票据丧失。

（二）对票据丧失的补救

由于票据是一种有价证券，因此票据权利的行使必须提示票据，票据的丧失必然影响到票据权利人行使票据权利。各国票据法普遍规定了票据丧失的补救方法，如美国规定了提起诉讼和发出止付通知，德国规定了公示催告制度，英国规定了失票人提起诉讼或申请出票人另行补发票据。日内瓦统一票据法对该问题未作规定。

我国规定的票据丧失的补救方法包括：挂失止付、公示催告、提起诉讼。

1. 挂失止付

票据丧失，失票人可以及时通知票据的付款人挂失止付，但是未记载付款人或者无法确定付款人及其代理付款人的票据除外。收到挂失止付通知的付款人，应当暂停支付。

（1）挂失止付的适用范围

根据《支付结算办法》第48条的规定，已承兑的商业汇票、支票、填明“现金”字样和代理付款人的银行汇票以及填明“现金”字样的银行本票丧失，可以由失票人通知付款人或者代理付款人挂失止付。未填明“现金”字样和代理付款人的银行汇票以及未填明“现金”字样的银行本票丧失，不得挂失止付。

---

① 参见王小能编著：《票据法教程》(第二版)，北京大学出版社2001年版，第72—73页。

(2) 挂失止付的程序

中国人民银行发布的《票据管理实施办法》《支付结算办法》和《支付结算会计核算手续》对挂失止付的程序作了详细规定。

允许挂失止付的票据丧失,失票人通知票据的付款人或者代理付款人挂失止付时,应当填写挂失止付通知书并签章。挂失止付通知书应当记载下列事项:票据丧失的时间、地点、原因;票据的种类、号码、金额、出票日期、付款日期、付款人名称、收款人名称;挂失止付人的姓名、营业场所或者住所以及联系方法。欠缺上述记载事项之一的,银行不予受理。

付款人或者代理付款人收到挂失止付通知书后,查明挂失票据确未付款时,应立即暂停支付。付款人或者代理付款人自收到挂失止付通知书之日起12日内没有收到人民法院的止付通知书的,自第13日起,持票人提示付款并依法向持票人付款的,不再承担责任。付款人或者代理付款人在收到挂失止付通知书之前,已经向持票人付款的,不再接受挂失止付,也不再承担责任。但是,付款人或者代理付款人以恶意或者重大过失付款的除外。

需要指出的是,挂失止付仅为票据丧失后暂时防止票据金额被人领取的保存票据权利的方法,而不是票据权利的复权方法,这是挂失止付与公示催告和票据确权诉讼的根本区别。因此,适用挂失止付有其局限性。具体而言,挂失止付仅能防止冒领票据金额,不能发生禁止票据转让的效力,也就不能阻止票据的善意取得;同时,挂失止付也不能使票据权利人真正恢复行使票据权利。①

2. 公示催告

根据《票据法》第15条第3款的规定,失票人应当在通知挂失止付后3日内,也可以在票据丧失后,依法向人民法院申请公示催告。根据《最高人民法院关于审理票据纠纷案件若干问题的规定》,票据丧失后,失票人直接向人民法院申请公示催告或者提起诉讼的,人民法院应当依法受理。可见,挂失止付不是公示催告的必经程序。

我国《民事诉讼法》和《最高人民法院关于审理票据纠纷案件若干问题的规定》详细规定了公示催告程序,具体如下:

(1) 公示催告的申请人

可以申请公示催告的失票人,是指按照规定可以背书转让的票据在丧失票据占有以前的最后合法持票人。

(2) 公示催告的适用范围

出票人已经签章的授权补记的支票、出票人已经签章但未记载代理付款人的银行汇票、超过付款提示期限的票据等丧失后,失票人依法向人民法院申请公

① 参见董安生主编:《票据法》,中国人民大学出版社2000年版,第97—98页。

示催告的，人民法院应当依法受理。

（3）公示催告的书面申请和受理

失票人通知票据付款人挂失止付后3日内向人民法院申请公示催告的，公示催告申请书应当载明下列内容：票面金额；出票人、持票人、背书人；申请的理由、事实；通知票据付款人或者代理付款人挂失止付的时间；付款人或者代理付款人的名称、通信地址、电话号码等。

人民法院决定受理公示催告申请，应当同时通知付款人及代理付款人停止支付，并自立案之日起3日内发出公告。付款人或者代理付款人收到人民法院发出的止付通知，应当立即停止支付，直至公示催告程序终结。非经发出止付通知的人民法院许可擅自解付的，不得免除票据责任。公告应当在全国性报纸或者其他媒体上刊登，并于同日公布于人民法院公告栏内。人民法院所在地有证券交易所的，还应当同日在该交易所公布。公示催告的期间，国内票据自公告发布之日起60日，涉外票据可根据具体情况适当延长，但最长不得超过90日。

在公示催告期间，以公示催告的票据质押、贴现，因质押、贴现而接受该票据的持票人主张票据权利的，人民法院不予支持，但公示催告期间届满以后人民法院作出除权判决以前取得该票据的除外。

（4）除权判决

公示催告期间届满，无人申报权利的，人民法院应当根据申请人的申请，作出除权判决，宣告票据无效。判决应当公告，并通知支付人。自判决公告之日起，申请人有权向支付人请求支付。

3. 提起诉讼

票据丧失后，失票人在票据权利时效届满以前请求出票人补发票据，或者请求债务人付款，在提供相应担保的情况下因债务人拒绝付款或者出票人拒绝补发票据提起诉讼的，由被告住所地或者票据支付地人民法院管辖。被告为与失票人具有票据债权债务关系的出票人、拒绝付款的票据付款人或者承兑人。失票人为行使票据所有权，向非法持有票据人请求返还票据的，人民法院应当依法受理。

失票人向人民法院提起诉讼的，应向人民法院说明曾经持有票据及丧失票据的情形，人民法院应当根据案件的具体情况，决定当事人是否提供担保以及担保的数额。

对于伪报票据丧失的当事人，人民法院在查明事实，裁定终结公示催告或者诉讼程序后,可以参照《民事诉讼法》第 111 条[①]的规定,追究伪报人的法律责任。

第六节 票据抗辩

一、票据抗辩概述

(一)票据抗辩的概念

我国《票据法》第 13 条第 3 款规定:"本法所称抗辩,是指票据债务人根据本法规定对票据债权人拒绝履行义务的行为。"更确切地说,票据抗辩,是指票据债务人或被请求履行票据债务的人对票据债权人或主张票据债权的人拒绝履行义务的行为。票据抗辩属于广义抗辩,既包括事实抗辩,也包括权利抗辩。票据抗辩的根据被称为"抗辩事由"或"抗辩原因"。票据债务人提出抗辩以拒绝向债权人履行义务的权利被称为"抗辩权"。

(二)票据抗辩与民法上的抗辩之区别

根据民法上的抗辩原理,在债权民事法律关系的主体发生变更时,债权人必须将债权转让的事实告知债务人,债权让与才对债务人生效;债务人所有能对原债权人行使的抗辩权,都能对新债权人行使。这样,每一次债权让与,债务人均取得所有前债务人的抗辩权,使得新债权人受抗辩的可能性越来越大,受抗辩的事由越来越多,其债权的风险随着债权转让次数的增多而不断增大。

与民法上的抗辩有所不同,由于票据具有较强的流通性,其转让比民法上普通债权的转让要频繁得多,因此如果债务人的抗辩权随着票据债权的转让而转移,那么对票据的新债权人来讲极为不利,势必破坏票据的流通功能。为此,票据法规定票据转让应注重保护债权人的利益,使票据抗辩具有区别于民法上的抗辩的特殊性。这种特殊性主要体现在票据抗辩的限制上,如票据权利转让时,不必通知债务人即可生效;票据行为独立,对票据债务人享有的票据抗辩权进行一定的限制;票据抗辩通常是对票据金额的全额抗辩;票据保证人不享有先诉抗辩权;等等。

二、票据抗辩的原因

我国《票据法》规定了票据的可抗辩事由。《最高人民法院关于审理票据纠

---

① 《民事诉讼法》第 111 条规定:"诉讼参与人或者其他人有下列行为之一的,人民法院可以根据情节轻重予以罚款、拘留;构成犯罪的,依法追究刑事责任:(一) 伪造、毁灭重要证据,妨碍人民法院审理案件的……人民法院对有前款规定的行为之一的单位,可以对其主要负责人或者直接责任人员予以罚款、拘留;构成犯罪的,依法追究刑事责任。"

纷案件若干问题的规定》具体列举了票据抗辩的原因,包括:(1)欠缺法定必要记载事项或者不符合法定格式的;(2)超过票据权利时效的;(3)人民法院作出的除权判决已经发生法律效力的;(4)以背书方式取得但背书不连续的;(5)其他依法不得享有票据权利的。

理论界将票据抗辩的原因分为物的抗辩和人的抗辩。

(一)物的抗辩

物的抗辩,又称"绝对抗辩""客观抗辩",是基于票据本身或债务人自身的原因而产生的抗辩。票据债务人可以此抗辩事由对抗一切票据债权人。根据抗辩权人范围的不同,物的抗辩可分为:

1. 一切票据债务人对抗一切票据债权人的抗辩

这种抗辩包括下列情形:

第一,票据欠缺法定形式要件而无效的抗辩。票据是要式证券,如果票据上欠缺绝对应记载事项,如出票人签章、无条件支付的委托或承诺、确定的金额等,则票据无效;如果票据上记载了不得记载事项,如付款附条件,则票据也无效。

第二,票据权利已消灭或已失效的抗辩。票据权利有效存在,持票人得以向票据债务人主张票据权利,否则票据债务人得以此为抗辩。票据权利已消灭或已失效包括下列情形:

(1)票据已全部付款。付款人或出票人依法足额付款后,全体票据债务人的责任解除,票据权利全部消灭。

(2)票据上载明"已抵销"或"已免除",票据权利消灭。但是,如果不是在票据上载明"抵销"或"免除"字样,而是在合同中约定,则因为票据是文义证券,所以票据权利不消灭。

(3)人民法院所作除权判决生效而使票据失效。除权判决生效之后,票据权利失效,票据债务人可以对抗任何向其主张票据权利的持票人。

(4)票据超过付款请求权的消灭时效。持票人对汇票的承兑人和本票的出票人的权利,自票据到期日起2年;见票即付的汇票、本票,自出票日起2年;持票人对支票出票人的权利,自出票日起6个月。消灭时效期间届满,票据权利消灭。

(5)票据金额依法提存,票据权利消灭。虽然票据债权为债务人被动偿付,但是为保护票据债务人的利益,使其免于承担保存票款的风险,日内瓦统一票据法以及日本、德国等国的票据法均规定了票据提存,票据债务人依法将票据金额提存后,票据权利消灭。我国《票据法》未规定票据提存。

第三,票载到期日未至的抗辩。如前所述,票据是文义证券,票据权利义务只能依票载文义确定。持票人必须依照票据上载明的到期日和票据法规定的期限行使票据权利。如果票载到期日未至,持票人即向票据债务人主张票据权利,则债务人可以此行使抗辩权。一般情况下,只有远期票据债务人可为此抗辩。但是,在即期票据中,如果票载出票日与实际出票日不符,而法律规定以票载出票日为准,即持票人不得在票载出票日前主张权利,那么持票人在票载出票日前提示付款的,票据债务人可以此主张抗辩。

第四,持票人请求付款的地点与票载付款地或票据法规定的付款地不符的抗辩。票据付款地为相对应记载事项,如果持票人请求付款的地点与票载付款地或票据法规定的付款地不符,票据债务人可以此行使抗辩权。

2. 特定票据债务人对抗一切票据债权人的抗辩

这种抗辩包括下列情形:

第一,由于票据债务人的原因,特定票据债务人可以主张的抗辩。

(1) 票据上记载的债务人欠缺票据行为能力的抗辩。无民事行为能力人或者限制民事行为能力人在票据上签章的,其签章无效,但是不影响其他签章的效力。此时,该票据行为无效。但是,基于票据行为的独立性,该行为不影响其他票据行为的效力。所以,只有该欠缺票据行为能力的票据债务人可以此主张抗辩。

(2) 票据债务人被宣告破产或被吊销营业执照的抗辩。票据债务人被法院宣告破产或被行政部门吊销营业执照,实际上已丧失承担票据责任的能力,可以此为由进行抗辩。

(3) 票据上存在伪造情况,被请求履行票据债务的人是被伪造人或伪造人的抗辩。票据上的签章人为票据债务人。票据被伪造,票载被伪造人不是票据上的真实签章人,其签章为伪造人伪造,因此不是票据债务人,不承担票据责任。票据伪造人虽然在票据上实施了票据行为,但是并没有作真实签章,因此也不是票据债务人,不承担票据责任。但是,票据伪造人需依票据法或其他法律承担民事赔偿责任、刑事责任和行政责任。

(4) 票据债务人被无权代理或越权代理的抗辩。票据当事人可以委托其代理人在票据上签章,并应当在票据上表明其代理关系。没有代理权而以代理人名义在票据上签章的,应当由签章人承担票据责任;代理人超越代理权限的,应当就其超越权限的部分承担票据责任。也就是说,被无权代理的票据债务人不承担票据责任,被越权代理的票据债务人对代理人越权部分也不承担票据责任,即被无权代理或越权代理的人可以对持票人进行抗辩。

(5) 承兑人涂销承兑或记载附条件承兑的抗辩。汇票的承兑人在将票据交还持票人之前,涂销承兑或记载附条件承兑的,视为拒绝承兑,可以对请求其付款的一切持票人进行抗辩。

第二,追索权时效期间已过的抗辩。根据我国《票据法》第 17 条的规定,票据权利在下列期限内不行使而消灭:持票人对前手的追索权,自被拒绝承兑或者被拒绝付款之日起 6 个月；持票人对前手的再追索权，自清偿日或者被提起诉讼之日起 3 个月。追索权时效期间已过的，持票人丧失对前手的追索权，即持票人的前手（出票人或承兑人及其保证人除外）可以此为由行使抗辩权。

第三，持票人未遵期提示或未依法取证，其前手可以主张的抗辩。持票人欠缺权利行使和保全手续的，丧失对前手的追索权，即持票人的前手（出票人或承兑人及其保证人除外）可以此为由行使抗辩权。

（二）人的抗辩

人的抗辩，又称“相对抗辩”“主观抗辩”，是基于持票人自身的原因或票据债务人与特定票据债权人之间的关系而产生的抗辩，票据债务人可以此抗辩事由对抗特定票据债权人。根据抗辩权人范围的不同，人的抗辩可分为：

1. 一切票据债务人对抗特定票据债权人的抗辩

一切票据债务人对抗特定票据债权人的抗辩，即基于持票人自身的原因而产生的抗辩，包括下列情形：

（1）任何票据债务人对欠缺或丧失票据行为能力的持票人的抗辩。特定持票人欠缺或丧失票据行为能力，实际上就丧失了受领票据金额的资格，如果他向票据债务人主张权利，则一切票据债务人都可以进行抗辩。

（2）任何票据债务人对欠缺背书连续性的持票人的抗辩。以背书转让的票据，背书应当连续。所谓背书连续，是指在票据转让中，转让票据的背书人与受让票据的被背书人在票据上的签章依次前后衔接。持票人以背书的连续，证明其票据权利；非经背书转让，而以其他合法方式取得票据的，依法举证，证明其票据权利。任何票据债务人对欠缺背书连续性或不能依法举证证明其票据权利的持票人，可以进行抗辩。

（3）任何票据债务人对取得票据时不符合法定条件的持票人的抗辩。根据票据法的规定，持票人取得票据须符合以下条件：手段合法、主观善意、给付对价[①]。如果持票人不符合这些条件，任何债务人都可以对其进行抗辩。例如，持票人以欺诈、偷盗或者胁迫等手段取得票据的，或者明知有前列情形，出于恶意取得票据的，不得享有票据权利。持票人因重大过失取得不符合法律规定的票据的，也不得享有票据权利。票据债务人不得以自己与出票人或者与持票人的前手之间的抗辩事由，对抗持票人。但是，持票人明知存在抗辩事由而取得票据的除外。票据的取得，必须给付对价，即应当给付票据双方当事人认可的相对应的代价。除法律规定可以依法无偿取得对价的情形之外，持票人未给付对价的，票据债务人也可以对其进行抗辩。

---

① 因税收、继承、赠与可以依法无偿取得票据的，不受给付对价的限制。但是，所享有的票据权利不得优于其前手的权利。

(4) 因税收、继承、赠与可以依法无偿取得票据的,不受给付对价的限制。但是,所享有的票据权利不得优于其前手的权利。任何票据债务人都可以对前手票据权利有瑕疵的、依法无偿取得票据的持票人主张抗辩。

(5) 任何票据债务人对收款人之外的票据权利人的抗辩。根据《最高人民法院关于审理票据纠纷案件若干问题的规定》,票据的出票人在票据上记载"不得转让"字样,票据持有人背书转让的,背书行为无效。背书转让后的受让人不得享有票据权利,票据的出票人、承兑人对受让人不承担票据责任。出票人在票据上记载"不得转让"字样,其后手以此票据进行贴现、质押,通过贴现、质押取得票据的持票人主张票据权利的,人民法院不予支持。

2. 特定票据债务人对抗特定票据债权人的抗辩

这种抗辩包括下列情形:

(1) 直接当事人间,票据债务人基于票据原因关系而主张的抗辩。票据的无因只是"相对无因"。在票据原因关系当事人与票据关系当事人重合时,票据关系受票据原因关系影响,票据债务人基于票据原因关系欠缺、无效、被撤销、非法或有瑕疵,对直接原因关系当事人即该特定持票人进行抗辩。

(2) 基于当事人间特别约定而产生的抗辩。授受票据的直接当事人间可以特别约定某些事项,如融通资金的目的、分期付款、对空白票据的补记、付款宽限期等,该特定持票人违反特别约定事项而要求该特定票据债务人付款时,该特定票据债务人可以进行抗辩。

(3) 票据上发生变造,变造前签章的票据债务人对任何变造后的持票人主张的抗辩。票据上出票人签章之外的记载事项被变造的,在变造之前签章的人,对原记载事项负责;在变造之后签章的人,对变造之后的记载事项负责;不能辨别是在票据被变造之前或者之后签章的,视同在变造之前签章。也就是说,变造前签章的票据债务人可以对任何变造之后的持票人进行抗辩。

(4) 背书禁转、委托背书、质押背书中,原背书人对后手的被背书人主张的抗辩。背书人在票据上记载"不得转让""委托收款""质押"字样,其后手再背书转让、委托收款、质押的,原背书人对后手的被背书人不承担票据责任。背书人在票据上记载"不得转让"字样,其后手以此票据进行贴现、质押的,原背书人对后手的被背书人不承担票据责任。

三、对票据抗辩的限制与反限制

(一) 对票据抗辩的限制

1. 对票据抗辩的限制的理论依据

为保障票据的流通性,在票据抗辩中,人的抗辩受到一定限制。对票据抗辩的限制,又被称为"票据抗辩的切断"。关于对票据抗辩的限制的理论依据,有三种观点:所有权取得说、政策说、票据债权的无因性和文义性理论。所有权取得说认为,票据行为是对不特定多数人的单独行为,各持票人分别独立取得票据权利,所以持票人不必承受前手的抗辩。政策说认为,票据上的权利虽然与原因债权各自独立发生,但是与指名债权一样由受让人承受权利上的瑕疵,即受让人应承受前手的抗辩。也就是说,原则上,票据债务人所能对抗让与人的事由,皆能对抗受让人。票据法之所以规定对票据抗辩的限制,只能是基于政策上的原因。票据债权的无因性和文义性理论认为,对票据抗辩的限制是基于票据的无因性和文义性理论,以保障票据的流通性。[①]

2. 对票据抗辩的立法例

对票据抗辩的立法例包括积极限制的立法例和消极限制的立法例。所谓积极限制,是指票据法规定可以抗辩的情形,除此之外都不能抗辩,如英国和美国的票据法。所谓消极限制,是指票据法规定不得抗辩的情形,除此之外都可以抗辩,如日内瓦统一票据法系国家的票据法。

3. 对票据抗辩的限制的内容

根据我国《票据法》第 13 条的规定,票据债务人不得以自己与出票人或者与持票人的前手之间的抗辩事由,对抗持票人。

4. 对票据抗辩的限制与票据善意取得制度的不同

虽然对票据抗辩的限制与票据善意取得制度都是为了保护善意的持票人,但是二者又存在一定的区别:(1) 主观构成要件不同,对票据抗辩的限制制度只要求持票人不知存在抗辩事由即可,而票据善意取得制度要求持票人不知其直接前手无转让票据的权利;(2) 利益受损人不同,对票据抗辩的限制制度中的利益受损人是抗辩被限制的债务人,而善意取得制度中的利益受损人是原票据权利人。

(二) 对票据抗辩的反限制(对票据抗辩限制的切断)

对票据抗辩的限制侧重于保护持票人不受票据债务人滥用票据抗辩权的侵害,而票据法考虑到法益的平衡,又规定了对票据抗辩的反限制,以保护票据债务人。

对票据抗辩的反限制包括下列情形:

(1) 不法抗辩。以欺诈、偷盗或者胁迫等手段取得票据的,或者明知有前列情形,出于恶意取得票据的,不得享有票据权利。持票人因重大过失取得不符合法律规定的票据的,也不得享有票据权利。对于以不法手段取得票据的,或者因重大过失取得不符合法律规定的票据的,票据债务人可以抗辩。

(2) 恶意抗辩。持票人明知存在抗辩事由而取得票据的,票据债务人可以

---

① 参见赵威:《票据权利研究》,法律出版社 1997 年版,第 179 页。

对其进行抗辩。

(3) 对价抗辩。因税收、继承、赠与可以依法无偿取得票据的,不受给付对价的限制。但是,所享有的票据权利不得优于其前手的权利。

(4) 原因关系抗辩。票据债务人可以对不履行约定义务的与自己有直接债权债务关系的持票人,进行抗辩。

(5) 委托收款、回头背书或持票人与其中之一的前手为同一主体的,债务人对持票人的抗辩不被切断。例如,在委托收款背书中,债务人对委托收款背书中的背书人的抗辩,也得对委托收款背书中的被背书人行使。在回头背书中,A出票给B(收款人),B背书给C,C背书给D,D又背书给B。此时,A对收款人B的抗辩也对最后的持票人B行使。如果A出票给X,X背书给B,B背书给Y,X为Y的分公司,那么A对X的抗辩也可以对Y行使。

第七节 电子票据与票据创新

一、电子票据的发展与法律问题

(一) 电子票据制度发展概况

2005年3月25日,我国首张电子票据成功签发,涉及金额703万元,标志着我国电子票据业务进入实践阶段。2009年10月,中国人民银行建成电子商业汇票系统(ECDS,以下简称“电票系统”),并印发《电子商业汇票业务管理办法》,遵循《票据法》的基本规定和立法精神。电票系统带来了革命性的电子票据产品,克服了纸质商业汇票操作风险大的缺点,改变了企业与金融机构的支付习惯和交易方式,普及率逐年提高。

为规范和促进我国电子票据业务健康发展,推动电子票据广泛使用和流动,2016年8月30日,中国人民银行办公厅印发《中国人民银行关于规范和促进电子商业汇票业务发展的通知》,要求一定金额以上的商业汇票只能通过电票系统办理,同时规定除银行业金融机构和财务公司以外的、作为银行间债券市场交易主体的其他金融机构可以通过银行业金融机构代理加入电票系统,开展电子商业汇票转贴现、提示付款等规定业务。2016年12月5日,中国人民银行公布《票据交易管理办法》。12月8日,上海票据交易所正式挂牌成立,全国统一的票据交易平台就此问世。当日,上海票据交易所发布了《票据交易主协议》《上海票据交易所票据交易规则》等十几项配套业务规则,以期改善我国票据市场制度体系不健全的问题,进一步加快电子票据发展速度。作为票据市场基础设施,上海票据交易所对所有纸质票据和电子票据进行统一登记、托管、报价、交易、清算和托收。电子商业汇票签发、承兑、质押、保证、贴现等信息可以通过电票系统同步传送至上海票据交易所系统，票据流转效率大幅提高。电票系统为建立全国统一的票据交易平台奠定了基础。未来票据交所的票据交易系统将在原有电票系统的基础上进一步完善功能，为电子票据业务提供更加安全高效的多功能、综合性业务处理平台。

（二）电子票据的法律性质

电子票据是网络信息技术的发展以及人们对支付结算电子化需求的产物。电子票据具有高效、便捷、易流通的特点，规避了纸质票据容易遗失、被窃、被变造的风险。就金融机构而言，电子票据规避了人工传送或人工作业所要求的烦琐程序，并能提升业务处理的正确性和效率。就企业而言，电子票据可以提升资金管理效率，有利于收款人对账或处理票据业务，降低交易双方的信用风险，提升票据使用的安全性。电子票据的普及与推广能更好地促进流通，有助于票据市场良性发展，也满足了金融市场多层次的需求。然而，我国《票据法》并未提及基于电子票据所产生的票据行为及其相关制度。关于票据理论是否可以解释电子票据行为，以及《票据法》现有框架是否可以包容电子票据，有待进一步予以明确。

针对电子票据法律性质的研究，应探究电子票据与纸质票据之间的本质联系，而非只注重其电子化这一表层表现。网络技术的应用催生了电子产业，票据借此由纸质形式转变为电子形式。在运行方式、存在形式等方面，电子票据所彰显的独特性只是其在电子领域的应有形态，对内在功能并没有实质改变。相较于其他电子支付手段，电子票据具有支付、流通、信用、融资等票据的内生价值功能。从这个意义上而言，电子票据并未超出票据的范畴。电子票据可以分为广义的电子票据和狭义的电子票据两类。广义的电子票据包含信息和货币两个层面：一是纸质票据的电子化，即依托网络和计算机技术，将传统纸质票据的各种要素信息转化为电子信息进行传递，以数据电文的形式实施票据行为，实现账户资金转移的信息存储和传输过程；二是纯粹的电子票据，指完全脱离传统纸质票据而存在于网络和计算机之中的电子信息，其所有票据行为和业务流程都通过网络传输实现而承载的电子形式。狭义的电子票据仅包含后者，即以电子签名为基础，用数字信息彻底取代纸质票据，存在于电子介质之中的一种新型票据形式。

在我国，《电子商业汇票业务管理办法》是电子商业汇票的主要依据，其第2条第1款规定："电子商业汇票是指出票人依托电子商业汇票系统，以数据电文形式制作的，委托付款人在指定日期无条件支付确定金额给收款人或者持票人的票据。"该办法规定的电子票据行为包括出票、承兑、转让背书、贴现、转贴现、再贴现、质押、保证付款、追索等。电子票据行为的相关制度设计显然迎合了我国《票据法》的形式要求，有"将其归入纸质票据法"的内在考量。《票据法》中票据种类的规定是“三票合一”,汇票的立法形式以票据流通流程为线索设计;而《电子商业汇票业务管理办法》中只规定了电子商业汇票一种票据类型,按照电子票据流转的顺序设计。因此,电子票据行为与纸质票据行为的立法形式具有同一性。[①]

(三)电子票据发展中存在的法律问题

电子票据与纸质票据之形式要件的不同主要表现在以下三个方面:(1)从表现形式看,纸质票据必须采用书面形式,并具有要式性,要求在票据规定位置载明各类事项;而电子票据以电子数据的形式出现,无书面形式,也无规定格式及位置的要求。(2)从流通形式看,传统票据流通时必须以原件形态传递,以证明票据的唯一性和真实性;而电子票据是电子数据,不存在原件。(3)从签名形式看,纸质票据当事人必须在票据上签章,也就是必须亲自实施签章行为;而电子票据的生成和流通不可能要求当事人亲笔签章,取而代之的是电子签名。

电子票据发展中存在的法律问题主要包括:

1. 法律依据问题

为保障票据的流通性,各国票据法普遍采用票据种类法定原则。尽管《电子商业汇票业务管理办法》将电子商业汇票定义为一种票据,但是该办法毕竟只是部门规章。从法律层面讲,电子票据的属性仍然没有最终确定。同时,缺乏上位法依据还会引发其他法律问题。例如,我国《票据法》对票据的书面形式有严格的限制,有固定格式和内容,只能使用统一印制的票据。

2. 签章问题

根据我国《票据法》的规定,票据上的签章为签名、盖章或签名加盖章。签章是票据当事人身份识别和认证的唯一标识。《票据法》对单位、个人的签章有具体的要求。电子票据的签章是电子签名,具有身份识别性、资料完整性以及不可否认性等特征,比传统手书签名更具优越性。虽然我国《电子签名法》确认可靠的电子签名与手写签名或者盖章具有同等的法律效力,但是与《票据法》在司法适用中存在冲突。

3. 票据融资功能问题

与纸质票据相比,电子票据的流通转让更加便捷,交易效率更高,交易成本更低,能够有力促进票据的流通功能和融资功能。在当前形势下,电子票据更有助于服务实体经济,基于电子票据的理财产品受到投资者的欢迎。但是,《票据法》规定,票据的转让应当具有真实的交易关系和债权债务关系,这对电子票据的流通性和融资性有严重影响。

---

① 参见王峙焯:《电子票据行为的正当性研究》,载《北方法学》2014年第3期。

4. 票据付款期限问题

纸质票据的付款期限主要受纸质材料的保存期限限制，而电子票据存储在电子设备上，可以永续保存。因此，电子票据的付款期限应当比纸质票据长。《电子商业汇票业务管理办法》规定电子商业汇票的付款期限最长不得超过1年，与《票据法》的规定存在冲突。[①]

二、票据功能的演进

票据功能随社会经济环境不断改变。在当前形势下，电子票据通过票据融资，更有助于服务实体经济。票据融资，是指持票人通过票据进行资金融通的行为。在我国目前的票据法律环境下，票据融资一般通过票据贴现完成。持票人将票据向商业银行转让，商业银行按照贴现利率扣除利息后向持票人放款并取得该票据所有权。商业银行根据需求，或将该票据持有至到期以获取利差，或向其他商业银行转让该票据以完成转贴现，或向央行转让该票据以完成再贴现。随着经济的不断发展，票据市场利率朝着市场化方向发展。央行可以通过货币政策操作影响票据市场利率，充分体现了票据市场传导货币政策的作用。实践表明，货币市场利率的变化影响票据融资规模的变化，票据融资规模的变化影响市场总产出的变化。因此，当央行以货币市场利率作为货币政策操作目标时，其调控货币政策的意图可以通过票据市场传导到实体经济中。与此同时，票据市场可以感知到货币政策的变化。票据融资和银行贷款作为中小企业的主要融资方式，相互之间具有替代作用。

票据融资的优势主要通过企业融资显现。目前，我国的社会信用体系尚不健全，直接融资市场不够发达，企业以银行借贷等间接融资为主要的融资方式。除了低成本的优势，票据融资限制少、手续简单、获批快，成为缓解中小型企业融资难、融资贵的主要方式。在经济活动中，企业生产、销售、供应、分配和资金回流的时间节点并不统一。有的企业的资金状况因为产品类型的独特性，还具有季节性、周期性等特征。上下游企业的资金状况也会直接影响企业的资金流动性需求。

票据融资对商业银行同样具有积极作用。随着经济的不断发展，商业银行存款和信贷规模快速增长。票据资产的流动性和营利性优点有助于商业银行调节信贷规模。当信贷规模宽松时，商业银行往往增持票据以占据多余的信贷规模，再通过释放票据以支持传统信贷业务的投放。此外，由于负债端存款增速的压力，商业银行具有很强的揽储动机，企业在签发票据过程中缴纳的保证金是银行存款的直接来源。根据商业银行和企业签订的票据协议，企业保证金存款的

---

① 参见张鸿：《电子票据法律制度初探》，载《经济师》2018年第6期。

利率可以是活期、定期、挂牌利率,也可以是协议存款利率。商业银行在提供承兑汇票开票签发的服务中,既可以赚取一定的手续费,也可以获得廉价存款。因此,票据业务对商业银行具有较强的吸引力。

我国大型企业具有广泛多样的融资方式。一般而言,企业的资产结构遵循对应性原则,固定资产由企业股东增资、发行股票和长期债券等长期融资构成。长期性流动资金由流动资本和银行贷款构成。企业对短期性流动资金的需求具有普遍性、经常性、频繁性的特征。大部分中小企业难以选择发行股票上市或发行长期债券,股票和长期债券不利于这些企业控制风险,融资成本也偏高。在多种因素的作用下,商业银行对中小企业普遍"惜贷",股权资本市场发展不充分,使得中小企业长期面临融资难、融资贵的问题。中小企业在银行信贷或者资本市场直接融资较为困难,从而给票据融资提供了发展空间。票据融资采取以银行信用补充企业信用的方式,票据的签发更为快速,具有更加灵活的流动性,逐渐成为中小企业重要的融资方式。与普通贷款不同,银行承兑汇票的操作程序更加简便,通过存放特定数额的保证金,缴纳手续费后即可得到一笔定期的信用担保融资。股票和债券市场的发行标准较为严格,发行程序比较复杂,中小企业往往无法及时通过股票市场或债券市场融资。签发银行承兑汇票需要通过柜台,对企业规模没有限制,对信用等级无特别要求,符合中小企业融资"短、频、急"的要求。此外,票据的融资利率一般低于普通贷款利率,可以有效减少企业融资的成本。从金融市场的实际情况可以看出,中小企业签发的票据约占整个票据市场份额的一半以上,有效加大了国家对实体经济的资金支持。

三、票据创新的展望

随着电子票据应用的不断深入,票据业务创新和产品创新不断涌现。在21世纪初期,我国票据创新主要基于传统业务进行改进和组合,以承兑业务为基础,推出了商业汇票保证、质押开票、票据拆零、以票易票等业务;以贴现业务为基础,推出了商票保贴、票据包买、见票即贴额度授信、第三方担保贴现、回购式贴现等贴现承诺业务,并在贴现利息支付方面推出了买方付息、协议付息、他方付息、共担利息等方式;以转贴现业务为基础,推出了票据资管搭桥、银行代理回购搭桥、票据代持、配资代持等业务模式;此外,还推出了票据咨询、顾问、经纪、鉴证、代理托收、代理查询、代理保管、票据池等增值服务创新模式。2009—2011年,票据理财产品迅速兴起,并随着监管加强,从传统银行理财演化为银信合作等模式,延伸出票据信托业务。2013年,票据资产管理计划开始出现,在发展中先后以证券公司和基金公司作为通道方。同年年底,随着"金融脱媒"愈演愈烈,互联网票据理财模式开始兴起并迅速发展起来,一度成为票据市场热点。2016年,随着监管治理不断强化,基于票据收益权发行的资产证券化产品开始初步尝试。总体而言，由于票据兼有支付、资金、信贷、资产等多重属性，加上持票机构的多样化和跨领域流通，使得以票据为载体的衍生产品成为连接货币市场和资本市场的重要探索。一方面，票据作为核心载体可以发挥货币市场风险低、期限短、流动性高等优势。另一方面，金融工具的引入可以在风险可控的前提下提高收益，使得票据成为金融投资产品创新的重要载体。票据业务有利于加速利率市场化的进展。由于票据交易的价格受资金供求关系影响较大，对市场的敏感性较强，已形成较为完备的市场价格指数和形成机制，加上票据贴现与短期流动资金贷款本身存在竞争性的替代关系，使得金融机构有条件通过客户细分以扩大贷款浮动范围、分级定价。

电子票据业务的发展使产品发展创新的空间越来越广阔，具体表现有：部分商业银行利用自贸区金融创新平台，把电子票据与国际贸易融资项下的信用证、保函等电子支付系统相连接，以便于开展国际信用证（保函）担保电子银行承兑汇票业务，拓宽票据参与跨境人民币支付的融资渠道；借助电子票据实现与信用证（银行保理等）的组合国际结算业务和“1＋N”商业承兑汇票贸易融资组合业务，扩大票据的应用领域，并以贴现电子票据集合资产为依托，设立特殊目的机构（SPV）发行资产支持商业票据（ABCP），扩大银行票据融通资金来源；借助电子票据推动多元化票据衍生品发展和试点，包括远期票据贴现和转贴现、票据贴现期权和转贴现期权、票据转贴现利率互换和转贴现期限互换（掉期）等，还可通过银行业金融机构集约化管理已贴现票据，实现票据资产证券化等创新。

借助区块链，可以对现行的电子票据系统的结构进行改变，在遵循现有票据属性、法律和市场运作规则的基础上，通过去中心化的方式构建数字票据，从而成为一种全新的票据展现形态。从技术角度分析，区块链技术自身的去信任、时间戳、可追溯、不可篡改等特点与票据应用场景十分相近，在一定范围内使用，可以建立起数字票据的联盟链，将票据市场各方角色在联盟链中进行定义。从监管部门角度分析，数字票据有望为监管操作带来更多便利，通过前后相连构成的不可篡改的时间戳以及完全透明的数据管理体系所提供的可信任的追溯途径，也可以将监管方设置为具有一定角色的节点，通过在链条中发布智能合约，利用可编程性建立统一的市场规则和秩序。从市场参与者角度分析，对于商业银行等市场参与者，可以将出票人、期限、金额、承兑行、保证增信行、贴现行等要素预先写入代码，加载为智能合约，将数字票据定义为自带智能合约限制的数字货币。①

① 参见肖小和：《中国票据市场四十周年回顾与展望》，载《金融与经济》2018年第11期。

思考题

1. 简述票据的要式性和文义性。
2. 简述票据法的特征。
3. 简述票据行为代理的构成要件。
4. 如何理解票据的无因性?
5. 比较票据权利的善意取得与民法上物的善意取得。

第六章　证券法律制度

第一节　证券与证券法概述

一、证券概述

（一）证券的概念和种类

证券是筹资者为了筹集长期资金而发放的由投资者认购的资本凭证。各国立法对于证券种类和范围的规定有很大不同，主要取决于各国不同的证券市场发展水平、证券法律规范的健全程度以及证券法律监管的完善程度。在证券市场发达的国家，证券种类较多，一般包括股票、债券、股权认购书、期权等，有的还包括票据、表决权信托证书、资产担保证券、存托凭证等。

我国现行《证券法》中的证券指股票、债券、存托凭证、证券投资基金以及国务院依法认定的其他证券。证券立法、司法和监管水平的逐步提高，以及证券市场中可交易的证券品种的增加，可以强化市场投资的多样性和交易的互补性，拓展市场发展的空间，提升市场活跃度和市场投资者的积极性，从而更好地促进证券市场的繁荣发展。我国《证券法》第 2 条第 3 款特别规定，“资产支持证券、资产管理产品发行、交易的管理办法，由国务院依照本法的原则规定”，即将资产支持证券、资产管理产品视作“准证券”。这意味着，在资产证券化和资产管理业务中发行的资产支持证券和各种资产管理产品在性质上类似于证券，尽管目前在我国分业监管模式下仍然由各金融监管部门分头监管，但是监管标准相对统一。

（二）股票

股票是股份有限公司签发的证明股东所持股份并享有股东权益的凭证。股票是现代股份制组织形式下衍生的一种特殊权益凭证，是投资者在被投资公司中享有权益的法律依据。股份有限公司公开发行股份后，一定份额的股份就代表一定比例的公司权益。投资者购买股份后，被投资公司就将代表股份份额的股票交付给投资者，投资者由此享有股权并获取股利。因此，股份是股票的实质内容，股票是股份的证券形式。根据不同的标准，股票可作如下分类：

（1）根据是否标明持票人的姓名，可以将股票分为记名股和不记名股。这种分类的意义在于，两者的法定适用范围和转让方式不同。向社会公众发行的股票可以是记名股,也可以是不记名股;向发起人、国家授权投资的机构、法人发行的股票应当是记名股。记名股的转让除交付外,还须经背书并办理过户登记手续。

(2) 根据持股人享有权利的内容以及先后顺序的不同,可以将股票分为普通股和优先股。普通股的持股人在股份有限公司事务上具有平等的权利和地位,在公司收益分配和风险承担上也具有相同的权利和义务。优先股的持股人可以优先于普通股的持股人获得公司收益的分配权,在公司解散清算时有优先分配公司剩余资产的权利。但是,与此特权相对应,优先股的持股人在公司事务的表决权上往往受到限制。

(3) 根据股份持有者身份的不同,我国证券市场在发展之初存在国有股、法人股和个人股的区分。国有股、法人股是国家或国家授权的投资主体、法人以非公开发行的方式认购的股份,被限制流通,又称"非流通股";个人股是发行人在获得国家有关主管部门核准后,向社会公众公开募集的股份,允许自由流通,又称"流通股"。

(4) 根据投资资金来源地的不同,我国的流通股可以分为内资股和外资股。内资股是我国内地投资者以人民币购买的股份,又称"A 股";外资股是由外国和我国香港、澳门、台湾地区投资者以购买人民币特种股票形式向股份有限公司投资形成的股份。根据上市地的不同,可以将外资股分为境内上市外资股和境外上市外资股。前者是指以人民币标明面值并以外币认购和买卖在境内证券交易所上市的股份,即 B 股;后者是指向境外投资人募集并在境外(通常是境外的证券交易所)上市的股份。目前,境外上市外资股主要有三类,即 H 股、N 股、S 股,分别指在香港(Hong Kong)、纽约(New York)、新加坡(Singapore)上市的外资股。

此外,根据股票票面是否记载具体金额,可以将股票分为额面股和无额面股;根据股票所反映的股份是否附带表决权,可以将股票分为有表决权股和无表决权股。

(三) 债券

债券是证明债券持有人有权按照债券约定要求还本付息的债权凭证。债券和股票同为有价证券,都是筹集资金的方式。不同的是,前者关注发行者的偿债能力,后者关注发行者的盈利能力。因此,在不具备股份发行条件或是要保持对公司经营管理的控制权时,公司倾向于选择发行债券,以借入生产、建设、周转所需的资金,并在借款期限届满后向债券投资人还本付息。根据不同的标准,债券可作如下分类:

(1) 根据募集和发行方式的不同,可以将债券分为私募发行债券和公募发行债券。两者的发行方式以及适用的发行规则不同。私募发行是针对特定对象、采取特定方式、接受特定规范的债券发行方式，而公募发行是针对不特定的社会公众发行债券的方式。私募发行针对的是特定人，他们通常对发行人比较了解，因此私募发行的核心是注册豁免，发行手续比较简便；而公募发行针对的是不了解公司情况的广大投资者，因此法律要求发行人进行严格的注册登记和详细的信息披露，手续比较复杂。

（2）根据发行主体的不同，可以将债券分为政府债券、公司债券、金融债券、其他法人（其他企业、事业单位和社会团体）债券、国际债券。政府债券又分为国家债券（即国库券）和地方政府债券，其发行通常是为了弥补财政赤字或支援国家基础建设需要，不以营利为目的。发行公司债券、金融债券、其他法人债券则是以营利为目的的募资行为。国际债券是一国政府、金融机构、工商企业以及国际组织为筹措和融通资金，在国外金融市场上发行的，以外国货币标明面值的债券。目前，有代表性的国际债券主要有美国的扬基债券[①]、欧洲债券[②]以及日本的武士债券[③]等。这样划分的意义在于，不同的债券适用不同的发行交易审核制度。一般而言，各国对于政府债券的发行和上市交易采取豁免审核制度，因此政府债券又称“豁免债券”。但是，其他债券在获准发行和上市交易前必须依照法定的条件和程序进行审查。

（3）根据到期收益方式的不同，还可以将公司债券分为普通公司债券和可转换公司债券。普通公司债券的持有人在债券到期后，只能向发行人请求还本付息；而可转换公司债券是指发行公司依法发行、在一定期间内依据约定的条件可以转换成股份的公司债券，其持有人在债券到期后，可以选择收回本息或转换为股票继续投资。根据我国《证券法》第15条第3款的规定，上市公司发行可转换为股票的公司债券，不仅应当符合公开发行公司债券的条件，还应当符合公开发行股票的条件。但是，上市公司通过收购本公司股份的方式进行公司债券转换的除外。

债券与股票的区别主要表现为：

（1）发行主体不同。债券的发行主体可以是公司、金融机构及其他类型企业，还可以是中央或地方政府；股票的发行主体只能是股份有限公司。

（2）所代表的权利性质不同。债券是债权凭证，债权人一般仅能请求债券

---

① 扬基债券是在美国债券市场上发行的外国债券，即美国以外的政府、金融机构、工商企业以及国际组织在美国国内市场发行的以美元为计值货币的债券。“扬基”一词的英文为“Yankee”，意为“美国佬”。由于在美国发行和交易的外国债券都是同“美国佬”打交道，故名“扬基债券”。

② 欧洲债券是一国政府、金融机构、工商企业以及国际组织在国外债券市场上以第三国货币为计值货币发行的债券。例如，法国一家机构在英国债券市场上发行的以美元为计值货币的债券就是欧洲债券。欧洲债券的发行人、发行地以及面值货币分别属于三个不同的国家。

③ 武士债券是在日本债券市场上发行的外国债券，是日本以外的政府、金融机构、工商企业以及国际组织在日本国内市场发行的以日元为计值货币的债券。

发行人到期偿还本金并支付一定的利息;股票是股东权凭证,股东权包括取得红利收益的权利和对公司经营业务的管理权,如投票表决、发表意见、进行监督等。

(3) 投资期限不同。债券是有期限的投资证券,在发行之初就规定了一定的偿还期限,到期后,公司将向债券持有人支付本息并收回债券;股票是无期限的投资证券,一般情况下,投资者从公司认购股票后,可以将股票转让给其他投资者,但不能在中途要求退股,抽回投资。

(4) 收益及风险大小不同。债券到期的收益通常是预先约定的,收益相对稳定,投资风险较低;股票的收益则要根据公司的经营业绩而定,经营业绩好,其收益可能高于债券的收益,反之则可能低于债券的收益甚至亏本。因此,股票投资的风险往往要大于债券投资的风险。

(四) 存托凭证

存托凭证(depository receipts, DR),又称“存券收据”或“存股证”,是指在一国证券市场流通的代表外国公司有价证券的可转让凭证,由存托人签发,以境外证券为基础在境内发行,代表境外基础证券权益的证券,属公司融资业务范畴的金融衍生工具。存托凭证一般代表公司股票,有时也代表债券。

具体而言,某公司将其发行的一定数额的证券委托一机构(通常为银行,称为“保管银行”)保管,由保管银行通知外国的存托银行在当地发行代表该股份的存托凭证,之后存托凭证便开始在外国证券交易所或柜台市场交易。

按发行或交易地点的不同,存托凭证被冠以不同的名称,如美国存托凭证(ADR)、欧洲存托凭证(EDR)、全球存托凭证(GDR)、中国存托凭证(CDR)等。

(五) 基金证券

基金证券是由投资基金发起人向社会公开发行的,表示持有人按其所持份额享有资产所有权、收益分配权和剩余资产分配权的凭证,又称“基金受益凭证”。根据不同的标准,基金证券可作如下分类:

(1) 根据基金的组织形态,可分为契约型基金和公司型基金。契约型基金是根据信托契约,发行受益凭证,从投资者处募集资金组成的投资基金;公司型基金是按照公司法组成的,以营利为目的从事投资信托的股份公司。

(2) 根据基金受益凭证能否赎回,可分为封闭式基金和开放式基金。封闭式基金在设立时即限定基金的发行总额并相对固定,发行完成后即行封闭,投资人在存续期内不可要求赎回基金,但可通过证券交易市场转让基金;开放式基金在设立时不限定基金的发行总额,在设立后处于不断变动状态,可随时追加发售受益凭证,投资者可随时要求发行人赎回受益凭证。

(3) 根据基金的主要投资对象,可分为货币基金、债券基金、股票基金、衍生市场基金、黄金基金。

(4) 根据投资目标,可分为成长型基金、收入型基金和平衡型基金。

(5) 根据基金的资金来源及运用地域，可分为海外基金、国家基金、国际基金、离岸基金等。

(六) 资产支持证券

资产支持证券是由受托机构发行的、代表特定目的信托的受益权份额。受托机构以信托财产为限向投资者承担支付资产支持证券收益的义务，支付的基本来源为支持证券的资产池产生的现金流。资产池项下的资产通常是金融资产，如贷款或信用应收款。资产支持证券的本金支付时间通常取决于资产本金回收时间。这种本金回收时间和资产支持证券相应的本金支付时间固有的不可预见性，是资产支持证券区别于其他债券的一个主要特征，是固定收益证券中主要的一种。可用作资产支持证券资产池中的资产分为两类：现存的资产或应收款和将来发生的资产或应收款，前者称为“现有资产的证券化”，后者称为“将来现金流的证券化”。

(七) 资产管理产品

资产管理产品是获得监管机构批准的金融机构向特定客户募集资金或者接受特定客户委托担任资产管理人，由托管机构担任资产托管人，为资产委托人的利益，运用委托财产进行投资的一种标准化金融产品。

二、证券市场

(一) 证券市场概述

证券市场是证券发行和交易的市场，是金融市场的重要组成部分。从理论上说，金融市场包括货币市场和资本市场两个方面。货币市场是以银行和非银行金融机构为主体的企业间接融资市场，资本市场则是企业通过发行证券的方式向投资者募集资金的直接融资市场。间接融资市场因为有银行信用的支撑，所以一直以来在企业的融资活动中都发挥着重要作用。但是，也正因为有银行等金融机构的介入以及维护信用、降低风险的需要，所以间接融资的规模较小，期限较短，而且要经过银行严格复杂的审查。间接融资的不足恰恰是直接融资的优势。企业在符合证券发行条件的情形下，可以筹集到生产经营所需且长期使用的巨额资金。其中，在发行股票的情形下，企业只要持续存在，即可永久占有所募资金而无须向资金供应者还本付息。

证券市场有广义和狭义之分。广义上的证券市场是主体、客体、法律制度、场所等各要素的综合，狭义上的证券市场就是通俗意义上的证券市场场所。在此，我们对证券市场作狭义上的理解。根据不同的标准，证券市场可作以下几种分类：

(1) 根据市场所处的阶段和任务的不同，可以将证券市场分为发行市场和交易市场，也称“一级市场”和“二级市场”。发行市场是由证券发行人通过证券经营机构向证券投资者发行证券,以募集社会闲散资金,满足社会资本之需的市场。发行市场的主体是证券发行人、证券投资者和作为承销机构的证券经营机构。交易市场是使从发行市场认购证券的投资者得以转让其所持有的证券,以实现证券的流动性和收益性的市场。证券发行人在占有通过发行市场所筹集资金的基础上,可以通过发行新股和配股等方式进一步扩大筹资数量。证券投资者能通过交易市场分享社会经济发展的成果。交易市场的买卖发生在证券投资者之间,证券经营机构则作为证券买卖的委托人,帮助投资者买卖证券。同时,证券经营机构自身也可以作为投资者参与证券买卖,此时证券经营机构与公众投资者之间就产生交易关系。

(2) 根据证券交易是否在证券交易所内进行,可以将交易市场分为场内市场(证券交易所市场)和场外市场。由于集中了一个国家或地区有一定实力的企业和证券中介机构,拥有先进的交易设备,并制定了完善的交易规则,因此场内市场往往是一国证券交易的主要市场。但是,场内市场毕竟容量有限,而且在证券交易所挂牌上市往往对企业有较严格的最低资本、企业资质、盈利能力等方面的要求,因此大量不符合上述严格要求的证券不得不谋求在场外市场进行交易。场外市场有多种表现形式,包括柜台市场(又称"店头市场")、第三市场、第四市场等。柜台市场的交易比较广泛,它是在证券公司专设的证券柜台进行的交易,而且往往是证券公司和投资者"一对一"的直接交易,没有竞价的问题。第三市场和第四市场的交易均是指已在证券交易所挂牌上市的证券仍然在柜台市场进行的交易。二者的区别在于,在第三市场交易中,投资者与筹资者以证券经营机构作为中介;而在第四市场交易中,没有中介。

场外市场在市场准入条件、买卖价格形成、证券交易方式、交易证券种类等方面与场内市场有较大不同,对场内市场具有重要的补充作用。因此,各国特别是发达国家都很重视发展场外市场。例如,由于美国证券交易委员会对证券在交易所挂牌上市的要求非常高,因此一些中小企业寻求通过场外市场进行证券买卖。这使得美国场外交易市场异常发达,比较有代表性的如全美证券业协会建立的场外行情自动报价系统纳斯达克(NASDAQ)。我国也曾经有过建立和发展场外市场的法律规定,并于 1990 年和 1993 年分别成立了全国证券交易自动报价系统(STAQ)和全国证券电子交易系统(NET)。但是,这两个场外市场在我国证券交易所建立和发展后逐渐淡出了历史舞台。目前,我国的证券法律并没有明确场外市场的法律地位,但是现实中存在某些证券在证券交易所以外转让流通的情况。

(3) 根据市场功能的不同,可以将我国的证券市场分为主板市场、中小板市场、创业板市场、代办股份转让市场。主板市场的定位是,为规模大、信誉高、业绩好的大中型企业筹集资金。国有企业大都在主板市场上市。中小板市场主动服务制造强国战略,支持主业突出、具有成长性和科技含量的中小企业拓展产业链条,深度参与国际分工。创业板市场主要是指为扶持具有高成长性的中小企业和高科技企业的发展而专门设立的中小企业直接融资市场。代办股份转让市场是指具有股份代办资格的证券公司依法为非上市股份公司提供股份转让服务的场所,其设立的主要目的是解决历史遗留问题股的流通和承接主板退市企业。除此之外,随着证券市场的不断发展,我国又设立了新三板市场、科创板市场以及区域性股权市场。新三板市场即全国中小企业股份转让系统。2006 年,中关村科技园区非上市股份有限公司进入代办股份系统进行转让试点,因挂牌企业均为高科技企业而不同于原转让系统内的退市企业以及原 STAQ、NET 挂牌公司,故被称为"新三板"。自 2013 年 12 月 31 日起,股转系统面向全国接收企业挂牌申请。新三板不再局限于中关村科技园区非上市股份有限公司,也不局限于天津滨海、武汉东湖以及上海张江等试点地的非上市股份有限公司,而是全国性的非上市股份有限公司股权交易平台,主要针对的是中小微企业。相较于证券交易所,全国中小企业股份转让系统具有如下特点:一是服务对象不同。《国务院关于全国中小企业股份转让系统有关问题的决定》明确了全国中小企业股份转让系统的定位是,主要为创新型、创业型、成长型中小微企业发展服务。这类企业普遍规模较小,尚未形成稳定的盈利模式。在准入条件上,不设财务门槛,申请挂牌的公司可以尚未盈利,只要是股权结构清晰、经营合法规范、公司治理健全、业务明确并履行信息披露义务的股份公司,均可以通过主办券商推荐申请在全国中小企业股份转让系统挂牌。二是投资者群体不同。我国证券交易所的投资者以中小投资者为主,而全国中小企业股份转让系统实行较为严格的投资者适当性制度,未来的发展方向将是一个以机构投资者为主的市场,这类投资者普遍具有较强的风险识别与承受能力。三是全国中小企业股份转让系统是中小微企业与产业资本的服务媒介,主要是为企业发展、资本投入与退出服务,不以交易为主要目的。科创板市场即科技创新企业股份转让系统,从"四新板"更名为"科技创新板",又叫"N 板"。2019 年 6 月 13 日,科创板正式开板,它是独立于现有主板市场的新设板块,定位是服务于科技型、创新型中小微企业的专业化市场板块。区域性股权市场又称"新四板市场",是为特定区域内的企业提供股权、债券的转让和融资服务的私募市场,是我国多层次资本市场的重要组成部分,对于促进企业特别是中小微企业股权交易和融资,鼓励科技创新和激活民间资本,加强对实体经济薄弱环节的支持具有积极作用。以上各类市场构成了我国资本市场体系。

(二) 证券市场的主体

筹资人和投资者是证券市场最基本的两类主体。早期的证券发行主要是由筹资人直接向投资者进行募集。现代社会的证券发行具有发行规模大、发行环节繁杂、潜在投资者分布广等特点,发行成本和风险相当高,由此出现了协助证券承销和买卖的证券商以及为证券发行和投资提供专业咨询、评估、登记、托管、结算服务的证券中介机构。作为市场主体,证券发行人、投资者、证券中介机构都必须在一定的市场规则下进行证券募集、发行、交易等一系列活动。在规范证券市场秩序和维护证券市场安全的目的下,这些市场规则渐渐上升为国家的法律法规,形成了一国的证券法律制度,并由此出现了执行这些制度的证券监管机构。除了政府证券主管机构以外,通常还有证券市场的自律组织,包括证券交易所和证券业协会,它们共同监督和保障市场规则得到遵守,并对违反市场规则的行为予以惩罚。

证券市场的主体包括以下四类:

(1) 证券发行人,包括发行国库券和地方政府债券的政府、发行金融债券的金融机构、发行股票的股份有限公司、发行公司债券的股份有限公司和有限责任公司以及发行企业债券的其他企业组织。

(2) 证券投资者,根据身份的不同,可以分为个人投资者和机构投资者;根据国籍或注册地的不同,可以分为境内投资者和境外投资者。境内投资者可以购买境内上市的人民币普通股即 A 股。自 2001 年 6 月 1 日开始,境内投资者可以用自有外汇购买 B 股。境外投资者可以购买境内外上市的外资股,即 B 股以及 H 股、N 股、S 股。根据中国证监会、财政部、国家经贸委 2002 年 11 月 1 日发布的《关于向外商转让上市公司国有股和法人股有关问题的通知》,我国有条件地允许向外商转让上市公司国有股和法人股。我国《证券法》第 89 条第 1 款规定:“根据财产状况、金融资产状况、投资知识和经验、专业能力等因素,投资者可以分为普通投资者和专业投资者。专业投资者的标准由国务院证券监督管理机构规定。”中国证监会 2016 年 12 月 12 日发布的《证券期货投资者适当性管理办法》对专业投资者和普通投资者有专门规定:“专业投资者之外的投资者为普通投资者”;“普通投资者在信息告知、风险警示、适当性匹配等方面享有特别保护”。

(3) 证券中介机构,包括证券经营机构、证券服务机构、证券登记结算机构等。证券经营机构是证券市场最主要的中介机构,是连接证券发行人与证券投资者、证券投资者与证券投资者的桥梁。证券服务机构包括证券投资咨询机构、证券资信评估机构以及其他证券交易服务机构。证券投资咨询机构,是指依法设立的,为证券投资者、交易者和发行者的投资交易和融资活动提供投资分析、预测或者建议等咨询服务的机构。证券资信评估机构也称“证券资信评级机构”,是指为评价已发行或拟发行证券的质量、信用和风险,判断该证券的可靠性及其投资价值而依法设立的专门机构。其他证券交易服务机构包括为证券的发行、上市交易活动出具审计报告、资产评估报告、法律意见书等文件的审计师事务所、会计师事务所、律师事务所等专门机构。证券登记结算机构是为证券交易提供集中的登记、托管、结算服务的非营利性法人。证券的集中登记、托管和统一结算，为投资者省去了清点保管的麻烦，并减少了证券失窃、灭失和假冒的风险；使证券公司和证券交易所从繁重的实物交收处理中解脱出来，提高了证券交易的效率；方便了证券发行人进行股东确认，特别是便利了对不记名股东的管理工作。

(4) 证券市场监管机构，包括政府监管机构和市场自律机构。不论是政府监管机构还是市场自律机构，都是为了保障证券市场的规则制度得到遵守，维护市场的秩序和安全。政府监管机构由于有国家强制力作为后盾，在法律的执行和秩序的维护上具有更大的刚性，在投资者和其他市场主体之间更容易保持裁判者的角色，体现出更大的权威。但是，政府监管机构的职能发挥具有一定的滞后性。市场自律机构的管理职能更易于随着市场的变化而变化，而且比政府监管机构有更广的规范范畴，甚至能够约束证券主体的道德行为。在我国，证券市场的政府监管机构就是中国证监会，市场自律机构包括上海和深圳两个证券交易所、国务院批准的其他全国性证券交易场所以及中国证券业协会。

三、证券法概述

(一) 证券法的概念、特征和基本原则

1. 证券法的概念

证券法是调整证券的发行、交易、管理、监督以及其他与证券相关的活动而产生的社会关系的法律规范的总称。证券法有狭义和广义之分。狭义上的证券法专指国家立法机关依照法定程序制定的、专门调整证券关系及证券行为并以证券法或证券交易法命名的证券法典或证券单行法，如我国现行《证券法》。广义上的证券法包括调整证券关系或证券行为的一切法律规范，即除了包括专门的证券法规范之外，还包括其他法律规范中有关证券的规定，如公司法中关于证券发行的规定、刑法中关于证券犯罪行为的规定等。在管辖范围上，我国《证券法》第2条规定，“在中华人民共和国境内，股票、公司债券、存托凭证和国务院依法认定的其他证券的发行和交易，适用本法”；“政府债券、证券投资基金份额的上市交易，适用本法”；“在中华人民共和国境外的证券发行和交易活动，扰乱中华人民共和国境内市场秩序，损害境内投资者合法权益的，依照本法有关规定处理并追究法律责任”。

2. 证券法的特征

(1) 证券法是金融法的特别法。证券市场的核心是融资行为，即为国家建设和企业发展募集社会闲散资金，这就决定了证券市场法律规范属于金融法律规范的范畴。

(2) 证券法兼具私法和公法双重属性。证券市场的基本主体是证券发行人和证券投资者,其筹资、投资行为原则上属于意思自治的范畴,要遵循自愿、有偿、诚实信用的原则,受到证券法的保护。由于证券市场上有巨额资金的流动,而且证券行业是投机性、风险性很强的行业,如果放任市场主体的活动,极易发生欺诈、市场操纵、内幕交易等损害投资者利益、破坏交易秩序的违法行为,因此证券法规定了证券注册、审核、信息强制公开等制度,并由政府监管机构对市场主体的行为进行监管。

(3) 证券法既是实体法又是程序法。证券法律制度既有详细的实体规范,如证券发行人资格、证券投资者资格、债券持有人的本息请求权、证券发行人的信息公开义务等,又有专门的程序规范,如证券发行程序、证券上市程序、证券公司和证券交易所的设立程序等。

3. 证券法的基本原则

证券法的基本原则,是指证券法规定的在证券发行和交易活动中必须遵守的准则。我国证券法的基本原则有:

(1) "三公"原则,即公开、公平、公正原则。公开原则,是指在证券发行和交易活动中,依照法律、行政法规的规定,负有信息披露义务的证券发行人、证券持有人以及其他机构及其相关人员应当按照有关规定确定的内容、程序和时间履行信息披露义务。公平原则,是指在证券发行和交易活动中,证券市场主体的法律地位平等,平等地享受权利和承担义务。公正原则,是指在证券市场中,应当制定公正的市场规则,司法人员和证券市场管理者应当公正地执行法律,平等对待一切被监管者。

(2) 证券业和银行业、信托业、保险业实行分业经营、分业管理的原则。原则上,证券业、银行业、信托业、保险业由证券公司、商业银行、信托公司、保险公司分开经营,禁止任何一类金融机构从事混业经营。但是,随着金融市场的发展,分业经营渐渐显露出其束缚金融创新和金融进步的一面。因此,各国都在谋求修正原有的分业经营立法,或者转变为混业经营体制,或者在分业体制的框架下通过组建金融控股公司的模式实现集团公司下的混业经营。目前,我国金融业也在探索金融经营体制的改革。我国《证券法》第 6 条规定:"证券业和银行业、信托业、保险业实行分业经营、分业管理,证券公司与银行、信托、保险业务机构分别设立。国家另有规定的除外。"

(3) 证券市场实行政府集中统一监管与行业自律管理相结合的原则。国务院证券监督管理机构对全国证券市场实行集中统一监管,证券交易所在法律法规的授权下也可以对上市证券、从事证券交易的机构和人员实施一定的监管行为;同时,依法设立证券业协会,对证券经营机构实行自律管理。

（二）国外证券法的产生和发展

证券市场在国外的产生和发展要比我国早得多。早期证券市场的监督和管理主要依赖于自律机构及其自律规则。为了抑制不正当证券投资和证券操纵现象，早期也有证券市场立法，如英国国会于1697年颁布了《抑制不正当证券买卖防范投资风潮法案》。[①] 但是，总体而言，证券立法在证券市场发展初期并不受重视，政府更倾向于由证券市场的自律机构通过制定自律规则的方式规范证券的发行和交易等行为，并维护证券市场的秩序和发展。因此，早期证券市场的法律制度并不发达。

证券法律制度的发展和完善主要是从20世纪30年代开始的。发生于1929年的股市大崩溃对世界各国的证券市场造成了严重的破坏，美国、英国等发达资本主义国家的金融市场更是遭受了前所未有的冲击，整个金融秩序甚至濒临崩溃。此后，各国政府意识到，单纯依靠自律机构的自律规则监管证券市场是不够的，必须运用国家强制力维护证券市场的交易秩序和交易安全，并对违反市场规则的行为进行惩罚。

基于证券市场监管传统和基本国情的不同，不同国家的证券立法模式表现出不同的倾向。一些国家如美国、加拿大、日本等，选择制定专门的证券法或证券交易法，形成了统一的证券法律制度和立法监管体系。另一些国家如英国、新加坡、澳大利亚等，没有制定专门的证券法，而是在修改现有的公司法、投资法或其他法律法规的基础上，增加证券调整对象、证券发行和证券交易规范等内容；政府也没有形成集中的立法监管体系，证券监管仍然以自律管理为主、政府监管为辅。

（三）我国证券法的产生和发展

我国证券立法可以追溯到20世纪初。1914年北洋政府颁布的《证券交易所法》是我国历史上第一部关于证券市场管理的法律。后来，在国民政府时期，证券市场管理法律规范又得到一定的发展。中华人民共和国成立初期，基于国民经济恢复和发展的需要，设立了证券交易所，并颁布了一系列证券市场管理法律规范。但是，上述证券立法实践在我国1956年开始实行社会主义计划经济制度后就中断了。我国目前的证券法律制度体系主要是从党的十一届三中全会以后开始形成的。国务院于1981年出台《中华人民共和国国库券条例》，恢复了国债的发行。此后，1993年《股票发行与交易管理暂行条例》《企业债券管理条例》、1996年《证券交易所管理办法》等陆续出台。及至1998年12月，第九届全国人大常委会第六次会议最终通过了《证券法》(全国人大常委会分别于2004年8月、2013年6月、2014年8月三次修正，于2005年10月、2019年12月两次修

---

① 参见邵挺杰主编：《证券法》，法律出版社1999年版，第19页。

订),标志着我国监管证券市场的法律体系初步形成。

我国现行的证券法律制度以《证券法》为核心,还包括《公司法》中的相关规定、国务院关于证券市场管理的行政法规、中国证监会关于证券监管的部门规章等。从内容和功能上划分,我国证券立法主要由证券市场监管制度、证券发行制度、证券交易制度、信息披露制度、证券机构管理制度等组成。《证券法》是我国证券法律制度的主要代表,它以法律的形式明确规定了我国证券法的调整范围、证券的发行和交易规则、证券交易所和证券公司等市场主体的设立条件和运作规则、证券监管机构的职权和职责等内容,使我国对证券市场的法制化规范有了更高层次的立法依据,并使"规范证券发行和交易行为,保护投资者的合法权益,维护社会经济秩序和社会公共利益,促进社会主义市场经济的发展"的立法目标有了更高层次的法律保障。从 1995 年至今,是我国金融立法最为活跃、发展最为迅速的时期。针对金融市场开放和金融业务创新的趋势,为激励证券行业的发展和加强对证券行业的监督,国务院以及证券监督管理机构适时出台了一系列法规、规章。例如,为拓宽证券公司融资渠道,中国证监会 1999 年发布《证券公司进入银行间同业市场管理规定》、2000 年与中国人民银行联合发布《证券公司股票质押贷款管理办法》。为规范证券交易结算资金的管理,防止和惩罚证券公司的私自挪用行为,中国证监会 2001 年发布《客户交易结算资金管理办法》。为增强上市公司收购的可操作性,中国证监会 2002 年发布《上市公司收购管理办法》。为完善企业的退市制度,中国证监会 2003 年发布《关于执行〈亏损上市公司暂停上市和终止上市实施办法(修订)〉的补充规定》。为促进证券融资融券交易(也称"信用交易"),国务院 2008 年发布《证券公司监督管理条例》,对融资融券作出定义。

尽管如此,我国目前的证券法律制度仍然不够完善,欠缺一些必要的法律制度,如关于场外交易地位的规定。还有一些历史遗留问题,亟待制定合理可行的法律规范,如 A 股和 B 股的并轨问题。根据加入世界贸易组织时的承诺,我国在 2006 年后全面开放金融市场。为顺应我国证券市场改革和发展的需要,改善国内证券市场的经营环境和监管环境,提高我国证券市场机构的市场竞争力,我国在完善证券法律制度上作出了一系列努力。2004 年 8 月 28 日,第十届全国人大常委会第十一次会议对《证券法》某些条款进行了修改。[①] 2005 年 10 月 27 日,第十届全国人大常委会第十八次会议通过了修订的《证券法》,自 2006 年 1 月 1 日起施行。2007 年 8 月 22 日,国务院批准了《创业板发行上市管理办法

---

① 为配合《中华人民共和国行政许可法》(以下简称《行政许可法》)的公布和实施,此次修改删去了《证券法》原条文中关于股票溢价发行须经国务院证券监管机构批准的规定,并将对公司债券上市交易申请的核准权交给了证券交易所。

(草案)》。2009年3月31日,中国证券监督管理委员会发布了《首次公开发行股票并在创业板上市管理暂行办法》,自2009年5月1日起实施。该暂行办法是规范我国创业板市场首次公开发行股票最重要的行政法规。2019年12月28日,第十三届全国人大常委会第十五次会议通过了第二次修订的《证券法》,自2020年3月1日起施行。此次《证券法》的修订,系统总结了多年来我国证券市场改革与发展、监管执法、风险防控的实践经验,在深入分析证券市场运行规律和发展的阶段性特点的基础上,作了一系列新的制度改革与完善,包括全面推行证券发行注册制、显著提高证券违法违规成本、完善投资者保护制度、强化信息披露要求、完善证券交易制度等。

第二节　证券市场监管法律制度

一、证券市场监管概述

证券市场监管,是指证券市场监管机构根据证券立法规范和证券自律规则等证券法律制度,对证券发行、交易以及证券经营机构等市场主体及其行为进行的规范性监督管理活动。证券市场监管主要有三个要素:一是证券市场监管机构,包括政府证券监管机构和证券自律机构;二是证券法律制度,包括国家机关的证券立法规范和证券自律机构制定的自律规则;三是证券监管方式,包括政府证券监管机构的监管和证券自律机构的自律管理。

证券市场监管的产生和发展源于证券市场的特殊性,主要表现为:(1)证券市场具有明显的投机性。事实上,几乎所有的投资都具有下注的特点——希望获得更多的收益,而结果可能血本无归。[①] 证券市场如果没有有效的监管机制,必然会发生过度投机现象,并容易引发欺诈、市场操纵等行为,有碍证券市场的安全。(2)证券市场具有较大的波动性,影响到其吸纳资金职能的发挥。股市的剧烈波动会使证券市场的供求关系处于明显的不确定状态,造成货币市场的资金要么过度流向证券市场,要么流入资金不足。(3)证券市场存在明显的信息不对称。上市公司和证券公司等在收集信息的能力、数量和质量上所具有的优势是普通的公众投资者远不能比的。信息收集的及时与否和全面与否对于市场主体的收益具有明显的影响。因此,如果不通过强制信息公开等监管手段对这种不对称予以平衡,则公众投资者的利益极易受到侵害。

为此,各国都建立了证券市场监管体制,以确保证券市场的良性运作。其中,比较有代表性的证券监管体制主要有三种:(1)集中型市场监管体制,是指

① See Michael Lewis, *The Big Short*, W. W. Norton & Company, 2011, p. 256.

通过制定专门的证券市场监管法规,并设立专门性的证券监管机构,实现对全国市场的集中统一监管。采用这种体制的国家主要有美国、加拿大以及借鉴美国监管体制的日本、韩国等。(2) 自律型市场监管体制,是指没有专门的政府证券监管机构和专门的证券立法,主要通过自律组织进行管理的模式。采用这种体制的国家有英国、澳大利亚、新加坡等。(3) 中间型市场监管体制,是指没有专门的证券监管机构,而是由其他政府部门如财政部或中央银行监管证券市场的模式。一些欧陆国家如德国、法国采用这种体制。

二、不同国家市场监管体制的比较

(一) 美国的集中型市场监管体制

美国的证券法律体系主要由三个层级组成,分别是联邦一级的全国性立法、州一级的地方性立法、自律机构一级的自律规则。全国性立法主要有 1933 年《证券法》、1934 年《证券交易法》、1940 年《投资公司法》等。美国各州也有地方性证券立法,并根据本州的特点和需要对联邦法律进行增删和补充。美国的证券自律机构包括全美证券业协会和各地的证券交易所,它们在证券交易委员会(SEC)的监管下,依法可以制定对会员具有约束力的规则,从而形成了规范证券公司的自律规则。

根据 1934 年《证券交易法》成立的 SEC 作为证券市场监管的专门机构,拥有广泛的职权,包括规则制定权、行政权和部分准司法权。[①] 它是一个独立机构,直接对国会负责,不受总统和其他政府部门的干涉。SEC 的主要职责是执行联邦证券法律、指导市场主体的行为以及制定必要的管理规则。除了联邦一级的 SEC 外,各州在不违反联邦法律的前提下,也有权设立本州的证券交易委员会,对本州的证券市场进行监管。

(二) 英国的自律型市场监管体制

早期,英国没有制定专门的证券法律,关于证券监管的立法主要规定在其他部门法中,如 1948 年《公司法》、1958 年《防止诈欺(投资)法》。英国通过修改这些法律,加强对诈欺、内幕交易、市场操纵等证券市场违法行为的规制。相较而言,英国的证券交易所等自律组织比较发达,由这些组织制定的自律规则一直是证券市场的主要行为规范。同时,英国也没有专门的政府证券监管机构,对证券市场的监管主要由自律组织负责。这些自律组织包括英国证券业理事会、证券交易所协会以及收购与合并问题专门小组等。另外,证券交易所也承担一定的自我管理职责。

---

① 参见洪艳蓉:《金融监管治理——关于证券监管独立性的思考》,北京大学出版社 2017 年版,第 95 页。

20世纪80年代后，英国的市场监管体制发生了一些变化，出现了一些专门立法，如1984年《股票上市交易管理法》、1986年《金融服务法》。特别是《金融服务法》的颁布，取代了英国政府以前制定的一些单行法规，并通过成立证券与投资委员会，在一定程度上改善了英国证券市场自律管理的松散状态，确立了法律监管下的自律管理模式。2000年6月，英国发布了统一的《金融服务和市场法》，取代了原有的包括《金融服务法》《保险公司法》《银行法》在内的各金融行业的分别立法，同时合并了原有的九个金融监管机构，设立了金融服务监管局，对证券、银行、保险等行业实行统一的混业监管。

（三）德国的中间型市场监管体制

德国也没有制定全国统一的证券法，其市场监管以政府立法监管为主，相关规定散见于各种法律法规中，主要包括：规范证券发行和交易的法律法规，如1957年《投资公司法》、1965年《股份法》、1994年《有价证券交易法》等；规范证券市场主体的法律法规，如1896年《证券交易所法》等；规定信息公开的法律法规，如1969年《财务报表公布法》等。德国证券监管法也是借助于政府机构执行的。但是，与集中型市场监管体制不同的是，德国并没有建立专门的政府监管机构，而是由中央银行兼任。同时，德国也重视发挥自律组织的管理作用，通过《证券交易所法》赋予证券交易所一定的监督和管理证券市场的职能。

（四）不同市场监管体制的比较

市场监管体制的形成，不仅与各国证券市场的发展水平有关，也与各国证券市场管理的传统、文化等因素有关。美、英、德等国的市场监管体制是市场在长期相对独立的发展过程中形成的，各有其合理性和优势。

集中型市场监管体制的优点表现为：(1) 注重立法管理，使其管理手段具有严肃性和公正性；(2) 设立全国性监管机构，协调、指导证券市场的发展，具有权威性；(3) 兼顾证券市场各方主体利益，特别注重对处于弱势的公众投资者的保护。

自律型市场监管体制的优点表现为：(1) 为充分的投资保护和竞争与创新的市场相结合提供了最大的可能性；(2) 让证券交易商参与证券市场管理条例的制定，无疑会提高管理条例的执行效率；(3) 与靠议会变更管理条例的机构相比，能够自行制定和执行管理条例的自律机构在经营上具有更大的灵活性；(4) 证券交易商对现场发生的违法行为有充分准备，并且能够对此作出迅速而有效的反应。①

作为中间型市场监管体制的德国式监管体制结合了上述两种市场监管体制的某些长处，如由政府机构负责证券监管事务、重视自律机构的监管作用等。

---

① 参见符启林主编：《中国证券交易法律制度研究》，法律出版社2000年版，第415页。

一般而言,集中型市场监管体制的优势就是自律型市场监管体制的不足,反之亦然。比较理想的模式就是二者相结合。当然,这并不是说中间型市场监管体制就是最理想的。中间型市场监管体制在综合了其他两种体制的某些长处的同时,也结合了其他两种体制的某些不足。比如,德国由中央银行兼管证券市场就颇受非议,因为中央银行在监管中要面临货币管理与资本市场管理的冲突。在全球化的趋势下,各国证券市场的交往越来越紧密,并越来越呈现趋同化。特别是在计算机和互联网的应用逐渐普及后,国际证券市场的国家界限已经变得越来越模糊。比如,一个投资者可以同时在不同国家完成多个证券交易,这无疑增加了各国证券市场监管的难度。在此背景下,不同市场监管体制的长处更加显现,而缺陷也更加暴露并成为制约各国证券市场发展的障碍,因此改革成了唯一的选择。总体而言,各国的改革主要是在保持原有市场监管体制优势的前提下,吸收其他体制的长处,弥补自身的缺陷。比如,英国先后成立了证券与投资委员会、金融服务监管局,加强政府对证券市场的监管;美国更加重视发挥自律组织的监管作用;德国开始摸索集中统一的证券立法。

三、我国证券市场监管法律制度

(一)我国证券市场监管体制的演变

我国今天的证券市场是随着改革开放起步的,因此证券市场的形成和发展主要依靠政府的设计和推动,证券市场监管体制也是我国政府在借鉴各国先进监管经验的基础上酝酿形成的,而不是自发产生的。非市场自发形成的监管体制的建立,在很大程度上取决于一国政府的认识能力、决策水平以及应变效率。高效的政府可以在短时间内移植一套比较完善的监管体制。但是,要使这套监管体制适合本国的市场环境,要在原有的国家机关系统中组建有效的政府证券监管机构,要培育证券市场的公开、公平、公正理念,要培育投资者的风险认识和抗风险能力,都需要一个长期的过程,不可能一蹴而就。更何况政府的认识、决策本身也需要一个过程,而且政府并不能保证自身的认识、决策准确有效。

正因为这样,改革开放以来,我国证券市场监管体制处在不断变化和完善之中。随着市场的逐步发展,监管体制也不断成熟,新的证券法律制度不断被制定出来。以证券监管机构的不同为标准划分,我国在这期间的监管体制经历了四个阶段:第一阶段,20世纪80年代初至1986年。这一阶段,我国证券市场刚刚起步,尚未出现专门的证券监管机构。第二阶段,1986年至1992年。1986年1月7日,国务院颁布《银行管理暂行条例》,规定中国人民银行为证券主管机关。此后,中国人民银行发布了一系列证券监管办法。由于在这一阶段财政部、国家计委、国家体改委等政府机构对债券或股票的发行也有一定的管理职权,因此事实上形成了以中国人民银行为主、多个政府机构共同管理的监管体制。第三阶段，1992 年至 1998 年《证券法》颁布前。1992 年 10 月，我国成立了国务院证券委员会和中国证监会。次年发布的《股票发行和交易管理暂行条例》规定，国务院证券委员会是全国证券市场的主管机构，中国证监会是前者的监督管理执行机构。第四阶段，1998 年起至今。1998 年，国务院明确规定中国证监会集中统一对我国证券市场实行监管。同年颁布的《证券法》进一步明确了中国证监会的性质以及职权、职责等，从而确立了中国证监会作为证券市场主管机构的地位。

（二）我国现行证券市场监管体制和机构设置

根据《证券法》，我国目前实行的是中国证监会集中监管与自律机构自律管理相结合的证券市场监管体制。《证券法》第 7 条规定："国务院证券监督管理机构依法对全国证券市场实行集中统一监督管理。国务院证券监督管理机构根据需要可以设立派出机构，按照授权履行监督管理职责。"第 96 条第 1 款规定："证券交易所、国务院批准的其他全国性证券交易场所为证券集中交易提供场所和设施，组织和监督证券交易，实行自律管理，依法登记，取得法人资格。"也就是说，中国证监会作为专门的政府证券监管机构，对全国的证券市场实行集中统一监督管理；地方证券监管机构不隶属于地方政府，而直接对中国证监会负责，并在其授权范围内活动。在国家对证券市场实行集中统一监督管理的前提下，依法成立的证券业协会对会员证券公司实行自律管理。此外，根据 2017 年《证券交易所管理办法》，证券交易所对参与证券交易的会员和其他市场主体也具有一定的管理职能，因此一般也被视为证券市场自律机构。

中国证监会内设 20 个职能部门：办公厅、发行部、非公部、市场一部、市场二部、机构部、上市部、期货部、稽查局、法律部、行政处罚委、会计部、国际部、投保局、债券部、科技监管局、人教部、内审部、党委宣传部、机关党委；4 个直属事业单位：稽查总队、研究中心、信息中心和行政中心。中国证监会在省、自治区、直辖市和计划单列市设立了 36 个证券监管局，以及上海、深圳证券监管专员办事处。

《证券法》赋予中国证监会广泛的职权，主要包括以下五个方面：(1) 规则制定权，即制定有关证券市场监督管理的规章、规则，制定从事证券业务人员的资格标准和行为准则等；(2) 注册和审批核准权，即作出予以注册或者不予注册的决定，审批、核准股票、公司债券的公开发行，批准境内企业到境外上市，批准证券交易所规则的制定，批准证券公司、证券登记结算机构的设立等；(3) 监督权，即依法对证券的发行、上市、交易、登记、存管、结算等行为，证券发行和交易的信息公开，证券市场主体的证券业务活动，进行监督管理；(4) 查处权，即对证券市场主体违反证券监管法律法规的行为进行查处；(5) 准司法权，即必要的执法权力和执法措施，包括现场检查权、银行账户查询权、冻结和查封权、限制证券交易权等。

（三）我国证券市场监管制度的组成

我国证券监管机构对证券市场的监管主要体现为证券公开发行审核制度、证券信息披露制度以及证券市场禁入制度。

我国目前的发行审核制度为注册制与核准制并行。从立法层面讲，注册制已经取代了核准制。但是，为了平稳过渡，监管层设定了注册制全面实施的过渡期。具体而言，在科创板试点注册制的基础上，在创业板实施注册制，随后还将在中小板和主板推行注册制。证券公开发行注册制度，是指证券监管机构对发行人发行证券事先不作实质性审查，仅对申请文件进行形式审查，发行者在申报申请文件后的一定时期内若没有被政府否定，即可以发行证券。《证券法》第9条规定，“公开发行证券，必须符合法律、行政法规规定的条件，并依法报经国务院证券监督管理机构或者国务院授权的部门注册。未经依法注册，任何单位和个人不得公开发行证券”。但是，第21条规定，“按照国务院的规定，证券交易所等可以审核公开发行证券申请，判断发行人是否符合发行条件、信息披露要求，督促发行人完善信息披露内容”。

证券公开发行核准制度，是指证券监管机构对证券能否公开发行所适用的审查或批准制度。由于证券主要是向社会公众发行，涉及公众利益，因而国家要进行相应的监管。目前，除科创板与创业板外，我国其他板块首次公开发行股票依旧实行核准制。例如，根据《上海证券交易所主板首次公开发行股票发行与上市业务指南》的规定，首次公开发行A股并在主板上市的股份公司应取得中国证监会核准批文。

证券信息披露制度，是指证券发行人及相关的组织或个人依照法律规定，以真实、准确、完整的方式向所有投资者和整个证券市场公开与筹资行为及其持续性身份相关的信息。[①] 证券信息披露制度最初发源于英国，后来在美国证券市场发展完善，并成为美国证券法的核心和基石。证券信息披露制度在防止内幕信息被滥用、保护公众的投资判断、防止证券市场的不当竞争、监督规范上市公司的经营管理、促进市场资本的优化配置等方面具有显著的意义，因而在绝大多数国家的证券法中得以确立。证券信息披露制度主要包括两个方面：(1) 证券发行时的信息披露，又称“发行公开”或“初次公开”；(2) 证券上市后的信息披露，又称“持续公开”或“继续公开”。根据我国《证券法》，证券信息披露制度的内容包括：预披露，首次公开发行时的招股说明书，证券上市时的上市公告书，以及证券上市后的定期报告书、临时报告书、上市公司收购公告制度。信息披露的基本要求一般包括真实原则、准确原则、完整原则、简明原则和同步原则。其中，同步原则为《证券法》修订时新增的要求：一方面，境内发行上市的信息披露义务人

① 参见朱锦清：《证券法学》(第四版)，北京大学出版社2019年版，第107页。

必须向所有投资者公开披露信息;另一方面,境内外同时发行上市的信息披露义务人必须境内外同步披露信息。[①]

证券市场禁入制度,是指证券市场相关人员因进行证券欺诈活动或者有其他严重违反证券市场法律法规或其他规章的行为,被主管机构认定为市场禁入者,在一定时期内或者永久性不得担任上市公司高级管理人员或者不得从事证券业务的制度,旨在建立一个证券市场的过滤筛检和清污排浊制度。根据中国证监会2006年3月7日公布、自2006年7月10日起施行的《证券市场禁入规定》(2015年5月18日修订)的规定,中国证监会以事实为依据,遵循公开、公平、公正的原则,坚决清除证券市场的违法违规人员,以更好地维护证券市场秩序,保护投资者合法权益和社会公众利益,促进证券市场健康稳定发展。

证券市场禁入人员包括:(1) 发行人、上市公司、非上市公众公司的董事、监事、高级管理人员,其他信息披露义务人或者其他信息披露义务人的董事、监事、高级管理人员;(2) 发行人、上市公司、非上市公众公司的控股股东、实际控制人,或者发行人、上市公司、非上市公众公司控股股东、实际控制人的董事、监事、高级管理人员;(3) 证券公司的董事、监事、高级管理人员及其内设业务部门负责人、分支机构负责人或者其他证券从业人员;(4) 证券公司的控股股东、实际控制人或者证券公司控股股东、实际控制人的董事、监事、高级管理人员;(5) 证券服务机构的董事、监事、高级管理人员等从事证券服务业务的人员和证券服务机构的实际控制人或者证券服务机构实际控制人的董事、监事、高级管理人员;(6) 证券投资基金管理人、证券投资基金托管人的董事、监事、高级管理人员及其内设业务部门、分支机构负责人或者其他证券投资基金从业人员;(7) 中国证监会认定的其他违反法律、行政法规或者中国证监会有关规定的有关责任人员。

被中国证监会采取证券市场禁入措施的人员,在禁入期间内,除不得继续在原机构从事证券业务或者担任原上市公司、非上市公众公司董事、监事、高级管理人员职务外,也不得在其他任何机构中从事证券业务或者担任其他上市公司、非上市公众公司董事、监事、高级管理人员职务。被采取证券市场禁入措施的人员,应当在收到中国证监会作出的证券市场禁入决定后立即停止从事证券业务或者停止履行上市公司、非上市公众公司董事、监事、高级管理人员职务,并由其所在机构按规定的程序解除其被禁止担任的职务。

中国证监会根据相关人员违法违规行为的严重程度,作出了不同的市场禁入期限的规定。《证券市场禁入规定》第5条规定:"违反法律、行政法规或者中国证监会有关规定,情节严重的,可以对有关责任人员采取3至5年的证券市场

---

① 参见郭锋等:《中华人民共和国证券法制度精义与条文评注》,中国法制出版社2020年版,第395—400页。

禁入措施;行为恶劣、严重扰乱证券市场秩序、严重损害投资者利益或者在重大违法活动中起主要作用等情节较为严重的,可以对有关责任人员采取5至10年的证券市场禁入措施;有下列情形之一的,可以对有关责任人员采取终身的证券市场禁入措施:(一)严重违反法律、行政法规或者中国证监会有关规定,构成犯罪的;(二)从事保荐、承销、资产管理、融资融券等证券业务及其他证券服务业务,负有法定职责的人员,故意不履行法律、行政法规或者中国证监会规定的义务,并造成特别严重后果的;(三)违反法律、行政法规或者中国证监会有关规定,采取隐瞒、编造重要事实等特别恶劣手段,或者涉案数额特别巨大的;(四)违反法律、行政法规或者中国证监会有关规定,从事欺诈发行、内幕交易、操纵市场等违法行为,严重扰乱证券、期货市场秩序并造成严重社会影响,或者获取违法所得等不当利益数额特别巨大,或者致使投资者利益遭受特别严重损害的;(五)违反法律、行政法规或者中国证监会有关规定,情节严重,应当采取证券市场禁入措施,且存在故意出具虚假重要证据,隐瞒、毁损重要证据等阻碍、抗拒证券监督管理机构及其工作人员依法行使监督检查、调查职权行为的;(六)因违反法律、行政法规或者中国证监会有关规定,5年内被中国证监会给予除警告之外的行政处罚3次以上,或者5年内曾经被采取证券市场禁入措施的;(七)组织、策划、领导或者实施重大违反法律、行政法规或者中国证监会有关规定的活动的;(八)其他违反法律、行政法规或者中国证监会有关规定,情节特别严重的。”

违反法律、行政法规或者中国证监会有关规定,情节严重的,可以单独对有关责任人员采取证券市场禁入措施,或者一并依法进行行政处罚;涉嫌犯罪的,依法移送公安机关、人民检察院,并可同时采取证券市场禁入措施。被中国证监会采取证券市场禁入措施的人员,中国证监会将通过中国证监会网站或指定媒体向社会公布,并记入被认定为证券市场禁入者的诚信档案。

(四)我国证券市场监管制度的完善

我国以中国证监会为统一监管机构的证券市场监管制度还存在一些问题,比较突出地表现在以下两方面:

一是对中国证监会监管权的制约问题。在我国目前的监管体制下,中国证监会拥有广泛集中的权力,这种权力如果不受限制,很容易滋生腐败,并侵害监管职权的实际运用以及监管制度的实施效果。因此,对中国证监会的监管权同样要进行制约。中国证监会的工作人员是实际掌握和运用监管权的主体,监管制度的实施效果主要取决于这些工作人员的素质和对他们职权的制约。

二是中国证监会监管和自律机构自我管理如何结合的问题。对于证券市场来说,自律机构的自我管理具有政府监管无可替代的优越性。不可否认,政府的集中统一监管对于我国证券市场的培育、全国统一市场的建立、投资者利益的保护等发挥了关键的作用。但是,政府监管的刚性也造成了投资者的过度依赖和自律机构的管理职能发挥不佳,因此在政府监管不及之处特别容易产生欺诈和市场操纵的现象。在这种情况下,发挥市场自律机构的作用就显得非常有必要。根据《证券法》和相关法规、规章的规定,我国证券自律机构的职权非常有限。证券业协会的职能仅限于对证券公司的教育、服务、纠纷调解等,并没有实质的处罚权。证券交易所对自身章程的制定和修改也没有自主权,必须经国务院证券监管机构批准;总经理要由国务院证券监管机构任免。随着证券市场的发展,我国应当进一步减少对自律机构职权的限制,增强自律机构的作用,与政府监管机构共同维护证券市场的秩序和安全。

第三节　证券发行法律制度

一、证券发行的概念和分类

证券发行,是指证券发行主体以筹集资金为目的,向社会公众或机构投资者销售证券的法律行为。证券发行是证券市场的起点,其管理的好坏直接影响到进入交易市场的证券的质量。因此,对于证券发行市场的管理,通常同时运用法律手段、经济手段、行政手段,其中法律手段居主要地位,经济手段和行政手段的实施也要依照法律的规定进行。

证券发行市场能否健康发展在很大程度上取决于一国证券发行法律制度完备与否。我国现行《证券法》建立了适用于证券发行的若干基本制度,包括证券发行审核制度、证券信息披露制度、证券承销制度等。

我国的证券发行根据不同的标准可以有多种分类:

(1) 根据发行的证券种类的不同,可以分为股票发行和债券发行。相关证券法律法规对不同的证券种类规定了不同的条件和程序。其中,股票的发行比较复杂。《证券发行与承销管理办法》(2018 年修订)第 4 条规定:“首次公开发行股票,可以通过向网下投资者询价的方式确定股票发行价格,也可以通过发行人与主承销商自主协商直接定价等其他合法可行的方式确定发行价格。公开发行股票数量在 2000 万股(含)以下且无老股转让计划的,可以通过直接定价的方式确定发行价格。……”股票可以平价发行或溢价发行,但不能减价发行;溢价发行的,其发行价格由发行人与承销的证券公司协商确定。

(2) 根据发行对象的不同,可以分为公募发行和私募发行。公募发行面向不特定的公众投资者,可以筹集到较大数额的资金,但要承担严格的信息披露义务。私募发行面向少数特定的投资者,可以豁免信息披露义务,而且通过私下磋商的方式可以达成比较有利的销售价格,但对私募发行人的资质、规模、信誉要求比较高。我国《证券法》第 9 条第 3 款规定:“非公开发行证券,不得采用广告、公开劝诱和变相公开方式。”

(3) 根据发行是否借助证券承销机构的参与,可以分为直接发行和间接发行。直接发行是发行人自行组织证券发行事务并承担发行风险的发行方式。间接发行是发行人通过证券承销机构作为中介人,利用中介机构的信息、人员、营业网络等优势帮助其销售的发行方式,因而也称“承销发行”。根据我国现行法律的规定,证券的公开发行应当聘请证券公司参加,即只能选择承销发行方式发行证券。

(4) 根据发行目的的不同,可以分为设立发行和新股发行。设立发行,是指股份的发行在股份公司设立的过程中同时进行,股份发行成功后,依照法定程序成立股份有限公司。依照公司法,公司设立分为发起设立和募集设立。发起设立,是指由发起人认购公司应发行的全部股份的设立方式。募集设立,是指发起人认购公司应发行股份的一部分,其余部分向社会公开募集的设立方式。新股发行,是指已成立的股份有限公司因生产经营需要,追加资本而发行股份的行为。对设立发行和新股发行,由于发行主体(未成立公司和已成立公司)、发行目的(公司设立和公司追加资本)的不同,法律规定的发行条件和程序也不相同。

(5) 根据发行地点的不同,可以分为境内发行和境外发行。境内发行,是指发行人在本国境内发行有价证券的方式,如我国的国库券、人民币普通股票(即 A 股)、公司债券的发行。境外发行,是指一国政府、法人在本国境外发行有价证券的方式,如我国的人民币特种股票 B 股以及 H 股、S 股、N 股的发行。

二、证券发行的基本制度

(一) 证券发行审核制度

证券发行审核制度是法定的证券监管机构针对证券发行是否符合法律规定事先进行的审查或批准制度。国家通过证券发行审核,对证券的发行作出是否准许的安排,以达到对企业的证券发行行为进行监管和规范的目的。

综合各国的证券发行审核制度,主要有注册制和核准制两类。注册制实行公开管理原则,只要求公司、金融机构等发行机构充分履行公开义务,包括公开证券发行人的经营状况、财务报告、董事以及主要管理人员的履历及资信情况、发行所得款项的使用、发行价格的确定、发行数额分配计划等,而不论发行人的资质、规模、是否具有盈利预期等,该证券发行的申请即能够获得通过。在注册制下,对发行人信息公开的真实性、完整性的要求非常高。发行人提供的资料中包含任何不真实的陈述和事项,都将受到法律的严惩。核准制实行实质管理原则,发行人在发行股票时,不仅要以真实状况的充分公开为条件,而且必须符合法定的必备条件,如最低注册资金或净资产、具备证券从业资格的人员组成、开业年限、连续盈利的年份数等。核准制旨在通过证券管理机构的审查，把不符合法定条件的低质量的发行人及其发行的证券事先排除在证券市场之外。此外，还存在审批制的审核方式。审批制和核准制比较接近，也要求符合法定的发行条件，但设置的条件比核准制更加严格。在审批制下，审核机构批准与否具有更大的不确定性和不透明性，即使符合法定的发行条件，也可能不获批准。

从立法层面看，我国的证券公开发行全面实行注册制，必须符合法律、行政法规规定的条件，并依法报经国务院证券监督管理机构或者国务院授权的部门注册。未经依法注册，任何单位和个人不得公开发行证券。证券发行注册制的具体范围、实施步骤，由国务院规定。在1998年《证券法》施行之前，我国证券发行实行审批制，而且是严格的额度控制审批制，即国家事先确定一个年度的证券发行总额，然后将发行总额层层分配给地方政府和国务院各部委，再由地方政府和国务院各部委根据分得的额度分配给辖区内的企业。发行人要获准发行证券，就需经过各级地方政府、国务院各部委、中央政府的层层审批。这种发行审核制度在加强国家对证券市场的宏观调控，实现不同企业、不同区域的资源配置方面发挥了重要作用。但是，审批制赋予国务院各部委、各级地方政府以审批权，增加了审批环节，影响了审批效率，还容易导致权力腐败。同时，由于地方保护主义的存在，获得发行权的企业可能不是资质优秀的企业，不利于维护证券市场的秩序和安全。从1998年《证券法》施行起，我国对股票发行实行核准制，对债券发行实行审批制。2005年《证券法》确立了证券发行的核准制，即证券公开发行实行主管机构核准制，未经依法核准，任何单位和个人不得公开发行证券。2019年《证券法》确立了证券发行的注册制，即按照国务院的规定，证券交易所等可以审核公开发行证券申请，判断发行人是否符合发行条件、信息披露要求，督促发行人完善信息披露内容，并对注册制下的审核标准、责任承担和处理等作出规定。

（二）证券发行信息公开制度

证券发行信息公开是证券市场信息披露制度的一个组成部分。根据我国《证券法》的规定，发行人申请首次公开发行股票的，在提交申请文件后，应当预先披露有关申请文件。在证券公开发行前，发行人应当公告公开发行募集文件。募集文件，是指证券发行人发行证券时依法向社会公开的有关书面材料，主要包括招股说明书、配股说明书、公司债券募集办法等。募集文件被置备于指定场所供公众查阅。

证券发行信息必须依法公开，并遵循如下规则和要求：(1) 公开的募集文件必须向国务院授权的部门或者国务院证券监督管理机构报送；(2) 发行证券的信息依法公开前，任何知情人不得公开或者泄露该信息；(3) 发行人不得在公告公开发行募集文件之前发行证券。发行人若违反这些规则和要求，将承担相应的法律责任。

（三）证券承销制度

证券承销，是指证券经营机构依照承销协议接受证券发行人的委托，代为销售股票、债券或其他投资证券的行为。

承销协议是证券发行人与证券经营机构就证券承销的有关内容达成的明确双方权利义务的书面合意，具有合同性质，有时也称"承销合同"。证券发行人有权依法自主选择承销的证券经营机构。根据我国《证券法》第28条的规定，证券经营机构经证券发行人选定为承销机构后，应当与证券发行人签订代销或者包销协议，载明以下内容：(1) 当事人的名称、住所及法定代表人姓名；(2) 代销、包销证券的种类、数量、金额及发行价格；(3) 代销、包销的期限及起止日期；(4) 代销、包销的付款方式及日期；(5) 代销、包销的费用和结算办法；(6) 违约责任；(7) 国务院证券监督管理机构规定的其他事项。

证券承销的方式主要有两种：代销和包销。我国《证券法》第26条第2、3款规定："证券代销是指证券公司代发行人发售证券，在承销期结束时，将未售出的证券全部退还给发行人的承销方式。证券包销是指证券公司将发行人的证券按照协议全部购入或者在承销期结束时将售后剩余证券全部自行购入的承销方式。"其中，售前按照协议购入全部证券的方式称作"全额包销"，售后购入剩余证券的方式称作"余额包销"。在不同承销方式下，承销者承担的风险不同，因此获得的承销报酬也不同。一般而言，风险越大，报酬越高。

另外，根据参加承销的证券经营机构的数量，还可以将承销方式分为承销团承销和单一证券经营机构承销。承销团承销也称"联合承销"，是指两个以上的证券承销商共同接受证券发行人的委托，销售发行证券的承销方式。当承销发行的证券票面总值较大时，一般采取承销团承销的方式。承销团承销有利于确保巨额证券发行的成功率，分散证券发行的市场风险。承销团内的证券经营机构根据分工以及承担责任的不同，分为主承销商和分销商。主承销商是承销团的发起人，在承销过程中起组织协调作用，承担主要风险。分销商参与承销，与主承销商的关系通过合同确定。

证券经营机构从事证券承销业务，应当遵守以下规则：(1) 核查公开发行募集文件。证券经营机构在承销证券之前和过程中，应当对公开发行募集文件的真实性、准确性、完整性进行核查。发现有虚假记载、误导性陈述或重大遗漏的，不得进行销售活动。(2) 禁止不正当竞争。证券经营机构不得以不当许诺、诋毁同行、借助行政干预等不正当竞争手段招揽承销业务。(3) 禁止申购自己承销的股份。证券公司在代销、包销期内，对所代销、包销的证券应当保证先行出售给认购人。证券公司不得为本公司预留所代销的证券和预先购入并留存所包销的证券。(4) 不得从事虚假承销。(5) 不得透露非公开信息。证券经营机构从事承销业务不得透露未依法披露的招股说明书、公告前的发行方案以及承销过程中的认购数量、预计中签率等非公开信息。(6) 禁止私下交易或为之提供便利。证券经营机构在承销过程中和在承销结束后股票上市前,不得以任何身份参与所承销股票及其认购证的私下交易,并不得为这些交易提供任何便利。(7) 在法定期限内承销。证券经营机构承销证券的期限按照承销协议执行,但最长不得超过 90 日的法定期限。(8) 备案。公开发行股票,代销、包销期限届满,发行人应当在规定的期限内将股票发行情况报证券监管机构备案。

我国《证券法》第 29 条第 2、3 款规定:“证券公司承销证券,不得有下列行为:(一) 进行虚假的或者误导投资者的广告宣传或者其他宣传推介活动;(二) 以不正当竞争手段招揽承销业务;(三) 其他违反证券承销业务规定的行为。证券公司有前款所列行为,给其他证券承销机构或者投资者造成损失的,应当依法承担赔偿责任。”

三、证券公开发行的条件

发行证券可以分为公开发行和非公开发行两种方式。公开发行主要面向社会公众,具有公众性、广泛性,涉及广大投资者的利益,国家严格监管。非公开发行主要面向一定数量的特定对象,涉及的人数较少,投资者对发行人的情况比较了解,因而对社会的负面影响较小,国家干预较少。

我国《证券法》第 9 条第 2、3 款规定:“有下列情形之一的,为公开发行:(一) 向不特定对象发行证券;(二) 向特定对象发行证券累计超过二百人,但依法实施员工持股计划的员工人数不计算在内;(三) 法律、行政法规规定的其他发行行为。非公开发行证券,不得采用广告、公开劝诱和变相公开方式。”

我国对公开发行证券的监管主要体现在以下三个方面:

第一,公开发行证券,必须符合法律、行政法规规定的条件。这主要指《证券法》和《公司法》的相关规定以及有关行政法的规定。

(1) 主板市场股票发行

股份有限公司的设立,可以采取募集设立的方式。募集设立,是指由发起人认购公司应发行股份的一部分,其余股份向社会公开募集或者向特定对象募集而设立公司。关于发起人向社会公开募集股份,《公司法》规定的条件主要有:发起人应当在 2 人以上 200 人以下,其中须有半数以上的发起人在中国境内有住所;有符合法定要求的公司章程;除法律、行政法规另有规定外,发起人认购的股份不得少于公司股份总数的 35%;应当由依法设立的证券公司承销,签订承销协议;应当与银行签订代收股款协议;等等。

公司首次公开发行新股,应当符合下列条件:具备健全且运行良好的组织机构;具有持续经营能力;最近 3 年财务会计报告被出具无保留意见审计报告;发行人及其控股股东、实际控制人最近3年不存在贪污、贿赂、侵占财产、挪用财产或者破坏社会主义市场经济秩序的刑事犯罪;经国务院批准的国务院证券监督管理机构规定的其他条件。上市公司发行新股,应当符合经国务院批准的国务院证券监督管理机构规定的条件,具体管理办法由国务院证券监督管理机构规定。公开发行存托凭证的,应当符合首次公开发行新股的条件以及国务院证券监督管理机构规定的其他条件。

(2)创业板市场股票发行

发行人申请首次公开发行股票并在创业板上市,应当符合下列条件:其一,发行人是依法设立且持续经营3年以上的股份有限公司,具备健全且运行良好的组织机构,相关机构和人员能够依法履行职责。有限责任公司按原账面净资产值折股整体变更为股份有限公司的,持续经营时间可以从有限责任公司成立之日起计算。其二,发行人会计基础工作规范,财务报表的编制和披露符合企业会计准则和相关信息披露规则的规定,在所有重大方面公允地反映了发行人的财务状况、经营成果和现金流量,最近3年财务会计报告由注册会计师出具无保留意见的审计报告。发行人内部控制制度健全且被有效执行,能够合理保证公司运行效率、合法合规和财务报告的可靠性,并由注册会计师出具无保留结论的内部控制鉴证报告。其三,发行人业务完整,具有直接面向市场独立持续经营的能力。其四,发行人生产经营符合法律、行政法规的规定,符合国家产业政策。最近3年内,发行人及其控股股东、实际控制人不存在贪污、贿赂、侵占财产、挪用财产或者破坏社会主义市场经济秩序的刑事犯罪,不存在欺诈发行、重大信息披露违法或者其他涉及国家安全、公共安全、生态安全、生产安全、公众健康安全等领域的重大违法行为。董事、监事和高级管理人员不存在最近3年内受到中国证监会行政处罚,或者因涉嫌犯罪正在被司法机关立案侦查或者涉嫌违法违规正在被中国证监会立案调查,尚未有明确结论意见等情形。[①]

发行人业务完整,具有直接面向市场独立持续经营的能力具体包括:其一,资产完整,业务及人员、财务、机构独立,与控股股东、实际控制人及其控制的其他企业间不存在对发行人构成重大不利影响的同业竞争,不存在严重影响独立性或者显失公平的关联交易;其二,主营业务、控制权和管理团队稳定,最近二年内主营业务和董事、高级管理人员均没有发生重大不利变化;控股股东和受控股股东、实际控制人支配的股东所持发行人的股份权属清晰,最近二年实际控制人没有发生变更,不存在导致控制权可能变更的重大权属纠纷;其三,不存在涉及主要资产、核心技术、商标等的重大权属纠纷,重大偿债风险,重大担保、诉讼、仲裁等或有事项,经营环境已经或者将要发生重大变化等对持续经营有重大不利

① 参见2020年6月公布的《创业板首次公开发行股票注册管理办法(试行)》第10—13条。

影响的事项。

(3) 公司债券发行

《证券法》第15条第1款规定:"公开发行公司债券,应当符合下列条件:(一) 具备健全且运行良好的组织机构;(二) 最近三年平均可分配利润足以支付公司债券一年的利息;(三) 国务院规定的其他条件。"第17条规定:"有下列情形之一的,不得再次公开发行公司债券:(一) 对已公开发行的公司债券或者其他债务有违约或者延迟支付本息的事实,仍处于继续状态;(二) 违反本法规定,改变公开发行公司债券所募资金的用途。"

国务院证券监督管理机构或者国务院授权的部门依照法定条件负责证券发行申请的注册。证券公开发行注册的具体办法由国务院规定。注册制下的审核机构可以是中国证监会,也可以是国务院授权部门。

按照国务院的规定,证券交易所等可以审核公开发行证券申请,判断发行人是否符合发行条件、信息披露要求,督促发行人完善信息披露内容。这是注册制下的审核标准。

第四节　证券上市和交易法律制度

一、证券上市法律制度概述

(一) 证券上市的概念和种类

证券上市,是指发行人依法发行的证券通过一定程序进入证券交易场所公开挂牌交易的法律行为。①

证券上市行为是连接发行市场和交易市场的桥梁。证券上市对上市公司和投资者都具有重要意义,一方面使证券具有市场流通性,另一方面扩大了上市公司的资金来源。证券发行成功后,必须以适当形式流通,以实现投资的流通性。对投资者而言,有了流通性,就有了投资变现的可能,从而可以实现投资回报,必将激发投资者购买证券的热情。对发行人而言,有了公众的投资热情,就可以提高证券发行的效率,从而筹措更多资金。此外,证券上市还有利于分散上市公司的股权结构,实现经营权和所有权的分离,增加企业的透明度,开拓市场,完善企业的经营管理,促进企业进一步发展。

证券上市的分类主要有两种:(1) 根据上市审核程序的不同,可以分为授权上市和认可上市。授权上市也称"核准上市",是指证券交易所根据证券发行人的申请,依照规定的程序核准的证券上市。此类证券主要是公司证券,如股票和

---

① 参见周友苏主编:《证券法新论》,法律出版社2020年版,第176页。

公司债券。认可上市,是指证券经证券交易所认可后,即可进入证券交易所上市交易的上市方式。"认可"只是对证券类型的确认,而不是审查证券发行人的适格条件。事实上,证券交易所也无权拒绝此类证券上市。认可证券主要是各种政府证券,如国库券、地方政府债券等。(2)根据证券种类的不同,又可以将授权上市分为股票上市和公司债券上市。法律对股票和公司债券的上市申请规定了不同的条件和程序。

证券上市制度一般包括证券上市审核制度、证券上市条件、证券上市审核程序、证券上市的暂停和终止等。值得注意的是,我国现行《证券法》取消了暂停上市制度。

(二)证券上市审核制度

证券上市审核制度,是指证券监管机构或证券交易所对于已发行的证券能否进入证券交易场所公开挂牌交易所适用的审查或批准制度。与证券发行审核制度的传统相似,各国对于证券上市也有注册制与核准制的区分。实行注册制的,只要满足信息披露要求,证券即可以获准上市交易。实行核准制的国家在要求上市证券申请人履行信息公开义务的同时,还要求其符合法律规定的上市条件和上市程序要求。我国采用证券上市核准制。我国《证券法》第46条规定,申请证券上市交易,应当向证券交易所提出申请。此处即明确证券上市交易的核准权在证券交易所。这主要是充分考虑到证券上市交易是一种市场行为,而证券交易所又是国务院决定设立的实行会员制管理的独立法人,由证券交易所审核决定证券上市交易,更加符合市场机制。证券交易所还可以通过制定新的上市规则,提出更新的要求。证券交易所依法审核后同意证券上市交易的,应当由申请人和证券交易所双方签订上市协议。

(三)证券上市条件

证券上市条件是主管机构审核已发行证券是否符合挂牌交易资格的法定标准。各国由于经济发展水平、历史进程以及社会经济环境的不同,关于证券上市条件的规定可能不同,但一般均包括市值、盈利、股权分散度等指标。[①] 针对股票和公司债券的上市条件,我国《证券法》第47条规定:"申请证券上市交易,应当符合证券交易所上市规则规定的上市条件。证券交易所上市规则规定的上市条件,应当对发行人的经营年限、财务状况、最低公开发行比例和公司治理、诚信记录等提出要求。"这是授权证券交易所规定上市条件,同时对证券交易所规定的上市条件提出一些要求。

(四)证券上市审核程序

证券上市审核,是指证券上市审核机构在发行人提出证券上市申请后,依法

---

① 参见郭锋等:《中华人民共和国证券法制度精义与条文评注》,中国法制出版社2020年版,第276—278页。

对拟上市证券是否具备条件以及提交的申请文件是否合法进行审查，并作出是否核准的决定。目前，我国申请股票、可转换为股票的公司债券或法律、行政法规规定的其他证券的发行上市实行保荐制度，由保荐机构依法对公开发行募集文件进行核查，向中国证监会出具保荐意见。

1. 证券上市审核机构

证券上市审核机构主要有两类：一是证券交易所。目前，大多数发达国家由证券交易所履行上市核准职能。二是政府专门机构。在我国，证券上市交易由证券交易所依法审核；对政府债券，由证券交易所根据国务院授权的部门的决定安排上市交易。

2. 证券上市申请及核准

不论是股票还是公司债券的上市申请，都要依法向法定核准机构即证券交易所提出申请，并报送相关文件。

3. 上市协议

在证券交易所作出同意证券上市申请并签发上市通知后，证券正式上市交易前，上市申请人要与证券交易所签订一份契约，以明确双方在证券上市期间的权利和义务，该契约称作“上市协议”。上市协议是证券交易所作为自律机构对上市公司和上市证券实施管理的表现。依照上市协议，上市公司要承诺接受证券交易所的管理，承担上市契约准则或证券交易所自律规章规定的义务；同时，上市公司证券也成为证券交易所的规制对象。

上市协议的内容主要有：(1) 上市费用的项目和数额；(2) 双方的权利和义务；(3) 要求上市公司指定专人负责证券事务；(4) 上市公司定期报告、临时报告的报告程序以及回复证券交易所质询的具体规定；(5) 股票停牌事宜；(6) 协议双方违反上市协议的处理；(7) 仲裁条款；(8) 证券交易所认为需要在上市协议中明确的其他内容。

4. 上市公告

在证券上市获得核准和同意后，上市申请人还负有公告有关文件的义务，以达到向社会公众告知的目的，这就是上市公告程序。上市公告包括两种方式：一是以报刊刊登方式公告，此类报刊须是中国证监会指定的全国性报刊；二是置备于指定场所供公众查阅，这些指定场所一般指证券交易所、有关证券经营机构及其营业网点。应公开的文件即证券上市申请应报送的文件，包括上市公告书及相关文件。上市公告书的内容与格式由中国证监会规定。

(五) 证券上市的暂停和终止

证券上市后，即获得在证券交易所挂牌交易的权利。正常情况下，上市证券的交易将伴随着证券交易所的营业时间而开始和结束。但是，当出现法定原因时，上市证券的挂牌交易将被暂停甚至终止。值得注意的是，我国现行《证券法》

取消了暂停上市制度,其第48条规定:"上市交易的证券,有证券交易所规定的终止上市情形的,由证券交易所按照业务规则终止其上市交易。证券交易所决定终止证券上市交易的,应当及时公告,并报国务院证券监督管理机构备案。"

证券上市的暂停有三种形式:法定暂停、申请暂停、自动暂停。法定暂停是法律明确规定证券应暂停交易的情形,当此类情形出现时,由证券交易所决定暂停证券交易。申请暂停是由证券上市人向证券交易所请求暂停上市交易的情形,如在上市公司计划重组、换发新票券、供股集资、计划派发股息、将上市证券拆细或合并等场合。自动暂停上市,是指当出现法定原因时,证券上市交易自动暂停。例如,在证券交易价格实行涨停板制度下,当某一上市证券当日涨幅或跌幅超出某一规定比例时,该证券的当日挂牌交易自动暂停。自动暂停上市与法定暂停上市虽都是因法定情形而引起的,但前者免除了申请批准、公告、恢复上市等程序,在法定情形消失后,将自动恢复上市。在无纸化交易时代,主要就是将法定情形设置成计算机程序,由计算机自动控制,自动暂停交易并自动恢复上市。

上市终止包括法定终止和自动终止。法定终止,是指当出现法定情形时,由证券交易所决定该证券终止挂牌交易。自动终止,是指当出现法定情形时,无须经过证券交易所的决定程序,该证券自动在证券交易所终止交易。自动终止一般出现在债券本息兑付日前的一定期间内。

二、证券交易法律制度概述

(一)证券交易的概念和特征

证券交易,是指证券持有人依照一定的证券交易规则,将证券转让给其他投资者的法律行为。证券交易不同于证券转让。证券转让,是指证券持有人依转让意思及法定程序,将证券所有权转让给他人的法律行为。证券转让可以分为有偿转让和无偿转让。有偿转让,是指证券的受让行为需要支付一定的对价,如债券、股票的买卖。无偿转让,是指不以偿付对价为条件的证券所有人的变更,如证券的赠与和继承。证券交易是证券的有偿转让。根据我国《证券法》的规定,证券交易主要指证券买卖。

证券交易不同于一般商品交易,具有以下特征:(1)证券交易以证券为交易对象。商品交易的最终目的是要实现商品的使用价值。但是,证券本身并无使用价值,投资者进行证券交易的目的不在于彰显证券的使用性,而是要取得证券所证明或表现的民事权利或者取得买卖证券的差价收益。(2)证券交易是为了保障证券的流通性。流通性是确保证券作为基本融资工具的基础。只有当证券被赋予自由流通和自由变现能力时,投资者才能最大限度地实现投资收益,证券才能为市场所接受并充分发挥功能。(3)证券交易须借助法定的证券交易场所进行。一般商品交易可以在法律不禁止的任意场合进行，而证券交易只能在依法设立的场所进行，包括通过证券交易所进行集中交易的有形交易市场和通过协议转让等方式进行交易的无形交易市场。(4) 证券交易须遵守严格的交易规则。证券交易具有交易金额大、交易价格易受操纵的特点，若放任交易，极易对证券流通的安全和效率、投资者的合法利益造成损害。因此，一套严格的交易规则对证券市场非常有必要。

(二) 证券交易的种类

证券交易根据不同的标准可作不同的分类：根据交易场所的不同，可分为集中交易和分散交易；根据交易价格形成方式的不同，可分为议价交易和竞价交易；根据交易方式的不同，可分为直接交易和间接交易(委托交易)；根据交割期限和投资方式的不同，可分为现货交易、期货交易、期权交易、信用交易和回购交易。

证券现货交易又称"即期交易"，是指买卖双方以持有足额的现金或证券为前提买卖证券，在成交后很短的时间内进行交割，卖方交付证券，买方交付现金的一种交易方式。证券期货交易也称"期货合约交易"，是指交易双方成交后，交割和清算要按协议中规定的价格在未来某一特定时间进行。证券期权交易又称"选择权交易"，是指证券交易当事人为保障或获得证券价格波动利益，由买方向卖方支付一定数额的权利金，而买方取得在一定的时间内以特定价格买进或卖出指定证券，或者放弃买进或卖出指定证券的权利。简言之，证券期权交易是交易双方约定在未来期间内从事证券买进或不买进、卖出或不卖出的选择权交易。证券信用交易又称"保证金交易""垫头交易"，是指证券交易者在买进证券时只向经纪人交付占预交易总量一定比例的现金或证券(称为"保证金")，不足部分由经纪人或是通过银行贷款提供。信用交易主要有买空、卖空两种形式。证券回购交易，是指在卖出或买入证券的同时，事先约定在一定时间后按规定的价格买回或卖出这笔证券，实际上就是附有买回或卖出条件的证券交易。

为了适应市场发展的需要，我国 2019 年修订的《证券法》删去了关于限制证券交易方式的规定。

(三) 证券交易的规则

1. 持股 5%应当报告

股份有限公司的股东持股达到一定比例的，应当进行报告。我国《证券法》第 63 条规定："通过证券交易所的证券交易，投资者持有或者通过协议、其他安排与他人共同持有一个上市公司已发行的有表决权股份达到百分之五时，应当在该事实发生之日起三日内，向国务院证券监管机构、证券交易所作出书面报告，通知该上市公司，并予公告，在上述期限内不得再行买卖该上市公司的股票，但国务院证券监督管理机构规定的情形除外。投资者持有或者通过协议、其他安排与他人共同持有一个上市公司已发行的有表决权股份达到百分之五后，其所持该上市公司已发行的有表决权股份比例每增加或者减少百分之一，应当在该事实发生的次日通知该上市公司，并予公告。违反第一款、第二款规定买入上市公司有表决权的股份的，在买入后的三十六个月内，对该超过规定比例部分的股份不得行使表决权。”

建立持股报告制度，一是为了便于国务院证券监督管理机构、证券交易所和上市公司及时了解股权变动情况，发现问题并提出对策；二是为了确保证券市场的信息公开，防止操纵证券市场，保护中小股东的利益。

2. 非依法发行的证券不得买卖

我国《证券法》第35条规定：“证券交易当事人依法买卖的证券，必须是依法发行并交付的证券。非依法发行的证券，不得买卖。”这是对交易证券合法性规则的规定。如果允许非依法发行的证券买卖，整个证券市场将无秩序可言。合法证券必须满足以下两个要件：(1) 证券必须依照法律法规规定的条件和程序发行。(2) 证券必须已经依法交付投资者。这里的“交付”是从法律意义上讲的，是指证券所有权的转移和归属，并非仅指实物的转移。目前，在证券交易无纸化的情况下，证券交付通常是簿记式的。

3. 转让期限有限制性规定的证券在限定期内不得转让

我国《证券法》第36条第1款规定：“依法发行的证券，《中华人民共和国公司法》和其他法律对其转让期限有限制性规定的，在限定的期限内不得转让。”这主要是指股份转让限制，具体包括：(1) 发起人持有的本公司股份，自公司成立之日起一年内不得转让。公司公开发行股份前已发行的股份，自公司股票在证券交易所上市交易之日起一年内不得转让。(2) 公司董事、监事、高级管理人员应当向公司申报所持有的本公司的股份及其变动情况，在任职期间每年转让的股份不得超过其所持有本公司股份总数的25%；所持本公司股份自公司股票上市交易之日起一年内不得转让。上述人员离职后半年内，不得转让其所持有的本公司股份。(3)上市公司、股票在国务院批准的其他全国性证券交易场所交易的公司持有5%以上股份的股东、董事、监事、高级管理人员，不得将其持有的该公司的股票在买入后6个月内卖出，或者在卖出后6个月内又买入；否则，由此所得收益归该公司所有，公司董事会应当收回其所得收益。

我国《证券法》第36条第2款规定：“上市公司持有百分之五以上股份的股东、实际控制人、董事、监事、高级管理人员，以及其他持有发行人首次公开发行前发行的股份或者上市公司向特定对象发行的股份的股东，转让其持有的本公司股份的，不得违反法律、行政法规和国务院证券监督管理机构关于持有期限、卖出时间、卖出数量、卖出方式、信息披露等规定，并应当遵守证券交易所的业务规则。”

4. 限制证券从业人员买卖证券

我国《证券法》对证券从业人员买卖证券作出了限制性规定。证券从业人员包括：证券交易场所、证券公司和证券登记结算机构的从业人员，证券监督管理机构的工作人员以及法律、行政法规禁止参与证券交易的其他人员，为证券发行出具审计报告或者法律意见书等文件的证券服务机构工作人员以及为上市公司出具审计报告、资产评估报告或者法律意见书等文件的证券服务机构工作人员，为发行人及其控股股东、实际控制人或者收购人、重大资产交易方出具审计报告、资产评估报告或者法律意见书等文件的证券服务机构工作人员。

应当注意的是，对上述证券从业人员的证券买卖限制都是在法定期限内的，超过法定期限，上述人员买卖股票将不再受限制。这是因为，在一定期限内，上述人员属于内幕信息知情人员，有必要在信息未公开的一定期限内防止其利用内幕信息进行证券交易，从而损害投资者利益。具体而言，为证券发行出具审计报告或者法律意见书等文件的证券服务机构工作人员，在该证券承销期内和期满后 6 个月内，不得买卖该证券。为发行人及其控股股东、实际控制人或者收购人、重大资产交易方出具审计报告或者法律意见书等文件的证券服务机构工作人员，自接受委托之日起至上述文件公开后 5 日内，不得买卖该证券。实际开展上述有关工作之日早于接受委托之日的，自实际开展上述有关工作之日起至上述文件公开后 5 日内，不得买卖该证券。

5. 为客户账户保密

证券交易场所、证券公司、证券登记结算机构、证券服务机构及其工作人员应当依法为投资者的信息保密，不得非法买卖、提供或者公开投资者的信息。证券交易场所、证券公司、证券登记结算机构、证券服务机构及其工作人员不得泄露所知悉的商业秘密。为客户在证券交易所开立账户是投资者进行证券交易的记录，也是投资者权益的证明。保密的义务人包括证券交易所、证券公司、证券登记结算机构、证券服务机构及其工作人员，要求其为客户保密是为了防止他人非法利用和损害客户利益。当然，如果投资者利用证券账户或资金账户从事违法行为，在相关机构依法行使职权时，上述机构及其工作人员不得以履行保密义务为借口推卸协助义务。

6. 证券交易应当合理收费

我国《证券法》第 43 条规定：“证券交易的收费必须合理，并公开收费项目、收费标准和管理办法。”证券交易费用一般是指证券交易当事人应当缴纳的除税收之外的各项费用。目前，我国的证券交易费用主要包括以下三项：(1) 发行公司需支付的上市费用；(2) 投资者需支付的佣金、开户费、委托手续费等；(3) 证券商需支付的入场费，即进入证券交易所从事证券自营业务或者代理买卖证券业务应向证券交易所支付的有关费用。由于证券交易的收费直接影响到证券交易人的投资成本,交易费用过高或者过低都不利于促进证券市场的发展,因此证券交易所、证券公司不得在法律规定以外收取任何费用。

(四)证券交易的程序

证券交易可以在证券交易所进行,主要针对上市证券;也可以在其他法定的证券交易场所进行,主要针对非上市证券。我国《证券法》主要规定了上市证券的买卖。上市证券的买卖采取公开的集中竞价交易方式,遵循价格优先原则和时间优先原则。各证券交易所对证券交易程序都制定了详细的规则。一般来说,集中竞价交易须经过开户、委托、成交、清算与交割、过户等步骤。

1. 开户

证券交易账户的开立简称"开户",是证券投资者在从事证券买卖之前,在规定的代理机构开设证券账户和资金账户的行为。开户手续是进行证券交易的前提步骤。根据我国现行的证券交易制度,证券投资者开立的账户分为证券账户和资金账户。在证券交易完成时,只在两个账户中划拨,即增减证券或资金数额,而不必实际提取证券或现金。

2. 委托

由于进入证券交易所进行集中竞价交易的必须是具有证券交易所会员资格的证券公司,因此一般投资者买卖证券均需通过委托其开户的证券公司。所谓委托,是指委托人向其开户的证券公司发出的表明委托人以某种价格买进或卖出一定数量的某种证券的意思表示,又称"委托指令"。

3. 成交

成交,是指证券公司(包括证券经纪商和证券自营商)相互间通过集中竞价,就买卖证券的价格、数量达成一致,成立证券买卖合同的过程。

投资者作出有效的委托指令后,证券公司必须即刻通知其场内的交易员,交易员以一定的喊价方式作出意思表示。喊价在法律性质上属要约,其中买方喊价为进价,卖方喊价为出价,进价和出价一致时即可成交,这就是竞价成交。目前,大多数国家的证券交易所都采取无纸化交易模式,因此竞价成交的实现是由电脑系统将各方的买卖申报按规定的顺序和原则自动撮合而成的。双方均接受的买卖价格为成交价。在一个交易日中,某种股票最初的成交价为该股票的开盘价,最后的价格为收盘价。

4. 清算与交割

证券买卖成交后,买卖双方均需通过交易清算系统进行交易资金和证券所有权的转移。这涉及两个阶段:一级清算,是指各证券公司通过证券交易所的清算机构对同一证券的买卖数量和金额进行结算和抵销,仅就其差额进行交收;二级交割,是指投资者与证券公司之间的证券和现金交收。如果是实物证券买卖,一般是投资者在成交后、交割日期前将所售证券或购券现金提交证券公司，证券公司办理清算后在交割日向投资者交付售券现金或所购证券。实行无纸化交易和采用簿记式证券并集中托管使清算与交割时间大大缩短。

5. 过户

过户是证券交易的最后一个环节，是指证券由证券转让人向证券受让人转移所有权的过程。我国证券交易实行结账保管和无纸化交易，证券过户采用记账方式。每个投资者都有证券账户，电脑交易和过户一体化，所有的证券过户手续由证券交易所的电脑过户系统一次完成。对买入的证券，在交易完成之后，立即在买入方证券账户上增加该证券的数量，同时在卖出方证券账户上减少相应的数量。对卖出的证券，在卖出方证券账户上减去某个证券的数量，相应地，在买入方证券账户上增加该证券的数量。

T＋1 规则，是指在证券买卖成交后的下一个营业日，证券登记公司办理完毕过户登记手续，并应提供交割单。如逢法定节假日，则过户应顺延至节假日后的第一个营业日。T＋0 规则，是指在证券买卖成交当日，证券登记公司即完成过户登记手续。

6. 证券自营商自营交易程序的特殊问题

自营交易程序，是指证券公司以自己的名义和账户在交易市场买卖证券所遵循的程序。既从事证券经纪业务也作为独立的投资者从事证券自营业务的证券公司具有投资者和经纪公司的双重身份，应当建立健全内部控制制度，采取有效隔离措施，防范公司与客户之间、不同客户之间的利益冲突。证券公司必须分开办理证券经纪业务和证券自营业务，不得混合操作。同时，证券公司的自营业务必须以自己的名义进行，不得假借他人名义或者以个人名义进行。证券公司的自营业务必须使用自有资金和依法筹集的资金，不得将其自营账户借给他人使用。

（五）持续信息公开

持续信息公开是信息披露制度在交易市场的反映，可以保证交易市场的投资者在进行证券投资交易时有公开的信息作为判断依据。

持续信息公开的内容包括：(1) 上市公告书，是发行人将已在境内公开发行的证券申请在证券交易所挂牌交易，依法在上市前进行公告的法律文件。(2) 中期报告，是依法编制的反映公司上半年生产经营状况以及其他各方面基本情况的法律文件。中期报告由上市公司、公司债券上市交易的公司、股票在国务院批准的其他全国性证券交易场所交易的公司负责编制，应当在每一会计年度的上半年结束之日起二个月内，向国务院证券监督管理机构和证券交易所提交，并予公告。(3) 年度报告，是依法编制的反映公司整个会计年度生产经营状况以及其他各方面基本情况的法律文件。上市公司、公司债券上市交易的公司、股票在国务院批准的其他全国性证券交易场所交易的公司,应当在每一会计年度结束之日起四个月内编制年度报告,向国务院证券监督管理机构和证券交易所提交,并予公告。(4) 临时报告,是反映公司发生重大事件的公告文件。所谓重大事件,是指可能对上市公司、股票在国务院批准的其他全国性证券交易场所交易的公司的股票交易价格产生较大影响,而投资者尚未得知的事件。在发生重大事件时,公司应当立即将有关该重大事件的情况向国务院证券监督管理机构和证券交易所提交临时报告,并予公告,说明事件的起因、目前的状态和可能产生的法律后果。

持续信息的公开应当遵守的规则和要求有:(1) 公司公开的信息应当真实、准确、完整,简明清晰,通俗易懂,不得有虚假记载、误导性陈述或重大遗漏。公开的信息存在虚假记载、误导性陈述或重大遗漏,致使投资者在证券交易中遭受损失的,发行人、上市公司应当承担赔偿责任;发行人、上市公司的董事、监事、高级管理人员和其他直接责任人员以及保荐人、承销的证券公司应当与发行人、上市公司承担连带赔偿责任,除非能够证明自己没有过错;发行人、上市公司的控股股东、实际控制人有过错的,应当与发行人、上市公司承担连带赔偿责任。(2) 信息的公开应当同时采取公告和置备的方式。公开的信息应当在证券交易场所的网站和符合国务院证券监督管理机构规定条件的媒体发布,同时将其置备于公司住所、证券交易场所,供社会公众查阅。

(六) 证券交易禁止行为

我国《证券法》规定的证券交易禁止行为主要包括四类:内幕交易,操纵证券市场,编造、传播虚假信息,欺诈客户。

1. 禁止内幕交易

内幕交易,是指内幕信息的知情人和非法获取内幕信息的人利用内幕信息从事证券交易活动的行为。

证券交易内幕信息的知情人包括:(1) 发行人及其董事、监事、高级管理人员;(2) 持有公司5%以上股份的股东及其董事、监事、高级管理人员,公司的实际控制人及其董事、监事、高级管理人员;(3) 发行人控股或者实际控制的公司及其董事、监事、高级管理人员;(4) 由于所任公司职务或者因与公司业务往来可以获取公司有关内幕信息的人员;(5) 上市公司收购人或者重大资产交易方及其控股股东、实际控制人、董事、监事和高级管理人员;(6) 因职务、工作可以获取内幕信息的证券交易场所、证券公司、证券登记结算机构、证券服务机构的有关人员;(7) 因职责、工作可以获取内幕信息的证券监督管理机构工作人员;(8) 因法定职责对证券的发行、交易或者对上市公司及其收购、重大资产交易进行管理可以获取内幕信息的有关主管部门、监管机构的工作人员;(9) 国务院证券监督管理机构规定的可以获取内幕信息的其他人员。

内幕信息，是指证券交易活动中，涉及发行人的经营、财务或者对该发行人证券的市场价格有重大影响的尚未公开的信息。《证券法》第80条第2款和第81条第2款规定了内幕信息涉及的重大事件，主要包括：(1) 公司的经营方针和经营范围的重大变化；(2) 公司分配股利、增资的计划；(3) 公司股权结构的重要变化；(4) 公司债务担保的重大变更；(5) 公司营业用主要资产的抵押、质押、出售或者报废一次超过该资产的30%；(6) 公司的董事、监事、高级管理人员的行为可能需要依法承担重大损害赔偿责任；(7) 上市公司收购的有关方案；(8) 公司的重大投资行为；(9) 公司发生重大债务和未能清偿到期重大债务的违约情况；(10) 公司发生重大亏损或者重大损失；(11) 公司生产经营的外部条件发生的重大变化；(12) 公司的董事、监事、经理、持股5%以上的股东或者实际控制人的情况发生较大变化；(13) 涉及公司的重大诉讼、仲裁，股东大会、董事会决议被依法撤销或者宣告无效；(14) 公司涉嫌犯罪被依法立案调查，公司的控股股东、实际控制人、董事、监事、高级管理人员涉嫌犯罪被依法采取强制措施；(15) 公司债券信用评级发生变化；(16) 国务院证券监督管理机构认定的对证券交易价格有显著影响的其他重要信息。

《证券法》第53条第1款规定："证券交易内幕信息的知情人和非法获取内幕信息的人，在内幕信息公开前，不得买卖该公司的证券，或者泄露该信息，或者建议他人买卖该证券。"第191条第1款规定："证券交易内幕信息的知情人或者非法获取内幕信息的人违反本法第五十三条的规定从事内幕交易的，责令依法处理非法持有的证券，没收违法所得，并处以违法所得一倍以上十倍以下的罚款；没有违法所得或者违法所得不足五十万元的，处以五十万元以上五百万元以下的罚款。单位从事内幕交易的，还应当对直接负责的主管人员和其他直接责任人员给予警告，并处以二十万元以上二百万元以下的罚款。国务院证券监督管理机构工作人员从事内幕交易的，从重处罚。"

值得注意的是，《证券法》第54条规定："禁止证券交易场所、证券公司、证券登记结算机构、证券服务机构和其他金融机构的从业人员、有关监管部门或者行业协会的工作人员，利用因职务便利获取的内幕信息以外的其他未公开的信息，违反规定，从事与该信息相关的证券交易活动，或者明示、暗示他人从事相关交易活动。利用未公开信息进行交易给投资者造成损失的，应当依法承担赔偿责任。"

2. 禁止操纵证券市场

操纵证券市场，是指利用资金优势、信息优势或者滥用职权，影响或者意图影响证券交易价格或者证券交易量，诱使投资者买卖证券，获取不正当利益或者转嫁风险，扰乱证券市场秩序的行为。操纵证券市场包括通过下列手段影响或者意图影响证券交易价格或者证券交易量：(1) 单独或者通过合谋，集中资金优势、持股优势或者利用信息优势联合或者连续买卖;(2) 与他人串通,以事先约定的时间、价格和方式相互进行证券交易;(3) 在自己实际控制的账户之间进行证券交易;(4) 不以成交为目的,频繁或者大量申报并撤销申报;(5) 利用虚假或者不确定的重大信息,诱导投资者进行证券交易;(6) 对证券、发行人公开作出评价、预测或者投资建议,并进行反向证券交易;(7) 利用在其他相关市场的活动操纵证券市场;(8) 操纵证券市场的其他手段。

《证券法》第192条规定:"违反本法第五十五条的规定,操纵证券市场的,责令依法处理其非法持有的证券,没收违法所得,并处以违法所得一倍以上十倍以下的罚款;没有违法所得或者违法所得不足一百万元的,处以一百万元以上一千万元以下的罚款。单位操纵证券市场的,还应当对直接负责的主管人员和其他直接责任人员给予警告,并处以五十万元以上五百万元以下的罚款。"

3. 禁止编造、传播虚假信息

编造、传播虚假信息,是指证券信息披露义务人违反信息披露义务,在提交或公布的信息披露文件中作出违背真相的陈述、记载或传播,或者其他证券市场参与人编造、传播不真实的证券市场信息。虚假信息编造传播与信息披露原则相悖,容易干扰或误导投资者的投资判断,因此必须予以禁止。

《证券法》第56条和第193条规定:(1) 禁止任何单位和个人编造、传播虚假信息或者误导性信息,扰乱证券市场。否则,"没收违法所得,并处以违法所得一倍以上十倍以下的罚款;没有违法所得或者违法所得不足二十万元的,处以二十万元以上二百万元以下的罚款"。(2) 禁止证券交易场所、证券公司、证券登记结算机构、证券服务机构及其从业人员,证券业协会、证券监督管理机构及其工作人员,在证券交易活动中作出虚假陈述或者信息误导。否则,"责令改正,处以二十万元以上二百万元以下的罚款;属于国家工作人员的,还应当依法给予处分"。(3) 各种传播媒介传播证券市场信息必须真实、客观,禁止误导。传播媒介及其从事证券市场信息报道的工作人员不得从事与其工作职责发生利益冲突的证券买卖。否则,"没收违法所得,并处以违法所得一倍以上十倍以下的罚款;没有违法所得或者违法所得不足二十万元的,处以二十万元以上二百万元以下的罚款"。同时,传播媒介及其从事证券市场信息报道的工作人员从事与其工作职责发生利益冲突的证券买卖的,没收违法所得,并处以买卖证券等值以下的罚款。

4. 禁止欺诈客户

欺诈客户,是指证券公司及其从业人员在证券交易活动中以欺诈手段实施的损害客户利益的行为。[1]

---

① 参见朱锦清:《证券法学》(第四版),北京大学出版社2019年版,第279页。

《证券法》第57条第1款规定："禁止证券公司及其从业人员从事下列损害客户利益的行为：(一) 违背客户的委托为其买卖证券；(二) 不在规定时间内向客户提供交易的确认文件；(三) 未经客户的委托，擅自为客户买卖证券，或者假借客户的名义买卖证券；(四) 为牟取佣金收入，诱使客户进行不必要的证券买卖；(五) 其他违背客户真实意思表示，损害客户利益的行为。"

《证券法》第194条规定："证券公司及其从业人员违反本法第五十七条的规定，有损害客户利益的行为的，给予警告，没收违法所得，并处以违法所得一倍以上十倍以下的罚款；没有违法所得或者违法所得不足十万元的，处以十万元以上一百万元以下的罚款；情节严重的，暂停或者撤销相关业务许可。"

综合运用民事责任、行政责任、刑事责任对证券交易禁止行为予以惩治防范，是国际通行做法。经过不断完善，我国现行《证券法》对证券交易禁止行为的规制也与前述国际通行做法接轨。其中，建立健全证券市场的民事责任制度，既有利于制止证券交易禁止行为的发生，也有利于救济投资者遭受的利益损失。2003年1月9日公布的《最高人民法院关于审理证券市场因虚假陈述引发的民事赔偿案件的若干规定》允许投资者以信息披露义务人违反法律规定，进行虚假陈述并致使其遭受损失为由，向人民法院提起民事赔偿诉讼。《证券法》也规定，实施证券交易行为给投资者造成损失的，应当依法承担赔偿责任。

三、上市公司收购法律制度

(一) 上市公司收购的概念

上市公司收购，是指以取得上市公司控制权和管理权为目的，购买上市公司股份的法律行为。上市公司收购主要涉及两类主体：一是被收购上市公司，又称"目标公司"；二是收购人，可以是法人和自然人。

上市公司收购作为公司资产重组方式的一种，在实践中容易与其他资产重组方式相混淆。除了上市公司收购外，还有合并、资产转让等公司资产重组方式。合并包括新设合并和吸收合并，后者通常称作"兼并"。新设合并，是指两家公司重组成一家新公司，原来的两家公司的法人主体都消灭的情形。兼并，是指一家公司吞并另一家公司，仅被吞并公司的法人主体消灭的情形。概言之，合并就是两家公司合为一家公司的行为。资产转让是以资产为对象的购买行为，因购买了对方公司的全部或大部分资产而实际取得对方公司的经营管理权；而上市公司收购则以股份为购买对象，通过有效持股的手段达到管理、控制目标公司的目的。

(二) 上市公司收购方式

上市公司收购是针对目标公司的股份收购行为。根据我国相关法律的规定，上市公司收购有协议收购、要约收购和证券交易所集中竞价收购(以下简称

“场内竞价收购”)三种。协议收购,是指收购方依照法律、行政法规的规定,通过与被收购方的特定股东签订协议的方式实施的收购。要约收购,是指收购方通过向被收购方的股东发出收购要约的方式实施的收购。场内竞价收购,是指通过证券交易所的集中竞价交易方式购买足以达到管理或控制目标公司股份的行为。

虽然协议收购、要约收购和场内竞价收购都以取得目标公司的管理权或控制权为目的,但是在具体操作上仍有较大区别,主要表现为:

(1) 收购的客体不同。场内竞价收购的客体是能在场内挂牌交易的社会公众股(流通股),而协议收购、要约收购原则上可以针对目标公司发行的全部股份。但是,实践中,非流通股主要以协议收购方式进行转让。

(2) 场所不同。场内竞价收购发生在证券交易所内。协议收购在证券交易所外进行,其股份转让价格的形成系经双方协商,不遵循场内集中竞价的交易规则。要约收购需要借助证券交易所的交易设备进行,因此一般也在场内进行。但是,要约收购的条件和价格是在要约中明确的,而不是通过集中竞价产生的,因此不是纯粹的场内交易。

(3) 价格的确定方式不同。场内竞价收购的价格形成与一般证券交易的价格形成一样,通过集中竞价方式产生。协议收购的价格由双方共同协商确定。要约收购的价格主要由收购人在要约中事先约定,但报价不能低于法律规定的最低限制要求。

(三) 上市公司收购规则

收购本身是一种重要的证券市场信息,对上市公司股票的价格影响很大。因此,收购手段很可能为一些人所利用,进行股市操纵、内幕交易、欺诈等违法行为,从而对证券市场的秩序和安全造成破坏,并损害投资者的利益。为了加强对证券市场收购行为的监管,我国《证券法》对上市公司收购行为规定了一系列规则、原则及制度:

(1) 强制信息披露规则。此规则主要包括两个方面:一是强制持股披露规则。投资者持有或者通过协议、其他安排与他人共同持有一个上市公司已发行的有表决权股份达到5%时,应当向中国证监会、证券交易所报告,通知该上市公司,并予公告;之后每增持或减持1%股份,都应当报告。二是其他收购信息的披露规则。例如,《证券法》第76条第2款规定:“收购行为完成后,收购人应当在十五日内将收购情况报告国务院证券监督管理机构和证券交易所,并予公告。”

(2) 慢走规则。此规则是指通过证券交易所的证券交易,投资者在前述持股及增减股份一定比例进行报告期间以及报告后一段时间内,不得再行买卖该上市公司的股票。其目的在于,适当控制收购人买卖股票的节奏,使市场有充分的时间消化收购行为导致目标公司股价出现巨大波动，以免对股市造成巨大冲击；同时，防止大股东（收购方）滥用特殊优势与地位操纵证券市场，从而保护公众投资者的利益。

（3）强制要约收购规则。此规则是指通过证券交易所的证券交易，投资者持有或者通过协议、其他安排与他人共同持有一个上市公司已发行的有表决权股份达到30%时，继续进行收购的，应当依法向该上市公司的所有股东发出收购上市公司全部或者部分股份的要约。收购人应当向国务院证券监督管理机构报送上市公司收购报告书，并向证券交易所提交。收购要约约定的收购期限不得少于30日，并不得超过60日。在此期限内，收购人不得撤销其收购要约。强制要约收购规则要求对所有股东发出收购要约，其目的在于平等保护所有股东的权益，防止广大中小股东因丧失出售股份的机会而遭受损失，从而保障证券市场的公平交易。

（4）被收购公司的股东待遇公平原则。该原则包括两个方面：一是全部要约原则，即收购方在收购要约中提出的各项收购条件适用于被收购方的所有股东；二是按比例购买原则，即如果收购方要约收购股票的总数低于受要约的总数，收购方应当按比例从所有受要约人手中购买股票。采取要约收购方式的，收购人在要约期限内不得采用要约规定以外的形式和超出要约的条件买卖被收购方的股票。

（5）限制流转原则。根据《证券法》第75条的规定，收购人对所持有的被收购的上市公司的股票，在收购行为完成后的18个月内不得转让。

（6）终止上市规则。此规则要求，收购期限届满，被收购公司股权分布不符合证券交易所规定的上市交易要求的，该上市公司的股票应当由证券交易所依法终止上市交易。

（7）强制接受规则。在前述终止上市交易的情形下，其余仍持有被收购公司股票的股东有权向收购人以收购要约的同等条件出售其股票，收购人应当收购。

（8）合并分立报告制度。上市公司分立或者被其他公司合并，应当向国务院证券监督管理机构报告，并予公告。

（四）上市公司收购的法律后果

收购行为完成后，收购人应当在15日内将收购情况报告国务院证券监督管理机构和证券交易所，并予公告。被收购公司不再具备股份有限公司条件的，应当依法变更企业形式。采取协议收购方式的，收购人可以依照法律、行政法规的规定，与被收购公司的股东以协议方式进行股份转让。

四、证券上市与交易法律制度的发展与完善

(一) 发行上市保荐制度

保荐制度,是指证券发行人申请其证券发行上市,应当聘请依法取得保荐资格的保荐人为其出具保荐意见,确认其证券符合发行或上市交易条件的制度。实行保荐制度,目的在于通过保荐人对上市公司进行质量控制,督导其规范运作,保护投资者的利益。我国《证券法》第10条第1款规定:"发行人申请公开发行股票、可转换为股票的公司债券,依法采取承销方式的,或者公开发行法律、行政法规规定实行保荐制度的其他证券的,应当聘请证券公司担任保荐人。"根据中国证监会2020年6月修订的《证券发行上市保荐业务管理办法》,发行人申请发行股票、可转换公司债券、存托凭证以及中国证监会认定的其他情形,依法采取承销方式的,应当聘请具有保荐业务资格的证券公司作为保荐人,由保荐人对发行人进行辅导,在符合法定要求后向中国证监会推荐,并在股票(或可转换公司债券)发行上市后的一定期间内负责对发行人的持续督导工作。

1. 保荐机构及其职责

保荐机构、保荐代表人是经中国证监会注册登记并列入保荐机构、保荐代表人名单的证券经营公司、个人。保荐机构应该是证券公司,并且须符合《证券发行上市保荐业务管理办法》规定的资格条件。保荐人应当恪守业务规则和行业规范,诚实守信,勤勉尽责,对发行人的申请文件和信息披露资料进行审慎核查,持续督导发行人规范运作。保荐机构的工作主要有以下三项:

(1) 上市辅导。保荐机构在推荐发行人首次公开发行股票并上市前,应当对发行人进行辅导。辅导内容包括:对发行人的董事、监事和高级管理人员、持有5%以上股份的股东和实际控制人(或者其法定代表人)进行系统的法规知识、证券市场知识培训,使其全面掌握发行上市、规范运作等方面的有关法律法规和规则,知悉信息披露和履行承诺等方面的责任和义务,树立进入证券市场的诚信意识、自律意识和法制意识,以及中国证监会规定的其他事项。

(2) 调查核查。对发行人申请文件、证券发行募集文件中有证券服务机构及其签字人员出具专业意见的内容,保荐机构可以合理信赖,对相关内容应当保持职业怀疑,运用职业判断进行分析。对发行人申请文件、证券发行募集文件中无证券服务机构及其签字人员专业意见支持的内容,保荐机构应当获得充分的尽职调查证据,在对各种证据进行综合分析的基础上对发行人提供的资料和披露的内容进行独立判断,并有充分理由确信所作的判断与发行人申请文件、证券发行募集文件的内容不存在实质性差异。保荐机构推荐发行人证券上市,应当向证券交易所提交上市保荐书以及证券交易所要求的其他与保荐业务有关的文件,并报中国证监会备案。

(3) 持续督导。在股票(或可转换公司债券)获准发行上市后,保荐机构还要在规定期间内对发行人就下列事项进行持续督导:督导发行人有效执行并完善防止控股股东、实际控制人、其他关联方违规占用发行人资源的制度;督导发行人有效执行并完善防止其董事、监事、高级管理人员利用职务之便损害发行人利益的内控制度;督导发行人有效执行并完善保障关联交易公允性和合规性的制度,并对关联交易发表意见;持续关注发行人募集资金的专户存储、投资项目的实施等承诺事项;持续关注发行人为他人提供担保等事项,并发表意见;中国证监会、证券交易所规定及保荐协议约定的其他工作。

2. 保荐机构和保荐代表人的责任

保荐机构出现下列情形之一的,中国证监会可以视情节轻重,暂停保荐业务资格3个月到36个月,并可以责令保荐机构更换董事、监事、高级管理人员或者限制其权利;情节特别严重的,撤销其保荐业务资格:(1) 向中国证监会、证券交易所提交的与保荐工作相关的文件存在虚假记载、误导性陈述或者重大遗漏;(2) 重大事项未报告、未披露;(3) 内部控制制度存在重大缺陷或者未有效执行;(4) 尽职调查制度、内部核查制度、持续督导制度、保荐工作底稿制度等保荐业务制度存在重大缺陷或者未有效执行;(5) 廉洁从业管理内控体系、反洗钱制度存在重大缺陷或者未有效执行;(6) 保荐工作底稿存在虚假记载、误导性陈述或者重大遗漏;(7) 唆使、协助或者参与发行人及证券服务机构提供存在虚假记载、误导性陈述或者重大遗漏的文件;(8) 唆使、协助或者参与发行人干扰中国证监会及其发行审核委员会、证券交易所及其上市委员会的审核工作;(9) 通过从事保荐业务谋取不正当利益;(10) 伪造或者变造签字、盖章;(11) 严重违反诚实守信、勤勉尽责义务的其他情形。

保荐代表人出现下列情形之一的,中国证监会可以根据情节轻重,在3个月到36个月内不受理相关保荐代表人具体负责的推荐;情节特别严重的,采取认定为不适当人选的监管措施:(1) 尽职调查工作日志缺失或者遗漏、隐瞒重要问题;(2) 未完成或者未参加辅导工作;(3) 重大事项未报告、未披露;(4) 未参加持续督导工作,或者持续督导工作未勤勉尽责;(5) 因保荐业务或其具体负责保荐工作的发行人在保荐期间内受到证券交易所、中国证券业协会公开谴责;(6) 唆使、协助或者参与发行人干扰中国证监会及其发行审核委员会、证券交易所及其上市委员会的审核工作;(7) 伪造或者变造签字、盖章;(8) 严重违反诚实守信、勤勉尽责义务的其他情形。

保荐制度是一些国家和地区应用于创业板市场,帮助中小企业证券发行上市的制度。我国将保荐制度同时应用于主板市场、创业板市场和科创板市场。保荐制度的引进,有利于提高上市公司质量和证券经营机构执业水平,保护投资者的合法权益,促进证券市场的健康发展。

(二) 国有股的减持与流通

我国上市公司的股份存在国有股、法人股、个人股(也称“社会公众股”)的划分,这种划分是在国有企业进行股份制改造过程中形成的。根据现行的证券流通办法,能够在我国证券交易所进行流通的只有个人股。国有股、法人股虽也可以根据《公司法》《证券法》,依协议进行一定的转让,但协议转让一般要经过严格的审批,而且转让价格要比证券交易所流通方式低得多。因此,实践中,人们习惯把个人股称为“流通股”,把国有股和法人股称为“非流通股”。

国有股、法人股不能自由流通,违背了股份的自由转让原则。股份只有被允许流通才能实现股份收益,从而实现财产的投资价值,这是人们投资并持有股份的原动力。可以说,流通是股份制存在的生命力。

国有股、法人股被限制流通有多方面的原因:第一,历史和政治原因。我国实行社会主义制度,为维护社会主义公有制的主体地位,国有经济在各类企业中一直占据主体地位。在国有企业进行股份制改造后,为保持这种主体地位,国家在股份制公司中的持股一般都在50%以上,并为保持这种绝对控股地位而发布了一系列限制国有股流通的规定。第二,传统观念原因。传统观念认为,企业中国有资产的所有权属于国家,国家持有国有股就是要维护这些国有资产。一旦国有股转让了,国家也就失去了对公司的控股地位,于是国有资产也就流失了。因此,国有股不能转让。但是,这一传统观念忽视了国有股的转让所得也是国有资产的表现形态。同时,限制国有股转让,国有资产的增值就不能通过转让得以实现,同样会造成国有资产的流失。第三,经济和技术障碍的存在。首先,在国有企业的股份制改造中,国有股以评估价折股(一般是一元一股),而个人股则以高溢价发行(价格是评估价的数倍),同股不同价是造成日后股份不能平等流通的起因。其次,即使是高溢价发行,个人股的发行价格仍远低于股份上市后的交易价格。在发行市场,证券发行价格是根据国有股、法人股都流通的假定确定市盈率确定的;而在交易市场,却是根据国有股、法人股不流通的假定形成股票的供求价格。因此,经过二级市场购买的股票更是价格极高,一旦占上市公司总股本超过30%的国有股入市,必将打破二级市场的供求局面,极大地稀释投资者手中所持股票的价格,造成股价暴跌,严重影响他们的投资收益,进而打击他们的投资信心。因此,二级市场对国有股、法人股的全流通存在一定的恐慌和抵制情绪,这也是我国迟迟未开放非流通股的自由转让的原因。

当然,证券市场的内在要求不可能允许这种划分流通股、非流通股的现象无限期地存在下去,从市场经济体制的改革目标来看,允许国有股、法人股自由转让是大势所趋。因此,实现股份的全流通只是时间问题。由于我国国有股的比重过高,因此要实现国有股流通,事实上就是要减持国有股。目前,我国已经具备一些国有股减持与流通的条件。在观念上,我们已经认识到,国家对国民经济的控制力并不是要在每一家上市公司中占主体地位，而是主要体现在宏观调控层面。国家已经提出要让国有资产从一般性竞争行业中退出来，而转向对国计民生有重要影响的重要行业和关键领域。在公司理论上，国家的股东权不同于公司的财产权，国家出资后对公司只享有股东权，该出资资产即归入公司法人财产；国家可以股东身份参与公司的管理和利益分配，并可将股份转让，从而实现投资收益。换言之，允许国有股自由流通，才是实现国有股保值增值的有效途径。学者们也积极论证，为国有股减持和流通提出了各种改革方案。比较统一的观点是，改革分两步走：第一步，对于新发行的股份，不再区分国有股、法人股和个人股，一律开放流通，杜绝非流通股的增生机制；第二步，对于历史遗留的非流通国有股，通过股票回购、股票配售、设立国家投资基金等办法逐步减持，最终实现股份的全流通。为了积极稳妥解决股权分置问题，2005 年 4 月 29 日，中国证监会发布并施行《关于上市公司股权分置改革试点有关问题的通知》，股权分置改革试点工作正式启动。这意味着国家开始着手解决困扰我国股市多年的股份不能全流通问题，有利于市场的稳定和发展。试点工作遵循切实保护投资者特别是公众投资者的合法权益的总体要求，按照市场稳定发展、规则公平统一、方案协商选择、流通股东表决、实施分步有序的操作原则进行。2008 年 4 月 20 日，中国证监会出台《上市公司解除限售存量股份转让指导意见》，规定大小非减持超过公司总股本 1%的，应当通过证券交易所大宗交易系统转让。此后，中国证监会又表示，将通过引入二次发售、开发可转换公司债券等方式完善大宗交易机制。从当年 6 月起，大小非减持情况在中国证券登记结算有限责任公司网站定期披露。2009 年 6 月 19 日，国务院决定，在境内证券市场实施国有股转持，即股权分置改革新老划断后，凡在境内证券市场首次公开发行股票并上市的含国有股的股份有限公司，除国务院另有规定的，均须按首次公开发行时实际发行股份数量的 10%，将股份有限公司部分国有股转由全国社会保障基金理事会持有，全国社会保障基金理事会对转持股份承继原国有股东的禁售期义务。

第五节　证券经营机构法律制度

一、证券经营机构概述

证券经营机构，是指依法设立并从事证券经营业务的法人机构。个别国家如美国也允许自然人从事证券经营业务。但是，大多数国家出于经营安全的考虑，禁止自然人以证券商身份从事证券经营业务。证券经营业务泛指证券承销、证券自营买卖、证券代客买卖(行纪业务)、证券投资信托、证券登记、证券交易的清算和过户、证券集中托管、证券投资咨询以及其他法律许可从事的证券行为，其中最基本的业务是承销业务、行纪业务、自营业务。不同国家和地区对证券经营机构有不同的称谓:美国根据具体证券经营业务的不同,称为“交易商”(broker-dealer)、“经纪商”(broker)、“自营商”(dealer)和“代理人”(agent)等;日本、韩国称为“证券公司”;我国香港地区和台湾地区则称为“证券商”。我国《证券法》谓之“证券公司”,实践中也称为“证券商”。

证券公司是证券市场构成的主体要素之一,有多重身份。在证券发行市场,证券公司充当证券发行人的承销商。在证券交易市场,证券公司既可根据客户委托代为进行证券买卖,也可从事证券自营买卖。证券公司须为证券交易所会员并取得证券交易席位,否则无法代理客户从事证券交易。在我国,证券公司还必须参加证券业协会,作为协会会员履行协会章程规定的各项义务。在证券市场,证券商以其中介地位为投资者投资和企业募资架起了一座重要的桥梁,发挥着促进证券流通的枢纽作用。证券经营机构在现代社会资本市场所发挥的作用,恰如银行在货币市场的作用一样,已经无可替代。根据我国证券法律法规的规定,股票、公司债券以及其他企业债券的发行、上市、交易、恢复上市、退市等,都必须有证券公司的参与。

证券公司也受到公司法的规范,有自己的经营业务范围,依照公司法规定的条件和程序设立,并在经营过程中遵守相关法律法规规定的经营规则。证券业务往往涉及巨额资金的流动,具有高风险性,一旦监管不力,就会损害企业和广大投资者的权益,威胁证券市场的秩序和安全,甚至会对整个国家经济的发展造成破坏。因此,各国对证券经营机构的管理,除了公司法的规定外,还制定了专门的证券法律法规,规定了特殊的经营管理制度,以规范证券公司的市场准入。证券公司在设立条件和程序、业务范围以及管理制度等方面具有不同于一般公司的特殊性。

二、证券公司的设立

各国和地区证券经营机构的设立体制主要有注册制和特许审批制两种。在注册制下,只要满足法律规定的登记公开义务,就可以合法设立证券经营机构。采用注册制的主要有美国和我国香港地区。特许审批制,是指证券主管机关根据法律规定的设立条件和程序,并考虑市场需要及其他因素,决定是否批准设立证券经营机构的制度。实行特许审批制的国家有日本以及东亚、东南亚、欧陆国家。

我国对于证券公司的设立也采取特许审批制。对于证券公司的市场准入,必须符合我国《证券法》规定的设立条件,依照法定程序申请并报送有关文件,中国证监会综合考虑我国证券市场的发展情况、容量、有序竞争等因素,决定是否予以批准。证券公司变更证券业务范围,变更主要股东或者公司的实际控制人,合并、分立、停业、解散、破产，应当经国务院证券监督管理机构核准。

我国设立证券公司，应当具备下列条件，并经国务院证券监督管理机构核准：(1) 有符合法律、行政法规规定的公司章程。(2) 主要股东及公司的实际控制人具有良好的财务状况和诚信记录，最近 3 年无重大违法违规记录。(3) 有符合《公司法》规定的公司注册资本。证券公司经营证券经纪、证券投资咨询以及与证券交易和证券投资活动有关的财务顾问三项业务中的一项或者多项的，注册资本不低于人民币 5000 万元。证券公司经营证券承销与保荐、证券融资融券、证券做市交易、证券自营、其他证券业务之一的，注册资本不得低于人民币 1 亿元；经营其中两项以上的，注册资本不得低于人民币 5 亿元。不论是经营何种证券业务的证券公司，其注册资本都应当是实缴资本。(4) 董事、监事、高级管理人员、从业人员符合《公司法》规定的条件。(5) 有完善的风险管理与内部控制制度。(6) 有合格的经营场所、业务设施和信息技术系统。(7) 法律、行政法规和经国务院批准的国务院证券监督管理机构规定的其他条件。

我国对证券公司设立审批、登记和申领经营许可证的程序作了规定：(1) 设立审批时限。国务院证券监督管理机构应当自受理证券公司设立申请之日起 6 个月内审查完毕，作出批准或者不予批准的决定，并通知申请人。对设立申请不予批准的，国务院证券监督管理机构还应当向申请人说明理由，以保障申请人的知情权。(2) 设立审批依据。国务院证券监督管理机构在审批证券公司设立申请时，除应当依照《证券法》和有关法律法规规定的条件和程序外，还应当依据审慎监管原则。审慎监管原则，是指证券监管机构对证券公司提出的旨在防范和控制经营风险，确保经营业务稳健运行和客户资产安全所必需的监管要求和标准，包括风险管理、内部控制、资本充足率、资产质量、资产流动性等方面的要求和标准。(3) 设立登记。证券公司设立申请获得批准的，申请人应当在规定的期限内，提交设立登记申请书、公司章程、验资证明、证券监管机构的批准文件以及法律法规规定的其他文件，向公司登记机关申请设立登记，领取营业执照。(4) 申领经营证券业务许可证。证券公司应当自领取营业执照之日起 15 日内，向国务院证券监督管理机构申请经营证券业务许可证。未取得经营证券业务许可证，证券公司不得经营证券业务。

三、证券公司的业务范围

证券公司的业务范围是认定证券公司行为合法性的依据，是证券监管机构对证券公司实施监管的基础。证券公司的业务范围广泛，其中证券承销、证券经纪、证券自营是三项比较传统的业务。证券承销业务发生在证券发行市场，而证券经纪业务和自营业务发生在证券交易市场。随着证券市场的不断成熟和金融创新工具的不断涌现，证券公司的业务范围也有很大的扩展。根据我国《证券法》,证券公司可以经营的业务包括:(1) 证券经纪;(2) 证券投资咨询;(3) 与证券交易、证券投资活动有关的财务顾问;(4) 证券承销与保荐;(5) 证券融资融券;(6) 证券做市交易;(7) 证券自营;(8) 其他证券业务。

证券经纪,是指证券公司接受投资者的证券买卖的委托,在证券交易市场进行证券买卖和其他证券投资的业务活动。根据证券交易所的交易规则,投资者不能直接进入证券交易所进行投资,只有作为证券交易所会员的证券公司才能进场交易。因此,投资者的证券投资行为必须借助证券公司代客买卖的经纪业务才能得以实现。

证券投资咨询业务,是指为投资人或者客户提供证券投资分析、预测或者建议等直接或者间接有偿咨询服务的活动,包括:接受客户委托,提供证券投资咨询服务;举办有关证券投资咨询的讲座、报告会、分析会等;在报刊上发表证券投资咨询的文章、评论、报告,以及通过电台、电视台等传播媒体提供证券投资咨询服务;通过电话、传真、电脑网络等电信设备系统,提供证券投资咨询服务等。

与证券交易、证券投资活动有关的财务顾问业务,是指证券公司根据客户需求,为客户的证券投融资、资本运作、证券资产管理等活动提供咨询、分析、方案设计等服务,如担任证券投融资顾问,改制、并购、资产重组顾问,债券发行顾问,证券资产管理顾问,企业常年财务顾问等。

证券承销与保荐,是指证券公司以承销商的身份,承担证券发行人的证券销售任务,并收取承销费的业务活动。借助证券经营机构专业的承销人员、分布广泛的承销网点、丰富的承销经验,可以大大提升证券发行的成功率。保荐业务,是指证券公司对发行人的发行、上市文件进行实质性核查,保证其真实、准确、完整,推荐发行人证券发行、上市的业务活动。证券公司的保荐业务分为发行保荐和上市保荐。对于作为上市保荐人的证券公司,还应当在发行人的证券上市后的一定期限内,持续督导发行人规范运作和按照规定履行信息披露等义务。我国的证券法律法规更是对证券公司的职能发挥寄予厚望,从股票的发行到公司债券以及其他企业债券的发行,从证券发行前的公司辅导到具体的销售活动,都要求有证券公司的参与。

证券融资融券,是指证券公司向客户出借资金供其买入证券或者出具证券供其卖出证券的业务。融资融券业务产生的证券交易被称为“融资融券交易”。融资融券交易分为融资交易和融券交易两类,客户向证券公司借资金买入证券为融资交易,客户向证券公司借证券卖出证券为融券交易。融资融券交易有助于投资者表达自己对某种股票实际投资价值的预期,引导股价趋于体现其内在价值,并在一定程度上减缓证券价格的波动,维护证券市场的稳定。

证券做市交易,是指以做市商报价形成交易价格,驱动交易发展的证券交易方式。在证券市场上,具备一定实力和信誉的独立证券经营法人作为特许交易商，不断向公众投资者报出某些特定证券的买卖价格（即双向报价），并在该价位上接受公众投资者的买卖要求，以其自有资金和证券与投资者进行证券交易。买卖双方不需等待交易对手出现，只要有做市商出面作为交易对手方即可达成交易。做市商通过做市制度维持市场的流动性，满足公众投资者的投资需求。做市商通过买卖报价的适当差额补偿所提供服务的成本费用，并实现一定的利润。

证券自营，是指证券公司以合法资金为自己买卖证券，通过赚取证券买卖的差价而盈利的业务活动。证券公司既是证券市场的交易中介，又是以营利为目的的公司法人。因此，除了从事代客买卖证券的业务外，证券公司也可以从事为自己买卖证券的业务，从而凭借自身的资金、信息、人才优势，实现本公司利益的最大化。

除了上述业务以外，证券公司还可以经营证券监管机构核定的其他证券业务，如接受委托代付代收股息红利业务，代销政府债券、证券投资基金份额业务等。

四、证券经营机构的管理制度

我国《证券法》对证券公司的经营业务采用特殊的管理制度，确立了严格的交易规则和资本维持规则，以维护证券资本市场的秩序和安全，保护广大投资者的利益。证券公司经营管理制度由内部控制制度、风险管理制度、交易风险准备金制度、证券公司从业人员任职资格管理制度以及其他监督管理制度组成。

（一）内部控制制度

内部控制制度旨在通过健全证券公司的内部治理结构，以达到内部激励和内部约束的目标。证券公司落实内部控制制度，除了按照《公司法》的规定健全公司“三会四权”——股东大会、董事会、监事会行使最终控制权、经营决策权、监督权、经营指挥权的制衡机制外，还要符合一定条件或建立相关制度：(1) 独立董事的最低人数规定。当证券公司董事长、经营管理的主要负责人由同一人担任，或者内部董事人数占董事人数1/5以上时，独立董事人数不得少于董事人数的1/4。(2) 建立防火墙制度，做到投资银行业务、经纪业务、自营业务、受托投资管理业务、证券研究和证券投资咨询业务等在人员、信息、账户上严格分开管理，以防止利益冲突。(3) 建立合规审查制度，对公司经营的合法合规性进行检查监督。(4) 建立内部稽核审查制度，由内部稽核部门对公司内部控制进行定期评审，并聘请会计师事务所对公司内部控制进行年度评审。(5) 建立限制投资制度，规定不得兴办实业，不得购置非自用不动产。

（二）风险管理制度

风险管理制度也称“偿债能力保障制度”，主要是指对财务风险的管理，旨在通过立法对证券公司的资产流动性、负债比例等财务指标作出规定,以确保证券公司处于稳定经营的状态,维持证券公司的债务偿还能力。根据《证券法》第123条的规定,国务院证券监督管理机构应当对证券公司净资本和其他风险控制指标作出规定。证券公司除依照规定为其客户提供融资融券外,不得为其股东或者股东的关联人提供融资或者担保。《证券法》第140条规定:"证券公司的治理结构、合规管理、风险控制指标不符合规定的,国务院证券监督管理机构应当责令其限期改正;逾期未改正,或者其行为严重危及该证券公司的稳健运行、损害客户合法权益的,国务院证券监督管理机构可以区别情形,对其采取下列措施:(一)限制业务活动,责令暂停部分业务,停止批准新业务;(二)限制分配红利,限制向董事、监事、高级管理人员支付报酬、提供福利;(三)限制转让财产或者在财产上设定其他权利;(四)责令更换董事、监事、高级管理人员或者限制其权利;(五)撤销有关业务许可;(六)认定负有责任的董事、监事、高级管理人员为不适当人选;(七)责令负有责任的股东转让股权,限制负有责任的股东行使股东权利。证券公司整改后,应当向国务院证券监督管理机构提交报告。国务院证券监督管理机构经验收,治理结构、合规管理、风险控制指标符合规定的,应当自验收完毕之日起三日内解除对其采取的前款规定的有关限制措施。"根据《证券法》第141条的规定,证券公司的股东有虚假出资、抽逃出资行为的,证券监管机构应当责令其限期改正,并可责令其转让所持证券公司的股权。在该股东按照要求改正违法行为、转让所持证券公司的股权前,证券监管机构可以限制其股东权利。

(三)交易风险准备金制度

从广义上说,财务风险管理制度也包括交易风险准备金制度。准备金的提取直接以应对交易风险损失为目标,从而保障证券公司的风险偿债能力。我国《证券法》规定的交易风险准备金制度要求证券公司从每年的业务收入中提取交易风险准备金,用于弥补证券交易的损失。

(四)证券公司从业人员任职资格管理制度

证券公司从业人员是证券公司经营管理的真正参与者,他们的素质、操守及其管理对证券公司经营管理的高效、安全具有举足轻重的影响。证券公司从业人员包括高级管理人员和一般从业人员。根据我国《证券法》第124条的规定,证券公司的董事、监事、高级管理人员应当正直诚实、品行良好,熟悉证券法律、行政法规,具有履行职责所需的经营管理能力。证券公司任免董事、监事、高级管理人员,应当报国务院证券监督管理机构备案。有下列情形之一的,不得担任证券公司的董事、监事、高级管理人员:(1)无民事行为能力或者限制民事行为能力;(2)因贪污、贿赂、侵占财产、挪用财产或者破坏社会主义市场经济秩序,被判处刑罚,执行期满未逾五年,或者因犯罪被剥夺政治权利,执行期满未逾五年；(3) 担任破产清算的公司、企业的董事或者厂长、经理，对该公司、企业的破产负有个人责任的，自该公司、企业破产清算完结之日起未逾三年；(4) 担任因违法被吊销营业执照、责令关闭的公司、企业的法定代表人，并负有个人责任的，自该公司、企业被吊销营业执照之日起未逾三年；(5) 个人所负数额较大的债务到期未清偿；(6) 因违法行为或者违纪行为被解除职务的证券交易场所、证券登记结算机构的负责人或者证券公司的董事、监事、高级管理人员，自被解除职务之日起未逾五年；(7) 因违法行为或者违纪行为被吊销执业证书或者被取消资格的律师、注册会计师或者其他证券服务机构的专业人员，自被吊销执业证书或者被取消资格之日起未逾五年。此外，因违法行为或者违纪行为被开除的证券交易场所、证券公司、证券登记结算机构、证券服务机构的从业人员和被开除的国家机关工作人员，不得招聘为证券公司的从业人员。证券公司的董事、监事、高级管理人员未能勤勉尽责，致使证券公司存在重大违法违规行为或者重大风险的，国务院证券监督管理机构可以责令证券公司予以更换。

(五) 其他监督管理制度

我国《证券法》加强了对证券公司的监管力度，更好地体现了规范证券市场，切实保护投资者合法权益的立法理念。

(1) 禁止全权委托，即证券公司办理经纪业务，不得接受客户的全权委托而决定证券买卖、选择证券种类、决定买卖数量或者买卖价格；禁止收益承诺，即证券公司不得对客户证券买卖的收益或者赔偿证券买卖的损失作出承诺；禁止私下接受委托，即证券公司及其从业人员不得私下接受客户委托买卖证券。

(2) 国家设立证券投资者保护基金。证券投资者保护基金由证券公司缴纳的资金及其他依法筹集的资金组成，其规模以及筹集、管理和使用的具体办法由国务院规定。

(3) 证券公司应当建立客户信息查询制度，确保客户能够查询其账户信息、委托记录、交易记录以及其他与接受服务或者购买产品有关的重要信息。证券公司应当妥善保存客户开户资料、委托记录、交易记录和与内部管理、业务经营有关的各项信息，任何人不得隐匿、伪造、篡改或者毁损。上述信息的保存期限不得少于20年。

(4) 证券公司应当按照规定向国务院证券监督管理机构报送业务、财务等经营管理信息和资料。国务院证券监督管理机构有权要求证券公司及其主要股东、实际控制人在指定的期限内提供有关信息、资料。证券公司及其主要股东、实际控制人向国务院证券监督管理机构报送或者提供的信息、资料，必须真实、准确、完整。

(5) 国务院证券监督管理机构认为有必要时，可以委托会计师事务所、资产评估机构对证券公司的财务状况、内部控制状况、资产价值进行审计或者评估。

(6) 证券公司违法经营或者出现重大风险,严重危害证券市场秩序、损害投资者利益的,国务院证券监督管理机构可以对该证券公司采取责令停业整顿、指定其他机构托管、接管或者撤销等监管措施。在证券公司被责令停业整顿、被依法指定托管、接管或者清算期间,或者出现重大风险时,经国务院证券监督管理机构批准,可以对该证券公司直接负责的董事、监事、高级管理人员和其他直接责任人员采取以下措施:① 通知出境入境管理机关依法阻止其出境;② 申请司法机关禁止其转移、转让或者以其他方式处分财产,或者在财产上设定其他权利。

思考题

1. 试比较美国、英国、德国与中国证券市场监管法律制度的异同。
2. 简述我国证券市场的信息披露制度。
3. 试述我国《证券法》规定的证券交易规则。
4. 简述证券公司可以经营的业务并加以比较。
5. 简述上市公司收购规则。

第七章 金融衍生品法律制度

第一节 金融衍生品及其法律制度概述

一、金融衍生品概述

（一）金融衍生品的概念

金融衍生品（financial derivative product），也称“金融衍生工具”（financial derivative instrument 或 derivative financial instrument）、“衍生证券”（derivative security）、“衍生物”（derivative）等。

衍生产品是一种金融合约，其价值取决于一种或多种基础资产或指数合约的基本种类，包括远期、期货、期权和互换。衍生产品还包括具有远期、期货、期权和互换中一种或多种特征的结构化金融工具。

金融衍生品有广义和狭义之分。狭义的金融衍生品，是指利率、汇率、权益、信用等传统基础性金融工具的衍生品，与商品衍生品相对。广义的金融衍生品涵盖商品衍生工具在内，尽管其基础资产是实物商品，但是交易本身已经具备一个完整的金融协议的所有要素，符合巴塞尔银行监管委员会关于衍生工具的定义。[①] 本章所指的金融衍生品采广义说。

（二）金融衍生品的分类

第一，根据交易形态的不同，金融衍生品可以大致分为远期、期货、期权和互换四大类。

远期，是指交易双方根据协议，约定在未来某一特定时间，以特定价格买卖某一特定数量和质量的金融资产或实物资产的交易。

期货，是指交易双方在交易所通过公开竞价达成标准化合约，承诺在未来某一特定时间，按照约定的价格买卖某一特定数量的金融资产或实物资产的交易。

期权，是指交易双方订立合约并约定，由买方向卖方支付一定数额的权利金，而买方取得在一定时期内以双方事先约定的价格购买或者出售某种特定金融资产之权利的交易。

---

① 参见宁敏：《国际金融衍生交易法律问题研究》，中国政法大学出版社 2002 年版，第 25 页。

互换，又称“掉期”或“套购”，是交易双方依据事先约定的规则，在未来一段时间内，互相交换一系列现货流通物或价格的交易，即以互换参与者在特定的金融市场上拥有的优势，进行以套汇、套利为目的的债权或债务的互相交换。

第二，每一种金融衍生品都有其具体的基础工具，即金融衍生品原生资产。根据基础工具性质、类型的不同，金融衍生品可以分为利率衍生品、汇率衍生品、权益衍生品、商品衍生品等，如表7-1所示：

表7-1 原生资产与金融衍生品分类

对象	原生资产	金融衍生品
利率	短期存款 长期存款	利率期货、利率远期、利率期权、利率互换等 债券期货、债券期权等
货币	各类现汇	汇率远期、汇率期权、汇率期货、汇率互换等
股票	股份企业股票 股票指数	股票期货、股票期权等 股票指数期货、股票指数期权等
商品	各类实物商品	商品远期、商品期货、商品期权、商品互换等

利率衍生品，是指以利率或利率的载体为基础工具的金融衍生品。汇率衍生品，是指以各种货币为基础工具的金融衍生品。权益衍生品，是指以股票或者股票指数为基础工具的衍生品。商品衍生品，是指以各种实物商品为基础工具的金融衍生品。

第三，根据交易场所的不同，金融衍生品可以分为场内交易(正式场所交易)金融衍生品和场外交易(柜台交易)金融衍生品。

场内交易金融衍生品，是指供求双方在有组织的交易所内以公开竞价的方式进行集中交易的金融衍生品，又被称为“交易所交易金融衍生品”。交易所负责标准化合约的设计、交易者会员资格的审批、保证金的收取，同时承担清算和担保履约责任，主要包括利率期货、外汇期货、股票价格指数期货、股票与债券期货、利率期权、外汇期权、股票期权、股票价格指数期权等品种。

场外交易金融衍生品，是指在正式的交易场所以外进行的，在众多交易的金融机构、中间商和广大客户之间，通过个别磋商达成的交易，又被称为“柜台交易金融衍生品”。其主要交易对象是未在交易所上市的股票、债券以及不在期货期权交易所规定的数量、日期、品种范围之内的金融资产。这类金融衍生品完全按照客户的需求度身定制。金融机构通过选择不同的时间、金额、杠杆比例、风险等级等参数，组合不同的基金金融衍生品，向客户提供具有独特避险功能或投机价值的衍生产品。由于场外交易的清算由交易双方互相负责进行，因此交易的参与者仅限于信用较高的客户。

（三）金融衍生品的演化历史和发展原因

1. 金融衍生品的演化历史

金融衍生品最早产生于商品市场。西方很早就已经出现具有期货贸易性质的交易活动。比利时商人在13世纪已经广泛运用类似的交易方式，并在14、15世纪发展为有组织的市场。82位商人于1848年发起并组建了美国第一家中心交易所——美国芝加哥期货交易所，并于1865年推出了标准化合约，包括商品品质、数量、交货时间、交货地点和支付条件等标准化条款。同年，芝加哥期货交易所又实行了保证金制度。1891年，美国明尼亚波里谷物交易所成立了第一家结算所。标准化合约、保证金制度以及现代结算所的成立，标志着现代金融衍生品交易的产生。

（1）远期合约的发展

远期合约很早就产生了，人们一般把1848年美国芝加哥期货交易所的成立作为现代远期市场的开端。20世纪70年代初，布雷顿森林体系崩溃。80年代初，为了转移因汇率、利率变动带来的风险，市场上兴起了一批远期合约新品种，主要分为货币远期合约和利率远期合约两类。远期合约市场属于无形市场，主要在场外成交。

（2）金融期货的发展

1972年5月，在美国芝加哥商品交易所内，设立了从事金融期货业务的部门，即国际货币市场（IMM），并率先推出了英镑、加拿大元、德国马克、日元、瑞士法郎、意大利里拉、墨西哥比索七种外汇期货。后来，IMM又增加了欧洲美元和欧洲货币单位的期货交易。自IMM成立以来，外汇期货业务在世界范围内迅速发展。

1975年，芝加哥期货交易所率先推出了第一个利率期货品种，即政府国民抵押款协会的债券期货交易。1976年1月，芝加哥商品交易所在IMM推出国债期货，即90天美国短期国库券期货。1977年8月，芝加哥谷物交易所也开始推出美国长期公债期货。美国利率期货开办成功以后，其他各国纷纷效仿，陆续开办了利率期货交易，如英国伦敦国际金融期货交易所的欧洲美元、英镑利率期货，日本东京股票交易所的政府公债期货等。到1992年，约有90种利率期货在世界上15个国家和地区的期货交易所交易。利率期货交易量在整个衍生品市场也占有重要份额。在2003年世界上成交量增长最快的10种衍生品中，有6种是基于利率，只有3种是基于期权，还有1种是基于农产品。①

1982年2月，美国堪萨斯市交易所首次推出股价指数期货，即价值或平均

① 参见李磊：《国际期货市场风生水起，欧美巨头逐鹿金融衍生品》，载《国际金融报》2004年4月9日第16版。

股票指数期货交易。4月,芝加哥商品交易所推出标准普尔500股票指数期货。5月,纽约证券交易所推出纽约证券交易所综合指数期货。随后,伦敦国际金融期货交易所、香港期货交易所、新加坡国际货币交易所也开始推出股指期货品种。自产生以后,股指期货的交易量一直超过其他类型期货,已成为目前国际金融市场上重要的金融工具之一。

(3) 期权的发展

现代期权制度的产生始于1973年4月成立的芝加哥期权交易所,在其首先推出标准化的期权合约之后,期权交易迅速在世界范围内蔓延。英国伦敦国际金融期货交易所和伦敦证券交易所、澳大利亚悉尼期货交易所、加拿大多伦多期货交易所、荷兰阿姆斯特丹欧洲期权交易所也推出了各自的期权交易品种。20世纪80年代后期,期权的场外交易又得到迅速发展。目前,期权交易已经形成一个门类齐全、结构完善的市场体系。

(4) 互换的发展

第一个现代意义上的互换交易是1981年8月世界银行和国际商用机器公司之间的货币互换协议。从此以后,互换成为资产负债管理的一种基本手段。互换在20世纪80年代中期得到迅速发展。全球掉期市场交易额1982年仅有30亿美元,到1985年猛增到2000亿美元。[①] 根据国际互换交易商协会的统计,20世纪90年代初已成交的货币互换交易总金额超过了5000亿美元,其中交易量最大的是美元,占总金额的37%,然后是日元、瑞士法郎、澳元、德国马克和加拿大元。[②]

21世纪初,国际金融衍生品市场仍保持良好的发展势头。来自美国期货业协会的统计数据显示,在2003年上半年,全球各大交易所衍生品交易量达到了38.251亿张,与2002年同期相比增幅达到了38.3%。美国国内期货期权同期的交易量达到了10.31亿张,同比增长17.7%,其中债券指数期货的成交量为1.433亿张,同比增长71.7%;利率期货成交2.396亿张,同比增长18.3%。国际利率期货的同期成交量增长41.4%,总量为5.543亿张。[③]

2. 金融衍生品的发展原因

早期金融衍生品产生于商品市场,是因为商品价格受供求关系等多种因素的影响波动较大,市场主体迫切需要一种能回避风险的机制。20世纪70年代以来,金融衍生品迅猛发展,则是多种因素综合作用的结果。

(1) 国际经济环境的变化和金融要素市场的波动是金融衍生品出现和发展

① 参见宁敏:《国际金融衍生交易法律问题研究》,中国政法大学出版社2002年版,第39页。

② 参见王文灵、于瑾编著:《衍生工具定价理论》,经济科学出版社1998年版,第5页。

③ 参见刘日:《国际期货市场成交增势迅猛》,载《期货日报》2003年9月25日第4版。

的根本原因

第二次世界大战(以下简称“二战”)后直到20世纪60年代中期,美国利率在联邦政府的控制下一直呈稳定状态。到70年代,随着美元的逐步贬值,布雷顿森林体系崩溃,国际货币制度由固定汇率制走向由《牙买加协议》所确立的浮动汇率制。在市场供求关系的影响下,币值一直处于频繁变动的状态之下。

另外,20世纪70年代以后,西方主要资本主义国家经济陷入“滞胀”状态。为了调整经济,抑制衰退和通胀,各国中央银行放松对利率的严格管制,开始利用利率杠杆控制货币供应量,实行或宽松或紧缩的货币政策,导致金融市场利率的波动逐渐加剧,风险不断加大。为了应对汇率、利率剧烈波动带来的市场风险,确保资产价值不受此影响,市场迫切需要可以规避市场风险、能起套期保值作用的新金融工具。

(2) 全球金融自由化浪潮为金融衍生品市场的发展提供了良好的外部环境

20世纪70年代以来,西方主要资本主义国家纷纷通过自由化措施放松金融管制。这些自由化措施放宽甚至取消了对利率的管制,放松了对金融机构及其业务的限制,放宽了对资本流动的限制,模糊了各金融机构之间的界限,加剧了银行和非银行金融机构间的竞争,进一步营造了宽松的金融竞争环境,促进了金融创新,推动了金融衍生品市场的形成和发展。①

(3) 科学技术的进步和信息革命为衍生品交易的顺利发展奠定了物质基础

计算机和信息处理技术在金融界的广泛应用大大提高了金融信息的传播速度,增强了市场主体的信息处理能力,拓展了金融市场范围,降低了金融交易的成本,提高了交易效率。同时,也只有借助高端技术,交易程度极端复杂的“金融工程”才能得以开展交易,从而使得新产品、新市场、新主体、新方法不断涌现。金融科学技术的迅猛发展为金融衍生品的孕育和成熟提供了坚实的技术保障。

此外,金融衍生品交易属于表外业务,开展此类交易不仅不会影响资产负债表状况,还能获取手续费等收入,扩大利润来源。所以,各银行和国际金融性公司为了逃避金融管制,增强自身的市场竞争力,也积极投身于金融衍生品交易市场,成为金融衍生品发展过程中一股不可或缺的动力。正是在多种因素的综合作用下,金融衍生品从诞生的第一天起就显示出蓬勃的生命力。

(四) 金融衍生品的特点和功能

1. 金融衍生品的特点

(1) 具有杠杆效应

杠杆效应在金融领域是指通过较小的资金成本获得较多的投资,从而提高投资收益和资金效率。该效应来源于金融衍生品交易中的保证金制度,投资者

① 参见宁敏:《国际金融衍生交易法律问题研究》,中国政法大学出版社2002年版,第32页。

以原生资产的价格为基础,缴纳一定比例的保证金或押金,便可获得相关合约对应的资产的管理权。投资者可以用较少的成本获取现货市场上需要投入较多资金才能实现的结果,取得以小搏大的效果。

(2) 具有虚拟性

金融衍生品独立于现实资本运动之外,能给持有者带来收益,是一种收益获取权的凭证,而其本身并没有价值。

(3) 具有一定的未来性

金融衍生品是在现时对基础工具未来可能产生的结果进行交易,交易的结果要到未来才能确定。同时,按照权责发生制的会计制度,在交易结果发生之前,交易双方的资产负债表并不反映该类交易的结果,潜在的盈亏也无法在财务报表中得到体现。

(4) 具有高风险性

由于金融衍生品交易建立在对未来基础资产价值的预测之上,损益结果具有很大的不确定性,因此传统的会计报表无法加以披露。此外,保证金制度等相关制度的实施导致的杠杆作用也起到了损益"放大镜"的作用,所以具有极高的风险性。

2. 金融衍生品的功能

(1) 转移、回避风险功能

金融衍生品出现的一个重要原因是经济活动的不确定性加剧,导致市场主体规避风险的内在需求随之提高。衍生品市场可以将市场中的风险集中,并进行冲抵或重新分配,从而满足现货市场的需求。通过金融衍生品避险主要是借助套期保值手段实现的。套期保值,是指为回避在基础资产市场面临的风险,交易者利用金融衍生品合约,进行一项与现有交易或资产相对立的冲抵性交易,其数量、到期日大致相同,买卖方向相反。如果基础交易出现损失,就通过衍生交易所获得的相应收益弥补,实现对冲保值的目的。① 这是金融衍生品的首要功能,也是金融衍生品市场得以存在和发展的基础。

(2) 价格发现功能

在一个公开、公平、公正、高效、竞争的金融衍生品市场中,通过市场交易,能

---

① 以期货为例:某食品加工商需在6月买入1000吨小麦作为原料。为了防止6月份小麦价格上涨所带来的损失,该加工商在期货市场上买入1000吨6月份小麦合约,价格为60美元/吨,建立一个多头。如果期货合约在6月份到期时,小麦价格上涨到65美元/吨,则该加工商在现货市场上买到这批小麦的费用是6.5万美元,而其在期货市场上卖出期货合约能赚到5000美元,两项抵销,其购买小麦的实际成本为6万美元;如果期货合约到期时,小麦价格下跌到56美元/吨,则该加工商在现货市场上购买小麦的费用是5.6万美元,在期货市场上出售期货合约的亏损是4000美元,两项抵销,其实际成本也是6万美元。所以,不论小麦价格如何变化,该加工商都已经在最初买入期货合约时锁定了生产成本,即60美元/吨,从而消除了其所面临的原材料价格风险。

形成具有真实性、预期性、连续性和权威性的价格，较真实地反映未来基础资产价格变动的趋势，有利于提高整个市场的效率，对生产经营者有较强的指导作用。首先，交易受到法律法规和相关交易制度的严格限制，需遵循“三公”原则，使金融衍生品市场具有较高的透明度。其次，金融衍生品市场集中了各方面的参与者，他们参与竞争不仅增强了合约的市场流动性，还带来了很多关于金融衍生品基础资产的供求信息和市场预测。这样，通过公开竞价形成的价格实际上反映了大多数人的预测，具有较高的真实性和权威性，能够比较真实地反映供求关系变动的趋势。最后，金融衍生品合约的买卖转手相当频繁，连续形成的合约价格可以连续不断地持续反映市场供求及变动状况。

(3) 投机获利功能

在衍生品市场中，除了套期保值者外，还有大量的投机者。投机者参与交易的目的不是冲抵在商业交易中已经存在的市场风险，规避由于市场波动造成的损失，而是追求利润最大化。由于具有巨大的杠杆效应，因此金融衍生品的投机能量远大于其原生工具的投机能量，即在相等的投资金额下，通过金融衍生品所控制的基础资产远多于直接运用没有衍生品的基础资产。投机者甘于通过主动承担高风险以获得高利润。投机者在衍生品交易市场中同样扮演着重要角色。如果在市场中大量存在的是套期保值者，而缺乏足够的投机者，那么套期保值者所转移的价格风险就缺乏承担者，从而导致衍生品市场不能顺利运作。可见，套期保值功能的实现必然会引申出投机获利功能，而衍生品市场中的投机获利功能对发展市场经济也是有利的。

二、金融衍生品法律制度概述

金融衍生品法是调整金融衍生品交易关系和监管关系的法律规范的总称，主要包括金融衍生品交易法和金融衍生品交易监管法等。

(一) 金融衍生品的法律特征

1. 金融衍生品交易的契约性

金融衍生品交易是以交易双方当事人之间签订合同的方式进行的，这一规定双方权利和义务的契约所反映的法律关系是建立在社会信用高度发展基础上的经济合同关系。这是在现时对金融基础资产未来可能发生的结果进行交易，在双方当事人意思表示达成一致时，契约即告成立。但是，契约结果要到未来某一时刻才能确定，而且双方当事人根据契约互享权利、互负义务，所以这是诺成性的双务合同。

2. 金融衍生品交易体现了当事人的意思自治

无论是场内交易还是场外交易，都在不同程度上体现了当事人的意思自治。在场内交易中，虽然当事人买卖的是由交易组织者制定的高度标准化的合约，主要条款内容已由交易所事先制定,但是其中的价格条款仍然由交易双方通过公开竞价方式协商,在一定程度上体现了当事人的意思自治。场外交易则更充分地体现了当事人的意思自治,交易标的、数量、价格等重要条款完全是由交易双方自行协商确定的。

3. 合约的交易对象具有虚拟性

金融衍生品合约的交易对象不是基础资产或者金融工具,也不是具体的"物",而是对基础资产或者金融工具在未来各种条件下进行处置的权利和义务。这些权利和义务以契约的方式存在,构成了所谓的"产品"或者"工具"。

4. 金融衍生品交易目的的双重性

衍生品市场上的交易者大致可以分为套期保值者和投机者。他们进行交易的主要目的并不在于转移合约所涉及的基础资产的所有权,而在于套期保值或者投机获利,即转移与该基础资产有关的价格变化风险或者以主动承担高风险为代价获得利润。

5. 金融衍生品具有一定的融资和信用性质

利用金融衍生品进行交易只需要缴纳一定比例的保证金(如场内交易品种)或者以信用为担保(如场外交易品种),就可以实现原来需要投入大量现金才能达到的目的,是一种现金运作的替代品,具有一定的融资和信用功能。①

6. 金融衍生品交易具有射幸性,即金融衍生品交易契约具有射幸合同属性

射幸合同,是指合同的法律效果于订立合同时尚未确定的合同。② 大陆法系的射幸合同理论仅关注合约法律效果的不确定性,而不关注合约经济后果的不确定性。

总体而言,由于金融衍生品的价值是由汇率、利率、股票价格指数等无法预知的因素决定的,因此当事人进行交易活动完全建立在对各种因素加以综合分析和预先判断的基础上。同时,在交易后,汇率、利率、股票市场的走势变化完全不受当事人的控制和影响,使得衍生品契约的法律后果或经济后果具有空前的不确定性。如果将金融衍生品交易视为一个整体,并考虑其交易品种的复杂程度和相互渗透转变的特点,则可以将金融衍生品合约的这个特征描述为射幸性。

具体到各类不同的交易,又存在两种情况:一是合同中至少有一方当事人的权利或义务取决于契约订立以后不确定事件发生与否,如期权交易等。这种合同符合我们对射幸合同的认识。二是交易双方的权利和义务在合约签订时已经确定,即合约对当事人的法律后果是肯定的。但是,这种权利和义务带给当事人的经济价值是不确定的,即当事人在经济利益上的损益及程度取决于不确定事

① 参见徐冬根主编:《国际金融法律与实务研究》,上海财经大学出版社 2000 年版,第 392—393 页。

② 参见韩世远:《合同法总论》(第四版),法律出版社 2018 年版,第 69 页。

件发生与否，如期货交易。这与射幸合同的性质不符。所以，合同是否具有射幸性要视具体的衍生品交易是在法律后果还是经济后果上具有不确定性才能作出判断。[①]

（二）类似合约的比较

1. 金融衍生品合约与赌博合约的比较

赌博游戏也具有射幸性，即游戏参与者以作为赌注的财物得失为唯一利益，其得失依赖于或然性事件发生与否。有学者将金融衍生品交易视为“零和游戏”或等同于赌博，其依据是两者都基于对未来不确定事件的预测，都具有高度的杠杆效应，交易双方的总收益为零。但是，两者间是存在本质区别的，具体表现如下：

（1）产生原因不同

市场对金融资产的风险暴露进行套期保值的需求是金融衍生品产生的最主要原因；而赌博游戏的起因在于人为地制造风险，为那些追求暴利而甘冒风险的赌徒提供一个投机场所。

（2）风险性质不同

金融衍生品交易中产生的风险是由经济活动中的不确定因素造成的，是固有的、不可避免的；而赌博游戏中的风险则是人为的，即赌博组织者人为地将并无内在联系的风险和收益联系起来，赌徒承受这种风险并无任何客观基础。

（3）市场机制运行过程不同

作为市场经济的组成部分之一，金融衍生品市场也遵循价值规律，即金融资产的价格以其价值为基础并受市场供求关系变化的影响上下波动；而赌博只是一种娱乐性的游戏活动，其运行过程按照事先人为设立的规则进行，与社会经济活动没有关系，更不能体现社会经济发展的阶段性水平。

（4）效果不同

金融衍生品市场具有多种经济功能，通过公开竞争形成的价格体现了衍生品市场的价格发现机制，其所具备的风险规避功能虽不能从根本上消除风险，但有利于市场的稳定，可以起到促进经济发展的作用；而赌博游戏对社会没有任何贡献，人们沉湎其中并不会创造任何社会财富，反而由于赌博是人为制造的高风险游戏，极有可能给人们带来巨额损失，从而对社会的进步和稳定产生不良后果。[②]

正是由于金融衍生品交易和赌博游戏在本质上存在诸多不同，导致各国立法对两者持截然不同的态度。由于赌博游戏违反公序良俗，带有消极作用，因此

① 参见宁敏：《国际金融衍生交易法律问题研究》，中国政法大学出版社 2002 年版，第 111—115 页。

② 参见钱小安：《金融期货的理论与实践》，商务印书馆 1997 年版，第 38—41 页。

各国多对赌博合同加以禁止或不赋予其法律上的效力，对赌博利益申请强制执行的请求不予支持；当事人自愿支付的，也不得据此请求返还。各国对于金融衍生品交易合约则持肯定态度，并通过构建相关法律制度框架予以规制，以保护投资者的合法权益顺利实现。

2. 金融衍生品合约与保险合约的比较

保险，是指投保人根据合同约定，向保险人支付保险费，保险人对于合同约定的可能发生的事故因其发生所造成的财产损失承担赔偿保险金责任，或者当被保险人死亡、伤残、患病或者达到合同约定的年龄、期限时承担给付保险金责任的商业保险行为。保险合约是双方当事人约定保险权利义务的协议。[①]

保险合约与金融衍生品合约有许多相似的地方：

第一，两者都具有射幸性。保险合约(除人寿保险合同外)所约定的保险人据以支付保险金的保险事故发生与否具有偶然性，即被保险财产是否灭失或者被保险人人身、健康是否受到损害在当事人签订保险合约时是不确定的。基于经济活动中的不确定因素，金融衍生品合约也具有很大的或然性。

第二，两者都具有避险功能。保险是一种风险管理制度，该制度并不能从根本上杜绝事故的发生，但是其所具有的经济补偿功能可以起到分散风险，把由危险事故造成的经济损失降到最低的作用，实质上是亡羊补牢之举。同样，对于套期保值者而言，金融衍生品交易也是一种有效的风险管理手段。

但是，两类合约的区别也很明显。作为保险法的一项基本原则，损害赔偿原则是由保险的经济补偿功能决定的。保险人赔付保险金的依据是被保险财产的实际损失或被保险人的实际损害。按照赔付和损失等量原则，被保险人不能获得多于损失的赔偿，其赔付的最高限额是保险金额。[②] 换句话说，没有人可以通过保险合约获得比其遭受损失前更多的经济利益。与保险合约仅限于弥补当事人的损失不同，金融衍生品交易在为套期保值者规避市场风险的同时，还可以为投机者带来获利。在金融衍生品交易过程中，避险保值功能的实现必然要求有投机功能与之相呼应。市场投机者在没有一个相反的风险需要冲抵的情况下，在市场上承受的风险是单向的：若市场波动与其预测相一致，则该笔投机交易可以为他带来丰厚的收益；相反，如果市场波动与其预测相反，那么他要承担巨额损失。

(三) 主要金融衍生品合约的法律特征

1. 远期合约

远期合约，是指交易双方签订的，在未来某一特定时间内以特定价格买卖某

① 顾功耘主编:《商法教程》,上海人民出版社 2001 年版,第 443 页。

② 同上书,第 440—441 页。

种特定数量和质量的金融资产或实物资产的协议。其中，买方处于多方地位，卖方处于空方地位。

与现货交易相比，远期交易在某些方面更加适合现代经济活动的需要，其最大的特点是同时锁定了当事人的收益和风险。通过签订远期合约，双方当事人确定了未来交易的实际价格。买方以放弃未来现货市场价格下跌情况下其所能获得的利益为代价，锁定了其购买资产的成本；卖方以放弃未来现货市场价格上涨情况下其所能获得的额外利润为代价，提前锁定了收益。远期合约可以包括远期利率协议、远期外汇协议、远期股票合约等。

远期合约的法律特征主要有：

(1) 与期货在指定的交易场所集中进行，采用高度标准化的合约不同，远期合约交易属于场外交易。远期合约的金额、数量、交割日期和方式等合同要件没有统一的标准和规格，均由当事人自行协商确定，无须监管机构批准或认可。

(2) 双方当事人是确定相知的，直接通过磋商达成协议。

(3) 由于缺少交易所和结算机构提供的担保，因此远期合约交易面临的信用风险陡增。为保证交易的安全，双方当事人应当了解彼此的信用、财务状况。在实务中，远期合约交易通常采用信用交易方式，至于是否采用担保方式以及采用何种担保方式，如抵押、保证金等，完全由当事人自己决定。

(4) 远期合约交易结算可以通过结算机构进行，也可以由当事人自行结算。

(5) 当事人一般对远期合约的标的物（无论是农产品等货物还是有价证券等金融资产）有真实的需要，交易以得到标的物的所有权为目的。当事人通常采取实际交割的方式履行合同，到期交货或付款。

2. 期货合约

期货合约，是指由交易双方在交易所内以公开竞价的方式达成的，在未来某一特定时间内按照约定的价格买卖某种特定数量的金融资产或实物资产的书面协议，是远期合约的进化物或标准形态。

期货合约的法律特征主要有：

(1) 期货合约是高度标准化的合约。期货合约中关于商品品质，交易单位，最小、最大变动单位，每日价格最大波动限额，交割时间、地点、方式等内容的条款，都已由交易所事先确定，除了价格条款外，交易双方不必再进行协商。

(2) 与一般的标准化合约由参加交易的一方当事人设计不同，由于期货上市品种的选择，合约内容的规定不仅会影响当事人的经济利益，还会影响一国的国民经济，因此期货合约由期货交易所设计，经期货主管机构批准后方可交易。

(3) 期货合约交易是场内交易。为保证期货交易基本经济功能的发挥和保护期货投资者的合法权益，期货合约必须在期货主管机构许可的地点，以许可的方式签订。

(4) 特殊的保证金制度和结算制度的建立。由于期货交易市场是一个具有高度流动性的市场,而且交易双方并不了解彼此,为了增强期货市场的稳定性,确保期货合约的可靠性和兑现性,从而提高市场效率,各国期货交易法普遍建立起一套完整的保证金制度和结算制度。按照规定,期货合约交易者必须缴纳一定比例的保证金,所有期货交易都必须由期货结算所或清算所进行结算。

(5) 期货合约具有双向性,可以很方便地对冲,即对以前买入或卖出的合约进行交割月份和数量相同、买卖方向相反的交易行为,从而免除合约当事人的实际履约义务。

(6) 期货合约的目的一般不在于进行实物或者金融证券的交割,而在于通过期货市场上特有的对冲操作避免现货市场上的价格风险或者赚取风险利润。

3. 期权合约

期权合约,是指交易双方订立的,由买方向卖方支付一定数额的权利金,买方取得在一定时间内以双方事先约定的价格购买或出售某种特定金融资产之权利的协议。

(1) 期权的分类

根据内容的不同,期权可以分为买入期权、卖出期权。买入期权又称"看涨期权",是指期权购买者可在约定的未来某一日期以事先约定的价格向期权出售者买进一定数量的某种金融商品的权利。卖出期权又称"看跌期权",是指期权购买者可在约定的未来某一日期以协定的价格向期权出售者卖出一定数量的某种金融商品的权利。[①] 根据履约时间的不同,期权可以分为欧式期权和美式期权。欧式期权,是指期权购买者只能在期权到期日行使其选择的权利,不能提前,也不能推迟。美式期权,是指期权购买者既可以在期权到期日行使其权利,也可以在到期日前的任何一个营业日行使其权利。

(2) 期权合约的主要内容

期权购买者,即在支付一笔较小的费用后,获得在合约所规定的某一特定时

---

① 例一,看涨期权:1月1日,铜期货的期权执行价格为1850美元/吨。A预测合约到期后铜期货价格将会上涨,遂以5美元的价格向B买入期权,约定:合约到期后,A以1850美元/吨的价格向B买入铜期货。设合约到期后,铜期货价格上涨到1905美元/吨。A有权按照1850美元/吨的价格从B手中买入铜期货;B则必须满足A行使该权利的要求,即使他手中没有铜期货,也只能以1905美元/吨的价格从期货市场上买入,再以1850美元/吨的价格卖给A。在该笔交易中,A获利50美元,B则损失50美元。若铜期货市场价格低于履约价格1850美元/吨,A也可以放弃该权利,则A损失5美元的期权费,B获利5美元。

例二,看跌期权:1月1日,铜期货的期权执行价格为1750美元/吨。A预测合约到期后铜期货价格将会下跌,遂以5美元的价格向B买入期权,约定:合约到期后,A以1750美元/吨的价格向B卖出铜期货。设合约到期后,铜期货价格下跌到1695美元/吨。A有权以1750美元/吨的价格向B卖出铜期货,B则必须接受。在该笔交易中,A获利50美元,B则损失50美元。若铜期货市场价格上涨,A也可以放弃该权利,则A损失5美元的期权费,B获利5美元。

间或者这一特定时间之前的某段时间内，以事先确定的价格向期权出售者买进或者卖出一定数量的金融商品的权利的一方当事人。

期权出售者，即在收取期权购买者所支付的期权费后，必须在规定时间内应期权购买者的要求履行该期权合约所规定的义务的一方当事人。

标的，即期权购买者购买的在合约有效期内要求出售者履约的权利。

权利金，即期权购买者为了获得某种权利而向期权出售者支付的一笔费用。

履约价格，即看涨期权购买者得以依据期权合约的规定买入一定数量的金融商品的价格，或者看跌期权的购买者得以依据期权合约的规定卖出一定数量的金融商品的价格。

到期日，即一份期权合约的最终有效日期，超过该日期，期权合约就自行终止，购买者的期权同时作废。

(3) 期权合约的法律特征

第一，合约交易标的物的非实物性。期权合约交易的客体是对合约指定的某种金融工具的买入或者卖出进行选择的权利。期权购买者并没有获得基础资产的实物所有权，只是购得了一种权利，而且该项权利属于不必承担对合约指定的金融工具必买或必卖义务的绝对权利。

第二，双方权利义务的不对等性。在合约有效期内，期权购买者可以选择买(卖)某种金融工具，也可以放弃该项权利。期权出售者应期权购买者的要求，则必须履行合约义务，同时不享有要求期权购买者必须买(卖)某种金融工具的权利。当然，这只是表面上的不平等。从实质上而言，期权购买者享有该权利是以向期权出售者支付期权费为代价的，而期权出售者承担该义务是以收取期权费为补偿的。

第三，当事人间风险收益的不对称性。当期权交易标的价格向不利于期权购买者的方向变动时，他可能受损，其损失以支付的期权费为最高限额；而当标的价格向有利于期权购买者的方向变动时，他的获利是无限的。当期权交易标的价格向不利于期权出售者的方向变动时，他可能受损，而且损失是无限的；而当标的价格向有利于期权出售者的方向变动时，他可能收益，其获利以期权费为最高限额。

第四，担保的单边性。由于当事人之间风险收益存在不对等性，因此期权购买者在期权交易中承担了更多的信用风险。为了保证期权出售者能够按照合约如实履行义务，合约中通常会要求期权出售者提供相应的履约担保，而期权购买者则不需要提供担保。

4. 互换合约

互换合约是一种由多个远期合同组成的协议，是两个或两个以上交易主体依据预先约定的规则，在未来一段时间内，互相交换一系列现货流通物或价格的协议,是远期合约的一种延伸。作为目前市场上最成功的场外交易衍生工具,互换是在平行贷款[①]和背对背贷款[②]基础上发展起来的。按照基础资产的不同,互换合约可以分为利率互换、货币互换、商品互换和股权互换。[③]

(1) 互换合约的主要内容

互换交易属于场外交易,合约内容由当事人协商确定,一般包括以下内容:① 交易参与者;② 互换合约的金额;③ 互换交易的对象,货币互换的交易对象是货币(可自由兑换),利率互换的交易对象有固定利率、伦敦银行同业拆借利率、国库券利率等;④ 互换合约的到期日;⑤ 互换价格,利率互换的价格通常由固定利率和浮动利率等因素决定,货币互换的价格通常受两国货币利率水平等因素影响;⑥ 各方当事人的权利义务,包括各方在合约到期时与对方互相交换并收取货币和利息的权利义务;⑦ 差价和其他费用。

(2) 互换合约的法律特征

第一,由于互换交易属于场外交易,因此合约内容由各方当事人协商确定,是非标准化的合约,较场内交易品种更具风险性和灵活性。

第二,互换合约属于诺成性合同,双方互享权利、互负义务,并且在将来取得或履行。

第三,互换合约的实质是一种债务转让,是与货币、利率相关的债务的交换。例如,利率互换合约中交换的债务是双方将来要偿还给他人的,按各自利率支付的借款利息。

第四,互换合约的目的在于,利用双方的比较优势套汇或套利,降低长期资

---

① 平行贷款(parallel loan)是两笔很相似的同时存在的贷款形式,最早产生于英国。20 世纪 70 年代,英国中央银行为了控制资本外流,采取了向对外投资进行扣税的方法,以减少外汇流失。为了避税,许多对外投资需要外汇的英国公司与有类似需要的投资东道国的公司合作,各自在国内向对方在本国境内的子公司提供等值的本币资本。例如,美国 A 公司向在美国境内的 C 公司(英国 B 公司的子公司)提供美元贷款,而英国 B 公司向在英国境内的 D 公司(美国 A 公司的子公司)提供等值的英镑贷款。

② 背对背贷款(back-to-back loan)是两个国家的公司相互直接贷款,贷款的币种不同,但是币值相等,贷款到期日相同。双方按期支付利息,到期各偿还原借款金额。例如,美国公司直接将美元贷款贷给英国公司,英国公司向美国公司定期支付美元利息并到期偿还美元本金;英国公司直接将英镑贷款贷给美国公司,美国公司向英国公司定期支付英镑利息并到期偿还英镑本金。

③ 互换运作过程(以利率互换为例):A 公司在固定利率资金市场上借款需支付的年利率为 10.00%,在浮动利率资金市场上需支付的年利率为 6 个月 LIBOR+0.30%(伦敦同业银行拆借利率);B 公司在固定利率资金市场上借款需支付的年利率为 11.40%,在浮动利率资金市场上需支付的年利率为 6 个月 LIBOR+1.10%。假设它们都希望得到一笔 5 年期的 100 万美元的贷款,A 公司需要的是浮动利率贷款,B 公司需要的是固定利率贷款,为此签订了一份利率互换协议。即 A、B 公司分别进行固定利率贷款和浮动利率贷款,然后交换各自的利息负担。为此,A 公司有三笔利息货币流量,年利率分别为:(1) 支付给外界贷款人 10.00%;(2) 从 B 公司获得收入 10.00%;(3) 支付给 B 公司 LIBOR,其利息净成本为 LIBOR,比其从浮动利率资金市场上贷款要低 0.30%。B 公司也有三笔利息货币流量,年利率分别为:(1) 支付给外界贷款人 LIBOR+1.10%;(2) 从 A 公司获得收入 LIBOR;(3) 支付给 A 公司 10.00%,其利息净成本为年利率 11.10%。B 公司得到了需要的固定利率贷款,同时比其直接从固定利率市场上借款减少了 0.30%的利息负担。所以,该利率互换协议使 A、B 公司都在利率上得到了 0.30%的好处。

本的筹集成本，以及在资产负债管理中防范利率或汇率风险。

第五，互换交易属于表外业务，不会引起资产负债表之表内业务的变化，却可以为商业银行带来业务收入或减少风险。

第二节　金融衍生品风险监管法律制度

一、金融衍生品的风险

1994年，国际证券事务监察委员会和巴塞尔银行监管委员会将金融衍生品涉及的风险分为六类，即信用风险、市场风险、流动性风险、营运风险、结算风险和法律风险。本书根据风险的性质及其相互间的联系，着重介绍信用风险、市场风险、流动性风险、营运风险和法律风险。

（一）信用风险

信用风险又被称为“交易对手风险”，是指金融衍生品交易的一方不履行合约而给另一方造成损失的风险。

信用风险可以分为结算前风险和结算风险。结算前风险，是指交易对手在交易有效期内未能履行合约而引起亏损的风险，等于头寸的重置成本加上因市场变化对产品未来风险的估计值。结算风险，是指在结算日交易对手未能根据合约履行责任而引起亏损的风险。

各类金融衍生品交易都存在信用风险。场内交易衍生品由于有交易所提供担保，再加上一系列信用风险控制制度的实施，信用风险一般较小。场外交易是一对一的交易，既没有保证金的强制要求，也没有集中的清算制度，所以履约与否完全取决于交易对手的履约能力和意愿，信用风险较大。

（二）市场风险

市场风险，是指由于基础资产市场价格的不利变化或急剧波动而导致金融衍生品价格或价值变动的风险。

金融衍生品交易是建立在对各类基础资产价格变化的预测基础上的，如果基础资产价格的实际变化方向或波动幅度与交易者的预期相背离，就会给交易者带来损失。所以，市场风险在各类风险中最为普遍。

（三）流动性风险

流动性风险，是指由于缺乏合约对手或者交易者因流动资本不足而无法履行合约所造成的风险。流动性风险的大小取决于合约的标准化程度、市场交易规模和市场环境的变化。

流动性风险可以分为市场流动性风险和资金流动性风险。市场流动性风险，是指由于缺乏合约对手而无法变现或平仓的风险。资金流动性风险，是指交易方因为流动资金不足,在合约到期日无法履行支付义务,被迫申请破产,或者无法按合约要求追加保证金,从而被迫平仓,遭受巨额损失的风险。

(四) 营运风险

营运风险,是指在进行金融衍生品交易过程中,由于公司或企业内部管理不善、人为错误等原因而带来的风险。

营运风险可以分为两类:第一类风险是在日常经营过程中,由于各种自然灾害和意外事故,如火灾、抢劫、盗窃、通信线路故障、计算机系统故障、高级管理人员人身意外事故、职员的日常工作差错等造成的,属于一种纯粹的风险,可以通过保险等方式进行转嫁;第二类风险是由于经营管理上的漏洞,交易员交易决策出现故意或过失的错误造成的,属于一种投机风险,不能通过保险等方式转嫁,往往会给交易者带来巨大的风险。

(五) 法律风险

法律风险,是指由于法律规定不明确或者交易不受法律保障,从而使合约无法履行而给交易商带来损失的风险。金融衍生品属于新型的金融工具,各方面的法律法规还不健全,无法可依或者无先例可循的情况常常发生。

法律风险一般有两种情形:一是有关商品合法性的风险,即由于各国立法机关或监管机构对衍生品作出了不同的法律规定,从而导致某些衍生品交易在某国成为违法行为的风险;二是有关交易对手合法性的风险,即交易对手在其本国是否具有从事金融衍生品交易的资格将直接影响到合约的有效性,而且各国对此规定各不相同,导致衍生品交易商面临合约无效的风险。①

以上各种风险的侧重点有所不同:信用风险主要考察风险暴露以及交易对手违约的可能性和概率,市场风险主要关注合约价值由于基础资产市场价格波动所导致的变动,流动性风险主要关注由于流动资金以及市场深度不足所导致的风险,营运风险侧重于当事人在交易过程中由于操作等主观因素导致的风险,法律风险关注合约是否具有法律上的效力。金融衍生品带来的风险是以上多种因素共同作用的结果,其中市场风险在整个风险体系中具有基础性地位,会引发其他多种风险的发生;同时,其他风险的加剧会使市场风险进一步恶化。

二、金融衍生品风险监管概述

监管,是指监管主体为了实现监管目标,利用各种监管手段对监管对象所采取的一种有意识的、主动的干预和控制活动。

对金融衍生品的监管可以按照两种标准分类:一种是机构监管,即对涉足金融市场和中介市场的各类市场主体进行监管;另一种是功能性监管,即按照原生

---

① 参见杨迈军、汤进喜编著:《金融衍生品市场的监管》,中国物价出版社 2001 年版,第 4—5 页。

产品的经济功能对金融工具和市场进行监管。较之于传统的金融监管，功能性监管能够有效解决混业经营条件下金融创新产品的监管归属问题，避免监管真空和多重监管现象的出现，有利于实施跨产品、跨机构、跨市场的协调，更具连续性和一致性，能够更好地适应金融业在今后发展中可能出现的各种情况。[①]

（一）监管的目标和原则

金融衍生品市场的监管目标是市场管理者追求的结果，也是指导市场管理者管理行为的基本准则，大致包括三个方面：保护投资者，确保市场公平；确保市场高效、透明；降低市场的系统风险，确保市场安全。

为了有效实现监管目标，各国立法机关和监管机构都根据自身特点提出了监管原则。国际证监会组织（IOSCO）根据监管理论和各国监管实践提出了证券市场和衍生品市场监管的30条原则，其中适用于金融衍生品市场的监管原则有23条。具体而言，金融衍生品市场的监管原则如下：

1. 涉及监管机构的原则

监管机构的责任必须明确、具体；在行使其功能和权力时，监管机构必须具有独立性并承担责任；监管机构必须具有充分的权力、资源以及能力；监管机构必须采用明确、连贯的监管程序；监管人员必须遵守最高的职业道德，包括遵守机要保密规则。

2. 涉及自律组织的原则

监管体系必须合理利用自律组织行使某些直接监管职能；自律组织在行使其权力时，必须接受监管机构的监督，并应被赋予相应的职责。

3. 监管实施原则

监管机构应当拥有全面的监察、调查和监督能力；监管机构应当拥有综合的实施监管的能力；监管体系应当确保监察、调查、监督和实施等权力的有效运用。

4. 监管合作原则

监管机构应当有权与其他国际监管机构分享公共和非公共信息；监管者应当建立一套信息共享机制，明确何时、如何与国内外其他监管者分享公共和非公共信息；监管体系应当有一套协助制度，协助外国监管机构行使其功能和职权。

5. 市场中介机构应当遵循的原则

应当向市场中介机构提出最低准入标准；市场中介机构应当根据其业务所承担的风险，具有相应规模的初始和营运资本金以及其他审慎措施；市场中介机构应当遵守内部管理和运作行为准则，旨在保护客户利益，确保进行恰当的风险管理；监管体系中应当有一套处理市场中介机构破产的程序，以尽可能减少由此对投资者造成的损失和所包含的系统风险。

---

① 参见杨迈军、汤进喜编著：《金融衍生品市场的监管》，中国物价出版社2001年版，第6页。

6. 交易市场监管原则

交易系统(包括交易所)的建立应当由监管机构授权并受到监督;对交易所和交易系统的监督应当旨在维护交易的公正性和平等性,在不同的市场参与者的众多利益中寻求合理平衡;对市场的监管应当促进和提高交易的透明度;监管机构应当及时发现和阻止操纵市场的行为以及其他不公正的交易行为;监管机构应当确保金融机构对大型风险暴露、违约风险以及市场干扰等风险因素的恰当管理;衍生产品交易的清算和结算系统应当受到监督,以确保其公正、高效和安全运行,减少系统风险。[①]

(二) 监管主体

一般而言,监管主体可以分为两类:一类是政府职能部门,其权力由国家赋予,负责制定监管的各种规章制度以及这种规章制度的实施。另一类是实施自治管理的非官方机构或者私人机构,其权力来源于成员对自身权利的让渡以及对其决策效力的认可。由于对成员的影响力并非依靠政府的授权,因此该类机构实施的是不带行政管理色彩的自我约束和制裁。

三、不同国家或地区监管模式的比较

有效的监管是金融衍生品市场有序运行、健康发展的保证。由于各国或地区的政治、经济、文化、历史传统各有特点,金融衍生品市场的发展历程和发育程度也不尽相同,形成了不同的金融衍生品监管模式,基本上可以分为三种类型:(1) 集中型监管模式,即政府通过制定专门的法律法规,设立全国性的监督管理机构,统一管理全国的金融衍生品市场,其中政府监管机构占主导地位,各类自律组织起协助作用。美国是这种监管模式的典型代表。(2) 自律型监管模式,即政府除了一些必要的国家立法之外,很少干预市场,对市场的监管主要由交易所、行业协会等自律组织完成.英国曾是这种监管模式的典型代表。(3) 中间型监管模式,即集中型监管模式和自律型监管模式互相结合、渗透的产物,在强调集中立法管理的基础上,也强调自律管理的重要作用。

(一) 美国的监管模式

长期的衍生品交易历史使美国在市场监管体制和交易法律法规方面积累了许多成功经验,并逐渐形成了对场内衍生品交易的三级监管体制,即由政府监管、行业组织的自律管理和交易所的自我管理组成的监管体制。

1. 政府监管

美国政府对场内交易的衍生品实行专职分离型的多头职能监管模式,即设立专门的商品期货交易委员会和证券交易委员会,分别管理期货市场和证券市

---

① 参见自钦先主编:《各国衍生金融市场监管比较研究》,中国金融出版社2003年版,第51—55页。

场,同时分工管理期权市场。

商品期货交易委员会是美国期货交易的监管机构,不受总统和各行政部门的监督,完全独立于一般政府部门之外,享有独立的行政权、准立法权和准司法权。

商品期货交易委员会的前身是根据1936年《商品交易法案》成立的商品交易管理局,隶属于农业部管辖。到了20世纪70年代,随着非农产品期货交易的兴起,原有的监管模式已不能适应发展需求。美国于1974年成立了商品期货交易委员会,取代了原来的商品交易管理局,并脱离农业部而成为一个独立的监管机构。在经历了1929年的股灾之后,美国证券交易委员会于1934年成立,其目的是执行证券交易法,保持市场稳定,恢复证券投资者的市场信心,并保护其合法权益。

专职分离型的多头职能监管模式的缺陷之一,就是各管理机构间分工不明,容易导致重复管理或出现管理真空。在没有指数衍生品和证券衍生品之前,证券交易委员会和商品期货交易委员会的职权并没有什么冲突。但是,随着衍生品交易的发展,两者在一些衍生品的监管领域产生了冲突。为了争夺管理权,商品期货交易委员会和证券交易委员会之间曾经出现过旷日持久的夺权斗争。2000年《商品期货现代化法》对这两个部门在金融衍生品方面的监管职责进行了划分。证券交易委员会监管所有在全国性证券交易所交易的证券。一些交易所交易的衍生工具也被划归"证券"而受证券交易委员会的监管,包括货币期权、股票期权、股票指数期权。证券交易委员会监管范围以外的其他期货期权交易均由商品期货交易委员会监管。

证券交易委员会和商品期货交易委员会除了在监管的衍生品品种方面有所区别外,基本职能和手段大致相同。两者的基本职能有:(1) 负责管理、监督和指导各经营金融衍生品交易业务的交易所及行业组织的活动;(2) 制定与场内金融衍生品交易有关的各项法规;(3) 管理场内金融衍生品市场的各种商业组织、金融机构和个人投资者的交易活动;(4) 审批各种交易机构提出的申请;(5) 协助发展衍生品交易的教育,使衍生品的交易知识和信息普及于生产者、市场交易者和一般大众;(6) 对违反交易法规和国家有关法律的机构和个人进行行政处罚或追究民事、刑事责任。

证券交易委员会和商品期货交易委员会的基本职能主要通过以下措施实现:(1) 审批可以进入金融衍生品市场的交易品种,决定交易所可以经营的衍生品交易合约的种类;(2) 批准交易所的开办以及会员、经纪人资格,批准和确认各交易所的章程和业务行为规范标准及细则,并对交易所和经纪人进行严格的监督;(3) 分析、检查市场交易秩序,防止垄断、操纵行为,以避免因价格的暴涨暴跌而使市场交易秩序混乱的现象产生。为此,委员会有权随时查阅有关交易的账目、文件及资料,被检查者必须予以配合并接受委员会的相关处罚决定。

2. 行业组织的自律管理

美国行业组织主要以联合体或协会的形式出现,并以行业自治、协调和自我管理为宗旨,具有自治性、广泛性和行业性的特点。作为期货行业的自律组织,全国期货业协会于1974年在《商品期货交易委员会法》的授权下成立,1981年9月经商品期货交易委员会正式批准后注册登记,并于1982年10月开始独立行使自律管理职能。全国证券商协会是美国证券市场上的民间自律组织,其主要职能包括:(1) 宣传、传达政府监管机构的有关政策法规,为政府监管机构提供各交易所的运行和市场交易情况;(2) 强化会员标准,统一职业道德和行为规范,实施客户保护条例;(3) 定期审查专业人员的执业资格;(4) 审查会员资格;(5) 对会员进行财务监察,审计、监督其资金账户、财务状况和执行交易法规的情况;(6) 对衍生品交易过程中出现的客户与会员、会员与会员之间的纠纷进行调解和仲裁,对不按照仲裁决定行事的会员或会员的雇员给予纪律处罚;(7) 向客户和会员普及有关衍生品交易的知识,宣传协会的职能和作用,进行遵纪守法教育。

3. 交易所的自我管理

在金融衍生品交易活动中,交易所一方面是被监管者,另一方面也是自律监管组织,是监管者。交易所的监管对象主要是在交易所从事交易的机构和个人。交易所的自我管理主要是通过制定各种规章制度实现的。交易所的自我管理是整个衍生品市场监管的核心内容,对保持交易的高效性和流动性有极为重要的作用。

交易所的监管职能主要包括:(1) 审核批准进行金融衍生品交易的会员资格,包括对会员资格的审核、对会员名额的确定、对会员资格转让的管理等方面,监督会员的经营活动是否依法进行,是否存在超范围经营或违法经营现象;(2) 监督管理各类金融衍生品合约;(3) 制定交易所的章程和业务惯例及实施细则;(4) 监督交易法律法规的遵守和执行情况;(5) 公开披露金融衍生品市场的价格信息,维护衍生品交易的公开性和公平竞争;(6) 对会员与客户之间、会员与会员之间的纠纷进行调解和仲裁,对违反法律法规、条例和交易所交易规则的行为进行处罚。

以美国为代表的集中型监管模式具有专门的监管法规和监管者,有利于统一管理尺度,确保交易活动有法可依,加强管理的权威性,更好地维护市场的公开、公平和公正,使投资者的利益得到有效保护。但是,这种模式容易导致行政权力过多干预市场交易活动,使得政府监管机构和自律组织之间配合协调困难。

(二) 英国的监管模式

英国是较早建立期货市场的国家之一,它对金融衍生品交易监管的特点是以自律管理为主，主要依赖于行业自律组织、交易所、清算所以及衍生品交易参与者的自我监管。这种自我监管的核心过去是证券与投资委员会、证券期货管理局等非政府机构，现在集中于金融服务管理局。同时，各交易所也建立了一套比较完整的自我约束机制。近些年来，英国加强了政府监管的力度，倾向于建立更加集中有效的监管体系。

金融服务管理局是非政府有限公司，其主席和董事会成员由财政大臣任命，其雇员不是政府公务员。它的前身是于1986年成立的证券与投资委员会。作为英国证券和期货业的统一监管机构，证券与投资委员会并不是政府的职能部门，不属于政府机构序列，是自负盈亏的有限公司，其董事会成员都来自期货行业，具有较高的专业水平。财政部根据《金融服务法》的授权，将该委员会指定为法律代理，并将内务大臣的权力移交给该委员会。在《金融服务法》的授权下，证券与投资委员会具有准法律地位，它通过对结算公司、交易所、行业自律组织以及从事衍生品交易活动的企业和个人的资格审查，实现对衍生品市场的监管。

1997年10月，英国政府将证券与投资委员会改组为金融服务管理局。金融服务管理局成立后，根据《金融服务法》，吸收了许多原来的行业自律组织和其他监管组织及其监管职能，包括住房协会、互助协会、投资管理监管机构、个人投资局、互助协会注册局、证券期货局等。此外，它还接收了英格兰银行的银行监管职能、保险监管职能以及证券交易所的上市审查职能等。金融服务管理局身兼对银行、证券、期货和保险的监管职能，是英国唯一的金融监管部门。金融服务管理局的职能和模式在2000年《金融服务和市场法》通过后进一步得到了加强。

除了金融服务管理局的监管以外，交易所和清算所的自我监管也占有重要地位。2000年《金融服务和市场法》保留了1986年《金融服务法》中认可投资交易所和清算所的架构设计。交易所和清算所的规则成为影响场内交易的重要规定。以1982年成立的伦敦金融期货交易所(LME)为例，该交易所在1988年以前受英格兰银行管辖，自1988年起由证券与投资委员会管理。交易所通过每日的市场监视、交易监视和财务监视进行管理。市场监视，是指根据交易所会员每日早上提供的前一日交易以及目前选择头寸的报告，对实际交付和结算进行监督和检查。交易监视，是指监视部门审查会员交易时是否遵守交易所的各项规章制度，并调查客户申诉案例及赔偿。财务监视，是指市场监视部门要求会员按季度提交财务报告，并对会员进行现场检查，以确保其财务状况的真实性和合规性。

在自律型监管模式下，行业协会拥有更大的自主权，可以根据实际情况制定相应的规章制度，从而使得该规章制度具有较大的灵活性和针对性，促使监管活动更加切合实际。但是，这种模式的缺点也是显而易见的，主要表现为：(1) 自律组织往往将监管重点放在市场的有效运作和保护会员利益之上,对投资者的保护不够充分;(2) 作为监管者,自律组织并非处于超脱的地位,各种利益关系使得其监管的公正性受到怀疑;(3) 由于缺少强制力作为保障,因此监管的效力有时可能受到影响;(4) 若缺少全局性的自律组织加以协调,各区域市场之间很可能产生冲突。

(三) 我国香港地区的监管模式

我国香港地区是中间型监管模式的典型代表。在市场监管方面,香港主要采用政府宏观管理与证券及期货市场的自律管理相结合的做法。其中,政府监管机构通过颁布法律法规,从总体上对市场发展方向加以控制;交易所通过制定内部规章条例,加强对会员的监督管理。香港证券及期货事务监察委员会(以下简称"香港证监会")与联合交易所、期货交易所虽然存在名义上的隶属关系,但是具体实施管理的依旧是作为自律组织的联交所、期交所。

香港特别行政区政府专设的监管机构是香港证监会和金融管理局。其中,香港证监会负责对交易所、结算所、交易所会员、结算所会员和投资者进行监管,金融管理局负责对结算银行进行监管。香港证监会是在 1987 年 10 月股市大风暴之后,根据《证券业检讨委员会报告书》中关于对证券及期货市场监管架构进行改革的建议而组建的新型监管组织,于 1989 年正式成立并开始运转。香港证监会是非营利性独立法人团体,不隶属于政府部门,是负责整个证券及期货市场监管的最高机关。它执行《证券及期货事务监察委员会条例》赋予的权力,其职能主要是监察和规制香港地区的证券及期货市场,保障投资者的合法权益,打击金融犯罪活动及市场失当行为,与其他证券及期货监管机构合作,加强香港作为国际金融中心的竞争力,以及在紧急状态下向政府提供专业支援。香港证监会包括以下几个部门:市场监察部、机构事务部、法律服务部、企业融资部、中介机构部和法规执行部。

香港金融管理局于 1993 年 4 月依据《外汇基金(修订)条例》,在外汇基金管理局和银行业监理处合并的基础上组建而成。根据该条例,财政司任命一名金融管理专员,担任该局总裁职务,协助财政司执行相关职能。金融管理局是政府的一个组成部门,所有员工均属于政府雇员。金融管理局拥有较大的自主管理权。根据《金融管理条例》的规定,金融管理局的基本职能和目标如下:(1) 在联系汇率制度的架构下,通过健全的外汇基金管理、金融政策的运作以及采取其他适当的措施,维持货币的稳定;(2) 通过监管银行业务和接受存款业务,以及对认可机构的监管,确保银行体系的安全和稳定;(3) 促进金融体系的效率、健全性和发展,尤其是支付和结算的安排。换句话说,就是在联系汇率制度下,维持货币的稳定,保持银行体系的安全和稳定,促进支付体系的效率、安全性和稳定性。①

综上,美国是国际金融衍生品交易的先行者,最早建立了一套科学的金融衍生品交易管理体系和健全的法规体系。英国、日本、新加坡以及我国香港地区等国家和地区在对金融衍生品交易的监管活动中,或多或少地借鉴了美国的成功经验,并结合本国、本地区的实际情况建立了各自的监管体系。所以,这些国家和地区的金融衍生品监管制度既有共性,又各具特点。

四、场外金融衍生品交易的监管

(一)场外金融衍生品交易的风险

场外金融衍生品交易的风险具有以下三个特点:

第一,风险集中。由于场外金融衍生品交易需要复杂的信息和风险管理系统,因此交易者不愿与高度关联的主要机构之外的其他对手进行交易。交易的高度集中带来了风险的高度集中。

第二,透明度差。场外金融衍生品交易属于金融机构的表外业务项目,不能通过资产负债表得到衍生品交易活动的信息,从而降低了参与场外交易的金融机构之财务状况和风险暴露的透明度。

第三,流动性差。由于场外交易的衍生品具有个性化特征,参与者较少,因此市场深度不够,若遇到行情的剧烈波动,往往找不到交易的对手,存在较大的风险。

(二)场外金融衍生品交易的监管

国际上对场外金融衍生品交易的监管弱于场内交易,还未形成一套有效的监管体系。这也为场外交易的迅速发展提供了一个相对宽松的环境。

在美国,场外交易的监管权归属取决于两方面的因素,即金融衍生品的类型和交易机构的性质。如果是证券公司或期货交易商或者进行的是与期货、证券相关的场外金融衍生品交易,则由证券交易委员会或商品期货交易委员会进行监管;如果是从事外汇和利率方面的场外衍生品交易的商业银行,则由财政部货币管理署、联邦储备委员会或州银行监管机构监管。银行由于其特殊性,在各类场外交易商中受到的监管最为严格,必须遵守资本要求、"杠杆工具"使用限制以及各种信息披露和反欺诈要求。联邦储备委员会有一套单独的监管规则,州"蓝天法"也可以对其加以监管。对于从事金融衍生品交易的保险公司及其分支机构,美国联邦一级没有相关的监管法规,交由各州的保险委员会监管。各州的保险法律法规对此类机构使用投资工具的范围和投资策略有严格的控制,但是对

---

① 参见杨迈军、汤进喜编著:《金融衍生品市场的监管》,中国物价出版社 2001 年版,第 112 页。

保险公司从事金融衍生品交易的分支机构既不作监察,也没有资本要求。[①]

英国对于场外衍生品交易没有单独的监管制度,其监管是根据投资产品的类型进行分类的。根据1986年《金融服务法》的规定,所有从事投资业务的人必须获得金融服务管理局的授权,而金融衍生品是投资的一种。英国将投资的范围分为十类,其中第九类是“差额合约”,包括大部分场外交易衍生品,如远期利率协议、互换等。英国对投资的分类是按照交易工具而不是交易地点进行的,所以期权交易以及其他的项目也都包含场外交易。由于所有的投资工具均在金融服务管理局的监管范围内,因此场外金融衍生品也由金融服务管理局监管。1999年,金融服务管理局在1986年《金融服务法》第43条的基础上制定并发布了《现货市场与场外衍生市场规则》,适用于以货币、利率、金银、债券为基础的衍生品。如果一个公司要开发一个新的金融衍生产品,该公司必须事先与金融服务管理局沟通,并且能够提出足够的证据表明其有足够的能力和系统管理该产品的风险,包括一个模型。一般情况下,只要该公司能够在财务上满足金融服务管理局的要求,其产品的头寸并不受其他限制。这种财务上的要求体现在资本充足率方面的持续性监管上,即要求从事投资业务的机构的财务资源在任何时候都不能低于法定的财务资源要求。为此,金融服务管理局要求该类机构定期报送财务状况报告,以便主管机构确定其是否符合资本充足率的要求。

鉴于场外衍生品交易对国际金融市场的巨大影响,一些国际组织也对加强该类交易活动的监管作出了有益的探索。其中,国际互换与衍生工具协会(ISDA)发布的一系列文件较具代表性。

ISDA于1993年成立,发布了一系列关于衍生品交易的文件和标准协议,内容涵盖包括互换在内的绝大多数衍生交易品种。在对场外交易缺乏相关法律直接监管的情况下,这些标准协议得到了相当普遍的使用,是衍生品交易制度的重要组成部分。ISDA及其主协议所体现的观点和意见极大地影响了国际金融衍生品交易的发展,并在一定程度上影响了各国衍生品交易立法和监管实践。

ISDA制定的一系列文件按照内容的不同,可以分为三类:

(1) 交易主协议,包括1987年3月发布的《利率和货币交换协议》和《利率互换协议》(统称为“1987年ISDA主协议”)、1992年6月发布的《ISDA多货币跨境主协议》和《ISDA当地货币单一管辖地主协议》(统称为“1992年ISDA主协议”)。现在使用较多的是1992年ISDA主协议。在这一伞形主协议下,包括诸多不同衍生工具及其交易,对每一笔交易只需要在主协议的基础上进一步简要地规定一些特定条款。

(2) 交易定义文件,主要以交易种类为基本标准,对不同种类的交易及其相

① 参见徐冬根主编:《国际金融法律与实务研究》,上海财经大学出版社2000年版,第418页。

应的交易证实书的格式进行规定。其中，较为重要的是《1991年定义》，规定了支付的计算，20种货币的浮动利率，以及对利率上限、下限、上下限、互换期权、远期利率协议的定义。

(3) 信用支持文件，类似于一般意义上的担保文件。1994年，ISDA发布了衍生品交易双边担保协议的标准样式，即“信用支持附录”，作为主协议的补充。ISDA共发布了4份不同的担保文件，以供当事人按照各国不同的法律制度选择使用。

五、监管的国际化趋势

一方面，经济全球化和金融全球化客观上要求实现金融立法的全球化；另一方面，由于金融衍生品具有超政府性和超国界性，对国际金融体系的稳定构成了很大的威胁，几乎每次国际性金融风波和危机中都能看到它的身影。为此，国际社会不断加强对衍生品交易的监管合作交流，包括国际清算银行、巴塞尔委员会、国际证监会组织等在内的众多国际组织发布的有关衍生品监管的文件在这方面进行了有益的探索。虽然这些文件不具有法律效力，但是它们制订的监管标准和指导原则、提供的最佳监管方法对促进各国金融衍生品交易监管的完善还是具有积极意义的。

(一) 国际清算银行

国际清算银行成立的研究小组对金融衍生品交易的各方面进行了深入细致的研究，发布了一系列研究报告，如1986年4月的《国际银行业近来之创新》、1992年10月的《国际银行间关系的近期发展》、1994年9月的《关于金融中介机构对市场和信用风险之公开披露的讨论文件》、1994年12月的《因金融衍生品市场之发展而产生的宏观经济和货币政策问题》、1995年11月的《银行和证券公司交易及衍生产品业务的公开信息披露的报告》、1996年11月的《关于银行和证券公司交易及衍生产品业务信息披露情况的调查报告》。这些研究报告代表了国际社会对于金融衍生品所能达到的认识高度，为各国加强对金融衍生品的监管以及国际社会就此问题进行监管协调奠定了坚实的基础。

(二) 巴塞尔委员会

1. 1988年《巴塞尔报告》

巴塞尔委员会在1988年发布的《巴塞尔报告》中，将部分衍生品的风险进行加权衡量。在巴塞尔委员会看来，资本充足性是银行稳健经营的基础，资本充足性要求是控制金融机构免于丧失偿付能力风险、保证金融体系健康运转的重要监管工具。金融衍生品交易虽然不在资产负债表内反映，是表外项目交易，但是可能导致银行承受额外的风险，所以银行要提供额外资本，以防止其中可能使银行遭受损失的因素。1988年《巴塞尔报告》以资本/风险资产作为指标，衡量资本充足性问题,在风险资产的计算中已将部分金融衍生品考虑进去。该报告所列的衍生工具项目主要有两类:一类是利率合约,包括单一货币的利率互换、远期利率协议、利率期货期权;另一类是汇率合约。

但是,1988年《巴塞尔报告》也有不足之处:首先,没有包括除利率、汇率类之外的其他金融衍生品;其次,仅强调信用风险,范围过于狭小;最后,在轧差[①]问题上过于严格,只有替换轧差才被考虑在资本充足性要求之内。

2. 1993年《巴塞尔建议书》

为了弥补1988年《巴塞尔报告》的不足,巴塞尔委员会于1993年4月公布了一套三份咨询文件,其中包括对1988年《巴塞尔报告》条文进行修正的建议书。这些文件涉及与信用风险所需资本量要求相关的轧差认定、市场风险和外汇风险的报告和资本量要求、利率风险的度量和报告。对于债券的一般市场风险,股权证券的特殊风险、一般市场风险、外汇风险及轧差等,1993年《巴塞尔建议书》也作出相应的修正。

3. 1994年《衍生品风险管理指南》

1994年7月27日,巴塞尔委员会与国际证监会组织颁布了《衍生品风险管理指南》(以下简称《指南》),对1988年《巴塞尔报告》和1993年《巴塞尔建议书》中有关衍生品监管条文的不足作出修正。鉴于当时银行8%的资本充足率已经无法适应金融衍生品的运用,为了提高银行机构抵抗风险的能力,巴塞尔委员会认为有必要提高资本充足率。《指南》旨在强化被监管机构(包括银行和证券商)的内部控制机制,要求成立由实际操作部门、高层管理部门和董事会组成的自律组织。《指南》建议各国金融监管机构视本国国情,劝告、监督当地金融机构,在内部建立起一套完善的衍生品风险管理制度。该制度应包括以下五方面内容:(1) 对金融衍生品所包含风险的识别和衡量;(2) 对董事会和高层管理人员进行适当的监察;(3) 具体从事衍生业务的基础管理人员经常检查和控制有关风险;(4) 统一、可靠的管理信息系统;(5) 全面的内部稽核和审计系统。

4. 1996年《巴塞尔资本协议修正案》

巴塞尔委员会于1996年1月颁布了《巴塞尔资本协议修正案》,同时提出了相关的时间表,即各国最迟于1997年年底加以实施,于1998年年底进行模型检测。该修正案坚持提高资本充足率的要求,为银行提供了衡量市场风险的模型,分别给出衡量利率、证券、外汇、商品期货和期权风险的标准模型,加总得出资本金要求;同时,还针对一些国际性大银行已建立内部市场风险计量模型的现实情况,设计出检测这些内部模型是否可靠的"返回测试"。

---

① 轧差(netting),是指交易当事人之间定期计算并相互抵销交易所产生的债权债务,仅支付其差额的约定。

（三）国际证监会组织

成立于1983年的国际证监会组织是各国证券及期货管理机构组成的国际合作组织。1994年2月，国际证监会组织发布了《场外衍生产品交易运行风险及金融风险控制机制》，要求全球从事金融衍生品活动的交易所和各国金融监管机构对信用风险、市场风险、流动性风险、结算风险、营运风险以及法律风险建立有效的内部控制机制。同年7月，国际证监会组织发表了《参与衍生品场外交易的受监管证券公司的运作和财务风险管理机制》一文，目的在于向各国金融监管机构提出关于衍生品风险防范问题的建议，促使各国金融监管机构推动和鼓励注册证券商在衍生品场外交易中运用这些机制。鉴于各国在管理模式和权限方面的差异，不同的国家应该根据自己的特点，找到一种适合本国国情的风险防范机制，同时促使受监管的各家银行、金融机构、公司制定出符合该机制提出的经营目标、风险防范策略和程序。

（四）《温德索宣言》（Windsor Declaration）

负责世界主要期货和期权市场监管的16个国家的监管机构代表于1995年5月16日至17日在英国温德索召开会议，研究对金融衍生品交易实施监管的国际合作问题，于6月2日发表《温德索宣言》，标志着金融衍生品交易的国际监察与合作取得了重大进展。

《温德索宣言》建议相关国际组织进一步作出以下努力：

（1）加强监管合作。建议建立各国监管机构在双边或多边基础上信息共享的机制，对国际化运作的金融集团及其重大交易活动进行有效监管。

（2）加强保护客户的投资持有、资金和资产。由于不同国家对客户资金、资产采取不同类型和层次的保护措施，因此应该寻找最佳途径，协助各国采取更有效、更一致的措施，特别是要有效地提供持续性保护措施。

（3）加大对清算违约的惩罚力度。在金融机构面临破产危机时，监管机构应当能够采取最佳操作方式，迅速将问题锁定在一定范围内而不波及市场。

（4）加强突发性事件下的国际监管合作，提高对突发性事件的防范应变能力。各国监管机构应当积极寻求在金融中介、会员机构和市场出现重大混乱时的最佳控制和管理方式。

第三节　中国金融衍生品市场及其立法现状与发展趋势

一、我国金融衍生品市场及其立法现状

（一）商品期货市场

1. 期货试点阶段（1990年至1993年）

1990年10月12日，我国第一家引入期货交易机制的全国性批发市场——

郑州粮食批发市场开业,迈出了我国期货市场建设的第一步。1991 年 6 月,深圳有色金属交易所成立。1992 年 5 月,上海金属交易所成立,首先启用计算机自动撮合系统,实行公开竞价买卖。1992 年 8 月,我国首家期货经纪公司广东万通期货经纪公司宣告成立。1993 年 3 月,郑州粮食批发市场更名为“郑州商品交易所”。同年 5 月,郑州商品交易所完成由远期合同和现货批发交易向电子化集中式交易的过渡,并推出了 5 个农产品的标准合约。

2. 清理整顿阶段(1993 年年底至 1999 年)

1993 年至 1994 年间,由于对期货市场的经济功能和风险还缺乏认识,期货市场缺乏统一的监管部门和系统的法律法规,各地、各部门争相发展期货交易,导致了一系列问题的出现:期货交易所数量过多,在不到两年的时间里,相继成立了 40 多家交易所;交易品种严重重复,仅铜、铝等有色金属品种就在 9 家交易所上市交易,一些不符合期货特点的商品也被列为期货交易品种;部分交易所和期货经纪公司运作不够规范,管理混乱;盲目开展境外期货交易;地下交易盛行,欺诈等违法犯罪活动在一些地区较为猖獗。[①] 这些问题引起了政府的高度重视,从而开始了对期货市场的长期清理整顿。

1993 年 11 月 4 日,国务院下发了《国务院关于坚决制止期货市场盲目发展的通知》,明确在期货市场试点工作中,必须坚持“规范起步,加强立法,一切经过试验和严格控制”的原则,加强宏观管理,实行统一指导和监管,不得各行其是。1994 年 5 月 16 日,国务院下发了《国务院办公厅转发国务院证券委员会关于坚决制止期货市场盲目发展若干意见请示的通知》,从对已经成立的期货交易所进行审核,严格限定期货交易的范围,严格审批各类期货经纪公司,从严控制国有企业、事业单位参与期货交易,坚决查处各种非法期货经纪活动,加强期货市场的监管工作六个方面对整顿期货市场提出了意见。

总结而言,政府在这一时期对期货市场进行了以下四方面的清理整顿:

第一,建立统一的期货监管机构,对期货市场试点工作的指导、规划和协调、监管工作由国务院证券委员会负责,具体工作由中国证监会执行。未经证券委员会批准,不得设立期货交易所。

第二,停止了新办期货交易所的审批,并确定试点交易所。1994 年 10 月,经国务院同意,中国证监会批准郑州商品交易所、上海金属交易所等 11 家交易所作为我国第一批试点期货交易所;同时,对试点交易所的章程和交易规则提出基本要求,并按此进行检查。

第三,继续对期货经纪公司进行整顿,一律暂停审批注册新的期货经纪机

---

① 参见《中国证券监督管理委员会关于印发刘鸿儒主席、童赠银副主席在期货市场监管工作座谈会上的讲话的通知》(证监发字〔1994〕88 号)。

构，已经成立的各种期货经纪机构由中国证监会审核后，按照《期货经纪公司登记暂行条例》在国家工商总局重新登记注册；中外合资期货经纪公司暂不重新登记；经重新审核不予登记注册的各种期货经纪机构，一律停办期货经纪业务；对期货经纪业务的经营资格重新确定，实行经营许可证制度。同时，禁止各期货经纪公司的境外期货交易业务，确有境外保值需要的全国性进出口公司经中国证监会重新审核批准，可为本系统在境外期货市场进行套期保值业务，但必须在中国证监会指定的境外期货交易所进行交易，交易品种和境外交易商必须经中国证监会认可。

第四，稳定市场秩序。一方面，压缩期货交易品种，暂停关系国计民生的大宗品种上市资格。同时，严格审定期货上市品种，限定交易范围，各交易所一律不得自行决定上市新的期货品种。新品种上市在经过充分的论证后，报中国证监会审批。另一方面，取缔非法期货经纪活动，对那些以各种名义从事非法期货经纪业务的机构和个人严肃查处，坚决取缔。同时，对国有企业、事业单位参与期货交易从严控制，执法部门及其所属单位不得参与期货交易，严禁用银行贷款从事期货交易。

1995 年到 1996 年，在“先试点后推广、宁肯慢务求好”的监管方针下，期货市场进一步向规范化道路发展。

在规范期货交易主体方面，1995 年 9 月，中国证监会颁布《关于期货交易所进行会员制改造的意见》，要求各交易所不以营利为目的，进行自律性管理，实行会员制。之后，中国证监会和国家工商行政管理局联合发布《关于审核期货经纪公司设立期货营业部的通知》和《关于审核非期货经纪公司会员从事期货经纪业务的通知》，再次对期货经纪公司及其业务管理进行了较为全面的整顿和规范。

在控制市场风险、稳定市场秩序方面，中国证监会先后发布了《关于对大户持仓及风险管理情况进行一次全面检查的通知》《关于严格控制风险、从严查处违规行为的紧急通知》《关于进一步控制期货市场风险、严厉打击操纵市场行为的通知》，要求建立持仓限额制度，取消“T＋0”结算，禁止用仓单抵押作投机交易，禁止未经中国证监会批准的机构从事二级代理业务。中国证监会还发布了《关于对操纵期货市场行为认定和处罚的规定》，规定了对操纵市场行为的认定和处罚标准。

1998 年 8 月，国务院下达了《国务院关于进一步整顿和规范期货市场的通知》，确定了“继续试点，加强监管，依法规范，防范风险”的原则，对我国期货市场实施第二次大的制度结构调整，其主要内容有：对 14 家期货交易所进行整顿和撤并，只在上海、郑州和大连保留 3 家期货交易所；将商品期货交易品种由 35 个压缩到 12 个；除铜、铝、大豆等 3 个商品品种外，其余 9 个商品品种的最低交易保证金比例提高到 10%。另外，政府对期货经纪机构进行清理整顿，将注册资本金标准提高到3000万元,促进期货公司合并重组,严格控制境外期货交易,加快法制建设,进一步加强对期货市场的监管。

1999年6月2日,国务院发布了《期货交易管理暂行条例》,自1999年9月1日起施行。[①]《期货交易所管理办法》《期货经纪公司管理办法》《期货经纪公司高级管理人员任职资格管理办法》《期货从业人员管理办法》也自1999年9月1日正式实施。[②]《期货交易管理暂行条例》和四个管理办法的实施,确立了我国期货市场试点的基本法规体系,标志着我国期货市场试点进入法制阶段,期货市场的工作重心从过去的制止期货市场盲目发展转变为如何规范期货市场,为市场监督管理和交易所依法自律提供了相应的要求和依据。[③]

2000年12月29日,中国期货业协会成立,作为“政府—协会—交易所”三级管理体系的重要组成部分,标志着我国期货市场的自律管理取得重要进展。

3. 规范发展阶段(2001年至2012年)

经过清理整顿,我国期货市场逐渐走向成熟。期货市场2001年开始复苏,2002年保持稳步增长的势头,2003年出现加速发展的态势,至2010年进入全面快速发展阶段。

市场规范化发展也表现在期货市场法律法规制度的不断完善上。2007年3月6日,国务院发布了《期货交易管理条例》,自2007年4月15日起施行。《期货交易管理条例》是对1999年《期货交易管理暂行条例》的全面修订,在适用范围、风险控制、监管体制、国有企业参与期货交易、变相期货交易的认定等方面有了新的变化。在期货公司[④]监管方面,中国证监会于2001年9月5日发布了《证监会关于期货经纪公司营业部监管工作有关问题的通知》,此后又在2002年2月和5月先后修订了《期货经纪公司管理办法》《期货经纪公司高级管理人员任职资格管理办法》。2003年1月,中国证监会颁布了新的《关于期货经纪公司接受出资有关问题的通知》,允许非银行金融机构和外商投资企业参股期货经纪公司,有利于期货经纪公司建立健全法人治理结构,扩大公司规模,壮大实力。[⑤]

---

① 2007年3月,国务院发布了《期货交易管理条例》,《期货交易管理暂行条例》同时废止。

② 2002年,中国证监会修订了《期货交易所管理办法》《期货经纪公司管理办法》《期货经纪公司高级管理人员任职资格管理办法》《期货从业人员管理办法》,1999年颁布的4个管理办法同时废止。2007年4月和7月,中国证监会修订发布了《期货交易所管理办法》《期货公司管理办法》《期货公司董事、监事和高级管理人员任职资格管理办法》《期货从业人员管理办法》,2002年修订的4个管理办法同时废止。《期货交易所管理办法》于2021年修正。

③ 参见吴庆宝、江向阳主编:《期货交易民事责任——期货司法解释评述与展开》,中国法制出版社2003年版,第125—138页。

④ 对比1999年《期货交易管理暂行条例》的相关规定可以看出,2007年《期货交易管理条例》将“期货经纪公司”改称为“期货公司”。

⑤ 2005年4月,中国证监会发布《关于废止部分证券期货规章的通知(第五批)》,明令废止《关于期货经纪公司接受出资有关问题的通知》。

2004年3月,中国证监会颁布了《期货经纪公司治理准则(试行)》,从设立、治理结构、经纪业务规则、日常监管等方面对期货经纪公司提出了更高的要求。2007年4月,中国证监会颁布了《期货公司管理办法》,对2002年《期货经纪公司管理办法》作了全面修改,对金融期货经纪业务资格的申请条件、申请材料及其程序都作出了明确规定。中国证监会于2007年4月颁布了《期货公司金融期货结算业务试行办法》《期货公司风险监管指标管理试行办法》;6月发布了《关于印发〈期货公司财务监管报备表〉的通知》,规定期货经纪公司应按照新的会计准则进行账务处理;7月颁布了修订后的《期货公司董事、监事和高级管理人员任职资格管理办法》。2009年8月17日,中国证监会正式发布《期货公司分类监管规定(试行)》,自2009年9月1日起施行。该规定以期货公司风险管理能力为基础,结合公司市场影响力和持续合规状况,将期货公司分为A(AAA、AA、A)、B(BBB、BB、B)、C(CCC、CC、C)、D、E等5类11个级别,进行分类监管。

在从业人员监管方面,中国证监会于2002年修订了《期货从业人员管理办法》,中国期货协会也于2003年5月23日发布了《期货从业人员执业行为准则》,对期货从业人员的职业品德、执业纪律、专业胜任能力以及职业责任等提出了基本要求。2007年7月4日,中国证监会公布了修订后的《期货从业人员管理办法》,并自公布之日起施行。中国期货协会于2008年4月30日发布了《期货从业人员执业行为准则(修订)》,对部分制度作了创新性设计。

在交易活动监管方面,为了提高交易效率,保证交易安全,中国证监会于2000年12月26日发布了《期货交易所、期货经营机构信息技术管理规范(试行)》,对期货交易所、期货经营机构的信息技术管理体系、硬件设施、软件环境、数据管理、技术事故的防范与处理等提出了明确要求。为了规范国有企业境外期货套期保值业务,有效防范和化解风险,中国证监会、国家经济贸易委员会、对外贸易经济合作部、国家工商行政管理局和国家外汇管理局于2001年5月24日发布了《国有企业境外期货套期保值业务管理办法》,允许国有企业在符合特定条件的情况下,经批准利用境外期货市场为其生产经营活动进行套期保值。中国证监会将根据企业的进出口商品种类和实际贸易量,确定其交易品种和最大期货交易量,核准其境外期货经纪机构和境外期货交易所。同年10月11日,中国证监会发布了《国有企业境外期货套期保值业务管理制度指导意见》,以具体实施该管理办法。2007年3月6日,国务院发布了《期货交易管理条例》,规定国有以及国有控股企业进行境内外期货交易,应当遵循套期保值的原则,严格遵守国务院国有资产监督管理机构以及其他有关部门关于企业以国有资产进入期货市场的有关规定。

在交易纠纷处理方面,最高人民法院于1995年和1997年发布了《最高人民法院关于审理期货纠纷案件座谈会纪要》和《最高人民法院关于冻结、划拨证券或期货交易所证券登记结算机构、证券经营或期货经纪机构清算账户资金等问题的通知》。但是,随着市场的深入发展,原有的规定已不能适应形势发展的需要。2003年6月18日,最高人民法院发布了《最高人民法院关于审理期货纠纷案件若干问题的规定》,从管辖、承担责任的主体、无效合同责任、交易行为责任、透支交易责任、强行平仓责任、实物交割责任、保证合约履行责任、侵权行为责任、举证责任、保全和执行等多个方面,对期货市场的参与主体的民事责任作出了较为具体、明确的规定,具有较强的可操作性。2010年12月31日,最高人民法院公布了《最高人民法院关于审理期货纠纷案件若干问题的规定(二)》,增加了对期货交易所履行职责引起的相关案件进行指定管辖的规定,对结算担保金等新兴交易结算财产的诉讼保全和执行以及强化期货交易所、期货公司等期货市场主体的司法义务等作出新的规定,进一步完善了与期货市场相适应的司法配套环境。为适应期货市场的发展,国务院于2012年对《期货交易管理条例》进行了修订,首次明确了"期货交易"的定义,扩大了期货交易的主体,并进一步明确了期货交易所的职责等。《期货交易管理条例》的推出与修订,对期货市场的发展起到了非常重要的促进作用,为金融期货品种的推出以及期货市场的进一步发展提供了法律上的保障,为我国期货业转变市场格局、拓展期货市场广度和深度创造了巨大的机遇和空间。

4. 创新发展阶段(2012年至今)

2012年特别是党的十八大以来,期货市场发展步入历史新阶段。2013年8月,习近平总书记视察大连商品交易所,叮嘱说"要脚踏实地,大胆探索,努力走出一条成功之路",这是对我国期货市场发展的莫大鼓舞和鞭策。2014年5月,国务院出台了《国务院关于进一步促进资本市场健康发展的若干意见》(简称新"国九条"),要求"以提升产业服务能力和配合资源性产品价格形成机制改革为重点,继续推出大宗资源性产品期货品种,发展商品期权、商品指数、碳排放权等交易工具,充分发挥期货市场价格发现和风险管理功能,增强期货市场服务实体经济的能力";"配合利率市场化和人民币汇率形成机制改革,适应资本市场风险管理需要,平稳有序发展金融衍生产品"。新"国九条"是一个纲领性的文件,对我国期货市场的发展产生了深远影响,标志着期货市场完全进入一个创新发展阶段。

在创新发展阶段,新上市期货期权种类和品种数量都显著增加,期货市场对外开放加速,具体表现为:第一,金融期货发展加快。2013年9月6日,5年期、10年期国债期货在中国金融期货交易所上市交易,国债期货时隔18年又重回资本市场。加上2018年8月7日上市的2年期国债期货,国债期货品种已覆盖短、中、长期。继沪深300股票指数期货上市后,2015年4月16日,上证50、中证500股指期货合约上市,股指期货品种进一步完善。截至2018年年底,我国金融期货市场已初步形成以权益类、利率类为核心的金融期货产品体系，为助力多层次资本市场健康发展发挥了积极作用。第二，场内期权实现“零”的突破。2015年，我国首个金融期权——上证50ETF（交易型开放式指数基金）期权上市。2017年，商品期权——豆粕、白糖期货期权上市。第三，一些战略性大宗商品期货品种如铁矿石、原油期货等相继上市，并引入国际投资者参与交易。2013年11月22日，由上海期货交易所发起设立的、面向期货市场参与者的国际交易场所——上海国际能源交易中心股份有限公司成立。2018年3月26日，“中国版”原油期货挂牌上市，并首次引入境外交易者。同年5月4日、11月30日，铁矿石期货、PTA期货引入境外交易者，继原油期货后，陆续成为迈出国际化步伐的期货品种，开启了我国期货市场对外开放的新时代。

（二）金融期货市场

1. 外汇期货

1992年，上海外汇调剂中心建立了我国第一个合法的外汇期货市场，进行人民币兑美元、日元、德国马克的汇率期货交易。但是，交易一直不十分活跃。由于过度投机等违反外汇管理办法的现象屡禁不止，严重扰乱了我国外汇市场的正常秩序，上海外汇调剂中心于1993年停止人民币汇率期货交易。由于各种原因，我国外汇期货试点一年多就受到了比较严格的管制，基本上禁止外汇投机交易。1993年4月21日发布的《国家外汇管理局关于加强外汇（期货）交易管理的通知》规定：(1) 各地外汇管理分局要继续严肃查处辖内的非法交易、机构和非法交易行为，没收非法交易机构的非法经营收入，没收其从事非法交易活动的交易设备。(2) 外汇（期货）交易机构只能由中国人民银行设立，经营外汇（期货）业务必须经国家外汇管理局批准，并据批件到工商管理部门注册登记，其他任何部门均无权批准设立。非金融机构和未经国家外汇管理局批准经营外汇业务的金融机构不得擅自代客办理外汇（期货）交易、充当外汇（期货）交易的中介人（经纪人或经纪公司）。目前条件下，外汇（期货）交易只能由经中国人民银行批准设立，并经国家外汇管理局批准办理代客外汇买卖业务的金融机构办理。(3) 以前各地设立的外汇（期货）交易机构要立即停止办理外汇（期货）交易并限期进行登记和资格审查。对符合该通知要求，可以进行外汇（期货）交易的机构，要通过分局审查后报国家外汇管理局审批。对不符合该通知要求的外汇（期货）交易机构要限期进行清理。目前情况下，对私办理外汇（期货）交易仅限于在广州市、深圳市金融机构进行试点。其他地区的任何机构一律不得办理。(4) 金融机构办理外汇（期货）交易必须按照《金融机构代客户办理即期和远期外汇买卖管理规定》和《关于适当放开金融机构代客户办理外汇买卖业务的通知》及其他有关规定办理，并在业务发展和经营中强化服务意识，要以企业的进出口贸易支付和外汇保值为目的，不得引导企业和个人进行外汇投机交易，企业和个人的外汇(期货)交易必须是现汇交易,严禁以人民币资金为抵押办理外汇(期货)交易,严禁买空卖空的投机行为。1993年6月9日,中国人民银行发布了《外汇期货业务管理试行办法》,对外汇期货经营机构的经营资格、管理、交易等作了详细的规定。1993年11月发布的《国务院关于坚决制止期货市场盲目发展的通知》规定:“未经中国人民银行和国家外汇管理部门批准,一律不得从事金融期货业务和进行外汇期货交易。”国务院办公厅1994年5月转发的《国务院证券委员会关于坚决制止期货市场盲目发展若干意见的请示》也指出:“各交易所要以商品期货交易为主。……对开办金融期货业务要严格控制;一律不得开展国内股票指数和其他各类指数的期货业务;从事人民币对外币的汇率期货业务的管理办法,由国家外汇管理局商证监会另行规定,规定下发前,任何机构不得开办该项业务。”“外汇指定银行和国家外汇管理局批准经营外汇业务的非银行金融机构,经国家外汇管理局和证监会审核批准,可利用境外外汇期货业务进行套期保值,但要接受国家外汇管理局和证监会的监督管理。”

然而,一些单位未经中国证监会和国家外汇管理局批准,也未在国家工商行政管理局登记注册,擅自从事外汇期货和外汇按金交易;有的境内单位和个人与境外不法分子相勾结,以期货咨询及培训为名,私自在境内非法经营外汇期货和外汇按金交易;有的以误导下单,私下对冲、对赌、吃点等欺诈手段,骗取客户资金;有的大量进行逃汇套汇活动,甚至卷走客户保证金潜逃。这些非法交易活动扰乱了金融管理秩序,造成了外汇流失,引起了大量经济纠纷。为此,1994年10月,中国证监会、国家工商行政管理局、国家外汇管理局、公安部联合发布了《关于严厉查处非法外汇期货和外汇按金交易活动的通知》,规定:“凡未经中国证监会和国家外汇管理局批准,且未在国家工商行政管理局登记注册的金融机构、期货经纪公司及其他机构擅自开展外汇期货和外汇按金交易,属于违法行为;客户(单位和个人)委托未经批准登记的机构进行外汇期货和外汇按金交易,无论以外币或人民币作保证金也属违法行为。……未经批准,擅自从事外汇期货和外汇按金交易的双方不受法律保护。”“未经批准,任何单位一律不得经营外汇期货和外汇按金交易。”1995年3月,中国人民银行针对一些国有企业参与国际外汇期货交易遭受损失的教训发出通知,明令禁止国内金融机构开展投机性境外衍生工具交易业务,并规定今后国内金融机构只有在符合外汇管理部门有关规定并经国家外汇管理局核准的前提下,才可根据实际需要适当进行避险性境外衍生工具交易。1996年3月27日,中国人民银行和国家外汇管理局联合宣布《外汇期货业务管理试行办法》废止。

2005年,我国对人民币汇率形成机制进行改革,从长期近乎固定汇率向有管理的浮动汇率转变。2005年7月21日,中国人民银行发布了《中国人民银行关于完善人民币汇率形成机制改革的公告》,正式启动人民币汇率形成机制改革。2009年7月1日,由中国人民银行等6个部委共同制定的《跨境贸易人民币结算试点管理办法》颁布实施,标志着人民币国际化扬帆起航。随着人民币汇改的推进以及人民币国际化步伐的加快,各经济主体对有关人民币外汇期货交易的需求逐渐增大,境外一些金融市场积极布局以人民币汇率为基础资产的衍生产品,尤其是人民币外汇期货合约。首先,从理论上讲,外向型企业规避市场风险离不开外汇期货市场。我国有着众多的出口导向型企业和准备或者正在走出国门的大型企业。其次,从国际现实情况来看,进行外汇期货交易可以减少举借外债的风险,也有助于减少对外放债和购买外币资产的风险。再次,进行外汇期货交易能缓解国内商品市场价格的剧烈波动。我国是资源消耗大国,许多以外币标价的进口资源价格随着汇率变动而变动会影响国内经济。最后,在浮动汇率下,外汇期货市场的价格发现功能有助于确立合理的汇率水平。当前,我国外汇市场已初步形成包括即期、远期、外汇掉期、货币掉期和期权等国际成熟市场的基础产品体系,未来将在外汇衍生品领域进行探索。

2. 国债期货

我国的国债期货于1992年12月28日在上海证券交易所首次推出,包括12个品种的期货合约。[①] 由于受到国债现货市场以及整个资本市场发展的限制,初期交易十分清淡。经过试点阶段后,1993年10月25日,上海证券交易所重新设计了国债期货合约品种、交易机制。此后,市场得到逐步发展,日成交额到当年年底高达800亿元。随着参与期货交易的机构和个人投资者逐渐增加,交易规模逐步扩大,北京、沈阳、武汉、广州、天津、大连、深圳等地的13个证券交易场所先后开办了国债期货交易,并形成了上海、深圳和武汉三足鼎立的格局。[②] 当时的国债期货以现货品种为基础,因而国债期货的发展提高了国债的流动性,普及了国债知识,活跃了整个金融市场,有力地推动了国债的发行。但是,由于期货交易法律法规还不健全,监管体制还没有理顺,国债期货的超前发展引发了过度投机、大户操纵、恶意炒作等严重问题。

1995年2月23日,国债期货出现了"327"事件[③],对市场造成了巨大的冲击。中国证监会和财政部于当天颁布了《国债期货交易管理暂行办法》。至此,

---

① 即1991年3年期、1992年3年期、1992年5年期3个国债品种按照3、6、9、12月设置的12个合约。

② 参见杨玉川主编:《金融期货期权市场研究与策划》,经济管理出版社2000年版,第238—239页。

③ "327"事件:由于受新债发行消息和国债保值贴息传闻的影响,1995年2月23日,上海证券交易所国债期货市场价格直线上升。万国证券公司作为上海国债期货市场空方主力,其持有的国债327合约(1992年3年期国债,1995年6月交割)在148.5元的价位上封盘失控,行情大幅攀升,损失惨重。该公司主要负责人为了扭转巨额亏损,蓄意违规,大量抛出空单以打压价格,造成市场的极度混乱。从23日16时22分开始,万国证券公司在327合约上违规抛出上千万口的巨额空盘,将价格打压到147.5元收盘。7分钟内,327合约暴跌3.8元,致使多头全线爆仓,给市场带来巨大震荡。收市后,上海证券交易所认定尾市存在蓄意违规操作,宣布取消16时22分后327合约的成交部分。

中国证监会才正式作为期货市场的监管机构开始对国债期货市场实施监管。此后,中国证监会和财政部又接连发布了《关于加强国债期货交易风险控制的紧急通知》《关于落实国债期货交易保证金规定的紧急通知》《关于要求各国债期货交易场所进一步加强风险管理的通知》。但是,这些措施并未起到有效防范风险的作用。不久之后,国债期货市场又遭遇了"319"事件[①]。1995年5月17日,中国证监会发布了《关于暂停国债期货交易试点的紧急通知》,决定在全国范围内暂停国债期货交易试点,曾经火爆一时的国债期货市场暂时画上了一个句号。

从金融市场发展来看,国债期货上市能够为市场提供重要的风险管理工具,形成由债券发行、交易、风险管理三级构成的完整的债券市场体系,为债券市场提供有效的定价基准,形成健全完善的基准利率体系;有利于活跃国债现券交易,提高债券市场的流动性,推动债券市场的统一互联;有助于促进债券发行,扩大直接融资比例,推动债券市场的长远发展,更好地发挥服务实体经济的作用。在此背景下,国债期货在时隔18年后,终于迎来了重启的时刻。2013年9月6日,中国金融期货交易所推出5年期国债期货,成为我国第一个标准化的利率期货品种。2015年3月20日,中国金融期货交易所推出10年期国债期货。2018年8月17日,中国金融期货交易所推出2年期国债期货上市。国债期货价格连续公开,提升了国债市场的价格透明度和影响力,已成为我国债券市场重要的定价参考和反映金融市场风向的重要指标。2年期国债期货的上市,将促进5年期、10年期国债期货的协调发展,进一步提升国债期货服务债券市场的能力。

3. 股票指数期货

1993年3月,海南证券交易中心推出了深圳股票指数期货。开市之后,由于投资者不了解这一新型的衍生工具,成交清淡。到当年9月,深圳平安保险公司福田证券部在开通了两天深圳股票指数期货后,出现了大户联手交易,打压股价指数的行为,宣布暂停交易。中国证监会认为海南证券交易中心未经有关监管部门批准,擅自开展股票指数期货交易,违反了有关规定,而且当时市场发展程度并不适合开展股票指数期货交易,遂于当年9月底全部平仓,停止交易。

我国加入世界贸易组织后,金融市场逐步开放。为了有效规避股市的系统性风险,缓解国内券商的经营压力,提高竞争力,同时也为保险资金、社保基金和企业年金等机构投资者提供有效的避险手段,我国有必要重新审视股票指数期货的积极作用,并选择适当时机重启股票指数期货市场。我国股票市场经过多年的发展,已经初具规模,市场化程度不断加深,为重新推出规范化的股票指数

① "319"事件:1995年3月21日,在国库券保值贴补率上升的情况下,319合约(1992年5年期国债,1995年12月交割)出现连续3天的涨停板,少数单位仍然违规卖空。1995年5月11日,辽宁国发集团违规联合9家空方打压319合约的价格,严重扰乱了市场秩序。

期货交易奠定了基础。

上海期货交易所和上海证券交易所都对股票指数期货的开发方案进行了研究。2005年4月8日，沪深300指数正式发布。2006年9月8日，经国务院同意，中国证监会批准中国金融期货交易所在上海成立，这是我国成立的首家金融衍生品交易所。2007年4月15日，《期货交易管理条例》正式施行，金融期货终获"准生证"。至此，股指期货上市的法律障碍彻底清除。2007年8月13日，在中国证监会的统一部署和协调下，上海证券交易所、深圳证券交易所、中国金融期货交易所、中国证券登记结算有限责任公司和中国期货保证金监控中心有限责任公司在上海签署了股票市场和股指期货市场跨市场监管协作系列协议，标志着证券、期货监管系统内关于股票和股指期货市场跨市场监管协作制度的正式建立。为了促进我国资本市场的稳定健康发展，丰富证券交易方式，国务院于2010年年初同意推出股指期货品种，以实现股指期货市场功能，发挥股指期货风险管理和价格发现的作用。在中国证监会于2010年1月12日正式批复同意中国金融期货交易所开展股指期货交易后，中国证监会便统筹股指期货上市前的各项准备工作，包括发布股指期货投资者适当性制度、明确金融机构的准入政策、审批股指期货合约以及培训证券公司中间介绍业务和中国金融期货交易所接受投资者开户等工作，以确保股指期货平稳推出。① 在经历了大量前期调研、评估与模拟后，2010年4月16日，中国金融期货交易所推出了我国第一个股指期货——沪深300股指期货，标志着期货行业进入一个全新的发展阶段。2015年4月16日，中国金融期货交易所又推出了上证50和中证500股指期货。这两大合约不仅拓展了指数覆盖范围，也为市场提供了多样化、差异性的对冲手段，股指期货也因此成为广大市场参与者配置资产和防范风险的重要工具。

（三）期权市场

1. 商品期权

商品期权作为期货市场的一个重要组成部分，是当前资本市场最具活力的风险管理工具之一。自2017年起，我国商品期权已形成多点开花、百花齐放的格局。2017年3月31日，豆粕期权合约在大连商品交易所挂牌交易。同年4月19日，白糖期权合约在郑州商品交易所挂牌交易。目前，商品期权已经涵盖原油、纸浆、螺纹钢、铁矿石、棕榈油、豆油、PTA、菜粕、甲醇等品种。商品期权市场品种将进一步丰富，一方面将进一步推动相关产业风险管理以及贸易模式的再升级，另一方面也为相关的场外期权提供了可参考的定价基准以及风险对冲路径。

---

① 参见强力、王志诚：《中国金融法》，中国政法大学出版社2010年版，第408页。

2. 金融期权

2015年是我国股票期权的元年。2015年1月9日，中国证监会正式发布《股票期权交易试点管理办法》和《证券期货经营机构参与股票期权交易试点指引》。同年2月9日，上海证券交易所上市交易上证50ETF期权。2019年11月8日，中国证监会宣布启动扩大股票股指期权试点工作，将按程序批准上海证券交易所、深圳证券交易所上市沪深300ETF期权，中国金融期货交易所上市沪深300股指期权，标志着场内交易衍生市场发展进入一个新阶段。在金融期权扩容后，沪深300指数将形成包括股票、ETF基金、股指期货、ETF期权、股指期权在内的完整的投资和风险管理工具体系，生成丰富的对冲组合和交易策略，将极大丰富机构及投资者的交易策略以及交易的有效性。

(四) 场外金融衍生品交易

1988年3月，国家外汇管理局发布了《金融机构代客户办理即期和远期外汇买卖管理规定》，指出：经国家外汇管理局或者其分局批准，客户可以委托中国银行或者经国家外汇管理局批准的其他金融机构代理买卖即期和远期外汇。[①] 1993年2月1日，国家外汇管理局发布了《关于适当放开金融机构代客户办理外汇买卖业务的通知》，规定："经国家外汇管理局及其分局批准，企事业单位自有的外汇现汇，可委托有权经营外汇买卖业务的金融机构，办理即期或远期外汇买卖，以达外汇保值的目的。"同年4月15日，《国家外汇管理局关于金融机构办理自营外汇买卖业务的管理规定》发布，允许获准经营外汇业务的银行和其他金融机构办理自营远期外汇买卖业务。1995年3月29日，中国人民银行发布《关于禁止金融机构随意开展境外衍生工具交易业务的通知》，规定：国内金融机构一律不得开展投机性境外衍生工具交易业务；国内金融机构在符合外汇管理部门有关规定并经国家外汇管理局核准的前提下，可根据实际需要适当进行避险性境外衍生工具交易。[②]

此外，我国还开展了人民币远期结售汇业务。所谓远期结售汇业务，是指外汇指定银行与境内机构协商签订远期结售汇合同，约定将来办理结汇或售汇的外汇币种、金额、汇率和期权，到期外汇收入或支出发生时，即按照该远期结售汇合同约定的币种、金额、汇率办理结汇或售汇，是一类外汇远期合约。远期结售汇业务不仅可以为企业提供保值手段，有效降低风险，还丰富了外汇交易品种，

---

① 下列两种情况除外：(1) 获准经营外汇业务的专业银行和金融机构以及外商投资企业，对其自有和自筹的外汇资金，可以自行在国际金融市场上买卖即期或者远期外汇，也可以委托指定的金融机构代理买卖。(2) 前项规定以外的其他客户向中国境内外筹借的现汇和获准接受的捐赠外汇，经批准在中国境内金融机构开户存储现汇的，可凭其对外签订的贸易合同或者其他经济协议径行委托指定的金融机构代理买卖即期或者远期外汇。

② 参见宁敏：《国际金融衍生交易法律问题研究》，中国政法大学出版社2002年版，第394—397页。

为中央银行调控汇率提供了一个途径。根据中国人民银行发布的《结汇、售汇及付汇管理规定》《外资银行结汇、售汇及付汇业务实施细则》《外汇指定银行办理结汇、售汇业务管理暂行办法》的规定，远期支付合同或者偿债协议的法人用汇单位为避免汇率风险，可以委托经批准的外汇指定银行办理人民币与外汇的远期买卖及其他保值业务。1997 年，中国人民银行首先授权中国银行开办该业务。2003 年 4 月，中国建设银行、中国工商银行和中国农业银行经过充分准备之后，开始经营远期结售汇业务。2003 年 12 月修正的《商业银行法》规定，商业银行经中国人民银行批准，可以经营结售汇业务。2005 年 8 月 2 日，中国人民银行下达《关于扩大外汇指定银行对客户远期结售汇业务和开办人民币与外币掉期业务有关问题的通知》，以更好地促进并规范远期结售汇业务和掉期业务。

在正式成为世界贸易组织成员以后，我国金融开放和金融深化的程度不断提高。随着外资银行的进入，中、外资银行在开拓市场、争夺客户方面的竞争日趋激烈，以银行为主的金融机构越来越多地通过衍生品交易规避风险和增加收入。目前，我国境内的外资银行大都开办了衍生产品交易业务，部分中资商业银行也已经涉足衍生产品交易业务。金融机构开办衍生产品交易业务所受的约束大多散见于中国人民银行、国家外汇管理局发布的各类外汇管理规定中，不利于金融机构对衍生产品交易业务实行有效的风险管理，也不利于监管部门实施审慎监管。为此，中国银监会于 2004 年 2 月 4 日发布了《金融机构衍生产品交易业务管理暂行办法》(以下简称《办法》)，以有效控制金融机构从事衍生产品交易的风险。《办法》从衍生产品定义、金融机构衍生产品交易业务分类、市场准入管理、风险管理、对违规行为的处罚等方面对金融机构从事衍生产品交易作出规定。由于我国金融业还处于分业经营、分业监管的格局之下，尚未实现资本项目可兑换，本外币之间的衍生交易仅限于国有商业银行试办的远期结售汇业务。《办法》规定："中国银行业监督管理委员会是金融机构从事衍生产品交易业务的监管机构"；"非金融机构不得向客户提供衍生产品交易服务"；"金融机构从事与外汇、股票和商品有关的衍生产品交易以及场内衍生产品交易，应遵守国家外汇管理及其他相关规定"。为控制交易风险，确保金融安全，《办法》提出了以下两点监管要求：一是严格并统一限定金融机构衍生产品交易业务的市场准入资格和报批程序；二是要求金融机构建立完善的内控机制，提高风险管理能力。《办法》是我国第一部针对衍生产品交易的系统性监管法规，对银行业金融机构规范开展衍生产品交易、控制风险有重要意义。中国银监会于 2007 年 7 月 3 日发布了《中国银行业监督管理委员会关于修改〈金融机构衍生产品交易业务管理暂行办法〉的决定》，对《办法》进行了修订；2011 年 1 月 5 日公布了修订后的《银行业金融机构衍生产品交易业务管理办法》，以推动银行业金融机构衍生产品业务的创新与发展，提高银行业金融机构衍生产品业务的风险管理水平。

2013年2月1日,中国期货业协会开始实施《期货公司设立子公司开展以风险管理服务为主的业务试点工作指引》。同年3月,中国证券业协会发布了《证券公司金融衍生品柜台交易业务规范》《证券公司金融衍生品和柜台交易风险管理指引》《中国证券市场金融衍生品交易主协议及其补充协议》等规范性文件。随后,获得试点资格的期货公司风险管理子公司和证券公司陆续开展收益互换、场外期权等创新业务,标志着我国场外衍生品市场在参与主体和产品种类上已初步完善。2014年8月,中国证券业协会、中国期货业协会、中国证券投资基金业协会联合发布了《中国证券期货市场场外衍生品交易主协议(2014年版)》及补充协议。2016年10月和2018年5月,为了加强对证券和基金经营机构从事衍生品业务,其中包括对参与场外衍生品业务的监管,中国证监会又分别发布了《关于进一步规范证券基金经营机构参与场外衍生品交易的通知》和《关于进一步加强证券公司场外期权业务监管的通知》。监管机构一系列法规的颁布,为国内期货及衍生品市场的健康发展初步提供了合规经营的制度保证。

二、我国金融衍生品市场的发展趋势

20世纪90年代以来,金融衍生品市场在世界范围内不断发展。全球经济、金融一体化的发展趋势也必然会使我国融入这一潮流之中。90年代初,我国开展了商品期货交易以及外汇期货、国债期货、股指期货等金融衍生品交易的试点。虽然商品期货的发展历经坎坷,金融期货试点最终宣告失败,但是这一经历留给我们宝贵的经验和教训。在我国正式加入世界贸易组织以后,国门将进一步打开,我国经济必须遵守国际市场的游戏规则。这一方面会加速推动我国经济融入国际社会;另一方面也意味着我国经济必须做好应对潜在风险的准备,以迎接国际市场的挑战。此外,随着市场经济体制的确立和逐渐完善,以及金融改革的进一步深化,银行商业化、资金商品化、利率市场化、资产证券化将不可逆转,市场风险、利率风险、汇率风险等风险因素将不可避免地摆在我国市场经济参与者和管理者面前。为了积极推进金融期货及其衍生品的开发和交易,我国计划设立金融期货交易所。至2006年7月,金融期货交易所筹备小组的工作已经基本完成,有关金融机构参与股指期货的交易规则、风险管理、结算和清算制度、合约设计方案等都已基本成形,金融期货交易所的正式挂牌指日可待。当时的国际经济大环境以及我国自身的发展需求等各种因素都要求我国加快发展和完善金融衍生品市场,努力把我国的金融衍生品市场建成一个国际市场,成为一个新的定价中心,争取掌握定价发言权。2006年1月以后,中国人民银行推出了一系列的金融衍生品交易试点及规定,包括开展人民币、美元货币掉期业务和人民币利率互换交易试点。到2017年,银行间利率及外汇衍生品(包括远期、互换、场外期权等类型)的场外衍生品市场成交额突破100亿元,占到同期期货市场成交额的58%，成为我国衍生品的重要组成部分。场外衍生品市场的交易主体是商业银行、证券公司和期货风险管理公司，常见的交易品种包括银行的汇率类衍生品（包括人民币外汇掉期、人民币外汇远期、人民币外汇期权）和利率类衍生品（包括利率互换、债权远期）、证券公司的收益互换和场外期权以及期货风险管理公司的远期互换和场外期权等。整体而言，我国金融衍生品市场的发展趋势如下：

首先，法律法规和政策环境在今后一段时期内将随着我国经济体制改革的深化得到进一步改善。2003年10月14日，党的十六届三中全会通过了《中共中央关于完善社会主义市场经济体制若干问题的决定》，明确提出要“大力发展资本和其他要素市场”，“稳步发展期货市场”，将期货市场的发展纳入“建设统一开放竞争有序的现代市场体系”之中。[①] 这表明，我国对期货等金融衍生品市场的重要意义有了更深层次的认识。以党中央的指导意见为基础，我国期货和金融衍生品市场的法律法规建设取得了重大突破。2003年以来，最高人民法院出台了《最高人民法院关于审理期货纠纷案件若干问题的规定》《最高人民法院关于审理期货纠纷案件若干问题的规定（二）》，中国证监会出台、修订了《关于期货经纪公司接受出资有关问题的通知》《期货经纪公司治理准则（试行）》《期货交易管理条例》《期货公司管理办法》等规章制度，中国银监会出台了《金融机构衍生产品交易业务管理暂行办法》《银行业金融机构衍生产品交易业务管理办法》等有关金融衍生品交易的规章制度，对相关问题作出规定，在一定程度上完善了我国金融衍生品交易法制体系，适应了我国金融衍生品市场的发展。可以预见，随着金融改革的有序推进，我国金融衍生品法律法规将逐步完善。

其次，产品创新不断加速。随着我国经济的发展、市场化程度的提高以及金融行业对外开放规模的扩大，市场经济主体对风险管理的需求将大大增加。但是，由于我国金融市场规模较小，结构比较单一，企业选择和运用金融衍生品的余地很小，这与我国经济发展的国际化趋势是不相吻合的。我国经济市场化改革已经取得阶段性成果，金融深化程度不断提高，宏观经济调控和金融监管体系日趋健全和完善，已经初步具备发展金融衍生品的宏观经济基础。经中国证监会批准可以在期货市场上交易的种类除了部分农产品和生产数据外，还有以各类指数为标的的股指期货以及股指期权产品。[②] 随着金融市场发展的逐渐平衡，容量的不断扩大，利率、汇率市场化的实现，以及市场规范化水平的提高，我国金融衍生品将逐步得到开发，逐渐形成一个完整的衍生产品体系。

最后，国际合作，尤其在监管方面将得到加强。在世界经济一体化的潮流

① 参见陈晗：《中国期货市场2003年发展特点与2004年展望》，载《上海投资》2004年第3期。

② 参见强力、王志诚：《中国金融法》，中国政法大学出版社2010年版，第414页。

下,借助先进的科学技术,金融衍生品交易早已突破一国的界限,实现了全球范围内的运作。我国期货业、银行业等将进一步加强与外国同行的交流,引进先进理念,探索合作途径,促进市场开放,提高市场的国际化程度,以吸引外国投资者。对于金融监管机构而言,为了克服一国规制的种种弊端和缺陷,将会进一步开展国际合作,如与外国相关机构签署信息资源共享协议,与外国政府开展合作监管,积极参与相关国际组织的活动,并参照其标准制定我国金融衍生品交易业务的相关规则,从而提高监管效率,实现监管目标。

第四节　中国期货法律制度

一、期货交易与期货法律制度概述

(一) 期货交易的概念

期货交易是一种集中交易标准化远期合约的交易形式,即参加期货买卖的交易各方依法缴纳保证金后,委托经纪人,在期货交易所内买卖期货合约[①],并根据合约规定的条款,约定在未来某一特定的时间和地点,以某一特定价格买卖某一特定数量和质量的商品的交易行为。

(二) 期货交易的特征

1. 交易的集中化

期货交易各方买卖期货合约的地点是有限制的,一般不允许直接交易或场外交易,必须在期货交易所内以集中公开竞价的方式,按照时间优先、价格优先的原则进行。

2. 合约标准化

期货交易是通过买卖期货合约进行的。为了便于转手,期货合约中除了价格条款以外的其他条款都是标准化合约条款,即商品的数量、规格、交割时间和地点及方式、最小价格变动幅度等都已经事先在合约中规定,买卖双方只需要对价格进行商议,无须对其他条款另行商定。期货合约条款标准化可以大大节省交易成本,提高交易效率。这是期货合约之所以能够多次转手的重要条件之一,也是期货合约与远期合约相区别的重要标准。

3. 双向交易和对冲机制

与现货交易只能先买后卖不同,期货买卖实行双向交易,即期货交易可以

---

① 我国《期货交易管理条例》第 2 条第 3 款规定:“本条例所称期货合约,是指期货交易场所统一制定的、规定在将来某一特定的时间和地点交割一定数量标的物的标准化合约。期货合约包括商品期货合约和金融期货合约及其他期货合约。”

“买空卖空”[①]。对冲机制也是期货市场的一种重要交易方式。对冲又称“平仓”[②]，是指通过买入或者卖出期货合约，取得一个与交易者最初建仓时所持有的交易头寸数量相同、方向相反的交易部位，从而达到免除交易者在合约到期时进行实物交割的履约责任。通俗地说，就是建仓时买入合约的，通过卖出合约平仓；建仓时卖出合约的，通过买入合约平仓。例如，期货交易者在6月买入两张约定在12月交割的棉花期货合约，10月又在同一市场卖出两张内容相同的棉花期货合约，那么他在该期货市场上的净仓位为零。期货市场中的绝大多数期货合约都是以这种方式平仓了结的，只有少数期货合约最终通过合约到期时进行实物交割履约。

4. 期货商品具有特殊性

由于期货合约是标准化合同，其中对商品的规格进行了明确的划分，加上从合约的成交到实物交割完成要经过相当长一段时间，因此进入期货市场交易的商品具有特殊性。这种特殊性表现为：(1) 必须是交易量大、价格容易波动的商品；(2) 必须是标准化的种类物，易于分级；(3) 必须是可以耐久储存、不易变质的商品。

5. 杠杆作用较强

期货交易实行保证金制度，交易者只需要缴纳少量保证金，通常是成交合约价值的5%—10%，即可进场交易。交易者用较小的资金成本便可进行较多的投资。杠杆作用使期货交易具有以小博大的特点，从而使期货交易的高收益与高风险并存。

6. 实物交割率低

由于交易者从事期货交易的最终目的并不是获得商品所有权，而是希望借助期货市场套期保值或者投机获利，加上期货交易的对冲机制，期货交易中待合约到期后以实物交割方式履约的只占很小比例。

二、期货市场组织结构

（一）期货交易所

期货交易所是为期货交易提供场所、设施和其他相关服务的非营利性法人。《期货交易所管理办法》第3条规定：“本办法所称期货交易所是指依照《期货交易管理条例》和本办法规定设立，不以营利为目的，履行《期货交易管理条例》和

① “买空”又称“多头交易”，是指期货交易者可以买入期货合约开始进行期货交易，业内也叫作“买入建仓”。“卖空”也称“空头交易”，是指期货交易者可以卖出期货合约开始进行期货交易，业内又称为“卖出建仓”。

② 《期货交易管理条例》第81条第6项将平仓定义为“期货交易者买入或者卖出与其所持合约的品种、数量和交割月份相同但交易方向相反的合约，了结期货交易的行为”。

本办法规定的职责,按照章程和交易规则,实行自律管理的法人。”

《期货交易管理条例》第 7 条第 1 款规定:“期货交易所不以营利为目的,按照其章程的规定实行自律管理。期货交易所以其全部财产承担民事责任。期货交易所的负责人由国务院期货监督管理机构任免。”

期货交易所在组织形式上有公司制和会员制两种。公司制交易所是以股份有限公司或者有限责任公司的形式设立的企业法人,其特点为:投资者是交易所的股东,而交易所会员只是交易商。会员制交易所是由会员共同出资成立的非营利性经济组织,其特点为:交易所的建设和营运资本由会员以缴纳会费的形式筹集,交易所的收入有节余时,会员不享有获得回报的权利;而当交易所出现亏空时,会员必须以增加会费的形式承担,会员之间享有同等的权利和义务。[①] 目前,世界上绝大多数期货交易所采用会员制。

上海、郑州和大连三家期货交易所都实行会员制,而中国金融期货交易所实行的是公司制,这是我国期货交易所[②]组织结构的创新。为此,《期货交易管理条例》相应地作出调整,规定期货交易所不以营利为目的,承认中国金融期货交易所之公司制下会员结构的合法性。[③]《期货交易所管理办法》第 4 条规定:“经中国证券监督管理委员会(以下简称中国证监会)批准,期货交易所可以采取会员制或者公司制的组织形式。会员制期货交易所的注册资本划分为均等份额,由会员出资认缴。公司制期货交易所采用股份有限公司的组织形式。”

《期货交易管理条例》第 8 条规定:“期货交易所会员应当是在中华人民共和国境内登记注册的企业法人或者其他经济组织。期货交易所可以实行会员分级结算制度。实行会员分级结算制度的期货交易所会员由结算会员和非结算会员组成。”《期货交易所管理办法》第 54 条规定:“取得期货交易所会员资格,应当经期货交易所批准。期货交易所批准、取消会员的会员资格,应当向中国证监会报告。”

1. 期货交易所的职责

根据《期货交易管理条例》第 10 条的规定,期货交易所履行下列职责:(1) 提供交易的场所、设施和服务;(2) 设计合约,安排合约上市;(3) 组织并监督交易、结算和交割;(4) 为期货交易提供集中履约担保;(5) 按照章程和交易规则对会员进行监督管理;(6) 国务院期货监督管理机构规定的其他职责。期货交易所不得直接或者间接参与期货交易。未经国务院期货监督管理机构审核并报国务院批准,期货交易所不得从事信托投资、股票投资、非自用不动产投资

---

① 参见李明良:《期货法》,人民法院出版社 1999 年版,第 51—52 页。

② 2021 年 1 月 22 日,经国务院同意,中国证监会正式批准设立广州期货交易所。

③ 参见叶林主编:《期货期权市场法律制度研究》,法律出版社 2017 年版,第 190 页。

等与其职责无关的业务。根据《期货交易所管理办法》第 8 条的规定，期货交易所除履行《期货交易管理条例》规定的职责外，还应当履行下列职责，包括：(1) 制定并实施期货交易所的交易规则及其实施细则；(2) 发布市场信息；(3) 监管会员及其客户、指定交割仓库、期货保证金存管银行及期货市场其他参与者的期货业务；(4) 查处违规行为。除此以外，在期货交易过程中，出现地震、水灾、火灾等不可抗力或者计算机系统故障等不可归责于期货交易所的原因导致交易无法正常进行；会员出现结算、交割危机，对市场正在产生或者即将产生重大影响；期货价格出现同方向连续涨跌停板时，期货交易所采取调整涨跌停板幅度、提高交易保证金标准及按一定原则减仓等措施后仍未化解风险；期货交易所交易规则及其实施细则中规定的其他情形，期货交易所可以宣布进入异常情况，采取紧急措施化解风险。期货交易所宣布进入异常情况并决定采取紧急措施前应当报告中国证监会。

2. 期货交易所的设立、变更和解散

(1) 期货交易所的设立

根据《期货交易管理条例》第 6 条的规定，设立期货交易所，由中国证监会审批。未经国务院或者中国证监会批准，任何单位或者个人不得设立期货交易所或者以任何形式组织期货交易及其相关活动。

设立期货交易所应当遵循以下程序：

首先，发起人代表或者理事会应当向国务院期货监督管理机构提出申请。根据《期货交易所管理办法》第 9 条的规定，申请设立期货交易所，应当向中国证监会提交下列文件和材料：申请书；章程和交易规则草案；期货交易所的经营计划；拟加入会员或者股东名单；理事会成员候选人或者董事会和监事会成员名单及简历；拟任用高级管理人员的名单及简历；场地、设备、资金证明文件及情况说明；中国证监会规定的其他文件、材料。其中，期货交易所章程应当载明下列事项：设立目的和职责；名称、住所和营业场所；注册资本及其构成；营业期限；组织机构的组成、职责、任期和议事规则；管理人员的产生、任免及其职责；基本业务制度；风险准备金管理制度；财务会计、内部控制制度；变更、终止的条件、程序及清算办法；章程修改程序；需要在章程中规定的其他事项。会员制期货交易所章程还应当载明下列事项：会员资格及其管理办法；会员的权利和义务；对会员的纪律处分。期货交易所交易规则应当载明下列事项：期货交易、结算和交割制度；风险管理制度和交易异常情况的处理程序；保证金的管理和使用制度；期货交易信息的发布办法；违规、违约行为及其处理办法；交易纠纷的处理方式；需要在交易规则中载明的其他事项。公司制期货交易所还应当在交易规则中载明下列事项：会员资格及其管理办法；会员的权利和义务；对会员的纪律处分。

其次，国务院期货监督管理机构应当自收到期货交易所设立申请文件之日起在法定期限内作出是否批准的决定,并书面通知申请人。对不予批准的,应当书面说明理由。

最后,经选举产生的理事会或者董事会持国务院期货监督管理机构的批准文件和其他文件向登记机关申请设立登记。登记机关在申请后的法定期限内作出准予或不予登记的决定。法人登记执照签发之日即为期货交易所成立之日。

(2) 期货交易所的变更和解散

期货交易所成立以后,就一些重大事项的变更,应当事先经过国务院期货监督管理机构的批准。根据《期货交易管理条例》和《期货交易所管理办法》,期货交易所办理下列事项,应当经国务院期货监督管理机构批准:制定或者修改章程、业务规则;上市、中止、取消或者恢复交易品种;上市、修改或者终止合约;变更名称、注册资本、住所或者营业场所;合并、分立或者解散;国务院期货监督管理机构规定的其他事项。国务院期货监督管理机构批准期货交易所上市新的交易品种,应当征求国务院有关部门的意见。

期货交易所的合并可采取两种形式:一是吸收合并,即两个以上的交易所合并时,其中一个交易所继续存在,其余的交易所消灭的合并;二是新设合并,即两个以上的交易所合并时,设立一个新的期货交易所,原各期货交易所均宣告终止。期货交易所的合并、分立或者联网交易等,由中国证监会审批。期货交易所合并前各方的债权、债务由合并后存续或者新设的期货交易所承继。期货交易所分立的,其债权、债务由分立后的期货交易所承继。

期货交易所的解散,是指使期货交易所丧失法人资格的法定原因已经产生,应当逐渐终止交易所的权利和义务的行为。根据《期货交易所管理办法》第17—18条的规定,期货交易所因下列情形之一解散:① 章程规定的营业期限届满;② 会员大会或者股东大会决定解散;③ 中国证监会决定关闭。期货交易所因前述第①项、第②项情形解散的,应当事前向中国证监会报告。期货交易所因合并、分立或者解散而终止的,由中国证监会予以公告。期货交易所终止的,应当成立清算组进行清算。清算组制定的清算方案,应当事前向中国证监会报告。

3. 会员制期货交易所的组织机构

(1) 会员大会

会员大会,是指由全体会员组成的,决定期货交易所一切重大事项的最高权力机构。会员通过会员大会表达自己的意愿,决定交易所的重大事项,实现全体会员的自治自律。根据《期货交易所管理办法》第20条的规定,会员大会行使下列职权:① 审定期货交易所章程、交易规则及其修改草案;② 选举、更换会员理事;③ 审议批准理事会和总经理的工作报告;④ 审议批准期货交易所的财务预算方案、决算报告;⑤ 审议期货交易所风险准备金使用情况;⑥ 决定增加或者减少期货交易所注册资本;⑦ 决定期货交易所的合并、分立、解散和清算事项;

⑧ 决定期货交易所理事会提交的其他重大事项；⑨ 期货交易所章程规定的其他职权。

会员大会由理事会召集，每年召开一次。有下列情形之一的，应当召开临时会员大会：① 会员理事不足期货交易所章程规定人数的2/3；② 1/3以上会员联名提议；③ 理事会认为必要。会员大会由理事长主持。召开会员大会，应当将会议审议的事项于会议召开10日前通知会员。临时会员大会不得对通知中未列明的事项作出决议。会员大会有2/3以上会员参加方为有效。会员大会应当对表决事项制作会议纪要，由出席会议的理事签名。会员大会结束之日起10日内，期货交易所应当将大会全部文件报告中国证监会。

（2）理事会

理事会是会员大会的常设机构，对会员大会负责。根据《期货交易所管理办法》第25条的规定，理事会行使下列职权：召集会员大会，并向会员大会报告工作；拟订期货交易所章程、交易规则及其修改草案，提交会员大会审定；审议总经理提出的财务预算方案、决算报告，提交会员大会通过；审议期货交易所合并、分立、解散和清算的方案，提交会员大会通过；决定专门委员会的设置；决定会员的接纳和退出；决定对违规行为的纪律处分；决定期货交易所变更名称、住所或者营业场所；审议批准根据章程和交易规则制定的细则和办法；审议结算担保金的使用情况；审议批准风险准备金的使用方案；审议批准总经理提出的期货交易所发展规划和年度工作计划；审议批准期货交易所对外投资计划；监督总经理组织实施会员大会和理事会决议的情况；监督期货交易所高级管理人员和其他工作人员遵守国家有关法律、行政法规、规章、政策和期货交易所章程、交易规则及其实施细则的情况；组织期货交易所年度财务会计报告的审计工作，决定会计师事务所的聘用和变更事项；期货交易所章程规定和会员大会授予的其他职权。

理事会由会员理事和非会员理事组成，其中会员理事由会员大会选举产生，非会员理事由中国证监会委派。理事会设理事长1人、副理事长1至2人。理事长、副理事长的任免，由中国证监会提名，理事会通过。理事长不得兼任总经理。理事长行使下列职权：主持会员大会、理事会会议和理事会日常工作；组织协调专门委员会的工作；检查理事会决议的实施情况并向理事会报告。副理事长协助理事长工作。理事长因故临时不能履行职权的，由理事长指定的副理事长或者理事代其履行职权。理事会可以根据需要设立监察、交易、结算、交割、会员资格审查、纪律处分、调解、财务和技术等专门委员会。各专门委员会对理事会负责，其职责、任期和人员组成等事项由理事会规定。

理事会会议至少每半年召开一次。每次会议应当于会议召开10日前通知全体理事。有下列情形之一的，应当召开理事会临时会议：① 1/3以上理事联名提议；② 期货交易所章程规定的情形；③ 中国证监会提议。理事会召开临时会议,可以另定召集理事会临时会议的通知方式和通知时限。理事会会议须有 2/3 以上理事出席方为有效,其决议须经全体理事 1/2 以上表决通过。理事会会议结束之日起 10 日内,理事会应当将会议决议及其他会议文件报告中国证监会。理事会会议应当由理事本人出席。理事因故不能出席的,应当以书面形式委托其他理事代为出席;委托书中应当载明授权范围。每位理事只能接受一位理事的委托。理事会应当对会议表决事项作成会议记录,由出席会议的理事和记录员在会议记录上签名。

(3) 总经理

期货交易所设总经理 1 人,副总经理若干人。总经理、副总经理由中国证监会任免。总经理每届任期 3 年,连任不得超过两届。总经理是期货交易所的法定代表人,是当然理事。总经理行使下列职权:组织实施会员大会、理事会通过的制度和决议;主持期货交易所的日常工作;根据章程和交易规则拟订有关细则和办法;决定结算担保金的使用;拟订风险准备金的使用方案;拟订并实施经批准的期货交易所发展规划、年度工作计划;拟订并实施经批准的期货交易所对外投资计划;拟订期货交易所财务预算方案、决算报告;拟订期货交易所合并、分立、解散和清算的方案;拟订期货交易所变更名称、住所或者营业场所的方案;决定期货交易所机构设置方案,聘任和解聘工作人员;决定期货交易所员工的工资和奖惩;期货交易所章程规定的或者理事会授予的其他职权。总经理因故临时不能履行职权的,由总经理指定的副总经理代其履行职权。

为保证期货交易所的理事、总经理和其他高级管理人员、财务会计人员能够遵纪守法,忠诚履行职责,有关法规对上述人员的任职资格作出了规定。根据《期货交易管理条例》第 9 条的规定,有《公司法》第 146 条规定的情形或者下列情形之一的,不得担任期货交易所的负责人、财务会计人员:① 因违法行为或者违纪行为被解除职务的期货交易所、证券交易所、证券登记结算机构的负责人,或者期货公司、证券公司的董事、监事、高级管理人员,以及国务院期货监督管理机构规定的其他人员,自被解除职务之日起未逾 5 年;② 因违法行为或者违纪行为被撤销资格的律师、注册会计师或者投资咨询机构、财务顾问机构、资信评级机构、资产评估机构、验证机构的专业人员,自被撤销之日起未逾 5 年。

期货交易所任免中层管理人员,应当在决定之日起 10 日内向中国证监会报告。

4. 公司制期货交易所的组织机构

(1) 股东大会

股东大会是期货交易所的权力机构,由全体股东组成。根据《期货交易所管理办法》第 37 条的规定,股东大会行使下列职权:审定期货交易所章程、交易规则及其修改草案;审议批准期货交易所的财务预算方案、决算报告;审议期货交易所风险准备金使用情况；决定增加或者减少期货交易所注册资本；决定期货交易所的合并、分立、解散和清算事项；选举和更换非由职工代表担任的董事、监事；审议批准董事会、监事会和总经理的工作报告；决定期货交易所董事会提交的其他重大事项；期货交易所章程规定的其他职权。股东大会会议的召开及议事规则应当符合期货交易所章程的规定。会议结束之日起 10 日内，期货交易所应当将会议全部文件报告中国证监会。

（2）董事会

期货交易所设董事会，每届任期 3 年。董事会对股东大会负责，行使下列职权：召集股东大会会议，并向股东大会报告工作；拟订期货交易所章程、交易规则及其修改草案，提交股东大会审定；审议总经理提出的财务预算方案、决算报告，提交股东大会通过；审议期货交易所合并、分立、解散和清算的方案，提交股东大会通过；监督总经理组织实施股东大会和董事会决议的情况；决定专门委员会的设置；决定会员的接纳和退出；决定对违规行为的纪律处分；决定期货交易所变更名称、住所或者营业场所；审议批准根据章程和交易规则制定的细则和办法；审议结算担保金的使用情况；审议批准风险准备金的使用方案；审议批准总经理提出的期货交易所发展规划和年度工作计划；审议批准期货交易所对外投资计划；监督期货交易所高级管理人员和其他工作人员遵守国家有关法律、行政法规、规章、政策和期货交易所章程、交易规则及其实施细则的情况；组织期货交易所年度财务会计报告的审计工作，决定会计师事务所的聘用和变更事项；期货交易所章程规定和股东大会授予的其他职权。

期货交易所设董事长 1 人，副董事长 1 至 2 人。董事长、副董事长的任免，由中国证监会提名，董事会通过。董事长不得兼任总经理。董事长行使下列职权：主持股东大会、董事会会议和董事会日常工作；组织协调专门委员会的工作；检查董事会决议的实施情况并向董事会报告。副董事长协助董事长工作。董事长因故临时不能履行职权的，由董事长指定的副董事长或者董事代其履行职权。董事会可以根据需要设立监察、交易、结算、交割、会员资格审查、纪律处分、调解、财务和技术等专门委员会。各专门委员会对董事会负责，其职责、任期和人员组成等事项由董事会规定。

董事会会议的召开和议事规则应当符合期货交易所章程的规定。董事会会议结束之日起 10 日内，董事会应当将会议决议及其他会议文件报告中国证监会。期货交易所应当设独立董事。独立董事由中国证监会提名，股东大会通过。期货交易所可以设董事会秘书。董事会秘书由中国证监会提名，董事会通过。董事会秘书负责期货交易所股东大会和董事会会议的筹备、文件保管以及期货交易所股东资料的管理等事宜。

(3) 总经理

期货交易所设总经理1人,副总经理若干人。总经理、副总经理由中国证监会任免。总经理每届任期3年,连任不得超过两届。总经理是期货交易所的法定代表人,应当由董事担任。总经理行使下列职权:组织实施股东大会、董事会通过的制度和决议;主持期货交易所的日常工作;根据章程和交易规则拟订有关细则和办法;决定结算担保金的使用;拟订风险准备金的使用方案;拟订并实施经批准的期货交易所发展规划、年度工作计划;拟订并实施经批准的期货交易所对外投资计划;拟订期货交易所财务预算方案、决算报告;拟订期货交易所合并、分立、解散和清算的方案;拟订期货交易所变更名称、住所或者营业场所的方案;决定期货交易所机构设置方案,聘任和解聘工作人员;决定期货交易所员工的工资和奖惩;期货交易所章程规定或者董事会授予的其他职权。总经理因故临时不能履行职权的,由总经理指定的副总经理代其履行职权。

(4) 监事会

期货交易所设监事会,每届任期3年。监事会成员不得少于3人。监事会设主席1人,副主席1至2人。监事会主席、副主席的任免,由中国证监会提名,监事会通过。监事会行使下列职权:检查期货交易所财务;监督期货交易所董事、高级管理人员执行职务行为;向股东大会会议提出提案;期货交易所章程规定的其他职权。

监事会会议的召开和议事规则应当符合期货交易所章程的规定。监事会会议结束之日起10日内,监事会应当将会议决议及其他会议文件报告中国证监会。

期货交易所任免中层管理人员,应当在决定之日起10日内向中国证监会报告。

(二) 期货结算机构

期货交易的结算,是指结算机构根据期货交易所公布的结算价格对交易双方的交易结果进行的资金清算和划转。[①] 期货结算机构是为期货交易进行资金结算、实物交割、期货合约的履约担保以及对期货保证金、报告交易数据、风险基金进行管理的部门。[②]

目前,期货市场上的结算机构有两种类型:(1) 独立型结算机构,即独立于期货交易所之外而成立的专门的结算公司;(2) 非独立型结算机构,即由期货交易所在内部设立的一个职能部门,如以结算部、结算中心等形式存在。我国目前

① 参见《期货交易管理条例》第81条第4款。

② 参见徐家力、李京生、吴运浩:《期货交易法律理论与实务》,中国政法大学出版社2000年版,第58页。

的期货交易采用的是后一种类型。

结算机构也采用会员制,即期货结算机构是由结算会员组成的。结算会员又是在期货交易所的会员中产生的,所以结算机构的会员一定是交易所的会员。结算会员可以分为两类:一类是全权结算会员,既可以为自己所从事的期货交易进行结算,也可以代理其他无结算会员资格的交易所会员进行结算;另一类是普通结算会员,只能为自己所从事的期货交易进行结算,不能代理其他会员进行结算。《期货交易所管理办法》第66条规定:“结算会员由交易结算会员、全面结算会员和特别结算会员组成。全面结算会员、特别结算会员可以为与其签订结算协议的非结算会员办理结算业务。交易结算会员不得为非结算会员办理结算业务。”不论是全权结算会员还是普通结算会员,在期货市场的组织体系中都处于十分重要的地位。一般而言,结算会员应该是资金实力雄厚、信誉良好的期货交易所会员,有能力缴纳巨额结算保证金,并在结算机构附近设有办事处。

根据《期货交易管理条例》和《期货交易所管理办法》的规定,期货交易所实行全员结算制度或者会员分级结算制度,应当事前向中国证监会报告。实行全员结算制度的期货交易所会员均具有与期货交易所进行结算的资格。实行全员结算制度的期货交易所会员由期货公司会员和非期货公司会员组成。期货公司会员按照中国证监会批准的业务范围开展相关业务。非期货公司会员不得从事《期货交易管理条例》规定的期货公司业务。实行全员结算制度的期货交易所对会员结算,会员对其受托的客户结算。实行会员分级结算制度的期货交易所会员由结算会员和非结算会员组成。结算会员具有与期货交易所进行结算的资格,非结算会员不具有与期货交易所进行结算的资格。期货交易所对结算会员结算,结算会员对非结算会员结算,非结算会员对其受托的客户结算。实行会员分级结算制度的期货交易所可以根据结算会员资信和业务开展情况,限制结算会员的结算业务范围,但应当于3日内报告中国证监会。

期货市场实行分级结算制度。结算机构对其结算会员进行结算,然后结算会员对非结算会员及其客户进行结算。《期货交易管理条例》第33条规定:“期货交易的结算,由期货交易所统一组织进行。期货交易所实行当日无负债结算制度。期货交易所应当在当日及时将结算结果通知会员。期货公司根据期货交易所的结算结果对客户进行结算,并应当将结算结果按照与客户约定的方式及时通知客户。客户应当及时查询并妥善处理自己的交易持仓。”

1. 结算机构的地位和作用

结算机构的首要职能是计算期货交易盈亏。期货交易所内的交易由结算机构的会员处理,结算机构对结算会员提交的数据资料核对无误后结算交易,从而根据交易的盈亏调整结算会员的账户。结算机构是期货交易中买卖的第三方,在期货合约的结算过程中充当买卖各方的对方。所以,期货交易的买卖双方并不直接发生关系,无须知道与自己交易的真正相对方是谁,只需要在期货结算机构进行结算。通过这种制度设计,任何交易者都可以随时通过其经纪商冲销合约以解除其到期的履约责任,而不必征求其真正的交易对方同意,从而简化了结算手续,提高了交易效率。

由于结算机构在期货交易中以买卖的第三方这一身份存在,因此对期货合约的履行负有担保的法律责任。结算机构通过对会员保证金的管理和控制,使期货市场的风险被限定在一定的范围之内。一旦合约的一方陷于破产或由于其他原因而无法履约,结算机构就负有履行合约的责任,以保障期货合约持有者的合法利益,从而维护期货市场的正常秩序,保证期货交易的顺利进行。

结算机构的存在还大大简化了期货交易的实物交割。期货合约在到期后未平仓的,必须进行实物交割。合约在到期前可能已经过多次转手,而所有转让过程中的双方都已通过结算机构抵消了其履约义务,所以最后只剩下最初的卖方和最终的买方履行合约所规定的义务。此时,最初的卖方和最终的买方只需通过结算机构将货物和货款交给对方,并在结算机构的监督下完成最终的实物交割即可。

2. 期货结算机构制度

(1) 登记结算制度

在期货交易所内成交的每一份期货合约都必须在期货结算机构内进行结算,严格禁止结算会员将其所代理结算客户的合约进行私下对冲。如前所述,期货交易的结算由期货交易所统一组织进行。

(2) 结算保证金制度

期货结算机构规定每一结算会员都必须在结算机构内存入一笔结算保证金,用以作为结算会员为自己或其他非结算会员代为结算提供担保。每种期货合约的保证金数额由结算机构决定。一般情况下,结算保证金是根据结算会员手中的买入持仓和卖出持仓冲抵后的净持仓进行计算的。根据《期货交易管理条例》的规定,实行会员分级结算制度的期货交易所,还应当建立、健全结算担保金制度。实行会员分级结算制度的期货交易所,应当向结算会员收取结算担保金。期货交易所只对结算会员结算,收取和追收保证金,以结算担保金、风险准备金、自有资金代为承担违约责任,以及采取其他相关措施;对非结算会员的结算、收取和追收保证金、代为承担违约责任,以及采取其他相关措施,由结算会员执行。

(3) 逐日盯市、当日无负债结算制度

期货结算机构在每日交易结束后,根据当日结算价格计算出每位结算会员当日的持仓盈亏,并调整各结算会员的保证金账户。如果结算会员保证金账户上的保证金金额仍高于最低保证金水平,则仍可以进行交易。如果结算会员存在持仓亏损,则该持仓亏损额必须在第二天交易开市前予以补足。否则,第二天开市后,结算机构有权对该结算会员的在手合约实施强制平仓。同样的道理,结算会员对非结算会员、期货公司对客户都实行逐日盯市、当日无负债结算制度,从而保证客户对期货公司、非结算会员对结算会员、结算会员对期货结算机构在每日交易结束后都不存在负债,使期货结算机构能够作为买卖双方的第三方,对一切经过其结算的期货合约的买卖提供担保。根据《期货交易管理条例》的规定,期货交易所应当按照国家有关规定建立、健全当日无负债结算制度。期货交易所应当在当日及时将结算结果通知会员。

(4) 交易结算报告的通知和确认制度

根据《期货交易管理条例》第 33 条第 3 款的规定,期货公司根据期货交易所的结算结果对客户进行结算,并应当将结算结果按照与客户约定的方式及时通知客户。客户应当及时查询并妥善处理自己的交易持仓。

(5) 持仓限额和大户持仓报告制度

持仓限额,是指期货交易所对期货交易者的持仓量规定的最高数额。持仓限额制度,是指期货交易所为防范操纵市场价格的行为,防止期货市场风险过度集中于少数投资者,对会员及客户的持仓数量进行限制的制度。对超过限额者,期货交易所可按规定强行平仓或提高保证金比例。

《期货交易所管理办法》第 79 条规定:"期货交易所实行限仓制度和套期保值审批制度。"第 80 条规定:"期货交易实行大户持仓报告制度。会员或者客户持仓达到期货交易所规定的持仓报告标准的,会员或者客户应当向期货交易所报告。客户未报告的,会员应当向期货交易所报告。期货交易所可以根据市场风险状况制定并调整持仓报告标准。"

(6) 风险处理制度

风险处理制度,是指期货交易所制定的,当结算会员破产或无法履约时,结算机构可以采取一些保护性措施,以防止事态进一步恶化的制度。保护性措施通常包括:立即将该结算会员的所有持仓予以平仓或者转让;如果采取上述处理措施后,结算会员仍出现亏损,则动用该结算会员的结算保证金进行抵补;如果动用了该结算会员的结算保证金仍不足以弥补亏损,则动用该结算会员存放在结算机构的担保基金进行抵补;如果仍出现亏损,则动用结算机构的自有资金。在必要情况下,结算机构可以要求全体结算会员增交结算保证金,以增强整体风险抵抗能力。

(三) 期货公司

1. 期货公司的设立、变更和终止

(1) 期货公司的设立

根据《期货交易管理条例》第 16 条的规定,申请设立期货公司,应当符合

《公司法》的规定,并具备下列条件:① 注册资本最低限额为人民币3000万元;② 董事、监事、高级管理人员具备任职条件,从业人员具有期货从业资格;③ 有符合法律、行政法规规定的公司章程;④ 主要股东以及实际控制人具有持续盈利能力,信誉良好,最近3年无重大违法违规记录;⑤ 有合格的经营场所和业务设施;⑥ 有健全的风险管理和内部控制制度;⑦ 国务院期货监督管理机构规定的其他条件。国务院期货监督管理机构根据审慎监管原则和各项业务的风险程度,可以提高注册资本最低限额。注册资本应当是实缴资本。股东应当以货币或者期货公司经营必需的非货币财产出资,货币出资比例不得低于85%。国务院期货监督管理机构应当在受理期货公司设立申请之日起6个月内,根据审慎监管原则进行审查,作出批准或者不批准的决定。未经国务院期货监督管理机构批准,任何单位和个人不得委托或者接受他人委托持有或者管理期货公司的股权。

《期货公司监督管理办法》第6条规定:"申请设立期货公司,除应当符合《期货交易管理条例》第十六条规定的条件外,还应当具备下列条件:(一) 注册资本不低于人民币1亿元;(二) 具有期货从业人员资格的人员不少于15人;(三) 具备任职条件的高级管理人员不少于3人。"

根据《期货公司监督管理办法》的规定,申请设立期货公司,应当向中国证监会提交下列申请材料:申请书;发起协议;非自然人股东按照其自身决策程序同意出资设立期货公司的决定文件;公司章程草案;经营计划;发起人名单及其最近3年经会计师事务所审计的财务报告或者个人金融资产证明以及不存在对所投资企业经营失败或重大违法违规行为负有直接责任未逾3年的说明;拟任用高级管理人员和从业人员名单、简历、相关任职条件证明和相关资格证书;拟订的期货业务制度、内部控制制度和风险管理制度文本;场地、设备、资金来源证明文件;股权结构及股东间关联关系、一致行动人关系的说明;资本补充方案及风险处置预案;律师事务所出具的法律意见书;中国证监会规定的其他申请材料。期货公司申请金融期货经纪业务资格,应当具备下列条件:① 申请日前2个月的风险监管指标持续符合规定标准;② 具有健全的公司治理、风险管理制度和内部控制制度,并有效执行;③ 符合中国证监会期货保证金安全存管监控的规定;④ 业务设施和技术系统符合相关技术规范且运行状况良好;⑤ 高级管理人员近2年内未受到刑事处罚,未因违法违规经营受到行政处罚,无不良信用记录,且不存在因涉嫌违法违规经营正在被有权机关调查的情形;⑥ 不存在被中国证监会及其派出机构采取《期货交易管理条例》第55条第2款、第56条规定的监管措施的情形;⑦ 不存在因涉嫌违法违规经营正在被有权机关立案调查的情形;⑧ 近2年内未因违法违规行为受过刑事处罚或者行政处罚,但期货公司控股股东或者实际控制人变更,高级管理人员变更比例超过50%,对出现上述情形负有责任的高级管理人员和业务负责人已不在公司任职，且已整改完成并经期货公司住所地中国证监会派出机构验收合格的，可不受此限制；⑨ 中国证监会根据审慎监管原则规定的其他条件。

期货公司申请金融期货经纪业务资格，应当向中国证监会提交下列申请材料：① 申请书；② 加盖公司公章的营业执照和业务许可证复印件；③ 股东会或者董事会决议文件；④ 申请日前2个月风险监管报表；⑤ 公司治理、风险管理制度和内部控制制度执行情况报告；⑥ 业务设施和技术系统运行情况报告，以及信息系统内部审计报告等网络安全相关材料；⑦ 律师事务所出具的法律意见书；⑧ 若存在《期货公司监督管理办法》第16条第8项规定情形的，还应提供期货公司住所地中国证监会派出机构出具的整改验收合格意见书；⑨ 中国证监会规定的其他申请材料。

《期货公司监督管理办法》第28条规定："期货公司设立营业部、分公司等境内分支机构，应当自完成相关工商设立登记之日起5个工作日内向公司住所地中国证监会派出机构报备。期货公司设立境内分支机构，应当具备下列条件：(一) 公司治理健全，内部控制制度符合有关规定并有效执行；(二) 申请日前3个月符合风险监管指标标准；(三) 符合有关客户资产保护和期货保证金安全存管监控的规定；(四) 未因涉嫌违法违规经营正在被有权机关调查，近1年内未因违法违规经营受到行政处罚或者刑事处罚；(五) 具有符合业务发展需要的分支机构设立方案和稳定的经营计划；(六) 中国证监会根据审慎监管原则规定的其他条件。"第29条规定："期货公司设立境内分支机构，应当向公司住所地中国证监会派出机构提交下列备案材料：(一) 备案报告；(二) 分支机构营业执照副本复印件；(三) 公司决议文件；(四) 分支机构负责人任职条件证明；(五) 分支机构从业人员名册及期货从业资格证书；(六) 营业场所所有权或者使用权证明；(七) 首席风险官出具的公司符合相关条件的意见；(八) 中国证监会要求提交的其他文件。期货公司在提交备案材料时，应当将备案材料同时抄报拟设立分支机构所在地的中国证监会派出机构。"

此外，期货公司可以按照规定委托其他机构或者接受其他机构委托从事中间介绍业务。

(2) 期货公司的变更和终止

期货公司的变更，是指期货公司在存续期间发生的法律人格、组织、活动范围等方面的重大变化以及其他登记事项的变化。根据《期货交易管理条例》第19条第1款的规定，期货公司办理下列事项，应当经国务院期货监督管理机构批准：① 合并、分立、停业、解散或者破产；② 变更业务范围；③ 变更注册资本且调整股权结构；④ 新增持有5%以上股权的股东或者控股股东发生变化；⑤ 国务院期货监督管理机构规定的其他事项。

《期货公司监督管理办法》第19条规定:"期货公司变更股权有下列情形之一的,应当经中国证监会批准:(一)变更控股股东、第一大股东;(二)单个股东的持股比例或者有关联关系的股东合计持股比例增加到5%以上,且涉及境外股东的。除前款规定情形外,期货公司单个股东的持股比例或者有关联关系的股东合计持股比例增加到5%以上,应当经期货公司住所地中国证监会派出机构批准。"

期货公司的终止,是指期货公司丧失民事主体资格,不再具有民事权利能力和行为能力的状态。根据《期货交易管理条例》第20条的规定,期货公司或者其分支机构有《行政许可法》第70条规定的情形或者下列情形之一的,国务院期货监督管理机构应当依法办理期货业务许可证注销手续:① 营业执照被公司登记机关依法注销;② 成立后无正当理由超过3个月未开始营业,或者开业后无正当理由停业连续3个月以上;③ 主动提出注销申请;④ 国务院期货监督管理机构规定的其他情形。期货公司在注销期货业务许可证前,应当结清相关期货业务,并依法返还客户的保证金和其他资产。期货公司分支机构在注销经营许可证前,应当终止经营活动,妥善处理客户资产。根据《期货公司监督管理办法》的相关规定,期货公司解散、破产的,应当先行妥善处理客户资产,结清业务。期货公司被撤销所有期货业务许可的,应当妥善处理客户资产,结清期货业务;公司继续存续的,应当依法办理名称、营业范围和公司章程等工商变更登记,存续公司不得继续以期货公司名义从事期货业务,其名称中不得有"期货"或者近似字样。

期货公司设立、变更、停业、解散、破产、被撤销期货业务许可或者其分支机构设立、变更、终止的,期货公司应当在中国证监会指定的媒体上公告。

2. 期货公司的权利和义务

期货公司享有的权利主要包括:

(1) 佣金请求权

期货公司的佣金请求权与经纪业务的履行之间有直接或间接的联系。期货公司在经纪行为完成并已经交付或转移经纪行为结果后,就取得向委托人请求佣金给付的权利。

(2) 费用补偿请求权

期货公司为委托人的利益,基于期货经纪行为而产生的费用或其他开支享有费用补偿请求权。

(3) 冲抵权

在期货交易中,客户有义务向期货公司支付佣金或其他费用。当客户拖欠上述费用时,期货公司有权动用客户账户内的基础保证金或存款以抵销客户所欠的债务。

(4) 强制平仓权

当客户保证金不足时,期货公司应当及时通知客户追加保证金。当客户拒绝或者拖延缴纳保证金时,期货公司有权停止客户的交易或者对其保证金不足的头寸强制平仓,产生的后果由客户承担。

期货公司承担的义务主要包括:

(1) 遵从客户指令

客户可以通过书面、电话、计算机、互联网等委托方式下达交易指令。期货公司根据客户的交易指令,为其进行期货交易。期货公司不得未经客户委托或者不按照客户委托范围,擅自进行期货交易。交易结果不符合投资者交易指令,或者强行平仓不符合法定或者约定条件,期货公司有过错的,应当在期货经纪合同约定的时间内重新执行投资者交易指令,或者恢复被强行平仓的头寸,并赔偿由此产生的直接损失。

(2) 向客户报告

期货公司应当向客户提供有关市场信息、行情信息、行情分析以供客户参考,及时向客户报告其所委托的事项的进展情况,成交后应当及时将成交结果报告给客户。期货公司向客户提供的期货市场行情应当真实、准确,不得隐瞒重要事项或者使用其他不正当手段诱骗客户发出交易指令。期货公司应当在每日交易闭市后为客户提供交易结算报告。客户有权按照期货经纪合同约定的时间和方式知悉交易结算报告的内容。

(3) 揭示风险

期货公司接受客户委托为其进行期货交易,应当向客户说明期货交易的风险,即事先向客户出示风险说明书,经客户签字确认后,与客户签订书面合同。

(4) 分离账户和保管财产

分离账户是为了保护客户资金及其利益。期货公司应当在期货交易所指定的结算银行开立投资者保证金账户,专门存放投资者保证金,与自有资金分户存放。期货公司还应将自营业务与受托业务分账处理。期货公司保管的财产包括保证金和实物交割的财产。

(5) 交付和转移

期货公司应当将代理客户买卖期货合约所取得的盈利或实物转交给客户。期货公司不得向客户作获利保证或者与客户约定分享利益或共担风险。如果客户在履行其自身义务之后,期货公司拒不履行或延迟履行该义务,则客户有权请求期货公司进行损害赔偿或支付延期履行的利息。

(6) 诚实信用

期货公司应当遵循诚实信用原则,以专业的技能、小心谨慎和勤勉尽责的态度执行投资者的委托,维护投资者的合法权益。期货公司应当自觉避免与投资者的利益冲突,当无法避免时,应当确保投资者得到公平对待。

(7) 保密

期货公司应当建立投资者开户资料档案,除依法接受调查和检查外,应当为客户保密,不得泄露客户的名称或姓名、买卖单、盈亏以及其他需要保密的资料。

此外,根据有关法规的规定,期货公司还应当承担其他一些义务,如应当建立、健全投资者投诉处理制度,并将投资者的投诉及处理结果存档;应当建立交易、结算、财务数据的备份制度;有关开户、变更、销户的客户资料档案应当自期货经纪合同终止之日起至少保存20年;交易指令记录、交易结算记录、错单记录、客户投诉档案以及其他业务记录应当至少保存20年。期货公司以电子数据方式保存或者备份相关资料的,应当确保电子数据真实、可靠,采取有效措施防止电子数据被篡改、损毁,保存的电子数据资料应当能随时转化为纸质形式。

三、期货市场的监管与自律

(一) 我国期货主管机构法律制度

目前,我国已经基本形成了政府期货主管机构、期货行业协会和期货交易所相结合的三级管理模式。这里主要介绍政府期货主管机构和期货行业协会。

根据《期货交易管理条例》第46条的规定,国务院期货监督管理机构对期货市场实施监督管理,依法履行下列职责:(1) 制定有关期货市场监督管理的规章、规则,并依法行使审批权;(2) 对品种的上市、交易、结算、交割等期货交易及其相关活动,进行监督管理;(3) 对期货交易所、期货公司及其他期货经营机构、非期货公司结算会员、期货保证金安全存管监控机构、期货保证金存管银行、交割仓库等市场相关参与者的期货业务活动,进行监督管理;(4) 制定期货从业人员的资格标准和管理办法,并监督实施;(5) 监督检查期货交易的信息公开情况;(6) 对期货业协会的活动进行指导和监督;(7) 对违反期货市场监督管理法律、行政法规的行为进行查处;(8) 开展与期货市场监督管理有关的国际交流、合作活动;(9) 法律、行政法规规定的其他职责。

根据《期货交易管理条例》第47条的规定,国务院期货监督管理机构依法履行职责,可以采取下列措施:(1) 对期货交易所、期货公司及其他期货经营机构、非期货公司结算会员、期货保证金安全存管监控机构和交割仓库进行现场检查。(2) 进入涉嫌违法行为发生场所调查取证。(3) 询问当事人和与被调查事件有关的单位和个人,要求其对与被调查事件有关的事项作出说明。(4) 查阅、复制与被调查事件有关的财产权登记等资料。(5) 查阅、复制当事人和与被调查事件有关的单位和个人的期货交易记录、财务会计资料以及其他相关文件和资料;对可能被转移、隐匿或者毁损的文件和资料,可以予以封存。(6) 查询与被调查事件有关的单位的保证金账户和银行账户。(7) 在调查操纵期货交易价格、内幕交易等重大期货违法行为时，经国务院期货监督管理机构主要负责人批准，可以限制被调查事件当事人的期货交易，但限制的时间不得超过15个交易日；案情复杂的，可以延长至30个交易日。(8) 法律、行政法规规定的其他措施。

政府期货主管机构的功能如下：

第一，市场创造功能。在期货市场发育不完全、期货投资者不成熟的国家，政府有义务创造和维护有利的投资环境，促进期货市场的健康发展。

第二，利益协调功能。在期货市场中，政府是公共利益、投资者利益的代表，负有协调国家、企业以及各地方、各部门之间利益关系的责任。政府在缓和期货市场中不同利益主体之间冲突的过程中，应当兼顾各方利益，尤其应当以保护投资者利益为基本出发点。

第三，裁决纠纷功能。在市场经济中，政府处于超然地位，不直接参与经济活动。一旦期货市场出现重大事件，政府期货主管机构应当以裁判者的身份，从公平、公正的角度出发，解决矛盾，处理纠纷，提高市场的运作效率。

第四，维护投资者利益和稳定市场的功能。期货市场的稳定与否和投资者的利益保护有密切联系，直接关系到市场信心的建立。为此，政府期货主管机构应当依据有关法律规定，加强市场监督，维护期货市场的公平、公正，防止欺诈、价格操纵、滥用信息等不正当行为的出现。

我国期货主管机构的职能主要包括：拟订监管期货市场的规则、实施细则；依法审核期货交易所、期货结算机构的设立，并审核其章程和业务规则；审核上市期货、期权产品及合约规则；监管市场相关参与者的交易、结算、交割等业务活动；监管期货市场的交易行为；负责商品及金融场外衍生品市场的规则制订、登记报告和监测监管；负责期货市场功能发挥评估及对外开放等工作；牵头负责期货市场出现重大问题及风险处置的相关工作等。①

(二) 中国期货业协会

1995年，中国证监会向国家民政部申请注册了中国期货业协会，并得到了主管部门批准，顺利完成了注册登记、征集会员等筹备工作。2000年12月29日，中国期货业协会正式挂牌。中国期货业协会是根据《社会团体登记管理条例》成立的全国期货行业自律性组织，是非营利性的社会团体法人。协会接受中国证监会和民政部的业务指导和监督管理。

1. 中国期货业协会的宗旨

根据《中国期货业协会章程》，中国期货业协会的宗旨是：在国家对期货业实行集中统一监督管理的前提下，进行期货业自律管理；发挥政府与期货业间的桥

① 参见中国证券监督管理委员会官网，http://www.csrc.gov.cn/pub/newsite/qhjgb/，2020年10月2日访问。

梁和纽带作用,为会员服务,维护会员的合法权益;坚持期货市场的公开、公平、公正,维护期货业的正当竞争秩序,保护投资者的合法权益,推动期货市场的规范发展。

2. 中国期货业协会的职责

(1) 教育和组织会员及期货从业人员遵守期货法律法规和政策。

(2) 制定和实施行业自律规则,监督、检查会员和期货从业人员的行为,对违反《中国期货业协会章程》及自律规则的会员和期货从业人员给予纪律处分。

(3) 组织开展期货行业诚信建设,建立健全行业诚信评价制度和激励约束机制,进行诚信监督。

(4) 负责期货从业资格的认定、管理以及撤销工作,负责组织期货从业资格考试、期货公司高级管理人员资质测试及法律法规、中国证监会规范性文件授权的其他专业资格考试。

(5) 制定期货业行为准则、业务规范,推进行业廉洁从业文化建设,参与开展行业资信评级,参与拟订与期货相关的行业和技术标准。

(6) 开展投资者保护与教育工作,督促会员加强期货及衍生品市场投资者合法权益的保护。

(7) 受理投资者与期货业务有关的投诉,对会员之间、会员与投资者之间发生的纠纷进行调解。

(8) 为会员服务,依法维护会员的合法权益,积极向中国证监会及国家有关部门反映会员在经营活动中的问题、建议和要求;引导和推动行业服务实体经济,履行社会责任。

(9) 制定并实施期货人才发展战略,加强期货业人才队伍建设,对期货从业人员进行持续教育和业务培训。

(10) 设立专项基金,为期货业人才培养、投资者教育或其他特定事业提供资金支持。

(11) 开展行业网络安全与信息化自律管理,提高行业网络安全与信息化工作水平。

(12) 收集、整理期货相关信息,开展会员间的业务交流,组织会员对期货业的发展进行研究,对相关方针政策、法律法规提出建议,促进业务创新。

(13) 加强与新闻媒体的沟通与联系,开展期货市场宣传,经批准表彰或奖励行业内有突出贡献的会员和从业人员,组织开展业务竞赛和文化活动。

(14) 开展期货业的国际交流与合作,加入国际组织,推动相关资质互认。

(15) 依据自律规则对境内特定品种期货交易及相关业务活动和其他涉外业务实行行业自律管理。

(16) 法律法规规定、中国证监会委托以及会员大会决定的其他职责。

3. 中国期货业协会的组织机构

会员大会是协会的最高权力机构，每 4 年举行一次。理事会是会员大会的执行机构，在会员大会闭会期间领导协会开展日常工作，对会员大会负责。理事会每年至少召开一次会议。理事会由普通会员理事、特别会员理事、非会员理事组成。理事任期 4 年，可连选连任。协会设会长一名，专职副会长若干名，兼职副会长若干名，秘书长一名，副秘书长若干名。协会会长、副会长、秘书长任期 4 年。未经中国证监会和民政部批准，会长、副会长连任不得超过两届。会长为协会法定代表人。协会经费来源是：会费、社会捐赠、政府资助、在核准的业务范围内开展活动和服务的收入以及其他合法收入。

4. 中国期货业协会的会员制度

《中国期货业协会章程》第 24 条规定："协会会员由普通会员、特别会员、联系会员组成。普通会员是指经中国证监会核准或其他依法设立的从事期货及衍生品业务的期货经营机构。特别会员是指经中国证监会批准组织开展期货交易活动的期货交易场所、期货保证金安全存管监控机构以及组织开展其他衍生品交易的机构。联系会员是指经各地方民政部门批准设立的省、自治区、直辖市、计划单列市的期货业社会团体法人，以及期货服务机构和其他与期货及衍生品业务相关的机构。"第 25 条规定："期货公司以及其他专门从事期货经营的机构应当加入协会；第二十四条第三款、第四款规定的机构经协会批准可以加入协会。"

会员的权利包括：普通会员、特别会员享有协会的选举权、被选举权和表决权；要求协会维护其合法权益不受侵犯的权利；通过协会向有关部门反映意见和建议的权利；参加协会举办的活动和获得协会服务的权利；对协会工作的批评建议和监督的权利；对协会给予的纪律惩戒有听证、申诉的权利；会员大会决议增补的其他权利。

会员的义务包括：遵守《中国期货业协会章程》及其他自律性规则；执行协会的决议；按规定缴纳会费；支持协会工作，维护行业利益；参加协会组织的各项活动；向协会反映情况，按协会规定提供与期货业务相关的数据信息及其他资料；接受协会的监督与检查；根据协会的规定履行公告义务；会员大会决议增补的其他义务。

当发生下列情形时，会员资格终止：(1) 两个或两个以上会员单位合并，会员资格由存续单位或新设单位继承，原有会员资格自动终止；(2) 会员被依法撤销；(3) 受到协会取消会员资格处分的；(4) 会员退会。

四、期货市场交易制度

(一)会员制

期货交易所实行会员制,只有会员可以在期货交易所进行期货交易,非会员单位或个人必须通过期货交易所会员代理才能进行期货交易。所谓会员,是指根据期货交易的有关法规和期货交易所章程的规定,经期货交易所审查批准,在期货交易所进行期货交易活动的企业法人。会员依其业务范围,可以分为期货公司会员和非期货公司会员。根据《期货交易所管理办法》第63条的规定,期货公司会员按照中国证监会批准的业务范围开展相关业务,非期货公司会员不得从事《期货交易管理条例》规定的期货公司业务。

(二)保证金管理制度

保证金管理制度,是指根据期货交易所的规定,期货投资者在交易时必须存入一定数额的保证金,以作为双方履约的担保。保证金管理制度是期货市场风险管理的有力措施,也是期货投资者参与期货交易的法定条件之一。

期货交易应当严格执行保证金制度。期货交易所向会员、期货公司向客户收取的保证金,不得低于国务院期货监督管理机构、期货交易所规定的标准,并应当与自有资金分开,专户存放。期货交易所向会员收取的保证金,属于会员所有,除用于会员的交易结算外,严禁挪作他用。期货公司向客户收取的保证金,属于客户所有,除下列可划转的情形外,严禁挪作他用:(1)依据客户的要求支付可用资金;(2)为客户交存保证金,支付手续费、税款;(3)国务院期货监督管理机构规定的其他情形。

(三)涨跌停板制度

根据《期货交易管理条例》第11条的规定,期货交易所应当按照国家有关规定建立、健全涨跌停板制度。该条例第81条第10项规定:“涨跌停板,是指合约在1个交易日中的交易价格不得高于或者低于规定的涨跌幅度,超出该涨跌幅度的报价将被视为无效,不能成交。”涨跌停板制度主要用于限制期货合约每日价格波动的最大幅度。涨跌停板是以某一合约上一交易日的结算价为基准的,合约上一交易日的结算价加上允许的最大涨幅即构成当日价格上涨的上限,称为“涨停板”;合约上一交易日的结算价减去允许的最大跌幅即构成当日价格下跌的下限,称为“跌停板”。交易所可根据市场风险状况调整涨跌幅度。涨跌停板制度可以有效缓解或抑制由于突发事件或过度投机而引发的暴涨暴跌。

(四)交割制度

交割制度,是指期货合约到期时,交易双方将合约所载的商品所有权或权利进行转移,以了结未平仓合约的制度。期货交易的交割由期货交易所统一组织进行。交割仓库由期货交易所指定。期货交易所不得限制实物交割总量,并应当与交割仓库签订协议，明确双方的权利和义务。交割仓库不得有下列行为：(1) 出具虚假仓单；(2) 违反期货交易所业务规则，限制交割商品的入库、出库；(3) 泄露与期货交易有关的商业秘密；(4) 违反国家有关规定参与期货交易；(5) 国务院期货监督管理机构规定的其他行为。

（五）强行平仓制度

强行平仓，是指在期货交易过程中，在期货交易者的期货持仓所需的保证金不足，又未按期货交易所或期货公司的通知及时追加保证金时，期货交易所或期货公司有权对期货交易者的期货持仓进行反向交易，以所得资金补足期货交易者所需保证金的法律行为。当交易所会员或投资者的结算准备金余额小于零，且未能在规定时间内补足时，交易所或会员有权强行平仓。此外，如果会员或客户的持仓量超过限仓规定，或根据交易所的紧急措施应当强行平仓，则交易所或会员有权强行平仓。

根据《期货交易管理条例》第 34 条的规定，期货交易所会员的保证金不足时，应当及时追加保证金或者自行平仓。会员未在期货交易所规定的时间内追加保证金或者自行平仓的，期货交易所应当将该会员的合约强行平仓，强行平仓的有关费用和发生的损失由该会员承担。期货公司在客户保证金不足而又未能在期货公司统一规定的时间内及时追加时，应当将该客户的期货合约强行平仓，强行平仓的有关费用和发生的损失由该客户承担。

（六）风险准备金制度

期货交易所应当从已收取的会员交易手续费中提取一定比例的资金，作为确保期货交易所担保履约的备付金。风险准备金为期货交易提供担保，用于弥补期货交易所因不可预见的损失造成的亏损，对于维护期货市场的正常运转具有重要作用。根据《期货交易管理条例》第 11 条的规定，期货交易所应当按照国家有关规定建立、健全风险准备金制度。期货交易所、期货公司、非期货公司结算会员应当按照国务院期货监督管理机构、财政部门的规定提取、管理和使用风险准备金，不得挪用。会员在期货交易中违约的，期货交易所先以该会员的保证金承担违约责任；保证金不足的，期货交易所应当以风险准备金和自有资金代为承担违约责任，并由此取得对该会员的相应追偿权。客户在期货交易中违约的，期货公司先以该客户的保证金承担违约责任；保证金不足的，期货公司应当以风险准备金和自有资金代为承担违约责任，并由此取得对该客户的相应追偿权。

（七）境外期货交易制度

境外期货项下购汇、结汇以及外汇收支，应当符合国家外汇管理有关规定。境内单位或者个人从事境外期货交易的办法，由国务院期货监督管理机构会同国务院商务主管部门、国有资产监督管理机构、银行业监督管理机构、外汇管理部门等有关部门制订，报国务院批准后施行。

思考题

1. 简述金融衍生品的概念和种类。
2. 试论述金融衍生品合约的法律特征。
3. 简述金融衍生品交易的风险。
4. 试比较金融衍生品市场的不同监管模式。
5. 简述期货市场的主要交易制度。
6. 简述公司制期货交易所的组织机构。

第八章　信托法律制度

第一节　信托制度概述

一、信托制度概述

（一）信托的概念和特征

信托，即基于信任而委托，是一种“受人之托，代人理财”的财产转移和管理制度。一般来说，信托是指委托人基于对受托人的信任，将其财产转移给受托人，由受托人按委托人的意愿以自己的名义，为受益人的利益或者特定目的进行管理或者处分的行为。

信托主要有以下几种特征：

（1）信托有三方当事人。大多数法律关系（如买卖、借贷等）是由两方当事人构成的，而在信托中有三方当事人，即委托人、受托人和受益人。虽然在自益信托（委托人同为受益人）、宣言信托（委托人同为受托人）中会出现一人兼有两种信托当事人身份的情况，但是并不意味着信托当事人减少为两方。这只是当事人资格的兼任，当事人仍需以不同的身份分别享有权利和承担义务。

（2）所有权与利益相分离。信托财产由委托人转移给受托人后，一方面，受托人享有信托财产法律上、形式上的所有权，可以管理和处分信托财产；另一方面，受托人的这种所有权又是不完整的，受托人不享有受益权，即受托人必须将信托财产的收益交给受益人。所有权与利益相分离、信托财产的权利主体与利益主体相分离，正是信托区别于类似财产管理制度的根本特质。①

（3）信托财产的独立性。信托一旦有效设立，信托财产即从委托人、受托人以及受益人的自有财产中分离出来，成为一种独立运作的财产，仅服从于信托目的。有学者形象地将此称为信托的“闭锁效应”，即“信托一旦设立，信托财产即自行封闭，与外界隔绝”。②

（4）责任的有限性。这种有限性根源于信托财产的独立性。只要受托人在

---

① 参见周小明：《信托制度比较法研究》，法律出版社1996年版，第12页。此处书名以封面为准。

② 参见方嘉麟：《信托法之理论与实务》，中国政法大学出版社2003年版，第20页。

处理信托事务过程中没有违背信托目的和管理职责,即使未能取得信托利益或造成了信托财产的损失,受托人也不以自有财产负个人责任。受托人因处理信托事务所支出的费用以及对第三人所负的债务,都只以信托财产为限负有限清偿责任。法律上之所以作出这些安排,是为了防止受托人因履行职责而受到无谓损害,从而使信托的社会机能得到彻底发挥。

(5) 信托管理的连续性。信托是一种具有长期性和稳定性的财产管理制度。信托不因受托人的欠缺而影响其成立。已成立的信托也不因受托人的更迭而影响其存续,即信托设立后,受托人因死亡、丧失行为能力、解散、破产等不得已事由而终止其职务时,信托关系并不因此而当然消灭。在公益信托中,还适用"近似原则",即当公益信托所指定公益目的不能实现或实现已无意义时,公益信托并不终止,有关机关将信托财产用于与初始信托近似的其他一些公益目的上,从而使公益信托继续存在下去。

(二) 信托的分类

信托具有广泛的适用性,根据不同的标准,可以分为不同的种类。

第一,以信托成立的原因为标准,可以分为法定信托与意定信托。法定信托是根据法律的明文规定设立的信托。意定信托是依当事人的意思表示(如合同或遗嘱等)设立的信托。信托的设立原则上由当事人意思自治,法律一般不作强行规定,但在某些情况下也有例外。

第二,以信托利益是否归属委托人本人为标准,可以分为自益信托与他益信托。自益信托是委托人以自己为受益人的信托。他益信托是委托人以他人为受益人的信托。两者在信托法的适用上存在一定差异。

第三,以受托人的身份为标准,可以分为商事信托与民事信托。商事信托又称"营业信托",其受托人一般为从事信托营业的具有法人资格的机构,以营利为目的。民事信托又称"非营业信托",其受托人没有严格限制,由商事受托人以外的主体担任,不以营利为目的。

第四,以信托产生的方式为标准,可以分为明示信托与默示信托。明示信托,是指由当事人通过明确的意思表示而设立的信托,如通过合同、遗嘱等设立的信托。默示信托,是指委托人虽未明确表示,但可因其行为推定其具有信托的意图,由此而成立的信托。默示信托只存在于英美法中。

第五,以设立信托的目的为标准,可以分为私益信托与公益信托。私益信托,是指委托人为了自己或其他特定人的利益而设立的信托。公益信托,是指委托人为实现社会公共利益而设立的信托。各国信托法都对公益信托作了一些特殊规定,如公益信托的设立、变更和终止都需经过有关主管机关的批准并受其监管,公益信托在税制上一般享受优惠待遇等。在英美法上,还有一种目的信托,这种信托不以人类为受益人,而以人之外的动物或无生命物为受益人。

第六，以信托是否集合社会公众的资金以及对信托财产的不同管理方式为标准，可以分为个别信托与集合信托。个别信托，是指受托人根据不同的信托合同，分别管理各个委托人的信托财产，即对信托财产予以个别管理。集合信托，是指受托人根据定型化的条款，与多数委托人订立信托合同，集合社会公众的资金，依特定目的，对信托财产概括地加以运用。

（三）信托与其他制度的比较

1. 信托与代理

代理，是指代理人在代理权限内，以被代理人的名义与第三人实施法律行为，其法律后果由被代理人承担的民事法律制度。信托与代理都是基于信任而产生的，都是为了他人的利益而从事活动，都可能涉及为他人管理财产。两者的不同主要体现在以下几方面：

（1）当事人不同。信托有委托人、受托人和受益人三方，而代理只有代理人和被代理人两方。

（2）受托财产的权属不同。信托财产的所有权与受益权分离，受托人取得法律上、形式上的所有权，受益人取得信托财产的利益；而在代理中，代理人并不因代理而取得被代理人的财产所有权，代理所涉及的财产的所有权与利益不发生分离，均归属于被代理人。

（3）对外使用的名义和法律后果的承担主体不同。在信托中，受托人以自己的名义对外从事活动，由此产生的法律后果由受托人自行承担；而在代理中，代理人以被代理人的名义在代理权限内对外活动，由此产生的法律后果由被代理人承担。①

（4）行使的权限不同。在信托中，除了信托文件和法律另有限制外，受托人具有为实施信托事务所必需或所适宜的一切权限，委托人或受益人不得随意干涉受托人的活动；而在代理中，代理人只能在被代理人授权的范围内活动，不得逾越代理权限，而且其行为受到被代理人的严格监督。

（5）存续不同。信托一经设立，除委托人在信托文件中明确保留了撤销权外，委托人不得废止或撤销信托，而且委托人或受托人的死亡并不影响信托的存续；而代理可因一方当事人的意思而终止，代理人或被代理人死亡将使代理当然终止。

（6）适用范围不同。信托业务以财产管理为中心；而代理则适用于被代理人自愿委托的各种事务，如立约、诉讼、表决等。

2. 信托与行纪

行纪是大陆法系民商法上的一种代客买卖的法律制度，是指一方（行纪人）

① 参见赵廉慧：《信托法解释论》，中国法制出版社 2015 年版，第 63 页。

接受他方(委托人)委托,以自己的名义为委托人从事贸易活动并收取报酬的营业活动。行纪与信托有许多相似之处,以往人们常常将它们混为一谈。两者都以信任为基础,都是为了他人利益而对一定财产进行管理或处分,而且受托人与行纪人都以自己的名义对外活动。两者的不同主要体现在以下几方面:

(1) 当事人不同。行纪只有委托人和行纪人两方,而信托有委托人、受托人和受益人三方。

(2) 财产范围不同。行纪一般限于动产;而信托财产包括动产、不动产、有价证券、知识产权及其他财产、财产权利等。

(3) 财产的归属不同。在行纪中,行纪人为委托人购入或出售的物品的所有权与利益皆归属于委托人;而信托财产上的所有权与利益相分离。

(4) 业务性质不同。行纪主要涉及的是贸易,即代客买卖,其实质是一种特殊的财产交易制度;而信托涉及财产的管理、处分、投资以及利益分配等诸多事务,实质上是一种财产管理制度。

(5) 处理事务的权限不同。行纪人处理委托事务时,应服从委托人的指示,其权利具有更多的依附性、约束性;而受托人处理信托事务时,拥有广泛的自由决定权。

(6) 是否享有介入权。在既无相反约定又不损害委托人利益时,行纪人具有介入权,即行纪人可以一方当事人的身份与委托人进行交易;而在信托关系中,受托人原则上没有这种介入权,即不得为自己的利益而买进信托财产或以信托财产购买自己的财产。

(7) 是否有偿。行纪是有偿的营业;而信托可以是有偿的,也可以是无偿的。

3. 信托与遗产管理

当事人在遗嘱中把遗产交付信托,即构成遗嘱信托。遗嘱信托是一种按照立遗嘱人的意愿管理遗产的法律手段。[①] 在英美法上,还设有遗嘱执行人制度和遗产管理人制度对遗产进行管理。遗嘱执行人是被继承人在遗嘱中指定的管理遗产的人,遗产管理人则是在无遗嘱继承场合由遗嘱验证法院指派的管理遗产的人。[②] 这两种人与受托人的地位非常接近,都处于受信任者的地位,都为了他人利益而管理财产,并取得对所管理财产的所有权。它们与信托的不同主要在于:

(1) 目的不同。遗产管理制度的主要目的是管理遗产,即清理死者遗产、偿

① 参见〔美〕劳伦斯·M. 弗里德曼:《遗嘱、信托与继承法的社会史》,沈朝晖译,法律出版社 2017 年版,第 51—54 页。

② 参见周小明:《财产权的革新——信托法论》,贵州人民出版社 1995 年版,第 20 页。

还死者生前债务并分配遗产；而信托主要是依照信托文件设定的，受托人为受益人的利益而持有并管理信托财产，其目的要宽泛得多，而且存续期间更长。

(2) 财产权不同。遗嘱执行人与遗产管理人在遗产管理期间对死者遗产具有完整的所有权，受益人只有权敦促他们合理管理遗产，对任何具体的遗产都没有可享有的利益，即受益人对遗产的权利在遗产管理期间只是一种期待权；而在信托中，受托人享有信托财产的所有权，受益人享有信托财产的利益。

(3) 权力不同。遗嘱执行人与遗产管理人在行使权力时须接受法院的指示与监督，他们常被解释为遗嘱验证法院的职员；而在信托中，受托人依照信托文件行使权力，有广泛的自由决定权。

4. 信托与第三人利益契约

第三人利益契约，是指一方当事人不是为自己而是为第三人设定权利，并约定由他方当事人向第三人履行义务，从而使第三人受益的契约。由于第三人利益契约涉及三方当事人，因此与信托颇为相似。虽然两大法系对第三人利益契约中的第三人之法律地位的规定完全不同，但是都承认信托与第三人利益契约是两种不同的制度。两者的差异主要有：

(1) 信托受益人的权利兼及债权和物权，对受托人有债权请求权，对信托财产有物权请求权；而第三人利益契约中的第三人仅对债务人有债权请求权。

(2) 信托的受益人与受托人之间有信任关系存在，而第三人利益契约中的第三人与契约任何一方当事人都不存在信任关系。

(3) 第三人利益契约中的第三人如对契约当事人一方表示不接受契约利益，则视为自始未取得权利。在第三人没有表示接受利益之前，契约当事人可以变更和撤销契约。与此不同，信托受益人如果不接受信托利益，只是放弃其权利，并不被视为自始未取得权利。同时，信托受益人即使没有表示要接受利益，委托人和受托人也不得因此而撤销信托。

(4) 第三人利益契约只能通过生前的合同行为设定，而信托还可以通过死因行为(遗嘱)设定。[①]

(四) 信托的历史沿革

信托作为一种观念、行为源远流长，自私有制出现就已产生。据记载，公元前 2548 年，古埃及就已有人立遗嘱将财产托付给继承人或将部分财产交给非继承人子女。在古罗马时代，又出现了信托遗赠。[②] 依据当时的市民法，并非所有的人都有接受遗赠的资格。比如，外国人、俘虏、异教徒等就被排除在受遗赠人的范围之外。但是，有时遗嘱人希望为不能接受遗产的人留下些财产。于是，作

---

① 参见周小明：《信托制度比较法研究》，法律出版社 1996 年版，第 24 页。

② 参见〔英〕大卫·约翰斯顿：《罗马法中的信托法》，张淞纶译，法律出版社 2017 年版，第 2 页。

为一种迂回方式,遗嘱人先将遗产归属于法律上有资格承受遗产之人,同时指示该人将部分或全部财产交予第三人。很多人认为这是信托的起源。但是,也有学者认为这种方式仅仅是继承人将被继承人的有关遗产移交第三人所有,并不是继承人在取得所有权的前提下管理、运用和支配该项遗产,并将由此产生的利益交付给该第三人,所以并不具备信托性质。①

现代信托制度源于英国封建时代的用益权制度是不争的事实。在 11 世纪的英国,人们普遍信奉宗教,有死后把土地捐赠给教会等宗教团体的习惯。这对封建诸侯大为不利:"其一,依当时法制,教会土地永久免税,由此阻塞封建诸侯征收租税之途;其二,教会无所谓死亡而可永久占有土地,封建诸侯因之又丧失臣民死后无继承人时取得土地的机会;其三,当时教会拥有广大土地,势力与日俱增,大有与封建诸侯分庭抗礼之势。"②因此,13 世纪末,亨利一世与爱德华三世颁行《死手法》(Statute of Mortmain,又称《没收法》),规定禁止教徒将土地捐赠给教会。未经国王特许而捐赠土地者,土地一律予以没收并归国王所有。《死手法》的实施,阻碍了教徒向教会捐赠土地行为的进行。为了打破这种限制,教徒们想出了各种各样的办法,其中之一便是创造出信托的方法,即教徒们不再像原来那样将土地直接捐赠给教会,而是先将土地让与他人,由该受让人为教会的利益而管理土地,最后将土地上的收益交予教会。这种做法既实现了使教会享有土地收益的目的,又未违背国家的法律,所以被教徒们广泛采用。信托制度很快流行起来,不仅应用于逃避对土地的征用与没收,也应用于摆脱长子继承制的法律限制(使长子之外的其他子女也得到土地利益)。此后,捐赠的物品又从土地扩大到其他动产和不动产。③

尽管信托制度一开始就受到保守派的激烈批评与反对,但是由于信托反映了资本主义市场经济形成与发展过程中人们在处分财产方面的客观需要,因此深受民间欢迎,从而发展起来,而且受到衡平法的庇护。信托从宗教目的、家族财产管理走向社会公益,于 18 世纪中叶在工业革命后逐渐进入商业领域。19 世纪,美国创造性地将信托作为一种营业方式发展,以高效率的公司组织形式推广信托事业,由此使信托从传统步入现代。

二、金融信托制度

(一) 金融信托的概念

根据信托财产的不同,可以将信托分为金融信托与一般信托。金融信托,是

① 参见张淳:《信托法原论》,南京大学出版社 1994 年版,第 2 页。

② 参见周小明:《信托制度比较法研究》,法律出版社 1996 年版,第 77 页。

③ 参见吴弘、贾希凌、程胜:《信托法论——中国信托市场发育发展的法律调整》,立信会计出版社 2003 年版,第 4 页。

指以货币资金、有价证券等金融资产为信托财产的信托。一般信托,是指以动产、不动产以及知识产权等财产、财产权为信托财产的信托。

现代信托在英国诞生之初主要是以土地等不动产为信托财产的民事信托。美国最早完成了从民事信托向营业信托的转变以及由一般信托向金融信托的过渡,为现代金融信托制度奠定了基础。我国在继受信托制度时,以营业信托的形式出现,并且进行的主要是金融信托业务。

(二) 金融信托的特征

与一般信托相比,金融信托主要有以下几个特征:

第一,信托财产的特殊化。金融信托以货币资金、有价证券等金融资产为信托财产,这是它与一般信托最大的不同。

第二,目的的增值性。传统的以土地等为信托财产的民事信托,其主要目的在于为家族传继财产,即主要在于保值。现代的金融信托虽在运行中有较高的风险,但委托人仍选择进行金融信托,可见委托人在本质上更侧重于获取利润的增值功能。

第三,功能的双重性。金融信托从一般民事信托的单纯管理和运用财产发展到融通资金,因此具有融通资金和管理财产的双重性。任何强调其中一项功能而忽视另一项功能的做法都有失偏颇,不符合金融信托的本质。①

第四,受托人的特定性。由于信托财产的金融性蕴含着信托行为的专业性和高度技术性,因而金融信托财产的受托人必须符合特定要求,才能保证金融信托财产的正确、高效运营。大多数国家规定金融信托的受托人必须是有资格经营金融信托业务的金融机构。

第五,经营的高风险性。金融信托主要是经营货币资金、有价证券等金融资产,受国家政策、经济形势以及市场波动等因素的影响较大,存在较高的风险性。

(三) 金融信托的职能

金融信托的职能,是指金融信托业务应有的职责和独具的职能,主要包括以下两个方面:

第一,财产管理职能。这是由信托的受人之托、代人理财的本质决定的,是金融信托最基本的职能。金融信托机构接受财产所有者的委托,管理、处分财产或代办经济事务等。

第二,资金融通职能。这是金融信托独有的职能。一般信托单纯地注重财产的管理和运用,而金融信托由于其信托财产的独特性,可以进行资金融通,为建设项目筹措资金或对其他机构予以资金融通和调剂等。② 这主要表现在三个

① 参见郭德香:《金融信托法律制度研究》,郑州大学出版社 2003 年版,第 31 页。

② 参见王连洲、王巍主编:《金融信托与资产管理》,经济管理出版社 2013 年版,第 148—149 页。

方面:一是货币资金的融通,无论金融信托机构将货币资金用于贷款、投资还是购买、出售有价证券,都能发挥融资的职能;二是通过融资租赁,实现物资的融通与货币资金的融通;三是通过受益权的流通转让,进行货币资金融通。[①]

另外,金融信托还能沟通和协调经济关系。金融信托机构通过开展信托业务,提供信息与咨询服务等。

(四) 金融信托的种类

按照信托财产是否为货币资金,金融信托可分为资金信托和非资金信托。

1. 资金信托

资金信托,是指委托人将其合法拥有的货币资金交付受托人,受托人按照委托人的意愿,为了受益人的利益,管理运用和处分信托财产的信托。简言之,资金信托就是以货币资金作为初始信托财产的信托。信托财产是资金形态,随着其管理运用,形态会发生变化。信托公司可将资金投资于银行存款、国债、上市公司债券和股票、投资基金、贷款、购买不动产等,形态的变化相当便捷。[②] 资金信托的基本分类是单一资金信托和集合资金信托。单一资金信托,是指受托人接受单个委托人委托,单独管理运用信托资金的信托业务。集合资金信托,是指受托人接受两个以上(含两个)委托人委托,共同管理运用信托资金的信托业务。

资金信托业务是信托公司最重要的业务,也是最基本的信托业务。信托公司在银行保险监管部门办理登记,取得金融许可证。在登记的经营范围中,资金信托业务是目前我国信托公司的首要业务。信托公司在对外宣传和推介信托业务品种时,一般首推资金信托。集合资金信托计划的主要运用方向涉及贷款、股权投资、证券市场投资、房地产等。

集合资金信托主要从信托管理运用方式上将本来属于单个资金信托的信托财产通过合同的方式约定合并、集合运用。集合资金信托不仅能降低信托公司的营运成本,而且能提高信托资金的使用效率,对受益人更有利。按照接受委托的方式,集合资金信托业务可分为两种:第一种是社会公众或者不特定人群作为委托人,以购买标准的、可流通的、证券化的合同作为委托方式,由受托人统一集合管理信托资金的业务;第二种是有风险识别能力、能自我保护并有一定的风险承受能力的特定人群或机构作为委托人,以签订信托合同的方式作为委托方式,由受托人集合管理信托资金的业务。由于第二种业务的委托人要有资金实力,能自担风险,信息公开披露的要求不高,因而对委托人的准入门槛较高。我国《信托公司集合资金信托计划管理办法》第 6 条规定了三类能够识别、判断和承

---

① 参见朱大旗:《金融法》(第三版),中国人民大学出版社 2015 年版,第 418 页。

② 参见〔日〕三菱日联信托银行编著:《信托法务与实务》(第五版),张军建译,中国财政经济出版社 2010 年版,第 230—233 页。

担信托计划相应风险的“合格投资者”:“(一)投资一个信托计划的最低金额不少于100万元人民币的自然人、法人或者依法成立的其他组织;(二)个人或家庭金融资产总计在其认购时超过100万元人民币,且能提供相关财产证明的自然人;(三)个人收入在最近三年内每年收入超过20万元人民币或者夫妻双方合计收入在最近三年内每年收入超过30万元人民币,且能提供相关收入证明的自然人。”

2. 非资金信托

广义的非资金信托,是指以货币资金以外的其他财产为信托财产的信托,包括动产信托、不动产信托以及有价证券信托等。在这里,非资金信托是指金融信托中除资金信托以外的以有价证券等为信托财产的信托,主要是有价证券信托。

有价证券信托又称“专项有价证券信托”,是指以有价证券为信托财产,由受托人进行管理运用,并将管理运用该有价证券的收益交付受益人的信托品种。作为信托财产的有价证券通常是指狭义的有价证券,即资本证券,包括股票、债券及其衍生品种(如基金证券、期货合约等)。

第二节　信托基本法律制度

一、信托法概述

(一)信托法

信托法是调整信托关系的法律规范的总称。信托法有广义和狭义之分。狭义的信托法,是指调整信托基本关系的法律,其内容主要包括:信托当事人,信托财产,以及信托的设立、变更、终止等。广义的信托法除包括狭义的信托法外,还包括信托业法。信托业法是规范信托机构的法律,其内容主要包括:信托机构的设立、变更、终止,信托机构的业务范围、经营规则、监督管理等。

各国信托立法的进展不尽相同。英国是世界上最早进行信托立法的国家,其立法侧重于信托基本法,如《受托人条例》(1893年)、《司法受托人法》(1896年)、《公共受托人法》(1906年)、《受托人法》(1925年)、《慈善信托确认法》(1954年)、《公共受托人报酬法》(1957年)、《信托变更法》(1958年)、《信托承认法》(1987年)、《受托人法》(2000年)等。美国信托法的主要渊源是各种判例。美国法律协会汇编的《信托法重述》就是各州判例法的汇总。美国还颁布了一些单行法,如《信托公司准备法》(1906年)、《信托契约法》(1939年)、《投资公司法》(1940年)。[1] 日本在1922年制定了《信托法》和《信托业法》,在1943年通过了

---

① 参见强力:《金融法》,法律出版社1997年版,第588页。

《普通银行兼营信托业务法》,在 2006 年修改了《信托法》与《信托业法》。[①]

(二) 我国信托法

1979 年,新中国第一家信托公司——中国国际信托投资公司成立。此后,我国信托业得到了重新发展,但是信托法制建设十分滞后。在一段时间内,我国对信托业的调整只有一些分散的、不成体系的行政法规,如 1986 年 1 月 7 日国务院发布的《银行管理暂行条例》第四章"其他金融机构"、1986 年 4 月 26 日中国人民银行颁布的《金融信托投资机构管理暂行规定》等。同时,这些不同主体制定的行政法规、规章之间还存在着一定的矛盾和冲突。落后的信托法制建设远远无法满足调整信托行为和规范信托业的需要。

2001 年 4 月 28 日,第九届全国人大常委会第二十一次会议通过了《中华人民共和国信托法》(以下简称《信托法》),自 2001 年 10 月 1 日起施行。这是我国第一部调整信托基本关系的法律,使我国信托关系的确立和信托行为的实施第一次有了明确的法律标准,有利于建立规范的信托制度,保护信托当事人的权益,促进信托业的健康发展,也为制定其他相关的法律法规提供了法律依据。

我国《信托法》既借鉴外国信托立法的经验,又结合本国的国情,作出了一些值得肯定的独特规定,主要有:(1) 突出了信托财产的独立性。信托财产的独立性是信托最具有特色的法律设计,也是多数学者的共识。我国《信托法》用 4 个条文(第 15—18 条)突出了信托财产的独立性,这在世界范围内较为少见。[②] (2) 将信托合同规定为诺成合同。信托的成立以信托财产交付完成为要件(除遗嘱信托外),这在外国信托法上已成惯例。信托合同作为设立信托的一种较为常用的方式,在日本通常被视为要物合同。我国《信托法》将信托合同规定为诺成合同。这一规定意味着信托合同自签订时起便具有强制执行力,无论是委托人还是受托人,在信托财产交付完成前对该合同均已不能反悔而不予履行。这一规定对信托业合同秩序的稳定起到极大的促进作用,能够极大地促进信托业的健康发展,符合我国的国情和需要。[③] (3) 增加了委托人的权利。委托人地位迥异是英美法系信托法与大陆法系信托法的根本区别之一。在英美法系下,委托人除非在信托文件中对某些权利作了保留,否则信托设立后就不再介入信托的运作,即并不认为委托人是信托的利害关系人之一。大陆法系的日本、韩国信托法则赋予委托人以信托关系人的法律地位,并在此基础上确认其享有若干权利。例如,日本信托法规定了四项委托人请求法院干预信托的权利:变更信托财产管理方法、将受托人解任、选任新受托人和检查信托事务处理情况。我国《信

---

① 参见〔日〕新井诚:《信托法》(第 4 版),刘华译,中国政法大学出版社 2017 年版,第 30 页。

② 参见黄来纪:《试论我国〈信托法〉的特点》,载《政治与法律》2002 年第 1 期。

③ 参见张淳:《〈中华人民共和国信托法〉中的创造性规定及其评析》,载《法律科学》2002 年第 2 期。

托法》授予委托人要求受托人变更信托财产管理方法、将受托人解任和选任新受托人的权利，这三项权利是委托人以自己的行为干预信托的权利，不需要通过法院，从而在程序上简便易行，委托人也能够及时进行监控。我国《信托法》还规定，委托人因受益人的重大侵权行为，有权变更受益人或者解除信托。授予委托人一定权利，使委托人能够对信托的运作进行监控，有利于信托目的的实现。（4）为受托人增设对信托的保密义务。我国关于商业秘密和隐私权的立法尚不健全，在这种情形下，《信托法》规定受托人负有保密义务成为必要。

我国《信托法》虽有其值得肯定的独特规定，但不可否认，也还存在一些不足，对一些定义和制度规范还有进一步推敲和完善的必要。我国《信托法》存在的问题主要有：

（1）信托财产权属问题。在英美法系下，存在着“双重所有权”的观念，即受托人享有信托财产的名义所有权，受益人享有实质所有权。大陆法系主张绝对所有权，排斥双重所有权。日本、韩国在信托立法中对信托财产所有权的归属虽均未作明确的规定，但规定委托人要向受托人转移财产。从具体规定来看，财产所有人的权利主要是由受益人行使的。英美法系和大陆法系的共同点是，都认为信托中的财产权是随着委托而转移的，即随着财产的转移，委托人不再拥有所有权。我国《信托法》采取了既非英美法系又非大陆法系的信托定义，回避财产权属问题，甚至回避财产转移问题，仅规定委托人“将其财产权委托给受托人”。这实际上是规定委托人保留信托财产所有权。[①] 这一规定存在着明显的缺陷：第一，这一规定没有且不可能为遗嘱信托情形下明确信托财产所有权归属提供法律依据。第二，这一规定没有且不可能为受托人处理信托财产提供处分权依据。[②] 这一规定实际上违背了信托本质，也使得信托与其他近似概念相混淆。

（2）信托财产登记的效力问题。英美法系的信托法制与大陆法系的日本、韩国信托法有一个重要差异，即前者并未规定信托公示制度，后者则要求有关财产的信托必须予以公示。但是，日本信托法并未将信托公示规定为信托的生效要件，信托公示仅产生对抗第三人的效力。我国《信托法》将有关信托财产的登记确定为信托的生效要件，这与我国民法中的不动产登记制度相一致，也有利于促进当事人办理登记，避免不必要的纠纷。但是，这使信托的设立要求更严格，不利于促进信托的设立。2017年，中国银监会依据《信托法》发布《信托登记管理办法》，明确信托机构的信托产品及其受益权信息登记、信托受益权账户的设立等应由中国信托登记有限责任公司集中管理。从实践来看，不登记不得对抗

① 参见吴弘、贾希凌、程胜：《信托法论——中国信托市场发育发展的法律调整》，立信会计出版社2003年版，第8页。

② 参见张淳：《〈中华人民共和国信托法〉中的创造性规定及其评析》，载《法律科学》2002年第2期。

第三人更合理。

(3) 信托监察人适用范围问题。信托监察人，是指根据委托人或者有关国家机关的指定，承担维护受益人利益之职责的人。信托监察人的职责是，站在受益人的立场上，对信托的运作进行监控。受益人的利益应当由其自行维护，这是信托法的一般规则。所以，在英美法系的信托法下，除公益信托外，并无信托监察人的特殊设计。对公益信托，英美法系的信托法也只例外地允许由第三人代受益人为诉讼上或诉讼外的行为。该第三人在英国是检察总长，在美国为各州检察长。大陆法系的信托法则就任何类型的信托建立统一的信托监察人制度。[①] 例如，日本、韩国信托法规定，当受益人不特定、尚不存在或其他为保护受益人之利益认为有必要时，如信托属于公益信托，主管机关可以应利害关系人的请求或者依职权选任信托监察人；如属于其他类型的信托，法院可以根据利害关系人的请求或者依职权选任信托监察人。但是，信托行为另有指定的信托监察人的，不在此限。我国《信托法》规定的信托监察人制度只适用于公益信托，存在一定的不足。因为在英美法系的信托法中，受益人享有衡平法上的所有权，能按物权的方式予以救济，可以运用许多救济措施保障自身的权益。我国《信托法》中受益人的权利比英美法系下受益人的权利要小得多。因此，对我国这样一个继受信托制度的大陆法系国家来说，建立统一的信托监察人制度以全面保护受益人的利益有其必要性。

(4) 法律责任问题。一般部门法都有“法律责任”或“罚则”篇，这是对当事人权利进行救济的一种有效法律措施。我国《信托法》只是笼统地规定了遭受侵害的当事人的一些权利，对于违约当事人所应承担的具体法律责任以及为预防当事人违约而采取的事前救济措施并未作出规定。[②]

(5) 配套性法规的完善问题。除信托基本法、信托业法外，信托活动的顺利开展还需要一套完善的配套性法规，具体包括：第一，建立完善的信托税收制度。信托关系涉及多方当事人，关系复杂，种类繁多，国外立法多为之设立一套独特的税收规则。但是，我国在信托税收方面还没有专门的规则，对信托业的税种、税率、纳税义务人、纳税办法等均没有统一的规定。信托公司在开展新信托业务前，对于税收问题往往缺少明确的指引，这已经引起税收征管部门的重视，不时出台税收规范性文件。例如，为支持新型冠状病毒感染的肺炎疫情防控工作，财政部和国家税务总局于2020年2月发布了《关于支持新型冠状病毒感染的肺炎疫情防控有关捐赠税收政策的公告》，明确规定“企业和个人通过公益性社会组织或者县级以上人民政府及其部门等国家机关，捐赠用于应对新型冠状病毒感

① 参见余能斌、文杰：《我国〈信托法〉内容缺陷管窥与补正思考》，载《法学》2002年第9期。

② 参见郭德香：《金融信托法律制度研究》，郑州大学出版社2003年版，第191页。

染的肺炎疫情的现金和物品，允许在计算应纳税所得额时全额扣除”，为慈善信托的开展扫除了后顾之忧。第二，建立信托财务会计制度。我国信托业务的相关会计问题遵守《企业会计准则》的有关规定。但是，《企业会计准则》未能兼顾信托业务核算的特殊需求，监管部门不得不出台各种“打补丁”的文件。因此，信托业监管部门最好根据相关法规的要求，统合制定适合信托公司的会计制度，设置和使用适合信托公司业务需要的会计科目，进行会计核算。第三，完善信托监管制度。我国《信托法》未提到信托监管问题，根据有关规定，现由中国银保监会对信托公司进行监管。2018 年 4 月，中国人民银行、中国银保监会、中国证监会、国家外汇管理局联合印发了《关于规范金融机构资产管理业务的指导意见》，明确提出对资产管理业务实施监管遵循机构监管与功能监管相结合的原则，按照产品类型而不是机构类型实施功能监管，同一类型的资产管理产品适用同一监管标准。这是对包括信托公司在内的金融机构资产管理业务开展统合监管的标志。

二、信托当事人

（一）委托人

1. 委托人的资格

委托人，是指将财产转移给他人进行管理和处分，并创设信托法律关系的人。委托人应当是具有完全民事行为能力的自然人、法人或者依法成立的其他组织。委托人应对移转作为信托财产的财产享有完全的、合法的所有权。

2. 委托人的权利

由于法律传统的不同，两大法系的信托法制在委托人的权利这一问题上呈现出较大的差异。在英美法系的信托法中，委托人除非在信托文件中对某些权利作了保留，否则在信托设立后不得再介入信托的运作，即对受托人执行信托事务不再有干预权利。大陆法系的日本、韩国信托法则不仅视委托人为信托的设立人，在信托设立后还赋予其信托关系人的法律地位，从而使委托人对信托事务的执行仍然享有许多监控权。①

（1）知情权。委托人有权了解其信托财产的管理运用、处分及收支情况，并有权要求受托人作出说明。委托人有权查阅、抄录或者复制与其信托财产有关的信托账目以及处理信托事务的其他文件。了解信托财产的运作情况是委托人掌握信托事务经营状况、监督受托人妥善处理信托事务的大前提，是委托人最基本的权利。

（2）调整信托财产的管理方法的权利。因设立信托时未能预见的特别事

---

① 参见周小明：《信托制度比较法研究》，法律出版社 1996 年版，第 148 页。

由,致使信托财产的管理方法不利于实现信托目的或者不符合受益人的利益时,委托人有权要求受托人调整该信托财产的管理方法。在英美法系下,除非在信托文件中就该权利作了保留,否则委托人不得干预受托人对信托财产的管理。在大陆法系国家,信托法授予委托人请求法院变更信托财产的管理方法的权利。我国《信托法》允许委托人直接要求受托人进行变更,无须经过司法程序,使委托人的该项权利更简便易行。

(3) 对受托人违反信托的救济权。受托人违反信托目的处分信托财产或者因违背管理职责、处理信托事务不当致使信托财产受到损失的,委托人有权申请法院撤销该处分行为,并有权要求受托人恢复信托财产的原状或者予以赔偿;该信托财产的受让人明知是违反信托目的而接受该财产的,应当予以返还或者予以赔偿。

(4) 对受托人违反信托的解任权。受托人违反信托目的处分信托财产或者管理运用、处分信托财产有重大过失的,委托人有权依照信托文件的规定解任受托人,或者申请法院解任受托人。解任权是委托人维护自身权益的最后一道屏障。

(5) 新受托人的选任权。受托人职责终止的,依照信托文件规定选任新受托人;信托文件未规定的,一般规定由利害关系人指定或申请法院任命。我国《信托法》规定,信托文件未规定的,由委托人选任;委托人不指定或者无能力指定的,由受益人选任。

(6) 变更受益人或者处分受益人的信托受益权以及解除信托的权利。该项权利在其他国家的信托法中并不多见,是我国信托法独特而大胆的规定。信托有效设立后,受益人享有的信托受益权是法律上的一种权利。虽然这种权利是由委托人将自己的财产设立信托而创立的,但是信托一经有效成立,委托人便不能随意解除信托。根据我国《信托法》第 51 条的规定,有下列情形之一的,委托人可以变更受益人或者处分受益人的信托受益权:① 受益人对委托人有重大侵权行为;② 受益人对其他共同受益人有重大侵权行为;③ 经受益人同意;④ 信托文件规定的其他情形。在自益信托中,委托人是唯一受益人的,委托人或者其继承人可以解除信托。在他益信托中,有上述①③④所列情形之一的,委托人可以解除信托。

(7) 就信托财产的强制执行向法院主张异议的权利。信托财产具有独立性,当法院违法强制执行或拍卖信托财产时,委托人、受托人或受益人有权向法院提出异议。[①]

---

① 参见〔日〕田中和明、田村直史:《信托法理论与实务入门》,丁相顺、赖宇慧等译,中国人民大学出版社 2018 年版,第 117—119 页。

3. 委托人的义务

(1) 信托关系一旦有效成立,委托人便应完全、及时地履行转移信托财产的义务。这是委托人最基本、最主要的义务。

(2) 委托人应按照法律、信托文件的规定履行向受托人支付报酬的义务。

在信托法律关系中,委托人的权利多于义务。这种“权大于责”的规定从静态上说是为了保护委托人的利益,保障其设立信托时的预期可以顺利地实现;从动态上说是为了鼓励人们创设信托,繁荣整个社会的信托市场。①

(二) 受托人

1. 受托人的资格

受托人是按委托人的意愿以自己的名义,为受益人的利益或者特定目的,对信托财产进行管理或者处分的人。与委托人一样,受托人必须具有权利能力和行为能力。受托人可以是一人,也可以是数人;可以是自然人,也可以是法人。受托人作为自然人,必须具有完全民事行为能力。各国信托法对从事营业信托业务的受托人的资格均有特殊要求,一般由信托主管部门对其组织形式、组织机构、注册资本、经营管理能力等进行严格审查,合格后发给许可证书。法人以外的其他组织作为受托人的现象较少。我国立法者考虑到其他组织作为民事主体在法律上很难有明确的界定,在实践中会产生许多问题,规定受托人应当是具有完全民事行为能力的自然人、法人。

在信托法律关系中,受托人的出任方式主要有以下几种:(1) 因信托合同而出任;(2) 因遗嘱而出任;(3) 因选任而出任;(4) 因法院的指定而出任。在下列几种情形下,受托人可以退出信托法律关系:(1) 被解任而退出;(2) 因辞任而退出;(3) 自然人受托人死亡或者被依法宣告死亡、被依法宣告为无民事行为能力人或者限制民事行为能力人;(4) 法人受托人被依法撤销或者被宣告破产、被依法解散或者法定资格丧失。

2. 受托人的权利

(1) 获取报酬权。受托人处理信托事务,有权依照信托文件的约定取得报酬。信托文件未作事先约定的,经信托当事人协商同意,可以作出补充约定;未作事先约定和补充约定的,不得收取报酬。约定的报酬经信托当事人协商同意,可以增减其数额。为了保护委托人和受益人的利益,实现信托目的,各国信托法对受托人获取报酬权均予以限制。我国《信托法》第 36 条规定:“受托人违反信托目的处分信托财产或者因违背管理职责、处理信托事务不当致使信托财产受到损失的,在未恢复信托财产的原状或者未予赔偿前,不得请求给付报酬。”

① 参见吴弘、贾希凌、程胜:《信托法论——中国信托市场发育发展的法律调整》,立信会计出版社 2003 年版,第 81 页。

(2) 费用和损失补偿权。受托人对因处理信托事务而先行以其固有财产正当支出的所有费用享有补偿权。所有费用既包括一般性的管理费用,如信托财产的保险费、维修费、租税等,也包括因处理信托事务而对第三人负债所造成的损失。所谓正当支出,是指确实因处理信托事务而发生的支出,并且受托人无过错。保障受托人的费用和损失补偿权的实现主要有以下三种方法:一是允许受托人直接从信托财产中支取;二是允许受托人出售信托财产并优先受偿;三是向受益人提出补偿申请或令其提供担保。

(3) 辞任权。信托设立后,受托人接受或者承诺信托并因此受到信托文件的约束。从有利于信托目的顺利实现的角度出发,受托人不能随意辞任。但是,若发生以下情形,应该准许受托人辞任:① 受托人认为自己不再具备管理该信托财产的能力,并提出辞任要求的;② 出现一些特殊事由,使受托人无力或者不能再履行职责的,如受托人重病、出国等。出现这两种情形,经委托人和受益人同意,受托人可以辞任。受托人辞任的,在新受托人选出前仍应履行管理信托事务的职责。公益信托的受托人辞任的,必须经公益事业管理机构批准。

(4) 财产管理方法变更请求权。信托财产的管理方法一经确定,一般不能变更。但是,在信托关系存续期间,有时为了有利于受益人或者有利于信托目的的实现,的确需要对这一管理方法进行变更。大陆法系国家与英美法系国家的信托法均授予受托人请求法院变更信托财产的管理方法的权利。目前,我国《信托法》仅承认委托人、受益人有信托财产的管理办法的变更权,尚未规定受托人具有该权利。

3. 受托人的义务

从国际通行的规则来看,法律主要通过加重受托人的法定义务,实现保护委托人、受益人合法权益的目的。

(1) 忠实义务。受托人应忠实于受托目的,为受益人的最大利益处理信托事务,不得为了自己或第三人的利益而损害受益人的利益。具体而言,有以下三个方面的要求:第一,受托人除依照法律规定取得报酬外,不得利用信托财产为自己谋取利益。若受托人利用信托财产为自己谋取利益,委托人、受益人、其他受托人可请求将其所得的利益归于信托财产,并且在受托人存在恶意时,还应附加利息一起归入。第二,受托人不得将信托财产转为其固有财产。受托人将信托财产转为其固有财产的,必须恢复该信托财产的原状;造成信托财产损失的,应当承担赔偿责任。第三,受托人不得将其固有财产与信托财产进行交易或者将不同委托人的信托财产进行相互交易,但信托文件另有规定或者经委托人或者受益人同意,并以公平的市场价格进行交易的除外。

(2) 善良管理人义务。委托人将财产交付信托,是基于对受托人的双重信赖,即不仅信赖其人格,而且信赖其能力。正是基于此种双重信赖,大陆法系的日本、韩国信托法对受托人课以善良管理人的注意义务。[①] 我国《信托法》第25条第2款规定:“受托人管理信托财产,必须恪尽职守,履行诚实、信用、谨慎、有效管理的义务。”善良管理人的注意程度比处理自己事务时应有的注意程度还要高,即必须达到受托人所从事的职业或所在的阶层普遍要求达到的注意程度。英美法系只要求受托人尽到一个普通的谨慎的人在处理自己相同或类似事务时应有的谨慎的义务,其对受托人注意义务的要求低于大陆法系。

(3) 信托财产分别管理的义务。由于信托财产具有独立性,因此受托人应将其固有财产与信托财产分别管理、分别记账。同时,受托人管理数个信托财产时,各个信托财产是相互独立的,也应当分别管理、分别记账。这样,受托人管理信托财产的行为更加透明化,有利于防止受托人欺诈委托人和受益人的事件发生,也有利于信托法律关系终止时对信托财产进行资产评估。信托财产为资金的,仅要求通过分别记账进行管理。

(4) 亲自处理信托事务的义务。因为信托法律关系的设立基础是委托人和受托人之间的信任,所以受托人亲自处理信托事务才合于委托人的愿望。但是,信托文件另有规定或者有不得已事由的,可以委托他人代为处理。其他国家的信托法一般只要求受托人就第三人的选任与监督其职务的执行负责。我国《信托法》对受托人责任的规定更为严格,即委托人依法将信托事务委托他人代理的,应当对他人处理信托事务的行为承担责任。

(5) 记录保存及报告义务。由于委托人、受益人对信托事务有知情权,因此委托人应当将信托事务的处理情况作出完整记录并妥善保存,以备委托人和受益人随时调阅、检查。同时,受托人应当每年定期将信托财产的管理运用、处分及收支情况报告委托人和受益人。

(6) 保密义务。根据我国《信托法》的规定,受托人对委托人、受益人以及处理信托事务的情况和资料负有依法保密的义务。信托事务很可能涉及委托人或受益人的个人隐私或商业秘密。当这些信息存在时,受托人有义务为委托人或受益人的利益承担保密义务。

(7) 向受益人支付信托利益的义务。这是受托人的基本义务之一。受托人管理运用和处分信托财产获取的收益,按规定应当由受益人享有。受托人履行支付信托利益的义务,是以信托财产为限承担有限责任。信托财产消耗完毕的,受托人没有义务以其固有财产支付信托利益,除非受托人违背管理职责或者管理信托事务不当。

(8) 赔偿损失、恢复信托财产原状的义务。受托人违反信托目的处分信托财产或者因违背管理职责、处理信托事务不当致使信托财产受到损失的,必须以

---

① 参见周玉华主编:《信托法学》,中国政法大学出版社2001年版,第179页。

其固有资产恢复信托财产的原状或者予以赔偿。

(9) 制作清算报告的义务。职责终止或者信托终止的,受托人应当作出处理信托事务的清算报告。

(10) 共同受托人的义务。同一信托的受托人有两个以上的,为共同受托人。共同受托人应当共同处理信托事务,但信托文件规定对某些具体事务由受托人分别处理的,从其规定。共同受托人共同处理信托事务,意见不一致时,按信托文件规定处理;信托文件未规定的,由委托人、受益人或者其利害关系人决定。共同受托人处理信托事务对第三人所负债务,应当承担连带清偿责任。第三人对共同受托人之一所作的意思表示,对其他受托人同样有效。共同受托人之一违反信托目的处分信托财产或者因违背管理职责、处理信托事务不当致使信托财产受到损失的,其他受托人应当承担连带赔偿责任。共同受托人之一职责终止的,信托财产由其他受托人管理和处分。

(三) 受益人

1. 受益人的资格

受益人是依据信托文件享有信托受益权的人。在信托设计下,由于受益人是纯享利益之人,不负任何管理之责,因此只要是具有权利能力的人,都可以作为受益人。受益人可以是一人,也可以是数人;可以是自然人,也可以是法人,还可以是非法人团体。委托人可以是受益人,也可以是同一信托的唯一受益人。受托人可以是受益人,但不得是同一信托的唯一受益人。这样规定是为了防止受托人滥用受托权利,妨碍信托目的的实现。

受益人必须能够予以确定,至于设立信托时受益人是否实际存在,则无关紧要。比如,可以为胎儿的利益设立信托,也可以为某一类现在尚不存在的人(如将来结婚后所生的子女)设立信托。但是,我国《信托法》也例外地承认两类不需要确定的受益人的信托:一类是公益信托,受益人实质上是不特定的社会公众。为了推进公益事业,《信托法》视公益目的本身为受益人,并赋予公益信托主管机关以强制执行信托请求权。另一类是目的信托或称"不完全义务信托",没有受益人,信托财产被指定用于一些非公益的特殊目的。

2. 受益人的权利

信托受益权是受益人享有的最重要的一项权利。正是因为有了信托受益权,受益人在信托法律关系中才有存在的价值和必要。狭义的信托受益权,是指信托利益享有权;而广义的信托受益权还包括附随着狭义的受益权以保护受益人利益的各项权利。

(1) 信托利益享有权。这是受益权中最主要的一项权利,受益权的其他层面都是为配合这一权利的实现而展开的。受益人可以依法或者依信托文件向受托人主张并取得信托收益。根据我国《信托法》,信托受益权的起算日期分为两种情况：一种是在信托文件没有规定的情况下，受益人自信托生效之日起享有信托受益权；另一种是信托文件规定的具体日期为受益权的起算日期。如果一项信托有多个受益人，信托文件对信托利益的分配比例或者分配方法有规定的，按照规定进行分配；信托文件对此未作规定的，各受益人按照均等的比例享受信托利益。

（2）信托受益权的处分权。受益权是受益人享有的一种民事权利，受益人可以自由处分，包括放弃、转让、继承。受益人可以放弃信托受益权。全体受益人放弃信托受益权的，信托终止。部分受益人放弃信托受益权的，被放弃的信托受益权按下列顺序确定归属：① 信托文件规定的人；② 其他受益人；③ 委托人或者其继承人。如果信托文件没有限制性规定，受益人的信托受益权还可以依法转让和继承。如果法律、行政法规以及信托文件没有限制性规定，受益人不能清偿到期债务的，其信托受益权可以用于清偿债务。

（3）受益人的监控权。信托一经设立，委托人和受益人原则上都无权介入信托事务的执行，这被认为是受托人应有的权利。但是，由于信托事务的处理与受益人的利益密切相关，因此两大法系的信托法都赋予受益人一定程度的监控权。我国《信托法》也将委托人享有的一些权利赋予受益人，以此加强对受托人的监督。例如，受益人享有知情权、调整信托财产的管理方法的权利、对受托人违反信托的解任权。受益人行使上述权利，与委托人意见不一致时，可以申请法院作出裁定。

（4）对受托人违反信托的救济权。在这方面，大陆法系按债权模式赋予受益人撤销权，塑造受益人的救济权；而英美法系按物权模式赋予受益人追索权，即可直接自受让人处追回信托财产（善意购买人除外）。根据我国《信托法》的规定，受托人违反信托目的处分信托财产或者因违背管理职责、处理信托事务不当致使信托财产受到损失的，受益人同委托人一样有权申请法院撤销该处分行为，并有权要求受托人恢复信托财产的原状或者予以赔偿。受益人行使该权利，与委托人意见不一致时，可以申请法院作出裁定。

3．受益人的义务

在信托关系中，受益人的受益权因委托人的指定或法律的规定而产生，并不需要受益人为此履行特定义务。法律为受益人考虑更多的是围绕着受益权而形成的权利体系。当然，如果在信托文件中规定受益人应当履行一定的义务，而受益人没有提出异议，则受益人应当履行。

三、信托财产

（一）信托财产的概念、范围

信托财产，是指由委托人转移给受托人并由受托人加以管理和处分的财产。

信托财产既包括信托成立时由委托人转移给受托人的财产,也包括信托存续期间受托人因信托财产的管理运用、处分或者其他情形而取得的财产。

信托是一种财产转移和管理制度,信托财产无疑处于信托关系的核心地位。没有独立的、可辨识的信托财产,便无信托。信托财产是信托设立的前提条件,是信托赖以存在的物质基础,是信托得以正常运行的重要依托和保证。

信托财产的范围非常广泛。一般来说,凡是具有金钱价值的东西,都可以作为信托财产,包括动产、不动产、物权、债权、股票和债券等有价证券,专利权、商标权、著作权等知识产权,以及其他财产权。但是,通常所说的人身权如名誉权、姓名权、身份权等,因不具有财产价值而不得作为信托财产。需要注意的是,一些法律有所限制的财产不得作为信托财产,如法律、行政法规禁止流通的财产,未经主管部门批准的限制流通的财产,被依法采取强制措施的财产等。

(二)信托财产的特点

1. 信托财产所有权的分割性

普通财产的所有权是完整和单一的,即所有人不仅自己控制和管理财产,而且自己享受财产的利益。与此不同,英美法系下的信托财产所有权一分为二:受托人取得普通法上的所有权,受益人则享有衡平法上的所有权。这种"二元所有权"观念是在普通法与衡平法相对峙、信托法孕育于衡平法的特殊历史环境下产生的,它极大地冲击了大陆法系的财产所有权观念。大陆法系奉行古罗马法学家提出的财产所有权观念,认为财产所有权包括占有权、使用权、收益权和处分权四项权能,财产所有权人为自己的利益而享有权利。大陆法系国家继受信托制度时,没有沿袭"普通法所有权"和"衡平法所有权"的提法,而将信托财产所有权赋予受托人,受益人享受信托财产利益的权利被称为"受益权"。但是,由于信托法的特别规定,受托人所有权无论如何不能与民法上的所有权相提并论(前者之管理与利益相分离,后者之管理与利益相统一),受益权也不能简单地等同于受益人对受托人的债权请求权。[①] 事实上,受托人仅对信托财产享有名义上的所有权,受益人才是信托财产的受益权人。在信托财产上,权利主体与受益主体发生了分离。

2. 信托财产的独立性

信托财产的独立性,是指信托财产区别于委托人、受托人和受益人的自有财产,仅服从于信托目的而独立运作。[②] 具体而言,信托财产的独立性包括下列几项原则:

(1) 与委托人的其他财产相区别。委托人一旦将其财产交付信托,即丧失

---

① 参见周玉华主编:《信托法学》,中国政法大学出版社 2001 年版,第 137 页。

② 参见胡旭鹏:《信托财产独立性与交易安全平衡论》,法律出版社 2015 年版,第 50 页。

对该财产的权利，该财产作为信托财产不再属于委托人的自有财产。我国《信托法》第15条规定："信托财产与委托人未设立信托的其他财产相区别。设立信托后，委托人死亡或者依法解散、被依法撤销、被宣告破产时，委托人是唯一受益人的，信托终止，信托财产作为其遗产或者清算财产；委托人不是唯一受益人的，信托存续，信托财产不作为其遗产或者清算财产；但作为共同受益人的委托人死亡或者依法解散、被依法撤销、被宣告破产时，其信托受益权作为其遗产或者清算财产。"

（2）与受托人的固有财产相区别。受托人虽因信托而取得信托财产的权利，但只是信托财产名义上的权利人，不能享有受益权。因此，信托财产实际上也不属于受托人的固有财产。受托人死亡或者依法解散、被依法撤销、被宣告破产而终止，信托财产不属于其遗产或者清算财产。

（3）抵销的禁止。在信托关系存续期间，受托人管理运用、处分信托财产所产生的债权，不得与和信托无关的受托人的个人债务相抵销。同时，受托人管理运用、处分不同委托人的信托财产所产生的债权债务也不得相互抵销。

（4）强制执行的禁止及其例外。由于信托财产是独立于信托当事人的自有财产，因此信托当事人的一般债权人原则上不得申请法院强制执行信托财产，只在某些特殊情况下可以有例外。我国《信托法》第17条第1款规定了以下几种例外情形：① 设立信托前债权人已对该信托财产享有优先受偿的权利，并依法行使该权利的；② 受托人处理信托事务所产生债务，债权人要求清偿该债务的；③ 信托财产本身应担负的税款；④ 法律规定的其他情形。

（5）混同的排除。依大陆法系民法观念，若某人在他人财产上享有他物权，后又取得了该财产的所有权，则原先的权利因混同而消灭。为保持信托财产的独立性，日本、韩国信托法特别排除民法混同规则的适用，规定信托财产为所有权以外的权利时，即使受托人取得了作为该权利标的物的财产，该权利也不因混同而消灭。

3. 信托财产的同一性

信托财产的同一性，是指信托财产的范围不仅限于委托人当初交付信托的财产，信托管理中所取得的一切财产都构成信托财产，应当继续保持其独立性。因信托管理而取得的财产一般包括两部分：一是原信托财产（即委托人最初交付信托的财产）的收益，如出租信托财产所收取的租金等；二是原信托财产的代位物，如处分（出卖）信托财产取得的价金或其他财产，因信托财产灭失、毁损而取得的赔偿金或保险金等。可见，同一性使信托财产基于信托目的而在内部结合为一个整体，不因其形态变化而丧失信托财产的性质。受托人就信托财产的收益和变化了的形态,应继续保持其独立性,并为受益人利益继续进行管理处分。[①]

(三)信托财产的公示

信托财产具有独立性,一旦成立,即区别于委托人、受托人、受益人的自有财产,仅服从于信托目的。因此,某项财产上是否已成立了信托,对第三人利益影响极大,若不以一定方式公开信托事实,则第三人无由知悉某项财产已成为信托财产的真相,从而可能遭受无端损害。[②] 大陆法系的日本、韩国信托法特别建立了信托公示制度,即要求一些特定财产的信托必须予以公示,否则不产生对抗第三人的效力。可见,日本、韩国信托法倾向于对第三人利益的保护。英美法系国家没有信托公示制度,认为信托对抗第三人的效力并不需要公示,倾向于对受益人利益的保护。

我国《信托法》规定了信托财产登记制度,即对于信托财产,有关法律、行政法规规定应当办理登记手续的,应当依法办理信托登记,否则该信托不产生效力。为规范信托登记活动,保护信托当事人的合法权益,促进信托业持续健康发展,2017 年 8 月,中国银监会发布了《信托登记管理办法》,主要规定了信托登记的定义及流程、信托受益权账户管理、信托登记信息管理和监管要求等,特别明确了信托登记是指中国信托登记有限责任公司对信托机构的信托产品及其受益权信息、国务院银行业监督管理机构规定的其他信息及其变动情况予以记录的行为。

四、信托的设立、变更和终止

(一)信托的设立

1. 信托设立的方式

信托的设立,是指通过一定的方式在当事人之间建立信托关系。信托设立的方式有多种:依据法律的规定直接设立的法定信托,根据法院的推定而设立的推定信托,依据委托人的默示行为推定其具有信托意图而设立的默示信托等。绝大多数信托是通过委托人的意思表示行为而设立的明示信托。明示信托主要有契约、遗嘱和宣言三种表现方式。

信托契约是由委托人和受托人订立的、以设立信托关系为目的的一种协议。信托契约除了要符合合同法的一般规则外,还需符合信托法对契约的记载事项、契约的形式等事项的特殊规定。

信托遗嘱是委托人以立遗嘱方式就自己的遗产设立信托的行为,是委托人

① 参见周小明:《信托制度比较法研究》,法律出版社 1996 年版,第 148 页。
② 同上书,第 150 页。

将遗产作为信托财产转移给委托人管理或处理,并要求受托人将信托利益交付指定的受益人的单方法律行为。

信托宣言是委托人为了他人利益,向社会公开宣布自己为受托人,从而设立信托的声明。这是委托人将其拥有的一定财产列为信托财产,自任受托人,并为受益人利益进行管理或处分的特殊宣言。信托宣言是英美法系的一项制度,大陆法系并不承认其效力。

2. 信托设立的有效要件

(1) 当事人合格。由于信托是一种涉及委托人、受托人和受益人三方当事人的复杂财产关系,因此各国法律对信托当事人的资格都有所要求,若主体资格不合法,则不能设立有效的信托。

(2) 信托目的合法。信托的设立原则上采意思自治原则,委托人可以为各种目的设立信托。但是,各国信托法对此都强加一项一般性的限制,即信托目的不得违法或违背社会公共政策。

(3) 信托财产确定、合法。委托人用于设立信托的财产必须是确定的,并且是委托人合法所有的。如果财产属于委托人非法所有,则该信托当然无效。

(4) 设立方式合法。一般而言,信托具备上述三个要件即可成立,而我国《信托法》还强调信托设立的要式性。首先,规定信托设立应当采取书面形式,排除了口头形式。其他国家的信托法一般规定,除非法律另有规定,当事人设立信托既可采书面形式,也可采口头形式。其次,对信托文件记载事项作了规定,列出五项强制性条款。最后,规定了信托财产的登记制度。以一些特定的财产设立信托必须进行登记,否则该信托不产生效力。

3. 信托的无效

信托的设立必须符合法定的条件,否则因违法而无效。我国《信托法》第 11 条规定:“有下列情形之一的,信托无效:(一) 信托目的违反法律、行政法规或者损害社会公共利益;(二) 信托财产不能确定;(三) 委托人以非法财产或者本法规定不得设立信托的财产设立信托;(四) 专以诉讼或者讨债为目的设立信托;(五) 受益人或者受益人范围不能确定;(六) 法律、行政法规规定的其他情形。”代理他人诉讼或者处理其他非诉讼法律事务主要属于律师的业务。为防止滥行诉讼并确保诉讼由律师代理的原则,各国信托法对于以诉讼为主要目的的信托都予以禁止。

4. 信托的撤销

信托成立后,信托财产由委托人转移给受托人并独立存在。除非委托人是信托的唯一受益人,否则委托人不能收回信托财产。一些债务人往往利用信托欺诈债权人,将可供清偿债务的财产设立信托,结果损害了债权人的利益。为防止委托人利用信托转移财产、逃避债务,保护债权人的合法权益,各国信托法一般都赋予债权人撤销权,即委托人设立信托损害其债权人利益的,债权人有权申请法院撤销该信托。但是,善意受益人已经取得的信托利益不受该信托撤销的影响。

(二)信托的变更

信托关系一经设定,即对信托当事人发生法律约束力,一般不得随意变更。但是,为保护委托人和受益人的利益,在特定情况下,可以对受托人、受益人、信托内容进行变更。

1. 受托人的变更

信托设立后,受托人在处理信托事务的过程中,不履行职责或者有影响其履行职责的其他重大事由,不利于实现信托目的或者给委托人或受益人造成损害的,委托人或受益人可以变更受托人。

根据我国《信托法》第39条的规定,受托人有下列情形之一的,其职责终止:(1)死亡或者被依法宣告死亡;(2)被依法宣告为无民事行为能力人或者限制民事行为能力人;(3)被依法撤销或者被宣告破产;(4)依法解散或者法定资格丧失;(5)辞任或者被解任;(6)法律、行政法规规定的其他情形。此时,可以依照信托文件规定选任新受托人;信托文件未规定的,由委托人选任;委托人不指定或者无能力指定的,由受益人选任;受益人为无民事行为能力人或者限制民事行为能力人的,依法由其监护人代行选任。

2. 受益人的变更

受益人所享有的受益权是法律设定的权利。信托有效设立后,委托人便不能随意变更受益人或处分受益人的信托受益权。但是,在受益人对委托人或其他共同受益人有重大侵权行为时,或经受益人同意时,或在信托文件中另有规定时,委托人可以变更受益人或处分受益人的信托受益权。

3. 信托内容的变更

信托内容包括信托期限、信托财产管理方法等诸多事项。信托生效后,信托当事人在特定情形下可以对有关事项作出修改或补充,其中运用最多的是对信托财产管理方法的变更。信托财产管理方法通常在信托设立时就已经确定,一般不能进行变更。但是,由于社会生活的复杂性,发生设立信托时未能预见的特别事由,致使信托财产管理方法不利于实现信托目的或者不符合受益人的利益时,可以对其进行变更。

(三)信托的终止

1. 信托终止的原因

信托终止,是指信托关系的消灭。除法律规定或信托文件特别约定外,信托不因委托人或受托人的死亡、丧失民事行为能力、依法解散、被依法撤销或被宣告破产而终止,也不因受托人的辞任而终止。信托终止的原因主要有以下几种:

(1) 信托文件规定的终止事由发生。我国《信托法》基于意思自治原则,允许当事人在信托文件中规定终止信托的事由。一旦规定的事由发生,信托关系即归于终止。

(2) 信托期限届满。信托当事人往往在信托文件中明确规定信托的存续期限。一旦该期限届满,信托就自动终止。

(3) 信托目的已经实现或者不能实现,或者信托的存续违反信托目的。信托是围绕着信托目的进行的。如果信托目的已经实现,那么信托自无继续存在的必要。与此相反,如果信托目的由于种种原因在客观上已经不可能实现,那么信托也无法继续存在。此外,如果发生一定的事由,使得信托的继续存在足以破坏或者在实质上损害信托目的,那么信托也应当终止。

(4) 信托被撤销。信托在一定条件下可以被撤销。例如,委托人设立信托损害其债权人利益的,债权人有权申请法院撤销该信托。

(5) 信托被解除。信托关系一经依法成立,原则上不能解除。但是,在以下几种情形下,委托人有权解除信托:一是在信托文件中规定了委托人解除信托的权利的,委托人可以根据信托文件的规定解除信托;二是在自益信托中,委托人是唯一受益人,且信托文件没有相反规定的,委托人或者其继承人可以解除信托;三是在他益信托中,受益人对委托人有重大侵权行为或者经受益人同意的,委托人可以解除信托。

(6) 信托当事人协商同意。信托的终止也贯彻意思自治原则,充分尊重当事人的意愿。委托人、受托人和受益人经协商达成一致的,可以解除信托。

2. 信托终止的法律后果

信托终止使信托关系由存在变为消灭。信托终止只对将来产生法律效力,不具有溯及既往的效力。信托无效则是自始无效。

信托终止带来的最大的法律后果是对信托财产的处置。各国信托法对信托终止时信托财产归属的权利人的规定并不一致。根据我国《信托法》的规定,信托终止的,信托财产归属于信托文件规定的人;信托文件未规定的,按下列顺序确定归属:(1) 受益人或者其继承人;(2) 委托人或者其继承人。信托财产的归属确定后,在该信托财产转移给权利归属人的过程中,信托视为继续存在,权利归属人视为受益人,受托人仍继续处理有关信托事务。

信托终止后,受托人应当对信托财产的管理运用、处分及收支等情况制作清算报告。受益人或者信托财产的权利归属人在审核清算报告后,对清算报告无异议的,受托人就清算报告所列事项解除责任。但是,如果受托人在清算报告中采用了弄虚作假、故意隐瞒等不正当手段,受托人仍需承担责任。

第三节 信托业法律制度

一、信托业概述

(一)信托业的概念和特点

在实践中,对信托业大致有三种理解:第一,认为信托业是指信托业务,即信托公司以收取报酬为目的,以受托人身份接受信托和处理信托事务的经营行为。第二,认为信托业是指信托行业。在我国,信托业是金融业的子部门,与证券业、银行业和保险业并称金融业的“四驾马车”。第三,认为信托业是指以营利为目的而常业经营信托业务的组织机构,如英国和美国的银行信托部、日本的信托银行、我国的信托公司等。在这种理解中,信托业不是一种理财手段或金融业务,而是一个使用这种理财手段或金融业务的组织体。实际上,在大多数情况下,我们在第三种理解上使用“信托业”这个词语。

信托业具有以下特点:

(1)从事信托的机构属于一种营利组织,其经营活动以营利为目的,故被称为“营业信托”(商事信托)。这区别于具有私益性质、由商业受托人以外的主体担任受托人的非营业信托(民事信托)。

(2)从事信托的机构以收受、管理和处分信托财产为主要的营业活动。这使信托业区别于以自身财产为基础开展营业活动的其他营业组织。

(3)信托业中的受托人必须是经过特别许可的特定信托营业机构,即以一定的组织机构充当受托人。这与以自然人充当受托人的信托不同。

从信托的历史发展进程来看,最早出现的是以个人为受托人的非营业信托,营业信托的兴起要晚得多。但是,恰恰是信托业的兴起和发展,更新和拓展了信托的传统机能,如现代信托所具有的金融机能。正是信托业的发展,使信托从传统步入现代,从民族的精华发展为世界性的财富。①

(二)信托业的历史沿革

英国是现代信托制度的发源地,其信托是以宗教为目的诞生的,其后扩大到为家族转移、传继财产以及教育和慈善等。由于受传统观念影响,英国的信托主要是以个人充当受托人并以无偿为原则的非营业信托。以营利为目的的信托公司即营业信托早期一直未被承认,虽然后来也有所发展,但是其发展比不上后来居上的美国。目前,英国信托业仍偏重于传统业务——民事信托和公益信托。

美国的信托源于英国,却又不囿于英国的观念。美国一方面继受了英国的

---

① 参见周小明:《信托制度比较法研究》,法律出版社1996年版,第210页。

非营业民事信托，另一方面又创造性地将信托作为一种营业加以发展，以高效率的公司组织形式推广信托事业。在美国，不仅商业信托与民事信托并举，而且商业信托随着时间的推移取得了长足的发展。美国的商业信托主要是有价证券信托。

作为大陆法系国家，日本并无信托的固有观念。日本的信托制度是20世纪初从美国引进的，一开始就把信托作为一种营业加以发展。日本引进信托的动因是希望借此解决重工业发展所需的庞大资金问题，将信托作为筹资方法。与美国不同的是，在日本，几乎只存在商业信托与公益信托，以个人为受托人的无偿的民事信托极为罕见。在商业信托中，又以金钱信托为主，有价证券信托所占比例极小。

进入21世纪后，发达国家的信托业发生了很大的变化，出现了一些新的动向，主要表现为：(1) 强化信托职能，拓展信托品种。一些发达国家在强化信托财产管理职能的同时，强调信托的融资职能、投资职能、金融职能等。信托的品种不断创新，如投资信托、年金信托、养老金信托等。(2) 金融机构兼营信托业务成为趋势。(3) 信托投资业务的国际化。(4) 高科技手段的应用。(5) 信托财产日益集中，并购重组频繁。(6) 商业信托成为主流，公益信托日益受到重视。[①]

（三）我国信托业的发展

我国古代不存在信托制度。在汉代，虽有过专门以自己的名义替他人销售物品并收取佣金的“牙行”或“牙栈”，但实际上从事的是行纪业务。一般认为，现代信托是20世纪初才从西方传到我国的。1919年，聚兴诚银行上海分行设立信托部，从事信托业务。这是我国历史上的第一个信托部，可以说是我国现代信托业的发端。此后，一些私营银行纷纷开设信托部。1921年8月21日，上海通易信托公司成立。从此，信托公司开始登上历史舞台，并得到很大发展。到20世纪30年代，一些官办银行也开始设立信托部门。1935年，国民政府设立了中央信托局。[②] 中华人民共和国成立后，政府对旧信托业进行整顿，对官营信托业予以没收和接管，对私营信托业进行社会主义改造，使之经公私合营而逐步实现国有化，最终将之并入国家银行。1949年11月，中国人民银行上海分行信托部成立，其业务包括房地产、运输、仓库、保管及其他代理业务。但是，1957年9月以后，该信托部陆续停办各项业务。此后直至改革开放前，我国信托业几乎是一片空白。

党的十一届三中全会以后，随着改革开放的全面展开，沉寂多时的信托业也

---

① 参见霍玉芬：《信托法要论》，中国政法大学出版社2003年版，第151—154页。

② 参见何旭艳：《上海信托业研究(1921—1949年)》，上海人民出版社2007年版，第107页。

得以重新恢复和发展。信托业起步的标志是1979年10月在北京成立中国国际信托投资公司,这是新时期出现在我国的第一家信托公司。为了充分利用各种渠道的闲置资金,以弥补银行信贷之不足,1980年7月10日,国务院批示:银行要试办各种信托业务。据此,信托公司在极短的时间内,如雨后春笋般在各地出现。改革开放至今,信托业经历了多次连续不断、力度不同的整顿。

1982年,信托机构迅速膨胀,由于对业务范围缺乏科学界定,与银行抢资金、争业务,在一定程度上造成了资金分散与金融业务混乱的局面。1982年4月10日,国务院发布《国务院关于整顿国内信托投资业务和加强更新改造资金管理的通知》,对信托业进行了第一次整顿。这次整顿的重点是机构整顿,旨在清理非金融机构设立的信托公司,以改变信托机构过多、过乱的局面。

1984年,我国出现了经济过热、固定资产投资膨胀和消费基金增长过猛的现象,导致货币投放过大和信贷失控。于是,1985年8月,国务院和中国人民银行相继发出紧急通知,要求银行停止办理信托贷款和信托业务,已办理的业务应加以清理,对信托业进行了第二次整顿,重点是业务整顿。1986年4月26日,中国人民银行颁布了《金融信托投资机构管理暂行规定》。

1988年10月,各地再次出现经济过热现象,信托业也随之迅速发展,恶性膨胀。中国人民银行根据《中共中央　国务院关于进一步清理整顿公司的决定》的精神,开始对信托公司进行第三次整顿,重点是业务清理和行业整顿。

1993年,在国家收紧银根、整顿金融秩序的过程中,信托业进行了第四次整顿,重点是信托业和银行业分业经营。1995年5月,国务院批转了《中国人民银行关于中国工商银行等四家银行与所属信托投资公司脱钩的意见》。后来,随着1995年《商业银行法》和1999年《证券法》的施行,我国明确规定了信托业、银行业、证券业的分业经营。

我国信托业自1979年恢复到1999年,得到了极大的发展,成为金融体系的重要组成部分。虽然信托业已经历四次整顿,但是每次整顿都明显带有暂时解决过渡性问题的痕迹,都是对已出现的问题进行"工匠式的修补",而对产生这些问题的深层症结性问题——信托业的定位,始终没有从根本上予以解决。所以,我国信托业一直在"拾遗补阙"的夹缝中发展,每次整顿之后仍然问题重重,主要表现在以下几个方面:

(1) 市场定位不明确。信托的主要功能是"受人之托,代人理财",是一种财产转移与管理制度。到了现代,信托虽又有了融资功能,但其财产管理功能与资金融通功能是相辅相成、不可分离的。我国在1979年恢复信托业时,将其作为充分利用各种渠道的社会闲散资金,以弥补银行信贷之不足,并且配合和推进经济体制改革的一种手段。所以,我国信托业一开始就没有明确的定位,只是被视为银行业的补充,以"小银行"的地位附属、依赖于银行业,信托机构并未被作为一种重要的财产管理机构。可以说,信托本业并没有真正地发展。

(2) 业务不规范。在信托机构开办的各项业务中,主要是非信托业务,空有信托之名,而无信托之实。事实上,信托公司常被说成经营信托存贷款、委托存贷款、证券经纪、信托投资、委托投资业务的"金融百货公司",是一种混业经营的金融机构,其业务覆盖了银行业务、证券业务、实业投资业务等,而真正的"受人之托,代人理财"的业务做得并不多。

(3) 经营管理混乱。信托机构的自有资本金普遍不足,一些公司违规经营现象严重,资产质量差,存在较大的经营风险。大多数信托公司尚未建立起科学完善的内部控制制度,缺乏自我约束、自我监控和自我防范金融风险的能力。

(4) 监管力度不够。作为金融监管当局的中国人民银行在监管思想上存在重银行机构而轻非银行金融机构的偏差。信托公司业务当时实际上是由中国人民银行非银行金融机构监管司下属的信托处管理。与同为金融支柱的银行业、保险业和证券业相比,对信托业的管理层次是最低的,而且中国人民银行在监管中存在监管定位有偏差、行政处罚力度不够、日常监管不到位等问题。

(5) 法制建设落后。在2001年前,我国没有一部专门规范信托基本关系的法律。监管部门对信托业的管理一直沿用1986年发布的《金融信托投资机构管理暂行规定》和《金融信托投资机构资金管理暂行办法》,而它们的立法结构不合理,主要集中于对信托机构的行政管理;立法层次较低,缺乏权威性;立法质量较差。

正是由于信托公司存在诸多问题,再加上1997年东南亚金融危机和1998年广东国际信托公司倒闭,国务院在1999年决定对信托业进行第五次全国性的清理整顿。对于这一次整顿,中国人民银行时任行长戴相龙2002年1月27日在国务院新闻办公室举办的记者招待会上作了介绍:"对我国目前239家(不包括广信)信托公司进行整顿,是按'受人之托,代人理财'的总要求对其业务进行规范,实行投资与证券分业经营,并通过重组、联合,实现规模经营,这有利于信托公司更好地发展。"国务院在这一次整顿中采取了一系列大的动作。国家也积极制定各种法律法规,以配合整顿的深入开展,保障整顿的绩效。1999年4月27日,为规范信托投资公司整顿过程中的清产核资、资产评估和损失冲销工作,维护所有者、经营者和债权人各方的合法权益,财政部、中国人民银行联合发布《信托投资公司清产核资、资产评估和损失冲销的规定》。[①] 2001年1月10日,为了加强对信托投资公司的监督管理,规范信托投资公司的经营行为,促进信托投资公司的健康发展,中国人民银行发布了《信托投资公司管理办法》。第五次

① 参见席月明:《中国信托业法研究》,中国社会科学出版社2016年版,第7页。

整顿非同以往,可以说是彻底进行了一次"大手术",所有的机构都面临重新登记,大多数机构将被淘汰出局,从数量上大大削减,留下来的机构也将进行改制,被整合归并。机构重新登记提高了进入门槛,增加了注册资本,以提高抗风险能力。经过"伤筋动骨"的整合,信托机构数量大大削减,原本239家信托公司中被摘去信托牌照的约有160家。截至2020年5月,全国登记在册的信托公司有68家。

2001年10月1日,中国第一部《信托法》开始施行。2002年6月5日,中国人民银行颁布了修订后的《信托投资公司管理办法》。同年7月18日,《信托投资公司资金信托管理暂行办法》开始施行。同日,爱建信托推出了国内第一个集合资金信托产品——上海外环隧道项目资金信托计划。10天后,国内第一个房地产信托产品——新上海国际大厦项目资金信托计划出炉。我国信托业由此进入一个新的发展时期。2007年1月23日,中国银监会正式颁布修订后的《信托公司管理办法》和《信托公司集合资金信托计划管理办法》,并规定自2007年3月1日起施行。至此,由《信托法》《信托公司管理办法》《信托公司集合资金信托计划管理办法》等法律法规构建起来的信托公司规范开展业务的政策平台趋于完善。但是,与一些发达国家相比,我国信托立法仍显滞后,尚需进一步完善。

我国信托业经过多次整顿后,信托法制环境开始趋于成熟,信托机构整合较为合理,信托投资领域愈加宽阔,市场对信托的需求不断增长,呈现出良好的发展态势。但是,也应看到,信托业仍有许多需进一步完善的地方。随着金融业的进一步改革,我国金融机构开展资产管理业务的方式越来越多,产品越来越复杂,风险日渐集聚。对此,2018年4月,中国人民银行、中国银保监会、中国证监会、国家外汇管理局联合发布了《关于规范金融机构资产管理业务的指导意见》,统一同类资产管理产品监管标准,以有效防控金融风险,引导社会资金流向实体经济,更好地支持经济结构调整和转型升级。该文件落地之后,信托业持续朝回归信托本源、服务实体经济、强化主动管理能力的方向转变,监管部门依旧加强对通道业务的监管。在新的监管环境下,信托公司或将以财富管理业务、资产证券化业务以及股权投资业务等新兴业务为抓手,促进信托业持续发展。

为了促进信托业的进一步发展,必须进一步加强信用建设,重塑信托业形象;努力营造信托业发展环境,注重信托品牌效应;积极开展信托品种创新,构筑高效的业务支持系统;加强与银行业、证券业和保险业的合作,促进信托业的健康发展;积极推行国际化发展战略,不断增强我国信托业的国际竞争力。[①]

① 参见施天涛:《商法学》(第六版),法律出版社2020年版,第360—363页。

二、信托业的法律调整

(一) 信托业法概述

信托机构,是指从事信托活动的组织。我国《信托法》使用了“信托机构”这一概念,而未使用“信托公司”“信托组织”等概念。虽然目前我国信托机构主要是指信托公司,但是从长远来看,信托机构不限于信托公司,还应包括公益信托的受托人、证券投资基金公司以及一些特殊目的机构等。

在我国,信托公司是指依照《公司法》和《信托公司管理办法》设立的,主要经营信托业务的金融机构。目前,信托公司主要依照《信托法》《信托公司管理办法》《信托公司集合资金信托计划管理办法》等法律法规开展业务活动。

(二) 信托公司的设立、变更与终止

1. 信托公司的设立

我国对信托公司的设立实行严格的核准制,设立信托公司应当经监管机构批准,并领取金融许可证。未经监管机构批准,任何单位和个人不得经营信托业务,任何经营单位不得在其名称中使用“信托公司”字样。法律法规另有规定的除外。

设立信托公司,应当具备下列条件:(1) 有符合规定的公司章程;(2) 有具备监管机构规定的入股资格的股东;(3) 具有最低限额的注册资本;(4) 有具备任职资格的董事、高级管理人员和与其业务相适应的信托从业人员;(5) 具有健全的组织机构、信托业务操作规则和风险控制制度;(6) 有符合要求的营业场所、安全防范措施和与业务有关的其他设施;(7) 监管机构规定的其他条件。

根据 2020 年 10 月 10 日经中国银保监会 2020 年第 13 次委务会议通过、自 2021 年 1 月 1 日起施行的《中国银保监会信托公司行政许可事项实施办法》第 11—17 条的规定,信托公司设立须经筹建和开业两个阶段。筹建信托公司,应当由出资比例最大的出资人作为申请人向拟设地银保监局提交申请,由银保监局受理并初步审查、银保监会审查并决定。决定机关自受理之日起 4 个月内作出批准或不批准的书面决定。信托公司的筹建期为批准决定之日起 6 个月。未能按期完成筹建的,应当在筹建期限届满前 1 个月向银保监会和拟设地银保监局提交筹建延期报告。筹建延期不得超过一次,延长期限不得超过 3 个月。申请人应当在上述期限届满前提交开业申请,逾期未提交的,筹建批准文件失效,由决定机关注销筹建许可。信托公司开业,应当由出资比例最大的出资人作为申请人向拟设地银保监局提交申请,由银保监局受理、审查并决定。银保监局自受理之日起 2 个月内作出核准或不予核准的书面决定,并抄报银保监会。申请人应当在收到开业核准文件并领取金融许可证后,办理工商登记,领取营业执照。信托公司应当自领取营业执照之日起 6 个月内开业。不能按期开业的,应

当在开业期限届满前1个月向拟设地银保监局提交开业延期报告。开业延期不得超过一次,延长期限不得超过3个月。未在上述期限内开业的,开业核准文件失效,由决定机关注销开业许可,发证机关收回金融许可证,并予以公告。

2. 信托公司的变更

信托公司变更以下事项的,应当经监管机构批准:(1) 变更名称;(2) 变更注册资本;(3) 变更公司住所;(4) 改变组织形式;(5) 调整业务范围;(6) 更换董事或高级管理人员;(7) 变更股东或者调整股权结构,但持有上市公司流通股份未达到公司总股份一定比例(在我国为5%)的除外;(8) 修改公司章程;(9) 合并或者分立;(10) 监管机构规定的其他情形。

3. 信托公司的终止

信托公司可因解散、被撤销和破产而终止。信托公司出现分立、合并或者公司章程规定的解散事由,申请解散的,经监管机构批准后解散,并依法组织清算组进行清算。信托公司有违法经营、经营管理不善等情形,不予撤销将严重危害金融秩序、损害公众利益的,由监管机构依法予以撤销。信托公司不能清偿到期债务,且资产不足以清偿债务或明显缺乏清偿能力的,经监管机构同意,可向法院提出破产申请。

应注意的是,信托财产不属于清算财产或破产财产,仍应归属于受益人、委托人或其继承人,这是由信托财产的独立性决定的。当事人非法侵占信托财产的,将承担侵权责任。

(三) 信托公司的业务经营规则

1. 信托公司的业务范围

(1) 主营业务——信托业务

信托业务,是指信托公司以营业和收取报酬为目的,以受托人身份承诺信托和处理信托事务的经营业务。信托业务是信托公司的基础业务和主营业务,是信托公司生存和发展的根本所在。信托公司的信托业务主要有以下几种:

① 资金信托业务,即委托人将自己合法拥有的资金交付信托公司,由其按照约定的条件和目的进行管理运用和处分。由于信托财产多以货币资金形式存在,因此信托公司最主要的业务是资金信托业务。

② 动产、不动产以及其他财产、财产权的信托业务,即以动产、不动产以及知识产权等财产、财产权为信托财产的信托业务。动产信托是以机器设备、交通运输工具等财产为信托财产的信托业务。不动产信托是以房屋、土地使用权等财产为信托财产的信托业务。其他财产信托是以有价证券、知识产权等为信托财产的信托业务。信托还可以是所有权以外的其他财产权的信托,包括抵押权、承租权、受益权等,由此派生出表决权信托、股权信托、资产经营权信托、抵押公司债信托等一系列信托品种。

③ 公益信托业务。信托公司可以依法接受为救济贫困、救助灾民、扶助残疾人、发展医疗卫生事业等公益目的而设立的公益信托。

④ 投资基金业务。投资基金是一种利益共享、风险共担的集合投资方式，是指基金管理公司通过发售基金份额，募集资金，形成独立的基金财产，由基金管理人管理、托管人托管，以资产组合方式进行证券或其他投资项目的投资，基金份额持有人按其所持份额享受收益、承担风险的一种投资方式。投资基金的运作基础是现代信托制度，投资基金关系的法律性质为信托关系。基金业务是一种典型的信托业务，其实质是一种集合运作的资金信托。信托公司可以受托经营法律、行政法规允许从事的投资基金业务，作为投资基金或基金管理公司的发起人从事投资基金业务。

（2）兼营业务

为了充分发挥信托公司的专业特长，扩大信托公司的经济职能和社会职能，各国信托法一般都允许信托公司兼营一些与信托作用相类似的业务。兼营业务主要有以下几种：

① 投资银行业务。信托公司可以经营企业资产的重组、并购及项目融资、公司理财、财务顾问等业务，也可以受托经营有关部门批准的国债、政策性银行债券、企业债券等债券的承销业务。

② 中间业务。信托公司可以代理财产的管理运用和处分，经营代保管业务，进行信用见证、资信调查及经济咨询业务。

③ 自有资金的投资、贷款、担保等业务。信托公司可以用其固有资产为他人提供担保，并且可以依照规定将能够运用的资金在法律允许的范围内用于同业拆借、贷款、融资租赁和投资。

2. 信托公司的经营规则

为了保障委托人和受益人的利益，信托公司开展业务时应当遵守一定的经营规则。信托公司必须履行作为营业受托人的基本义务，包括忠实义务、善良管理人义务、信托财产分别管理义务、亲自处理信托事务的义务、记录保存及报告义务、保密义务和向受益人交付信托利益的义务等。同时，我国《信托公司管理办法》对信托公司的经营作了一些特殊的规定，主要有：

（1）信托公司违反信托目的处分信托财产，或者因违背管理职责、处理信托事务不当致使信托财产受到损失的，对委托人或受益人负赔偿责任。为了防止信托公司届时无法赔偿，日本、韩国的信托法都建立了赔偿准备金制度。我国《信托公司管理办法》第49条规定："信托公司每年应当从税后利润中提取5%作为信托赔偿准备金，但该赔偿准备金累计总额达到公司注册资本的20%时，可不再提取。信托公司的赔偿准备金应存放于经营稳健、具有一定实力的境内商业银行，或者用于购买国债等低风险高流动性证券品种。"信托赔偿准备金在性质上属于保证金的范畴,委托人或受益人对之有优先于信托公司的其他债权人受偿的权利。

(2) 信托公司不得以卖出回购方式管理运用信托财产;不得以固有财产进行实业投资,但监管机构另有规定的除外。

(3) 信托公司开展信托业务,不得利用受托人地位谋取不当利益,不得将信托财产挪用于非信托目的的用途,不得承诺信托财产不受损失或者保证最低收益,不得以信托财产提供担保。

(4) 信托公司开展固有业务,不得有下列行为:向关联方融出资金或转移财产;为关联方提供担保;以股东持有的本公司股权作为质押进行融资。

(5) 信托公司不得开展除同业拆入业务以外的其他负债业务,且同业拆入余额不得超过其净资产的一定比例(在我国为20%)。监管机构另有规定的除外。

(6) 信托公司可以开展对外担保业务,但对外担保余额不得超过其净资产的一定比例(在我国为50%)。

(四) 信托公司的监督管理和自律管理

信托公司既是财产管理机构又是金融机构,如果对其缺乏必要的监管,不仅会影响委托人、受益人的利益,而且会产生金融风险,危及金融安全。因此,加强信托监管成为当前各国信托立法的一个重要内容。只有实现外部的监管与内部的自律,才能真正防范并控制信托业的潜在风险。

1. 政府监管

政府监管是由专门的政府部门对信托公司实施的监管。例如,日本《信托业法》授权大藏省、韩国《信托业法》授权企划财政部对信托业进行监管。根据我国《信托公司管理办法》的规定,中国银保监会对信托公司及其业务活动实施监管。

根据我国《信托公司管理办法》和《银行业监督管理法》的规定,监管机构对信托公司主要在以下几个方面进行监管:

(1) 机构的准入与退出监管。设立信托公司,应当经监管机构批准,并领取金融许可证。信托公司的变更、解散也必须经监管机构批准。信托公司违反审慎经营规则的,监管机构责令限期改正;逾期未改正的,或者其行为严重危及信托公司的稳健运行、损害受益人合法权益的,监管机构可以区别情形,依法采取暂停业务、限制股东权利等监管措施。信托公司已经或者可能发生信用危机,严重影响受益人合法权益的,监管机构可以依法对该信托公司实行接管或者督促机构重组。信托公司有违法经营、经营管理不善等情形,不予撤销将严重危害金融秩序、损害公众利益的,由监管机构依法予以撤销。

(2) 业务运作监管。监管机构可以定期或者不定期对信托公司的经营活动进行检查；必要时，可以要求信托公司提供由具有良好资质的中介机构出具的相关审计报告。信托公司应当按照监管机构的要求提供有关业务、财务等报表和资料，并如实介绍有关业务情况。

(3) 对人员的监管。监管机构对信托公司的董事、高级管理人员实行任职资格审查制度。未经监管机构任职资格审查或者审查不合格的，不得任职。信托公司对拟离任的董事、高级管理人员，应当进行离任审计，并将审计结果报监管机构备案。信托公司的法定代表人变更时，在新的法定代表人经监管机构核准任职资格前，原法定代表人不得离任。监管机构对信托公司的信托从业人员实行信托业务资格管理制度。符合条件的，颁发信托从业人员资格证书；未取得信托从业人员资格证书的，不得经办信托业务。信托公司的董事、高级管理人员和信托从业人员违反法律、行政法规或监管机构有关规定的，监管机构有权取消其任职资格或者从业资格。[①]

2. 自律管理

信托公司的自律包括两个方面：一是个体自律，又称“自我约束”；二是行业自律。信托业是技术性、专业性很强的行业，实践中有很多的问题，仅靠国家主管机构的管理是不够的，还需要通过各个信托机构建立、健全内部运作机制，整个信托业形成自我协调、自我平衡的制约机制，作为政府监管的必要补充。[②]

(1) 个体自律，即信托公司通过建立内部控制制度，完善业务操作规程，进行自我约束、自我控制、自我管理。根据我国《信托公司管理办法》的规定，个体自律包括以下内容：① 信托公司应当建立以股东(大)会、董事会、监事会、高级管理层等为主体的组织架构，明确各自的职责划分，保证相互之间独立运行、有效制衡，形成科学高效的决策、激励与约束机制。② 信托公司应当按照职责分离的原则设立相应的工作岗位，保证公司对风险能够进行事前防范、事中控制、事后监督和纠正，形成健全的内部约束机制和监督机制。③ 信托公司应当按规定制订本公司的信托业务及其他业务规则，建立、健全本公司的各项业务管理制度和内部控制制度，并报监管机构备案。④ 信托公司应当按照国家有关规定建立、健全本公司的财务会计制度，真实记录并全面反映其业务活动和财务状况。公司年度财务会计报表应当经具有良好资质的中介机构审计。信托公司应当按照监管机构的要求提供有关业务、财务等报表和资料，并如实介绍有关业务情况。

(2) 行业自律，即由信托公司组成行业自律组织，进行自我约束和管理。行业自律组织具有自律管理、沟通协调成员间利益、培育专业市场、团体互助、促进

① 参见李勇：《信托业监管法律问题研究》，中国财政经济出版社2008年版，第25页。

② 参见徐孟洲主编：《信托法学》，中国金融出版社2004年版，第238页。

对外交流、集体抵御不法经营等职能。对于一个完善的监管制度而言,行业自律不可或缺,可以通过合理分担监管责任,提高整个信托业的监管力度,促进行业整体的规范发展。《信托公司管理办法》规定,信托公司可以加入中国信托业协会,实行行业自律。中国信托业协会开展活动,应当接受监管机构的指导和监督。

2003年3月,中国人民银行出面组织,确定了5家信托公司作为中国信托业协会筹备工作小组成员。经过紧张的筹备,2004年11月22日,中国信托业协会首届会员大会暨中国信托业协会创立大会正式召开。大会通过了《中国信托业协会章程》《经营性信托业行业公约》《中国信托业协会会费管理办法》和《中国信托业协会理事会选举产生办法》,同时选举产生了首届理事会成员。在当天召开的首届理事会上,选举出了中国信托业协会会长、副会长及秘书长。从此,中国信托业协会开始崭露头角,担当重任。

思考题

1. 简述信托财产的特性。
2. 简述信托与代理、行纪和第三人契约的异同。
3. 简述金融信托的种类。
4. 简述信托受托人的义务。
5. 简述我国《信托法》的不足。
6. 简述金融机构资产管理业务的信托法基础。

第九章　投资基金法律制度

第一节　投资基金概述

一、投资基金的概念

投资基金是舶来品。"基金"一词在英文中来源于"fund",意为"为特定用途设立的资金或流动资产"。[①] 投资基金是一种间接投资,有别于一般的直接投资工具,如股票、外汇、期货等。每一种投资基金预先设定好投资方向,然后吸收市场资金,基金经理将筹集的资金按既定的投资方向进行投资,如投入直接投资工具。

投资基金经过一百多年的发展,已成为当今世界上十分流行的大众投资工具,但是并无统一的称谓。美国称之为"共同基金"或"互惠基金"(mutual fund),英国称之为"单位信托基金"(unit trust),日本、韩国称之为"证券投资信托基金",[②]我国称之为"投资基金"。各国对投资基金的法律定义差异较大,学理定义亦有不同。目前,比较常用的定义是:投资基金,是指一种利益共享、风险共担的集合投资方式,是基金管理人通过发售基金份额,募集资金,形成独立的基金财产,由基金管理人管理、托管人托管,以资产组合方式进行证券或其他投资项目的投资,基金份额持有人按其所持份额享受收益、承担风险的一种投资方式。[③]

二、投资基金的历史沿革

(一) 投资基金的产生和发展

投资基金作为一种资金运作方式,最早可追溯至19世纪初的荷兰。现代意义上的投资基金则始于英国,兴盛于美国,二战后传入日本、德国以及东南亚国家和地区。19世纪60年代至今,投资基金取得了长足的发展,在国际金融市场

---

① See Bryan A. Garner (ed.), *Black's Law Dictionary* (7th ed.), West Group, 1999, p. 682.

② 参见顾功耘、吴弘主编:《商法学概论》,上海人民出版社2013年版,第162页。

③ 参见吴晓灵主编:《投资基金法的理论与实践——兼论投资基金法的修订与完善》,上海三联书店2011年版,第13—14页。

上具有举足轻重的地位。近些年来，投资基金获得了快速发展，成为当代国际金融市场变化最突出的特征之一。如今，投资基金已经成为广大投资者特别是中小投资者优先的投资选择。据国际投资基金协会披露，截止到 2019 年第二季度，全球开放式基金规模为 51.4 万亿美元。①

投资基金的发展可分为以下三个阶段：

第一，欧洲时期(1822—1921 年)。

荷兰国王威廉一世于 1822 年创立了第一家私人基金，委托专人投资于市场上的有价证券，并从事欧洲和美洲之间的商品和货币投资。但是，这一尝试并未在荷兰得到推广。在 19 世纪中后期的英国，人们因国债投资等回报太低而急于寻找更有利的投资机会，恰逢美国正处于开拓时期，需要大量资金且回报较高，于是就有人募集了投资基金向美国铁路债券等证券投资。1868 年，英国政府特许设立了以进行海外投资为目的、名为“国外和殖民地政府信托”(Foreign and Colonial Government Trust)的世界上最早的投资基金。由此，在开拓殖民地疆域和开发殖民地资源的过程中，投资基金在英国得到较大发展。由于当时有限责任被投机行为利用，人们对公司形式存在误解，因此这一阶段的证券投资基金基本上都运用信托的原理而不采公司形式。② 1879 年，英国颁布《股份有限公司法》，将公司型基金纳入法律调整的范畴。至 1890 年，英国的投资机构已达一百多家。

第二，美国时期(1921—1950 年)。

20 世纪 20 年代初，投资基金扩展到了美国。由于一战后美国经济的空前繁荣，投资基金获得迅速发展，不仅封闭型基金活跃，而且以 1924 年 1 月创立的马萨诸塞投资信托基金为标志的开放式基金也开始出现。当时存在着基金利用信贷资金盈利的情况，但是受 1929 年经济危机的影响，投资基金与整个金融市场一起在 30 年代跌入低谷，投资者损失惨重。在 1933 年《证券法》、1934 年《证券交易法》、1939 年《信托契约法》的基础上，美国于 1940 年颁布《投资公司法》和《投资顾问法》，开创了投资基金专门立法的时代。随着二战后美国经济的飞跃发展，投资基金再次快速成长，开放式基金逐步取代了封闭式基金的地位，投资公司也进一步作了类型划分。截止到 2018 年年底，美国注册投资公司管理的基金资产总额达 21.4 万亿美元，已超过商业银行存款总额，是金融市场中资产规模仅次于商业银行的机构。

第三，全球时期(1950 年至今)。

20 世纪 50 年代以后，西方经济进入稳定发展的黄金时代。从 70 年代起，

---

① 参见李树超：《全球开放式基金增至 51.4 万亿美元 中国占 3.5%》，http://www.cs.com.cn/tzjj/jjdt/201910/t20191015_5990033.html，2020 年 2 月 12 日访问。

② 参见张蕾：《证券投资基金法律制度》，学苑出版社 2004 年版，第 142 页。

发展中国家也步入经济快速发展阶段，国际投资迅猛增长，贸易自由化浪潮席卷全球，促进了投资基金在全球扩散。1951年，日本在总结以前的经验、借鉴英国单位信托制度的基础上，颁布了《证券投资信托法》。1959年和1960年，新加坡和我国香港地区的第一家单位信托基金分别创立。70年代末80年代初，韩国、印度尼西亚、马来西亚、菲律宾以及智利、巴西等南美国家纷纷创设投资基金，形成了世界规模的金融力量。按地区分类，截至2019年第二季度末，美洲拥有全球开放式基金总资产的52%，欧洲以35%的占比位列第二，非洲和亚太地区合计占14%。[①]

（二）我国投资基金的发展历史及现状

我国基金市场是依附于证券市场的发展而发展起来的，最早可以追溯到1987年在香港地区成立的怡富（中国）投资服务有限公司。此后，中国银行和中国国际信托投资公司开始涉足中国投资基金业务。我国投资基金之所以依附于证券市场，是因为它被看作稳定证券市场价格、减少股市波动的市场力量。[②]1989年5月，香港新鸿基信托基金管理有限公司推出了第一个中国概念基金——新鸿基中华基金。[③]1991年8月，中国新技术创业投资公司与汇丰集团、渣打集团在香港联合设立中国置业基金，集资数亿美元投资于珠江三角洲地区企业，基金证券在香港联交所上市。1991年10月宣告成立的武汉证券投资基金和深圳南山风险投资基金标志着我国基金业的正式起步。但是，此后几年时间里，基金发展历经坎坷。邓小平同志1992年发表"南方谈话"后，各地发展经济的积极性得到极大调动，经济建设对资金的需求缺口也加大。与此同时，沪深两地证券交易所的发展和股票交易持续活跃，为内地第一批投资基金的产生起到了"催生"作用。1992—1993年，不少投资机构为了参与证券市场投资获利，同时为当地经济建设筹集资金，发起设立了一批基金。但是，这一时期的基金发展过快过猛，难免良莠不齐，出现了一些问题，如利用基金形式乱集资、乱发投资基金和信托受益债券、越权审批设立基金管理公司等。[④] 为此，1993年5月19日，当时的基金主管机构中国人民银行发出《中国人民银行关于立即制止不规范发行投资基金和信托受益债券做法的紧急通知》，要求省级分行立即制止不规范发行投资基金和信托受益债券的做法。在之后相当长一段时间里，国内基金的发行处于停滞状态。

1997年11月14日，国务院证券委员会发布《证券投资基金管理暂行办

---

① 参见李树超：《全球开放式基金增至51.4万亿美元　中国占3.5%》，http://www.cs.com.cn/tzjj/jjdt/201910/t20191015_5990033.html，2020年2月12日访问。

② 参见贺绍奇：《证券投资基金的法律透视》，人民法院出版社2000年版，第11页。

③ 参见周玉华：《投资信托基金法律应用》，人民法院出版社2000年版，第1页。

④ 参见朱少平主编：《〈证券投资基金法〉解读》，中国金融出版社2004年版，第8页。

法》,基金主管机构由中国人民银行转变为中国证监会(此后发行的基金被称为"新基金")。自此以后,我国基金业进入一个新的发展时期,主要表现为:(1)基金管理公司的发展。1998年2月24日,我国第一家证券投资基金托管银行——中国工商银行的基金托管部成立。1998年3月3日,《证券投资基金管理暂行办法》发布后的第一批基金管理公司国泰、南方基金公司分别在上海、深圳成立。1999年8月27日,10家基金管理公司被允许参加银行间同业市场。(2)基金品种的增加。1998年3月23日,我国第一批证券投资基金——基金金泰、基金开元分别在上海、深圳证券交易所上网发行、挂牌交易。2000年9月11日,华安基金管理有限公司发行国内首只开放式基金。(3)"老基金"的清理。1998年12月2日,海南银通和广证受益撤牌、清算,对"老基金"的清理工作从此正式拉开帷幕。至2000年4月17日,沈阳兴沈、沈阳久盛和富岛基金摘牌退市,标志着原有投资基金全面退出历史舞台。(4)法律环境的逐步完善。1999年12月30日,《证券投资基金行业公约》公布。2001年8月28日,中国证券业协会基金公会成立。2002年6月1日,中国证监会发布《外资参股基金管理公司设立规则》。2002年8月23日,起草工作历时3年之久的《证券投资基金法(草案)》首次提交全国人大常委会审议。《证券投资基金法》于2003年10月28日由第十届全国人大常委会第五次会议通过,自2004年6月1日起正式实施,后又于2012年和2015年两次修改。

我国基金业成长很快,经过三十余年的发展,基金已经成为证券市场重要的机构投资力量和广大投资者的重要投资工具。从基金的产品结构来看,从最初清一色的混合型基金,到如今的指数基金、债券基金、伞形基金等多样化的平衡型基金,我国基金已经完成现有政策和法律框架下产品线的构筑。[①]

虽然我国的证券投资基金正处于高速发展阶段,但是还存在一些问题,如基金总体规模不如欧美发达国家,机构投资者的作用发挥不够;基金管理公司的治理结构、内控机制尚待完善;投资运作水平难以满足公众投资者的需求,也不适应日趋激烈的市场竞争需要;等等。

三、投资基金的特征

(一)集体投资,规模经营,费用低廉,收益较高

基金是由众多投资者出资形成的。对中小投资者而言,基金解决了投资者入市难、入市成本高、承担风险能力弱的问题。基金单位有大有小,投资者可以根据自己的财力购买。此外,基金的管理、认购费用较低,收益也较高。

---

① 参见张旭东:《我国基金业发展历程》,http://www.news.sohu.com/73/46/news214934673.shtml,2020年2月15日访问。

（二）专家经营，专业管理

基金的运作是通过专业的投资管理机构进行的。一般而言，每个基金都有发起人、托管人和管理人，自然人不得进行基金经营。基金的运用由专业人士操作，他们具有丰富的专业知识和经验。基金的保管由指定的专门金融机构负责，这些金融机构必须是信誉卓著的大银行或非银行金融机构。基金管理机构和保管机构是相互独立的。基金财产在保管机构中单独开设账户，与基金管理机构和保管机构的自有资本是分开的，独立核算。基金投资者将资金委托给专业机构，由专业人士管理运作，克服了普通投资者知识和经验不足、投资成本高、风险大的缺陷，能够使投资者取得较好的收益。①

（三）组合投资，分散风险

投资基金的基本原则是组合投资、分散风险，即把一定数额的资金按不同比例分别投资于不同期限、不同种类的有价证券或行业，把风险降到最低限度。一般来说，要在投资中保证分散风险，至少要购买超过 10 个行业的 20 种以上的股票。投资者购买基金就相当于用很少的资金购买了一揽子股票，以更小的风险谋取资产的增值。②

（四）流动性强，变现性高

基金单位或股份一般都可以上市进行交易，自由流通转让。基金的流动性高，变现性强，可以满足投资者变现、转投资、规避风险的要求。投资者可以在二级市场上及时转让所持有的封闭式基金份额，也可以要求基金公司购回其所持有的开放式基金份额。

（五）运作透明度高，外部监管力度强

法律要求投资基金实行严格的信息披露制度，定期、充分披露与基金运作有关的情况，以充分发挥各方面的监督作用。

四、投资基金的种类

投资基金经过一百多年的演进，已出现诸多的种类与形态。根据基金投资的对象、性质的不同，投资基金可分为股权式基金和有价证券基金两大类。

（一）股权式基金

股权式基金是为获得投资收益而以参股或合资的方式，向某一产业或某类企业尚未公开发行或尚未上市的股份或股票进行投资，一般参与企业经营，而不以控制或支配企业为目的的一种基金。股权式基金包括产业投资基金和风险投资基金两类：

---

① 参见郭锋、陈夏等：《证券投资基金法导论》，法律出版社 2008 年版，第 9 页。

② 参见张路、罗旭、郭晓婧编译：《中美英基金法比较与实务》，法律出版社 2007 年版，第 16 页。

1. 产业投资基金

产业投资基金是以个别产业为投资对象，以追求长期收益为目的的成长及收益型基金。它不同于国外的创业基金、风险投资基金、国家基金，而是借鉴市场经济发达国家创业投资基金的运作经验，结合我国具体的投融资制度而形成的一种基金，其覆盖范围比上述基金广，包括但不限于上述基金。由于产业投资基金的产生往往出于对某个行业的扶持，因此我国的产业投资基金在某种程度上可以被理解为“行业投资基金”，即投向特定行业，主要是相对成熟的基础产业和基础设施领域以及需要进行存量资产重组创业的支柱产业，如节能环保产业投资基金、交通运输产业投资基金等。

2. 风险投资基金

风险投资基金是主要投资于处于创建期或风险期的、具有发展潜力的中小型企业或高新技术产业的基金，其投资的不确定性大、风险高。实际上，产业投资基金的范畴之中已经包含风险投资基金，后者是前者的一种特殊形式，二者的差别主要在于所投资项目的成熟程度，在市场运作中一般很难作出严格的划分。

此外，创业投资基金是股权投资基金的一个特别种类，主要投资小微企业，属于市场失灵的领域。世界各国均通过特别立法，一方面明确对创业投资基金的财税扶持政策，另一方面对其投资领域进行监管引导，以确保实现政策目标。例如，美国在 2010 年将私募基金纳入统一立法监管后，2011 年又发布规则，对创业投资基金实行差异化监管。欧盟 2011 年发布《另类投资基金管理人指令》，2013 年又专门发布《创业投资基金管理规则》。借鉴国际经验，我国《私募投资基金监督管理暂行办法》为创业投资基金设专章作了特别规定：一是参照国际通行定义和 2005 年十部委联合发布的《创业投资企业管理暂行办法》，把创业投资基金界定为“主要投资于未上市创业企业普通股或者依法可转换为普通股的优先股、可转换债券等权益的股权投资基金”；二是规定“鼓励和引导创业投资基金投资创业早期的小微企业”，并从衔接已经建立的创业投资政策扶持机制角度考虑，规定“享受国家财政税收扶持政策的创业投资基金，其投资范围应当符合国家相关规定”；三是明确基金业协会对创业投资基金采取差异化行业自律，并提供差异化会员服务；四是明确中国证监会及其派出机构对创业投资基金在投资方向检查等环节，采取区别于其他私募基金的差异化监督管理，而且规定“在账户开立、发行交易和投资退出等方面，为创业投资基金提供便利服务”。

(二) 有价证券基金

有价证券基金是以投资于公开发行和上市的股票和债券为主，即主要参与二级市场上的证券买卖的基金，是通常所说的“证券投资基金”。

(三) 股权式基金和有价证券基金的联系和区别

股权式基金和有价证券基金都具有集合投资、专家理财、分散风险的特点，采取投资人、管理人和托管人分离的形式，各负其责，相互监督，具有一脉相承的共性。但是，二者还存在以下区别：

(1) 股权式基金直接投入实业，着眼于企业股权或股票的未来公开转让和上市；而有价证券基金着眼于二级市场证券买卖差价和红利收益，通过购买上市证券间接投资企业。

(2) 股权式基金侧重于投资分红和资本增值，投机成分少；而有价证券基金既重视投资分红，也注重证券交易的资本利得收益，有一定的投机成分。

(3) 股权式基金对二级市场的依赖性较小，对股份制企业的数量、质量和组织形式要求较高；而有价证券基金以发达的二级市场为前提。

(4) 股权式基金由于投资周期长、转让性能差、流动性和变现能力弱，因此多采封闭型，以求稳定运作；而有价证券基金因流动性较好，清偿、结算也方便，故其类型可以是开放式、追加型、短期限或无期限的。

(5) 股权式基金一般只能通过关系型投资解决信息不对称问题，[①]其投资期限多为 3—8 年；而有价证券基金可以通过上市公司严格的信息披露及时掌握公司发展动态，注重股权的流动性和组合多样性，持股期限较短。

(6) 股权式基金所投资企业的股东人数较少，不涉及公众利益，没有明显的利益冲突问题，法律对其主要侧重于保护、鼓励和扶持；而法律一般不鼓励设置禁止有价证券基金增加持有其投资的上市公司的股份比例，相反鼓励其分散投资，而且规定持股的最高比例限制，以防止内幕交易、操纵市场、关联交易等损害其他中小股东权益行为的发生，在公司治理结构中发挥积极作用。

第二节　投资基金法概述

投资基金法是调整投资基金发行、交易与监管关系的法律规范的总称，主要包括投资基金的设立、募集、交易、运作、监管等方面的规定。

一、不同国家和地区投资基金立法体例比较

世界各国和地区的投资基金立法体例主要有以下三种模式：

（一）投资基金法与基金管理公司法相分离的美国模式

自 20 世纪 20 年代开始，尤其是二战后，美国投资公司成长极为迅速。至 20 世纪 90 年代，美国已经具有全球最大的投资基金产业。单就开放式基金而言，美国投资公司管理的资产约 5 倍于法国投资公司管理的资产，比英国投资公

① 参见王信：《创业基金的关系型投资及其在公司治理机构中的作用》，载《经济社会体制比较》1999 年第 2 期。

司管理的资产高出 15 倍。[①]

美国于 1940 年同时颁布了《投资公司法》和《投资顾问法》,分别规范投资基金和基金管理公司。《投资公司法》不仅对投资公司的创设、结构及经营等加以规范,还列明了组成董事会的基准,并对制定投资公司的管理契约、主承销契约等作了相关规定。该法 1970 年修正案又为管理费用、销售佣金等制定了新的标准。美国的基金属于公司型,投资顾问是一个独立的提供投资建议的外部营利性服务组织,投资公司的经营和管理主要依赖投资顾问完成(相当于基金管理公司)或提供咨询建议。美国基金投资标的相当广泛,除有价证券之外,还包括其他金融工具。

(二)投资基金法和管理公司法统一于基金法的英日韩模式

该模式的特点是,将对管理公司的规范融合于对投资基金的规范之中,以投资基金的发起设立、运作管理、清盘为主线,将与投资基金活动有关的各方当事人的权责一一予以界定。该模式又可细分为以下两种子类型:

1. 以英国和我国香港地区为代表的以自律为主的模式

该模式的特点是,强调自我管理、自我约束、自我规范。虽有成文法,如英国 1986 年《金融服务法》,但大部分监管活动仍由自律组织完成,自律组织在法律原则指导下制定了各种特定的投资业务规则。例如,我国香港地区对投资基金的监管主要有两个行规:证券及期货事务监察委员会制定的《单位信托及互惠基金守则》和投资基金公会制定的基金业《执业守则》。因只有行规而无法律,故若违反行规,一般只受到行业的谴责,最高处罚也只是取消注册资格,不会受到起诉,除非有证据证明基金管理公司或执业人员犯有商业罪。自律组织作为监管者,其成员是从被监管投资公司或者基金中选举产生的,独立性较弱,其监管也因此导致公众的不信任。一旦基金或基金管理公司出现违法行为,监管人员能否客观公正地履行职责令人怀疑。英国的投资基金监管机构即金融服务管理局实质上是一个半官方的民间机构,充当着沟通基金市场和政府(财政大臣)的桥梁,其监管工作离不开自律组织的协助。因此,英国模式是自我管理和专家管理的典范,虽有基金法律,但主要通过自律行规得以贯彻执行。实践证明,这种监管模式是行之有效的。英国和我国香港地区的基金在投资标的上相似,都不作严格的限制。

2. 以日本和韩国为代表的以法律、行政监管为主的模式

该模式的突出特点是,以基金法律、行政监管为主,以自律管理为辅。比如,日本《金融商品交易法》第 2 条将“投资信托及外国投资信托的受益证券”“投资信托及投资法人相关法律所规定投资证券”“投资法人债券及外国投资证券”“贷

① 参见周玉华:《投资信托基金法律应用》,人民法院出版社 2000 年版,第 119 页。

款信托的受益证券”等归入“有价证券”的范畴，并明确金融商品交易业协会承担促进金融商品交易业健康发展以及保护投资者的职责。根据日本《证券投资信托法》的规定，一种投资工具要成为投资基金，需与投资信托相对应，否则会受到金融厅的规制。另外，日本投资信托协会在基金业自我服务、自我监管领域也起着独特的作用。

（三）投资基金法统一于基金管理公司法的德国模式

该模式的特点是，将对投资基金的规制融合于对基金管理公司的规制之中。因为基金结构的主体是基金管理公司，基金管理公司的发展带动了投资基金的发展，对投资基金的监管主要体现为对基金管理公司业务活动的监管。该模式的优点在于监管，只要实现了对基金管理公司的有效监管，就等于控制了整个基金业的发展进程。该模式的不足之处是，管理人和托管人之间缺乏强有力的相互监督机制，要保证基金业的稳定、规范运作，必须借助于较为系统的监督制度和强有力的监管部门。德国《投资公司法》规定了两种基金品种：证券投资信托和不动产投资信托，其基金投资标的既包括有价证券也包括不动产。①

二、我国的证券投资基金法

我国基金业的发展是一个法制化不断加强的过程。1991 年 1 月，中国人民银行深圳经济特区分行颁布《深圳市投资信托基金管理暂行规定》，这是我国第一个有关基金监管的地方性规章。以国务院证券委员会 1997 年 11 月发布的《证券投资基金管理暂行办法》为新的起点，中国证监会发布了一系列规范证券投资基金的部门规章。

《证券投资基金法》的起草始于 1999 年 4 月，经三次审议，2003 年 10 月 28 日第十届全国人大常委会第五次会议通过，自 2004 年 6 月 1 日起施行。《证券投资基金法》借鉴的是日韩模式。

《证券投资基金法》在对证券投资基金活动进行规范的同时，体现了保护投资人及相关当事人的合法权益，促进证券投资基金和证券市场健康发展的立法宗旨。② 尤其值得关注的是，《证券投资基金法》为基金业今后的发展预留了空间，具有一定的前瞻性。《证券投资基金法》以法律形式确认了基金业在资本市场以及市场经济中的地位和作用，构建了基金业发展的制度框架，为基金业的发展创造了广阔的空间，对资本市场的健康发展和市场经济的完善具有深远的影响。作为继《证券法》之后规范我国证券市场的又一部重要法律，《证券投资基金法》的颁布实施具有重要意义。近些年来，我国证券投资基金业快速发展，在推

---

① 参见周玉华：《投资信托基金法律应用》，人民法院出版社 2000 年版，第 559 页。

② 参见刘俊海：《现代证券法》，法律出版社 2011 年版，第 423 页。

动证券市场和金融体系的发展和完善方面发挥了积极作用。

在经过了数年的运行后,《证券投资基金法》的弊端和局限性日益显露,于2012年12月由第十一届全国人大常委会第三十次会议修订,又于2015年4月由第十二届全国人大常委会第十四次会议修正。2012年修订的《证券投资基金法》首次将非公开募集证券投资基金纳入调整范围。根据法律授权,中国证监会于2014年8月21日就非公开募集证券投资基金公布了《私募投资基金监督管理暂行办法》。为规范发展私募基金市场,中国证监会正在加快推动出台《私募投资基金管理暂行条例》,修订《私募投资基金监督管理暂行办法》,进一步健全创业投资基金差异化监管机制,优化创业投资基金发展环境,不断提升私募投资基金行业规范运作水平,更好地支持创新创业。

第三节　证券投资基金法概述

一、证券投资基金的概念和特征

(一) 证券投资基金的概念

证券投资基金是一种利益共享、风险共担的集合投资方式,它通过发行基金单位,汇集投资者的资金,由基金管理人管理和运用资金,从事股票、债券等投资,以获得投资收益和资本增值。

(二) 证券投资基金的特征

第一,集合分散资金用于投资。证券投资基金的集资方式主要是向投资者发行基金券,从而将分散的小额资金汇集为一个较大的基金加以投资运用。

第二,利用信托原理组织证券投资。信托,是指将本人的财产转移给可以信赖的第三者,让其按照本人的要求加以管理和运用的行为。将分散的投资汇集起来委托专业机构操作,是基于对专业机构的信任。专业机构通常是指依法设立的保管机构和基金管理公司。

第三,证券投资基金只能投资于股票、债券等有价证券。投资基金有多种,可以投资于房地产、黄金等产业。证券投资基金则是专为投资证券而设立的,不能投资于证券以外的项目。

第四,投资收益必须依法分配给投资人。专业的投资机构采取组合投资,投资收益通常会高于普通投资,其所得收益也必须按出资者的出资份额进行分配。

(三) 证券投资基金与股票、债券的关系

证券投资基金的证券形式通常是基金券或基金单位,和股票、债券一样都是金融投资工具,却又区别于股票、债券。它们的区别在于:(1) 所反映的关系不同。股票反映的是股权关系,债券反映的是债权关系,而基金反映的则是信托关

系。(2) 资金投向不同。股票、债券是融资工具,其集资主要是投向实业或不动产;而基金券是信托工具,主要投资于股票、债券等有价证券。(3) 收益不同。股票的收益取决于公司的经营效益,投资股票有较大的风险;债券的收益一般是事前确定的,其投资风险较小;基金券主要投资于有价证券,投资选择可以灵活多样,从而使得其收益有可能高于债券,其投资风险又可能小于股票。

二、证券投资基金的分类

证券投资基金是一种间接的证券投资方式。按照不同的标准,可以将证券投资基金分为不同的种类。

(一) 开放式证券投资基金与封闭式证券投资基金

根据基金规模是否固定(即基金受益凭证是否可增加或赎回),证券投资基金可分为开放式证券投资基金与封闭式证券投资基金。受益凭证是为募集投资基金而发行、表明基金单位的证券。受益凭证记载投资人所认购的基金单位份额,由投资人持有,它不是投资人对信托资产所有权的证明,也不是保障收益的凭证,而只是表明投资人依持有的基金单位份额,按比例分享基金权益并分担基金风险的资格。开放式证券投资基金与封闭式证券投资基金共同构成了基金的两种基本运作方式。

开放式证券投资基金发行的基金单位的总数是不固定的,在设立后处于变动状态,可根据基金发展需要追加发行,投资者也可根据自己的实际情况增加持有或要求基金回购而减少持有。受益凭证的后续发售与赎回的价格均以基金的净资产值计算。为了应对投资者中途变现,开放式基金应当保持足够的现金或者政府债券,以备支付基金份额持有人的赎回款项。基金财产中应当保持的现金或者政府债券的具体比例,由证券监管机构规定。开放式基金不上市交易,一般通过银行申购和赎回。

封闭式证券投资基金发行的基金单位的总数是固定的,完成发行计划后,不再追加发行,投资者也不得要求回购。封闭式基金有固定的存续期,基金规模固定,一般在证券交易场所上市交易,投资者通过二级市场买卖基金单位。

开放式证券投资基金与封闭式证券投资基金存在以下区别:(1) 开放式证券投资基金的发行规模是变化的,便于业务扩展,适应发达的金融市场。在美国,大约超过 95%的投资基金是开放式的。封闭式证券投资基金的发行规模则是固定的,多为不发达市场所采用。我国早期的证券投资基金就只有封闭式的。(2) 开放式证券投资基金的定价依据基金的净资产值,而封闭式证券投资基金的价格取决于市场供求。(3) 开放式证券投资基金的投资者可将其投资赎回,而封闭式证券投资基金则不可要求回购。(4) 由于开放式证券投资基金的投资者有要求赎回的可能,因此其运作成本较高;而封闭式证券投资基金的运作成本则较低。

(二) 公司型证券投资基金与契约型证券投资基金

根据组织形态的不同,证券投资基金可分为公司型证券投资基金与契约型证券投资基金。

公司型证券投资基金是通过发行基金股份,成立投资基金公司的形式设立的,基金的投资者是股东,基金是法人。公司通过发行股票或受益凭证筹集资金,并运用于证券投资。公司以向股东支付股利的方式分配投资收益,基金资产本身即公司资本。在公司型证券投资基金的关系中,投资信托公司(狭义的投资公司)本身就是基金资产的经理人,托管人受托保管资产,而管理公司只是投资顾问并只提供咨询和代理服务,基金受益人也是公司的股东,另外聘请承销公司承担基金证券的销售、赎回以及红利发放等工作。公司型证券投资基金也有封闭式投资公司(限额投资公司)和开放式投资公司(互惠基金)之分。公司型证券投资基金在英国、美国较为盛行,公司设立董事会,董事会对基金资产负有安全增值的责任。

契约型证券投资基金是基于一定的信托契约,发行受益凭证,从投资人处募集资金,组成由信托机构代理证券投资的基金。它一般由基金管理人、基金托管人和投资人三方通过基金契约设立,通常称为"契约型基金"。契约型证券投资基金又可分为单位型和追加型两种。单位型是由管理人预先购得一定证券,交给受托人,形成一定单位,然后受托人将代表这些证券的受益权再分割为若干小单位发售给投资人,并设定一定期限,在期限终止时解除信托契约;追加型则指在设立基金后,还可随时从投资者处筹集资金,追加到基金资产中去。

公司型证券投资基金与契约型证券投资基金的区别主要在于:(1) 前者是法人,而后者不是法人。(2) 前者的投资者可以参加股东大会,对公司运作发表意见;而后者的投资者是契约关系的当事人,对资金的运作没有发言权。(3) 前者可以通过多种渠道融资,除发行普通股外,也可发行优先股、公司债,还可向银行贷款;而后者只能发行受益凭证,又称"基金单位"。(4) 前者活动的依据是公司章程,而后者活动的依据是信托契约。

(三) 股票基金、债券基金、货币基金、衍生市场基金

根据投资对象的不同,证券投资基金可分为股票基金、债券基金、货币基金、衍生市场基金等。

股票基金主要投资于股票。其中,优先股基金以股利为主要收益分配形式。普通股基金的投资者则可能获得较大的资本利得,所承担的风险也较大。有些普通股基金还以特定行业的股票为投资对象。

债券基金主要投资于政府、市政及大公司的债券,包括长、中、短期债券以及国内、国外债券。债券基金一般可定期分红派息,收益虽较低,但风险也较低。

货币基金主要投资于短期货币工具，如短期国库券、银行大额可转让存单、商业票据、企业短期融资债券等。其特点是，投资本金不受损失，资本安全性高，流动性强，收益稳定（无销售佣金，有些收入可免税）。货币基金在美国较为流行。

衍生市场基金主要以期货、期权、认股权证等金融衍生证券作为投资对象，其中有些具有较大的投机性，风险与收益均较高；也有些风险低，收益稳定。

此外，根据投资风险与收益的不同，证券投资基金可分为成长型基金、收入型基金和平衡型基金；根据资金来源及运用地域的不同，可分为海外基金、国家基金、国际基金和离岸基金；根据投资目标的不同，可分为固定型基金、半固定型基金和融通型基金等。

三、证券投资基金的作用

证券投资基金在我国的发展，可以推动证券市场规模的扩大，改善证券市场的投资者结构，促进证券市场不断完善和健康发展；可以为投资者提供理财服务和投资管理，解决资金的有效利用问题；可以吸引外资，做到既利用外资，降低投资风险，又不被外资控制。

四、证券投资基金当事人

关于基金当事人，主要有三种观点：第一种观点认为，基金有四方当事人，即投资人（又称“持有人”）、管理人、托管人和发起人。这是我国的传统观点。第二种观点认为，基金当事人只有三方，即投资人、管理人和托管人，而不应包括发起人。第三种观点认为，基金当事人包括发起人、管理人和托管人三方，投资人不应包括在内。此观点在我国曾一度被采纳。例如，1997 年 11 月发布的《证券投资基金管理暂行办法》中采纳此观点。

鉴于我国基金发起人最终全部成为基金管理人，《证券投资基金法》中只规定了基金管理人、基金托管人和基金份额持有人（或称“基金持有人”）三方当事人。

（一）基金管理人

1. 基金管理人的设立

在我国，基金管理人由依法设立的公司或者合伙企业担任。公开募集基金的基金管理人，由基金管理公司或者经国务院证券监督管理机构按照规定核准的其他机构担任。设立管理公开募集基金的基金管理公司，应当具备下列条件，并经国务院证券监督管理机构批准：(1) 有符合《证券投资基金法》和《公司法》规定的章程；(2) 注册资本不低于 1 亿元人民币，且必须为实缴货币资本；(3) 主要股东应当具有经营金融业务或者管理金融机构的良好业绩、良好的财务状况和社会信誉,资产规模达到国务院规定的标准,最近3年没有违法记录;(4) 取得基金从业资格的人员达到法定人数;(5) 董事、监事、高级管理人员具备相应的任职条件;(6) 有符合要求的营业场所、安全防范设施和与基金管理业务有关的其他设施;(7) 有良好的内部治理结构、完善的内部稽核监控制度、风险控制制度;(8) 法律、行政法规规定的和经国务院批准的国务院证券监督管理机构规定的其他条件。

2. 基金管理人的职责

根据《证券投资基金法》,公开募集基金的基金管理人应当履行的职责主要有:(1) 依法募集基金,办理基金份额的发售和登记事宜;(2) 办理基金备案手续;(3) 对所管理的不同基金财产分别管理、分别记账,进行证券投资;(4) 按照基金合同的约定确定基金收益分配方案,及时向基金份额持有人分配收益;(5) 进行基金会计核算并编制基金财务会计报告;(6) 编制中期和年度基金报告;(7) 计算并公告基金资产净值,确定基金份额申购、赎回价格;(8) 办理与基金财产管理业务活动有关的信息披露事项;(9) 按照规定召集基金份额持有人大会;(10) 保存基金财产管理业务活动的记录、账册、报表和其他相关资料;(11) 以基金管理人名义,代表基金份额持有人利益行使诉讼权利或者实施其他法律行为;(12) 国务院证券监督管理机构规定的其他职责。

公开募集基金的基金管理人不得有下列行为:(1) 将其固有财产或者他人财产混同于基金财产从事证券投资;(2) 不公平地对待其管理的不同基金财产;(3) 利用基金财产或者职务之便为基金份额持有人以外的人牟取利益;(4) 向基金份额持有人违规承诺收益或者承担损失;(5) 侵占、挪用基金财产;(6) 泄露因职务便利获取的未公开信息、利用该信息从事或者明示、暗示他人从事相关的交易活动;(7) 玩忽职守,不按照规定履行职责;(8) 法律、行政法规和国务院证券监督管理机构规定禁止的其他行为。

3. 基金管理人的职责终止

公开募集基金的基金管理人由于主客观原因不能继续履行职责的,应当退任。这些主客观原因主要有:(1) 被依法取消基金管理资格;(2) 被基金份额持有人大会解任;(3) 依法解散、被依法撤销或者被依法宣告破产;(4) 基金合同约定的其他情形。

公开募集基金的基金管理人职责终止的,基金份额持有人大会应当在6个月内选任新基金管理人;新基金管理人产生前,由国务院证券监督管理机构指定临时基金管理人。

公开募集基金的基金管理人职责终止的,应当妥善保管基金管理业务资料,及时办理基金管理业务的移交手续,新基金管理人或者临时基金管理人应当及时接收。

公开募集基金的基金管理人职责终止的，应当按照规定聘请会计师事务所对基金财产进行审计，并将审计结果予以公告，同时报国务院证券监督管理机构备案。

（二）基金托管人

1. 基金托管人的资格

基金托管人由依法设立的商业银行或者其他金融机构担任。商业银行担任基金托管人的，由国务院证券监督管理机构会同国务院银行业监督管理机构核准；其他金融机构担任基金托管人的，由国务院证券监督管理机构核准。

担任基金托管人，应当具备下列条件：(1) 净资产和风险控制指标符合有关规定；(2) 设有专门的基金托管部门；(3) 取得基金从业资格的专职人员达到法定人数；(4) 有安全保管基金财产的条件；(5) 有安全高效的清算、交割系统；(6) 有符合要求的营业场所、安全防范设施和与基金托管业务有关的其他设施；(7) 有完善的内部稽核监控制度和风险控制制度；(8) 法律、行政法规规定的和经国务院批准的国务院证券监督管理机构、国务院银行业监督管理机构规定的其他条件。

2. 基金托管人的职责

基金托管人与基金管理人不得为同一机构，不得相互出资或者持有股份。基金托管人应当履行下列职责：(1) 安全保管基金财产；(2) 按照规定开设基金财产的资金账户和证券账户；(3) 对所托管的不同基金财产分别设置账户，确保基金财产的完整与独立；(4) 保存基金托管业务活动的记录、账册、报表和其他相关资料；(5) 按照基金合同的约定，根据基金管理人的投资指令，及时办理清算、交割事宜；(6) 办理与基金托管业务活动有关的信息披露事项；(7) 对基金财务会计报告、中期和年度基金报告出具意见；(8) 复核、审查基金管理人计算的基金资产净值和基金份额申购、赎回价格；(9) 按照规定召集基金份额持有人大会；(10) 按照规定监督基金管理人的投资运作；(11) 国务院证券监督管理机构规定的其他职责。

基金托管人发现基金管理人的投资指令违反法律、行政法规和其他有关规定，或者违反基金合同约定的，应当拒绝执行，立即通知基金管理人，并及时向国务院证券监督管理机构报告。基金托管人发现基金管理人依据交易程序已经生效的投资指令违反法律、行政法规和其他有关规定，或者违反基金合同约定的，应当立即通知基金管理人，并及时向国务院证券监督管理机构报告。

3. 基金托管人的职责终止

基金托管人由于主客观原因不能继续履行基金托管职责的，应当退任。这些主客观原因有：(1) 被依法取消基金托管资格；(2) 被基金份额持有人大会解任；(3) 依法解散、被依法撤销或者被依法宣告破产；(4) 基金合同约定的其他情形。

基金托管人职责终止的，基金份额持有人大会应当在6个月内选任新基金托管人；新基金托管人产生前，由国务院证券监督管理机构指定临时基金托管人。

基金托管人职责终止的，应当妥善保管基金财产和基金托管业务资料，及时办理基金财产和基金托管业务的移交手续，新基金托管人或者临时基金托管人应当及时接收。

基金托管人职责终止的，应当按照规定聘请会计师事务所对基金财产进行审计，并将审计结果予以公告，同时报国务院证券监督管理机构备案。

(三) 基金份额持有人及基金份额持有人大会

1. 基金份额持有人的权利

基金份额持有人享有下列权利：(1) 分享基金财产收益；(2) 参与分配清算后的剩余基金财产；(3) 依法转让或者申请赎回其持有的基金份额；(4) 按照规定要求召开基金份额持有人大会或者召集基金份额持有人大会；(5) 对基金份额持有人大会审议事项行使表决权；(6) 对基金管理人、基金托管人、基金服务机构损害其合法权益的行为依法提起诉讼；(7) 基金合同约定的其他权利。

公开募集基金的基金份额持有人有权查阅或者复制公开披露的基金信息资料；非公开募集基金的基金份额持有人对涉及自身利益的情况，有权查阅基金的财务会计账簿等财务资料。

2. 基金份额持有人的义务

基金份额持有人应履行的义务包括：遵守基金契约；交纳基金认购款项以及规定的费用；承担基金亏损或终止的有限责任；不从事任何有损基金及其他基金持有人利益的活动。

3. 基金份额持有人大会

基金份额持有人大会是全体基金份额持有人行使权利的组织形式，是基金的最高权力机构。下列事项应当通过召开基金份额持有人大会审议决定：(1) 决定基金扩募或者延长基金合同期限；(2) 决定修改基金合同的重要内容或者提前终止基金合同；(3) 决定更换基金管理人、基金托管人；(4) 决定调整基金管理人、基金托管人的报酬标准；(5) 基金合同约定的其他职权。

根据《证券投资基金法》第83条的规定，公开募集基金的基金份额持有人大会由基金管理人召集。基金份额持有人大会设立日常机构的，由该日常机构召集；该日常机构未召集的，由基金管理人召集。基金管理人未按规定召集或者不能召集的，由基金托管人召集。代表基金份额10%以上的基金份额持有人就同一事项要求召开基金份额持有人大会，而基金份额持有人大会的日常机构、基金管理人、基金托管人都不召集的，代表基金份额10%以上的基金份额持有人有权自行召集，并报国务院证券监督管理机构备案。

公开募集基金的基金份额持有人大会可以采取现场方式召开，也可以采取通信等方式召开。每一基金份额具有一票表决权，基金份额持有人可以委托代理人出席基金份额持有人大会并行使表决权。基金份额持有人大会应当有代表1/2以上基金份额的持有人参加，方可召开。参加基金份额持有人大会的持有人的基金份额低于上述比例的，召集人可以在原公告的基金份额持有人大会召开时间的3个月以后、6个月以内，就原定审议事项重新召集基金份额持有人大会。重新召集的基金份额持有人大会应当有代表1/3以上基金份额的持有人参加，方可召开。基金份额持有人大会就审议事项作出决定，应当经参加大会的基金份额持有人所持表决权的1/2以上通过。但是，转换基金的运作方式、更换基金管理人或者基金托管人、提前终止基金合同、与其他基金合并，应当经参加大会的基金份额持有人所持表决权的2/3以上通过。基金份额持有人大会决定的事项，应当依法报国务院证券监督管理机构备案，并予以公告。

五、证券投资基金的法律结构

纵观世界各国证券投资基金的法律结构，包括公司型投资基金（代表者如美国）和契约型投资基金（代表者如日本和韩国），其中契约型投资基金又有德国的二元结构（分离模式）和日韩的一元结构（非分离模式）之别。

（一）公司型投资基金的法律结构

美国是公司型投资基金的代表，其公司型投资基金在结构上由投资公司、投资顾问、保管人组成。对于一般投资公司而言，基金管理人即投资顾问，基金受托人即投资公司董事，基金持有人即投资公司股东。典型的投资公司一般由投资顾问创立并管理。因此，投资顾问在公司型投资基金的组织机构中的地位与契约型投资基金的基金管理人相同。但是，有两点例外：其一，虽然投资公司一般都有投资顾问，但是在理论上不排除投资公司不聘请投资顾问而自行管理的情况；其二，有的投资公司可能有不止一个投资顾问，其中有的投资顾问可能并不享有契约型投资基金的基金管理人的自由裁量权。美国《投资公司法》的实践表明，这两种情况极为少见，不具代表性。从传统公司法的角度看，投资公司采取一种外部管理结构，投资顾问似应为基金的外部当事人而非内部当事人。然而，从《投资公司法》的实质来看，无论是基金的发起设立还是经营管理，投资顾问始终是基金的内部当事人。在基金内部关系中，投资公司董事的职能类似于基金受托人。美国投资公司据以设立的文件为公司章程，据以运营的文件主要是投资顾问合同，而实际上真正确定公司型投资基金法律关系即投资顾问、董事、股东之间权利义务关系的是投资顾问合同。[①]

1. 投资公司股东大会与董事会之间的法律关系

股东大会与董事会同为投资公司的机关,其中股东大会比董事会高一级,董事会是股东大会的执行机关,董事会成员即董事由股东大会以多数票选举产生。在实务中,董事会更是公司的决策机关。对于已在章程中规定业务(即投资)组合比例的公司型投资基金而言,除非通过修改章程的方式,否则股东大会不参与投资基金的业务决策。所以,在公司型投资基金中,除了董事会成员由股东大会选举产生或更换之外,董事会不直接对股东大会承担义务,而是对公司承担美国法律上所谓的"信义义务"(fiduciary duty)。另外,公司型投资基金董事会的权利、责任由章程规定。

可见,除了董事会成员由股东大会选举或者更换之外,公司型投资基金董事会与股东大会之间并无直接的法律关系。董事会直接对公司负责,由此与作为公司表意机关的股东大会产生关系。公司型投资基金董事会根据公司章程和法律行使权利、承担义务,而非通过这种权利的行使和义务的承担对公司型投资基金或是全体股东负责。

2. 投资公司股东大会与保管人之间的法律关系

美国证券交易委员会在其针对《投资公司法》制定的规则和管理细则中规定,经注册的投资公司如欲将其资产交由《证券交易法》定义的全国性证券交易所的会员公司保管,须签订一个书面契约,而且该书面契约需经该投资公司的董事会多数表决通过。但是,在投资公司成立之前的设立过程中,董事会尚未产生,其书面保管契约不可能由董事会多数表决通过,而只能由股东大会的前身——全体投资者以投资行为进行认可。即使是在投资公司成立之后,董事会多数表决通过,通过书面保管契约确定保管人,也是投资公司的意思表示行为,投资公司的成员即股东大会的成员由此获得对保管人的请求权。此外,公司型投资基金与符合《投资公司法》规定条件的银行成立保管关系,也要签订保管协议。可见,公司型投资基金股东大会与保管人之间的法律关系是基于保管契约或者保管协议而产生的权利义务关系。

3. 董事会与保管人之间的法律关系

虽然公司型投资基金董事会有权聘用该投资基金的资产保管人,但是其聘用行为是代理公司型投资基金所为,是公司行为。因此,董事会与保管人之间并不存在法律关系。保管契约的主体为公司型投资基金和保管人,而非公司型投资基金董事会和保管人。董事会行使公司型投资基金投资业务的决策权力,而保管人则行使公司型投资基金资产的监督性保管权力,二者之间是基于同一主

① 参见王苏生:《证券投资基金管理人的责任》,北京大学出版社 2001 年版,第 8 页。

体和同一目的联结而产生的事实关系。

4. 投资顾问与董事会之间的法律关系

虽然美国《投资公司法》并未规定公司型投资基金必须聘请投资顾问，但是在实践中，几乎每一家公司型投资基金都聘用投资顾问。依照美国各州的公司法，公司型投资基金董事会一般拥有对投资业务的决策权。但是，在实务中，董事会的这一决策权往往被投资顾问取代。

根据美国《投资公司法》第15条第1款的规定，公司型投资基金董事会有权续延投资顾问契约的效力，也有权依照一定的程序更换投资顾问。但是，董事会极少运用这一权力，董事们并不会仅仅因为投资顾问在投资基金中居于统治地位就终止投资顾问契约。

投资顾问是给公司型投资基金董事会提供投资建议的。但是，就实际作用而言，选择投资并操作业务的是投资顾问。不仅如此，投资顾问还给公司型投资基金提供专业技术、专业人员甚至办公场所。因此，对于很多公司型投资基金而言，操作人实际上是投资顾问，董事们主要是为股东利益对投资顾问进行监督。当然，公司型投资基金的董事们并不总能有效地监督投资顾问，因为投资顾问往往是公司型投资基金的设立人，不仅提供公司型投资基金的原始资本，而且任命公司型投资基金的首批董事。这就使得这些董事与投资顾问之间的关系成为非独立主体之间的关系，特别是在极少数聘请一个以上投资顾问的投资基金中。但是，无论投资顾问与董事会的关系如何，对于公司型投资基金而言，投资顾问的权力或权限仅限于投资决策。

5. 投资顾问与股东大会之间的法律关系

公司型投资基金与投资顾问之间签订的投资顾问契约，是由该公司型投资基金股东大会多数表决通过的，并且其中的“多数”是具有表决权股份的多数。简言之，公司型投资基金投资顾问是由持有表决权股份的股东组成的股东大会聘任的。股东大会为公司的表意机关，其行为即公司行为。所以，股东大会与投资顾问之间无直接法律关系。

6. 投资顾问与保管人之间的法律关系

公司型投资基金投资顾问与保管人之间的法律关系，适用公司型投资基金与保管人之间的法律关系的解释。

（二）契约型投资基金的法律结构

关于契约型投资基金的当事人之间的关系是以一个契约予以统一规定，还是根据当事人之间的关系以不同契约分别规定，各国做法不一。其中，具有代表性的是德国的分离模式（二元结构）和日本的非分离模式（一元结构）。

1. 德国的分离模式

德国的投资信托基金法令由《银行法》和《投资公司法》组成，其中主要集中在《投资公司法》中的“保管银行”一章。根据《投资公司法》的规定,投资公司将从投资者那里募集而来的资金,遵从投资风险分散的原则加以经营。基金用从投资者处募集来的资金购得的财产是信托财产。基金的管理必须遵从投资公司的固定资产、负债与信托财产相互独立的原则。投资信托基金必须由与投资公司相互独立的托管银行保管。

德国证券投资基金的法律关系由两个契约关系组成:一是基金持有人与投资公司订立的信托契约。投资者购买受益凭证时,取得信托契约的委托人兼受益人的地位。投资公司为基金管理人,处于受托人的地位,是基金财产的名义持有人,负责基金财产的管理、投资。投资公司有权根据信托契约请求合理的管理费用。二是投资公司与保管银行订立的保管契约。保管银行对投资公司所享有的权利,除保管契约所设定的权利之外,还有监督权和其他权利,如作为基金持有人的代表对投资公司特定违法行为提起诉讼,以保障基金和基金持有人的权益,甚至有权停止投资公司权利的行使。保管银行与基金持有人之间没有直接的法律关系。基金持有人只能以保管契约受益人的身份向保管银行主张权利。德国证券投资基金的法律结构如下图所示:

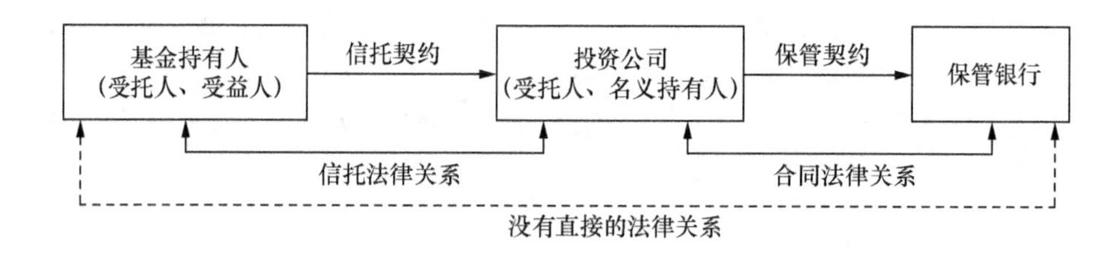

图 9-1 德国证券投资基金的法律结构

2. 日本的非分离模式

日本证券投资基金的法律结构是较有代表性的。根据日本《证券投资信托法》及相关法规,投资基金的运作程序大致如下:证券投资信托发起人将基金受益凭证出售给投资者,然后先将筹集的资金存放到投资信托公司(在日本称为“委托公司”),再转移到信托银行。至此,基金方告成立。根据《证券投资信托法》,委托公司必须忠实地向证券投资信托受益人作出有关运用信托财产的指示。信托银行承担托管人的职责,根据委托公司的指示运营信托财产。投资人为证券投资信托受益人,享有证券投资信托带来的收益,并可在其希望变现时要求委托公司赎回。

日本证券投资基金的法律结构在整体上以证券投资契约为中心,以此契约联结受益人、委托人和受托人,从而形成三位一体的关系。[①] 从形式上看,证券投资委托公司(即基金管理人)为委托人,信托银行(即基金托管人)为受托人,投资者(即基金持有人)为受益人。投资者因信赖委托人的证券投资能力而为资金交付,委托人依此信赖原则而为信托财产运用指示。因此,证券投资信托公司实质上居于信托契约的受托人的地位。基于此,证券投资委托公司与信托银行便居于协同一体的地位,共同实现实质信托契约的受托人的机能。信托契约的受益人兼为实质信托契约的委托人。具体而言,基金经理人在发行受益凭证募集证券投资信托基金之后,以委托人的身份与作为受托人的基金保管人订立以投资者为受益人的证券投资信托契约。其中,受托人取得基金资产的名义所有权,以自己的名义负责保管和监督,并依委托人的指示运用信托财产;委托人保留了基金资产投资和运用的指示权;受益人通过委托人的转让而取得依受益凭证记载所分享的投资利益。这种三位一体的法律结构就是著名的"非分离模式"。目前,该理论影响较大,为韩国等国家和地区所效仿。我国《证券投资基金法》的法理也是如此。日本的非分享模式如下图所示:

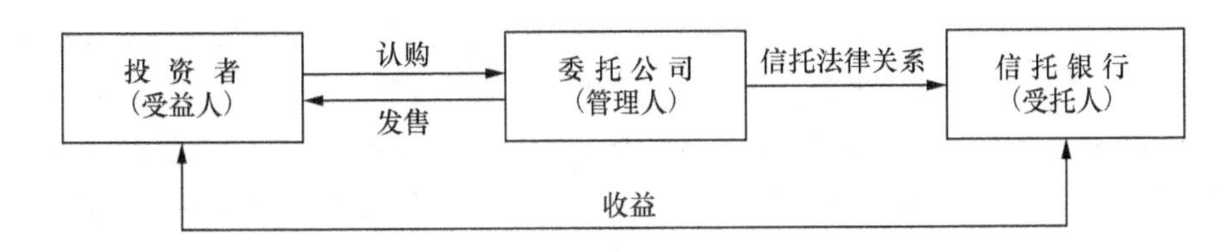

图 9-2　日本证券投资基金的法律结构

通过上图可以看出,日本证券投资信托有如下两个特点:第一,日本证券投资信托为他益信托。第二,结合信托法理,在日本证券投资信托中,委托公司是基金实质上的所有人,而信托银行是基金形式上的所有人。因此,在日本,应当是由信托银行对外代表基金行使权利。例如,委托公司购买某一公司的股票,记录在股东名册上的持股人应当是信托银行的名称。虽然信托银行应当按照委托公司的指令行事,但是代表基金参加公司股东大会并行使投票权的应当是具有名义所有权人资格的信托银行,而非委托公司。

3. 基金信托契约与为第三人利益而订立的契约之间的关系

国内许多学者认为契约型投资基金的信托契约是为第三人利益而代理的契约。但是,事实并非如此。为第三人利益而订立的契约是一方当事人不为自己而为第三人设定权利,并约定使他方当事人向第三人履行义务的契约。基金信托契约与为第三人利益而订立的契约具有相似性,又存在着显著的区别:(1) 信

① 参见高岚:《日本投资信托及投资法人法律制度研究》,云南大学出版社 2007 年版,第 67 页。

托受益人的权利兼具债权和物权特性,对受托人有债权请求权,对信托财产有物权请求权;为第三人利益而订立的契约之第三人仅对债务人有债权请求权。(2) 信托的受托人与受益人之间有信任关系存在,为第三人利益而订立的契约之第三人与契约的任何一方当事人皆不存在信任关系。(3) 信托受益人如果不接受信托利益,只是放弃其权利,并不被视为自始未取得权利。信托受益人即使没有表示要接受利益,信托人和受托人也不得因此而撤销信托。为第三人利益而订立的契约之第三人如果对契约当事人一方表示不接受契约利益,则被视为自始未取得权利。在第三人没有表示接受之前,契约当事人可以变更或撤销契约。(4) 信托受益人是契约当事人,既享有权利又履行义务;为第三人利益而订立的契约之第三人不是契约的当事人,一般仅享有权利而不履行义务。

(三) 公司型投资基金与契约型投资基金法律结构的比较

公司型投资基金与契约型投资基金都建立在经营与保管分离的基础上,两者各有优势和不足。例如,从投资信托大众化或经营、募集、销售证券的角度来说,契约型投资基金较好;从保持国民经济稳定和运用信托资产的难易程度来看,公司型投资基金较好;就保护投资者而言,公司型投资基金投资者的股东权要比契约型投资基金受益人的利益请求权完整得多,更有保障。因此,各国的证券投资基金一般都是两种形式并存,立法上并不加以限制,由基金发起人根据实际情况而定,以发挥各自的积极作用。至于究竟采取何种基金形态,要视各国法律体系、市场运作机制、政府对投资基金的监管方式、国家经济所处的发展阶段、社会资本的供求对比关系、当时的金融政策等而定。从发展趋势来看,除了公司型投资基金多一个基金公司组织外,两者在其他很多方面出现了趋同化倾向。

第四节 证券投资基金的募集与交易

一、证券投资基金的组织形式

根据我国《证券投资基金法》,基金合同应当约定基金的运作方式。基金的运作方式可以采用封闭式、开放式或者其他方式。可见,我国证券投资基金的组织形式主要是契约型投资基金,既可以是开放式基金,也可以是封闭式基金,还可以是以其他方式运作的基金。公开募集基金,应当经国务院证券监督管理机构注册。未经注册,不得公开或者变相公开募集基金。可见,未经批准擅自设立公开募集基金的,属于非法设立,须依规定予以取缔和处罚。对非公开募集基金,《证券投资基金法》只要求"担任非公开募集基金的基金管理人,应当按照规定向基金行业协会履行登记手续,报送基本情况"。未经登记,任何单位或者个人不得使用"基金"或者"基金管理"字样或者近似名称进行证券投资活动。但是，法律、行政法规另有规定的除外。对此，《私募投资基金监督管理暂行办法》进一步明确规定，设立私募基金管理机构和发行私募基金不设行政审批，允许各类发行主体在依法合规的基础上，向累计不超过法律规定数量的投资者发行私募基金。

二、证券投资基金的募集

（一）证券投资基金的募集方式

1. 私募基金

私募基金，是指以非公开方式向特定机构或个人投资者募集资金而设立的投资基金。[①] 我国《证券投资基金法》第 87 条第 1、2 款规定："非公开募集基金应当向合格投资者募集，合格投资者累计不得超过二百人。前款所称合格投资者，是指达到规定资产规模或者收入水平，并且具备相应的风险识别能力和风险承担能力、其基金份额认购金额不低于规定限额的单位和个人。"

我国早在 1993 年就已经出现私募基金。1996 年，我国的私募基金初具规模，达到 950 亿—1110 亿元。私募基金在 1997 年至 2001 年每年净增加 1000 多亿元，2001 年达到 7600 亿—8800 亿元。[②] 据中国证券投资基金业协会统计，截止到 2020 年 1 月底，存续登记私募基金管理人 24488 家，存续备案私募基金 82597 只，管理基金规模 13.82 万亿元。私募基金短期内迅速发展，是有其原因的：一是社会资产快速增加并寻求增值，已不满足于低利率存款，需要市场提供更灵活的低成本、高回报的投资方式，而私募基金向投资者承诺不菲的保底收益，吸引了这部分游资；二是目前的资本市场不成熟，存在规模资金的投资放大效应，资金通过私募基金进入证券市场的频繁活动，确有获取高利的可能，私募基金成为证券市场上的主流机构投资者。

2. 公募基金

公募基金，是指以公开方式向社会公众募集资金而设立的投资基金。我国《证券投资基金法》第 50 条规定："公开募集基金，应当经国务院证券监督管理机构注册。未经注册，不得公开或者变相公开募集基金。前款所称公开募集基金，包括向不特定对象募集资金、向特定对象募集资金累计超过二百人，以及法律、行政法规规定的其他情形。公开募集基金应当由基金管理人管理，基金托管人托管。"

从发达国家的情况来看，证券投资基金一般是公募的，而产业投资基金、创

---

① 参见李惠主编：《走近私募基金》，经济科学出版社 2001 年版，第 8 页。

② 参见中央财经大学课题组：《私募基金合法化是市场发展的大趋势——中国证券市场私募基金规模及影响的调查与测估》，载《证券时报》2004 年 7 月 29 日第 19 版。

业投资基金绝大多数是私募的。我国立法者早在2000年就曾设想为证券投资基金、产业投资基金、风险投资基金共同制定一部投资基金法,从而使三大基金合法化。2012年修订后的《证券投资基金法》明确赋予公募、私募证券投资基金以合法地位。此外,《私募投资基金监督管理暂行办法》对创业投资基金作了特别规定。

(二)证券投资基金的公开募集程序

根据《证券投资基金法》第51条的规定,注册公开募集基金,由拟任基金管理人向国务院证券监督管理机构提交下列文件:(1)申请报告;(2)基金合同草案;(3)基金托管协议草案;(4)招募说明书草案;(5)律师事务所出具的法律意见书;(6)国务院证券监督管理机构规定提交的其他文件。

公开募集基金的基金合同应当包括下列内容:(1)募集基金的目的和基金名称;(2)基金管理人、基金托管人的名称和住所;(3)基金的运作方式;(4)封闭式基金的基金份额总额和基金合同期限,或者开放式基金的最低募集份额总额;(5)确定基金份额发售日期、价格和费用的原则;(6)基金份额持有人、基金管理人和基金托管人的权利、义务;(7)基金份额持有人大会召集、议事及表决的程序和规则;(8)基金份额发售、交易、申购、赎回的程序、时间、地点、费用计算方式,以及给付赎回款项的时间和方式;(9)基金收益分配原则、执行方式;(10)基金管理人、基金托管人报酬的提取、支付方式与比例;(11)与基金财产管理、运用有关的其他费用的提取、支付方式;(12)基金财产的投资方向和投资限制;(13)基金资产净值的计算方法和公告方式;(14)基金募集未达到法定要求的处理方式;(15)基金合同解除和终止的事由、程序以及基金财产清算方式;(16)争议解决方式;(17)当事人约定的其他事项。

基金招募说明书是募集证券投资基金的基金管理人依据法律法规的要求,就有关基金及其募集事项编制的详细说明文件。公开募集基金的基金招募说明书应当包括下列内容:(1)基金募集申请的准予注册文件名称和注册日期;(2)基金管理人、基金托管人的基本情况;(3)基金合同和基金托管协议的内容摘要;(4)基金份额的发售日期、价格、费用和期限;(5)基金份额的发售方式、发售机构及登记机构名称;(6)出具法律意见书的律师事务所和审计基金财产的会计师事务所的名称和住所;(7)基金管理人、基金托管人报酬及其他有关费用的提取、支付方式与比例;(8)风险警示内容;(9)国务院证券监督管理机构规定的其他内容。

国务院证券监督管理机构应当自受理公开募集基金的募集注册申请之日起六个月内依照法律、行政法规及国务院证券监督管理机构的规定进行审查,作出注册或者不予注册的决定,并通知申请人;不予注册的,应当说明理由。

基金募集申请经注册后,方可发售基金份额。基金份额的发售,由基金管理人或者其委托的基金销售机构办理。基金管理人应当在基金份额发售的三日前公布招募说明书、基金合同及其他有关文件。这些文件应当真实、准确、完整。对基金募集所进行的宣传推介活动，应当符合有关法律、行政法规的规定，不得有虚假陈述等违法行为。

基金管理人应当自收到准予注册文件之日起六个月内进行基金募集。超过六个月开始募集，原注册的事项未发生实质性变化的，应当报国务院证券监督管理机构备案；发生实质性变化的，应当向国务院证券监督管理机构重新提交注册申请。基金募集不得超过国务院证券监督管理机构准予注册的基金募集期限。基金募集期限自基金份额发售之日起计算。

基金募集期限届满，封闭式基金募集的基金份额总额达到准予注册规模的80％以上，开放式基金募集的基金份额总额超过准予注册的最低募集份额总额，并且基金份额持有人人数符合国务院证券监督管理机构规定的，基金管理人应当自募集期限届满之日起十日内聘请法定验资机构验资，自收到验资报告之日起十日内，向国务院证券监督管理机构提交验资报告，办理基金备案手续，并予以公告。基金募集期间募集的资金应当存入专门账户，在基金募集行为结束前，任何人不得动用。投资人交纳认购的基金份额的款项时，基金合同成立；基金管理人依法向国务院证券监督管理机构办理基金备案手续，基金合同生效。

基金募集期限届满，未达到规定的募集份额标准的，基金管理人应当承担下列责任：(1) 以其固有财产承担因募集行为而产生的债务和费用；(2) 在基金募集期限届满后 30 日内返还投资人已缴纳的款项，并加计银行同期存款利息。

三、公募基金的基金份额的交易、申购与赎回

(一) 公募基金的基金份额的交易

申请基金份额上市交易，基金管理人应当向证券交易所提出申请，证券交易所依法审核同意的，双方应当签订上市协议。基金份额上市交易规则由证券交易所制定，报国务院证券监督管理机构批准。

基金份额上市交易，应当符合下列条件：(1) 基金的募集符合《证券投资基金法》规定；(2) 基金合同期限为 5 年以上；(3) 基金募集金额不低于 2 亿元人民币；(4) 基金份额持有人不少于 1000 人；(5) 基金份额上市交易规则规定的其他条件。基金份额上市交易后，有下列情形之一的，由证券交易所终止其上市交易，并报国务院证券监督管理机构备案：(1) 不再具备《证券投资基金法》规定的上市交易条件；(2) 基金合同期限届满；(3) 基金份额持有人大会决定提前终止上市交易；(4) 基金合同约定的或者基金份额上市交易规则规定的终止上市交易的其他情形。

(二) 公募基金的基金份额的申购与赎回

开放式基金应当保持足够的现金或者政府债券，以备支付基金份额持有人

的赎回款项。基金财产中应当保持的现金或者政府债券的具体比例,由国务院证券监督管理机构规定。开放式基金的基金份额的申购、赎回、登记,由基金管理人或者其委托的基金服务机构办理。

基金管理人应当在每个工作日办理基金份额的申购、赎回业务;基金合同另有约定的,从其约定。投资人交付申购款项,申购成立;基金份额登记机构确认基金份额时,申购生效。基金份额持有人递交赎回申请,赎回成立;基金份额登记机构确认赎回时,赎回生效。基金份额的申购、赎回价格,依据申购、赎回日基金份额净值加、减有关费用计算。基金份额净值计价出现错误时,基金管理人应当立即纠正,并采取合理的措施防止损失进一步扩大。计价错误达到基金份额净值0.5%时,基金管理人应当公告,并报国务院证券监督管理机构备案。因基金份额净值计价错误造成基金份额持有人损失的,基金份额持有人有权要求基金管理人、基金托管人予以赔偿。

基金管理人应当按时支付赎回款项,但是下列情形除外:(1) 因不可抗力导致基金管理人不能支付赎回款项;(2) 证券交易场所依法决定临时停市,导致基金管理人无法计算当日基金资产净值;(3) 基金合同约定的其他特殊情形。发生上述情形之一的,基金管理人应当在当日报国务院证券监督管理机构备案。上述第一种情形消失后,基金管理人应当及时支付赎回款项。

第五节 证券投资基金的运作与监管

一、证券投资基金的投资组合运作

基金投资能否给投资者带来较为丰厚的回报,关键在于基金管理人能否系统地对国内外的经济形势以及各行业、各公司的资信进行分析研究,讲究投资策略,并进行安全、富有弹性的投资组合选择。所谓投资组合,是指投资者根据自身的偏好以及对风险的态度,将资金分散投向多种证券或资产,使之形成合理的组合。投资组合的目的是将投资风险降至最低限度,使收益最大化。各国投资基金普遍实行投资组合,从而使投资多样化,主要包括投资品种的多样化、证券品种的多样化、所投行业的多样化、企业的多样化以及投资期限的多样化。

为了保护投资者的利益,各国大多有对基金投资组合的明文规定。我国《证券投资基金法》第71条规定:"基金管理人运用基金财产进行证券投资,除国务院证券监督管理机构另有规定外,应当采用资产组合的方式。资产组合的具体方式和投资比例,依照本法和国务院证券监督管理机构的规定在基金合同中约定。"

根据我国《证券投资基金法》第72、73条的规定,基金财产应当用于下列投资:(1) 上市交易的股票、债券;(2) 国务院证券监督管理机构规定的其他证券及其衍生品种。基金财产不得用于下列投资或者活动:(1) 承销证券;(2) 违反规定向他人贷款或者提供担保;(3) 从事承担无限责任的投资;(4) 买卖其他基金份额,但是国务院证券监督管理机构另有规定的除外;(5) 向基金管理人、基金托管人出资;(6) 从事内幕交易、操纵证券交易价格及其他不正当的证券交易活动;(7) 法律、行政法规和国务院证券监督管理机构规定禁止的其他活动。运用基金财产买卖基金管理人、基金托管人及其控股股东、实际控制人或者与其有其他重大利害关系的公司发行的证券或承销期内承销的证券,或者从事其他重大关联交易的,应当遵循基金份额持有人利益优先的原则,防范利益冲突,符合国务院证券监督管理机构的规定,并履行信息披露义务。

根据我国《证券投资基金法》第 92 条的规定,非公开募集基金,应当制定并签订基金合同。基金合同应当包括基金的投资范围、投资策略和投资限制等内容。非公开募集基金财产的证券投资,包括买卖公开发行的股份有限公司股票、债券、基金份额,以及国务院证券监督管理机构规定的其他证券及其衍生品种。对此,《私募投资基金监督管理暂行办法》第 2 条规定,私募基金财产的投资包括买卖股票、股权、债券、期货、期权、基金份额及投资合同约定的其他投资标的。

二、我国证券投资基金的监管

(一) 基金从业人员的准入资格

基金通过价值投资将理性投资理念演绎得淋漓尽致,展现了专业化投资的巨大威力,代表了先进的理财文化。基金以其专业理财优势、理性投资行为和规模经济效应,对我国资本市场全面发展具有重要的作用。基金作用的发挥及其使命的实现均离不开基金从业人员。这就要求基金从业人员特别是高级管理人员自觉树立诚信观念,推动整个基金行业形成诚信文化,促进“诚信为本”这一核心职业操守在行业内的全面普及。因此,必须对基金从业人员加强管理。基金从业人员只有恪尽职守,履行诚实、信用、谨慎、勤勉和尽职的义务,为投资者带来好的回报,才能得到投资者的信任。对此,我国《证券投资基金法》在“总则”部分明确要求“基金从业人员应当具备基金从业资格,遵守法律、行政法规,恪守职业道德和行为规范”。

基金从业人员主要包括基金管理人、基金托管人和基金服务机构的从业人员。特别值得一提的是,《证券投资基金法》规定了公开募集基金的基金管理人的董事、监事和高级管理人员的积极资格条件:应当熟悉证券投资方面的法律、行政法规,具有三年以上与其所任职务相关的工作经历;高级管理人员还应当具备基金从业资格。《证券投资基金法》设专条规定了公募基金管理人的董事、监事、高级管理人员和其他从业人员的消极资格条件,即只要有下列情形之一的,不得从业:(1) 因犯有贪污贿赂、渎职、侵犯财产罪或者破坏社会主义市场经济秩序罪,被判处刑罚的;(2) 对所任职的公司、企业因经营不善破产清算或者因违法被吊销营业执照负有个人责任的董事、监事、厂长、高级管理人员,自该公司、企业破产清算终结或者被吊销营业执照之日起未逾五年的;(3) 个人所负债务数额较大,到期未清偿的;(4) 因违法行为被开除的基金管理人、基金托管人、证券交易所、证券公司、证券登记结算机构、期货交易所、期货公司及其他机构的从业人员和国家机关工作人员;(5) 因违法行为被吊销执业证书或者被取消资格的律师、注册会计师和资产评估机构、验证机构的从业人员、投资咨询从业人员;(6) 法律、行政法规规定不得从事基金业务的其他人员。

(二) 基金管理人和托管人的忠实义务

基金管理人和托管人均应忠于基金持有人(受益人)的利益,在运用和保管基金财产时,一切应以受益人利益为出发点,不得为自己或第三人利益损害受益人利益。这种忠实义务反映在立法中,要求基金管理人、托管人、高级管理人员和其他从业人员遵守。例如,美国 1970 年《投资公司法修订案》要求投资公司的职员、董事及顾问负信用责任,即以忠诚和慎重态度保证股东利益。日本《金融商品交易法》要求投资管理从业者忠实地开展投资业务。[①]

对此,我国《证券投资基金法》要求公开募集基金的基金管理人(或托管人)及其董事、监事、高级管理人员和其他从业人员不得有下列行为:(1) 将其固有财产或者他人财产混同于基金财产从事证券投资;(2) 不公平地对待其管理的不同基金财产;(3) 利用基金财产或者职务之便为基金份额持有人以外的人牟取利益;(4) 向基金份额持有人违规承诺收益或者承担损失;(5) 侵占、挪用基金财产;(6) 泄露因职务便利获取的未公开信息、利用该信息从事或者明示、暗示他人从事相关的交易活动;(7) 玩忽职守,不按照规定履行职责;(8) 法律、行政法规和国务院证券监督管理机构规定禁止的其他行为。同时,为防范利益冲突,《证券投资基金法》还规定,基金托管人与基金管理人不得为同一机构,不得相互出资或者持有股份。

关于私募基金管理人(或托管人)及其从业人员的忠实义务,我国《私募投资基金监督管理暂行办法》规定的具体规则与上述要求基本相同。

基金管理人、托管人违背忠实义务所从事的行为是法律法规禁止的行为,不仅严重损害了投资人利益,还严重侵害了经济秩序。根据我国《证券投资基金法》的规定,违背忠实义务的有关行为人应承担相应的民事责任和行政责任,构成犯罪的还要被追究刑事责任。

---

① 参见朱大明译:《日本金融商品交易法》,法律出版社 2015 年版,第 157 页。

（三）基金财产的管理

基金财产应当保持其独立性和完整性。我国《证券投资基金法》就此作了如下规定：(1) 基金财产独立于基金管理人、基金托管人的固有财产。(2) 基金管理人、基金托管人不得将基金财产归入其固有财产。(3) 基金管理人、基金托管人因基金财产的管理、运用或者其他情形而取得的财产和收益，归入基金财产。(4) 基金管理人、基金托管人因依法解散、被依法撤销或者被依法宣告破产等原因进行清算的，基金财产不属于其清算财产。(5) 基金财产的债权，不得与基金管理人、基金托管人固有财产的债务相抵销；不同基金财产的债权债务，不得相互抵销。(6) 非因基金财产本身承担的债务，不得对基金财产强制执行。

基金管理人、基金托管人管理、运用基金财产，应当恪尽职守，履行诚实信用、谨慎勤勉的义务。基金管理人运用基金财产进行证券投资，应当遵守审慎经营规则，制定科学合理的投资策略和风险管理制度，有效防范和控制风险。

基金财产应当用于上市交易的股票、债券以及国务院证券监督管理机构规定的其他证券品种及其衍生品种，而不得用于下列投资或者活动：(1) 承销证券；(2) 违反规定向他人贷款或者提供担保；(3) 从事承担无限责任的投资；(4) 买卖其他基金份额，但是国务院证券监督管理机构另有规定的除外；(5) 向基金管理人、基金托管人出资；(6) 从事内幕交易、操纵证券交易价格及其他不正当的证券交易活动；(7) 法律、行政法规和国务院证券监督管理机构规定禁止的其他活动。

（四）严格的基金信息披露制度

公募基金的基金管理人、托管人和其他基金信息披露义务人有披露其自身及基金的经营、财务状况的义务，在向主管部门提交报告的同时，应当向社会公众公布，接受监督。基金信息披露有利于合理的流通价格的形成，也有利于管理人改善经营管理。根据《证券投资基金法》的规定，投资基金在其设立、募集、运作和交易过程中，应当公开披露的基金信息包括：(1) 基金招募说明书、基金合同、基金托管协议；(2) 基金募集情况；(3) 基金份额上市交易公告书；(4) 基金资产净值、基金份额净值；(5) 基金份额申购、赎回价格；(6) 基金财产的资产组合季度报告、财务会计报告及中期和年度基金报告；(7) 临时报告；(8) 基金份额持有人大会决议；(9) 基金管理人、基金托管人的专门基金托管部门的重大人事变动；(10) 涉及基金财产、基金管理业务、基金托管业务的诉讼或者仲裁；(11) 国务院证券监督管理机构规定应予披露的其他信息。

公开披露基金信息，不得有下列行为：(1) 虚假记载、误导性陈述或者重大遗漏；(2) 对证券投资业绩进行预测；(3) 违规承诺收益或者承担损失；(4) 诋毁其他基金管理人、基金托管人或者基金销售机构；(5) 法律、行政法规和国务院证券监督管理机构规定禁止的其他行为。

信息披露的基本要求是保证真实性、准确性、完整性。主管部门依据其职权,可以随时对投资基金的募集、交易、投资运作以及相关的业务活动和财务会计资料进行检查、稽核。基金管理人、基金托管人以及有关机构和人员应当及时提供相关信息和资料,不得拒绝和拖延。

根据《证券投资基金法》的有关规定,国务院证券监督管理机构依法履行职责时,被调查、检查的单位和个人应当配合,如实提供有关文件和资料,不得拒绝、阻碍和隐瞒。基金信息披露义务人不依法披露基金信息或者披露的信息有虚假记载、误导性陈述或者重大遗漏的,责令改正,没收违法所得,并处10万元以上100万元以下罚款;对直接负责的主管人员和其他直接责任人员给予警告,暂停或者撤销基金从业资格,并处3万元以上30万元以下罚款;构成犯罪的,依法追究刑事责任;给基金财产、基金份额持有人或者投资人造成损害的,依法承担赔偿责任。

为投资基金及基金管理人、基金托管人提供资产评估、验资、验证、会计、审计、法律服务的资产评估机构、会计师事务所、律师事务所等中介组织,亦应依法承担相应的职责,对信息的真实性、准确性、完整性负连带责任。《证券投资基金法》规定,律师事务所、会计师事务所接受基金管理人、基金托管人的委托,为有关基金业务活动出具法律意见书、审计报告、内部控制评价报告等文件,应当勤勉尽责,对所依据的文件资料内容的真实性、准确性、完整性进行核查和验证。其制作、出具的文件有虚假记载、误导性陈述或者重大遗漏,给他人财产造成损失的,应当与委托人承担连带赔偿责任。会计师事务所、律师事务所未勤勉尽责,所出具的文件有虚假记载、误导性陈述或者重大遗漏的,责令改正,没收业务收入,暂停或者撤销相关业务许可,并处业务收入1倍以上5倍以下罚款。对直接负责的主管人员和其他直接责任人员给予警告,并处3万元以上10万元以下罚款。构成犯罪的,依法追究刑事责任。

(五) 明确的他律机构与自律组织

从各国的实践经验来看,投资基金业一般由证券监督管理机构集中统一管理。[①] 为维护基金市场秩序,防范系统性风险,维护投资者合法权益,促进基金市场健康发展,中国证监会依法对证券投资基金活动实施监督管理,由其派出机构依照授权履行职责。在中华人民共和国境内募集投资境外证券的基金,以及合格境外投资者在境内进行证券投资,应当经中国证监会批准。

基金行业协会是证券投资基金行业的自律性组织,是社会团体法人。中国证券投资基金业协会成立于2012年6月6日,负责进行行业自律,协调行业关系,提供行业服务,以促进行业发展。

---

① 参见朱崇实主编:《金融法教程》(第三版),法律出版社2011年版,第483页。

证券交易所是为证券集中交易提供场所和设施，组织和监督证券交易，实行自律管理的法人。证券交易所享有交易所业务规则制定权，这是其自律管理职能的主要内容。我国上海证券交易所、深圳证券交易所都制定了《证券投资基金上市规则》以及其他类型基金的业务指引。基金份额在证券交易所上市交易，应当遵守证券交易所业务规则，接受证券交易所的自律性监管。[①]

思考题

1. 我国《证券投资基金法》借鉴的是哪种立法模式？为什么？
2. 如何保护公募基金份额持有人的合法权利？
3. 如何理解证券投资基金的信托法理基础？
4. 如何完善私募基金的监管制度？

① 参见中国证券投资基金业协会组编：《证券投资基金》(上册)，高等教育出版社 2015 年版，第 82 页。

第十章　保险法律制度

第一节　保险与保险法概述

一、保险概述

（一）保险的起源与发展

“天有不测风云，人有旦夕祸福”，现实中无法预知的危险给人类造成的损害不仅在于危险本身，还在于它使人们感到恐惧和担忧。自古以来，人类在生产和生活中，与各种危险展开了长期的斗争，不断总结经验，积累了一套对付危险的方法。保险就是其中一种较为科学而先进的方法，成为当今世界各国危险管理的重要手段。

保险的发展与商品经济特别是海上贸易的发展有着极为紧密的关系。商品经济中的各种风险促成了保险业的产生和完善，而保险业的发展又提升了商品经营者的信心和胆略，极大地促进了商品经济和海上贸易的发展。从历史发展来看，保险市场的中心是随着商品经济中心的转移而转移的。

保险起源于古巴比伦时代就已经存在的海上借贷制度。海上借贷制度是由船东从出借人处借得资金，如果遭遇海难，按损失程度，出借人可以免除主债务的一部分或全部；如果船舶安全抵达目的地，借款人应偿还本金和利息。这种借贷的利息高于普通贷款，其高出部分相当于今天的保险费。到中世纪，海上借贷在意大利发展成了“冒险借贷”。这种借贷规定，船东如果在航海时遭受损失，其所借的本金可以不还，而利息必须支付。冒险借贷的利息更类似于现在的保险费，而冒险借贷本身更倾向于转嫁危险。随着历史的发展，意大利成了近代海上保险的发祥地。1347 年 10 月 23 日，意大利第一张船舶保险单出现，标志着现代保险制度的诞生。随着英国对外贸易的迅速发展，国际贸易中心从地中海逐渐转移到了伦敦，现代保险市场的中心也随之转移。在海上保险中，伦敦保险市场至今依然保持着显赫的地位，起着举足轻重的作用。

（二）保险的概念

保险有广义和狭义之分。广义的保险，是指多数单位和个人根据合理的计算，共同建立基金，对因危险所造成的经济损失予以补偿或者对人身约定事件的出现实行给付的一种经济保障制度。狭义的保险，又称“商业保险”。《中华人民共和国保险法》(1995 年 6 月 30 日第八届全国人民代表大会常务委员会第十四次会议通过，根据 2002 年 10 月 28 日第九届全国人民代表大会常务委员会第三十次会议《关于修改〈中华人民共和国保险法〉的决定》第一次修正，2009 年 2 月 28 日第十一届全国人民代表大会常务委员会第七次会议修订，根据 2014 年 8 月 31 日第十二届全国人民代表大会常务委员会第十次会议《关于修改〈中华人民共和国保险法〉等五部法律的决定》第二次修正，根据 2015 年 4 月 24 日第十二届全国人民代表大会常务委员会第十四次会议《关于修改〈中华人民共和国计量法〉等五部法律的决定》第三次修正)(以下简称《保险法》)第 2 条规定：“本法所称保险，是指投保人根据合同约定，向保险人支付保险费，保险人对于合同约定的可能发生的事故因其发生所造成的财产损失承担赔偿保险金责任，或者当被保险人死亡、伤残、疾病或者达到合同约定的年龄、期限等条件时承担给付保险金责任的商业保险行为。”

保险是人们管理危险的重要对策，它既是一种经济制度，也是一种法律关系。首先，保险是一种经济制度，是为了确保经济生活的稳定，对危险发生后所导致的损失实行补偿或给付。由于保险制度关系到人们生活的安定和经济的稳定发展，因此世界各国均将调整保险经济关系的准则上升为法律规范，从而使保险这一经济补偿制度法律化。其次，从法律角度分析，保险是根据法律规定或当事人双方签订的合同，一方承担支付保险费的义务，换取另一方对其因危险的出现所导致的损失负责经济补偿或给付的权利。这种法律关系有别于一般损害赔偿的民事法律关系。

（三）保险的构成要件

保险的构成，包括下列三项要件：

1. 以特定的危险为对象

所谓危险，是指自然灾害和意外事故等特定事故所造成损失的不确定性。保险的对象是危险，建立保险制度的目的是应对特定危险事故的发生。如果不存在危险，也就没有保险的必要，正所谓“无危险则无保险”。但是，并非所有的危险均是保险的对象，保险法上的危险应当具备以下条件：

第一，危险的发生必须具有不确定性。只有特定事故发生与否不肯定，保险才能成立。在人身保险中，人的死亡虽是肯定的，但何时发生仍具有不确定性。

第二，危险发生后必然引起异常的损失，并且该损失能从经济上计算价值。保险的功能是以货币补偿由意外事故所造成的异常经济损失。没有损失，也就无所谓补偿；虽有损失，但无法从经济上计算价值，如精神痛苦，也不能用保险来补偿。在人身保险中，作为保险标的的人身，其价值也是无法计算的。人的劳动创造价值，而人的死亡、伤残或疾病不是带来经济上的损失，就是增加经济上的负担,通过保险的货币给付方式,可以从经济上弥补一定的损失或减轻一定的负担。

第三,危险具有普遍性。危险必须是多数人可能遭遇的同一种类,正因为可能遭遇的危险相同,利害关系一致,才由多数人或单位组成保险团体,共同建立保险基金,解决经济补偿问题。

2. 有为数众多的人参加

保险是按互助合作原则,将个体损失分摊给众多成员负担,参加保险者越多,分摊额越少;积累的保险金越雄厚,损失补偿的能力就越强。

3. 在合理计算的基础上建立保险基金,以对危险造成的损失进行补偿为目的

危险的种类不同,所造成的损失程度也不尽相同,如果要求支付相同的保险费,就会导致危险程度较小的主体退出保险,而剩下危险程度较大的主体,结果导致保险成员减少,分摊额增多,保险难以维持。所以,必须在合理计算各投保人所要支付的保险费的基础上建立保险基金。保险业的通例是,以概率论为计算损失率的依据,以损失率确定保险费。

(四) 保险的特征

通过保险与其他类似概念的比较,我们可以更好地理解保险的特征。

1. 救济与保险

当人们遭遇意外灾难时,国家政府机关、群众团体或公民个人会采用救济的方法进行不同程度的援助。救济与保险不同,体现在以下三方面:

(1) 救济是一种单方法律行为。救济方没有义务一定要对受灾者实施救济,即使实施救济,数量和形式也是随意的。救济受益方没有给付的请求权。保险则是双方约定的法律行为。事故发生后,保险方的经济补偿或给付行为是受到法律约束的。

(2) 救济所用的资金来自外援,是依靠救济方的支付,不需要受益者分摊。保险则是依靠参加保险的人本身,通过支付保险费,建立保险基金以补偿损失。

(3) 救济的对象不受限制。国内外任何受灾单位或个人都可以接受救济。保险则只向参加保险的人提供,所保障的对象是特定的。

2. 储蓄与保险

储蓄也可以用来补救因意外事故所带来的经济负担。储蓄与保险不同,体现在以下三方面:

(1) 储蓄是单独、个别进行的,是一种自助行为。保险则是依靠多数单位或个人的互助共济才能实现的,是一种互助合作行为。

(2) 储蓄可以由存款人任意处分,随时存取。保险人则必须在保险合同条款规定的事故发生或期限届满时,才按保险合同的规定支付保险金。

(3)存款人可以获得的储蓄的本金和利息是确定的。被保险人是否可以得到保险金以及得到的保险金的具体数额则都是不确定的。

3. 保证与保险

对被保险人和债权人来讲，保险和保证都是对偶然事件的保障。但是，保险不同于保证，体现在以下三方面：

(1) 保险为独立的合同关系。保证则是借款合同、买卖合同等主合同的从合同。

(2) 保险人承担赔偿责任，以投保人支付保险费为必要条件。[①] 保证则不一定具有对价。

(3) 在保证关系中，保证人代替债务人履行债务后，享有债的代位求偿权，可以向债务人追偿。保险人赔偿损失则是履行自己的义务，除非保险事故的发生是由于第三人的行为所导致的，否则保险人无追偿权。

4. 赌博与保险

赌博的输赢与保险金的给付都取决于某种不确定的事件是否发生，因而在没有确定保险利益原则和损失补偿原则以前，保险与赌博难以区分。但是，现代保险已经与赌博有本质区别，体现在以下两方面：

(1) 保险只是对损失的补偿，被保险人不得因此而获取额外利益。赌博则是利用人贪图额外利益的心理，以小博大。

(2) 保险的社会目的是变不定因素为确定因素，使被保险人在遭受不幸事件或一定期限届满时得到保险补偿，以安定社会。赌博企图以小的赌注博取大的利益，容易助长人的侥幸心理，因而其投机性之中潜藏着破坏社会安定的不利因素。

综上，保险具有以下特征：保险是双方约定的法律行为；保险依靠参加保险的人支付保险费，建立保险基金以补偿损失，是一种互助合作行为；保险的保障程度、保障期限和保障的危险事故都是约定的；保险的基本形式是缴纳保险费和赔付损失。

(五) 保险的分类

随着社会经济的发展，现代保险业也迅速发展，保险的业务范围日益扩大。对于保险的分类标准，目前尚无固定的原则和严格的标准，一般按以下几种方法进行分类：

---

① 需要注意的是，关于未依约支付保险费的合同效力，2019 年发布的《全国法院民商事审判工作会议纪要》第 97 条从合同双方主体的地位、合同权利义务的平衡等方面综合考虑，规定如下："当事人在财产保险合同中约定以投保人支付保险费作为合同生效条件，但对该生效条件是否为全额支付保险费约定不明，已经支付了部分保险费的投保人主张保险合同已经生效的，人民法院依法予以支持。"

1. 根据保险实施的形式不同，保险可分为强制保险和自愿保险

强制保险又称“法定保险”，是国家对一定对象用法律规范规定其必须投保的险种。这种保险关系依据法律效力产生，特征如下：(1) 保险范围的全面性，即凡在法律规定的范围内，都必须投保；(2) 保险责任的自动性，即保险责任根据法律规定自动产生、中止和终止；(3) 保险条款的统一性，即保险的内容由法律统一规定，保险当事人不能自行变更。

自愿保险是投保人与保险人平等协商，自愿签订保险合同的一种保险。投保人有投保的自由，保险人则可决定是否承保。目前，大多数保险业务都采取自愿保险的方式。[①]

2. 根据保险是否基于国家的社会政策而设立，保险可分为社会保险和商业保险

社会保险是国家基于社会政策而设立的一种福利制度。它以靠工资收入维持生活的劳动者为保险对象，当劳动者失业、患病、受伤、年老或死亡时，给予一定的经济补偿。社会保险为法定保险，其费用主要来源于国家财政资金或企事业单位资金和经费，个人根据规定也需要交纳一部分保险费。

商业保险是社会保险以外的普通保险。[②]

3. 根据保险标的的不同，保险可分为财产保险和人身保险

财产保险是以财产及其有关利益为保险标的的保险，包括普通财产保险、农业保险、责任保险、保证保险和信用保险等。普通财产保险，是指对放在固定地点或处于静止状态的有形财产的保险。农业保险，是指承保因自然灾害或意外事故造成农作物歉收、损毁或牲畜死亡等损失的保险。责任保险，是指以被保险人对第三人的民事赔偿责任为标的的保险。保证保险，是指由于被保证人的作为或不作为而使权利人受到损失时，由保险人赔偿权利人的损失的保险。信用保险，是指由保险人向被保险人担保债务人的信用，如果债务人到时不能清偿，由保险人负责补偿，以保证权利人即被保险人的权益不受损。

人身保险是以被保险人的身体作为保险标的的保险，分为人身意外伤害保险、健康保险和人寿保险等。人身意外伤害保险，是指以被保险人遭受意外伤害及致残、致死为保险事故的保险。健康保险又称“疾病保险”，是指被保险人因疾病而花费的医疗费用、减少的收益等损失由保险人补偿的保险。人寿保险，是指以人的生存或死亡为保险事故的保险，当被保险人死亡或生存到一定年龄(如满70岁)时，由保险人支付保险金。以死亡为保险事故的，为死亡保险；以生存到

---

① 我国《保险法》第11条第2款规定：“除法律、行政法规规定必须保险的外，保险合同自愿订立。”由此可见，在我国，保险合同的订立以自愿为原则，以强制为例外。

② 我国《保险法》规定的保险为商业保险。

一定年龄为保险事故的，为生存保险；被保险人在保险期内死亡或生存到保险期满时均给付保险金的，为生死两全保险。

4．根据保险人是否转移保险责任，保险可分为原保险和再保险

原保险是保险人在保险责任范围内直接对被保险人负赔偿责任的保险。

再保险又称“分保”，是原保险人（再保险分出人）为减轻或避免风险，将其承担的保险业务以分保形式部分转移给其他保险人（再保险接受人）的保险。由于一家保险企业不可能也不能集中所有的危险，因此需要保险企业之间进行合作。一家保险企业将自己承担的危险再向其他保险企业投保，既可以扩大自身的承保能力，又可以稳定经营。再保险的国际化是保险发展的一个重要趋势。再保险关系一般由保险公司自行确定，也有通过法律形式确定的。例如，根据我国《保险法》第 103 条的规定，保险公司对每一危险单位，即对一次保险事故可能造成的最大损失范围所承担的责任，不得超过其实有资本金加公积金总和的 10%；超过的部分应当办理再保险。保险公司对危险单位的划分应当符合国务院保险监督管理机构的规定。再保险是与原保险相对而言的，二者既相互独立又相互依存。没有原保险，就没有再保险；没有再保险，设立原保险的名称也毫无意义。原保险是再保险的前提，再保险合同中的保险期间、保险责任等与原保险合同一致。应再保险接受人的要求，再保险分出人应当将其自负责任以及原保险的有关情况告知再保险接受人。同时，原保险与再保险之间又是独立的法律关系，具体表现为：第一，再保险合同中的保险人只能向原保险合同中的保险人请求支付保险费，原保险合同中的投保人没有向再保险接受人支付保险费的义务。第二，保险事故发生后，原保险合同中的被保险人或受益人只对原保险合同中的保险人享有请求权，不得向再保险接受人提出赔偿或者给付保险金的请求。第三，原保险合同中的保险人不得以再保险接受人未履行再保险责任为由，拒绝履行或者迟延履行其对被保险人或受益人给付保险金的义务。

二、保险法概述

（一）保险法的概念和调整对象

保险法是以保险关系为调整对象的法律规范的总称。国外保险法有保险公法与保险私法之分。保险公法是有关保险的公法性质的法律，即调整社会公共保险关系的行为规范，主要指保险业法和社会保险法。保险私法是有关保险的私法性质的法律，即调整自然人、法人或其他经济组织之间保险关系的行为规范，主要指保险合同法和保险特别法。[①]

保险法的调整对象是保险关系，即当事人之间依据保险合同所发生的权利

① 参见李玉泉：《保险法》（第三版），法律出版社 2019 年版，第 14 页。

义务关系和国家对保险业进行监督管理过程中所发生的各种关系，具体表现为：

(1) 当事人通过保险合同的订立所建立的保险合同关系；

(2) 国家通过对保险业的计划、组织、管理、监督所发生的保险监督管理关系；

(3) 国家通过立法实施强制保险所发生的国家与保险组织之间的保险关系；

(4) 保险人组织(包括保险公司、互助保险合作社等)之间的保险关系；

(5) 与保险有关的其他关系，包括因保险评估、保险代理、保险经纪活动等而产生的当事人之间的关系。

我国调整保险关系的法律规范包括：《中华人民共和国民法典》(2020 年 5 月 28 日第十三届全国人民代表大会第三次会议通过，自 2021 年 1 月 1 日起施行。《中华人民共和国婚姻法》《中华人民共和国继承法》《中华人民共和国民法通则》《中华人民共和国收养法》《中华人民共和国担保法》《中华人民共和国合同法》《中华人民共和国物权法》《中华人民共和国侵权责任法》《中华人民共和国民法总则》同时废止)、《保险法》《中华人民共和国海商法》以及《保险公司管理规定》《再保险公司设立规定》等。

(二) 保险法的体系

根据所调整的内容，保险法可分为保险合同法、保险业法和保险特别法。

保险合同法，是指调整保险合同当事人及关系人的权利义务关系的法律规范。保险人和投保人、被保险人、受益人的权利和义务是通过保险合同确定的。严格保护保险合同双方当事人的利益，是保险制度得以存在和发展的条件。保险合同法的目的就是明确保险合同双方当事人的权利和义务。为了确保这一目的的实现，保险法规定投保人有如实告知义务。关于告知的范围，《最高人民法院关于适用〈中华人民共和国保险法〉若干问题的解释(二)》第 6 条规定："投保人的告知义务限于保险人询问的范围和内容。当事人对询问范围及内容有争议的，保险人负举证责任。保险人以投保人违反了对投保单询问表中所列概括性条款的如实告知义务为由请求解除合同的，人民法院不予支持。但该概括性条款有具体内容的除外。"根据这一司法解释，保险人主张其对投保人的询问范围及内容超过了投保书中列明的范围及内容，即保险人对于书面询问事项以外的其他问题进行了询问，而投保人不予认可的，应由保险人承担举证责任。凡有关保险合同的签订、变更、终止以及当事人、关系人的权利义务关系的法律规范，均是广义的保险合同法的组成部分。

保险业法，是指对保险业进行监督管理的法律规范。由于从事保险业的机构为数众多，组织形式各异，而且保险业的经营状况涉及参加保险的众多组织和个人的利益，因此各国通过保险立法对保险业进行监督管理。凡规范保险公司和保险中介的设立、经营、业务管理和解散等的法律，均属于保险业法。

保险特别法，是指专门规范特定的保险种类的保险关系的法律规范。对某些有特别要求或对国计民生有特别意义的保险，各国一般都制定专门的法律予以规范，如英国《海上保险法》、日本《人身保险法》、我国《海商法》等。在这种保险特别法中，往往既调整该险种的保险合同关系，也调整国家对该险种的监督管理关系。

第二节　保险合同法律制度

一、保险合同法概述

（一）保险合同的概念和特征

我国《保险法》第10条规定："保险合同是投保人与保险人约定保险权利义务关系的协议。投保人是指与保险人订立保险合同，并按照合同约定负有支付保险费义务的人。保险人是指与投保人订立保险合同，并按照合同约定承担赔偿或者给付保险金责任的保险公司。"投保人与保险人订立保险合同，应当遵循公平互利、协商一致、自愿订立的原则，不得损害社会公共利益。除法律、行政法规规定必须保险的外，保险合同自愿订立。

与一般民事合同相比，保险合同的主要特征如下：

(1) 保险合同是要式合同

在我国，保险合同应当采用书面形式。《保险法》第13条规定："投保人提出保险要求，经保险人同意承保，保险合同成立。保险人应当及时向投保人签发保险单或者其他保险凭证。保险单或者其他保险凭证应当载明当事人双方约定的合同内容。当事人也可以约定采用其他书面形式载明合同内容。"

(2) 保险合同是附和合同

随着保险事业的发展以及各国保险业务的交流和协作，保险合同逐渐出现技术化、定型化、标准化的趋势。保险合同的内容由保险人根据相关规定决定。保险人根据自身的承保能力，确定承保的基本条件，规定双方的权利和义务。投保人一般只能依据保险公司设立的不同险种的条款进行是否投保的选择，而没有草拟合同文本或选择、变更、增减合同条款的自由。

(3) 保险合同是射幸合同

在保险有效期间，如果发生保险事故，则被保险人从保险人那里得到的保险金可能远远超过其所支出的保险费；反之，如果没有发生保险事故，则被保险人付出保险费而无任何保险金可得。保险人的情况与此相反，当保险事故发生时，其所赔付的金额可能大于其所收取的保险费；如果没有发生保险事故，则保险人不需要赔付。这种或赔或不赔以及赔款与保险费的不等额就是所谓的“射幸性”。保险合同的射幸性是由危险发生的偶然性造成的。当然，射幸性只是就各个保险合同而言的。如果从承保的保险合同总体来看，由于保险费与赔偿金额的关系是依据概率计算出来的，因此保险人收取的保险费总额原则上与所赔付金额相等，并不存在偶然性。

(4) 保险合同是有对价的双务合同

由于赔款与否具有偶然性，因此投保人参加保险并不一定能换取保险赔款，但是由此获得了对保险标的的利益保障。如果保险事故未发生，保险标的的利益并没有受到损失；如果保险事故发生，投保人(被保险人)可以从保险人那里得到补偿。因此，投保人参加保险后，不管危险是否发生，都无须担心其保险利益的损失。保险人将损失的偶然性转化为经济保障的确定性，这就是保险人收取保险费后所提供的对价。我们不能片面地认为只有发生保险事故时保险人才承担义务，否则就只有投保人一方承担支付保险费的义务。

(5) 保险合同是补偿性合同

保险是危险的对策，但是并不能保证危险不发生，也不可能恢复已损失的保险标的，而只是通过货币给付补偿投保人(被保险人)的经济利益。因此，如果经济利益没有受损失，则无所谓补偿；如果经济利益受损失，则以实际损失为补偿的最高限额，不能谋取超过实际损失的额外经济利益。人身保险虽也是一种货币救济，但因为人身无价，所以人身保险中没有补偿的最高限额。

(二) 保险合同的种类

保险合同可以根据不同的标准进行分类，其中以保险的种类作为分类标准是最常用的方法之一，由此可以将保险合同分为财产保险合同、人身保险合同。除此之外，还有以下几种分类：

1. 定值保险合同与不定值保险合同

根据保险价值在保险合同中是否先予确定，可以把保险合同划分为定值保险合同与不定值保险合同。当事人事先确定保险标的的价值并将其记载在保险合同中的，称为“定值保险合同”。如果将保险标的的约定价值作为保险金额，则发生损失时以约定价值作为计算赔偿金额的标准。当事人不在保险合同中载明保险标的的价值的，称为“不定值保险合同”。不定值保险合同之下，在发生保险事故时，以保险标的当时的实际价值为计算赔偿金额的标准。不论定值保险合同还是不定值保险合同，赔偿金额均不得超过保险金额。

2. 定额保险合同与补偿保险合同

根据保险人是否按保险金额承担责任，可以把保险合同划分为定额保险合同与补偿保险合同。定额保险合同是在人身保险中采用的。定额保险合同之下，在保险事故或约定事件发生时，按合同中约定的保险金额支付，不得增减，也不用再行计算。补偿保险合同之下，保险人的责任以补偿被保险人的实际损失为限，并不得超过保险金额。各种财产保险合同均属于补偿保险合同。

3. 足额保险合同、不足额保险合同与超额保险合同

根据保险金额与财产价值的关系，可以把保险合同划分为足额保险合同、不足额保险合同与超额保险合同。足额保险合同又称“全额保险合同”，是指保险金额等于财产价值的保险合同。不足额保险合同又称“低额保险合同”，是指保险金额小于财产价值的保险合同。超额保险合同，是指保险金额大于财产价值的保险合同。出现超额保险合同的情况有两种：一是出于善意，如被保险人过高估计了财产价值或不了解市场行情；二是出于恶意，如被保险人希望在保险事故发生后获得多于实际损失的补偿。

4. 特定危险保险合同与一切危险保险合同

根据保险人所承担危险状况的不同，可以把保险合同划分为特定危险保险合同与一切危险保险合同。所谓特定危险保险合同，是指保险人承担保险标的的一种或几种危险的保险合同。大多数保险合同之下，保险人承担保险标的的几种危险；而若承保火灾保险、盗窃保险、地震保险等，则保险人仅承担保险标的的一种危险。一切危险保险通常简称为“一切险”。所谓“一切险”，并不是指保险人对任何危险都予以承保，而是除去列明的不保危险外，承保其他任何不列明的危险。由于一切险合同给被保险人提供了较为广泛的保险保障，而且在理赔时易于判明责任，可以减少被保险人与保险人之间的争议，因此发展迅速。

（三）保险合同法的原则

1. 最大诚信原则

任何合同的订立，双方当事人都应本着善意和诚信的原则。由于保险合同具有射幸性，因此要求保险关系双方以最大善意和诚信订立合同，否则保险与赌博无异。

根据最大诚信原则，我国法律对保险合同双方当事人规定了如实告知义务、说明义务、保证义务以及不履行该义务的法律后果。

(1) 投保人的如实告知义务

我国《保险法》第16条第1款规定：“订立保险合同，保险人就保险标的或者被保险人的有关情况提出询问的，投保人应当如实告知。”可见，我国对如实告知的范围采用“询问回答主义”，即投保人只要如实回答保险人的询问事项即可，不

需要无限提供保险标的的所有情况。[①] 此外,投保人故意或者因重大过失未履行如实告知义务,足以影响保险人决定是否同意承保或者提高保险费率的,保险人有权解除合同。保险人享有的合同解除权,自保险人知道有解除事由之日起,超过30日不行使而消灭。自合同成立之日起超过2年的,保险人不得解除合同;发生保险事故的,保险人应当承担赔偿或者给付保险金的责任。另外,投保人故意不履行如实告知义务的,保险人对于合同解除前发生的保险事故,不承担赔偿或者给付保险金的责任,并不退还保险费。投保人因重大过失未履行如实告知义务,对保险事故的发生有严重影响的,保险人对于合同解除前发生的保险事故,不承担赔偿或者给付保险金的责任,但应当退还保险费。应当指出的是,保险人在合同订立时已经知道投保人未如实告知的情况的,保险人不得解除合同;发生保险事故的,保险人应当承担赔偿或者给付保险金的责任。

(2) 保险人的说明义务

我国《民法典》第496条第2款规定:"采用格式条款订立合同的,提供格式条款的一方应当遵循公平原则确定当事人之间的权利和义务,并采取合理的方式提示对方注意免除或者减轻其责任等与对方有重大利害关系的条款,按照对方的要求,对该条款予以说明。提供格式条款的一方未履行提示或者说明义务,致使对方没有注意或者理解与其有重大利害关系的条款的,对方可以主张该条款不成为合同的内容。"根据《保险法》第17条的规定,订立保险合同,采用保险人提供的格式条款的,保险人向投保人提供的投保单应当附格式条款,保险人应当向投保人说明合同的内容。对保险合同中免除保险人责任的条款,保险人在订立合同时应当在投保单、保险单或者其他保险凭证上作出足以引起投保人注意的提示,并对该条款的内容以书面或者口头形式向投保人作出明确说明;未作提示或者明确说明的,该条款不产生效力。由此可见,保险人对于保险合同的一般条款,应当履行说明义务;对于责任免除条款,应当履行明确说明义务。但是,"保险人已向投保人履行了保险法规定的提示和明确说明义务,保险标的受让人以保险标的转让后保险人未向其提示或者明确说明为由,主张免除保险人责任的条款不生效的,人民法院不予支持"[②]。

---

① 《最高人民法院关于适用〈中华人民共和国保险法〉若干问题的解释(二)》第5条规定:"保险合同订立时,投保人明知的与保险标的或者被保险人有关的情况,属于保险法第十六条第一款规定的投保人'应当如实告知'的内容。"第6条规定:"投保人的告知义务限于保险人询问的范围和内容。当事人对询问范围及内容有争议的,保险人负举证责任。保险人以投保人违反了对投保单询问表中所列概括性条款的如实告知义务为由请求解除合同的,人民法院不予支持。但该概括性条款有具体内容的除外。"

《最高人民法院关于适用〈中华人民共和国保险法〉若干问题的解释(三)》第5条规定:"保险合同订立时,被保险人根据保险人的要求在指定医疗服务机构进行体检,当事人主张投保人如实告知义务免除的,人民法院不予支持。保险人知道被保险人的体检结果,仍以投保人未就相关情况履行如实告知义务为由要求解除合同的,人民法院不予支持。"

② 《最高人民法院关于适用〈中华人民共和国保险法〉若干问题的解释(四)》第2条。

此外,保险人将法律、行政法规中的禁止性规定情形作为保险合同免责条款的免责事由,保险人对该条款作出提示后,投保人、被保险人或者受益人以保险人未履行明确说明义务为由主张该条款不生效的,人民法院不予支持。[①] 通过网络、电话等方式订立的保险合同,保险人以网页、音频、视频等形式对免除保险人责任条款予以提示和明确说明的,人民法院可以认定其履行了提示和明确说明义务。[②] “保险人对其履行了明确说明义务负举证责任。投保人对保险人履行了符合本解释第十一条第二款要求的明确说明义务在相关文书上签字、盖章或者以其他形式予以确认的,应当认定保险人履行了该项义务。[③] 但另有证据证明保险人未履行明确说明义务的除外。”[④]

(3) 投保人(被保险人)的保证义务

投保人(被保险人)的保证义务,是指投保人(被保险人)对保险人的特定担保事项作出承诺,保证在保险期间遵守对某一事项的作为或不作为,或者保证某一事项的真实性。

保险法上的保证通常分为明示保证和默示保证两种。

明示保证以保险合同条款的形式出现,是保险合同的内容之一。例如,财产保险中有被保险人应当遵守国家有关消防、安全、生产操作、劳动保护等方面的规定,维护保险标的的安全的条款;机动车辆保险中有遵守交通规则、安全驾驶、做好车辆维修和保养工作的条款;仓储保险中有不堆放危险品的条款;人身保险中有被保险人在一定期限内不出国的条款;等等。保险合同一旦生效,即构成投保人对保险人的保证,对投保人具有作为或不作为的约束力。[⑤]

默示保证,是指投保人或被保险人对于某一特定事项虽未在保险合同中明确作出担保,但该事项的存在是保险人决定承保的依据,也构成保险合同的内容之一。默示保证通常以社会上普遍存在或认可的某些行为规范为准则。默示保证的原则来源于海上保险,通常包括以下三项:保证有适航能力、保证不改变航道、保证船货的合法性。

如果投保人或被保险人违反保证义务,保险人可以解除保险合同或拒绝赔付。

(4) 保险人的弃权与禁止抗辩

保险人若放弃法律或保险合同规定的某项权利,如放弃拒绝承保、解除合

---

① 参见《最高人民法院关于适用〈中华人民共和国保险法〉若干问题的解释(二)》第 10 条。

② 参见《最高人民法院关于适用〈中华人民共和国保险法〉若干问题的解释(二)》第 12 条。

③ 关于保险人履行明确说明义务的判断标准的案例,参见最高人民法院民法典贯彻实施工作领导小组主编:《中华人民共和国民法典合同编理解与适用(一)》,人民法院出版社 2020 年版,第 248 页。

④ 《最高人民法院关于适用〈中华人民共和国保险法〉若干问题的解释(二)》第 13 条。

⑤ 参见方乐华:《保险与保险法》,北京大学出版社 2009 年版,第 271 页。

同、要求投保人增加保险费的权利等,就不得再向投保人或被保险人主张抗辩。根据我国《保险法》第32条的规定,投保人申报的被保险人年龄不真实,并且其真实年龄不符合合同约定的年龄限制的,保险人可以解除合同,并按照合同约定退还保险单的现金价值。保险人行使合同解除权,适用《保险法》第16条第3款、第6款的规定,即"合同解除权,自保险人知道有解除事由之日起,超过三十日不行使而消灭。自合同成立之日起超过二年的,保险人不得解除合同;发生保险事故的,保险人应当承担赔偿或者给付保险金的责任";"保险人在合同订立时已经知道投保人未如实告知的情况的,保险人不得解除合同;发生保险事故的,保险人应当承担给付赔偿或者保险金的责任"。

2. 保险利益原则

保险利益,是指投保人或被保险人对保险标的具有的法律上承认的利益。确立保险利益原则的目的在于,禁止投保人借保险的形式而达到赌博的目的,限制给付保险金的数额,抑制道德危险的发生,使投保人不能利用保险活动取得额外利益。根据保险利益原则,人身保险的投保人在保险合同订立时,对被保险人应当具有保险利益。财产保险的被保险人在保险事故发生时,对保险标的应当具有保险利益。在人身保险中,合同订立时,投保人对被保险人不具有保险利益的,合同无效。在财产保险中,保险事故发生时,被保险人对保险标的不具有保险利益的,不得向保险人请求赔偿保险金。

人民法院审理人身保险合同纠纷案件时,应主动审查投保人订立保险合同时是否具有保险利益,以及以死亡为给付保险金条件的合同是否经过被保险人同意并认可保险金额。[①] 保险合同订立后,因投保人丧失对被保险人的保险利益,当事人主张保险合同无效的,人民法院不予支持。[②]

3. 损失补偿原则

损失补偿原则是财产保险合同中所特有的。财产保险合同是补偿性合同,投保人参加保险不是为了盈利,而是为了保障经济利益。损失补偿原则体现在以下几个方面:

(1) 补偿实际损失

当保险财产遭受保险事故时,实际损失多少,保险人就赔付多少,没有损失的不赔付。

(2) 限制最高赔偿金额

保险人的赔付以投保时约定的保险金额为限,且保险金额不得超过保险标的的实际价值;对超过保险金额的损失,保险人不予赔付。

---

① 参见《最高人民法院关于适用〈中华人民共和国保险法〉若干问题的解释(三)》第3条。

② 参见《最高人民法院关于适用〈中华人民共和国保险法〉若干问题的解释(三)》第4条。

（3）超额保险或重复保险中的超额部分无效

超出保险标的的实际价值投保的，称为“超额保险”。超额保险中超过保险价值的部分无效。我国《保险法》第56条第4款规定：“重复保险是指投保人对同一保险标的、同一保险利益、同一保险事故分别与两个以上保险人订立保险合同，且保险金额总和超过保险价值的保险。”重复保险的各保险人赔偿保险金的总和不得超过保险价值。除合同另有约定外，各保险人按照其保险金额与保险金额总和的比例承担赔偿保险金的责任。

（4）代位求偿制度

代位求偿制度，是指在财产保险中，保险标的的损失是由第三者的行为造成的，被保险人从保险人处取得赔付后，应将向第三者追偿的权利转让给保险人，保险人有权向第三者追偿损失。代位求偿制度设立的主要目的在于，防止被保险人因同一保险事故获得重复赔偿并由此获得大于保险标的实际价值的额外利益，进而防范因重复获偿可能引发的道德风险。根据我国《保险法》第60条的规定，因第三者对保险标的的损害而造成保险事故的，保险人自向被保险人赔偿保险金之日起，在赔偿金额范围内代位行使被保险人对第三者请求赔偿的权利。保险人应以自己的名义行使保险代位求偿权。保险人代位求偿权的诉讼时效期间应自其取得代位求偿权之日起算。[①] 保险事故发生后，被保险人已经从第三者取得损害赔偿的，保险人赔偿保险金时，可以相应扣减被保险人从第三者已取得的赔偿金额。保险人依照相关规定行使代位请求赔偿的权利，不影响被保险人就未取得赔偿的部分向第三者请求赔偿的权利。保险事故发生后，保险人未赔偿保险金之前，被保险人放弃对第三者请求赔偿的权利的，保险人不承担赔偿保险金的责任。保险人向被保险人赔偿保险金后，被保险人未经保险人同意放弃对第三者请求赔偿的权利的，该行为无效。被保险人故意或者因重大过失致使保险人不能行使代位请求赔偿的权利的，保险人可以扣减或者要求返还相应的保险金。根据《保险法》第62条的规定，除被保险人的家庭成员或者其组成人员故意造成保险事故外，保险人不得对被保险人的家庭成员或者其组成人员行使代位请求赔偿的权利。

（四）保险合同的主体

保险合同的当事人是保险人和投保人。一般民事合同多是当事人为自己的利益而订立的。保险合同中的当事人既可为自己的利益，也可为他人的利益。为他人的利益而订立的保险合同被称为“涉他合同”。因此，保险合同的主体还有被保险人，人身保险合同中还有受益人。被保险人和受益人作为保险合同的关系人，也被称为“第三方当事人”。

---

① 参见《最高人民法院关于适用〈中华人民共和国保险法〉若干问题的解释（二）》第16条。

1. 保险合同的当事人

(1) 保险人

保险人又称“承保人”,是指收取保险费而在保险事故发生时对被保险人承担补偿或给付保险金义务的人。保险人经营保险业务除必须取得国家有关管理部门授予的资格外,还必须在规定的业务范围内开展经营活动。

(2) 投保人

投保人又称“要保人”“保单持有人”,是指对保险标的具有保险利益,向保险人申请订立保险合同,并负有交付保险费义务的人。投保人应当具备以下三个要件:

第一,投保人具有权利能力和完全行为能力。无行为能力人和限制行为能力人不能成为保险合同的当事人。

第二,人身保险中,在订立合同时,投保人对被保险人不具有保险利益的,合同无效。根据我国《保险法》第34条第1款的规定,以死亡为给付保险条件的合同,未经被保险人同意并认可保险金额的,合同无效。“被保险人同意并认可保险金额”可以采取书面形式、口头形式或者其他形式;可以在合同订立时作出,也可以在合同订立后追认。有下列情形之一的,应认定为被保险人同意投保人为其订立保险合同并认可保险金额:① 被保险人明知他人代其签名同意而未表示异议的;② 被保险人同意投保人指定的受益人的;③ 有证据足以认定被保险人同意投保人为其投保的其他情形。[①]

第三,投保人负有交付保险费的义务。不论保险合同是为自己的利益还是为他人的利益而订立,投保人均需承担交付保险费的义务。在为他人的利益而订立保险合同的情况下,如投保人未按时履行交付保险费的义务,保险合同关系人可以代投保人交付。保险人对保险合同关系人代付的保险费不得以须由投保人交付而拒收,从而影响保险合同的效力。

2. 保险合同的关系人

(1) 被保险人

被保险人,是指其财产或者人身受保险合同保障,享有保险金请求权的人。投保人可以为被保险人。被保险人应当具备以下两个要件:

第一,被保险人是保险事故发生时受到损失的人。一旦发生保险事故,被保险人将遭受损害。但是,在财产保险与人身保险中,被保险人遭受损害的形式是不同的。在财产保险中,因保险事故直接遭受损害的是保险标的,被保险人则因保险标的的损害而遭受经济上的损失。在人身保险中,因保险事故直接遭受损害的是被保险人的身体、生命或健康。

---

① 参见《最高人民法院关于适用〈中华人民共和国保险法〉若干问题的解释(三)》第1条。

第二,被保险人是享有保险金请求权的人。被保险人的保险金请求权在财产保险和人身保险中有所不同。在财产保险中,发生保险事故时,被保险人并没有受到伤害,因此多为被保险人享有保险金请求权。如果被保险人在保险事故中死亡,其保险金请求权可以继承。但是,在人身保险中,如果保险事故发生后,被保险人生存,被保险人可以亲自享有保险金请求权;如果被保险人死亡,被保险人的请求权消灭,保险金请求权多为受益人根据保险合同的约定取得。

(2) 受益人

受益人又称"保险金领受人",是指人身保险合同中由被保险人或者投保人指定的享有保险金请求权的人。投保人、被保险人可以为受益人。受益人应当具备以下三个要件:

第一,受益人是独立享有保险金请求权的人。受益人在保险合同中,不负有交付保险费的义务,也不必具有保险利益,保险人不得向受益人追索保险费。

第二,受益人只有在被保险人死亡后才取得保险金请求权。在被保险人生存期间,受益人的保险金请求权只是一种期待权。

第三,受益人是在人身保险合同中由被保险人或者投保人指定的人。投保人指定受益人时须经被保险人同意。投保人为与其有劳动关系的劳动者投保人身保险,不得指定被保险人及其近亲属以外的人为受益人。被保险人为无民事行为能力人或者限制民事行为能力人的,可以由其监护人指定受益人。被保险人或者投保人可以指定一人或者数人为受益人。受益人为数人的,被保险人或者投保人可以确定受益顺序和受益份额;未确定受益份额的,受益人按照相等份额享有受益权。

受益人的受益权是直接根据保险合同所享有的,并非由被保险人转移而来。因此,受益人根据受益权所取得的保险金不得作为被保险人的遗产。但是,根据我国《保险法》第42条的规定,被保险人死亡后,有下列情形之一的,保险金作为被保险人的遗产,由保险人向被保险人的继承人履行给付保险金的义务:① 没有指定受益人,或者受益人指定不明无法确定的;② 受益人先于被保险人死亡,没有其他受益人的;③ 受益人依法丧失受益权或者放弃受益权,没有其他受益人的。受益人与被保险人在同一事件中死亡,且不能确定死亡先后顺序的,推定受益人死亡在先。

被保险人或者投保人可以变更受益人并书面通知保险人。保险人收到变更受益人的书面通知后,应当在保险单或者其他保险凭证上批注或者附贴批单。投保人变更受益人时须经被保险人同意。受益人变更的形式包括:由于原受益人的受益权消灭或其他原因,投保人有权重新指定受益人,或增加、减少受益人,或改变受益人的优先顺序;投保人以遗嘱的形式变更受益人;经投保人同意,受益人将其受益权转让他人,原保险合同中规定受益权不得转让的除外。

受益人的受益权可以因下列原因消灭:受益人先于被保险人死亡或者破产、解散;受益人放弃受益权;受益人故意造成被保险人死亡或者伤残的,或者故意杀害被保险人未遂的,丧失受益权。

(五) 保险合同的客体——保险利益

保险利益又称“可保利益”,是指投保人或者被保险人对保险标的具有的法律上承认的利益。

订立保险合同时,首先需明确保险人要对哪些对象发生的保险事故承担责任,这些对象被称为“保险标的”,是保险事故发生的承受体。在保险合同中确定保险标的,对投保人来说,就是确定其所要转嫁危险的范围;对保险人来说,则是确定其所要承担保险责任的范围。但是,订立保险合同的目的并非保护保险标的本身,因为将保险标的投保后并不能保证保险标的不发生危险或不遭受损失,而在于保障在保险标的遭受损失后及时得到经济上的补偿。在保险法律关系中,投保人投保的是对保险标的的合法利益,保险合同保障的也是投保人对保险标的具有的利益,保险责任只是对特定的保险标的因特定的保险事故而使特定的人在经济上遭受特定的损失进行补偿或给付。因此,保险利益才是投保人和保险人权利和义务的共同指向,是保险合同的客体。英国 1883 年的一个判例的结论言简意赅:“火灾保单承保的究竟是什么?不是用以建造房屋的砖石和材料,而是被保险人在保险标的中所具有的利益。”

财产保险合同中的保险利益的构成应当符合以下要求:

(1) 必须是适法的利益,即法律认可的利益。通过盗窃、非法占有、不当攫取等方式所获得的利益,不能构成保险利益。

(2) 必须是经济上的利益,即可以用货币计算或估价的金钱上的利益。保险是对被保险人遭受的经济上的损失给予经济上的补偿,既不能保证被保险人免遭损失,也不能弥补被保险人遭受的非经济损失。

(3) 必须是确定的利益。第一,这种利益是能够以货币形式估价或衡量的。第二,这种利益是一种事实上的或客观上的利益,而不是当事人脱离实际的主观臆断。

由于人身价值难以用金钱估价确定,因此人身保险合同中的保险利益与财产保险合同中的保险利益不同。构成人身保险合同中的保险利益的必要条件包括:

(1) 必须具有利益关系。当投保人以自身为被保险人时,自然具有保险利益,因为投保人的身体健康或生命安危与其本人有着密切的利害关系。当投保人以他人为被保险人时,在投保人与被保险人之间必须存在某种利益关系。我国《保险法》第 31 条规定:“投保人对下列人员具有保险利益:(一) 本人;(二) 配偶、子女、父母;(三) 前项以外与投保人有抚养、赡养或者扶养关系的家庭其他成员、近亲属;(四) 与投保人有劳动关系的劳动者。除前款规定外,被保险人同意投保人为其订立合同的,视为投保人对被保险人具有保险利益。订立合同时,投保人对被保险人不具有保险利益的,合同无效。”人身保险合同中的保险利益关系还可以是经济上的利害关系,如债权人与债务人之间的债权债务关系、保证人与被保证人之间的担保关系等。同时,由于人身保险中保险利益的特殊性,《保险法》作出了一些限制性规定。例如,第33条规定:“投保人不得为无民事行为能力人投保以死亡为给付保险金条件的人身保险,保险人也不得承保。父母为其未成年子女投保的人身保险,不受前款规定限制。但是,因被保险人死亡给付的保险金总和不得超过国务院保险监督管理机构规定的限额。”第34条规定:“以死亡为给付保险金条件的合同,未经被保险人同意并认可保险金额的,合同无效。按照以死亡为给付保险金条件的合同所签发的保险单,未经被保险人书面同意,不得转让或者质押。父母为其未成年子女投保的人身保险,不受本条第一款规定限制。”

(2) 必须是适法的利益。投保人对被保险人的利害关系必须是法律所认可的;不为法律所保护的关系,如同居关系,不构成人身保险合同的保险利益。

(六) 保险合同的内容

保险合同的内容,即保险合同当事人、关系人的权利和义务。保险条款是规定保险人与被保险人之间权利义务关系的条文,是保险人就保险标的履行保险责任的依据。按其性质,保险条款可分为:第一,基本条款和附加条款。基本条款是在保险合同中必须载明的事项,主要确定保险人与被保险人的权利和义务以及其他法律规定必须记载的事项。附加条款是为满足被保险人的特殊需要而增加的扩大承保范围的条款。第二,法定条款和选择条款。法定条款是法律规定必须订立的条款。例如,财产保险中的代位追偿条款和人身保险合同中的不可抗辩条款。选择条款是保险人根据需要选入保险单的条款。例如,行业条款是保险同业之间在长期的业务实践中所形成的共同约定的条款,是一种选择条款。又如,保证条款是保险人要求被保险人作为或不作为的事项,或者保证某种事态存在或不存在,也是选择条款。

保险合同的基本条款包括:

(1) 保险合同主体的姓名或者名称、住所,包括:保险人的名称和住所,投保人、被保险人的姓名或者名称、住所,以及人身保险的受益人的姓名或者名称、住所。这是关于保险合同当事人和关系人基本情况的条款。保险合同当事人和关系人的姓名或者名称、住所须详加记载,以便于保险合同成立以后行使权利和履行义务。

(2) 保险标的,是指保险事故发生的载体,即被保险人投保行为所指向的对象。任何保险都离不开所要保障的对象。在保险合同中载明保险标的,可以判断投保人对保险标的是否具有保险利益,同时可以确定保险人的保险责任范围。

(3) 保险责任和责任免除。保险责任,是指保险人对特定的保险事故造成的损失所承担的赔付责任。保险责任可分为以下三种:一是一切险责任。除了除外责任以外,任何造成保险标的经济损失的,保险人均予以补偿。二是综合险责任。双方当事人约定的事故应在保险责任范围中一一列明,其中任何一项事故的出现对保险标的造成损害,保险人都必须承担赔付责任。三是单一险责任。保险人仅对保险标的可能遭受的某一种危险承担赔偿责任。责任免除,是指保险人不承担赔偿或给付责任的范围。责任免除条款也应在保险合同中明确规定,以更好地确定双方的权利义务关系。免责条款一般包括:战争或军事行为所造成的损失;保险标的正常性的自然损耗、货物固有的瑕疵以及自然特性所导致的损失;被保险人的故意行为所导致的损失(道德危险);其他不属于保险责任范围的损失。

(4) 保险期间和保险责任开始时间。保险期间,是指保险人所负保险责任的起讫日期或保险责任的存续期间。保险合同载明保险期间十分重要,因为投保人的保险保障只有在保险期间内才能享有;保险事故只有在保险期间内发生时,保险人才承担赔偿或给付责任。保险期间可以用时间来计算,也可以根据一定的事实予以确定。如载货船舶保险的期限,是自起运港装货时开始,至目的港卸货完毕时终止。

(5) 保险金额,简称“保额”,是指保险合同当事人约定的,如果保险事故发生,保险人应支付的金额。在财产保险中,保险金额的确定以保险标的的价值为依据,最高限额不得超过保险标的的价值。在人身保险中,保险金额并非人身的价值,只是双方约定的保险事故发生后保险人应支付的金额,除简易人身保险之外,并没有最高限额。

(6) 保险费以及支付办法。保险费,简称“保费”,是指投保人向保险人支付的费用,以作为对保险人承担保障责任的对价。保险费是建立保险基金的源泉。缴纳保险费是投保人的基本义务。保险费的多少由保险金额、保险费率和保险期限等因素决定。保险费的计算形式有三种:定额保险费;保险金额乘以保险费率的积,其中保险费率的推算以保险标的的危险率为依据;以上两项相加。保险费的支付方法应在保险合同中明确约定,以使投保人适当地履行其义务。保险费可以用现金支付,也可以转账付款。投保人在合同成立后,可以向保险人一次支付全部保险费,也可以按照合同约定分期支付保险费。合同约定分期支付保险费的,投保人应当在合同成立时支付首期保险费,并应当按期支付其余各期的保险费。我国《保险法》第36条规定:“合同约定分期支付保险费,投保人支付首期保险费后,除合同另有约定外,投保人自保险人催告之日起超过三十日未支付当期保险费,或者超过约定的期限六十日未支付当期保险费的,合同效力中止,或者由保险人按照合同约定的条件减少保险金额。被保险人在前款规定期限内发生保险事故的，保险人应当按照合同约定给付保险金，但可以扣减欠交的保险费。”

(7) 保险金赔偿或者给付办法，即保险人承担保险责任的方法。保险金赔偿以金钱给付为原则。同时，保险合同中也可以约定对特定的损失，能够以恢复原状等代替金钱给付。保险金赔偿或者给付办法的明确载明，有利于保险人更好地履行保险责任。

(8) 违约责任和争议处理。违约责任，是指合同当事人因其过错致使合同不能履行或不能完全履行时所应承担的法律后果。保险合同作为最大诚信合同，确定违约责任非常重要。争议处理，是指合同当事人对合同事项及保险责任的不同意见的处理。争议处理条款一般包括诉讼条款、仲裁条款等。

(9) 订立合同的年、月、日。注明签约日期是签订合同的一般规则。保险合同订立时间的明确记载，对于确定投保人的保险利益的有无、保险费的缴纳期限、保险合同的生效期间、保险事故的发生是否在合同有效期内等都有重要作用。

“保险合同中记载的内容不一致的，按照下列规则认定：(一) 投保单与保险单或者其他保险凭证不一致的，以投保单为准。但不一致的情形系经保险人说明并经投保人同意的，以投保人签收的保险单或者其他保险凭证载明的内容为准；(二) 非格式条款与格式条款不一致的，以非格式条款为准；(三) 保险凭证记载的时间不同的，以形成时间在后的为准；(四) 保险凭证存在手写和打印两种方式的，以双方签字、盖章的手写部分的内容为准。”①

(七) 保险合同的订立、生效和解释

1. 保险合同的订立

保险合同的订立与普通合同一样，也分为要约和承诺两个阶段。在保险合同中，投保人提出投保要求并提交投保单为要约，保险人的同意即为承诺。承诺包括以下几种形式：(1) 保险人签章；(2) 保险人出具保险费收据；(3) 保险人出具暂保单、保险单等保险凭证。通常，投保人为要约人。

保险合同的订立程序如下：(1) 投保人提出申请；(2) 投保人与保险人商定支付保险费的方法；(3) 投保人提出要约，填写投保单；(4) 保险人审核并作出承诺；(5) 保险人根据已成立的保险合同，向投保人出具保险单或保险凭证确认。

以上只是订立保险合同的一般程序，并非所有的保险合同都要经过上述程序。例如，短期的人身保险合同等就采取比较灵活的方式订立。

① 《最高人民法院关于适用〈中华人民共和国保险法〉若干问题的解释(二)》第 14 条。

保险合同成立后,投保人按照约定交付保险费,保险人按照约定的时间开始承担保险责任。

2. 保险合同的生效

依法成立的保险合同自成立时生效。投保人和保险人可以对合同的效力约定附条件或者附期限。“当事人在财产保险合同中约定以投保人支付保险费作为合同生效条件,但对该生效条件是否为全额支付保险费约定不明,已经支付了部分保险费的投保人主张保险合同已经生效的,人民法院依法予以支持。”①

3. 保险合同的解释

保险合同是格式合同(附和合同),遵循格式合同的一般原理。我国《保险法》第30条规定:“采用保险人提供的格式条款订立的保险合同,保险人与投保人、被保险人或者受益人对合同条款有争议的,应当按照通常理解予以解释。对合同条款有两种以上解释的,人民法院或者仲裁机构应当作出有利于被保险人和受益人的解释。”保险人在其提供的保险合同格式条款中对非保险术语所作的解释符合专业意义,或者虽不符合专业意义,但有利于投保人、被保险人或者受益人的,人民法院应予认可。②

(八) 保险合同的形式

保险合同是要式合同,必须具备法定的形式。投保人提出保险要求,经保险人同意承保,保险合同成立。保险人应当及时向投保人签发保险单或者其他保险凭证。保险单或者其他保险凭证应当载明当事人双方约定的合同内容。当事人也可以约定采用其他书面形式载明合同。保险合同订立程序中的书面形式有以下四种:

1. 投保单

投保单又称“要保书”,即投保人向保险人申请订立保险合同的书面要约。投保单通常是保险人按照统一格式制作的书据,一般不包括保险条款。

投保单一般包括以下内容:(1) 投保人的姓名或名称、地址;(2) 投保人的职业或经营性质;(3) 保险标的及其位置;(4) 保险标的的实际价值或保险价值的确定方法;(5) 保险金额或保险责任限额;(6) 保险期间;(7) 投保人签章;(8) 投保日期。

投保单本身不是保险合同,也非保险合同的正式组成部分。但是,投保单一旦被保险人接受(即承诺),就成为保险合同的组成部分之一,其内容会直接影响保险合同的效力,所以应该如实填写。

---

① 2019年《全国法院民商事审判工作会议纪要》第97条。

② 参见《最高人民法院关于适用〈中华人民共和国保险法〉若干问题的解释(二)》第17条。

2. 暂保单

暂保单又称“临时保险单”，是保险人签发正式保险单之前的临时合同凭证。使用暂保单主要有以下几种情况：

(1) 保险代理人虽就有关保险事宜与投保人达成一致，但在尚未办妥保险单之前，临时向投保人开具暂保单；

(2) 保险公司的分支机构在对投保单审核阶段，向投保人开具暂保单作为证明；

(3) 在不能确定保险条件是否符合承保标准前，出具暂保单，待正式保险单签发后再行解除；

(4) 在没有标准条款的险种中，出具正式的保险单需要较长的时间，保险人为了维护投保人的利益，通常也采用出具暂保单的形式。

暂保单没有统一的格式，而是由保险人根据不同的内容制定的。在没有标准条款的险种中，暂保单必须列明所有保险的事项，明确投保人和保险人双方的权利和义务。在已有标准条款的险种中，暂保单的内容比较简单，只需载明被保险人的姓名、保险标的、保险险种、保险金额、保险责任范围以及起讫时间等事项。

暂保单是在正式出具保险单之前表示保险合同成立的证明，因此与保险单具有同等的法律效力，一旦有效期届满或正式保险单出具，即自行失效。在正式保险单签发以前，保险人亦可终止暂保单，但须提前通知投保人。通常，暂保单仅适用于财产保险，而不适用于人身保险。

3. 保险单

保险单又称“保单”，是投保人与保险人就保险事宜达成一致协议后，由保险人向投保人签发的保险合同的正式书面形式。保险合同成立后，保险人应当及时向投保人签发保险单，并在保险单中载明当事人双方约定的内容。

保险单的主要内容包括：(1) 声明事项，即投保人向保险人所作的告知事项，如被保险人的姓名或名称、保险标的、保险费、保险金额、保险期间以及有关危险性质的说明和承诺等；(2) 保险事项，即保险人所应承担的保险责任；(3) 除外事项，即对保险人的保险责任的限制；(4) 条件事项，即保险合同双方当事人的其他权利和义务，如危险通知义务、索赔时限、代位求偿权等。

4. 其他保险凭证

(1) 小保单，是一种简化的保险单，与保险单具有同等的法律效力。但是，小保单上并不印制保险条款，通用于国内货物运输保险。

(2) 联合凭证，是一种保险人使用的发票与保险单相结合的凭证。

（九）保险合同的履行

1. 投保人(被保险人、受益人)的义务

(1) 投保人交付保险费的义务。交付保险费是投保人的主要义务,也是保险合同的生效条件。根据我国《保险法》第 14 条的规定,保险合同成立后,投保人按照约定交付保险费,保险人按照约定的时间开始承担保险责任。投保人应当按照其与保险人约定的时间、地点、方式交付保险费。不同的保险条款对保险费的交付方式有不同的规定。根据《保险法》第 38 条的规定,保险人对人寿保险的保险费,不得用诉讼方式要求投保人支付。按照权利义务对等的原则,保险人提前终止保险合同时,投保人有权要求保险人返还保险费。

(2) 保险事故发生的通知义务。在保险期间内,投保人、被保险人或者受益人知道保险事故发生后,应当及时通知保险人。我国法律规定的"及时通知",是指投保人、被保险人或者受益人在客观条件许可的前提下迅速通知保险人,其目的在于:使保险人得以迅速展开对损失的调查,及时了解事实真相,不致因调查的迟延而丧失证据,影响责任的确定;便于保险人及时协助被保险人抢救被保险财产,不致扩大损失;可使保险人有准备赔偿或者给付保险金的时间。

(3) 赔付的举证义务。保险事故发生后,按照保险合同请求保险人赔偿或者给付保险金时,投保人、被保险人或者受益人应当向保险人提供其所能提供的与确认保险事故的性质、原因、损失程度等有关的证明和资料。保险人按照合同的约定,认为有关的证明和资料不完整的,应当及时一次性通知投保人、被保险人或者受益人补充提供。这样,才能便于保险人确认保险事故的性质、原因、损失程度以及其他足以影响保险责任之有无或大小的事实。

此外,在财产保险合同中,投保人、被保险人的特殊义务包括:

(1) 防灾减损的义务。为了避免投保方因参加保险而产生麻痹思想,限制保险的消极因素,我国法律加重投保方在防灾减损、维护保险财产安全方面的责任。《保险法》第 51 条规定:"被保险人应当遵守国家有关消防、安全、生产操作、劳动保护等方面的规定,维护保险标的的安全。保险人可以按照合同约定对保险标的的安全状况进行检查,及时向投保人、被保险人提出消除不安全因素和隐患的书面建议。投保人、被保险人未按照约定履行其对保险标的安全应尽责任的,保险人有权要求增加保险费或者解除合同。保险人为维护保险标的的安全,经被保险人同意,可以采取安全预防措施。"可见,投保方应当积极配合保险人的安全检查工作,对其建议应当认真采取措施落实。对投保方的安全情况进行检查,提出合理化建议,既是保险人的权利,也是保险人的职责。

(2) 危险增加的通知义务。危险增加,是指订约时未曾预料或未予估计的危险发生可能性的增加。我国《保险法》第 52 条规定:"在合同有效期内,保险标的的危险程度显著增加[①]的，被保险人应当按照合同约定及时通知保险人，保险人可以按照合同约定增加保险费或者解除合同。保险人解除合同的，应当将已收取的保险费，按照合同约定扣除自保险责任开始之日起至合同解除之日止应收的部分后，退还投保人。被保险人未履行前款规定的通知义务的，因保险标的的危险程度显著增加而发生的保险事故，保险人不承担赔偿保险金的责任。”

(3) 施救义务。我国《保险法》第57条规定：“保险事故发生时，被保险人应当尽力采取必要的措施，防止或者减少损失。保险事故发生后，被保险人为防止或者减少保险标的的损失所支付的必要的、合理的费用，由保险人承担；保险人所承担的费用数额在保险标的损失赔偿金额以外另行计算，最高不超过保险金额的数额。”《最高人民法院关于适用〈中华人民共和国保险法〉若干问题的解释(四)》第6条规定：“保险事故发生后，被保险人依照保险法第五十七条的规定，请求保险人承担为防止或者减少保险标的的损失所支付的必要、合理费用，保险人以被保险人采取的措施未产生实际效果为由抗辩的，人民法院不予支持。”

(4) 损余标的的转让义务。保险事故发生后，保险人已支付了全部保险金额，并且保险金额等于保险价值的，受损保险标的的全部权利归于保险人；保险金额低于保险价值的，保险人按照保险金额与保险价值的比例取得受损保险标的的部分权利。

2. 保险人的义务

保险人除履行防灾减损的职责以外，其主要义务是负责赔付。在保险事故发生后，保险人承担的损失赔偿包括：

(1) 损失补偿。财产损失保险中，保险金额应视实际损失而定，但不得超过保险标的的保险金额；责任保险中，以约定的最高赔偿金额为限。人身保险中，也以约定的最高限额为准。

(2) 施救费用。保险事故发生后，被保险人为防止或者减少保险标的的损失所支付的必要的、合理的费用，由保险人承担；保险人所承担的费用数额在保险标的损失赔偿金额以外另行计算，最高不超过保险金额的数额。

(3) 保险人、被保险人为查明和确定保险事故的性质、原因和保险标的的损失程度所支付的必要的、合理的费用，由保险人承担。

保险人承担的上述第(2)和(3)项支出的费用，必须符合“必要的”和“合理

① 《最高人民法院关于适用《中华人民共和国保险法》若干问题的解释(四)》第4条规定：“人民法院认定保险标的是否构成保险法第四十九条、第五十二条规定的‘危险程度显著增加’时，应当综合考虑以下因素：(一) 保险标的用途的改变；(二) 保险标的使用范围的改变；(三) 保险标的所处环境的变化；(四) 保险标的因改装等原因引起的变化；(五) 保险标的使用人或者管理人的改变；(六) 危险程度增加持续的时间；(七) 其他可能导致危险程度显著增加的因素。保险标的危险程度虽然增加，但增加的危险属于保险合同订立时保险人预见或者应当预见的保险合同承保范围的，不构成危险程度显著增加。”

的”两项要件。不合乎此两项要件的,保险人不予承担。关于“必要的”和“合理的”之衡量标准,应以一般善良管理人的注意义务予以认定,如果费用过高,那么过高部分由被保险人自己承担。例如,保险船舶因碰撞受损,对船舶受损部位进行检验和修理所支出的费用既是必要的也是合理的。但是,如果由此对全船设备进行检查和修理,显然是不合理的,保险方对这部分费用不负补偿责任。

我国《保险法》第23条规定:“保险人收到被保险人或者受益人的赔偿或者给付保险金的请求后,应当及时作出核定;情形复杂的,应当在三十日内作出核定[①],但合同另有约定的除外。保险人应当将核定结果通知被保险人或者受益人;对属于保险责任的,在与被保险人或者受益人达成赔偿或者给付保险金的协议后十日内,履行赔偿或者给付保险金义务。保险合同对赔偿或者给付保险金的期限有约定的,保险人应当按照约定履行赔偿或者给付保险金义务。保险人未及时履行前款规定义务的,除支付保险金外,应当赔偿被保险人或者受益人因此受到的损失。任何单位和个人都不得非法干预保险人履行赔偿或者给付保险金的义务,也不得限制被保险人或者受益人取得保险金的权利。”第24条规定:“保险人依照本法第二十三条的规定作出核定后,对不属于保险责任的,应当自作出核定之日起三日内向被保险人或者受益人发出拒绝赔偿或者拒绝给付保险金通知书,并说明理由。”第25条规定:“保险人自收到赔偿或者给付保险金的请求和有关证明、资料之日起六十日内,对其赔偿或者给付保险金的数额不能确定的,应当根据已有证明和资料可以确定的数额先予支付;保险人最终确定赔偿或者给付保险金的数额后,应当支付相应的差额。”

3. 索赔和理赔

索赔,是指被保险人在保险事故发生后,按照保险合同的有关规定,在法定期限内向保险人提出赔偿损失的请求。我国《保险法》第26条规定:“人寿保险以外的其他保险的被保险人或者受益人,向保险人请求赔偿或者给付保险金的诉讼时效期间为二年,自其知道或者应当知道保险事故发生之日起计算。人寿保险的被保险人或者受益人向保险人请求给付保险金的诉讼时效期间为五年,自其知道或者应当知道保险事故发生之日起计算。”理赔,是指保险人接受被保险人的索赔要求后进行的检验损失、调查原因、搜查证据、确定责任范围直至赔偿的一系列工作过程。

---

① 《最高人民法院关于适用〈中华人民共和国保险法〉若干问题的解释(二)》第15条规定:“保险法第二十三条规定的三十日核定期间,应自保险人初次收到索赔请求及投保人、被保险人或者受益人提供的有关证明和资料之日起算。保险人主张扣除投保人、被保险人或者受益人补充提供有关证明和资料期间的,人民法院应予支持。扣除期间自保险人根据保险法第二十二条规定作出的通知到达投保人、被保险人或者受益人之日起,至投保人、被保险人或者受益人按照通知要求补充提供的有关证明和资料到达保险人之日止。”

索赔和理赔的程序如下：

（1）损失通知。保险事故发生后，被保险人应当以口头或函电的方式通知保险人。在财产保险中，被保险人通知损失时，应提供下列材料：证明事故属于保险责任范围的材料、保险单、保险费的支付凭证、财产损失清单以及施救费用清单等。在人身保险中，应提供被保险人死亡、疾病或丧失劳动能力的证明。

（2）损失检验。保险人在接到通知后，应立即派员到现场检验受损标的。

（3）审核索赔单证。被保险人应提供保险单、勘查报告、损失证明、所有权证明、单据、账目等，以便保险人查核是否属于保险事故并确定保险金额。

（4）核定损失原因、损失程度，计算赔偿数额。

（5）保险人作出赔偿，被保险人领取赔偿金。

4. 代位求偿权

代位求偿权，是指保险人在向被保险人赔偿损失后，取得原应由被保险人享有的向负赔偿责任的第三人请求赔偿的权利。代位求偿权只适用于财产保险，不适用于人身保险。保险人对被保险人履行了全部赔偿义务，是保险人取得代位求偿权的前提。

5. 合同解除权

合同解除权包括投保人的解除权和保险人的解除权。[①]

（十）保险合同的变更、解除与终止

1. 保险合同的变更

保险合同依法成立，即具有法律约束力。当事人双方都必须全面履行保险合同规定的义务，不得擅自变更合同。但是，在某些情况下，相关法律允许变更保险合同。

（1）主体变更

主体变更即保险合同的转让，是指在不改变保险人、保险标的和保险内容的情况下，变更投保人或被保险人的行为。保险合同的转让是基于保险标的的所有权变动而发生的。我国《保险法》第 49 条规定："保险标的转让的，保险标的的受让人承继被保险人的权利和义务。保险标的转让的，被保险人或者受让人应当及时通知保险人，但货物运输保险合同和另有约定的合同除外。因保险标的转让导致危险程度显著增加的，保险人自收到前款规定的通知之日起三十日内，可以按照合同约定增加保险费或者解除合同。保险人解除合同的，应当将已收取的保险费，按照合同约定扣除自保险责任开始之日起至合同解除之日止应收的部分后，退还投保人。被保险人、受让人未履行本条第二款规定的通知义务的，因转让导致保险标的危险程度显著增加而发生的保险事故，保险人不承担赔

① 这部分内容将在保险合同的解除中详述。

偿保险金的责任。”

(2) 内容变更

保险合同是一种期限较长的合同,因此相关法律允许对其内容进行变更,以维护当事人的利益。保险合同的内容变更一般应征得保险人的同意。根据我国《保险法》第 20 条的规定,投保人和保险人可以协商变更合同内容。变更保险合同的,应当由保险人在保险单或者其他保险凭证上批注或者附贴批单,或者由投保人和保险人订立变更的书面协议。但是,在人身保险合同中,被保险人或者投保人变更受益人,只需书面通知保险人,而不必征得保险人的同意。

(3) 效力变更

保险合同的效力变更,主要是指保险合同效力中止后复效。保险合同的效力中止,是指在保险合同生效后,由于某种原因的出现而使保险合同暂时失去效力。例如,在人身保险合同中,合同约定分期支付保险费,投保人支付首期保险费后,除合同另有约定外,投保人自保险人催告之日起超过 30 日未支付当期保险费,或者超过约定的期限 60 日未支付当期保险费的,合同效力中止,或者由保险人按照合同约定的条件减少保险金额。被保险人在上述规定期限内发生保险事故的,保险人应当按照合同约定给付保险金,但可以扣减欠交的保险费。①

保险合同的复效是针对保险合同的效力中止而言的。保险合同的效力中止并不等于保险合同效力的终止和无效。在合同效力中止后,投保人可以在一定条件下,提出恢复保险合同原有效力的请求。经保险人承诺,中止的合同效力即可恢复。例如,根据《保险法》第 37 条的规定,因保险费缴纳问题致使合同效力中止的,经保险人与投保人协商并达成协议,在投保人补交保险费后,合同效力恢复。投保人提出恢复效力申请并同意补交保险费的,除被保险人的危险程度在中止期间显著增加外,保险人拒绝恢复效力的,人民法院不予支持。保险人在收到恢复效力申请后,30 日内未明确拒绝的,应认定为同意恢复效力。保险合同自投保人补交保险费之日恢复效力。保险人要求投保人补交相应利息的,人民法院应予支持。②

2. 保险合同的解除

保险合同的解除,是指在保险合同法律关系有效期限内,当事人依照法律规定或合同约定,提前消灭保险合同的权利和义务。

(1) 投保人的解除权

保险合同是为分担投保人可能的损失而设,各国立法都赋予投保人以解除权。我国《保险法》第 15 条规定:“除本法另有规定或者保险合同另有约定外,保

① 参见《保险法》第 36 条。

② 参见《最高人民法院关于适用〈中华人民共和国保险法〉若干问题的解释(三)》第 8 条。

险合同成立后，投保人可以解除保险合同，保险人不得除合同。”除外规定一方面是基于某些险种的特殊性考虑，如货物运输保险合同和运输工具航程保险合同，保险责任开始后，当事人不得解除合同；另一方面是基于合同自由理念，保险人可以在保险合同中对投保人的解除权作出限制。

保险责任开始前，投保人要求解除合同的，应当按照合同约定向保险人支付手续费，保险人应当退还保险费。保险责任开始后，投保人要求解除合同的，保险人可以收取自保险责任开始之日起至合同解除之日止的保险费，剩余部分退还投保人。在人身保险合同中，投保人解除保险合同后，我国法律区分其是否已交足 2 年保险费而规定不同的法律效果：投保人已交足 2 年以上保险费的，保险人应当按照合同约定退还保险单的现金价值；投保人未交足 2 年保险费的，保险人应当在扣除手续费后，退还保险费。

（2）保险人的解除权

保险人是保险合同这一格式合同的制定者，各国立法都规定保险人不得随意解除保险合同，除非投保方有违约或违法行为。在我国，除《保险法》另有规定或者保险合同另有约定外，保险合同成立后，保险人不得解除保险合同。[①]

我国《保险法》规定的保险人有解除权的情形包括：

① 投保人故意或者因重大过失未履行如实告知义务，足以影响保险人决定是否同意承保或者提高保险费率的，保险人有权解除合同。投保人故意不履行如实告知义务的，保险人对于合同解除前发生的保险事故，不承担赔偿或者给付保险金的责任，并不退还保险费。投保人因重大过失未履行如实告知义务，对保险事故的发生有严重影响的，保险人对于合同解除前发生的保险事故，不承担赔偿或者给付保险金的责任，但应当退还保险费。

② 被保险人或者受益人在未发生保险事故的情况下，谎称发生了保险事故，向保险人提出赔偿或者给付保险金的请求的，保险人有权解除保险合同，并不退还保险费。

③ 投保人、被保险人或者受益人故意制造保险事故的，保险人有权解除保险合同，不承担赔偿或者给付保险金的责任，也不退还保险费。但是，投保人、受益人故意造成被保险人死亡、伤残或者疾病的，保险人不承担给付保险金的责任。投保人已交足 2 年以上保险费的，保险人应当按照合同约定向其他权利人退还保险单的现金价值。

④ 投保人、被保险人未按照约定履行其对保险标的的安全应尽责任的，保

---

① 《最高人民法院关于适用〈中华人民共和国保险法〉若干问题的解释（三）》第 17 条规定：“投保人解除保险合同，当事人以其解除合同未经被保险人或者受益人同意为由主张解除行为无效的，人民法院不予支持，但被保险人或者受益人已向投保人支付相当于保险单现金价值的款项并通知保险人的除外。”

险人有权要求增加保险费或者解除合同。

⑤ 在合同有效期内,保险标的的危险程度显著增加的,被保险人应当按照合同约定及时通知保险人,保险人可以按照合同约定增加保险费或者解除合同。被保险人未履行该通知义务的,因保险标的的危险程度显著增加而发生的保险事故,保险人不承担赔偿保险金的责任。

⑥ 投保人申报的被保险人年龄不真实,并且其真实年龄不符合合同约定的年龄限制的,保险人可以解除合同,并按照合同约定退还保险单的现金价值。

⑦ 在人身保险合同中,自合同效力中止之日起满 2 年双方未达成协议的,保险人有权解除合同。投保人已交足 2 年以上保险费的,保险人应当按照合同约定退还保险单的现金价值;投保人未交足 2 年保险费的,保险人应当在扣除手续费后退还保险费。

3. 保险合同的终止

保险合同的终止,是指当事人之间根据保险合同确定的权利义务关系因一定事由的出现而归于消灭。引起保险合同终止的原因包括:

第一,自然终止。在保险合同有效期内,保险事故未发生,保险合同因有效期届满而终止。

第二,因全部履行而终止。保险事故在保险合同有效期内发生,保险人已履行全部保险金额的给付义务,保险合同终止。

第三,因部分履行而终止。保险标的发生部分损失的,在保险人赔偿后 30 日内,投保人可以终止合同;除合同另有约定外,保险人也可以终止合同。保险人终止合同的,应当提前 15 日通知投保人,并将保险标的未受损失部分的保险费,按照合同约定扣除自保险责任开始之日起至终止合同之日止应收的部分后,退还投保人。

第四,保险标的非因保险事故而灭失或死亡,保险合同终止。在财产保险合同中,保险标的因非保险事故而全部灭失或损毁的,保险合同终止。在人身保险合同中,被保险人因非保险事故或事件而死亡的,保险合同终止。例如,意外伤害保险中的被保险人因疾病而死亡。[①]

第五,因解除而终止。

二、财产保险合同

(一) 财产保险合同概述

财产保险又称"产物保险""损害保险",是指以补偿财产的损失为目的的保险。财产保险合同是以财产及其相关利益为保险标的的保险合同。

---

① 参见覃有土主编:《保险法概论》(第二版),北京大学出版社 2001 年版,第 215 页。

在我国,财产保险有广义和狭义之分。广义的财产保险包括有形财产保险和无形财产保险两类。有形财产保险,是指将有形的物质财产作为保险标的的保险,又称"财产损失保险"。无形财产保险,是指以无形利益为保险标的的保险,如责任保险、信用保险、保证保险等。我国采广义的概念,根据《保险法》的规定,财产保险包括财产损失保险、责任保险、信用保险等业务。狭义的财产保险仅指有形财产保险。

(二)财产损失保险合同

我国的财产损失保险合同包括企业财产保险合同、家庭财产保险合同、运输工具保险合同、运输货物保险合同、工程保险合同、农业保险合同、海上保险合同等。

1. 财产损失保险合同的法律特征

第一,财产损失保险合同主体具有特殊性。投保人必须是对投保财产具有所有权或其他权益的人,即对投保财产有可保利益的人。在企业财产保险中,投保人是法人组织。在家庭财产保险中,投保人是自然人。

第二,财产损失保险合同的标的是财产及其相关利益。

第三,财产损失保险合同的保险责任,是指对保险标的因遭受自然损害或意外事故而造成的经济损失的补偿。

第四,财产损失保险合同是一种补偿性合同。

2. 财产损失保险合同的主要条款

(1)保险标的

我国企业财产保险的标的可分为:

① 可保财产。即保险人可以承保的财产,包括属于被保险人所有或与他人共有而由被保险人负责的财产;由被保险人经营管理或替他人保管的财产;具有其他法律上承认的与被保险人有经济利害关系的财产。

② 特保财产。即根据当事人双方的需要而约定的保险财产,可分为不增加保险费率的和增加保险费率的两种。前者包括:金银、古玩、字画、邮票、艺术品等珍贵财物,牲畜等饲养动物,以及堤堰、水闸、桥梁等公益建筑。这类保险在双方责任明确的前提下,可不另增保险费率。后者是指为适应一些特种行业或具有特殊危险的财产而设定的特保财产,如矿井等。中国人民保险公司1988年11月1日发布并施行的《企业财产保险条款》第2条规定:"下列财产非经被保险人与本公司特别约定,并且在保险单上载明,不在保险财产范围以内:(一)金银、珠宝、玉器、首饰、古玩、古书、古画、邮票、艺术品、稀有金属和其他珍贵财物;(二)牲畜、禽类和其他饲养动物;(三)堤堰、水闸、铁路、道路、涵洞、桥梁、码头;(四)矿井、矿坑内的设备和物资。"

③ 不保财产。即将某些没有客观标准、损失可能性大或违反法律和道德的

财产作为除外财产,不予保险。上述《企业财产保险条款》第 3 条规定:“下列财产不在保险财产范围以内:(一) 土地、矿藏、矿井、矿坑、森林、水产资源以及未经收割或收割后尚未入库的农作物;(二) 货币、票证、有价证券、文件、账册、图表、技术资料以及无法鉴定价值的财产;(三) 违章建筑、危险建筑、非法占用的财产;(四) 在运输过程中的物资。”

我国家庭财产保险的标的可分为:

① 可保财产。凡是属于被保险人自有的下列家庭财产,都可以向保险人投保:房屋及其附属设备;衣服、卧具、家具、用具、器具、家用电器、文化娱乐用品、交通工具等生活资料;农村家庭的农具、工具、已收获的农产品、副业产品、家禽;个体劳动者的营业用器具、工具、原材料、商品等。

② 特保财产。这是指经被保险人与保险人特别约定,并且在保险单上载明属于被保险人代他人保管或者与他人所共有的可保财产。

③ 不保财产。下列财产不在保险财产范围以内:金银、首饰、珠宝、货币、有价证券、票证、邮票、古玩、古书、字画、文件、账册、技术资料、图表、家畜、花、树、鱼、鸟、盆景以及其他无法鉴定价值的财产;正处于紧急危险状态的财产。

(2) 保险利益

财产损失保险合同中的保险利益包括:对保险财产所享有的法律上的权利;因特定法律关系而产生的可期待的利益;因保险财产所遭受的损失而产生的法律责任。保险利益按照不同的标准,有以下不同的分类方法:

① 以利益存在的性质为标准,可分为现有利益和期待利益。现有利益,是指投保人对保险财产目前已拥有的利益,可以及时用金钱来衡量、兑换。期待利益,是指在投保时投保人尚未拥有,但未来可能产生依法属于投保人所有的利益,如产品的利润等。

② 以投保人与财产的权属为标准,可分为所有权利益、使用权利益、收益权利益、责任利益、费用利益等。

(3) 保险金额

保险金额是投保人对保险标的的实际投保金额,也是保险人计算保险费的依据和承担赔偿责任的最高限额。投保人应按保险标的的实际价值投保。保险金额的计算方法有账面计算法和临时估价法两种,前者适用于账务健全的法人单位,后者适用于不具备账面计算条件的法人和公民。

(4) 保险费和保险费率

保险费是投保人按保险金额的一定比例向保险人缴纳的价金。保险费的数额是以保险金额与保险费率的乘积计算的。保险费率是保险人按单位保险金额向投保人收取保险费的比率。我国 2010 年修订的《财产保险公司保险条款和保险费率管理办法》第 4 条规定:“保险公司应当依据法律、行政法规和中国保监会的有关规定制订保险条款和保险费率，并对保险条款和保险费率承担相应的责任。保险公司应当依据本办法的规定，由其总公司向中国保监会申报保险条款和保险费率审批或者备案。”

(5) 保险期限

保险期限，是指从保险合同生效至终止之间的起讫时间，一般从保险合同约定起保当天零时起到保险期届满日 24 时止；如需续保，可在期满后另办手续。在保险期限内，保险合同双方当事人享有权利、承担义务。

(6) 保险责任和除外责任

保险责任，是指保险人赔偿损失的责任范围，即保险人对保险标的遭受损失所应承担的赔偿责任。保险责任由保险标的的类型决定，不同的财产保险合同有不同的保险责任。保险责任通常由保险人制定，由投保人选择。

确定保险责任的主要依据是保险危险，即造成保险人承担赔偿责任的灾害事故。目前，我国的财产保险责任分为以下三类：

① 因自然灾害或意外事故所造成的损失。一般来说，无论是投保人、被保险人或其代理人的过失，还是被保险人的动物或其他物所引起事故而造成的财产损失，都应由保险人承担赔偿责任。但是，如果是因投保人或被保险人的故意或者重大过失造成损失，保险人不负赔偿责任。我国有关不可抗力的自然灾害以及不能预见的意外事故所导致的危险包括雷击、暴风、龙卷风、暴雨、洪水、破坏性地震、地面突然塌陷、崖崩、突发性滑坡、雪灾、雹灾、冰凌、泥石流、火灾、爆炸、空中运行物体的坠落等。

② 因停电、停水、停气所造成的损失。此处，必须是非公用事业的“三停”，即供电、供水、供气设备必须是被保险人自有专用或与其他单位共用的设备，而且是因自然灾害或意外事故遭受损害，引起停电、停水、停气，直接造成保险财产的损失。

③ 施救费用。发生保险事故时，为了减少保险财产损失，被保险人对保险财产采取施救、保护、整理措施而支出的合理费用，以及为了抢救财产或防止灾害蔓延，采取合理的、必要的措施而造成保险财产的损失，由保险人负责赔偿。

除外责任，是指对由于以下原因造成的财产损失，保险人不承担赔偿责任，包括：战争、军事行动或暴乱；核子辐射或污染；被保险人的故意行为使保险财产遭受保险事故而引起停工、停业的损失以及各种间接损失；保险财产本身缺陷、保管不善导致的损坏；保险财产的变质、霉烂、受潮、虫咬、自然磨损以及损耗；堆放在露天或罩棚下的保险财产由于暴风、暴雨造成的损失；其他不属于保险责任范围内的损失和费用。

3. 财产损失保险的赔偿处理

保险事故发生时，被保险人有责任尽力采取必要的措施，防止或者减少损失。保险人对发生保险事故所造成的保险标的的损失,应当按照合同约定履行赔偿责任。

投保人在赔偿处理过程中的责任包括:及时通知保险人,并提供损失清单;处理损余物资;提供必要的委托书和权益转让书。若为推定全损,应由被保险人签署委付书,将损余物资委付给保险人。若损失应由第三者赔偿,投保人在取得保险人的赔偿金后,应出具权益转让书,将向第三者追偿的权利转让给保险人。

保险人的责任包括:按照保险合同的约定,核定财产损失是否属于保险责任范围内的损失、是否应予赔付,并及时通知投保人;如属于保险责任范围内的损失,应按保险合同约定的方式,核算赔付金额,并与被保险人达成有关赔偿的协议。另外,保险事故发生后,被保险人为防止或者减少保险标的的损失所支付的必要的、合理的费用,由保险人承担;保险人所承担的数额在保险标的损失赔偿金额以外另行计算,最高不超过保险金额的数额。保险人、被保险人为查明和确定保险事故的性质、原因和保险标的的损失程度所支付的必要的、合理的费用,由保险人承担。

(三) 责任保险合同

1. 责任保险合同的概念和法律特征

责任保险合同,是指以被保险人对第三者依法应负的赔偿责任为保险标的的保险合同。

责任保险合同的法律特征如下:

(1) 责任保险是财产保险的一种。财产保险包括对特定物的灭失损毁、对将来可取得利益的丧失、对事故发生所需支出的费用三种情况,责任保险属于第三种。对被保险人来讲,如果发生民事赔偿责任,就需在其财产中作出一部分支出。这是被保险人对责任保险的保险利益。

(2) 责任保险合同的标的是被保险人依法应对第三者所负的民事赔偿责任。

(3) 在责任保险中,保险人的赔偿责任始于被保险人接到赔偿请求时。

2. 责任保险合同的种类

责任保险合同通常分为以下四类:

(1) 公众责任保险合同,保险标的为被保险人在公众活动场所因意外事故造成第三者人身伤亡或财产损失而依法应承担的赔偿责任。

(2) 产品责任保险合同,保险标的为被保险人因其产品的质量缺陷而使产品使用者、消费者或其他人遭受人身伤亡或财产损失而依法应承担的赔偿责任。

(3) 雇主责任保险合同,保险标的为被保险人(雇主)对雇员在雇佣期间因人身伤亡而依法应承担的赔偿责任。

(4) 职业责任保险合同,保险标的为被保险人因职业工作过程中的过失造成他人人身伤亡或财产损失而依法应承担的赔偿责任。依据被保险人的具体职业不同,职业责任保险合同又分为律师职业责任保险合同、注册会计师职业责任保险合同、注册资产评估师职业责任保险合同、保险代理人职业责任保险合同、保险经纪人职业责任保险合同等。

3. 责任保险合同的保险责任和除外责任

在责任保险合同中,被保险人所承担的责任范围一般限于以下几个方面:

(1) 保险人对责任保险的被保险人给第三者造成的损害,可以依照法律的规定或者合同的约定,直接向该第三者赔偿保险金。保险人对第三者应负下列责任:① 过失责任,指民事赔偿责任是由被保险人的过失造成的;② 无过失责任,指根据法律的规定,无论事故发生时有无过失,均应承担赔偿责任;③ 合同责任,指对由于合同当事人未履行或不适当履行合同而造成的损失应承担的赔偿责任。

值得注意的是,在《民法典》公布以前,我国法律并没有明确规定保险公司对受害第三者的直接赔偿义务。例如,《保险法》第 65 条第 1 款规定:"保险人对责任保险的被保险人给第三者造成的损害,可以依照法律的规定或者合同的约定,直接向该第三者赔偿保险金。"但是,该条款中的"可以"属于授权性规范,而并非强制要求。《民法典》第 1213 条规定:"机动车发生交通事故造成损害,属于该机动车一方责任的,先由承保机动车强制保险的保险人在强制保险责任限额范围内予以赔偿;不足部分,由承保机动车商业保险的保险人按照保险合同的约定予以赔偿;仍然不足或者没有投保机动车商业保险的,由侵权人赔偿。"该条规定意味着,机动车交通事故造成的损害赔偿义务人首先是保险公司,即保险人有义务首先对受害人予以赔偿。

(2) 保险事故发生后,被保险人为防止或者减少保险标的的损失所支付的必要的、合理的费用,由保险人承担;保险人所承担的数额在保险标的损失赔偿金额以外另行计算,最高不超过保险单中约定的每次保险事故的赔偿限额。①

(3) 责任保险的被保险人因给第三者造成损害的保险事故而被提起仲裁或者诉讼的,被保险人支付的仲裁或者诉讼费用以及其他必要的、合理的费用,除合同另有约定外,由保险人承担。②

---

① 参见最高人民法院民法典贯彻实施工作领导小组主编:《中华人民共和国民法典侵权责任编理解与适用》,人民法院出版社 2020 年版,第 388 页。

② 2019 年《全国法院民商事审判工作会议纪要》第 99 条规定:"商业责任保险的被保险人给第三者造成损害,被保险人对第三者应当承担的赔偿责任确定后,保险人应当根据被保险人的请求,直接向第三者赔偿保险金。被保险人怠于提出请求的,第三者有权依据《保险法》第 65 条第 2 款的规定,就其应获赔偿部分直接向保险人请求赔偿保险金。保险人拒绝赔偿的,第三者请求保险人直接赔偿保险金的诉讼时效期间的起算时间如何认定,实务中存在争议。根据诉讼时效制度的基本原理,第三者请求保险人直接赔偿保险金的诉讼时效期间,自其知道或者应当知道向保险人的保险金赔偿请求权行使条件成就之日起计算。"

除合同另有约定外,保险人对由下列原因造成的损失不负保险责任:战争、地震、罢工;核风险(核责任险除外);被保险人的故意行为和违法行为;被保险人本身(包括本人、家庭或雇员)的人身或财产的损害。

4. 责任保险的赔偿限额

责任保险和财产损失保险的区别之一是以对第三者应承担的民事责任决定赔偿金额。正因为责任保险承保的是被保险人的赔偿责任,没有固定的价值,所以责任保险在保险单中无保险金额而只有赔偿限额的条款。一般而言,在保险单中有两项赔偿限额:一是每次保险事故的赔偿限额,二是保险期限内累计的赔偿限额。

(四)信用保险合同

1. 信用保险合同的概念和法律特征

信用保险是财产保险的一种,是由保险人为被保险人可能遭受的信用风险提供担保的一种形式。如果由于债务人不履行或不能履行债务,致使被保险人遭受经济损失,则保险人向被保险人承担赔偿责任。信用保险合同主要包括出口信用保险合同、投资信用保险合同、国内商业信用保险合同等。

信用保险合同的法律特征如下:

(1) 信用保险合同的当事人是被保险人(债权人)和保险人。债务人一般不是信用保险合同的当事人,但可以作为第三人。

(2) 信用保险合同的保险标的是被保险人可能遭受的信用风险,即债务人不履行或不能履行债务时被保险人遭受的经济损失。

(3) 保险人向被保险人(债权人)赔偿保险金后,取得对债务人的代位追偿权。信用保险的保险事故通常是由于债务人违约所致,保险人自向债权人支付赔偿保险金之日起,在赔偿金额范围内代位行使债权人对债务人请求赔偿的权利。

2. 信用保险合同的保险责任和除外责任

信用保险合同的保险责任包括政治危险责任和商业信用危险责任。政治危险责任一般仅适用于涉外信用保险合同。商业信用危险责任包括买方拖欠、买方拒收、买方破产、贸易纠纷等应承担的责任。

信用保险合同的除外责任包括被保险人(债权人)违法或违约以及由财产损失保险承保的损失。

3. 信用保险合同的赔偿限额

在信用保险合同中,保险人根据债务人的信用情况确定具体的信用额度,并据此设定保险责任限额。例如,在短期出口信用保险合同中,责任限额有买方信用限额、保单限额和自行掌握限额。

4. 信用保险合同的赔偿处理

(1) 被保险人在发现债务人不履行义务时,应及时通知保险人,在索赔时效内及时提赔,并提供各种证明损失原因和金额的材料以及被保险人已完全履行义务的证明。

(2) 保险人对索赔材料进行调查核实,及时作出赔偿与否以及赔款金额的决定。

(3) 保险人赔偿后,被保险人应出具权益转让书、追讨委托书,并有义务协助保险人追偿。

(五) 保证保险合同

1. 保证保险合同的概念和法律特征

保证保险是财产保险的一种,是由作为保证人的保险人为作为被保证人的被保险人向权利人提供担保的一种形式。如果由于被保险人不忠诚或不履行合同义务,致使权利人遭受经济损失,由保险人予以赔偿。

保证保险合同包括确实保证保险合同和诚实保证保险合同。前者是指被保证人不履行法定或约定义务,致使权利人遭受经济损失时,由保险人承担赔偿责任的财产保险合同。后者又称"雇员忠诚保证保险合同",是指被保证人(雇员)违反诚实义务,给权利人造成经济损失时,由保险人承担赔偿责任的财产保险合同。

保证保险合同的法律特征如下:

(1) 保证保险合同的主体包括投保人(权利人)、保险人(保证人)、被保险人(义务人、被保证人)。权利人通常又是保证保险合同的第三人(受益人)。

(2) 保证保险合同的保险标的是被保险人因不忠诚或不履行合同义务致使权利人遭受的经济损失,其保险利益是无形的经济利益。在保险事故发生后,只有在权利人遭受经济损失而被保证人不能补偿时,才由保险人代为补偿。

(3) 保险人就为被保险人(被保证人)向权利人支付的有关赔偿,有权向被保证人追偿。

2. 保证保险合同与保证合同、信用保险合同的区别

(1) 保证保险合同与保证合同的主要区别

第一,保证合同是保证人为担保债务人履行债务而与债权人订立的协议,其主体有两方:主合同的债权人(被保证人)和保证人;而保证保险合同的主体有三方:投保人(权利人)、保险人(保证人)、被保险人(义务人、被保证人),权利人通常又是保证保险合同的第三人(受益人)。

第二,保证合同通常是单务无偿合同;而保证保险合同是双务有偿合同,投保人向保险人支付保险费,保险人在保险事故发生时承担保险责任。

(2) 保证保险合同与信用保险合同的主要区别

第一,主体地位不同。保证保险合同中的被保险人是债务人,而信用保险合同中的被保险人是债权人。

第二,投保目的的侧重点不同。保证保险合同侧重于保证债务人履行债务,而信用保险合同是为了实现债权人的债权。

3. 保证保险的承保方式

(1) 指名个人保证,以特定的个人作为被保证人。

(2) 指名团体保证,以指明的多数人作为被保证人。

(3) 流动保证,虽以多数人作为被保证人,但与每个成员都必须订明保证金额的团体保证不同,集体共同确定一个总的保证金额。

(4) 总括保证,以集体内全体成员作为被保证人,保证金额不是以具体的个人进行衡量,而是以职业分类加以确定。

(5) 职位保证,以职位作为确定被保证人保险金额的标准,凡担任该职的人,保险人均按约定的保证金额承保。

4. 保证保险的赔偿处理

(1) 权利人在发现被保证人不忠诚或不履行义务时,应及时通知保险人,提供必要的证明和资料,并就保险责任范围内的损失提出赔偿请求。

(2) 权利人应主动采取措施,深入追查。

(3) 保险人在进行赔偿后,有权进行追偿,权利人应予以协助。

(4) 权利人和被保证人达成有关和解协议的,应征得保险人的同意。

三、人身保险合同

(一) 人身保险合同的概念

人身保险合同是以人的寿命和身体为保险标的的保险合同。投保人向保险人缴纳约定的保险费后,被保险人在保险有效期内因疾病或意外事故而残废、死亡或丧失工作能力,或年老退休,或因保险期满时生存的,保险人负责向被保险人或受益人给付保险金。

(二) 人身保险合同的法律特征

与财产保险合同相比,人身保险合同有以下几个法律特征:

(1) 保险金额的约定性。人身保险合同为定额保险合同,其保险金额主要由保险人和投保人协商确定。人身价值无法用金钱衡量,保险事故发生后,保险人按合同约定的保险金额予以给付。

(2) 给付性。根据人身保险合同的约定,只要是保险事故发生使被保险人死亡、生病或伤残的,或者合同约定的期限届满时,保险人按照约定的金额向被保险人或者受益人给付保险金,而不以被保险人的实际损失为前提,也不论被保险人或者受益人是否已从其他途径得到补偿。[1] 保险人支付的保险金只是一种经济帮助和抚慰。

(3) 保险人承保的危险具有稳定性和规律的变动性。

(4) 人身保险合同的订立,要求投保人对被保险人有可保利益,而在保险金额上并无限制,所以没有重复保险或超额保险的情况,也不存在代位求偿权。人身保险的被保险人因第三者的行为而发生死亡、伤残或者疾病等保险事故的,保险人向被保险人或者受益人给付保险金后,不享有向第三者追偿的权利。但是,被保险人或者受益人仍有权向第三者请求赔偿。在人身保险合同中,对保险利益采取亲属关系与同意相结合的原则。投保人对本人、配偶、子女、父母以及其他与其有抚养、赡养或者扶养关系的家庭成员、近亲属具有保险利益。此外,被保险人同意投保人为其订立合同的,视为投保人对被保险人具有保险利益。

(5) 人身保险合同的长期性。保险有效期往往可以持续几年甚至几十年,尤其体现在具有长期性的人寿保险中。

(6) 人身保险具有储蓄性。人的死亡危险随着年龄的增长而提高,所以保险费率应逐年上升。在人寿险中,采取均衡费率,使每年的保险费率相同。因此,投保人早年交纳的保险费要高于根据死亡危险率计算的保险费,其中包含大量的积余,这种积余实质上就是储蓄额。生存保险的保险费是积存起来的,在生存期满时,作为给付的保险金。所以,在人寿保险中,投保人可以享受储蓄权利。例如,投保人可以向保险公司借款;参加终身保险和生死两全保险的被保险人和受益人在一定期限后必然可以领到保险金。与此不同,在财产保险中,如果不发生保险事故,保险人不支付保险金。

(三) 人身保险合同的种类

1. 人寿保险合同

人寿保险合同又称"寿险合同",是指以被保险人的生命为保险标的、以生死为保险事故的人身保险合同。这里的"生"是指生存,"死"包括自然死亡和宣告死亡。一旦被保险人的生命发生保险事故,保险人给付保险金。

人寿保险可以分为以下几种:

(1) 死亡保险。它又有定期保险和终身保险之分。

(2) 生存保险。被保险人生存到一定期限,可以领取保险金;如在保险期限内死亡,则保险人不退回保险费。

(3) 养老保险(生死两全保险)。被保险人在保险期限内死亡或生存到保险期满的,保险人均给付保险金。

(4) 简易人身保险。这是一种适用于普通职工投保的险种,具有保险金额

---

[1] 参见覃有土主编:《保险法概论》(第二版),北京大学出版社 2001 年版,第 330 页。

小、交费次数频繁、合同条款简单等特点。

2. 健康保险合同

健康保险合同又称“医疗保险合同”“疾病保险合同”,是指在保险期限内,被保险人因疾病、分娩而致伤害或死亡时,保险人给付约定保险金的保险合同。

健康保险的承保范围包括:

(1) 疾病。与伤害不同,疾病必须符合一定的条件,即必须是由外来的、非先天性的、非衰老性的原因所造成的。

(2) 分娩。

(3) 残废。这里的“残废”仅限于因疾病或分娩所致的残废。

(4) 死亡。这里的“死亡”仅限于因疾病或分娩所致的死亡。

但是,战争、故意自杀或企图自杀造成的疾病、残废或死亡,堕胎所致的疾病、残废、流产、死亡等,均为健康保险的除外危险。

3. 意外伤害保险合同

意外伤害保险合同,是指将被保险人遭受意外伤害以及因意外伤害所致的残废、死亡作为保险事故的保险合同。所谓意外伤害,是指由非所预见、非所意图、非所期待的事故所造成的伤害。凡不是外来的、剧烈的、偶然的意外事故,就不属于意外伤害保险的承保范围。具体地说,意外伤害保险的除外危险包括故意自杀、疾病、不必要的冒险行为以及犯罪行为。

(四) 人身保险合同的特殊条款

1. 申报年龄不实条款

我国《保险法》第32条第1款规定:“投保人申报的被保险人年龄不真实,并且其真实年龄不符合合同约定的年龄限制的,保险人可以解除合同,并按照合同约定退还保险单的现金价值。保险人行使合同解除权,应受本法第十六条第三款和第六款的限制。”一方面,合同解除权自保险人知道有解除事由之日起,超过30日不行使而消灭。自合同成立之日起超过2年的,保险人不得解除合同;发生保险事故的,保险人应当承担保险责任。另一方面,保险人在合同订立时已经知道投保人未如实告知的情况的,保险人不得解除合同;发生保险事故的,保险人应当承担保险责任。此外,投保人申报的被保险人年龄不真实,致使投保人支付的保险费少于应付保险费的,保险人有权更正并要求投保人补交保险费,或者在给付保险金时按照实付保险费与应付保险费的比例支付。投保人申报的被保险人年龄不真实,致使投保人支付的保险费多于应付保险费的,保险人应当将多收的保险费退还投保人。

2. 保险费支付条款

投保人在合同成立后,可以向保险人一次支付全部保险费,也可以按照合同约定分期支付保险费。合同约定分期支付保险费的,投保人应当在合同成立时支付首期保险费，并应当按期支付其余各期的保险费。保险人对人寿保险的保险费，不得以诉讼方式要求投保人支付。

3. 合同效力中止和复效条款

我国《保险法》第36条第1款规定："合同约定分期支付保险费，投保人支付首期保险费后，除合同另有约定外，投保人自保险人催告之日起超过三十日未支付当期保险费，或者超过约定的期限六十日未支付当期保险费的，合同效力中止，或者由保险人按照合同约定的条件减少保险金额。"合同效力中止的，经保险人与投保人协商并达成协议，在投保人补交保险费后，合同效力恢复。

4. 保险单转让或者质押条款

人身保险合同具有储蓄性，可以转让或者质押。但是，人身保险合同不能变更被保险人。保险单的转让，应当通知保险人；未通知保险人的，保险人可以只对受益人履行给付保险金的义务。按照以死亡为给付保险金条件的合同所签发的保险单，未经被保险人书面同意，不得转让或者质押。

5. 受益人条款

人身保险的受益人由被保险人或者投保人指定。投保人指定受益人时须经被保险人同意。被保险人为无民事行为能力人或者限制民事行为能力人的，可以由其监护人指定受益人。被保险人或者投保人可以指定一人或者数人为受益人。受益人为数人的，被保险人或者投保人可以确定受益顺序和受益份额；未确定受益份额的，受益人按照相等份额享有受益权。

"投保人指定受益人未经被保险人同意的，人民法院应认定指定行为无效。当事人对保险合同约定的受益人存在争议，除投保人、被保险人在保险合同之外另有约定外，按照以下情形分别处理：(一) 受益人约定为'法定'或者'法定继承人'的，以继承法规定的法定继承人为受益人；(二) 受益人仅约定为身份关系，投保人与被保险人为同一主体的，根据保险事故发生时与被保险人的身份关系确定受益人；投保人与被保险人为不同主体的，根据保险合同成立时与被保险人的身份关系确定受益人；(三) 受益人的约定包括姓名和身份关系，保险事故发生时身份关系发生变化的，认定为未指定受益人。"①

被保险人或者投保人可以变更受益人并书面通知保险人。保险人收到变更受益人的书面通知后，应当在保险单或者其他保险凭证上批注或者附贴批单。投保人变更受益人时须经被保险人同意。②

被保险人死亡后，有下列情形之一的，保险金作为被保险人的遗产，由保险

---

① 《最高人民法院关于适用〈中华人民共和国保险法〉若干问题的解释(三)》第9条。

② 《最高人民法院关于适用〈中华人民共和国保险法〉若干问题的解释(三)》第11条规定："投保人或者被保险人在保险事故发生后变更受益人，变更后的受益人请求保险人给付保险金的，人民法院不予支持。"

人向被保险人的继承人履行给付保险金的义务:(1)没有指定受益人,或者受益人指定不明无法确定的;(2)受益人先于被保险人死亡,没有其他受益人的;(3)受益人依法丧失受益权或者放弃受益权,没有其他受益人的。受益人与被保险人在同一事件中死亡,且不能确定死亡先后顺序的,推定受益人死亡在先。

我国《保险法》第43条规定:"投保人故意造成被保险人死亡、伤残或者疾病的,保险人不承担给付保险金的责任。投保人已交足二年以上保险费的,保险人应当按照合同约定向其他权利人退还保险单的现金价值。受益人故意造成被保险人死亡、伤残、疾病的,或者故意杀害被保险人未遂的,该受益人丧失受益权。"

6. 不丧失价值条款

投保人申报的被保险人年龄不真实,并且其真实年龄不符合合同约定的年龄限制的,保险人可以解除合同,并按照合同约定退还保险单的现金价值。

自合同效力中止之日起满2年双方未达成协议的,保险人有权解除合同。投保人已交足2年以上保险费的,保险人应当按照合同约定退还保险单的现金价值;投保人未交足2年保险费的,保险人应当在扣除手续费后,退还保险费。

因被保险人故意犯罪或者抗拒依法采取的刑事强制措施导致其伤残或者死亡的,保险人不承担给付保险金的责任。投保人已交足2年以上保险费的,保险人应当按照合同约定退还保险单的现金价值。[①]

投保人解除合同的,保险人应当自收到解除合同通知之日起30日内,按照合同约定退还保险单的现金价值。

7. 自杀条款

我国《保险法》第44条规定:"以被保险人死亡为给付保险金条件的合同,自合同成立或者合同效力恢复之日起二年内,被保险人自杀的,保险人不承担给付保险金的责任,但被保险人自杀时为无民事行为能力人的除外。保险人依照前款规定不承担给付保险金责任的,应当按照合同约定退还保险单的现金价值。"[②]

人身保险合同一般都约定,投保人、被保险人、受益人故意制造的事故为除外责任。把自杀作为除外责任,主要是为了避免蓄意自杀者企图通过保险为家属图谋保险金,从而滋长道德风险,损害保险人的合法权益。人身保险合同中规

---

① 《最高人民法院关于适用〈中华人民共和国保险法〉若干问题的解释(三)》第16条规定:"保险合同解除时,投保人与被保险人、受益人为不同主体,被保险人或者受益人要求退还保险单的现金价值的,人民法院不予支持,但保险合同另有约定的除外。投保人故意造成被保险人死亡、伤残或者疾病,保险人依照保险法第四十三条规定退还保险单的现金价值的,其他权利人按照被保险人、被保险人继承人的顺序确定。"

② 《最高人民法院关于适用〈中华人民共和国保险法〉若干问题的解释(三)》第21条规定:"保险人以被保险人自杀为由拒绝给付保险金的,由保险人承担举证责任。受益人或者被保险人的继承人以被保险人自杀时无民事行为能力为由抗辩的,由其承担举证责任。"

定的“自杀”，一般是指被保险人的自杀。被保险人的自杀是否当然属于除外责任是一个有争议的问题。一种观点认为，保险人对自杀不应承担保险责任，否则会鼓励有意图自杀的人在自杀前投保巨额人身保险，从而诱发道德危险；同时，自杀属于故意制造保险事故，不符合承保风险的偶然性特征。另一种观点认为，保险人对自杀应承担保险责任，因为被保险人本人不可能领取保险金，保险人给付保险金的目的在于为受益人即其遗属提供经济保障，否则保险就失去了意义。[①] 自杀条款的设置，一方面要防止发生道德危险，保护保险人的利益；另一方面要保护被保险人家属或者受益人的利益。因此，自杀的除外责任在时间上被限制在保险契约签订后 2 年内，在这一免赔期限内自杀的，保险人不负给付责任。当然，被保险人自杀时为无民事行为能力人的除外。被保险人在签订契约或契约复效后 2 年内自杀的，保险人虽不负给付保险金的责任，但对投保人已支付的保险费，应当按照合同约定退还保险单的现金价值。[②]

第三节 保险业法律制度

一、保险业法概述

（一）保险业法的概念和调整对象

保险业法又称“保险组织法”“保险业监督法”，是对保险业进行监督管理的法律规范。保险业法属于保险公法。在我国，国务院保险监督管理机构依照《保险法》，负责对保险业实施监督管理。

保险业法的调整对象包括：国家对保险业的监督管理、国家对保险中介的监督管理、保险业之间的竞争、保险业内部的经营管理。

（二）保险业法的作用

保险的主要目的是分散危险。我国《保险法》的立法宗旨是“规范保险活动，保护保险活动当事人的合法权益，加强对保险业的监督管理，维护社会经济秩序和社会公共利益，促进保险事业的健康发展”。因此，保险业法的作用是维护保险当事人的合法利益，保障保险业的公平竞争，促进保险事业的健康发展。

二、保险监督管理机构

（一）中国银保监会的性质和任务

根据党的十九届三中全会审议通过的《中共中央关于深化党和国家机构改革的决定》《深化党和国家机构改革方案》和第十三届全国人民代表大会第一次

---

① 参见李玉泉：《保险法》（第三版），法律出版社 2019 年版，第 240 页。

② 参见覃有土主编：《保险法概论》（第二版），北京大学出版社 2001 年版，第 384 页。

会议批准的《国务院机构改革方案》,中国银监会和中国保监员会拟订银行业、保险业重要法律法规草案和审慎监管基本制度的职责被划入中国人民银行,不再保留中国银监会、中国保监会,将中国银监会和中国保监会的职责整合,组建中国银保监会,作为国务院直属事业单位。

(二)中国银保监会的主要职责

根据2018年国务院办公厅发布的《中国银行保险监督管理委员会职能配置、内设机构和人员编制规定》和《保险法》,中国银保监会的主要职责是:

(1)依法依规对全国银行业和保险业实行统一监督管理,维护银行业和保险业合法、稳健运行,对派出机构实行垂直领导。

(2)对银行业和保险业改革开放和监管有效性开展系统性研究。参与拟订金融业改革发展战略规划,参与起草银行业和保险业重要法律法规草案以及审慎监管和金融消费者保护基本制度。起草银行业和保险业其他法律法规草案,提出制定和修改建议。

(3)依据审慎监管和金融消费者保护基本制度,制定银行业和保险业审慎监管与行为监管规则。制定小额贷款公司、融资性担保公司、典当行、融资租赁公司、商业保理公司、地方资产管理公司等其他类型机构的经营规则和监管规则。制定网络借贷信息中介机构业务活动的监管制度。

(4)依法依规对银行业和保险业机构及其业务范围实行准入管理,审查高级管理人员任职资格。制定银行业和保险业从业人员行为管理规范。

(5)对银行业和保险业机构的公司治理、风险管理、内部控制、资本充足状况、偿付能力、经营行为和信息披露等实施监管。

(6)对银行业和保险业机构实行现场检查与非现场监管,开展风险与合规评估,保护金融消费者合法权益,依法查处违法违规行为。

(7)负责统一编制全国银行业和保险业监管数据报表,按照国家有关规定予以发布,履行金融业综合统计相关工作职责。

(8)建立银行业和保险业风险监控、评价和预警体系,跟踪分析、监测、预测银行业和保险业运行状况。

(9)会同有关部门提出存款类金融机构和保险业机构紧急风险处置的意见和建议并组织实施。

(10)依法依规打击非法金融活动,负责非法集资的认定、查处和取缔以及相关组织协调工作。

(11)根据职责分工,负责指导和监督地方金融监管部门相关业务工作。

(12)参加银行业和保险业国际组织与国际监管规则制定,开展银行业和保险业的对外交流与国际合作事务。

(13)负责国有重点银行业金融机构监事会的日常管理工作。

(14) 完成党中央、国务院交办的其他任务。

(15) 职能转变。围绕国家金融工作的指导方针和任务，进一步明确职能定位，强化监管职责，加强微观审慎监管、行为监管与金融消费者保护，守住不发生系统性金融风险的底线。按照简政放权要求，逐步减少并依法规范事前审批，加强事中事后监管，优化金融服务，向派出机构适当转移监管和服务职能，推动银行业和保险业机构业务和服务下沉，更好地发挥金融服务实体经济功能。

(三) 中国银保监会的职能机构

根据上述主要职责，中国银保监会设以下职能机构：办公厅（党委办公室）、政策研究局、法规部、统计信息与风险监测部、财务会计部（偿付能力监管部）、普惠金融部、公司治理监管部、银行机构检查局、非银行机构检查局、重大风险事件与案件处置局（银行业与保险业安全保卫局）、创新业务监管部、消费者权益保护局、打击非法金融活动局、政策性银行监管部、国有控股大型商业银行监管部、全国性股份制商业银行监管部、城市商业银行监管部、农村中小银行机构监管部、国际合作与外资机构监管部（港澳台办公室）、财产保险监管部（再保险监管部）、人身保险监管部、保险中介监管部、保险资金运用监管部、信托监管部、其他非银行金融机构监管部、人事部（党委组织部）、机关党委（党委宣传部）。

(四) 保险业监督管理方式

在不同历史时期，有关国家对保险业曾经采取过截然不同的监督管理方式，归纳起来主要有以下三种：[①]

1. 公告管理方式

公告管理方式又称“公告主义”，是指国家对保险业的经营不作任何直接的监督和干预，仅规定保险人必须按照政府规定的格式及内容，定期将营业结果呈报监管机构予以公告。通过公告的形式把各保险人的经营置于社会监督之下，监管机构并不对保险人的经营作任何评价。保险人的经营优劣完全依靠社会公众加以分析和判断。

2. 原则管理方式

原则管理方式又称“准则主义”，是指由国家制定指导保险业经营管理的一些基本准则，要求所有保险人共同遵守。例如，国家对最低资本金的要求、资产负债表的审核、资金的运用、违反法律行为的处罚等均作出明确规定。原则管理方式仅从形式上出发，对保险业的监督管理只是形式上的审查，没有触及保险业经营管理的实体。

---

① 参见李玉泉：《保险法》(第三版)，法律出版社 2019 年版，第 256—257 页。

3. 实体监管方式

实体监管方式又称“许可主义”“批准主义”,由瑞士于 1885 年首创,是指国家制定完善的保险监督管理规则,由国家监督管理机关对保险企业的设立、经营、财务、人事乃至倒闭清算均实行有效的监督管理。这是保险业监督管理方式中最严格的一种。包括我国在内的世界上大多数国家都实行实体监管方式,较典型的是美国和日本。

20 世纪 90 年代以来,世界第五次并购浪潮席卷全球,以银行业、保险业为主导的现代金融业是重中之重。外部竞争环境达到了白热化的程度,这种外部约束条件的变化诱导了西方金融业的金融创新。放松保险管制,建立密切配合的保险监管模式,成为西方发达国家保险监管机构的必然选择和努力方向。与西方宽松的保险监管模式相比,我国现阶段的保险监管在整体上采较为严格的模式,其独特性表现为:(1) 单一的分业监管机构。中国银保监会是我国银行业和保险业的主管机关,独立行使保险市场的监管职能。(2) 直接的实体监管方式。我国政府着力于对单一保险企业的直接监管,通过一系列法律法规条文严格规定了保险企业的经营准则,如保险企业的创设制度以及业务监督、财务监督、人事监督制度等,并由保险监管机构(中国银保监会)贯彻执行。(3) 严格的监管内容。我国政府对保险企业的监管内容不仅涉及范围广,而且限制性很强,突出表现在两个方面:第一,对保险企业的组织监管,实行严格的市场准入限制;第二,对保险企业经营活动也作了严格的限制。从长期来看,经济全球化下,我国保险监管模式应逐步向国际通行的宽松的保险监管模式过渡。①

三、我国保险公司的监督管理

(一) 保险公司的组织形式

我国《保险法》第 94 条规定:“保险公司,除本法另有规定外,适用《中华人民共和国公司法》的规定。”由此可见,保险公司的组织形式不仅包括股份有限公司与国有独资公司,还应当包括有限责任公司。

(二) 保险公司的设立条件和程序

1. 设立保险公司的原则和条件

设立保险公司,应当遵循下列原则:遵守法律、行政法规;符合国家宏观经济政策和保险业发展战略;有利于保险业的公平竞争和健康发展。

设立保险公司,应当经国务院保险监督管理机构批准,并且应当具备下列条件:(1) 主要股东具有持续盈利能力,信誉良好,最近 3 年内无重大违法违规记录,净资产不低于人民币 2 亿元;(2) 有符合《保险法》和《公司法》规定的章程;

① 参见刘友芝:《经济全球化下中国保险监管模式的两难选择》,载《武汉金融》2001 年第 12 期。

(3) 有符合《保险法》规定的注册资本;(4) 有具备任职专业知识和业务工作经验的董事、监事和高级管理人员;(5) 有健全的组织机构和管理制度;(6) 有符合要求的营业场所和与经营业务有关的其他设施;(7) 法律、行政法规和国务院保险监督管理机构规定的其他条件。

设立保险公司,其注册资本的最低限额为人民币 2 亿元,而且必须为实缴货币资本。国务院保险监督管理机构根据保险公司的业务范围、经营规模,可以调整其注册资本的最低限额,但不得低于人民币 2 亿元。

2. 保险公司的设立程序

根据《保险法》第 70 条的规定,申请设立保险公司,应当向国务院保险监督管理机构提出书面申请,并提交下列资料:(1) 设立申请书,申请书应当载明拟设立的保险公司的名称、注册资本、业务范围等;(2) 可行性研究报告;(3) 筹建方案;(4) 投资人的营业执照或者其他背景资料,经会计师事务所审计的上一年度财务会计报告;(5) 投资人认可的筹备组负责人和拟任董事长、经理名单及本人认可证明;(6) 国务院保险监督管理机构规定的其他材料。

《保险法》第 71 条规定:"国务院保险监督管理机构应当对设立保险公司的申请进行审查,自受理之日起六个月内作出批准或者不批准筹建的决定,并书面通知申请人。决定不批准的,应当书面说明理由。"第 72 条规定:"申请人应当自收到批准筹建通知之日起一年内完成筹建工作;筹建期间不得从事保险经营活动。"第 73 条规定:"筹建工作完成后,申请人具备本法第六十八条规定的设立条件的,可以向国务院保险监督管理机构提出开业申请。国务院保险监督管理机构应当自受理开业申请之日起六十日内,作出批准或者不批准开业的决定。决定批准的,颁发经营保险业务许可证;决定不批准的,应当书面通知申请人并说明理由。"

根据《保险法》第 77、78 条的规定,经批准设立的保险公司及其分支机构,凭经营保险业务许可证向工商行政管理机关办理登记,领取营业执照。保险公司及其分支机构自取得经营保险业务许可证之日起 6 个月内,无正当理由未向工商行政管理机关办理登记的,其经营保险业务许可证失效。

《保险法》第 97 条规定:"保险公司应当按照其注册资本总额的百分之二十提取保证金,存入国务院保险监督管理机构指定的银行,除公司清算时用于清偿债务外,不得动用。"

保险公司在中华人民共和国境内外设立分支机构,应当经保险监督管理机构批准,取得分支机构经营保险业务许可证。保险公司分支机构不具有法人资格,其民事责任由保险公司承担。保险公司在中华人民共和国境内外设立代表机构,应当经保险监督管理机构批准。

(三)保险公司的变更

根据《保险法》第84条的规定,保险公司有下列情形之一的,应当经保险监督管理机构批准:(1)变更名称;(2)变更注册资本;(3)变更公司或者分支机构的营业场所;(4)撤销分支机构;(5)公司分立或者合并;(6)修改公司章程;(7)变更出资额占有限责任公司资本总额5%以上的股东,或者变更持有股份有限公司股份5%以上的股东;(8)国务院保险监督管理机构规定的其他情形。

(四)保险公司的终止和清算

保险公司因分立、合并需要解散,或者股东会、股东大会决议解散,或者公司章程规定的解散事由出现,经国务院保险监督管理机构批准后解散。经营有人寿保险业务的保险公司,除因分立、合并或者被依法撤销外,不得解散。保险公司解散,应当依法成立清算组进行清算。①

保险公司因违法经营被依法吊销经营保险业务许可证的,或者偿付能力低于国务院保险监督管理机构规定标准,不予撤销将严重危害保险市场秩序、损害公共利益的,由国务院保险监督管理机构予以撤销并公告,依法及时组织清算组进行清算。②

保险公司有《企业破产法》第2条规定情形的,经国务院保险监督管理机构同意,保险公司或者其债权人可以依法向人民法院申请重整、和解或者破产清算;国务院保险监督管理机构也可以依法向人民法院申请对该保险公司进行重整或者破产清算。经营有人寿保险业务的保险公司被依法撤销或者被依法宣告破产的,其持有的人寿保险合同及准备金,必须转让给其他经营有人寿保险业务的保险公司;不能同其他保险公司达成转让协议的,由国务院保险监督管理机构指定经营有人寿保险业务的保险公司接受转让。转让或者由国务院保险监督管理机构指定接受以上规定的人寿保险合同及责任准备金的,应当维护被保险人、受益人的合法权益。保险公司依法破产的,破产财产在优先清偿破产费用和共益债务后,按照下列顺序清偿:(1)所欠职工工资和医疗、伤残补助、抚恤费用,所欠应当划入职工个人账户的基本养老保险、基本医疗保险费用,以及法律、行政法规规定应当支付给职工的补偿金;(2)赔偿或者给付保险金;(3)保险公司欠缴的除第(1)项规定以外的社会保险费用和所欠税款;(4)普通破产债权。破产财产不足以清偿同一顺序的清偿要求的,按照比例分配。破产保险公司的董事、监事和高级管理人员的工资,按照该公司职工的平均工资计算。③

保险公司依法终止其业务活动,应当注销其经营保险业务许可证。④

① 参见《保险法》第89条。
② 参见《保险法》第149条。
③ 参见《保险法》第90—92条。
④ 参见《保险法》第93条。

四、我国保险经营的监督管理

（一）保险公司的业务范围

保险公司的业务范围包括：(1) 人身保险业务，包括人寿保险、健康保险、意外伤害保险等保险业务；(2) 财产保险业务，包括财产损失保险、责任保险、信用保险、保证保险等保险业务；(3) 国务院保险监督管理机构批准的与保险有关的其他业务。保险人不得兼营人身保险业务和财产保险业务。但是，经营财产保险业务的保险公司经国务院保险监督管理机构核准，可以经营短期健康保险业务和意外伤害保险业务。保险公司应当在国务院保险监督管理机构依法核准的业务范围内从事保险经营活动。

（二）关于保险公司业务经营的其他管理规定

1. 保险准备金的提存

《保险法》第 98 条规定："保险公司应当根据保障被保险人利益、保证偿付能力的原则，提取各项责任准备金。保险公司提取和结转责任准备金的具体办法，由国务院保险监督管理机构制定。"

为了保障被保险人的利益，支持保险公司稳健经营，保险公司应当依法提存公积金。同时，保险公司应当缴纳保险保障基金。保险保障基金应当集中管理，统筹使用。保险保障基金筹集、管理和使用的具体办法，由国务院制定。

2. 最低偿付能力

保险公司应当具有与其业务规模和风险程度相适应的最低偿付能力。保险公司的认可资产减去认可负债的差额不得低于国务院保险监督管理机构规定的数额；低于规定数额的，应当按照国务院保险监督管理机构的要求采取相应措施达到规定的数额。

3. 强制再保险

保险公司对每一危险单位，即对一次保险事故可能造成的最大损失范围所承担的责任，不得超过其实有资本金加公积金总和的 10%；超过的部分应当办理再保险。保险公司对危险单位的划分方法和巨灾风险安排方案，应当报国务院保险监督管理机构备案。保险公司应当按照国务院保险监督管理机构的规定办理再保险。

4. 保险公司的资金运用

根据《保险法》和《保险资金运用管理办法》(2018 年 1 月 10 日中国保监会第五次主席办公会审议通过，自 2018 年 4 月 1 日起实施)，保险资金运用必须以服务保险业为主要目标，坚持稳健审慎和安全性原则，符合偿付能力监管要求，根据保险资金性质实行资产负债管理和全面风险管理，实现集约化、专业化、规范化和市场化。保险资金运用方式限于下列形式：(1) 银行存款；(2) 买卖债券、股票、证券投资基金份额等有价证券;(3) 投资不动产;(4) 投资股权;(5) 国务院规定的其他资金运用形式。保险资金从事境外投资的,应当符合中国银保监会、中国人民银行和国家外汇管理局的相关规定。

保险资金办理银行存款的,应当选择符合下列条件的商业银行作为存款银行:(1) 资本充足率、净资产和拨备覆盖率等符合监管要求;(2) 治理结构规范、内控体系健全、经营业绩良好;(3) 最近 3 年未发现重大违法违规行为;(4) 信用等级达到中国银保监会规定的标准。

保险资金投资的债券应当达到中国银保监会认可的信用评级机构评定的、符合规定要求的信用级别,主要包括政府债券、金融债券、企业(公司)债券、非金融企业债务融资工具以及符合规定的其他债券。保险资金投资的股票主要包括公开发行并上市交易的股票和上市公司向特定对象非公开发行的股票。保险资金开展股票投资分为一般股票投资、重大股票投资和上市公司收购等,中国银保监会根据不同情形实施差别监管。保险资金投资全国中小企业股份转让系统挂牌的公司股票,以及以外币认购及交易的股票,由中国银保监会另行规定。保险资金投资证券投资基金的,其基金管理人应当符合下列条件:(1) 公司治理良好、风险控制机制健全。(2) 依法履行合同,维护投资者合法权益。(3) 设立时间 1 年(含)以上。(4) 最近 3 年没有重大违法违规行为;设立未满 3 年的,自其成立之日起没有重大违法违规行为。(5) 建立有效的证券投资基金和特定客户资产管理业务之间的防火墙机制。(6) 投资团队稳定,历史投资业绩良好,管理资产规模或者基金份额相对稳定。保险资金投资的不动产,是指土地、建筑物以及其他附着于土地上的定着物,具体办法由中国银保监会制定。保险资金投资的股权,应当为境内依法设立和注册登记,且未在证券交易所公开上市的股份有限公司和有限责任公司的股权。保险集团(控股)公司、保险公司购置自用不动产、开展上市公司收购或者从事对其他企业实现控股的股权投资,应当使用自有资金。保险集团(控股)公司、保险公司对其他企业实现控股的股权投资,应当满足有关偿付能力监管规定。保险集团(控股)公司的保险子公司不符合中国银保监会偿付能力监管要求的,该保险集团(控股)公司不得向非保险类金融企业投资。实现控股的股权投资应当限于下列企业:(1) 保险类企业,包括保险公司、保险资产管理机构以及保险专业代理机构、保险经纪机构、保险公估机构;(2) 非保险类金融企业;(3) 与保险业务相关的企业。保险资产管理机构,是指经中国银保监会同意,依法登记注册,受托管理保险资金等资金的金融机构,包括保险资产管理公司及其子公司、其他专业保险资产管理机构。

保险资金可以投资资产证券化产品。资产证券化产品,是指金融机构以可特定化的基础资产所产生的现金流为偿付支持,通过结构化等方式进行信用增级,在此基础上发行的金融产品。保险资金可以投资创业投资基金等私募基金。

创业投资基金，是指依法设立并由符合条件的基金管理机构管理，主要投资创业企业普通股或者依法可转换为普通股的优先股、可转换债券等权益的股权投资基金。保险资金可以投资设立不动产、基础设施、养老等专业保险资产管理机构，专业保险资产管理机构可以设立符合条件的保险私募基金，具体办法由中国银保监会制定。

除中国银保监会另有规定以外，保险集团(控股)公司、保险公司从事保险资金运用，不得有下列行为：(1) 存款于非银行金融机构；(2) 买入被交易所实行“特别处理”“警示存在终止上市风险的特别处理”的股票；(3) 投资不符合国家产业政策的企业股权和不动产；(4) 直接从事房地产开发建设；(5) 将保险资金运用形成的投资资产用于向他人提供担保或者发放贷款，个人保单质押贷款除外；(6) 中国银保监会禁止的其他投资行为。保险集团(控股)公司、保险公司从事保险资金运用应当符合中国银保监会比例监管要求，具体规定由中国银保监会另行制定。中国银保监会根据保险资金运用实际情况，可以对保险资产的分类、品种以及相关比例等进行调整。

5. 对保险公司及其工作人员在保险业务中的行为规定

保险公司及其工作人员在保险业务活动中不得有下列行为：(1) 欺骗投保人、被保险人或者受益人；(2) 对投保人隐瞒与保险合同有关的重要情况；(3) 阻碍投保人履行《保险法》规定的如实告知义务，或者诱导其不履行《保险法》规定的如实告知义务；(4) 给予或者承诺给予投保人、被保险人、受益人保险合同约定以外的保险费回扣或者其他利益；(5) 拒不依法履行保险合同约定的赔偿或者给付保险金义务；(6) 故意编造未曾发生的保险事故、虚构保险合同或者故意夸大已经发生的保险事故的损失程度进行虚假理赔，骗取保险金或者牟取其他不正当利益；(7) 挪用、截留、侵占保险费；(8) 委托未取得合法资格的机构或者个人从事保险销售活动；(9) 利用开展保险业务为其他机构或者个人牟取不正当利益；(10) 利用保险代理人、保险经纪人或者保险评估机构，从事以虚构保险中介业务或者编造退保等方式套取费用等违法活动；(11) 以捏造、散布虚假事实等方式损害竞争对手的商业信誉，或者以其他不正当竞争行为扰乱保险市场秩序；(12) 泄露在业务活动中知悉的投保人、被保险人的商业秘密；(13) 违反法律、行政法规和国务院保险监督管理机构规定的其他行为。

《最高人民法院关于适用〈中华人民共和国保险法〉若干问题的解释(二)》第3条规定：“投保人或者投保人的代理人订立保险合同时没有亲自签字或者盖章，而由保险人或者保险人的代理人代为签字或者盖章的，对投保人不生效。但投保人已经交纳保险费的，视为其对代签字或者盖章行为的追认。保险人或者保险人的代理人代为填写保险单证后经投保人签字或者盖章确认的，代为填写的内容视为投保人的真实意思表示。但有证据证明保险人或者保险人的代理人存在保险法第一百一十六条、第一百三十一条相关规定情形的除外。”

五、我国保险业的监督管理

(一) 保险条款和保险费率

关系社会公众利益的保险险种、依法实行强制保险的险种和新开发的人寿保险险种等的保险条款和保险费率,应当报国务院保险监督管理机构批准。国务院保险监督管理机构审批时,应当遵循保护社会公众利益和防止不正当竞争的原则。其他保险险种的保险条款和保险费率,应当报保险监督管理机构备案。保险条款和保险费率审批、备案的具体办法,由国务院保险监督管理机构依照上述规定制定。

(二) 保险监督管理机构的其他权力

第一,国务院保险监督管理机构应当建立健全保险公司偿付能力监管体系,对保险公司的偿付能力实施监控。

第二,保险公司使用的保险条款和保险费率违反法律、行政法规或者国务院保险监督管理机构的有关规定的,由保险监督管理机构责令停止使用,限期修改;情节严重的,可以在一定期限内禁止申报新的保险条款和保险费率。

第三,保险公司未依照《保险法》规定提取或者结转各项责任准备金,或者未依照《保险法》规定办理再保险,或者严重违反《保险法》关于资金运用的规定的,由保险监督管理机构责令限期改正,并可以责令调整负责人及有关管理人员。

第四,对保险公司进行整顿。保险监督管理机构依照《保险法》第 139 条的规定作出限期改正的决定后,保险公司逾期未改正的,国务院保险监督管理机构可以决定选派保险专业人员和指定该保险公司的有关人员组成整顿组,对公司进行整顿。整顿决定应当载明被整顿公司的名称、整顿理由、整顿组成员和整顿期限,并予以公告。整顿组有权监督被整顿保险公司的日常业务。被整顿公司的负责人及有关管理人员应当在整顿组的监督下行使职权。整顿过程中,被整顿保险公司的原有业务继续进行。但是,国务院保险监督管理机构可以责令被整顿公司停止部分原有业务、停止接受新业务,调整资金运用。被整顿保险公司经整顿已纠正其违反《保险法》规定的行为,恢复正常经营状况的,由整顿组提出报告,经国务院保险监督管理机构批准,结束整顿,并由国务院保险监督管理机构予以公告。

第五,对保险公司实行接管。保险公司有下列情形之一的,国务院保险监督管理机构可以对其实行接管:(1) 公司的偿付能力严重不足的;(2) 违反《保险法》规定,损害社会公共利益,可能严重危及或者已经严重危及公司的偿付能力的。被接管的保险公司的债权债务关系不因接管而变化。接管组的组成和接管的实施办法,由国务院保险监督管理机构决定,并予以公告。接管期限届满,国务院保险监督管理机构可以决定延长接管期限,但接管期限最长不得超过2年。接管期限届满,被接管的保险公司已恢复正常经营能力的,由国务院保险监督管理机构决定终止接管,并予以公告。被接管的保险公司有《企业破产法》第2条规定情形的,国务院保险监督管理机构可以依法向人民法院申请对该保险公司进行重整或者破产清算。

第六,撤销保险公司。保险公司因违法经营被依法吊销经营保险业务许可证的,或者偿付能力低于国务院保险监督管理机构规定标准,不予撤销将严重危害保险市场秩序、损害公共利益的,由国务院保险监督管理机构予以撤销并公告,依法及时组织清算组进行清算。

第七,国务院保险监督管理机构有权要求保险公司股东、实际控制人在指定的期限内提供有关信息和资料。保险公司的股东利用关联交易严重损害公司利益,危及公司偿付能力的,由国务院保险监督管理机构责令改正。在按照要求改正前,国务院保险监督管理机构可以限制其股东权利;拒不改正的,可以责令其转让所持的保险公司股权。保险监督管理机构根据履行监督管理职责的需要,可以与保险公司董事、监事和高级管理人员进行监督管理谈话,要求其就公司的业务活动和风险管理的重大事项作出说明。保险公司在整顿、接管、撤销清算期间,或者出现重大风险时,国务院保险监督管理机构可以对该公司直接负责的董事、监事、高级管理人员和其他直接责任人员采取以下措施:(1) 通知出境管理机关依法阻止其出境;(2) 申请司法机关禁止其转移、转让或者以其他方式处分财产,或者在财产上设定其他权利。

第八,保险监督管理机构依法履行职责,可以采取下列措施:(1) 对保险公司、保险代理人、保险经纪人、保险资产管理公司、外国保险机构的代表机构进行现场检查;(2) 进入涉嫌违法行为发生场所调查取证;(3) 询问当事人及与被调查事件有关的单位和个人,要求其对与被调查事件有关的事项作出说明;(4) 查阅、复制与被调查事件有关的财产权登记等资料;(5) 查阅、复制保险公司、保险代理人、保险经纪人、保险资产管理公司、外国保险机构的代表机构以及与被调查事件有关的单位和个人的财务会计资料及其他相关文件和资料;对可能被转移、隐匿或者毁损的文件和资料予以封存;(6) 查询涉嫌违法经营的保险公司、保险代理人、保险经纪人、保险资产管理公司、外国保险机构的代表机构以及与涉嫌违法事项有关的单位和个人的银行账户;(7) 对有证据证明已经或者可能转移、隐匿违法资金等涉案财产或者隐匿、伪造、毁损重要证据的,经保险监督管理机构主要负责人批准,申请人民法院予以冻结或者查封。保险监督管理机构采取上述第(1)项、第(2)项、第(5)项措施的,应当经保险监督管理机构负责人批准;采取第(6)项措施的,应当经国务院保险监督管理机构负责人批准。保险监督管理机构依法进行监督检查或者调查,其监督检查、调查的人员不得少于2

人,并应当出示合法证件和监督检查、调查通知书;监督检查、调查的人员少于2人或者未出示合法证件和监督检查、调查通知书的,被检查、调查的单位和个人有权拒绝。

六、我国对保险代理人和保险经纪人的监督管理

(一)对保险代理人的监督管理

1. 保险代理人的概念

保险代理人是根据保险人的委托,向保险人收取佣金,并在保险人授权的范围内代为办理保险业务的机构或者个人。保险代理机构包括专门从事保险代理业务的保险专业代理机构和兼营保险代理业务的保险兼业代理机构。

2. 对保险代理人的管理规定

保险人委托保险代理人代为办理保险业务,应当与保险代理人签订委托代理协议,依法约定双方的权利和义务。个人保险代理人在代为办理人寿保险业务时,不得同时接受两个以上保险人的委托。

保险代理人根据保险人的授权代为办理保险业务的行为,由保险人承担责任。保险代理人没有代理权、超越代理权或者代理权终止后以保险人名义订立合同,使投保人有理由相信其有代理权的,该代理行为有效。保险人可以依法追究越权的保险代理人的责任。

(二)对保险经纪人的监督管理

1. 保险经纪人的概念

保险经纪人是基于投保人的利益,为投保人与保险人订立保险合同提供中介服务,并依法收取佣金的机构。

2. 对保险经纪人的管理规定

保险经纪人因过错给投保人、被保险人造成损失的,依法承担赔偿责任。

(三)对保险代理人、保险经纪人的共通管理规定

保险代理机构、保险经纪人应当具备国务院保险监督管理机构规定的条件,取得保险监督管理机构颁发的经营保险代理业务许可证、保险经纪业务许可证。保险代理机构、保险经纪人凭经营保险业务许可证向工商行政管理机关办理登记,领取营业执照。保险代理机构、保险经纪人应当按照国务院保险监督管理机构的规定缴存保证金或者投保职业责任保险。未经保险监督管理机构批准,保险代理机构、保险经纪人不得动用保证金。保险佣金只限于向保险代理人、保险经纪人支付,不得向其他人支付。

以公司形式设立保险专业代理机构、保险经纪人,其注册资本最低限额适用《公司法》的规定。国务院保险监督管理机构根据保险专业代理机构、保险经纪人的业务范围和经营规模,可以调整其注册资本的最低限额,但不得低于《公司

法》规定的限额。保险专业代理机构、保险经纪人的注册资本或者出资额必须为实缴货币资本。保险代理机构、保险经纪人应当有自己的经营场所,设立专门账簿记载保险代理业务、经纪业务的收支情况。

保险专业代理机构、保险经纪人的高级管理人员,应当品行良好,熟悉保险法律、行政法规,具有履行职责所需的经营管理能力,并在任职前取得保险监督管理机构核准的任职资格。个人保险代理人、保险代理机构的代理从业人员、保险经纪人的经纪从业人员,应当品行良好,具有从事保险代理业务或者保险经纪业务所需的专业能力。

保险代理人、保险经纪人及其从业人员在办理保险业务活动中不得有下列行为:(1) 欺骗保险人、投保人、被保险人或者受益人;(2) 隐瞒与保险合同有关的重要情况;(3) 阻碍投保人履行《保险法》规定的如实告知义务,或者诱导其不履行《保险法》规定的如实告知义务;(4) 给予或者承诺给予投保人、被保险人或者受益人保险合同约定以外的利益;(5) 利用行政权力、职务或者职业便利以及其他不正当手段强迫、引诱或者限制投保人订立保险合同;(6) 伪造、擅自变更保险合同,或者为保险合同当事人提供虚假证明材料;(7) 挪用、截留、侵占保险费或者保险金;(8) 利用业务便利为其他机构或者个人牟取不正当利益;(9) 串通投保人、被保险人或者受益人,骗取保险金;(10) 泄露在业务活动中知悉的保险人、投保人、被保险人的商业秘密。

保险专业代理机构、保险经纪人分立、合并、变更组织形式、设立分支机构或者解散的,应当经国务院保险监督管理机构批准。

思考题

1. 简述保险的构成要件。
2. 简述保险合同的特征。
3. 简述我国《保险法》中有关保险人赔付保险金的时限规定。
4. 简述投保人的如实告知义务以及投保人违反如实告知义务的法律后果。
5. 试述人身保险合同中的特殊条款。

参考书目

1. 白钦先主编:《各国衍生金融市场监管比较研究》,中国金融出版社2003年版。

2. 常健、管斌、饶常林:《金融法学专论》,对外经济贸易大学出版社2010年版。

3. 陈春山:《证券投资信托契约论》,台湾五南图书出版公司1996年版。

4. 陈善昂主编:《金融市场学》(第三版),东北财经大学出版社2016年版

5. 陈欣:《保险法》(第三版),北京大学出版社2010年版。

6. 丁邦开、周仲飞主编:《金融监管学原理》,北京大学出版社2004年版。

7. 董安生主编:《票据法》(第三版),中国人民大学出版社2009年版。

8. 董安生主编:《证券法原理》,北京大学出版社2018年版。

9. 范健、王建文:《证券法》(第三版),法律出版社2020年版。

10. 方嘉麟:《信托法之理论与实务》,中国政法大学出版社2003年版。

11. 方乐华:《保险与保险法》,北京大学出版社2009年版。

12. 符启林主编:《证券法:理论·实务·案例》,法律出版社2007年版。

13. 符启林主编:《中国证券交易法律制度研究》,法律出版社2000年版。

14. 高岚:《日本投资信托及投资法人法律制度研究》,云南大学出版社2007年版。

15. 高凌云:《被误读的信托——信托法原论》,复旦大学出版社2010年版。

16. 顾功耘、吴弘主编:《商法学概论》,上海人民出版社2013年版。

17. 顾功耘主编:《经济法教程》(第三版),上海人民出版社、北京大学出版社2013年版。

18. 官学清:《现代商业银行新趋势:把风险作为产品来经营——现代商业银行风险经营论》,中国金融出版社2011年版。

19. 管斌:《金融法的风险逻辑》,法律出版社2015年版。

20. 郭德香:《金融信托法律制度研究》,郑州大学出版社2003年版。

21. 郭锋、陈夏等:《证券投资基金法导论》,法律出版社2008年版。

22. 郭锋等:《中华人民共和国证券法制度精义与条文评注》,中国法制出版社2020年版。

23. 郭雳:《中国银行业创新与发展的法律思考》,北京大学出版社2006年版。

24. 郭庆平主编:《中央银行法的理论与实践》,中国金融出版社2016年版。

25. 郭文英、徐明主编:《投服研究》(第1辑·2018年),法律出版社2018年版。

26. 韩长印、韩永强编著:《保险法新论》,中国政法大学出版社2010年版。

27. 韩世远:《合同法总论》(第四版),法律出版社2018年版。

28. 何旭艳:《上海信托业研究(1921—1949年)》,上海人民出版社2007年版。

29. 贺绍奇:《证券投资基金的法律透视》,人民法院出版社2000年版。

30. 洪艳蓉:《金融监管治理——关于证券监管独立性的思考》,北京大学出版社2017年版。

31. 胡旭鹏:《信托财产独立性与交易安全平衡论》,法律出版社2015年版。

32. 黄达、张杰编著:《金融学(精编版)》(第五版),中国人民大学出版社2020年版。

33. 霍玉芬:《信托法要论》,中国政法大学出版社2003年版。

34. 江朝国:《保险法基础理论》(新修订五版),台湾瑞兴图书股份有限公司2009年版。

35. 〔美〕劳伦斯·M.弗里德曼:《遗嘱、信托与继承法的社会史》,沈朝晖译,法律出版社2017年版。

36. 李东方:《上市公司监管法论》,中国政法大学出版社2013年版。

37. 李惠主编:《走近私募基金》,经济科学出版社2001年版。

38. 李开远:《票据法论》,台湾五南图书出版公司2014年版。

39. 李开远:《证券交易法理论与实务》,台湾五南图书出版公司2016年版。

40. 李明良:《期货市场风险管理的法律机制研究》,北京大学出版社2005年版。

41. 李绍章:《中国票据法原理》,中国法制出版社2012年版。

42. 李勇:《信托业监管法律问题研究》,中国财政经济出版社2008年版。

43. 李玉泉:《保险法》(第三版),法律出版社2019年版。

44. 〔美〕理查德·斯考特·卡内尔、乔纳森·R.梅西、杰弗里·P.米勒:《美国金融机构法》(第五版)(上册·银行法),高华军译,商务印书馆2016年版。

45. 梁宇贤:《保险法新论》(修订新版),中国人民大学出版社2004年版。

46. 林国全:《证券交易法研究》,中国政法大学出版社2002年版。

47. 刘成墉:《金融衍生品内幕交易问题研究》,法律出版社2018年版。

48. 刘定华主编:《金融法教程》(第三版),中国金融出版社2010年版。

49. 刘俊海:《现代证券法》,法律出版社2011年版。

50. 刘隆亨:《银行金融法学》(第六版),北京大学出版社2010年版。

51. 刘少军:《金融法学》(第二版),中国政法大学出版社2016年版。

52. 刘心稳:《票据法》(第四版),中国政法大学出版社2018年版。

53. 刘正峰:《美国商业信托法研究》,中国政法大学出版社2009年版。

54. 刘智英、刘晓宇主编:《货币银行学》(第2版),清华大学出版社2018年版。

55. 〔美〕路易斯·罗思、乔尔·赛里格曼:《美国证券监管法基础》,张路等译,法律出版社2008年版。

56. 马蔚华编著:《风险之本:商业银行风险管理理论与招商银行实践》,华夏出版社2007年版。

57. 倪振峰等:《银行法学》,复旦大学出版社2010年版。

58. 宁敏:《国际金融衍生交易法律问题研究》,中国政法大学出版社2002年版。

59. 潘英丽、黄益平主编:《新时代开启中的金融改革:结构重整与制度创新》,人民出版社 2019 年版。

60. 钱小安:《金融期货的理论与实践》,商务印书馆 1997 年版。

61. 强力、王志诚:《中国金融法》,中国政法大学出版社 2010 年版。

62. 全国人大《信托法》起草工作组:《〈中华人民共和国信托法〉释义》,中国金融出版社 2001 年版。

63. 〔日〕铃木竹雄著,前田庸修订:《票据法 · 支票法》,赵新华译,法律出版社 2014 年版。

64. 〔日〕三菱日联信托银行编著:《信托法务与实务》(第五版),张军建译,中国财政经济出版社 2010 年版。

65. 〔日〕田中和明、田村直史:《信托法理论与实务入门》,丁相顺、赖宇慧等译,中国人民大学出版社 2018 年版。

66. 〔日〕新井诚:《信托法》(第 4 版),刘华译,中国政法大学出版社 2017 年版。

67. 〔日〕中野正俊:《信托法判例研究》,张军建译,中国方正出版社 2006 年版。

68. 上海期货交易所"境外期货法制研究"课题组:《美国期货市场法律规范研究》,中国金融出版社 2007 年版。

69. 上海期货交易所《"期货法"立法研究》课题组编著:《"期货法"立法研究》,中国金融出版社 2013 年版。

70. 邵挺杰主编:《证券法》,法律出版社 1999 年版。

71. 施茂林编著:《证券交易法律风险探测》,台湾五南图书出版公司 2018 年版。

72. 施天涛:《商法学》(第六版),法律出版社 2020 年版。

73. 石广生主编:《世界贸易组织基本知识》,人民出版社 2011 年版。

74. 石广生主编:《中国对外经济贸易改革和发展史》,人民出版社 2013 年版。

75. 孙南申、彭岳、周莺:《国际投资法体系下跨国证券投资法律制度》,法律出版社 2016 年版。

76. 覃有土主编:《保险法概论》(第二版),北京大学出版社 2001 年版。

77. 唐波等:《国际化背景下中国衍生品市场法律问题研究》,法律出版社 2017 年版。

78. 唐波:《中国期货市场法律制度研究——新加坡期货市场相关法律制度借鉴》,北京大学出版社 2010 年版。

79. 唐波主编:《金融法学案例评析》,上海人民出版社 2012 年版。

80. 陶广峰主编:《金融法》(第三版),中国人民大学出版社 2020 年版。

81. 〔美〕托马斯 · 梅耶、詹姆斯 · S. 杜森贝里、罗伯特 · Z. 阿利伯:《货币、银行与经济》(第六版),林宝清、洪锡熙等译,上海三联书店、上海人民出版社 2007 年版。

82. 汪世虎:《票据法律制度比较研究》,法律出版社 2003 年版。

83. 汪鑫主编:《金融法学》(第四版),中国政法大学出版社 2011 年版。

84. 王秉乾编著:《比较票据法案例选评》,对外经济贸易大学出版社 2013 年版。

85. 王伯庭主编:《现代金融问题法律分析》,吉林人民出版社 2003 年版。

86. 王连洲、王巍主编:《金融信托与资产管理》,经济管理出版社 2013 年版。

87. 王苏生:《证券投资基金管理人的责任》,北京大学出版社 2001 年版。

88. 王文灵、于瑾编著:《衍生工具定价理论》,经济科学出版社 1998 年版。

89. 王文宇主编:《金融法》(修订十版),台湾元照出版有限公司 2019 年版。

90. 王小能编著:《票据法教程》(第二版),北京大学出版社 2001 年版。

91. 王志诚:《票据法》(修订六版),台湾元照出版有限公司 2015 年版。

92. 王志诚:《信托法论》,台湾五南图书出版公司 2018 年版。

93. 吴弘、贾希凌、程胜:《信托法论——中国信托市场发育发展的法律调整》,立信会计出版社 2003 年版。

94. 吴弘、李有星:《金融法》,高等教育出版社 2013 年版。

95. 吴弘主编:《金融法律评论》(2019 年卷·总第 10 卷),法律出版社 2020 年版。

96. 吴弘主编:《证券法教程》(第二版),北京大学出版社 2017 年版。

97. 吴庆宝、江向阳主编:《期货交易民事责任——期货司法解释评述与展开》,中国法制出版社 2003 年版。

98. 吴晓灵主编:《投资基金法的理论与实践——兼论投资基金法的修订与完善》,上海三联书店 2011 年版。

99. 吴晓求等:《中国金融监管改革:现实动因与理论逻辑》,中国金融出版社 2018 年版。

100. 吴志攀、白建军主编:《海外金融法》,法律出版社 2004 年版。

101. 吴志攀:《金融法概论》(第五版),北京大学出版社 2011 年版。

102. 吴志攀、刘燕编著:《金融法》,北京大学出版社 2008 年版。

103. 吴志攀:《中央银行法制》,中国金融出版社 2005 年版。

104. 谢怀栻著,程啸增订:《票据法概论》(增订二版),法律出版社 2017 年版。

105. 邢会强主编:《证券法学》(第二版),中国人民大学出版社 2020 年版。

106. 徐冬根:《高风险金融交易法律规制研究》,上海交通大学出版社 2015 年版。

107. 徐冬根主编:《国际金融法律与实务研究》,上海财经大学出版社 2000 年版。

108. 徐家力、李京生、吴运浩:《期货交易法律理论与实务》,中国政法大学出版社 2000 年版。

109. 徐孟洲:《金融法》(第三版),高等教育出版社 2014 年版。

110. 徐孟洲主编:《信托法》,法律出版社 2006 年版。

111. 徐孟洲主编:《信托法学》,中国金融出版社 2004 年版。

112. 徐卫:《信托受益人利益保障机制研究》,上海交通大学出版社 2011 年版。

113. 许崇苗:《保险法原理及疑难案例解析》,法律出版社 2011 年版。

114. 许树信、周战地主编:《金融学教程》,中国金融出版社 1998 年版。

115. 颜军梅主编:《金融学》,武汉大学出版社 2018 年版。

116. 杨迈军、汤进喜编著:《金融衍生品市场的监管》,中国物价出版社 2001 年版。

117. 杨玉川主编:《金融期货期权市场研究与策划》,经济管理出版社 2000 年版。

118. 叶林编著:《中国证券法》,中国审计出版社 1999 年版。

119. 叶林:《证券法》(第四版),中国人民大学出版社 2013 年版。

120. 叶林主编:《期货期权市场法律制度研究》,法律出版社 2017 年版。

121. 叶林主编:《证券法教程》,法律出版社 2010 年版。

122. 余辉:《英国信托法:起源、发展及其影响》,清华大学出版社 2007 年版。

123. 岳彩申、盛学军主编:《金融法学》(第三版),中国人民大学出版社 2020 年版。

124. 曾欣、〔加拿大〕陈万华:《期货交易所公司治理改革》,中国金融出版社 2014 年版。

125. 张淳:《信托法原论》,南京大学出版社 1994 年版。

126. 张淳:《信托法哲学初论》,法律出版社 2014 年版。

127. 张蕾:《证券投资基金法律制度》,学苑出版社 2004 年版。

128. 张路、罗旭、郭晓婧编译:《中美英基金法比较与实务》,法律出版社 2007 年版。

129. 张玉智:《中国金融衍生品市场监管体系重构》,中国金融出版社 2009 年版。

130. 赵廉慧:《信托法解释论》,中国法制出版社 2015 年版。

131. 郑振龙、陈蓉、陈淼鑫、邓弋威:《外汇衍生品市场:国际经验与借鉴》,科学出版社 2008 年版。

132. 中国审判理论研究会民事审判理论专业委员会编著:《民法典人格权编条文理解与司法适用》,法律出版社 2020 年版。

133. 中国证券投资基金业协会组编:《证券投资基金》(上册),高等教育出版社 2015 年版。

134. 周大中:《现代金融学》(增订),北京大学出版社 2000 年版。

135. 周小明:《财产权的革新——信托法论》,贵州人民出版社 1995 年版。

136. 周小明:《信托制度比较法研究》,法律出版社 1996 年版。

137. 周英:《金融监管论》,中国金融出版社 2002 年版。

138. 周友苏主编:《证券法新论》,法律出版社 2020 年版。

139. 周玉华:《投资信托基金法律应用》,人民法院出版社 2000 年版。

140. 周玉华主编:《信托法学》,中国政法大学出版社 2001 年版。

141. 周仲飞等:《国际金融中心法制环境研究》,经济科学出版社 2017 年版。

142. 周仲飞:《银行法研究》,上海财经大学出版社 2010 年版。

143. 周仲飞、郑晖编著:《银行法原理》,中信出版社 2004 年版。

144. 朱宝宪:《金融市场》,辽宁教育出版社 2001 年版。

145. 朱崇实、刘志云主编:《金融法教程》(第四版),法律出版社 2017 年版。

146. 朱崇实主编:《金融法教程》(第三版),法律出版社 2011 年版。

147. 朱大明译:《日本金融商品交易法》,法律出版社 2015 年版。

148. 朱大旗:《金融法》(第三版),中国人民大学出版社 2015 年版。

149. 朱鹤编著:《银行法理论与实务》,清华大学出版社 2020 年版。

150. 朱锦清:《证券法学》(第四版),北京大学出版社 2019 年版。

151. 朱少平主编:《〈证券投资基金法〉解读》,中国金融出版社 2004 年版。

152. 朱伟一:《证券法》,中国政法大学出版社 2018 年版。

153. 朱小川:《营业信托法律制度比较研究》,法律出版社 2007 年版。

154. 最高人民法院民法典贯彻实施工作领导小组主编:《中华人民共和国民法典合同编理解与适用(一)》,人民法院出版社 2020 年版。

155. 最高人民法院民法典贯彻实施工作领导小组主编:《中华人民共和国民法典合同编理解与适用(二)》,人民法院出版社 2020 年版。

156. 最高人民法院民法典贯彻实施工作领导小组主编:《中华人民共和国民法典侵权责任编理解与适用》,人民法院出版社 2020 年版。